KB216655

한경직 목사의 사상과 사역

한경직 목사의 사상과 사역

기 획 · (사)한경직목사기념사업회
엮은이 · 김은섭
펴낸이 · 이충석
꾸민이 · 성상건

펴낸날 · 2014년 4월 5일
펴낸곳 · 도서출판 나눔사
주소 · (우) 122-080 서울특별시 은평구 은평터널로7가길
20, 303(신사동 삼익빌라)
전화 · 02)359-3429 팩스 02)355-3429
등록번호 · 2-489호(1988년 2월 16일)
이메일 · nanumsa@hanmail.net

ISBN 978-89-7027-150-7-03230

값 12,000원
※ 잘못된 책은 바꾸어 드립니다.

한경직 목사의

사상과 사역

엮은이 **김은섭**

나눔사

차례

머리말 … 06
한경직 목사에 대하여 … 08

제1장 한경직 목사 회고 … 13
한경직 목사의 목회 | 림인식 목사 … 14

제2장 한경직 목사의 교육 … 21
한경직 목사의 교육사상 | 김은섭 박사 … 22
한경직 목사의 교회교육사역 | 박상진 박사 … 41
한경직 목사의 학원선교사역 | 최재건 박사 … 83

제3장 한경직 목사의 사회봉사 … 101
한경직 목사의 사회봉사사상 | 손의성 박사 … 102
한경직 목사의 사회봉사사역 | 유장춘 박사 … 161
한경직 목사의 교회봉사사역 | 허준수 박사 … 206

제4장 한경직 목사의 선교 … 245
한경직 목사의 선교사상 | 박명우 박사 … 246
한경직 목사의 국내선교사역 | 변창욱 박사 … 292
한경직 목사의 국외선교사역 | 안교성 박사 … 323
한경직 목사의 북한선교사역 | 하충엽 박사 … 364

제5장 한경직 목사의 애국 … 389
한경직 목사의 애국사상 | 박종현 박사 … 390
한경직과 복음화 사역 | 이혜정 박사 … 425
한경직의 해방 전후 애국사역 | 안종철 박사 … 479

제6장 한경직 목사의 목회 … 499
한경직 목사의 목회사상 | 이승준 박사 … 500
한경직 목사의 교회행정사역 | 이성희 박사 … 515
한경직 목사의 설교사역 | 주승중 박사 … 541
한경직 목사의 소그룹(구역)사역 | 이상화 박사 … 586

| 머리말 |

한경직 목사님은 하나님께서 이 민족과 교회를 사랑하셔서 보내신 진실한 주의 종이었습니다. 그는 자신에게 부여된 사명을 완수하기 위하여 피와 땀과 눈물, 그리고 생명을 바쳤습니다. 그는 영락교회를 설립하고 한국 최초의 대형교회, 동양 최대의 교회, 세계 제일의 장로교회를 이루었습니다. 교회를 통하여 이 민족이 기독교 정신으로 거듭나서 새로운 사람이 되고, 자유민주국가의 새로운 나라를 이루도록 최선의 노력을 경주하였습니다. 그러나 그는 자기 이름으로 된 땅 한 평, 집 한 칸을 갖지 않았습니다. 오직 영광은 하나님께 드리고 모든 책임은 자신이 지는 지극히 겸손한 신앙인이었습니다.

그러하였기에 한경직 목사님과 만난 사람들은 그를 '목회자의 사표'(옥한흠 사랑의 교회 목사), '천만 이 땅 크리스천의 아버지요 스승'(김준곤 CCC 총재), '사랑과 용서의 사도, 한 민족의 정신적 지주'(김수환 추기경), '민중을 사랑과 자비의 정신으로 돌보신 목자와 같은 분'(송월주 전 조계종 총무원장), '나라와 민족을 참으로 사랑하고 지도하신 민족의 지도자요 20세기의 성자'(김재중 전 천도교 교령)로 기억합니다. 그리고 그와 함께 일한 외국인 헨리 할리(Henry Holley, 빌리 그레이엄 전도협회)는 "제가 세상에서 가장 위대한 하나님의 지도자라고 만난 사람이 있습니다. 그리고 이런 얘기는 제 평생에 아마 한 사람에게 한 번만 할 수 있을 것입니다. 저는 한경직 목사님에게 그와 같은 찬사를 표하고 싶습니다."라고 하였습니다.

하지만 한경직 목사님은 점차 잊어지고 있습니다. 그분의 이름은 기억하나 "어떤 생각을 하고 살았는지? 무슨 일을 하였는지?" 알지 못하게 되었습니다. 그래서 한경직목사기념사업회에서는 그분의 사상과 사역을 조금이나마 조명하고 알리기 위하여 매년 전문 연구자에게 일정 연구비를 지원하고 세미나를 개최하였습니다. 그리고 이제 교육, 봉사, 선교, 애국, 목회 등의 주제로 발표된 자료를 묶었습니다. 그런데 제시된 주제와 어긋난 교육 분야는 그분의 사상과 사역을 보다 분명히 하기 위하여 대중강연회에서 발표한 최재건 박사의 원고와 필자가 작성한 것으로 대치하고 첨가하였습니다.

끝으로, 이 모든 것을 가능하게 한 한경직목사기념사업회 이사장 이철신 목사님의 관심과 지원에 감사드립니다. 본 사업회 사무총장인 이영수 장로님, 세미나 자료들을 꼼꼼히 정리한 한 송훈 연구원과 주미애 연구원, 출판을 기꺼이 맡아준 나눔사의 성상건 사장님과 편집에 정성을 다한 조남봉 집사님에게도 감사를 드립니다. 앞으로 이 책을 통하여 한경직 목사님의 삶을 알아차리고 그분을 닮고자 애쓰는 사람들이 늘어나서 이 땅에 제2의 한경직, 제3의 한경직이 나타나기를 소망합니다.

2014.3.26

(사)한경직목사기념사업회

연구목사 김 은 섭

한경직 목사에 대하여

한경직 목사를 성자라고 부른 말은 우리나라에서라기보다는 외국에서 먼저 부른 이름이 아닌가 생각된다. 그 이름은 한경직 목사가 원로목사가 되기 전후에서부터 자연발생적으로 부르기 시작했다. 이 이름이 불리어질 때 이 땅에 선교 백주년을 앞두고 그와 같은 목회자가 있다는 것은 한국 교회로서가 아니라 이 나라 전체로서 자랑스러운 일이 아닐 수 없다. 한경직 목사는 겉사람보다 속사람이 단장한 사람이다. 한경직 목사는 그래서 영락교회 목사이기 전에 한국 교회 목사요, 이 나라를 대표할 지도자가 된 것이다.

강신명(전 숭실대학교 총장)

한 사람을 만인만큼 소중하게/ 만인을 한 사람 대하시듯/ 어떤 요구에도 거절 못하시고/ 누구의 의견에도 손들어 주시고/ 단 한 사람에게도 섭섭함 주신 일 없으신/ 한국의 성자여/ 한국의 작은 예수여/……/모든 것 가지고도/아무것도 없으신 가난한 목자/아무것도 없으면서/모든 것 다 가지신 사랑의 목자……

고훈(안산제일교회 목사, 시인)

사랑과 용서의 사도, 한 민족의 정신적 지주

김수환(천주교 추기경)

그분은 한마디로 성자였어요. 한경직 목사는 나라와 민족을 참으로 사랑하고 지도하신 민족의 지도자였고 20세기의 성자였지요.

김재중(천도교 교령)

그가 물질을 탐하지 않았지만 결코 굶거나 병들지 않았고, 그가 명예를 추구하지 않았으나 한경직 목사만큼 중요한 직책을 많이 맡은 분이 없으며, 그가 자신을 내세우지 않고 철저히 겸손했으나 모든 사람이 그를 존경하고 흠모하였다. 낮아져야 높아지고, 죽어야 산다는 예수님의 역설적인 교훈이 얼마나 참인가는 한경직 목사의 삶을 통하여 분명히 증명되었다.

손봉호(서울대학교 명예교수)

영적 지도자로서 당대만을 염두에 두지 않으시고 민족의 장래를 바라보시고 젊은이들의 교육을 위해 헌신하신 모습은 선지자적 통찰을 가져야 할 목회자의 사표입니다. 그리고 항상 앞장서서 사회에서 그늘지고 연약한 처지에 있는 사람들을 돌보기 위해 섬김의 사역을 행하신 목사님은 한국교회와 목회자로 하여금 사회봉사가 얼마나 중요한 교회의 사명인가를 일깨워 주셨습니다. 뿐만 아니라 교회의 연합을 위해서, 민족의 통일을 위해서 늘 기도하시며 염려하시던 목사님의 모습은 이 땅의 목회자들이 어디에 관심을 두고 마음과 힘을 합쳐 움직여야 할지 그 길을 보여주는 좌표가 되어 주셨습니다.

옥한흠(사랑의교회 원로목사)

한경직 목사는 '20세기 한국이 낳은 성자'로 불리며 평생 예수 그리스도를 주님으로 모시고 살아가면서 이 땅에 사랑과 화평을 실천해온 분이었습니다. 그의 삶은 한마디로 '보여주는 사랑'이었습니다. 그는 나라사랑, 인간사랑, 하나님사랑을 분명하게 보여 주었습니다.

이영덕(전 국무총리)

하나님을 표현하는 단어 중에서 '야훼 라하민(Yahweh Rachamin)'이라는 말이 있다. 이는 자기의 고난당하는 백성들을 어머니와 같이 태중에 안아 친밀하게 돌보시는 하나님이라는 뜻이다. 세계의 고통이 바로 하나님의 고난이라는 내적 지식에 도달할 때 야훼 라하민의 참 의미는 구현될 수 있다고 한다. 한 목사님이 모든 계층을 뛰어넘은 그리움의 대상이 된 것은 바로 그가 야훼 라하민의 정신을 온 몸으로 실천했기 때문이 아닌가 싶다.

이태형(국민일보 부장)

한 목사님은 강단에 서면 하나님께 절대 순종을 그렇게 강조하시면서도 단 위에서 내려오면 병들고 가난하고 부자유하고 소외된 대중의 따뜻한 벗으로 사랑을 실천하신 분이셨습니다.

정진경(신촌성결교회 원로목사)

한 목사님은 내게 평생 큰 배움의 스승이자 아버님과 같은 분이셨고, 제자인 나를 사랑하셨다. 서로 사랑하고 좋아했기 때문에 목사님과 나 사이에는 보수와 진보의 의미가 있을 수 없었다. 그렇게 한국 개신교 선교 100주년 기념사업을 치루면서 한 가지 분명한 건 한 목사님이 아니면 그렇게 조화롭게 하나로 만들 수 있는 분이 없으셨다는 것이다. 그런 의미에서 한 목사님의 가장 큰 힘은 바로 사상이나 생각이 다르더라도 항상 열린 마음과 열린 자세로 사람들의 의견을 존중해 주시는 점이다.

강원용(크리스천아카데미 설립자)

많은 사람들이 목사님의 욕심 없으심과 겸손하심을 존경하지만 나는 그보다 목사님의 욕심 많으심과 열정을 존경한다. 그의 욕심 없으심은 그 뿌리가 욕심 많으심이고, 그의 겸손하심은 그 뿌리가 열정에 있었다는 사실을 우리는 알아야 한다. 하나님과 복음에 남달리 욕심이 많으셨기에 세상 하찮은 것에는 욕심이 없으셨던 것이다. 그리고 그 세상 욕심이 없어지심으로 겸손해지시고 온유해지셨던 것이다.

김동호(높은뜻 연합선교회 대표)

한경직 목사님은 온유하며 겸손하므로 믿는 이는 물론 믿지 아니하는 사람들까지도 그분을 참 그리스도인이라 하여 마음으로 존경한다. 한경직 목사님은 영락교회만의 목사님이 아니다. 그분은 이미 한국 교회의 목자상이요, 아시아의 목자상이요, 세계의 목자상이다. 이 땅의 3만이 넘는 성직자는 물론 천만 명 그리스도인들 그리고 아직 믿지 아니하는 온 국민이 이 훌륭한 어른께서 그동안 보여 주신 겸손, 사랑, 온유 그리고 참 용기를 항상 깊이 묵상하고 본받기 위해 기도하고 노력하기를 바란다.

김용기(가나안농군학교 창설자)

한국 기독교 115년사의 밭 한복판에 유별나게 큰 거목 한 그루, 우리들 천만 이 땅 크리스천의 아버지요 스승이신 한경직 목사님

김준곤(한국대학생선교회 설립자)

한경직 목사는 이 나라 민중을 사랑과 자비의 정신으로 돌보신 목자와 같은 분이다. 특히 월남 피난민들과 6 · 25 전쟁에서 폐허가 된 이 땅의 민중들에게 사랑의 손길을 펴서 가난의 고통에서 벗어나게 하시고 도덕적으로 일깨워 올바르게 살도록 지도하신 민족의 지도자셨다. 종교 간의 대화와 교류를 증진하여 종교 간의 갈등을 해소하는 데에도 선구적 역할을 하신 분이고, 사회정의와 안정을 위해서도 크게 애쓰신 분이다. 어려운 여건에서도 오늘날의 자유민주주의와 안보를 바탕으로 하는 남북 간 화해와 교류, 대화의 물꼬를 트는 일에도 기초를 마련하신 분들 중의 한 분이시다. 개인적으로 나는 한경직 목사를 존경한다.

송월주(불교 조계종 전 총무원장)

그는 참 바보처럼 살다 가셨습니다./ 가장 좋은 옷을 입고 가장 멋진 자동차를 탈 수 있었는데도/ 그는 바보처럼/ 좋은 옷 대신에 소매가 닳아빠진 옷을 입었고/ 멋진 차 대신에/ 버스를 타거나 남의 차를 빌려 타곤 했습니다./ 가장 안락한 아파트에 살 수 있었는데도,/ 바보같이 그것을 마다하고,/ "월세방에 사는 교인들이 얼마나 많은데…" 하면서/ 산꼭대기

20평짜리 국민주택에 들어갔습니다.

이우근(전 서울고등법원 부장판사)

예수님을 가장 닮은 사람

이철신(영락교회 담임목사)

민족과 국가까지도 그의 목양의 범위 안에 포함시키신 분이시다. 그의 따스한 사랑의 가슴속에는 거칠고 심술궂은 양들도 허물어지고 죄스런 탕자도 모두 포용된다. 정의를 책망과 채찍으로 실현시키려 하지 않고 선으로 악을 녹여서 이기려는 분이시다.

조향록(초동교회 원로목사)

하루 이틀 겸손을 흉내 내는 것이 아니라 일생을 하나님 앞에 엎드렸던 주의 종

최일도(다일공동체대표)

제1장

한경직 목사 회고

1. 한경직 목사의 목회

림인식 목사

한경직 목사의 목회

림인식 목사/노량진 교회 원로 목사

한 목사님 살아계실 때, 우리 젊은 목사들에게 앉아서 말씀하시면서 "이렇게 앉아서 말씀하는 것도 성경적이야. 마태복음 5장에 보면, "예수께서 산에 올라가 앉으시니 제자들이 나온지라 입을 열어 가르쳐 가라사대" 이렇게 말씀을 하시면서 "이것도 성경적이야." 라고 말씀 하신 때가 있습니다. 그 때도 우리가 웃었습니다. 오늘 제가 이렇게 자리에 앉도록 해서 한 목사님 한번 흉내 내서 앉는 것으로 받아 주시기를 바랍니다. 사실 제 시간은 안 들어가도 될 것 같은데, 그래도 한 목사님을 가까이서 모셨으니 한 목사님의 목회에 대한 이야기를 하라고 해서 제가 제목도 아무것도 적지 않았습니다. 자유롭게 이야기 하라고 해서. 제가 한 30분 말씀을 드리도록 하겠습니다.

오늘 이렇게 장로님들이 많이 오실 줄은 생각을 못하고, 목회자들이 많이 올 것이라고 생각해서 목회에 대한 이야기를 하려고 합니다. 오늘 표어 비슷하게, 우리 목회자들의 일생동안 뇌리 속에 간직했으면 좋겠다고 하는 표어를 한 마디 드리겠습니다. "신자의 생활수준은 목회자의 생활수준만큼 올라간다." 그렇게 표어를 만들어 드리겠습니다. "신자의 생활수준은 목회자의 생활수준만큼 올라간다." 이것을 저도 제 머릿속에 일생 기억하면서 목회를 했습니다. 이제부터 목회를 계속하시는 이들이 "신자의 생활수준은 목회자의 생활수준만큼 올라간다."를 늘 명심하셨으면 합니다.

목회 목적 중에 하나가 교인들의 생활수준이 올라가는 것입니다. 교인들이 그리스도의 모습처럼 변화되는 것, 그것을 위해서 목회를 하는 것입니다. 만약 목회는 열심히 하는데, 교인들의 생활수준이 전혀 변화가 없다든지, 향상이 없다고 하면 목회가 전혀 안된다고 하는 증거입니다. 목회를 정성껏 최선을 다 하는 중에 교회가 은혜스럽고, 잘 모이고, 화목하면서 교우들의 생활수준이 점점 높이 변화되어 간다고 하면 그것이 참 목회입니다. 목회자는 대략 신자의 생활수준을 높이기 위해서 강단수준을 높이는데 주력합니다. 그러나 강단수준을 많이 높였는데도 좀처럼 신자 생활변화는 오지 않습니다. 목회자는 '내가 이렇게 강단수준을 매우 높였는데, 왜 신자들의 생활수준이 올라가지 아니하는가?'라고 하며 신자들에게 책임을 추궁하기가 쉽습니다. 또 그것 때문에 목회가 많이 피곤해 지기도 하고, 실망스럽기도 할 수 있습니다.

목회에 있어서 설교가 가장 중요하다고 하는 것은 더 설명할 필요가 없습니다. 굳이 비유를 밝혀 본다고 하면, 목회에 있어서 설교는 한 70%, 목회 가운데서 설교를 설교답게 잘 하는 것은 성공률이 한 70%가 된다고 보면 좋을 것 같습니다. 행정이라든지 그 밖의 프로그램, 프로젝트 등 무엇을 하든지 그것은 한 30%로 잡아도 좋을 것 같습니다. 그만큼 설교라고 하는 것이 중요합니다. 그런데 이 설교는 강단에서 전하는 것으로 끝나는 것이 아닙니다. 전한 말씀을 나 자신이 먼저 그대로 살아야 하는 것입니다. 우리 목회자가 잘못 알고 잘못 생각하기 쉬운 점이 한 가지 있습니다. 목회자는 말씀을 전하는 자이고, 교인들은 말씀을 받는 자라고 그렇게 생각하는 것은 올바른 것입니다. 그런데 우리 목회자가 자칫 잘못하면, 말씀을 주는 자로 생각하기가 쉽고, 교인들은 말씀을 받는 자로, 그렇게 이분법적인 논리로 생각하기가 쉽습니다. 이것은 매우 잘못된 생각이 될 수 있습니다. 또 한걸음 더 나아가서 하나님의 종이 말씀을 전한다 하는 것을 좀 더 성별화해서 강조를 하다보면, 그 말씀을 실천하는데 있어서 받는 사람에게만 실행을 강요할 수 있는 위험도가 생겨날 수가 있습니다. 그리고 자칫 잘못하면 전하는 사람은 고쳐주는 사람이고 받는 사람은 고침을 받는 자라고 잘못 생각하면 매우 크게 잘못되기가 쉽습니다. 하나님 말씀 앞에서는 목회자나 교인이나 똑같이 받는 자입니다. 다만 다르다고 한다면, 목회자가 먼저 그 말씀을 받고 은혜를 받으면서 그리고 그것을 실천하면서 그 말씀을 전달해야 한다고 하는 것, 순서가 다를 뿐입니다. 그런 의미에서 말씀 전하는 일에 있어서 강단 설교와 일반 사생활, 이런 것에 대한 예민한 책임감, 실증을 가져야 합니다.

제가 우스갯소리 한 마디 하겠습니다. 크리스마스 시즌 때, 우체국에 '하나님 앞'이라고 하는 편지가 한 통 들어왔습니다. 직원들이 고민하다가 우체국장에게 "이 편지를 어떻게 하면 좋겠습니까?"하니 "뜯어보아라."해서 뜯었더니, 부모 없는 고아가 '다른 아이들이 모두 가족과 함께 선물을 주고받는데 나는 외롭습니다. 하나님 빨간 모자와 구두, 외투 그리고 백 달라만 선물로 보내 주세요.' 그리고 사이즈까지 다 적은 내용이 있었습니다. 우체국장이 직원들에게 하는 말이 "그 사이즈대로 선물을 잘 싸서 그 아이에게 보내주어라. 그런데 어린아이에게 백 달라는 좀 많구나. 한 오십 달라만 넣어서 보내 주어라." 해서, 보내주었습니다. 며칠 후에, 또 '하나님 앞'이라는 편지가 왔습니다. 보니 앞서 보냈던 그 아이 이름이었습니다. 뜯어보았더니 내용이 이렇습니다. '하나님 참 고맙습니다. 옷도 꼭 맞고 맘에 들고 기쁨이 넘쳤습니다. 오래 간만에 친구들에게 자랑도 했습니다. 참으로 감사합니다. 그런데 돈 백 달러를 달라고 했는데 오십 달러 밖에 오지 않았습니다. 우체국장이 오십 달러를 잘라 먹었습니다. 이제는 우체국장 말고 직접 보내주세요.' 우체국장이 깜짝 놀라서 "오십 달러 빨리 보내주어라."해서 보내 주었다는 이야기가 있습니다. 하나의 재미있는 이야기이지만은 우리 설교자들은 우체국장이나 우체부처럼 하나님의 말씀을 전달하는데 빼지도 말고 액면 그대로 정확하게 잘 전달하는 것이 사명이라고 생각이 됩니다.

요한복음 21장에 보면, 예수님께서 베드로를 임명하시면서 "내 어린양을 먹이라 내 양을 치라 내 양을 먹이라"라는 말씀을 했습니다. 목회자라고 하는 것은 목자라고 하는 의미가 됩니다. 목자는 양 앞에서 인도합니다. 양들은 목자를 따라갑니다. 본 받습니다. 목자가 하는 대로 그렇게 하게 되어 있습니다. 만약 목회자가 강단수준은 높였으면서도 실제 생활수준이 강단수준만큼 올라가 있지 못하다고 했을 때, 먹이기만 하는 목자이고 치는 목자는 잘 되지 않았다라고 생각할 수가 있습니다. 우리 신자들은 목회자의 강단의 말씀을 듣는 일과 목회자의 일상생활을 보는 일로 신앙생활을 해 갑니다. 강단을 통해 듣는 말씀은 이론으로 받지만, 그 일을 실천하는 모습을 보면서 검증도 하고, 그것을 실생활 속에 모방하고, 받아들이게 되는 것입니다. 목회자가 하나님의 말씀을 전달하는 것과 실생활이 잘 맞지 아니할 때에는 교인들에게 갈등이 일어날 수도 있고, 실망을 줄 수도 있고, 배반과 타락, 이런 온갖 부작용이 생겨날 수 있습니다.

우리 한국 교회 한경직 목사님에게서 배울 수 있는 것은 무엇이냐? 그분은 강단에서 하시는 말씀과 평소에 사신 생활과 괴리가 없습니다. 그 어른의 말씀이 그 어른의 생활이었습니다. 그 어른이 우리에게 지금까지 보여준 그 생활 자체가 그것이 성경이고, 예수님이 가신 길이고, 그것이 표준이 되고, 모든 신자에게 있어서 그대로 하면 틀림이 없다 하는 생활을 우리에게 보여 주셨습니다. 한 목사님은 목회자들이 그대로 본 받아도 성공이 되고, 일반 신자가 한 목사님처럼 살아도 성공이 되는 것입니다. 또 일반 국민으로써, 각 분야에서 활동하는 모든 책임에 있어서 한 목사님 정신과 생활 이런 것을 그대로 본 받았을 때 바로 그것이 성공 비결이라고 생각이 됩니다.

요한복음 1장에 보면, 예수님께서 진리를 묻는 사람에게 "와 보라"라는 말씀을 했습니다. 들려주시는 것이 아니라, 들려주시고 보여 주시는 것입니다. 확인시켜 주시고 검증시켜 주시는 것을 볼 수가 있습니다. 목회는 들려주는 동시에 보여 주는, 확인시켜주는, 검증시켜 주는 바로 그런 것이 참 목회라고 생각이 듭니다. 고린도전서 11장 1절에 보면, 바울 사도가 "나는 그리스도를 본받았다 너희는 나를 본받으라"는 말씀을 했습니다. 바로 이것이 참 목회라고 생각합니다. 제가 한창 젊었을 때, 주일 낮 예배에 땀을 뻘뻘 흘리면서 열정적으로 설교를 했는데, 저도 그렇지만 교우들이 별로 은혜를 못 받았을 때, 저 앞에 나가서 인사도 못하고 강단 뒤에 꿇어 엎드려서 '당장 죽여주시옵소서. 말씀도 제대로 전할 수 없는 것을 살려서 무엇 하시겠습니까? 당장 죽여주시옵소서.'라고 기도했던 기억이 납니다. 그러나 제 자신이 '내 생활이 부족하니 당장 죽여주시옵소서.'라고 기도한 생각은 나지 않습니다. 강단수준은 몹시 신경을 쓰면서 노력했음에도 불구하고 나의 생활을 위해서는 그런 피나는 수고를 덜했다는 생각이 듭니다. 강단과 생활이 분리가 되어서 '내 목회에는 별로 그렇게 큰 열매를 맺지 못했구나.'라는 생각이 듭니다. 수없이 많이 회개하라, 기도하라, 주일을 거룩히 지켜라, 전도해라, 예배를 중요시해라, 서로 사랑하고 용서해라, 사랑하라, 화목하라, 바치라 등 여러 가지 강단을 통해서 열심히 피가 나도록 전달을 했습니다만 '나 자신이 실제 그 생활을 그만큼 피가 나도록 했느냐?' 그것은 많이 부족했다는 것을 생각하게 됩니다. 그래서 어디까지나 우리 목회자들이 일생 마음속에 잊어버리지 말고 생각해야 될 것이 있다고 하면, 교인들의 생활수준은 강단수준만큼 올라가지 않습니다. 목회자의 생활수준만큼 올라갑니다. 교인들의 생활에 향상이 없다는 것은 강단에서 전하는 나의 생활이 아직 부족하다는 것을 자책하면서 언제든지, 누가 보든지, 하나님 앞에서나, 성도들 앞에서나, 불신 사회 속에서나, 언제나 전한 말씀을 생활로 표현할 수 있다고 하면 바로 그것이 우리 목회자가 사는 방법이요 길입니다.

한 목사님의 경우는 겸손하셨습니다. 온유하셨습니다. 저는 옆에서 늘 모셨습니다만, 우리들의 겸손은 모방도 채 못 되는 겸손입니다. 한 목사님의 겸손은 순수한 겸손이었습니다. 온유하셨습니다. 우리들의 온유는 그야말로 억지 온유입니다. 그런데 한 목사님은 진심으로 온유하게 사셨습니다. 사랑하고 화목하고 용서하고 인내하고 남을 배려하고 베풀어주고, 소리 없이 하는 그 모든 생활을 옆에서 가만히 볼 때, 한 목사님의 일거일동은 강단에서 말씀을 전파한 그대로 생활하시는 것을 늘 느꼈습니다. 심지어 빌리 그레이엄 목사도 한 목사님을 닮고 싶다는 말을 했습니다. 저희가 한 목사님의 발자취 속에서 전한 말씀을 생활화해서 누구에게나 감동적인 생을 사셨다고 하는 그런 점에 있어서 우리 목회자들이 본받아야할 점이라고 생각을 합니다.

한 목사님 발자취의 목회에 관한 것은 다음 목사님들이 자세히 말씀하실 것입니다만, 대표적인 것이 1992년도 종교계의 노벨상에 해당되는 템플턴상을 수상하신 일일 것입니다. 그 때 장로님들 전부 합해 18명이 동행을 하셨다고 했고, 런던에서 수상하시고 영국 왕실에 가서 백만 파운드를 받으셨다고 했죠? 그런데 그것을 장로님들께 내어 주시면서 "북한 선교를 위해 써라." 그렇게 주셨습니다. 한 목사님 일생 자신에게 가장 많은 보상으로 온 상금을 한 푼도 쓰지 않고, 그리고 북한 동포를 사랑하면서 그들을 위해서 영육 구원하는 일에 쓰라고 말씀하셨습니다. 한 목사님에게서 배울 수 있는 것이 무엇일까? 그의 진정 하나님의 뜻을 이루기 위해서 무엇이나 전부 청빈하게 희생하면서 베풀어주는 그런 실제 생활, 우리가 다는 못되고 절반만 되도 한국 교회는 달라질 수 있지 않겠는가. 우리 목회자들이 저도 이제는 생을 마치게 되어 갑니다만, 우리의 강단생활과 실제생활의 괴리로 인해서 이렇게 만신창이의 교회를 후진들에게 남기고 가야 된다고 하는 부끄러운 상태를 만들어 놓았습니다. 분열과 분파와 사회가 지탄하고 책망하고 지적하는, 과거의 참으로 아름답던 신앙의 향기를 잃어버리고 오히려 책망의 대상이 된 교회를 남겨 놓고 물려주고 가야 되느냐라는 것을 생각할 때 '우리 목회자들이 너무 많이 잘못했구나.'라는 것을 생각하게 됩니다.

한국 교회 이제와 미래가 한 목사님 시대보다도, 과거 어느 때 보다도 세계를 향하는 가장 큰 일을 많이 해야 되는 교회인데, 우리 목회자들이 성도, 신자들의 생활수준은 목회자의 강단수준이 아닌 생활수준만큼 올라간다는 것을 잊지 말고 계속해서 한 목사님처럼 '사언행심사', 모든 기거동작, 그리고 우리의 사명과 충성 모든 방면에 있어서 말씀 그대로 생활되어져 가는 우리 목회자들이 되었으면 좋겠다는 것입니다. 그렇게 될 때, 하나님께서 이제와 미래 한국 교회를 크게 쓰실 줄 믿습니다.

제게 주어진 시간이 30분 정도이니, 이제 말씀을 맺겠습니다. 우리 신자들의 생활수준이 올라가는 목회를 해야 하는데, 신자들에게 독촉하지 말고 목회자 우리 자신들이 생활에 본이 되어지는, 말씀 그대로 사는, 본이 되어지는, 한경직 목사님과 같은 그런 생을 살아가시면 좋겠다는 것입니다. 꼭 목회에 성공했다고 볼 수는 없습니다만, 한경직 목사님이 가끔 그런 말씀을 하셨습니다. "슈바이처가 훌륭한데, 내가 거기 가보았어. 그런데 목회는 그렇게 잘 한 것이 아니야." 그런 말씀을 몇 마디하시는 것을 제가 들었습니다. 슈바이처는 목회에 주력을 하지 않았습니다. 그러나 슈바이처가 살아간 발자취에 아름다운 이야기가 많습니다. 그가 노벨 평화상을 타러 갈 때, 기차를 탔는데, 기자들이 다투어 타서 취재 하려고 했습니다. 특등실에 있으려니 하고 갔는데 특등실에도 없고, 일등칸에도 이등칸에도 없었습니다. 삼등칸에 보니 오글오글한 복잡한 틈바구니에서 가난한 사람들 진맥을 하고 치료해 주는 모습을 보았습니다. 한 기자가 "특등실에 타셔야지, 왜 여기서 이렇게 이런 수고를 하고 있습니까?" 하니, 슈바이처가 "내가 필요한 곳에 있어야지. 내가 필요한 곳이 여기 아닙니까?"라고 했다는 것입니다. 노벨상을 탄 후 시카고를 방문할 때, 역에 시장을 위시해서 많은 사람들이 꽃다발, 행운 열쇠 등을 모두 준비하고 기다리고 있었습니다. 슈바이처 박사가 내리는데 어떤 부인이 큰 트렁크와 보따리들을 들고 수고를 하고 있으니 그것을 들고 차 안에 다 올려주고 오다보니 손님들이 다 나간 다음에 나오니 분위기가 다 흐트러졌다는 것입니다. 그런데 슈바이처가 나오더니 "미안합니다. 제가 제일 유쾌한 일을 하고 오느라 좀 늦어서 미안하게 됐습니다."라고 했습니다. 기자가 그것을 보고, "슈바이처의 이 행위 하나가 한편의 가장 놀라운 설교다."라는 말을 했다는 것입니다.

우리 목회자들이 이제와 미래 우리 한 목사님처럼 강단에서 전하는 말씀 물론 중요합니다만 그것을 뒷받침하는, 검증하는, 실증하는 실생활, 본을 보이는 그런 생활이 조금 더 확실해 지면, 지난날보다 이제와 미래 한국 교회는 크게 변화가 올 것이라고 생각을 합니다. 오늘 제 말씀은 여기까지로 마치겠습니다.

제2장

한경직 목사의 교육

1. 한경직 목사의 교육사상
김은섭 박사

2. 한경직 목사의 교회교육사역
박상진 박사

3. 한경직 목사의 학원선교사역
최재건 박사

한경직 목사의 교육사상

김은섭 박사/영락교회

Ⅰ. 서론

한경직 목사는 한마디로 정의 내리기가 매우 어려운 인물이다. 목회자로서 가장 잘 알려져 있지만 그의 삶을 살펴보면 결코 목회사역만 감당한 것이 아니었다. 목회자의 정체성을 잃지 않고 그 스스로 목회자로서 살았지만 한경직 목사는 교육자, 사회복지가, 선교운동가, 부흥전도자, 애국자, 심지어 성자로도 자리매김을 할 수 있는 인물이다. 그는 실로 한국교회 130여 년의 역사에서 매우 독특하고 귀감이 되는 자랑스러운 우리의 신앙선배이다.

본고는 한경직 목사의 여러 사역 중에서 교육적인 면에 초점을 두어 그 사상을 정리하고자 한다. 우선 그의 교육사상의 형성을 직접 구술한 자서전『나의 감사』를 중심으로 가정에서 받은 영향, 국내 학교에서의 배움, 미국 유학에서 경험한 것 등을 통하여 살펴본다. 다음으로 그의 교육사상의 구조를 교육의 목표, 교육의 자세, 교육의 원리로 나누어 파악한 후에 끝으로 그의 교육사상이 어떠한 의미를 갖고 있는지 알아보고자 한다.

Ⅱ. 교육사상의 형성

1 가정생활: 부지런함과 교육에 대한 한(恨)

한경직 목사는 1902년 12월 29일[1]에 평안남도 평원군 간리에서 농부였던 한도풍의 장남으로 태어났다. 그의 아버지는 원래 남부럽지 않은 집에서 태어났으나 부친이 13세 때 죽고, 세 살 위의 형이 그 가산을 물려받아 방탕하게 사용하여 모든 재산을 탕진하였기에 어쩔 수 없이 당시 제일 부유한 친척 집에서 더부살이를 하였다. 그러나 한경직 목사가 태어날 즈음에는 자작농 가정을 이루었다.

한경직 목사가 말년에 구술한 자서전에 의하면,[2] 그의 부모상(父母像)은 "내 기억 속의 아버지는 인자하신 모습밖에 없다."는 고백처럼 사랑이 많으신 분이었으며 동시에 매우 부지런한 분이었다. 부친은 언제나 자식들이 깨기 전에 일어나 들에 나갔다가 어두울 때에야 들어왔다. 비 오는 날도 쉬지 않고 집에서 짚신을 삼거나 가마니를 만들거나 여러 가지 일을 하였다.

그의 어머니는 청주 이 씨였는데 그의 나이 만 7세에 세상을 떠났다. 그가 짐작할 때 타고나기를 건강하지 못한 어머니가 농사일과 집안일에 옷감 짜는 일까지 너무 과중한 일을 하다 병을 얻었다고 한다. 또 자신의 어린 동생 둘을 일시에 잃은 심리적 타격도 그 원인의 하나라고 여긴다.[3] 한경직 목사는 "아무리 떠올려 보려 해도 키가 크고 부지런하셨던 기억밖에 없다."라고 친모에 대하여 고백한다. 이와 같이 한경직 목사에게 부모는 '인자하고 순진하고 부지런하신 참 좋은 부모님'이었다.

---

1) 당시에는 모두 음력을 사용하였는데, 양력은 1903년 1월 27일.

2) 한경직은 1981년에 카세트테이프를 이용하여 자신의 삶을 녹음하였다. 한경직목사기념사업회에서 이 자료를 입수하고 『나의 감사』라는 제목으로 두란노에 의뢰, 출판하였다. 부모에 대한 기억은 한경직, 『나의 감사』(서울: 두란노, 2010), 18–23 참조.

3) 한경직은 두 살 위로 누나가 하나 있었으나 만주에 시집가서 아들(민영옥 장로)을 낳고 일찍 죽었고, 아래로 남동생이 둘 있었으나 홍역으로 어린 나이에 다 죽었다. 모친 사후에 후모(문도행)가 들어와서 1남(한승직 목사), 1녀의 동생들이 생겼다.

한경직 목사의 기억 속에 부지런한 아버지 상(像) 외에도 다른 이미지가 있다. 그것은 '교육 받지 못한 것에 대한 한(恨)'이었다. 부친은 가세가 기울어 사촌형 집에서 심부름과 일을 하며 자랐기 때문에 공부를 하지 못했다. 서당에 다녀보지 못한 채 자습으로 이름 석 자 쓸 줄 아는 것으로 만족해야만 하였다. 그것이 평생의 한으로 남아 그는 늘 "다른 사람처럼 공부하지 못한 것이 한"이라고 말하곤 했다고 한다. 한경직 목사는 아버지의 그 한을 풀어주었을 뿐만 아니라 아버지처럼 공부의 한이 있는 사람들에게 배움의 기회를 제공하여 그 맺힌 한을 풀어주고자 노력하였다.

2. 학교생활: 교육철학과 교사의 본(本)

소년 한경직은 아버지의 뜻에 따라 서당에 가지 않고 자작교회에서 세운 진광소학교에 입학하였다. 안창호가 세운 대성학교 출신이었던 자작교회의 우용진 조사[4]와 진광소학교의 홍기주 선생으로부터 기독교 신앙과 더불어 민족에 대한 사랑을 배웠으며, 초등 8년의 과정을 6년 만에 마쳤다. 졸업 후에 아버지는 두 선생의 간청에 따라 집에 한 마리밖에 없던 소를 팔아서 등록금을 마련하고, 당시 가장 민족적인 학교로 알려진 정주 오산학교에 아들을 보냈다. 한경직은 입학시험 다음날 보결시험을 쳐서 2학년에 편입하고 오산학교에서 3년을 공부하였다. 그는 오산학교에서 그가 평생 실천하였던 교육 신념을 배우고 교사의 본이 되었던 이승훈과 조만식을 만나게 된다.[5]

먼저 그는 오산학교에서 애국심, 신학문, 기독교 신앙의 교육철학을 배웠다.

> 오늘날이라고 이 세 가지보다 더 중요한 교육이 있을까 싶다. 나라를 사랑할 줄 아는 사람, 경건한 신앙을 가지고 하나님을 존경하고 깨끗한 생활을 하는 사람, 현대 모든 학문과 기술과 과학을 배워 현대문명에 뒤지지 않는 사람, 현대문명을 만들어

4) 가을 햇살처럼 서늘한 주위를 따뜻하게 하는 한경직을 보고 추양(秋陽)이라는 호를 지어줌.

5) 오산학교에서의 배움은 한경직, 『나의 감사』, 54-72.

갈 수 있는 사람을 양성하는 것이 중요하지 않은가.

그리고 두 선생에게서 이러한 오산학교의 교육철학이 실현된 참교사의 모습, 곧 이승훈에게서 '고귀한 인격과 순수한 애국심'을, 조만식에게서 '철저한 기독교 신앙을 바탕으로 한 애국심의 발로'를 발견하였다. 한창 감수성이 예민한 중학생 시절에 접한 위대한 인격자이며 애국자이자 신앙인이었던 이승훈과 조만식의 언행일치의 삶은 소년 한경직에게 있어서 차후 교육의 본이 되었다.

오산학교를 졸업하고 한경직은 평양 남산모루교회가 운영하는 영성소학교에서 교편을 잡아 아이들을 가르쳤다. 그동안 배웠던 것을 실천하는 매우 의미 있는 경험이었으나 평양 경찰서 폭탄 투척사건[6]의 용의자로 체포되어 3주 동안 고문을 당하였다. 그때 그는 이러한 난국을 헤쳐 나가기 위해서는 힘을 키워야 함을 깨닫고 숭실대학에 진학하였다. 그곳에서 방위량(邦緯良, William N. Blair) 선교사의 비서로 있으면서 학비를 벌었는데 그의 번역작업을 돕던 중 소래해변에서 하나님의 부르심을 경험하였다.

> 너는 장래에 이런 것도 저런 것도 할 수 있겠지만, 너는 온전히 나에게 몸을 바쳐서 복음을 위해 살아라![7]

이 소명에 응답하여 그는 자연과학을 공부하여 과학자로서 민족의 미래에 기여하겠다는 생각을 바꾸어서 신학을 공부하여 목회자로서 이 민족의 영적이며 정신적인 분야에서 일하겠다는 결단을 하였다.

6) 1920년 8월 3일 박태열과 임산부였던 안경신 등이 평양도청의 경찰부와 경찰서에 폭탄을 투척한 사건. "여자폭탄범 안경신", 동아일보, 1921.5.2.; "평남도청폭탄주범 박태열 금일 송국", 동아일보, 1935.2.9.

7) 한경직, 『나의 감사』, 118.

3 유학생활: 선진 기독교교육 시스템

방위량 선교사의 유학 안내와 윤치호의 미국행 배 삯 지원, 그리고 주변 사람들의 도움을 입어 한경직은 엠포리아대학에 4학년으로 편입하였다. 이곳에서 신학을 위한 준비과정으로 인문학 공부를 한 다음에 유수 깊은 프린스턴신학교에 입학하여 3년 동안 신학교육을 받았다.[8)]

엠포리아대학은 400~500명 쯤 되는 학생들이 매일 채플을 드리며 수업을 받는 작은 장로교대학이었다. 한경직은 대학 측의 호의로 전액 장학금을 받을 수 있었을 뿐만 아니라 학교 측의 주선으로 엠포리아 시에 있는 한 가게에서 아르바이트를 하며 생활비를 벌었다. 프린스턴신학교는 당시 미국 북장로교에 소속된 9개의 신학교 중 가장 크고 역사가 깊은 학교였다. 이 학교는 성경과 신학을 주로 연구하는 곳이나 대학 사회와도 긴밀하게 관계를 가져 신학생들이 세계 문화와 사조를 배울 수 있도록 했다. 이곳에서도 한경직은 공부와 아르바이트를 병행하였는데 무엇보다도 자신의 일생에 가장 가까운 친구들[9)]을 만났다는 사실에 대하여 하나님께 감사하고 있다.

한경직은 유학생활을 통하여 장학제도, 아르바이트제도, 채플, 동아리 등 선진 기독교 교육 시스템을 경험하였다. 이는 후일 신학교와 대학교를 세워 운영할 때 크게 도움이 되었다.

Ⅲ. 교육사상의 구조

1. 교육의 목표: 인재양성

한경직 목사는 당시 우리 민족이 처한 심각한 문제를 죄와 무지, 그리고 가난으로 보았

8) 엠포리아대학과 프린스턴신학교 관련 내용은 한경직, 『나의 감사』, 132-161.

9) 윤하영, 송창근, 김재준, 이규용, 최윤관, 김성락 등 지칭

다. 그리고 죄의 문제는 영혼을 살리는 전도를 통하여, 무지의 문제는 지적인 교육을 통하여, 끝으로 가난의 문제는 경제적으로 도와주는 봉사로 해결하고자 하였다.[10] 이러한 인식에 도달하도록 영향을 미친 사례를 몇 가지만 소개하면 다음과 같다.

첫째는 그가 만났던 외국인과의 대화이다. 한번은 한경직 목사가 시애틀 공항에서 시내로 들어가기 위하여 버스를 탔는데 우연히 옆에 어떤 동양 사람이 앉았다. 그런데 그 사람이 "거, 이상합디다. 하와이에 사는 한국인들은 자꾸 싸움만 하더군요."라고 하여 마음이 상했다고 한다. 그리고 여러 해가 지난 1977년에 설악산에서 홍콩, 일본을 거쳐 한국을 구경 온 스위스 사람을 또 우연히 만나 대화를 하였다. 그런데 그 사람이 "한국 사람들은 아주 신경질적인 것 같아요."라고 하여 무슨 뜻이냐고 물었다. 그가 한국에 와서 약 열흘 동안 이곳저곳을 구경하는 중에 거리에서 싸움하는 것을 7번이나 보았다고 하였다. 이를 듣고 그는 실로 부끄러움을 금할 수 없었다고 하였다.[11] 이러한 부끄러운 경험은 우리 백성이 세계 사람들에게 자랑스러운 민족이 되기 위하여 고쳐야 할 것이 무엇인지를 분명히 깨닫게 하였다.

둘째는 그의 배움의 여정이다. 한경직 목사는 자작교회가 세운 진광소학교에서 6년, 기독교인이자 민족주의자 이승훈이 세운 정주 오산학교에서 3년, 선교사가 세운 우리나라 최초의 대학인 숭실대학에서 4년, 미국 장로교가 세운 엠포리아대학에서 1년, 그리고 미 북장로교의 대표적인 신학교였던 프린스턴신학교에서 3년 등 모두 17년을 기독교 학교에서 신앙과 함께 학문을 닦았다. 이러한 배움의 과정을 통하여 신앙을 기반으로 한 교육이 얼마나 유익한 것인지를 몸소 알게 되었다.

당시에 한국은 과학의 발전을 통한 산업의 발달과 경제적 부흥이 무엇보다 필요하였지만 과학의 약점을 그는 누구보다도 잘 파악하고 있었다. 비록 과학의 힘이 위대하여 비행기도 만들 수 있고 원자탄이나 수소탄도 만들 수 있지만 과학은 이러한 것들을 바르게 쓸 수 있

10) 한경직, "교회성장과 나의 회고록", 「목회」28호 (1978), 30.

11) 한경직, "삶의 법칙", 김은섭 편,『한경직목사설교전집 15』(서울: 한경직목사기념사업회, 2009), 422-423.

는 사람을 만들지 못한다고 보았다.[12] 따라서 사람을 교육하는 것이 무엇보다 중요하고, 인간은 스스로 자기를 바르게 만들 수 없다는 인식하에서 그 교육은 기독교 신앙을 기반으로 하여야 한다고 생각하였다.

> 제일 중요한 일은 언제나 사람을 기르는 일이다. 옳은 신앙을 가진 그리고 현대 온갖 지식과 기술을 갖춘 사람이 얼마나 귀한가?[13]

이와 같이 사람을 키우는 것, 곧 인재를 양성하는 것은 그에게 있어서 가장 중요한 교육의 목표였다.

2. 교육의 자세: 정원사 의식

한경직 목사가 설교에서 언급한 영국의 문인 콜러리지(Samuel Coleridge)의 이야기를 통하여 그가 가진 교육의 자세를 파악할 수 있다. 조금 길지만 모두 인용하면 다음과 같다.

> 한번은 그가 어떤 친구를 초청해서 저녁을 같이 먹으면서 저녁 식탁에서 이런 저런 얘기를 합니다. 그러다가 아동교육에 대한 문제가 터져 나왔습니다. 이때에 그 친구가 주장하기를 우리가 어렸을 적부터 아이들에게 여러 가지를 가르쳐주긴 해야겠지만 종교문제에 대해서는 간섭할 필요가 없다고, 그건 그 아이가 다 장성한 다음에 자기가 어떤 종교를 믿든지 스스로 작정하게 맡기는 것이 그게 옳다고 이렇게 주장했습니다. 그러니까 이분은 점잖은 신사인데 그렇게 청한 손님이 이런 주장을 할 때에 그 말씀을 반박할 마음이 없었습니다. 가만히 조용히 듣고만 있었습니다. 그리고 저녁식사를 다 필한 다음에 그 손님에게 "후원의 뒷동산에 가서 좀 얘기합시다."

12) 한경직, 『기독교란 무엇인가』(서울: 대성닷컴, 2008), 16.
13) 한경직, 『사도바울에게 배운다』(서울: 기독교문사, 1985), 207.

하고서 그 뒷동산으로 손님을 모시고 나갔습니다. 뒷동산에 나가보니까 뭐 꽃 한 송이 없고 전부 잡초만 무성합니다. 그러니까 그 친구가 놀라며 하는 말이 "뒷동산이라고 하더니 이게 뭐 동산입니까? 이거 황무지올시다." 그때에 이분이 대답하는 말이, "나는 이 동산에 이른 봄에 아무 꽃 종자도 뿌리지 아니하고 그냥 내버려두었더니 잡초가 저절로 나서 지금 동산은 다 없어지고 이런 황무지가 되고 말았습니다." 그다음에 하는 말이, "우리의 마음 밭도 이렇지 않을까요?"라고 하였답니다. 어렸을 때에 좋은 꽃씨를, 좋은 식물의 씨를 뿌려야 점점 그 속 꽃씨들이 자라서 장성했을 때에 아름다운 꽃동산 같은 마음의 밭이 됩니다.[14)]

한경직 목사는 우리 사회의 변화는 그 구성원인 사람에게 달려 있으며, 사람의 변화는 마음의 변화, 정신의 변화, 안의 변화에 있다고 보았다. "우리 한국의 속담에 '겉 꼴 안 꼴'이란 말이 있습니다. 사실은 '안 꼴 겉 꼴'입니다. 속에 있는 게 바깥에 나옵니다."[15)] 따라서 마음의 밭에 관심을 두지 않고 그냥 있으면 미신, 탐욕, 시기심 등 잡초와 같은 나쁜 생각이 심겨져 황무지같이 변한다고 보았다. 어렸을 때부터, 신앙을 갖기 시작한 때부터 좋은 씨앗을 뿌리고 그 씨가 자라서 좋은 열매를 맺도록 하는 것은 그 마음의 밭을 아름다운 동산으로 만드는 것으로 보았다. 그러기 위해서 동산을 꾸미는 정원사처럼 사람들의 마음에 기독교 신앙에 기초한 좋은 씨를 뿌리고, 그 씨앗이 자라서 결실을 맺어 이 민족을 위해 봉사하는 사람을 키우는 일에 매진하였다.

그는 정원사가 정원에 있는 나무 하나하나, 꽃 하나하나에 관심을 가지고 정성껏 키우듯이 그 누구도 소외되지 않도록 한 사람 한 사람에게 관심을 가졌다. 한쪽 다리가 없었던 고아소녀 복순이를 위해서 보린원이라는 복지시설을 만들고, 신앙의 자유를 찾아 남으로 내려온 피난민들을 위하여 영락교회를 설립하고, 공부하고자 하는 열망은 있으나 여건상 허락되지 않았던 월남한 피난민 학생들을 위하여 대광이나 보성과 같은 교육시설을 세웠다.

---

14) 한경직, "부모와 그 책임", 『한경직목사설교전집 7』, 384-385.

15) 한경직, "여호와의 아름다움", 『한경직목사설교전집 9』, 474.

지금도 그가 목회한 영락교회의 수많은 사람들은 "한경직 목사님이 자신을 참으로 사랑하셨다."고 기억한다.

3. 교육의 원리: 성육신적 교육

한경직 목사에게 있어서 교육의 원리는 무엇이라고 표현할 수 있을까? 한마디로 이야기하면 성육신적 교육이라고 감히 단언할 수 있다. 이를 알아보기 위해 우선 성육신의 개념부터 살펴보면 다음과 같다.

성육신(成肉身)은 말 그대로 사람의 몸을 이룬, 곧 하나님이 사람이 되신 것을 의미한다. 이 사건은 인류가 시작한 이래 단 한번 일어났으며, 그 주인공은 바로 '예수 그리스도'이다. 그리고 이 믿음의 토대 위에 기독교는 세워져 있다. 그런데 성경에 기록된 예수의 탄생 사건에는 성령의 잉태와 마리아의 믿음의 순종이라는 과정이 있다. 곧 성육신은 '성령'과 '마리아'라는 매개(媒介), 곧 도체(導體)를 통하여 일어난 사건이다. 여기서 주체, 즉 이 사건의 장본인은 하나님이다. 하나님의 인간되심과 인간이심은 그의 자유로운 결정이며, 그렇게 남아있다. 성육신은 인간이 하나님께로 올라가는 것을 의미하지 않으며, 하나님이 인간에게로 내려오심을 의미한다. 인간은 단지 받아들이고, 듣고 봉사하는 과제를 수행할 뿐이다. 마리아가 복을 받을 수 있었던 것은 그녀가 처녀였기 때문이거나 그녀가 여자였기 때문이 아니라 그녀가 믿었기 때문이라고(눅1:45) 성경은 기록하고 있다. 사실 성령이 인간을 매개로 하여 활동한다는 것은 참으로 성경에서 일관되게 흐르는 주제이다. 성령은 어떤 선택받은 인간을 통해 활동하시고 말씀하시며, 그 사람으로 하여금 하나님의 목적을 위한 도구와 방편으로 삼으신다.[16]

한경직 목사는 이러한 성육신적 개념을 교육의 원리로 삼았다. 우선, 그는 마리아처럼 하나님을 믿고 그 말씀에 복종하였다. 이상현의 고백처럼 그는 철저히 자신을 비운 투명한 사

---

16) 졸고, "역사의 성례적 구조와 그 적용", 「교회사학」12 (서울: 한국기독교회사학회, 2013), 38-39.

람이었기에[17] 결코 자신을 드러내지 않고 그저 자신을 하나님의 도구로 여겼다. 자신이 목표를 정하고 그것을 달성하고자 노력한 것이 아니라 시대를 분별하고 하나님의 명령에 귀를 기울였다. 그 결과 세워진 것이 여러 교육시설이다. 그러하였기에 대광학원과 영락학원의 교훈을 "경천애인(敬天愛人)"이라 정하고 하나님을 공경하는 믿음과 이웃에 대한 사랑을 그 사명으로 하도록 학생들을 교육하였다.

그리고, 그는 하나님이지만 사람이 되신 예수님처럼 목회자이지만 교육자가 되었다. 강단에서 교육하여야 한다고 외치기만 한 것이 아니라 스스로 교육기관을 설립하였다. 가르치는 교사의 입장에만 있는 것이 아니라 배우는 학생의 입장에도 서 있었다. 입으로 말한 것을 몸으로 그대로 행하였다. 그는 다양한 방면에서 교육을 실천하였다.

첫째, 교회에서의 성육신적 교육[18]은 다음과 같다. 한경직 목사는 영락교회가 세워진 그 다음 주일부터 유년부 주일학교를 시작하고 주일학교 교사들을 위해 매주 토요일 교사준비교육을 직접 시켰다. 그리고 매주 주보 1면을 '주일학교란'으로 할애하면서 교회교육의 기초를 다졌다. 6 · 25전쟁 이후에는 주일학교를 유치부, 유년부, 소년부, 중고등학생 면려회, 대학생 성경반 등으로 좀 더 다양하게 조직하였다. 특히 1954년부터 주일학교에 장년부를 만들어 평신도의 역량을 강화하였는데, 당시 장년성경공부반은 참여인원이 예배 참석자 수와 비슷할 정도로 큰 호응을 얻었다. 특별히 한글을 모르는 장년, 노년층에게 교육의 기회를 제공하여 문맹퇴치에도 공헌하였다.

한경직 목사는 1955년에 대한예수교장로회 제40회 총회장으로 선출되어 범교회적으로 주일학교 진흥운동을 일으켰으며, 교사강습회를 열고 신입부를 설치하여 효과적인 교회교육을 펼치는데 앞장섰다. 1960년대에 들어서 주일학교의 이름을 교육부로 바꾸고 해마다 교육주간을 정해 교회교육의 중요성을 알리는 다양한 행사를 마련했다. 1969년에는 한국교회에서 처음으로 주간학교를 운영하기 시작해 주중에 초등학생들에게 성경을 가르쳤다. 또

17) 이상현, "한경직 목사님의 인격과 삶", 『한경직목사탄신100주년기념행사자료집』(서울: 한경직목사기념사업회, 2008), 280-281.

18) "교육자 한경직", http://한경직.org 한경직영상보기 참조.

한 자모부와 학부모회를 신설해 학부모 교육을 실시하고, 이를 통해 교회와 가정이 연계하여 어린아이들이 신앙으로 바르게 자라도록 노력하였다.

둘째, 학교에서의 성육신적 교육[19]은 여러 학교의 설립과 지원 등으로 파악할 수 있다. 한경직 목사는 남쪽으로 몰려드는 가난한 피난민 자녀들을 가르치기 위하여 1947년에 대광중고등학교를 세우고 2000년에 하나님의 부르심을 받을 때까지 이사장으로 일했다. 또한 1950년에는 영락교회 부속건물에서 보성여학교를 재건하여 초대 이사장으로 일했다. 이 학교는 당시 피난민 자녀들을 비롯해 학업의 기회가 제한되었던 여자 청소년들을 위한 배움터가 되었다. 그리고 전쟁이 한창이던 1952년에는 어려운 환경 때문에 학교에 가지 못한 근로 청소년들을 위하여 영락교회 내에 성경구락부를 시작하였다. 이들에게 중등교육을 실시하고자 1953년에 영락고등공민학교를 설치하고 1959년에는 영락중학교와 영락상업고등학교로 정규인가를 받았다. 그는 교육의 혜택에서 소외된 청소년들을 위하여 중학교와 고등학교 모두 남녀공학의 야간학교로, 고등학교는 상업고등학교로 하였다.

그는 숭의학교가 남한에서 재건되는 데도 앞장섰다. 1950년에 숭의여자중학이라는 이름으로 가르치기 시작했고, 전쟁 후인 1953년에 정식인가를 받아 다시 문을 열었다. 숭의학교가 재정적인 위기에 처하자 관선이사로 선임되어 어려움을 수습하였고, 그 후에도 학교 운영을 적극적으로 지원함으로써 숭의 재건의 아버지로 기억되고 있다. 또한 오산학교재건위원회가 조직되자 발기인으로 참여해 자신의 모교인 오산학교가 남한에 다시 세워지도록 지원하였다. 오산에서의 가르침을 평생 간직했던 한경직 목사는 남강이승훈선생동상재건위원회 회장, 남강문화재단 이사장, 고당조만식선생기념사업회 회장을 맡기도 했다.

숭실대학은 폐교된 이후 여러 번 재건 움직임이 있었지만 성사되지 못하고 전쟁이 끝나자 재건 기성회가 조직되었다. 숭실대학 졸업생인 한경직 목사는 학장으로 추대되었고, 폐교된 지 만 16년 만인 1954년에 숭실대학의 역사는 영락교회 부속건물에서 다시 이어지게 되었다. 숭실대학을 재건하면서 한경직 목사는 자신이 유학중에 경험한 선진 기독교교육

19) 조은식 편, 『한경직목사의 신앙유산』(서울: 숭실대학교출판부, 2007), 171-301; "교육자 한경직", http://한경직.org 한경직영상보기 참조.

시스템을 도입하여 어려운 이들에게 배움의 기회를 제공하려고 노력하였다. 특히 순국선열이나 순교자 자녀들에게 장학금은 물론이고 생활비까지 지원하였다. 또한 여학생 전원에게 등록금의 반액을 보조함으로써 여성들을 위하여 학교의 문턱을 낮추었다. 그리고 1956년 대한예수교장로회 총회에서는 여성을 위한 고등교육의 필요성을 느껴 기독교 여자대학을 설립하기로 하였다. 서울여자대학설립준비위원회가 구성되면서 한경직 목사는 기성회 부회장으로 추대되어 미북장로교 선교회로부터 학교설립에 필요한 기금 15만 불을 배정받는 일을 성사시켰을 뿐만 아니라 1962년부터 13년간 이사장으로 섬기면서 학교의 성장과 발전에도 크게 기여하였다.

평양신학교가 신사참배를 반대하면서 폐교한 후에 조선신학교와 고려신학교, 총회신학교가 뒤를 이었지만 신학적인 견해차와 신앙의 순수성, 교권의 문제로 총회가 분열되면서 예장통합측은 장로회신학대학을 설립하였다. 한경직 목사는 장로회신학대학교 제4대 이사장으로 일하면서 교단의 정체성을 확립하고, 교수진을 확충하며, 학교의 시설을 확장하여 오늘의 세계적인 신학교가 되는데 지대한 공헌을 하였다. 또한 그는 1969년 남한산성에 영락여자신학원을 설립하였다. 이 학교는 농어촌 미자립 교회와 통일 이후 북한에 파송할 여자 교역자를 양성하고 사회복지 봉사자를 훈련할 목적으로 세워졌다. 그는 은퇴한 후에 학교 옆으로 우거처를 마련하고 학생들에게 많은 가르침과 감화를 끼쳤다.[20] 끝으로 아세아연합신학대학교는 한경직 목사가 해외선교활동을 펼치면서 탄생한 학교이다. 그는 초대 설립 이사장이 되어 최창근 장로에게서 토지를 기증받고 외국 친구들의 도움으로 건축기금을 마련했다. 이 학교는 그가 평생 추구하였던 민족복음화와 아시아복음화를 목적으로 세워져서 한국교회가 세계선교에 대한 비전을 갖게 하고 복음주의를 확장[21]하는 데 크게 기여하였다.

셋째, 사회에서의 성육신적 교육은 기독교 구국 운동, 정신혁명운동을 통하여 알아볼 수 있다. 한경직 목사는 광복 이후 수년간 극도로 혼란해진 한국의 상황을 보면서 일종의 위기

20) 국내에서 처음으로 수도원적인 시스템을 적용하여 전원 기숙사 생활을 통한 영성훈련을 실시하고 수많은 여성 사역자를 배출한 이 학교는 불행히도 2012년 12월에 43회 졸업생을 배출하고 문을 닫았다.

21) 박용규, “온건한 복음주의 에큐메니칼 목회자(이만열 교수의 논평에 대신하여)”, 「제1회 학술심포지엄 “한국교회와 한경직목사”」(서울: 한경직목사기념사업회, 2001), 36.

의식을 느껴 범 교회적으로 기독교구국운동을 전개하였다. 1950년을 구국전도의 해로 정하고, 4월9일부터 4일간 각 교회가 합동하여 영락교회에서 이북신도대회를 열어 속히 나라가 통일되기를 기도하고, 매일 오후에 거리로 나가서 대중전도와 개인전도를 하였다. 그리고 43명의 목사를 선발하여 2회에 걸쳐 공산 게릴라들의 준동이 가장 심한 지리산 지역 13개 군민들에게 특별전도를 실시하였다. 그 자신도 1950년 1월에 있었던 1차에 참가하여 남원군 일대를 약 일주간 순회하면서 전도하였다. 이렇게 전개한 구국운동은 위험을 무릅쓴 전도활동이었다. 불안과 공포에 떠는 그 지역사람들에게는 큰 위로와 힘이 되었다.[22)]

또한 전쟁 중에는 대전에서 민심을 수습하고 피난민을 구호하며 또한 국군을 위문하는 등의 목적을 가지고 '기독교 구국회'를 조직하였다. 그는 극장에서도 방송에서도 시국강연을 하며 기회가 주어지는 대로 계몽활동을 하였다. 특히 대구에서는 청년들을 선도하여 자원하는 '기독청년의용병'을 모집하였으며 훈련도 시키고 전장에 참여하게도 하였다.[23)]

그리고 한경직 목사는 1970년, 영락교회 창립25주년을 맞이해서 정신혁명을 주제로 전국 규모의 전도집회를 개최하였다. 그는 '새 사람 되어 새 나라 이룩하자'는 표어 하에 미국 부흥사 학개(J.E. Haggai) 목사와 베어드(J.M. Baird) 목사, 박조준 목사와 함께 주강사로 활동하였다. 그는 정신혁명을 일으킬 수밖에 없었던 당시의 상황과 이유를 다음과 같이 설명하고 있다.

> 그러나 이 순조로운 발전을 저해하는 암적 존재가 있습니다. 그것은 무엇인가? 한마디로 말해서 부패와 부정입니다. 아파트는 짓기는 짓지만 몇 달이 못가서 무너집니다. 인명이 살상을 당합니다. 고속도로를 만들긴 만들지만 한겨울만 지나가면 가운데가 갈라집니다. 한편에 고루거각의 으리으리한 소위 고급 촌이 건설되는가 하면 사방 변두리에는 빈민굴이 우후죽순처럼 솟아나는 현실입니다. 이러한 현실에서 가장 필요한 것이 무엇인가? 정신혁명이올시다. 마음이 새로워져야 합니다. 회개해

22) 한경직목사기념사업회, 『한경직목사성역50년』(서울: 한경직목사기념사업출판위원회, 1986), 44-45.
23) 김병희, 『한경직 목사』(서울: 규장, 1982), 64-67.

> 야 합니다. 거듭나야 합니다. 영적으로 부활하여야 합니다. 새로운 피조물이 되어야 합니다. 그리해서 새 마음 새 정신을 가지고 정치도 하고, 실업도 경영하고, 여러 가지 공사도 맡아서 하여야 될 것입니다. 한국의 실정을 직시할 때 먼저 우리는 정신혁명을 부르짖게 되는 것입니다.[24]

그는 서울대회에서 '70년대의 그리스도인'이라는 제목으로 신앙강좌를 5차례 하였으며, 대구연합 부흥전도대회에서는 '70년대의 정신혁명' '기독교의 우주관' '자유인이냐 노예냐' '인생의 갈렛길' '두 가지 생활철학' 등의 제목으로 설교하였다. 이 운동은 특히 장래에 지도자가 될 중 · 고등학생과 대학생들에게 전도하여 큰 효과를 보았다.

Ⅳ. 교육사상의 의미

1. 기독교 신앙에 근거한 전인교육

현대사회는 경쟁사회이다. 그 경쟁은 어떠한 대학을 들어가는가에 좌우되며, 성공의 기준은 어떤 직장에 취직하여 얼마만큼의 연봉을 받는가에 좌우되는 것이 오늘의 청소년, 젊은 세대들이 가지는 생각이다. 그런데 우리 인간에게는 육신만 있는 것이 아니다. 만약 육신만 존재한다면 아마 밥만 먹고 옷만 잘 입게 될 때 참된 만족을 누렸을 것이다. 그러나 사람의 속에는 '영혼'이라는 신비한 불길이 있다. 모든 조건이 만족하다고 할지라도 '영적 만족'이 없으면 인간은 언제든지 텅 빈 느낌을 안고 공허감 속에서 살 수밖에 없다.[25]

여기에 종교의 영역이 있다. 신앙 외에는 결코 해결 되지 않는 특별한 공간, 곧 '영원을 사모하는 마음'이 있다. 한경직 목사는 일본 제국주의의 식민통치 하에서 오산학교와 숭실대학의 배움을 통하여 이것을 경험하고 깨달았다. 나라를 다시 찾아야만 한다는 애국심

24) 한경직, "먼저 정신혁명", 『한경직목사설교전집 12』, 74.

25) 한경직, 『기독교란 무엇인가』, 21-22.

과 그 목표를 달성하기 위하여 현대 과학기술 곧 신학문을 배워야 한다는 것, 그리고 제대로 된 인간이 되기 위해서 기독교 신앙을 받아들여야 한다는 것을 분명히 깨달았다. 따라서 그는 영혼의 만족, 올바른 정신, 육신을 위한 전문지식의 습득이라는 전인교육을 지향하였고, 이를 위하여 많은 학교를 설립하였다.

> 그러므로 나는 평소부터 할 수만 있으면 일반교육기관을 교회에서 경영해야 될 것을 굳게 믿는다. 그것은 나의 과거 경험을 돌아볼 때에 나는 기독교 교육이 얼마나 중요하다는 것을 체험한 까닭이다.[26]

한경직 목사는 한국교회가 교회를 설립할 때 학교를 세우고 기독교 교육을 실시하였던 전통을 이어서 여러 학교들을 설립하였다. 그리고 그 학교는 기독교 정신에 입각한 전인교육을 실시하여 광복 후 학교교육에 있어서 귀감이 되었다.

2. 성육신적 교육의 본보기 구현

한경직 목사와 함께 영락교회에서, 대광학교와 영락학교에서 사역 하였던 송성찬은 그를 신행일치, 언행일치의 인물로 고백한다. "그의 인격은 문자 그대로 전인적인 신앙인이기에 신앙과 생활 사이에 괴리(乖離)가 없고, 신앙과 신학 사이에도 모순이 없다. 삶의 표(表)와 리(裏)의 상이(相異)가 없고 신(信)과 행(行)에도 완전일치를 보인다."[27]

그의 삶이 이러했기에 그가 하는 사역은 성육신적 사역이 될 수밖에 없었다. 사실 당시 동양 최대의 교회인 영락교회를 목회하면서 수많은 학교들을 설립하고 그 운영에 관여한다는 것은 결코 쉬운 일이 아니었을 것이다. 그러나 그는 개인의 창조성을 존중하고 민중에게 봉사하려는 애국심을 가진 이들이 세운 사립학교는 우리나라의 건전한 발전을 위하여 매우

26) 한경직, 『사도바울에게 배운다』, 204-205.

27) 송성찬, 『흔적』(서울: 흔적출판위원회, 1990), 154.

필요한 것으로 생각했다. 게다가 경건한 신앙을 가진 애국자들이 세우는 기독교 교육기관이 장래의 우리나라를 위하여 절실함을 자신의 유학체험을 통해서 알고 있었기에 강단에서 그 설립을 역설하였다.[28] 그리고 그는 자신이 선포한 그대로 실천하였다.

삶으로 드러나는 한경직 목사의 성례전적 교육의 본은 교회교육의 현장에서도 변함없이 모든 영락교회 성도들의 뇌리에 남아있다. 기독교교육에 평생을 헌신한 주선애 장신대 명예 교수의 기억은 보다 특별하여 여기 인용한다.

> 교육자의 눈으로 볼 때 한 목사님은 말씀으로 교육하신 것도 크지만 삶으로 교육을 하셨어요. 본당 올라오는 곳에 돌하고 흙하고 섞여있는 울퉁불퉁한 계단이 있었어요. 매 주일아침 8시가 되면 목사님이 나와서 거기 서서 계셔요. 눈 오면 눈 오는 대로, 비 오면 비 오는 대로 우산 쓰시고 거기에 서서 계시지 않았습니까? 그러면 영아부 아이들이 업혀서 오다가도 "얘야, 목사님이다, 목사님. 인사해라." 그러면 "안녕하세요?" 인사하면 그저 웃음으로 받아주시고, 아이들마다 인사하고 선생님들마다 인사하고 그랬어요. 선생님들이 늦게 오면 목사님 무서워서 어려워하고, 미안해 가지고 얼굴을 못 들고 이렇게 인사를 하고, 그게 얼마나 큰 교육인지 몰라요. 설교를 몇 번씩 하셔야 됨에도 불구하고 인자하게 웃는 모습으로 거기 서서 계시는 목사님의 존재 그 자체가 목사님의 얼굴을 잘 볼 수 없는 영아부 아이들, 유치부 아이들에게 얼마나 영광스럽고 은혜로운지 몰라요. 교육에서는 그런 게 아이들에게 어떤 각인이 된다고 그래요. 어려서부터 보고 듣고 하는 것이 머릿속에 도장 박히듯이 박혀요. 저는 우리 한 목사님의 모습이 이 아이들에게 도장 박히듯이 박혀있다고 생각해요.[29]

한경직 목사의 하나님을 사랑하고 이웃을 사랑하며 나라를 사랑하는 그 마음은 그의 따

28) 한경직, 『사도바울에게 배운다』, 206.

29) 주선애, "1주기추모대중강연회", 「1주기추모자료집: 한국교회와 한경직목사」(서울: 한경직목사기념사업회, 2002), 125-126. 녹취된 기록을 필자가 정리함.

뜻한 눈길로, 웃는 얼굴로, 자애로운 모습으로 흘러넘쳐서 그를 만나는 사람들을 변화시켜 나갔다. 이와 같이 한경직 목사는 존재하는 그 자체로 영향을 끼치는, 문자 그대로 성례전적 교육을 구현하였다.

3. 인재양성으로 국가에 공헌

한경직 목사는 우리 민족이 갖고 있었던 문제를 죄와 무지, 가난으로 보았고 이를 해결하는 방편으로 전도, 교육, 봉사에 매진하였다. 그런데 이 모든 것은 결국 자유민주국가의 건설을 목표로 한 것이었다.[30] 그런데 그는 이 민주국가의 건설이 기독교의 기반 위에서만 이루어질 수 있다고 확신하였다.

> 우리나라를 현재에 바로 세우고 장래에 위대한 조국으로 발전시킬 수 있는 것은 오직 기독교뿐입니다. 기독교 이념과 사상이 우리 민족의 정신과 사상을 지배할 때에만 우리나라는 민주국가로서 발전하고 만세반석의 기반위에 세워질 것입니다.[31]

특히 한경직 목사는 기독교 정신에 입각한 전인교육을 통하여 배출된 인재들이 사회에 나가서 민주국가를 이루는 동량이 되리라 믿어 의심치 않았다. 이는 그가 세운 대광학교의 예만 들어도 쉽게 알 수 있다. 2012년 대광홍보책자에 의하면, 27,000여 명의 졸업생을 배출하였는데 그중에 목사만도 700여 명[32]이 된다. 그 외에도 대략 살펴보면 다음과 같다. 교육계에서 총장이 김한중(연세대학교), 이영선(한림대학교), 김용민(포항공대), 홍문종(경민대), 강희성(호원대) 등이 있으며, 경제계에서 조창걸(한샘명예회장), 안준호(삼환기업대표이사), 남영우(대한주택보증사장), 서종욱(대우건설사장), 심규상(두산중공업사장), 김영범

30) 우리의 목표는 일치하다. 누구나 공통한 목표를 가지고 있다. 이미 말한 대로 자유민주국가의 건설이다. 한경직, "삶과 그 목표", 『한경직목사설교전집 14』, 335.

31) 한경직, "해방의 은총", 『한경직목사설교전집 17』, 124.

32) 아마도 세계에서 가장 많은 목회자를 배출한 고등학교일 것이다.

(대성그룹사장), 김석준(쌍용건설회장), 권오현(삼성전자사장), 구정모(대구백화점회장), 이창규(SK네트웍스 대표이사) 등이 있다. 예능계에서 류시화(시인), 김광석(가수), 언론계에서 이성수(MBC보도국장), 정성환(SBS보도국장), 법조계에서 변동걸(법무법인 화우 대표변호사), 윤배경(법무법인 율현 대표변호사), 의료계에서 강원희(히말라야의 슈바이처), 차광렬(차병원그룹회장), 장병철(신촌세브란스 심장혈관병원장) 등이 있다. 대충 적어본 게 이 정도이다.

영락학원의 시초인 성경구락부는 한경직의 프린스턴신학교 친구였던 권세열(權世烈, F. Kinsler) 선교사가 시작하여 전국적으로 그 사역의 폭을 넓힌 것이다. 성경구락부는 성경을 중심으로 한 학교교육운동이다. 각 교회가 정규학교에 가기 어려운 가난한 학생들을 학교와 같이 주중에 매일 모아놓고 성경도 가르치고 다른 과목도 가르친 곳으로 무인가 초등학교라 할 수 있다.[33] 70년대의 근로계층 중 대부분이 6 · 25 전쟁 시 10세 전후의 어린이들인 사실을 감안하면 그 중에 빈곤가정의 자녀와 전란 중 부모를 잃은 고아들도 상당한 비율을 차지할 것이다. 그러므로 만일 전란 중 한국교회의 아동복지사업이나 빈민구제사업, 성경구락부를 통한 초등교육사업 등이 없었다면 70년대에 산업화과정을 정상적으로 전개할 수 없었을 것이다.[34]

그렇다면 그가 직접 설립하거나 주도적으로 참여한 대성학원, 영락학원, 보성학원, 숭실대학교, 영락여자신학원, 아세아연합신학대학교, 장로회신학대학교, 서울여자대학교, 숭의여자대학교 등에서 배출된 수많은 인재들이 대한민국을 위하여 얼마나 큰 공헌을 하였을까?

Ⅴ. 결론

한경직 목사는 목회자이면서 동시에 교육자였다. 그는 이 민족의 역사를 암울하게 하였

33) 한경직, 『나의 감사』, 165.

34) 강준렬, "국가발전을 위한 기독교의 역할에 관한 연구," (명지대학교 대학원 박사학위 논문, 2002), 82.

던 죄와 무지, 그리고 가난의 문제를 해결하기 위하여 평생 노력하였는데 특히 무지의 문제는 교육을 통하여 풀어나갔다.

가정에서 부모에게 물려받은 부지런함과 배움에 대한 한(恨)은 그의 내면에 자리하였고, 사람들의 그 한을 풀어주기 위해 성심을 다하였다. 오산학교와 숭실대학을 거치며 배움의 과정에서 형성된 애국심, 신학문, 기독교라는 개념은 그의 교육사역을 지탱하는 세 개의 기둥이였다. 그리고 미국 유학에서 경험한 선진 기독교 시스템은 그가 설립한 학교에 적용되었다.

한경직 목사는 인재양성을 교육의 목적으로 삼았다. 그 목적을 이루기 위하여 그는 정원사의 의식을 가지고 한 사람, 한 사람에게 관심을 가졌으며 초등과정에서 고등과정까지 소홀히 하지 않았다. 성육신적 교육은 그가 교육기관을 설립하고 학생들을 직접 가르친 원리로서 교회와 학교, 그리고 사회 현장에서 구체적으로 실현되었다.

한경직 목사의 교육사상은 기독교 정신에 입각하여 영혼의 만족, 올바른 정신, 육신을 위한 전문지식의 습득이라는 전인교육을 지향하였으며, 언행일치의 삶을 통하여 존재하는 것만으로도 교육적 영향을 끼치는 성육신적 교육의 본을 구현하였다. 그리고 그의 교육사상의 실천을 통하여 배출된 인재들이 사회에 나가서 민주국가를 이루는 동량이 되는 결과를 초래하였다.둥이였다. 그리고 미국 유학에서 경험한 선진 기독교 시스템은 그가 설립한 학교에 적용되었다.

한경직 목사는 인재양성을 교육의 목적으로 삼았다. 그 목적을 이루기 위하여 그는 정원사의 의식을 가지고 한 사람, 한 사람에게 관심을 가졌으며 초등과정에서 고등과정까지 소홀히 하지 않았다. 성육신적 교육은 그가 교육기관을 설립하고 학생들을 직접 가르친 원리로서 교회와 학교, 그리고 사회 현장에서 구체적으로 실현되었다.

한경직 목사의 교육사상은 기독교 정신에 입각하여 영혼의 만족, 올바른 정신, 육신을 위한 전문지식의 습득이라는 전인교육을 지향하였으며, 언행일치의 삶을 통하여 존재하는 것만으로도 교육적 영향을 끼치는 성육신적 교육의 본을 구현하였다. 그리고 그의 교육사상의 실천을 통하여 배출된 인재들이 사회에 나가서 민주국가를 이루는 동량이 되는 결과를 초래하였다.

한경직 목사의 교회교육사역
– 성육신적 교육자, 한경직 목사 –

박상진 박사 / 장신대

I. 들어가는 말

추양 한 경직 목사는 교육자이다. 교회교육에 깊은 관심을 갖고 헌신하였고 많은 기독교학교들을 설립, 재건한 기독교교육자이다. 한경직 목사는 영락교회 교회학교는 물론 영락학원과 대광학원을 비롯한 많은 기독교학교를 설립하였고 기독교교육을 실천하였다. 그러나 한경직 목사에 관한 많은 연구들 가운데 교육자로서의 한경직 목사를 조명한 연구는 그리 많지 않다. 연구영역별로 파악해 볼 때, 설교에 관한 연구가 가장 많은 비중을 차지하고, 선교와 윤리에 관한 연구도 적지 않은데, 한경직 목사의 교육에 관한 연구는 거의 찾아볼 수 없는 것이다. 그나마 그의 교육에 관한 연구들도 대부분 기독교학교 설립과 관련된 역사적 연구들이고, 한경직 목사의 교육관이나 특히 그의 교회교육에 관한 연구는 마치 미개척 분야라고 할 수 있을 정도이다.[35]

35) 한경직 목사의 교육에 관한 연구로는 최재건, "한경직 목사와 학원 선교"(한경직목사기념사업회, 〈한경직 목사 추모자료집: 7주기〉 (서울: 한경직목사기념사업회, 2007), 오기형, "한경직 목사가 한국 교육에 미친 영향", 탁준호, "한경직 목사와 대광", 허전, "한경직 목사와 보성", 김정섭, "한경직 목사와 영락", 김용관, "한경직 목사와 오산", 연요한, "한경직 목사와 숭의", 김신옥, "한경직 목사와 영락여자신학교", 이정린, "한경직 목사와 숭실대학교", 이광자, "한경직 목사와 서울여자대학교", 한철하, "한경직 목사와 아세아연합신학대학교", 주선애, "한경직 목사와 장로회신학대학교" 등이 있다.(숭실대학교 교목실 편, 〈한경직 목사의 신앙유산〉 (서울:

본 연구는 교회의 3대목표로서 '선교, 교육, 봉사'를 정하고, 본당 외에 교육관을 가장 먼저 설립했으며, 교회학교는 물론 성경구락부를 세우고 기독교학교들을 설립함으로써 통전적인 교회교육을 추구했던 한경직 목사, 그리고 그의 인격과 삶으로 긍휼의 교육을 실천하고 교육자의 모범을 보인 그의 교육관을 밝히고, 오늘날 한국교회와 기독교교육계에 주는 도전과 의미를 파악하려고 한다. 이를 위해 본 연구에서는 먼저 한경직 목사의 교육여정을 교육사(史)의 관점에서 살펴보되 그의 교육관이 어떻게 형성되었는지를 파악하려고 한다. 또한 한경직 목사의 교육관이 가장 잘 드러나고 실천된 현장인 영락교회의 역사를 분석하면서 한경직 목사의 교회교육관을 규명하려고 한다. 그리고 이러한 그의 교회교육관이 오늘날 한국교회와 교회교육에 주는 통찰과 의미를 살펴보고자 한다.

Ⅱ. 한경직 목사의 교육여정

한경직 목사의 교육관 형성은 그가 받은 교육에 연유한다. 한경직 목사가 교육을 중요시할 뿐 아니라 피교육자인 학생을 존중하고 단지 지식을 전수하는 것이 아니라 전인적인 변화를 추구하되 교육자 자신의 삶과 인격을 통한 교육을 지향한 것은 그가 어린 시절부터 받은 교육의 영향이라고 할 수 있다. 여기에서는 한경직 목사의 교육관 형성의 기간을 출생 이후부터 미국 유학 시절까지로 국한하여 파악하려고 하는데 크게 다섯 시기로 구분될 수 있다. 즉, 가정에서의 어린 시절, 진광소학교 시절, 오산학교 시절, 숭실대학교 시절, 그리고 미국 유학 시절 등이다.

1. 가정에서의 어린 시절

한경직 목사는 1902년 12월 29일(음력)에 평안남도 평원군 공덕면 간리에서 가난한 농부

숭실대학교 출판부, 2007).

한도풍 씨와 청주 이씨 사이의 맏아들로 태어났다. 위로는 누나가 한 분 있었고, 후에 동생 두 명이 더 태어나게 된다. 공덕면 간리는 평양에서 동북쪽으로 100여리쯤 떨어져서 위치해 있는 작은 마을이다. 한경직 목사가 태어나기 7년 전인 1895년 어느날 마펫 선교사와 그의 동역자인 한석진 조사에 의해서 복음이 이 마을에 전파되고, 그 후 마을 청년들에 의해 돌배밭 위에 자작교회가 세워지게 된다. 온 동네가 예수를 믿는 역사가 나타나게 되는데, 한씨 가문도 20여 가구가 믿게 되었다.[36)]

한경직 목사의 부친은 타고난 성품이 인자하고 부지런하고 성실하였고, 이로 인해서 어렸을 때부터 어른들로부터 많은 사랑을 받았다고 한다. 한경직 목사가 태어났을 때 그의 아버지는 겨우 더부살이를 면하고 자작농이 되어 자립할 수 있었다. 한경직 목사의 어머니는 매우 인자하고 부지런한 분이었다. 한경직 목사는 "어릴 때에 모친을 따라 목화밭에 가서 목화 따는 일을 돕던 기억도 새롭고, 간혹 밤에 자다 깨어 보면 모친이 언제나 늦도록 물레질을 하고 계신 모습이 눈에 선하다"고 말하였다.[37)] 이 사랑스런 어머니는 한경직 목사가 열 살이 되던 해에 돌아가시게 된다.

한경직 목사는 자작교회가 위치해 있는 간리 마을의 아늑함 속에서, 그리고 부지런하고 성실한 부모님과 형제자매와 더불어서 가난하지만 행복한 어린 시절을 보내게 되고, 이 어린 시절부터 착한 성품과 온유한 인격이 형성되었다고 할 수 있다. 한경직 목사는 훗날 다음과 같이 어린 시절을 술회하고 있다. "어렸을 때의 기억을 생각하면 어떻게 기쁜 기억이 많은지 모릅니다. 또 이런 생각을 하면서 밤새 더듬어 보아도 제 기억 가운데 우리 부모님들이 서로 싸우는 것을 본 기억이 안 납니다. 저는 그것을 감사하게 생각합니다. 또 부모님께 매를 맞아 본 기억도 없습니다."[38)]

서로 존중하는 아버지와 어머니, 이들의 사랑을 받고 자란 어린 시절은 한경직 목사의 삶의 모판이었고 인격이 형성되었던 보금자리였다. 한경직 목사의 어린 시절에 대한 기억은

---

36) 한숭홍, 〈한경직: 예수를 닮은 인간, 그리스도를 보여준 교부〉 (서울: 북코리아, 2007), 36.

37) 한경직목사 기념사업회, 〈한경직 목사 성역 50년〉 (서울: 세신문화사, 1986), 11.

38) 한경직목사 탄신 100주년 기념사업위원회 편, 〈평생에 듣던 말씀〉 (서울: 선미디어, 2002), 208.

늘 감사로 충만했다. "제 어렸을 적의 기억을 가만히 회상해 보니 하나님의 은혜가 참 감사했습니다. 저는 부모님께 대해서 언제든지 감사하고 부모님이 나를 극진히 귀여워하고 사랑했다는 생각밖에 다른 생각이 없습니다."[39] 영락교회에서 목양하면서 한경직 목사가 가정의 소중함과 부모의 자녀교육의 중요성을 강조하되 '아름다운 기억'을 남기는 것이 가장 중요한 가정의 유산이 됨을 강조한 것은 이런 그의 어린 시절의 기억 때문이었을 것이다.

2. 진광소학교 시절

한경직 목사의 교육관이 보다 선명하게 형성되기 시작한 것은 진광소학교 시절이라고 할 수 있다. 간리 마을에 복음이 전파되어 세워진 자작교회가 소학교를 설립하게 되는데 그 학교가 한경직 목사가 다닌 진광(眞光)소학교이다. 이 진광소학교에서 홍기두라는 선생을 만나게 되고 이 분으로부터 자신이 교육적인 영향을 받았다고 훗날 술회하고 있다.

"그저 감사한 것은 제가 세상에 나올 무렵에 우리 동네에 교회가 섰지요. 그래서 어렸을 때부터 그 교회에 다녔을 뿐 아니라 교회에서 운영하는 자그마한 진광학교라고 있었어요. 그 진광학교에 다니면서 다른 과목들과 같이 성경을 배울 수 있었고, 그 때에 저를 가르치는 선생님이 계셨는데 그 때 그 선생님이 그 학교 30-40명 학생을 전부 가르쳤습니다. 그 분이 홍기두라고 하는 선생님인데, 도산 안창호 선생이 하는 평양 대성학교에서 공부하다가 학교가 폐지될 때까지 다니던 이에요. 그 분이 사상이 아주 좋구요, 아주 잘 가르쳐주고 오산학교에 갈 때에도 두 명이 입학하게 되었는데 자기가 친히 데려다가 입학시켰지요." [40]

조그마한 마을 간리에 세워진 교회, 그리고 그 교회가 세운 소학교, 그 학교에서 만난 존경스러운 선생님. 이것은 평생 한경직 목사의 마음에 '교육'이 무엇인지를 형성시켰던 밑그림이었다. 한경직 목사의 진광소학교 시절의 역사 속에서 주목하게 되는 것은 '교회와 학교

39) 위의 책.

40) "성장과정: 김병희 편저 '한경직 목사' 중에서", 대광중고등학교, 〈영원한 스승 한경직 목사〉 (서울: 대광고등학교, 2000), 56.

의 관계 구조'이다. 자작교회가 작은 시골교회였지만 소학교를 세웠고, 그 소학교에는 그 교회 교인들의 자녀들과 동네 아이들이 다녔다. 〈영락교회 35년사〉에 따르면 진광소학교는 자작교회가 교회당을 짓고 남은 자재를 이용하였다고 한다.[41] 교회당 짓기에도 벅찼을 당시의 작은 시골교회가 소학교를 세워 기독교교육을 실천하였던 것이다. 이러한 교회와 학교의 관계 구조는 훗날 한경직 목사가 영락교회에서 실천한 교회와 학교 관계의 기초가 되었다고 할 수 있다.

한국교회 초기 역사에 있어서는 교회와 학교의 이런 유기적인 관계가 결코 이상한 일이 아니었다. 1905년에서 1908년 사이에 한국교회가 설립한 기독교학교 수가 급증하였는데, 교회 수 대비 학교 수를 계산해보면 1905년에는 33%, 1906년에는 40%, 1907년에는 51.6%, 1908년에는 60% 이상이었다. 이는 1905년에는 평균 세 교회가 한 학교를 세웠다면 2년 후인 1907년에는 두 교회당 한 학교를 설립했다는 의미이다. 1908년 당시 전국의 예배당 수는 897개 처소인데, 소학교 수는 542개이다.[42] 특히 전국에서 가장 활발하게 기독교학교가 설립된 지역이 평안도였고, 바로 한경직 목사가 다닌 진광소학교도 그렇게 설립된 기독교학교였던 것이다. 당시 기독교학교의 설립정신은 크게 두 가지로 요약될 수 있는데, 하나는 기독교교육이고 다른 하나는 민족교육이다. 이 정신은 한경직 목사가 후에 다니게 되는 오산학교와 숭실학교에도 면면히 이어지게 되는데 한경직 목사의 사상의 틀을 형성하는 정신이기도 하다.

교회가 세운 학교이기에 때문에 두 기관이 유기적인 관계를 지녔음은 말할 나위가 없다. 한경직 목사는 자작교회에 다니면서 진광소학교를 다녔는데, 그 두 기관이 어떻게 유기적인 관계를 지녔는지는 한경직 목사의 진로 결정에 있어서 진광소학교의 홍기두 선생과 자작교회의 우용진 전도사가 상의해서 오산학교로 보냈다는 사실에서 확연히 드러난다. "그때 교회에 전도사로 계신 우용진씨라는 분이 계셨는데, 결국 그 두 분이(우용진 전도사와

---

41) 영락교회, 〈영락교회 35년사〉 (서울: 영락교회 홍보출판부, 1983), 49.

42) 임희국,"한국교회 초기 기독교학교 설립," 기독교학교교육연구소 편, 〈평양대부흥운동과 기독교학교〉 (서울: 예영커뮤니케이션, 2007), 118.

홍기두 선생) 의논하셔서 저를 가까운 평양에 숭실학교가 있었지만은 오산학교가 더 애국하는 학교라 하여 저를 거기로 보냈거든요."[43]

진광소학교에서 만난 홍기두 선생에 대해서는 소학교시절의 선생이지만 한경직 목사가 그 이름을 선명하게 기억하고 있고, 그 선생님을 만난 것이 "하나님의 큰 은혜"이었다고 스스로 고백하고 있다.[44] 〈한경직 목사 성역 50년〉에서 홍기두 선생에 대해서 다음과 같이 기술하고 있다."홍 선생은 한학과 신학문을 겸비한 분이었다. 신앙이 돈독하고 덕망이 높았으며 민족의식이 투철하고 애국심이 강한 분이었다. 이 어른의 교육적인 영향은 매우 컸다."[45] 앞에서 언급 된 대로 홍 선생이 한경직 목사를 오산학교까지 데리고 가서 입학시킬 정도로 헌신되었고 인격적으로 성숙한 교사였음을 볼 때, 신앙심과 민족정신, 실력과 인격을 겸비한 교육자라고 할 수 있는데, 이러한 교사상이 바로 한경직 목사 자신이 추구한 교육사상 이었음을 알 수 있다.

3. 오산학교 시절

한경직 목사의 교육관 형성에 지대한 영향을 미친 곳은 오산학교였다. 여기에서 만난 남강 이승훈(1864-1930) 선생과 고당 조만식(1882-1950) 선생은 한경직 목사에게 교육이 무엇인지 교육자가 누구인지를 깨우쳐 주는 스승이었다. 오산학교는 남강 이승훈 선생이 세운 학교이다. 한경직 목사는 평양의 숭실학교가 거리상으로는 더 가까웠지만 오산학교가 더 애국하는 학교이기 때문에 정주에 있는 오산학교로 입학하게 되었다. 한경직 목사는 "둘 다 기독교학교고 다 좋은데 오산학교는 더 애국하는 학교다 그런 생각이었지요. 사실 저는 남촌 사람인데 가까운 숭실학교를 놔두고 200리나 더 먼 오산학교에 가게 됐지요."라

43) 대광중고등학교, 〈영원한 스승 한경직 목사〉, 56.

44) 위의 책.

45) 한경직목사 기념사업회, 〈한경직 목사 성역 50년〉, 14.

고 당시를 술회하고 있다.[46)]

한경직 목사는 남강으로부터 받은 교육적 영향력을 다음과 같이 기술하고 있다. "그 때 남강 선생님이 우리 어린 학생들에게 주는 감화는 무어라고 말할 수 없었습니다. 정말 큰 것이었어요. 자기 사재를 다 털어서 학교를 세우고... 자기 집은 남촌에 있는데도 매일 학교에 나오시고... 그 때 오산학교는 기독교학교라서 채플시간이 있었는데 채플시간이면 남강 선생이랑 고당선생이 말씀을 하셨단 말이에요. 그 때 남강이 연세가 드셨어도 말씀하실 때는 거저 불을 뿜었어요. 그 정신이 살았거든... 그래서 우리 남강 선생을 내가 잊을 수가 없고..."[47)]

한경직 목사는 오산학교에서 남강 이승훈 선생만이 아니라 고당 조만식 선생을 만나 큰 영향을 받게 된다. 사실 한경직 목사에게 가장 강한 교육적 영향력을 끼친 분은 고당 조만식 선생이라고 할 수 있다. 그것은 한경직 목사의 다음과 같은 고백에서 확인할 수 있다. "나는 지금까지 여러 선생들에게 가르침을 받아왔지만 고당 선생처럼 학생을 사랑하고 나라를 사랑하며 실제로 모범을 보여주며 그 전 생애를 희생한 교육자는 오직 고당 한 분이라고 기억돼요. 그래서 특별히 그 분을 존경하게 돼요."[48)]

고당 조만식 선생이 한경직 목사에게는 교육자의 모범으로 각인된다. 그리고 그 모습을 한경직 목사의 삶과 사역을 통해 구현하려고 했던 것으로 보인다. 특히 교육에 있어서 강의나 지적 가르침만이 아니라 삶의 모범이 얼마나 중요한가를 깊게 깨닫고 성찰할 수 있었던 만남이었다. 고당의 교육을 통해서 한경직은 교육을 새롭게 이해하게 된다. 전통적인 교육은 교실 안에서 강의하는 것과 동일시되었고, 수업시간이 종료되면 교육도 종료되는 것으

46) 〈영원한 스승 한경직 목사〉, 61.

47) 위의 책, 61-62.

48) 위의 책, 66. 마포삼열 선교사의 아들이며 프린스턴 신학대학원 명예교수인 마삼락 박사는 고당 조만식 선생에 대해서 다음과 같이 쓰고 있다. "어떤 이들은 조만식 선생을 한국의 간디라고 부르지만, 조만식 선생은 간디와 달리 신실한 기독교인이었다. 그는 매우 검소한 삶을 살았으며 그의 학생들에게 세 가지를 항상 가르쳤다. 첫째는 일제의 한국 강점에 대해서 저항하되 폭력을 사용하지 말 것, 전통적인 유교의 가르침으로는 충분하지 않으므로 서양의 과학을 배울 것, 하나님께서 원하는 사람으로서 살기 위해서는 진정한 기독교인이 될 것."(한경직목사기념사업회, 〈한경직 목사 탄신 100주년 기념행사 자료집〉 (서울: 한경직목사기념사업회, 2008), 95)

로 인식하였지만, 고당 조만식의 교육은 그 모습과는 전혀 다른 것이었기 때문이다. 한경직 목사는 고당 조만식 선생의 교육을 회고하면서 다음과 같이 교육을 정의하고 있다. "교육은 교실 안에서 말만이 교육이 아니고 그의 실제 생활로써 모범을 보이는 실천교육이었으며 또 학생과 전 생활을 같이 하는, 다시 말하면 하루 24시간의 교육이었어요."[49] 이것은 바로 훗날 한경직 목사 자신의 교사상으로 자리 잡게 된다.

4. 숭실대학교 시절

오산학교를 졸업한 한경직 목사는 숭실대학에 진학하게 된다. 당시 숭실대학에는 인문, 과학, 농업 등 세 과가 있었는데, 그 중 한경직 목사는 과학 분야를 선택하였다. 수학적 재능이 뛰어났고 또한 수학을 좋아하였기 때문에 장차 과학자가 되려는 생각으로 이과를 선택하였던 것이다. 한경직 목사는 과학 공부를 통해 신앙과 학문, 영성과 지성 중 하나에 치중하는 것이 아니라 둘 다를 포용하고 균형을 추구하며, 나아가 이 둘을 통합하는 것의 중요성을 인식하게 된다. 숭실대학은 신앙, 애국, 과학을 교육의 삼대 축으로 삼고 교육하고 있었는데, 한경직 목사는 이미 오산중학교에서부터 그에게 심어져 온 이 세 가지 가치를 더 강하게 붙들게 되었던 것이다. 즉, 일제의 압제 속에서 '기독교적 구국교육'으로서 과학을 공부하였다고 할 수 있다. 〈한경직 목사 성역 50년〉에서의 다음과 같은 기록은 이를 뒷받침하고 있다. "한 목사는 조국이 망한 원인을 나름대로 조용히 생각해보았다. 여러 가지 있었겠지만 과학의 낙후가 가장 중요한 원인이 아니었겠느냐 하는 생각을 하셨다. 과감하게 문호를 개방하고 앞선 외국문화를 받아 우리의 것으로 받아들였던들 하는 후회스러운 생각도 하여 보았노라 하신다."[50]

숭실대학교 시절, 한경직 목사는 생애 잊을 수 없는 삶의 전환점을 경험하게 된다. 3학년 여름방학 때, 방위량(Blair) 선교사와 함께 황해도 구미포에 갔을 때, 어느 날 밤 해변에

49) 위의 책, 65.

50) 〈한경직 목사 성역 50년〉, 19.

서 주님의 부르심을 받았던 것이다. "어느 날 구미포 바닷가에서 혼자 산책하면서 기도한 경험이 있어요. 기도하는 가운데 좌우간 저로서는 부름을 받았어요. '내가 그저 과학을 공부해서 봉사하는 것도 좋지만 근본적으로 우리 민족이 새로워져야 된다'라고 생각했어요. 그래서 그 다음부턴 내가 바뀌어졌어요."[51] 이 경험은 한경직 목사의 삶의 방향을 결정하는 계기가 되었을 뿐 아니라 교육에 있어서 기도와 영성의 중요성을 깊이 인식하는 계기가 되었다고 할 수 있다.

5. 미국 유학 시절

한경직 목사는 숭실대학을 졸업하고 방위량 선교사의 주선으로 미국 장로교 계통의 대학인 엠포리아대학에서 인문학을 공부하게 된다. 이미 숭실대학에서 과학을 공부한 그가 이제는 역사, 철학, 심리학을 공부함으로써 목회자로서의 기본 소양은 물론 통전적 교육자로서의 폭넓은 관점을 갖게 된다. 엠포리아대학에서 문학사 학위를 받고 졸업한 후 한경직 목사는 프린스톤에 가서 신학을 공부하게 된다. 프린스톤은 미국 장로교회의 가장 전통 있고 우수한 신학교로서 이미 백낙준 박사와 박형룡 박사가 이곳에서 공부하였고, 송창근 목사와 김재준 목사도 이 학교에서 공부하였다. 프린스톤신학교 재학시절, 한경직 목사는 선교학을 가르쳤던 스티븐슨(J. R. Stevenson) 교장을 비롯하여 교회사 교수 레처(T. W. Laetcher), 성서학 교수 어드만(Eardman), 희랍어 교수 메이첸(Machen) 등의 영향을 받았다.[52] 그러나 후에 프린스톤 신학교가 성서 비평학 문제로 구 프린스톤과 신 프린스톤으로 나뉘어져 결국 웨스트민스터 신학교로 분립되어 나가는 것을 목도하면서 복음적 신앙의 중요성과 함께 교회연합을 강조하는 에큐메니칼 운동의 중요성을 절감하는 시기이기도 하였다. 이러한 프린스톤에서의 학업과 경험은 후에 '중도 목회' '중용 목회' '복음적, 에큐메니칼 목회'의 원칙을 세울 수 있었던 터전이 되었다고 할 수 있다.

51) 이만열, "한경직 목사를 만남" 〈한국기독교와 역사〉 창간호(1991.7), 138-139.

52) 〈영락교회 35년사〉, 52.

미국 유학생활 가운데 학문적인 연구보다 더 그의 삶과 교육에 영향을 미친 것은 그의 투병생활일 것이다. 본래 한경직 목사는 프린스톤을 졸업한 후 예일대학에 가서 교회사를 전공하여 박사학위를 취득하려고 하였다. 그러나 폐결핵의 발병으로 인해 그는 예일에서의 공부를 포기하고 2년간의 투병생활을 시작하게 된다. 그가 박사학위 공부의 길은 중단되었지만 이 2년간의 투병 기간은 하나님이 예비하신 놀라운 교육기간이었다. 후에 한경직 목사는 다음과 같이 당시를 회고한다. "내가 목사가 되겠다고 헌신은 했지만 그때까지도 내 속에 여러 가지 세상적인 야심은 많았단 말이에요. 훌륭한 사람이 된다든지 그래도 그게 죄되는 줄 모르고 있었는데 가만히 누워 있으니까 생각나서 죄를 자복하게 되면서, 전보다는 좀 깨끗한 심령이 됐단 말입니다. ... 처음에 예일대학에 가서 철학박사 학위를 꼭 받겠다는 생각도 다 포기하고 무슨 결심을 했는고 하니 이제 얼마 남지 않은 인생, 이제 공부는 그만 하겠다. 공부한 그것 가지고 한국에 나가서 정성껏 봉사하다가 죽겠다. 이렇게 결심 했지요."[53]

6. 한경직 목사의 교육여정의 특징

한경직 목사를 '한경직 목사' 되게 한 것은 전적인 하나님의 은혜이다. 그러나 하나님은 한경직 목사의 교육의 여정을 통해서 그 은혜를 베풀어 주셨다. 그의 교육의 여정을 살펴보면 어떻게 하나님께서 그를 형성해갔는지를 알 수 있다. 여기에서는 몇 가지로 그의 교육여정의 특징을 살펴보려고 한다.

첫째, 한경직 목사를 형성하게 된 그의 교육여정에서 가장 중요한 영향력을 끼친 것은 무엇보다 만남이었다고 할 수 있다. 부모와의 만남도 아름다운 기억으로 남아있지만 특히 훌륭한 교사를 만난 것은 한경직 목사의 삶에 결정적인 영향을 미쳤다. 소학교 시절에는 진광소학교의 홍기두 선생과 자작교회의 우용진 전도사와의 만남이 그것이고, 중학교 시절에는 오산학교의 남강 이승훈 선생과 고당 조만식 선생과의 만남, 숭실대학교에서는 방위량 선

53) 〈영원한 스승 한경직 목사〉, 75-76.

교사와의 만남 등을 들 수 있다. 한경직 목사는 이들로부터 많은 지식을 배운 것에 머물지 않고 깊은 인격적인 감화를 받게 된다. 교육은 바로 교육자의 삶과 분리될 수 없음을 배웠고, 이는 한경직 목사의 교육관을 형성하는 기초가 되었다. 교육자의 인격과 삶, 그의 영성과 그의 가르침은 분리되지 않는 것임을 체득한 것이다. 이런 점에서 교육은 바로 교육자이고, 교사와 분리된 지식을 학생들에게 전하는 것이 교육이 아니라 교사의 삶을 통해서 영향력을 끼치는 과정이 바로 교육인 것이다.

둘째, 한경직 목사는 체계적인 교육을 통하여 폭넓은 교양을 쌓았다. 진광소학교, 오산중학교, 숭실대학교, 엠포리아대학교, 프린스톤신학교로 이어지는 체계적인 교육의 과정은 '교육정도(敎育正道)'라고 불리울 수 있을 정도로 알찬 교육의 여정이었다. 기본적인 교육의 과정은 물론 대학 이후의 학문 탐구에 있어서도 전공 분야에 있어서 다양한 분야를 섭렵하는 과정을 거쳤다. 숭실대학교에서 과학을 전공하고, 엠포리아대학에서 인문학을 전공하고, 그리고 프린스톤신학교에서 신학을 전공함으로써 문과나 이과에 편중되지 아니하고 보다 폭넓게 현상을 바라볼 수 있는 능력을 지니게 되었다. 또한 국내의 교육만이 아니라 당시에는 흔치 않은 해외의 유학을 통해서 세계를 품을 수 있는 관점을 갖게 되었다. 영어를 비롯한 언어적인 능력만이 아니라 세계 속에서 한국을 생각할 수 있는 시각을 갖게 되었으며, 복음적 에큐메니칼 정신을 통해 복음적 정체성을 잃지 않으면서도 대화를 중요시 여기는 평화적 관점을 지니게 되었던 것이다.

셋째, 한경직 목사의 교육여정은 영성과 기도의 여정이었다고 할 수 있다. 그가 체계적인 교육을 받고 국내에서의 대학교육은 물론 해외 유학을 통한 교육까지 받았다고 하지만 그는 학문에만 심취한 것이 아니라 영성과 기도를 중시하였다. 굳이 기독교학교들을 선택하여 공부한 것도 이런 영성을 중시하는 그의 가치관의 반영이고, 숭실대학교 3학년 시절 구미포 해변에서 무릎 꿇고 기도한 것도 그의 평소 기도의 삶의 연속선상에서 이해하여야 할 것이다. 프린스톤 시절에도 근처 무명전사의 묘소에 기도처를 정하고 기도 생활을 게을리하지 않은 것도 바로 이런 영성과 기도에 대한 그의 우선순위를 보여주는 것이다.[54] 특히

54) 〈한경직 목사 성역 50년〉, 25.

한경직 목사에게 가장 중요한 영성의 기회가 되었던 것은 프린스톤에서의 공부를 마칠 때에 얻게 된 폐결핵으로 인한 투병생활이었다. 2년 동안의 투병 기간은 깊이 있게 내면을 성찰할 수 있는 시간이었으며, 기도와 영성의 시간을 통해 야망의 길이 아니라 평생 섬김의 길을 갈 것을 결단하는 기회가 되었다. 이는 향후 한경직 목사의 목회와 교육이 영성과 기도의 중요성을 강조하게 된 계기가 되었다.

넷째, 한경직 목사의 교육여정을 통해 그는 기독교 구국 교육의 마음을 품게 되었다. 즉, 예수 그리스도의 복음을 전파하는 것과 나라와 민족을 사랑하고 희생하는 것, 그리고 사람을 변화시키는 목회와 교육이 하나가 되는 여정이었다. 그가 교육받은 학교, 특히 진광소학교, 오산중학교, 숭실대학교의 교육이념은 이 세 가지가 일치되는 것을 추구하였다. 민족을 살리고 나라를 일제의 압제로부터 해방시키기 위해서는 복음으로 새로워져야 하고, 또한 신학문과 과학을 공부함으로 실력을 갖춘 인재를 양성하는 것을 중요하게 인식하였다. 한경직 목사가 대광학교의 건학이념을 "복음주의 기독교 정신에 기초한 애국애족교육, 민주시민교육, 과학기술교육으로 건전한 인격을 함양하여 국가건설과 발전에 공헌할 인재 배출"로 설정한 것은 이러한 교육여정의 한 결과였다고 할 수 있을 것이다.[55]

마지막으로 한경직 목사의 교육여정의 특징은 교회와 학교, 신앙과 학문의 통합의 여정이었다고 할 수 있다. 한경직 목사의 삶에 있어서는 교회와 학교가 크게 분리되지 않는다. 무엇보다 소학교 시절에 다닌 자작교회와 진광소학교는 교회와 학교의 아름다운 조화를 보여주었다. 진광소학교 자체가 자작교회가 세운 학교였을 뿐 아니라 두 기관이 간리 마을 안에서 유기적인 관계를 맺고 있었다. 한경직 목사가 입학하여 공부한 오산중학교, 숭실대학교, 미국 엠포리아 대학, 프린스톤신학교는 모두 기독교교육기관이라고 할 수 있는데, 한경직 목사는 이런 점에서 기독교교육의 결정체라고 말할 수 있을 정도로 기독교교육을 통하여 그의 사상과 인격이 형성되었다고 해도 과언이 아닐 것이다. 즉, 한경직 목사의 교육여정에 있어서 '교회성'과 '학교성'은 분리되지 않았고, 기독교교육 속에서 통합되었다. 이는 신앙과 학문의 통합으로 이어지는데, 신앙과 분리된 학문 연마도 아니고, 학문의 탐구

55) 대광학원, 〈대광50년사〉 (서울: 대광학원, 1997), 9.

없는 신앙생활도 아닌, 이 둘의 합(合)을 지향하였다. 이러한 교육여정의 특징은 후에 한경직 목사의 목회와 교육의 특징적 성격으로 나타나게 된다.

Ⅲ. 한경직 목사와 영락교회 교육

영락교회의 교회교육은 한경직 목사의 교육관과 분리하여 생각할 수 없다. 영락교회 교회교육의 면모는 한경직 목사의 교육사상과 그 철학을 반영하는 것이다. 영락교회 교회교육에 대한 자료들은 〈영락교회 10년사〉, 〈영락교회 35년사〉, 그리고 〈영락교회 50년사〉에서 찾아 볼 수 있고, 교회의 주보와 〈만남〉지를 비롯한 잡지, 그리고 요람 등도 중요한 교육의 자취를 담고 있다. 그런데 이러한 교회교육 자료들을 교육사(史)적으로 의미 있게 분석한 자료는 많지 않은데, 영락교회가 교회창립 50주년을 맞이하면서 장로회신학대학교 기독교교육연구원에 의뢰한 연구과제인 〈영락교회 교회교육 진단 연구〉의 보고서에서 교회교육의 역사를 일목요연하게 요약, 분석하고 있다.[56]

필자가 실무책임을 맡은 이 연구에서 영락교회 교육의 50년사를 크게 6단계의 시기로 구분하고 있다. 이는 교회교육이 어느 정도 체계화되었는지, 교회 교육이 그 대상을 어느 정도 포괄하는지, 또한 교회교육이 어느 정도 전문화 되었는지에 따른 것인데, ①태동기, ②정초기, ③확장기, ④성장기, ⑤도약기, ⑥성숙기로 분류하고 있다. 이 중 한경직 목사님이 담임목사로 재직하던 시기는 1단계인 태동기에서 4단계인 성장기의 초기 부분까지인데, 여기에서는 주로 이 네 시기를 중심으로 영락교회 교회교육에 나타난 한경직 목사의 교육관을 파악하려고 한다.

56) 장로회신학대학교 기독교교육연구원, 〈영락교회 교회교육 진단 연구〉 (미간행도서, 1996).

1. 영락교회의 교육이념과 한경직 목사의 교육관

영락교회는 창립 이래 지금까지 일관된 교회교육이념을 지니고 있다. 이는 '3대목표'혹은 '3대사업'으로 요약되는 것으로서 한경직 목사의 분명한 교육관을 표현하고 있다. 그는 다음과 같이 그의 목회철학을 피력하고 있다. "교회를 세우게 되면 나에게는 한 가지 집념이 있다. 즉 교회가 서면 열심히 전도하여 새로운 교회를 개척해야 하고, 교회가 서는 곳에 교육기관이 설립되어야 하며, 교회가 있는 곳에 가난하고 헐벗고 의지할 데 없는 이웃을 돌볼 사회사업 기관이 있어야 한다. 이 생각은 초대 선교사들에게서 배운 비결이야"[57] 즉 교회가 설립되면 교회는 본질적으로 선교적 사명, 교육적 사명, 그리고 봉사적 사명을 다해야 함을 역설하고 있는 것이다. 이 3대 목표는 그의 목회적 신념일 뿐 아니라 영락교회 교육이념의 기초가 되는 것이다.

사실 이 세 가지 사명은 예수님의 사역으로부터 도출되었다고 할 수 있다. 예수님이 전도하셨고, 교육하셨고, 봉사로서 섬김의 삶을 실천하셨다. 예수님께는 이 세 가지가 분리되어 존재하는 것이 아니라 통합되어 있음을 알 수 있다. 마태복음은 이런 예수님의 사역을 다음과 같이 기록하고 있다. "예수께서 온 갈릴리에 두루 다니사 그들의 회당에서 가르치시며 천국 복음을 전파하시며 백성 중의 모든 병과 모든 약한 것을 고치시니"(마4:23) 또한 우리가 흔히 지상명령으로 부르는 "너희는 가서 모든 족속으로 제자를 삼아 아버지와 아들과 성령의 이름으로 세례를 주고 내가 너희에게 분부한 모든 것을 가르쳐 지키게 하라(마28:19-20)"는 말씀 속에도 이 세 가지가 분리되지 않는다. 한경직 목사도 전도, 교육, 봉사를 영락교회 목회의 삼대 목표로 설정하셨지만 이를 분리되는 것으로 이해한 것이 아니다. 한경직 목사는 "교육은 교육을 위한 교육인 동시에 전도와 봉사를 위한 교육이었으며 봉사는 기독교의 근본인 사랑을 실천으로서의 섬김의 도인 동시에 그 자체가 전도임"을 기억하고 있었다. 그리하여 교회의 모든 활동과 사업계획이 이에서 출발했으며 이 3대 사업을 균

57) 영락교회 35년사 편찬위원회 편, 「영락교회 35년사, pp19-20

형 있게 확장 확대 하려는 것이 한 경직 목사가 생각한 목회의 기본 방침이었다.[58)]

영락교회의 삼대 목표가 전도, 교육, 봉사라면 그 중에 무엇이 최우선이라고 할 수 있는가? 전도, 교육, 봉사 각각의 영역에서는 자신의 영역이 최우선적으로 중요하다고 주장하겠지만, 이런 질문 자체가 한경직 목사의 교육철학에 비추어 볼 때 의미 없는 질문이다. 왜냐하면 이 세 가지는 분리될 수 없는 것이고, 서로가 서로를 강화하기 때문이다. 그러나 한경직 목사가 교육을 중시한 것은 교회건물을 지을 때, 교육관, 선교관, 봉사관 중 교육관을 가장 먼저 세운 데에서 엿볼 수 있다. 영락교회는 본당의 크기에 비해 부속건물을 많이 갖고 잇지 않다. 그러나 교육관을 먼저 세우고 선교관을 다음에 세우고 계획하여 봉사관을 세운 의미가 있는 것이다.[59)]

한경직 목사의 교육이념을 이해할 수 있는 또 하나의 중요한 근거는 영락교회의 4대 지도이념이다. 3대목표가 영락교회성장의 '씨'라고 한다면, 4대지도이념은 영락교회성장의 '날'이라고 할 수 있다. 이 '4대지도이념'은 그의 신학, 신앙, 철학, 생활의 표현이다. 첫째는 성서중심의 복음주의적 신앙, 둘째는 청교도적 경건한 생활훈련, 셋째는 에큐메니칼 정신의 교회간 협력과 연합사업, 넷째는 사회에 대한 교회의 본연적 양심의 구현이다.[60)] 여기에는 그의 교육이념이 잘 나타나는데, 복음에 기초해 있으면서 영성 훈련으로 경건을 도모하며, 교회 간 일치와 연합을 추구하고, 사회와 민족, 국가에 대한 책임을 다하는 교육관이다. 이러한 사대이념은 지난 60여 년의 세월 동안 영락교회 교육의 사상적 뿌리가 되어왔고 사회의 온갖 변화, 즉 6.25전쟁과 좌,우 이념의 대립, 문화적 사회적 과도기적 현상, 그리고 한국교회의 분열과 신학적인 혼란 속에서 그 중심을 잃지 않고 균형잡힌 교육을 추구할 수 있었던 힘의 원천이기도 하다.

이러한 한경직 목사의 교육이념이 교육실천에 구체적으로 적용되었음을 입증하는 많은 문건들이 있는데 대표적인 것이 1950년 1월 22일 주보에 게재된 내용이다.[61)] 여기에서 영락

58) 위의 책, 330.

59) 위의 책, 331.

60) 위의 책, 331-332.

61) 〈35년 역사 자료집(교육부): 1945-1980〉, 15.

교회 주일학교의 4대 강령을 선포하고 있는데, "가) 신앙–담대한 신앙인으로, 나) 성경–탐구하고 실천하므로, 다) 순결–몸의 주위와 양심을 깨끗이 하도록, 라) 봉사–공덕심과 인류애를 가지도록"으로 되어 있다. 그리고 5대 교육지도정신을 적시하고 있는데, "가) 4대 강령의 균형을 잃지 말 일, 나) 교수엔 교안을 충분히 준비할 일, 다) 개인접촉과 가정방문을 힘쓸 일, 라) 학생 취급을 그리스도적 심정으로 할 일, 마) 교육의 이론 연구를 거듭할 일" 등이다. 이러한 주일학교의 교육이념 속에는 한경직 목사의 교육철학이 담겨 있는데, 성경적 신앙의 중요성과 학생과의 인격적인 관계의 중요성, 그리고 교사의 전문성으로서 교안 준비와 교육 이론 연구의 중요성을 강조하고 있다. 교사의 영성, 인격성, 전문성 중 어느 하나도 상실하지 않은 채 이를 통합하는 관점을 지니고 있음을 알 수 있다.

2. 영락교회 교회교육의 태동

영락교회가 창립된 시점부터 6.25전쟁을 겪는 기간까지를 영락교회 교육의 태동기라고 할 수 있는데, 이 시기는 영락교회의 주일학교가 시작되는 시기이면서, 교회교육의 기틀을 마련한 시기라고 할 수 있다. 1945년 12월 2일, 공산주의의 박해를 피해 월남한 27명의 성도들이 한경직 목사를 중심으로 모여 '베다니 전도교회'창립예배를 드리게 됨으로서 영락교회의 역사는 시작된다. 주일학교가 언제 시작되었는지 정확한 기록은 없지만 교회 시작 직후부터인 것은 확실하다. 왜냐하면 1945년 12월 9일 창립 제 둘째 주일 예배 순서에 보면 광고란에 유년부 예배시간이 기록 되어 있기 때문이다. 1946년 11월 12일, 경기노회에 가입하고 교회명칭을 그 당시 지역 이름을 따서 '영락교회'로 개칭하였으며, 그 해에 청년회를 조직하고 농아부를 창설하였다. 영락교회 교회교육 초창기부터 농아부를 설립한 것은 한경직 목사의 섬김과 봉사의 교육정신에 연유한 것이다.[62]

---

62) 〈영락교회 10년사〉는 다음과 같이 농아부에 대해서 기술하고 있다. "본 교회가 다른 교회와 유를 달리 한 것이 있다면 그 중의 하나는 농아부를 두었다는 점일 것이다. 1946년 9월 20일, 지금의 베다니 2층에서 비록 소수이나마 9명의 농아들이 모여 당시에 박윤삼선생, 박창목선생님의 인도하에 눈물어린 정성스런 예배를 드리게 된 것이다."(〈영락교회 10년사〉 (서울: 영락교회대학생면려회, 1955), 53.)

1947년 1월 14일 베다니 학생회가 조직되게 되는데, 중학생 이상 남학생으로 구성되었다. 이 베다니 학생회는 훗날 영락교회 대학생면려회의 모체가 된다. 그해 6월, 베다니 기독학생회 지육부가 소년소녀들을 위한 베다니 성아회를 조직하여 지도하였는데 이 성아회는 1949년 1월 소년소녀면려회로 개칭 발족되어 6.25동란까지 계속되었으며 당시 회원은 약 190명이었다.[63] 12월에는 베다니 여학생회가 결성되었고, 1948년 10월 베다니 남중학생회가 베다니 학생회에서 분리, 발족되게 된다. 또한 1949년에는 여중학생면려회가 베다니 여학생회에서 분리, 발족하게 되며 1월 19일 베다니남중학생회와 여중학생면려회가 통합하여 중학생면려회로 발족하게 되는데 이것이 후일 중고등학생면려회(1953년 6월 12일 재조직됨)의 전신이 된다.

교회적으로 1949년 3월 24일에 신축예배당 기공식을 거행하게 되고, 6월 5일에는 한경직 목사 위임식을 거행함으로써 교회가 더욱 활력을 얻게 되었다. 특히 언급할 것은 초창기 주일학교를 위해서 한경직 목사는 매주 토요일 교사준비 공부를 실시하였으며, 매 주일 주보의 일면을 할애하여 '주일학교란'으로 활용할 정도로 교회교육에 관심을 기울였다는 사실이다. 이러한 헌신과 수고를 통해 영락교회 교회교육은 그 기초를 견고히 하게 된 것이다.

3. 성경구락부 설치

영락교회 초창기 교육의 역사 가운데 특기할 만한 또 한 가지는 성경구락부의 설치이다. 전쟁 중인 1951년 8월 1일, 당시 어려운 환경 때문에 학교에 가지 못하는 교회 내 미수학 청소년들을 위해 성경구락부를 개설하였는데 초기에는 약 60명의 학생을 가르쳤고, 1952년에는 4학급 180명, 1954년 4월에는 재적이 649명에 이를 정도로 규모가 커지게 된다. 또한 이들의 중학과정을 위해서 고등공민학교 겸 교회종합교육관(1957년 12월 8일 완공)을 마련했

63) 1949년에 들어서면서 조선예수교장로회총회 결의에 의하여 교회 내의 청소년단체의 공통된 명칭 개혁을 감행하여 베다니 청년회는 영락교회청년면려회로, 베다니학생회는 영락교회대학생면려회, 남중학생면려회, 여중학생면려회로 분리 개칭되었고 베다니성아회는 영락교회소년소녀면려회로 개칭된 것이다.(〈영락교회 10년사〉, 37.)

는데 이것이 바로 영락중고등학교의 전신이다.[64]

〈영락교회 10년사〉는 성경구락부의 시작에 대해서 다음과 같이 기록하고 있다. "8.15 이후 대한의 소년소녀들이 무럭무럭 자라며 배움에 열중하던 중 뜻하지 않았던 6.25 남침으로 전란을 입은 부모 없는 고아들과 불쌍한 아동들이 학업을 계속치 못하고 구두닦이와 신문판매 하는 광경은 뜻있는 사람으로 하여금 조국과 저들의 전도를 염려치 않을 수 없게 하였던 것이다. 이를 위하여 본 교회에는 본 교육사업의 중요성을 깨닫고 1951년 8월 1일 현 베다니 건물을 교사로 이 성업을 착수하였으니 이것이 영락성경구락부의 시작이었다."[65]

고등공민학교의 발족 동기는 물론 생활고에 시달리는 중에 중등교육을 받지 못하는 무산 소년소녀들에게 길을 열어주고자 한 것이었다. 그러나 고등공민학교는 "이러한 한낱 자선적인 동기와 목적으로서 탄생한 것은 아니다. 누가 무엇이라 하던 간에 더 깊고 참된 이상과 신앙 밑에서 시작된 것이다."[66] 당시 학생들은 가정형편이 심히 어려운 경우가 대부분이었는데, 당시 학생 직업별 통계는 다음 도표와 같다.[67]

〈표1〉 영락 고등공민학교 학생의 직업별 통계

구분/인원	남	여	계
장사	20	11	31
신문배달	14	0	14
급사	17	12	29
직공	15	3	18
기타	0	10	10
무직	36	64	100
합계	102	100	202

64) 〈35년 역사 자료집(교육부) 1945-1980〉, 17.

65) 〈영락교회 10년사〉, 91.

66) 위의 책, 93.

67) 위의 책, 95.

4. 교회교육의 확장

영락교회 교회교육은 6.25전쟁이 종식되는 해인 1953년부터 본격적으로 활성화되는데, 주일학교의 조직과 인원 면에서 발전의 기틀을 확고히 하기 시작했다. 교육부 내의 주일학교는 장년부, 소년부, 유년부, 소년성경구락부로 구성되었고 집회시간은 유년부와 소년부가 9시 30분, 장년부가 10시 40분이었으며 각부는 정기적인 월례교사회를 가지게 되었다. 1953년 1월에는 유치부가 재발족하게 되었고, 6월 12일에는 소년면려회가 재조직되어 발족(54년 중고등학생 면려회로 개칭)되었으며, 8월 30일에는 대학생 성경반이 재발족하게 되는 등 다시 체계를 갖춘 교회교육의 모습으로 회복되어갔다. 1954년 1월에는 주일학교 내에 장년부를 신설하고 성경공부를 시작하였는데 이것이 체계적인 성인교육의 시작이었다고 할 수 있다.

1955년에 특기할만한 일은 주일학교 학생들의 수적 증가, 베들레헴 2층의 장소 협소, 먼거리 학생들의 지역적인 문제들의 해결을 위하여 초등부 부설로 돈암동 모자원에서 확정주일학교(당시 학생수 약 70명)를 운영하게 되었다는 것이다. 또한 전임 종교교육지도자를 두어 학생방문과 교사심방을 담당하게 하기도 하였다.[68] 이 당시 교사들은 매주 토요일 6시 30분 베들레헴에 모여 한경직 목사가 인도하는 예비공부에 참여하였다. 또한 당시 장년성경공부반에서의 성경공부 참석자의 수는 대예배의 참석자 수와 거의 대등하였는데 이 성경공부반은 문맹퇴치에도 크게 공헌하였다.

교회창립 10주년을 맞이한 1955년 12월 4일에는 창립 10주년 기념예배를 드리고 10주년 기념사업으로 교육관과 기도원을 설립하기로 결정하였는데 이는 교육을 통한 신앙 성숙과 기도를 통한 경건 함양을 향하여 새로운 걸음을 내딛는 일이었다. 1957년 3월 21일에는 교육관 기공식이 있었고 그해 12월 8일 10주년 기념 교육관 봉헌식을 갖게 되었다. 교육관은 주간에는 성경구락부와 고등공민학교가 사용하고 주일에는 주일학교 각부의 집회장소로 사용하게 되었는데 고등부는 본당, 중등부, 초등부, 농아부는 교육관을 사용하였다.

---

68) 〈영락교회 10년사〉, 49.

이 당시에 있었던 특기할만한 교육적 사건은 '주일학교 진흥운동'이다. 당시 급속히 늘어가는 교인수에 비례하여 더욱 효과 있는 주일학교 배가운동이 절실함을 느끼게 되었다. 그래서 1958년 10월에서 12월까지 3개월간 주일학교 진흥운동을 범교회적으로 가지게 되었는데 "교사가 95% 이상 출석, 준비 있는 교수, 학생 수 배가"를 목표로 하였다. 이러한 주일학교 진흥운동은 당시 얼마나 교육에 열정적이었으며 체계적인 노력을 도모했는지 짐작할 수 있게 한다. 또한 이 기간에 특기할 것은 교사강습회인데 1월 6일부터 2월 9일까지 제1회 주일학교 교사강습회(오늘날 교사양성부의 전신)를 5주간에 걸쳐 매주 화, 목, 금요일 저녁에 실시하였다. 교과목은 성경, 교회사, 교육심리학, 종교교육개론, 교수법 등으로 구성되었다.

당시 교회학교 부서로 독특한 부서가 있었는데 신입부이다. 신입부는 초창기부터 영락교회 교회학교의 특징적인 부서로 자리 잡았는데 매주 찾아오는 신입생을 4주일간 공부시켜, 각 주일학교로 등반시키는 역할을 담당하였다. 〈영락교회 10년사〉에 의하면 1955년 당시 신입부에 매주 평균 백여 명이 출석하였는데, 신입부는 6명의 선생에 의해서 원활한 종교교육을 받았다고 한다.[69]

5. 교회교육의 성숙

1950년대가 영락교회 교회교육의 기틀이 마련되고 확장된 기간이라면, 60년대는 교회교육이 보다 성숙되고 내적인 정비가 이루어지는 기간이라고 할 수 있다. 1961년에는 주일학교가 교육부로 개칭되었으며, 1962년에는 교육적으로 특별한 행사인 '교육주간' 행사를 실시하였다. 교육주간은 3월 4일에서 10일까지 개최되었는데, 교육주간 마지막 날 주일을 교육주일로 정하고 '영락의 교회교육'이라는 잡지를 만들어 교우들에게 배포하였다. 또한 각 주일학교 모습 소개 사진 전시회를 개최하였고, 모범교사 표창 및 근속교사 표창을 하였으며, 교육주간의 수요일 저녁예배 시에는 온 가족이 한 자리에 모여 가정의 밤으로 지키고

69) 위의 책.

선명회 합창단을 초청해서 특별순서도 가졌다. 또한 교육주간에는 유년부, 초등부 학생부형들을 초청하여 교육전문가들의 강좌를 듣게 하였다.

1963년 4월 8일에는 주일학교 지도자 양성부를 개강 (현 교사양성부 1회)하였다. 이는 교사양성부의 전신으로서 4월부터 8월까지 매주일 아침 9시-10시 40분에 모였는데 대상자격은 본교회 등록교인으로서 주일학교 교사로 일할 분, 주일학교 교육에 관심 있는 분, 각 구역에서 추천한 분 등이며 교육과정은 기독교교육원리, 신학개론, 인격의 성장과정, 성서개론, 학습지도법, 교회사 등이다. 그 다음 해인 1964년 12월 12일에는 창립 20주년 기념행사의 일환으로 제 1회 교사대회를 개최하였는데, 이 교사대회는 처음에는 그 기간이 하루였으나, 제 5회 대회(69년)부터는 3일간에 걸쳐 진행되었고 주제 강의 및 그룹별 발제가 이루어졌다.[70)]

1964년에는 교육부의 조직도 체계화되었는데, 교육부 조직을 교육 1부와 교육 2부로 나누게 되었다. 교육 1부는 영아부, 유치부, 유년부, 초등부, 중등부, 고등부, 고등부영어성경부, 농아부 등이며, 교육 2부는 대학생 한글반, 대학생 영어성경반, 청년1부, 청년2부, 청년영어성경부, 중년부, 중년2부, 장년1부, 장년2부, 장년영어성경반, 남신입반, 여신입반, 한글반, 성경통신반, 여장년1부, 여장년부2부 등을 포함한다.

또한 교회학교의 입장에서 볼 때 60년대를 마감하면서 이루어진 의미 있는 일 가운데 하나는 주간학교의 개교이다. 1968년 12월 운영계획 수정을 통하여 1969년 1월 1일 당회에서 주간학교를 조직하였다. 이 주간학교는 4월 7일에 개교예배를 드렸고, 4월 8일부터 개교(참가어린이 : 83명, 교사:15명)하여 그해 12월 16일에 43명의 첫 수료자를 배출하였으며, 이후 1983년까지 계속되었다.[71)] 이 주간학교는 주중 방과 후에 매일 한 학년씩 교회에 나와 담당 교역자 및 교사들과 함께 성경공부를 비롯한 교육활동을 함으로써 주간에도 어린이들이 교회를 중심한 신앙 생활하도록 돕는 중요한 통로가 되었다.

영락교회 교회교육은 1970년대 이후에도 지속적으로 성장과 성숙을 거듭하였다. 이 당

---

70) 〈영락교회 50년사〉 (서울: 영락교회, 1998), 213-214.

71) 위의 책, 240-241.

시에 주목할 점은 교회교육에 있어서 학부모 교육이 시작되었다는 것이다. 이미 1969년부터 어머니교실이 운영되기는 하였으나, 1970년에는 교육부에 자모부와 학부모회가 신설됨으로써 교회교육에 있어서 학부모와의 연계성에 관심을 기울이게 되었다.[72] 1971년에는 전년도 총회의 결의에 따라 주일학교가 교회학교로 명칭을 바꾸었으며, 학부모회의 활동이 더욱 활발해져서 평균 한 달에 한 번 정도 주간학교 학부모회의 모임이 이루어졌다. 참고로 그 내용을 몇 가지로 살펴보면, 7월에는 '가정, 교회, 자녀'라는 주제로, 8월에는 '기독교 가정과 다가오는 세대'라는 주제로 강사를 모시고 학부모회의를 개최하였다. 한편, 1972년 8월 13일에는 한.일 교회학교 지도자 간담회를 개최함으로써 교회학교의 국제적 교류를 시도하였는데, 이 때 각부 지도 및 각부 부장, 부감, 교무들이 대표로 참석하였다. 이후 1973년 1월 2일에 한경직 목사는 원로목사로 추대되고, 박조준 목사가 담임목사로 위임하게 된다.

Ⅳ. 한경직 목사의 교회교육관: 성육신적 교육

1. 교육하는 교회: 교육목회

한경직 목사는 교육하는 교회를 지향하였다. 그에게 있어서 목회와 교육은 분리되지 않는다. 그가 교육을 영락교회의 삼대목표 중 하나로 설정한 것은 물론, 그의 한 평생이 교육과 깊이 연관된 삶이었기 때문이다. 한숭홍 교수는 이러한 그의 교육에 대한 관심을 이렇게 요약하고 있다."교회와 교육, 그것은 결코 분리할 수 없다는 확고부동한 신념이 그에게는 있었다. 그는 기회있을 적마다 '교육하는 교회', '교회교육' 바로 이런 것이 교회의 참모습이며 사명 가운데 하나임을 강하게 역설했다. 이로써 그는 한국 교계에서 명실 공히 교육신학의 실천자요, 교육신학적 목회의 선구자가 된 것이다."[73]

72) 위의 책, 242.

73) 한숭홍, 169-170.

한경직 목사가 대한예수교장로회 제40회 총회장으로 취임할 때에도 취임사에서 다음과 같이 교회교육의 중요성을 강조하였다. "인제는 교인들의 교양과 훈련에 치중해야 합니다. 신학교육을 철저히 하여 좋은 교역자를 양성하며 성경학교의 강화와 교회 계통 학교의 교육을 철저히 하여 좋은 교인을 양성하며 사경회를 장려하여 교인들의 질을 높여야 합니다. 이점에 대하여 특별히 종교 교육부의 분기를 원합니다."[74] 그는 성경학교 교육은 물론, 교회 계통의 기독교학교의 교육, 그리고 신학교육, 나아가 총회 종교 교육부의 중요성을 강하게 밝힌 것이다.

한경직 목사가 그의 목회에서 교육을 강조한 것은 주일 설교에서도 드러난다. 주일 대예배 때 강단에서 선포되는 설교의 주제와 본문의 선택은 '영락'이라는 신앙공동체의 이념과 목표에 절대적인 영향을 미치는데, 그 가운데에서 교육에 직, 간접적으로 관련된 설교가 많은 비중을 차지하고 있음을 알 수 있다. 다음의 도표는 영락교회 창립 10주년을 맞이하면서, 1949년부터 1955년까지의 영락교회 주일 설교를 주제별로 분석한 것이다.

〈표2〉 영락 강단의 설교 내용 분석(1949~1955)[75]

설교내용	천국	소망	예언	섭리	신앙	전도	복음	성전	헌신	죄	부활	합계
횟수	2	15	1	3	24	10	6	7	9	18	6	
설교내용	완전	교육	신(神)	용기	구주	노동	계시	도 (道)	부모	인격	세례	
횟수	2	13	5	3	8	2	2	5	8	2	2	
설교내용	성공	찬송	율법	영생	은혜	재림	양심	자유	영혼	회개	절제	
횟수	9	4	4	11	12	2	7	3	6	9	1	221

74) 기독공보, 1955년 5월 2일자, 한국교회사료연구원, 〈추양 한경직 목사 기독공보 기사 모음집〉(2002.5.), 19.

75) 이 표는 1955년 11월 11일에 작성한 것으로, 조사기간과 설교 횟수는 1949. 1-12.(52호), 1950. 1-6.(25회), 1953. 1-12.(52회), 1954. 1-12.(52회), 1955. 1-10.(40회) 등 전체 221회(1949. 1. - 1955.10.)이고, 조사설교는 매 주일 아침 설교를 대상으로 한 것이다. (〈영락교회 10년사〉, .117).

이 도표에서 알 수 있듯이 교육에 관한 설교의 횟수가 13회로서 많은 비중을 차지하는데, 부모에 관한 설교까지 포함한다면 21회로서 '신앙'에 관한 설교 다음으로 높은 비율을 나타내는 것이 된다.

한경직 목사는 특히 어린이를 사랑하고 아끼는 마음을 지녔는데, "가정에서도 어린이가 제일 귀하다. 교회에서도 어린이가 제일 귀하다. 국가에서도 어린이가 제일 귀하다. 따라서 가정에서도 가정교육문제, 교회에서도 종교교육문제, 국가에서도 교육문제가 중요하다"고 강조하였다.[76] 즉, 어린이를 가장 귀한 존재로 이해하였기에, 그들을 교육하는 것을 가정과 교회, 국가의 가장 중요한 과제로 인식한 것이다. 한경직 목사의 어린이 사랑은 주선애 교수의 증언을 통해서 더 구체적으로 파악된다.

제가 교육자의 눈으로 본 우리 한목사님, 얼마나 삶으로 교육하셨어요. 말씀으로 교육하신 것도 크시만은 늘 여기 봉사관에서 여기 본당에 올라오느라면 그 계단이 있는데, 그때는 그게 돌하고 흙하고 섞여있는 울뚝불뚝한 그런 계단이었어요. 거기에 주일날 아침마다 제가 주일학교 선생하다가 아동 초등부 지도, 유년부 1,2,3학년 아이를 지도도 하고, 이제 아이들 가라치지 않습니까? 가라치는데, 아침에 그게 뭐 8시 이렇게 되면 벌써 목사님 나와서 거기 서서 계셔요. 그러니까 여기 저기 우리 문 다 없었고 뭐 문 하나 밖에 없으니까 애들이 다 걸루 지나오는 거죠. 글루다 그러니까 거기 목사님이 눈 오면 눈오는 대로 비오면 비오는 대로 우산 쓰시고 거기에 서서 계셨지 않습니까? 그러면은 애들 영아부 아이들 업혀서 오다가도'얘야 목사님이다 목사님께 인사해라'그러면'안녕하세요'를 하면 그저 웃음으로 받아주시고 아이들마다 인사하고 선생님들마다 인사하고 선생님들 늦게 오면은 목사님 무서워서 어려워서 목사님 미안해가지고 얼굴을 못 들고 이렇게 인사를 하고, 그게 얼마나 큰 교육인지 몰라요. 그 인자한 모습에, 웃는 모습에, 아침마다 설교도 어른 설교를 몇 번씩 하셔야 됨에도 불구하고 거기서 계시는 그 자체가 언제 영아부 아이들, 유치부 아이들이 목사님 얼굴 구경합니까? 얼굴만 보는 것도 얼마나 영광스럽고 은혜스러운데. 애들에게 그

76) 이영헌 편, 〈한경직 설교자료: 갈라디아서-빌립보서〉 (인천: 도서출판 예목, 1987), 124.

런 그 어떤 그 각인 된다 그래요. 교육에서는 도장 새기는 것처럼 어려서부터 거보고 듣고 하는 것이 머릿속에 도장 백히듯이 백혀요. 우리 한 목사님의 모습이 이 아이들에게 백히듯이 도장 백히듯이 백혀 있다고 생각을 해요.[77]

한경직 목사는 어린이를 사랑하고 깊은 관심을 가졌기에 자라나는 세대를 위한 교회교육을 강조하였을 뿐 아니라 장년들을 위한 교육에도 깊은 관심을 기울였다. 영락교회가 초창기부터 장년 성경공부에 심혈을 기울인 것은 이런 한 목사의 교육적 관심을 반영한 것이다. 일반적으로 교회교육은 몇 가지 차원으로 분류할 수 있다. 첫째는 년령 및 발달단계에 따른 분류로서 크게 자라나는 세대를 대상으로 하는 교육과 성인을 대상으로 하는 교육으로 구분할 수 있다. 둘째는 대상의 특성에 따른 분류로서 일반 교회학교 부서와 농아부를 비롯한 특수 교육부서로 구분할 수 있다. 셋째는 대상 범주와 교육의 성격에 따른 분류로서 교회 내 교육과 교회 밖 교육으로 구분할 수 있다.[78] 그런데 한경직 목사는 이런 구분 중 어느 하나에 매이지 않고 통합된 관심을 지니고 있었다고 할 수 있다.

2. 통전적 교회교육

한경직 목사의 교육에 대한 관심을 일반적으로 '교회 내 교육'에 대한 관심과 '교회 밖 교육'에 대한 관심으로 구분하는 경향이 있다. 〈영락교회 35년사〉에서도 "영락교회의 교육사업은 크게 두 가지로 나눌 수 있을 것인데 그 하나는'교회 외의 교육사업'이며, 다른 하나는

77) 한경직목사기념사업회, 〈한국교회와 한경직 목사〉, 125-26.

78) 오기형 교수는 한경직 목사의 교육을 '학교외 교육'이면서 '무의도적, 비형식적 교육'이라는 측면을 강조하여 설명하고 있다. "교육에 영향을 미치되 학교 외에서 학생이 아닌 사람들에게 비형식적이고 무의도적이 교육 작용을 하신 것입니다. 그래서 기호로는 NScEF-NStEF-NFEF-NIEF이라고 할 수 있습니다. 한경직 목사님께서는 영락교회는 물론이고 교계의 많은 분야에서, 교인들은 물론이고 일반 국민에게, 남한 동포는 물론이고 북한 동포를, 국내는 물론이고 지구촌에 이런 양태의 교육 작용으로 말씀과 생활과 기도로 영향을 미치시고 계십니다."(숭실대학교 교목실, 〈한경직 목사의 신앙유산〉 (서울:숭실대학교 출판부, 2007), 38.)

'교회 내의 교육사업'이다"[79]라고 기술하고 있다. 물론 현상적으로 파악할 때 그런 구분이 가능하며, 두 영역이 다른 장을 지니고 있기에 그렇게 구분할 때 더 실상을 구체적으로 이해할 수 있을 것이다. 그러나 한경직 목사의 교육관의 실상은 이 둘이 구분되는 것이 아니라 통합되어 있음을 주목할 필요가 있다. 교회의 교육적 사명을 강조하는 것도'교회교육'만을 강조하는 것이 아니라 모든 기독교교육을 강조하는 것이고 교회가 이에 대한 중요한 책무성을 지닌다는 것이다.

'교회 내 교육'과 '교회 밖 교육'의 자연스러운 통합은 이미 한경직 목사가 간리 마을에서 보낸 소학교 시절부터 체화된 것이었다. 자작교회가 세운 진광소학교에 다니면서, 그리고 자작교회의 우용진 전도사와 진광소학교의 홍기두 선생의 협력하는 모습을 보면서, 교회의 본질이 바로'교육하는 교회'임을 깊이 인식한 것이다. 그런 의미에서 한경직 목사는 교회교육과 별개로 교회 밖의 학교설립에 가담하게 된 것이 아니라 이를 교회교육의 중요한 사명으로 인식한 것이다. 오늘날 많은 교회와 목회자들이 '교회성장'에 몰입한 나머지 교회 밖의 교육 문제를 '교회와 전혀 관계없는 일'인 것처럼 인식하는 것과는 너무나 다른 관점이 아닐 수 없다. 한경직 목사에게는 교회가 학교를 세우는 것은 너무나 자연스러운 일이며, 교회교육의 범주는 단지 주일학교에 머무르지 않고 학원선교와 기독교적인 학교교육으로 연결되었다.

한경직 목사에게 있어서 '교회 내 교육'과 '교회 밖 교육'이 자연스럽게 연결될 수 밖에 없는 또 다른 이유는 '전인'(whole person)을 사랑했던 그의 관심 때문이다. 당시의 가난하고 배우지 못한 아이들, 특히 이북에서 피난온 교인들의 자녀들을 볼 때 그들의 삶을 변화시키고 장차 민족의 지도자와 일군으로 양성하는 것은 교회의 교육적 관심을 좁은 의미의 신앙교육으로 제한시킬 수 없었다. 교육대상에 대한 진정한 사랑을 좇아가다 보면 교육은 결코 주일학교 교육에만 국한될 수 없는 것이다. 사실 진정한 교육에 있어서는 그 영역 구분이 의미를 잃게 된다. 아이들이 예수 그리스도의 복음을 받아들이고 학문을 익혀 나라와 민족을 위한 일군이 되는 것이 우리의 관심이라면 '교회 밖 교육'을 끌어안을 수밖에 없고, 그 영

---

79) 〈영락교회 35년사〉, 323.

역이 교회교육과 관계없는 영역이 아니라 바로 교회교육의 관심 영역이 되는 것이다. 교회학교 성장 또는 교회 성장에 그 관심이 제한된다면 오히려 밖을 향한 관심을 안으로 향하게 하고, 아이들의 전인에 대한 관심을 축소하여 교회 생활에 초점을 맞추게 되지만, 이는 아이들을 진정 사랑하는 것이 아니라 교회성장을 위하여 아이들을 수단시 하는 것에 불과하다. 1780년 로버트 레익스(Robert Raikes)가 영국 글로체스터에서 시작했던 주일학교 운동도 사실은 산업혁명 직후의 가난하고 배우지 못한 아이들에 대한 사랑에서 출발했기에, 성경만이 아니라 읽기, 쓰기, 셈하기(3Rs)와 같은 일반 과목들이 포함될 수밖에 없었던 것과 마찬가지이다.

이런 교회교육관에 입각할 때, 한경직 목사는 학교를 세워서 아이들에게 기독교교육을 통해 신앙을 깨우칠 뿐만 아니라 그 신앙에 입각하여 학문을 연마하되 단지 지식이 많은 사람이 아니라 지혜로운 사람이 되어 나라와 민족을 위한 하나님의 일군이 되도록 하고자 했다. 그래서 한경직 목사는 많은 기독교학교를 설립, 재건, 지원하였다. 1948년 11월 7일에 대광중고등학교를 설립한 것을 비롯해 1951년 8월 1일에 성경구락부를, 1952년 6월 2일에 영락중학교를, 1959년 3월 25일에 영락고등학교를, 1966년 3월 21일에 영락유치원을, 1969년 3월 1일에 영락신학교를 설립하였고, 1954년에 숭실대학을 재건하는 일에 앞장섰으며, 장로회신학대학교와 서울여자대학교의 이사장을 역임하며 큰 도움을 주었다.[80)]

3. 긍휼의 교육

한경직 목사의 교회교육관에서 가장 중요한 기초 중의 하나가 '긍휼의 교육'이다. 이것은 다른 교회의 교육에서는 찾아보기가 어려운 한경직 목사와 영락교회 교회교육의 독특한 특징이기도 하다. 혹자는 교육과 봉사를 구분하면서 이러한 긍휼의 교육을 봉사의 영역에서

80) 한숭홍, 170. 그 외에도 보성학원과 아세아연합신학대학의 이사장을 맡아 학교의 발전에 크게 공을 세웠으며, 숭의학원이 수차에 걸친 부정사건으로 어려움을 겪을 때 교인중의 유력한 재벌가를 동원하여 그 학교를 기독교 전문 대학으로 환원시키는데 성공하기도 하였다.(〈한경직 목사의 신앙유산〉, 24.)

다루기를 원할 수도 있다. 그러나 한경직 목사에게 있어서는 교육과 봉사가 구분되지 않는다. 진정한 교육은 아이들을 섬기는 것이고, 진정한 봉사는 아이들에게 배움의 기회를 주는 것이다. 한경직 목사의 긍휼의 정신은 '복순이'라는 고아 소녀를 만나는 것을 계기로 세우게 된 보린원에서 극명하게 드러나기도 하지만, 이 긍휼의 정신은 한경직 목사의 교육과 영락교회 교육에 면면히 흐르고 있다. 영락교회 교회학교 가운데 일찍이 농아부를 설립한 것과 성경구락부를 설립한 것, 그리고 후에 영락 중고등학교의 모체가 되는 고등공민학교를 설립한 것은 이런 한경직 목사의 긍휼의 교육을 보여주는 대표적인 사례들이다.

영락교회의 농아부는 1946년 9월 20일에 창설되었는데, 피난민교회 초기에 농아부가 설치되었다는 것은 매우 희귀한 일이다. 그러나 긍휼의 정신으로부터 출발하는 한경직 목사의 교육에 있어서는 이상한 일이 아니다. 한경직 목사는 "교회는 모름지기 이 사회에서 소외된 자, 버림받은 자, 눌린 자, 가난한 자, 병든 자, 억울한 일을 당하고 있는 자에게 도움과 위로와 격려의 손길을 펴야 한다."는 목회방침과 교육철학을 따라 농아부를 설립하였다. 그에게 있어서 농아부는 교회교육의 당연한 부서였던 것이다.[81)]

한경직 목사가 현재의 영락중고등학교를 세울 때에도 중학교와 고등학교를 모두 남녀공학의 야간학교로 할 것과 고등학교를 상업고등학교로 할 것을 결정하였는데 이것도 그의 긍휼의 교육관에서부터 도출된 것이다. 사실 숭문의 전통과 교회 직영이라는 성격으로 볼 때 이 결정은 파격적이라 할 수 있다. 그러나 얼마든지 인문고등학교로 발족하게 할 수도 있었지만 실업고등학교로 결정한 것은 보다 혜택 받지 못하고 있는 청소년들에게 계속 성장을 꾀할 수 있는 기회를 주려는 한경직 목사의 긍휼의 교육 때문이었다.[82)] 〈영락교회 35년사〉는 한경직 목사의 이러한 긍휼의 교육을 다음과 같이 기술하고 있다.

오늘의 영락중학교와 영락상업고등학교의 모체인 성경구락부 중등부를 1952년 6월 10일에 신설하였다. 6.25사변 직후 배움의 길을 잃고 시장주변 길거리에서 방황하는 수많은 소

81) 〈영락교회 35년사〉, 67쪽.

82) 영락중 · 고등학교, 〈영락학원 35년사〉 (영락중 · 고등학교, 1988), 62.

년소녀들의 배움의 길을 트기 위하여 영락교회는 우선 성경구락부 중등부를 설립하고, 길거리 시장 바닥에 나가 학생을 불러 모았다. 영락교회 구내 베다니에서 시작한 이 작은 배움의 터는 매우 중요한 의미를 갖는다. 기독교교육의 본래적인 사명을 완수하는 일 특히 가난한 자, 소외된 자를 위한 섬김의 교육을 시행하는 것이 이 학교 설립의 근본 목적이기 때문이다.[83)]

한경직 목사의 긍휼의 교육이 실천된 사례들은 이 외에도 셀 수 없이 많다. 대광고등학교를 신도시나 서울 근교의 고급 주택지로 옮기는 것에 반대하면서 도심지의 가난한 청소년들을 위한 교육기관을 남아있을 것을 주장한 것도 이런 긍휼의 교육의 연속선상에서 이해할 수 있다. 또한 1956년에 영락교회는 지방교역자의 자녀들을 위하여 서울 돈암동 261번지에 영락학사를 설립하였으며, 지금까지 많은 학생들에게 장학금을 지급하는 일 등은 모두 한경직 목사의 긍휼의 교육을 잘 보여주는 사례들이다.[84)]

4. 지성과 영성의 통합

한경직 목사는 교육을 바라보는 일관된 관점을 지니고 있는데, 이는 단순한 지식교육이 아니라 영성이 통합된 지혜교육이었다. 한경직 목사의 교육철학의 기저에는 "여호와를 경외하는 것이 지식의 근본"(잠1:7)이라는 확신이 자리 잡고 있다. 한경직 목사의 지식관은 다음과 같은 고백에서 잘 드러난다."하나님을 경외하는 지식은 모든 다른 지식의 근본이다. 이 지식을 바로 알아야 다른 지식도 바로 안다. 하나님, 사람, 자연, 이 셋 중에 하나님을 앎이 기초가 된다."[85)] 그는 하나님을 경외하는 지식만이 과학적 지식을 바로 사용할 수 있는 지식으로 보았고, 그렇기 때문에 이 지식의 기초 위에 '정치, 경제, 예술, 물리, 화학

83) 〈영락교회 35년사〉, 157.

84) 한국교회사료연구원, 〈한경직 목사 기독공보 기사 모음집〉 (2002.5.), 21.

85) 〈한경직 설교자료: 잠언-말라기〉, 18.

각 방면의 지식'을 세울 수 있다고 믿었다.[86]

이러한 지식관에 더하여 한경직 목사는 성경교육을 강조하였다. "성경을 공부해야 한다. 성경 가운데는 이스라엘 민족 곧 선민을 통하여 하나님께서 그의 성품, 그의 뜻, 그의 말씀, 그의 법을 나타내셨다. 그리고 그 독생자를 통하여 그 자신을 친히 계시하셨다. 그 기록이 신약, 구약 성경에 기록되어 있다. 공부는 해야 한다. 주일은 성경책 가지고 교회에만 나오라는 말이 아니다. 공부하려면 몇 가지 방법을 알아야 한다. 읽어야 한다. 집에서 통신을 통해서 공부하여야 한다. 주일에는 공부반에서 공부하여야 한다. 삼일기도회 때에도 공부하여야 한다. 기독교 서적을 읽어야 한다. 성경에 무식하면 안 된다."[87] 한경직 목사는 현대문명을 부정하는 것이 아니라 기독교와 현대문명의 관계를 뿌리와 열매의 관계로 이해하였다. 그는 "종교적 신앙은 뿌리요, 윤리는 줄기와 가지요, 문명의 혜택은 열매와 같은데, 뿌리를 등한히 하면 열매를 잘 맺지 못할 것입니다."[88] 라고 말한다. 한숭홍 교수는 이를 '뿌리론'으로 명명하면서 한경직 목사의 문화관을 '신율문화론'으로 이해하고 있는데, 한경직 목사는 "문화와 문명은 기독교의 혼 위에서만 존재할 수 있다"[89]고 보았기 때문이다.

그러나 한경직 목사는 반지성주의나 반문화주의의 오류에 빠지는 것을 경계하였다. 그는 대광학교의 건학이념을 세울 때에도 "그리스도교를 표준으로 하여 민족교육, 과학교육, 직업교육을 실시함으로써 사랑과 평화와 자유의 새 세계를 건설"하는 것을 가장 중요하게 생각하였다.[90] 신앙을 기초로 하되 학문을 연마하고 실력을 갖추어 나라를 위해 일할 수 있는 일군을 양성하는 것을 교육의 목적으로 삼았던 것이다. 그는 신앙생활에 있어서도 이러한 조화와 균형을 강조하였는데, 지성과 감성 중 너무 감정적인 측면으로 기우는 것도 경계하였다. 한경직 목사는 〈영락〉지에서 다음과 같이 신앙생활의 조화를 강조하였다."늘 하는 말이지만 신앙생활에는 조화가 있어야 하고 치우치지 아니해야 합니다. 신앙생활에는 지

86) 위의 책, 20-21.

87) 위의 책, 31-32.

88) 한경직, 〈설교전집 1〉 (서울: 대한예수교총회교육부, 1971), 135.

89) 한숭홍, 〈한경직의 생애와 사상〉 (서울: 장로회신학대학교출판부, 1993), 207.

90) 〈한경직 목사의 신앙유산〉, 180.

적 요소와 감정적 요소가 있습니다. 너무 지적 방면에 치우쳐도 건전한 신앙은 아니며, 너무 감정적 방면으로 치우쳐도 건전한 신앙이 못됩니다. ... 듣건대는 요사이 입신이니 방언이니 하여 너무 감정 면에 치우치는 경향이 있다고 합니다. 우리 교우들은 언제나 건전한 신앙생활을 하여 어떤 한 편에 치우치지 않도록 스스로 주의하시기 바랍니다."[91] 지성과 영성, 신앙과 학문, 그리고 지성과 감성의 조화와 균형, 나아가 통합을 강조한 한경직 목사의 교육관은 한숭홍 교수가 명명한대로 '정(正)'이나 '반(反)'의 관점이 아닌 '합(合)'의 관점이며, 혼합의 신학이 아닌 '중용의 신학'적 관점이라고 할 수 있다.[92]

5. 가정교육의 강조

한경직 목사의 교회교육에 대한 강조는 가정교육의 중요성에 대한 강조로 이어진다. 한경직 목사가 기독교학교 설립에 많은 공헌을 하였기 때문에 오히려 그의 기독교 가정교육에 대한 관심이 소홀히 여겨지는 경향이 있다. 그러나 그는 가정, 교회, 학교가 분리되지 않는 기독교교육을 추구했고, 부모의 자녀교육의 중요성을 강조하였다. 한경직 목사는 자녀교육을 위한 기본적인 준비는 "그 부모 되려고 하는 사람들이 먼저 경건한 아버지와 경건한 어머니가 될 만한 신앙을 가져야 되며, 기독교 가정에서는 그 부모가 자녀를 '하나님의 자녀로 삼을 의무'가 있다고 말한다."[93]

자녀들에게 필요한 것은 세상의 과학적인 지식이나 기술만이 아니라 주의 교양과 훈계로써 양육하는 것이라고 보면서 한경직 목사는 가정교육을 위해서는 세 가지 요소가 필요하다고 보았다. 첫째는 가정의 영적 분위기이고 둘째는 영적 영양이며, 셋째는 영적 운동이다. 그런데 이 중에서 부모가 자녀들에게 교훈하며 영적 영양분을 먹이고, 영적 운동을 위한 전략을 세우는 것도 중요하지만 가정의 영적 분위기가 가장 중요하다고 강조한다. "말

91) 〈영락〉, 제11호, 1967년 9월, 3.
92) 한숭홍, 〈한경직의 생애와 사상〉, 222-223.
93) 〈영원한 스승 한경직 목사〉, 312-313.

하자면 온실 가운데 있는 화초와 같이 그 속에서 자라나는 어린 심령이 화평한 가운데서, 평안한 자유로움 가운데서, 길러질 수 있는 신앙의 분위기 가운데 우리 가정이 있는가? 이런 가정에서는 부모가 이런 것을 해라, 저런 것을 해라, 잔말 하지 아니할지라도 자연히 어린이들의 심령이 봄 동산의 풀과 같이 무럭무럭 바로 자라납니다."[94]

이러한 가정의 영적 분위기의 중요성을 강조하는 한경직 목사의 가정 교육관은 소위 '이미지 교육'으로 연결되는데, 자녀가 어린 시절의 아름다운 기억을 지니는 것이 자녀를 바람직하게 형성하는 근거가 됨을 함의한다. 그는 프린스턴신학교의 교수였던 블랙우드 박사의 자녀교육에 대해서 언급하면서 세 가지 자녀교육의 원리로 정리하고 있다. "첫째, 누구든지 좋은 부모이면 그 자녀들에게 기쁜 기억의 유산을 남겨줄 수 있다. 어렸을 때의 생각이 기쁜 기억이 되도록 하는 것이다. 둘째, 누구든지 좋은 부모라고 할 것이면 그 자녀들에게 좋은 습관을 조성시켜서 좋은 습관의 유산을 남겨주는 것이다. 셋째, 높은 이상, 고귀한 생의 목표를 어린 자녀에게 분명히 보여 줄 수 있으면 그것이 아주 귀한 유산이 될 것이다."

먼저 부모가 자녀들에게 좋은 기억을 남기는 것이 중요함을 도스토엡스키의 말을 인용하면서 '좋은 기억, 특별히 어렸을 때의 가정생활에 있어서의 귀한 기억처럼 장래에 깊은 감화를 주는 것은 없다. 귀한 성스러운 기억은 최대의 교육이 된다. 그런 기억이 많은 사람은 최후까지 인생 길을 바로 걸을 수 있다. 그런 기억이 단 하나만 있어도 ... 그 한 가지 기억이 그를 많은 죄악 가운데서 건질 수 있다.'[95]고 말한다. 한경직 목사는 부모의 삶이 자녀교육을 위해 얼마나 중요한지를 다음과 같이 설명합니다. "부모들이 가정에서 하는 것이 마치 활동사진의 필름에 박힌 것처럼 어린이의 마음에 박힙니다. 이 다음에 그 사진이 그 아이의 일생에 영향을 줍니다. 여러분, 자녀들에게 고귀한 모습을 보여주려고 하면 결국 내 자신이 참된 신앙생활을 하고 온전히 헌신해서 자녀들이 우리 아버지는 참 경건한 분이다. 우리 어머니는 참 진실한 분이다 하는 인상을 받게 해야 합니다."[96]

---

94) 위의 책, 315.

95) 위의 책, 334.

96) 위의 책, 339.

또한 자녀들에게 좋은 습관을 형성하기 위해서는 부모가 모범을 보이는 것이 중요하다고 주장한다. “부모가 친히 모범을 보여줘야 합니다. 부모가 남에게 인사를 깍듯이 하고 남에게 고맙다는 말을 할 줄 알고, 예의가 있고, 친절하고, 봉사하고, 정직해야 합니다. 부모가 실제로 아이들에게 모범을 보여줘야 합니다.”[97] 그리고 부모가 자녀에게 이상을 심어주어야 한다고 강조하는데, 어린 시절부터 ‘나는 이 다음에 커서 어떤 사람이 되어야겠다.’는 생각을 갖게 해야 한다고 말한다. “예수님과 같은 사람이 되어야겠다 하는 비전이, 이상이 머리에 들어오게 되면 마치 크리스마스별이 멀리 동방박사를 인도해서 베들레헴까지 인도한 것처럼 그 아이의 일생을 그 이상이, 그 신앙의 별이 그의 갈 길을 바로 인도해 주는 것입니다.”[98]

한경직 목사는 가정교육의 중요성을 분명히 인식했을 뿐만 아니라 부모의 삶이 이미지가 되어 자녀들에게 교육적 영향을 끼치게 되기에 부모의 모범이 중요하다고 주장한다. 부모가 자녀에게 과학적인 지식만이 아니라 주의 교양과 훈계로 양육하여야 하며, 부모가 자녀에 대한 꿈을 갖고 격려할 것을 강조한다. 한경직 목사는 가정에서 부모들이 이런 역할을 감당하도록 돕기 위해 교회교육에서도 학부모 교육을 실시할 뿐 아니라 학부모회를 조직하였고, 교회교육과 가정교육이 연계될 수 있도록 하였다.

6. 교사의 삶을 통한 교육

한경직 목사의 교육관에 있어서 가장 중요한 비중을 차지하는 교육 요인은 교사이다. 그에게 있어서 교사는 커리큘럼이고 교육 그 자체라고 말할 수 있다. 어떤 교사인가가 그 교육을 결정한다고 보았다. 이는 한경직 목사의 교육여정 속에서 몇 몇 교사와의 만남이 그의 삶에 가장 큰 영향을 미쳤다고 확신하였기 때문이다. 한경직 목사가 어느 잡지에서 ‘잊지 못할 은사’로 우용진 목사를 회고하고 있는데, 우 목사는 앞에서 언급한대로 한경직 목사가

97) 위의 책, 337.

98) 위의 책.

어린 시절 다녔던 자작교회의 전도사였다. 한경직 목사는 그 분에 대해 다음과 쓰고 있다.

자연스레 나는 어릴 때부터 그로부터 신앙지도를 받게 되었다. 불철주야로 애쓰는 그의 모습을 보게 되면서 그의 봉사생활에 많은 감동을 받았다. 그분은 이렇게 복음전파와 사회봉사를 하셨을 뿐만 아니라 당시에 농촌개량, 청년운동 등 다양한 방면으로 일하셨다. … 그의 신앙의 성격은 단순한 것이었으며 성경 그대로 였다. 예수님을 전파하고 예수님의 교훈대로 전도와 봉사와 교육사업 등을 최선을 다하여 수행하신 어른이시다. 성경대로 믿었고, 성경대로 살았고, 성경대로 그 역사 환경 속에서 최선을 다하여 주님을 따르려고 힘쓰신 분이다. 따라서 그 분의 생활은 지극히 검소하고 단순하기만 했다. 요사이 말대로 근검절약이 그의 신조였으며, 애국애족은 그의 신앙이기도 했다. 그 분은 가난한 사람을 돕기 위하여 여러 가지 노력을 아끼지 않으셨다. 특별히 가난한 농민들을 조금이라도 잘 살게 하기 위하여 갖은 노력을 다 하셨다.[99)]

한경직 목사가 회고하는 우용진 목사의 삶은 바로 한경직 목사의 삶을 떠올리게 하는 모습이다. 한경직 목사가 만난 스승 우용진 목사의 삶이 바로 교육이었고, 이로 인해 한경직 목사라는 제자의 삶이 형성된 것이다. 우용진 목사의 사역이 바로 '전도와 교육과 봉사'로 요약 되는데, 이는 한경직 목사의 사역이요, 우용진 목사의 삶이 검소하고 단순하며 애국애족하는 삶인데, 이는 한경직 목사의 삶이 되었던 것이다. 그렇기 때문에 교사는 많은 지식을 전해주는 것 이상으로 그 영성과 삶으로 교육하는 것이다.

한경직 목사는 교사의 인격을 매우 중요시 했는데, 교회교육에서 교사의 인격이 아이들에게 평생 영향을 미칠 수 있음을 다음과 같이 말하고 있다. "제가 주일학교 선생님들에게 말할 기회가 있을 때 언제나 이런 말을 합니다. 혹 아이들이 예배당에 와서 좀 못되게 굴어도 그저 말로 권면하지 때리지 말라고 합니다. 왜 그런고 하니 이 다음에 커서 내가 예배당 가서 매맞은 기억을 갖게 된다면 아주 좋지 않을 것이 아닙니까? 사실 내가 이런 이의 말을

99) 한경직, "내 어릴 적의 스승, 우용진 목사님" 〈빛과 소금〉, 통권 81호, 1991년 12월호, 130-131.

들었어요. 아이 적에 예배당에 가서 매 맞고 와서 다음부터 예배당에 안 갔단 말입니다."[100) 한경직 목사에게 깊은 영향을 끼쳤던 남강 이승훈 선생이나 고당 조만식 선생은 훌륭한 인격의 소유자였고, 이들의 삶과 인격을 기억할 때마다 점점 더 그 분들을 닮아가게 되는 것이다.

한경직 목사는 직접 주일학교 교사로서 봉사한 적이 있다. 그가 오산학교에 다닐 때에도 주일학교 교사로서 학생들을 가르쳤다. 한경직 목사는 자신의 주일학교 교사 시절을 다음과 같이 회상한다. "교회 일에 많이 관심을 가지게 된 것은 제가 오산학교에 나가게 될 때에도 교회에서 주일학교를 가르치게 되었거든요. 평양 숭실대학에 나가게 됐을 때는 증경총회장이었던 이인식 목사가 시무하는 평양 창동교회에 가서 일을 보게 되었고, 그 때는 숭실대학교 스튜덴츠 YMCA(기독청년회) 회장으로도 일했고 또 방학 때는 학교에서 경비를 받아 순회 전도여행을 가곤 했지요."[101)]

또한 한경직 목사는 기독교학교의 교사로서 봉사하기도 하였다. 한경직 목사가 오산학교를 졸업한 후 평양 부근 남산고을 교회에서 경영하는 영성학교의 교사로 초빙을 받게 된다. 한 목사는 이 문제를 단독으로 결정하지 않고 은사인 우용진 선생을 찾아가 상의하였고, 부임하는 것이 좋겠다는 우선생의 의견을 따라 영성학교에 부임하였다. 한경직 목사는 처음 경험하는 교사생활 속에서 정성드려 학생을 지도하였다.[102)] 한경직 목사는 미국에서 귀국한 후 평양 숭인상업학교에서 또 한 번 교사로서 잠시 봉직하게 된다. 귀국 후 오산중학교에서의 은사인 고당 조만식 선생을 만났을 때, 그의 권유로 학교에서 영어와 성경을 가르치는 교사의 일을 맡게 된 것이다.[103)] 두 번 다 은사의 도움을 받게 되는데, 이는 졸업 후에도 지속적으로 사제지간의 관계를 맺고 있었음을 알 수 있다. 주일학교와 기독교학교의 교사 경험은 그를 더욱 교육에 관심을 갖게 하였을 뿐만 아니라 교사의 삶이 교육에 있어서 얼마나 중요한 지를 깊이 깨닫게 하였다.

---

100) 〈영원한 스승 한경직 목사〉, 334-335.

101) 위의 책, 69.

102) 〈한경직 목사 성역 50년〉, 16-17.

103) 한숭홍, 94-95.

한경직 목사의 교사에 대한 인식은 그가 대광고등학교 교사연수회(1989년 7월 21일)에서 행한 "교사의 특권과 책임"이라는 제목의 특강에서 잘 나타난다. 그는 에베소서 4장 11절 "그가 혹은 사도로, 혹은 선지자로, 혹은 복음 전하는 자로, 혹은 목사와 교사로 주셨으니" 라는 말씀을 설명하면서 다음과 같이 말한다. "그러니까 목사는 특별히 교회를 돌보는 이요, 교사는 특별이 교회에서 진리를 가르쳐 주는 책임이 있은 듯합니다. 이 말은 다시 말하면 초대 교회에 있어서 교사의 위치가 아주 중요하였다 하는 그 말입니다. 지금으로 말하면 물론, 교회의 체계가 많이 바뀌어서, 혹 교사의 위치에 있는 이가 어떤 분일까, 혹은 목사도 가르치는 책임이 있고 우리 교회에서 주일학교 선생님, 또 특별히 가르치는 분들 아마 이런 분들, 혹은 전체 교회를 생각해 보면 신학교 교수와 같은, 신학교 교수는 목사를 양성하기 위해서 특별히 성경과 기독교의 진리를 전체적으로 가르쳐주는 분들 아닙니까? 아마 그런 분들이 다 교사라고 할 수가 있어요. 그러니까 지금 현대 교회에 와 볼지라도 그 교사의 위치가 이만큼 크고, 교회 안에서 높은 가운데 있었다는 것을 우리가 생각할 수 있어요."[104]

한경직 목사는 교사의 생명력은 권위에 있다고 보았는데, 그 권위는 전문성과 인격의 권위라고 보았다. 한 목사는 다음과 같이 교사의 권위에 대해 말한다. "교사들의 권위가 결국 어디 있느냐, 하나는 내 자신을 바로 가지는데 있고, 또 하나는 잘 가르치는 데 있습니다. 그 두 가지를 겸하여야 권위가 있습니다."[105] 결국 교사의 권위는 "생활과 교훈에 있다"고 요약될 수 있다. 전자가 교사의 인격과 삶이라면 후자는 교사의 전문성이라고 할 수 있을 것이다. 한경직 목사는 이 둘 가운데 교사의 전문성만이 아니라 교사의 인격과 삶을 매우 강조한다. 다음의 진술은 그의 교사관을 잘 보여준다. "내가 맡은 과목을 잘 해야지요. 그러나 그것만 잘하면 안돼요. 모든 방면에 참 교사다운 교사가 되어야 할 겁니다. 그러니까 이렇게 교사의 특권도 있지만 또한 책임도 있다고 하는 것을 좀 생각해 볼 수 있기를 바랍니다."[106]

104) 〈영원한 스승 한경직 목사〉, 211.

105) 위의 책, 213.

106) 위의 책, 219.

또한 한경직 목사는 교사의 권위만이 아니라 교사의 책임을 강조하는데 교사가 받을 심판을 강조하였다. 그는 교사가 받는 심판으로 학생의 심판, 양심의 심판, 하나님의 심판을 들고 있는데, 학생의 심판도 중요하지만 양심과 하나님의 심판을 두려워할 줄 알아야 한다고 강조한다.[107] 또한 교사가 받게 될 유혹에 잘 대처해야함을 강조하는데, 인기에 대한 유혹, 교만의 유혹, 돈의 유혹을 물리칠 수 있어야 "교사다운 교사"가 될 수 있다고 말한다.[108]

7. 성육신적 교육

한경직 목사의 교육관은 한 마디로 '성육신적 교육'으로 함축하여 표현할 수 있다. 사실 기독교교육의 원형은 성육신(Incarnation)이라고 할 수 있다. 하나님께서 '하나님을 알게 하시기 위해서 하나님께서 선택하신 교육'이기 때문이다. 하나님은 인간들로 하여금 하나님을 알게 하기 위해서 선지자나 예언자를 보내신 것으로 만족하지 않으시고 직접 인간이 되셔서 이 땅에 오셨다. 그리고 이 땅에 오신 예수 그리스도는 삶을 통해 모범을 보이셨고, 섬김을 통해 제자들을 변화시키셨다. 교회교육을 주일학교나 분반공부와 동일시하는 경우가 많지만, 진정한 교육은 지식을 전달하는 것으로 제한되지 않고 삶을 통해 삶을 변화시키는 것이다. 이러한 성육신 교육에서 가장 중요한 것은 교사(교육자)가 '교사의 자리'에 머무는 것이 아니라 '학생의 자리' 속으로 들어가는 것이고, 피교육자의 삶에 대해서 지적하기 이전에 교육자가 삶으로 먼저 모범을 보이고 '복음적 삶'을 사는 것이다. 이런 점에서 성육신적 교육에 있어서는 교사의 삶이 바로 교육이라고 할 수 있다. 교사가 자기 삶과 분리된 어떤 지식을 전하는 것이 아니라, 삶이 바로 커리큘럼이 되고 교과서가 되는 것이다.

한경직 목사는 그의 삶을 통해 모범을 보이셨고, 그의 삶은 그를 대하는 많은 사람들에게 복음적 영향력을 끼쳤다. 그의 가르침과 그의 삶은 분리되지 않았다. 그의 사랑을 받은 주선애 교수는 다음과 같이 한경직 목사를 회고한다. "저는 기독교교육을 가라치면서 예수

107) 위의 책, 216-217.

108) 위의 책, 218-219.

닮는 것이어야 한다는 얘기를 하면은 늘 한목사님 생각을 합니다. 한목사님이 가장 예수님을 많이 닮으신 분이니까 한목사님 그런 의미에서 저는 이렇게 쳐다보기만 해도 은혜가 되고, 어떻게 저렇게 아름답게 살 수 있을까?...뭐 강의가 훌륭하기도 하고, 또 모든 사업도 뭐 지혜도, 학식도 다 충분한데 그것보다도 그 품격, 그 목사님의 그 인격, 신앙 인격 자체가 제게 그렇게 보기만 해도, 뵙기만 해도 은혜가 되니까, 학생들에게 얼마나 많은 영향을 미칠 수 있을까"[109] 프린스턴신학대학원 한경직 석좌교수인 이상현 박사는 "한경직 목사님의 인격과 삶"이라는 글에서 그의 생애를 '은혜와 감격에서 우러나온 헌신의 일생'으로 규정하면서, 일편단심의 예수사랑, 이웃사랑, 나라사랑, 투명성, 겸손, 회개하는 자세를 들고 있다.[110] 또한 이우근은 기독공보에 게재한 '어느 바보 목사님을 그리워하며'라는 한경직 목사 추모시에서 다음과 같이 한 목사의 신행일치의 삶을 묘사하고 있다. "그는 참 바보처럼 살다 가셨습니다. 가장 좋은 옷을 입고 가장 멋진 자동차를 탈 수 있었는데도, 그는 바보처럼 좋은 옷 대신에 소매가 닳아빠진 옷을 입었고, 멋진 차 대신에 버스를 타거나 남의 차를 빌려 타곤 했습니다. 가장 안락한 아파트에 살 수 있었는데도, 바보 같이 그것을 마다하고, '월세 방에 사는 교인들이 얼마나 많은데...'하면서, 산꼭대기의 20평짜리 국민주택에 들어갔습니다."[111]

'삶이 교육하고, 인격이 교육한다.' 이것은 성육신적 교육의 중요한 명제이다. 한경직 목사의 삶과 인격은 많은 사람에게 감동을 주고 변화를 일으켰는데, 그의 삶과 인격이 이미지가 되어 사람들의 내면에 각인되어, 그 이미지가 계속 교육적 영향력을 발휘하게 되는 것이다. 지금도 그를 기억하는 많은 사람들에게는 아직도 그의 삶이 성육신된 이미지를 통해서 계속 영향을 받고 있다고 할 수 있다. 이러한 한경직 목사의 삶과 인격이 형성된 근원을 거슬러 올라가 보면, 역시 그런 삶을 살았던 교육자를 만나게 된다. 진광소학교의 홍기두 선생, 자작교회의 우용진 전도사, 오산학교의 남강 이승훈 선생, 그리고 고당 조만식 선생 등

109) 〈한국교회와 한경직 목사: 1주기 추모자료집〉, 119-120.

110) 이상현, "한경직 목사님의 인격과 삶", 한경직목사기념사업회, 〈한경직목사 탄신 100주년 기념행사 자료집〉 (서울: 한경직목사기념사업회, 2008), 277-285.

111) 한국교회사료연구원, 〈추양 한경직 목사 기독공보 기사 모음집〉 (서울: 한국교회사료연구원, 2002), 226-227.

이다. 기독교교육은 성육신적 삶을 사는 사람들을 통해서 계속 이어진다. 이것은 '성육신적 고리'라고 불리울 수 있을 것이다. 예수님의 성육신이 열 두 제자들에게, 그리고 열 두 제자들의 헌신을 통해 또 다른 사람들이 변화 받게 되고, 그 성육신적 고리는 진실된 신앙과 인격을 지닌 삶을 산 사람들을 통해 연결되어 한경직 목사에게까지 이르고, 그의 신앙과 인격이 지금도 많은 사람들에게 감동을 주고 그들의 삶을 변화시키고 있는 것이다.

V. 나가는 말

한경직 목사의 교육관, 특히 교회교육관은 오늘날 한국의 교회교육과 기독교교육에 중요한 통찰을 주고 있다. 그의 교육관을 성찰하고 그 의미를 파악하여 이를 계승하고 오늘날의 교육 상황에 맞게 적용할 수 있다면, 작금의 많은 교육의 문제들을 해결할 수 있는 단초를 찾을 수 있을 것이다. 첫째, 한경직 목사의 교회교육에 대한 이해와 그 교육의 범위(scope)에 대한 이해는 여전히 '자라나는 세대'만을 대상으로 생각하는 교회교육에 대한 좁은 이해를 극복할 수 있다. 한경직 목사는 어린이와 청소년 교육의 중요성을 누구보다도 강조했지만 그 범주를 넘어서서 장년교육을 교회교육의 중요한 범주로 포함하였다. 뿐만 아니라 발달단계별 교육부서의 범주를 넘어서서 대상의 특수성에 따라 '농아부'를 비롯한 '신입부,' '영어성경부,' 그리고 직업 대상에 따른 '성경반'을 조직하여 교육하였다.[112] 또한 한경직 목사는 '전도, 교육, 봉사'를 교회의 삼대목표로 설정하여 교육을 강조하였을 뿐만 아니라 이 세 가지가 분리된 것이 아니라 통합되는 관계로 이해하였다. 즉, 교회의 전 생활을 통하여 교육이 이루어진다고 보았으며, 전도와 봉사를 통하여 교회교육을 실천하였다고 할 수 있

112) 한경직 목사는 1967년 9월, 〈영락〉지를 통해 다음과 같이 직접 밝히고 있다. "금번 9월부터 '간호원 성경반'이 새로 조직이 되었는데, 앞으로 많은 간호원들이 이 모임을 통하여 교육과 친교와 봉사의 기회가 될 수 있기를 바랍니다. 이 앞으로 교육에 종사하시는 여러 교사들, 관청에 종사하시는 여러 공무원들, 회사에 근무하시는 여러 회사원들, 공장에서 일하시는 여러 직공들이 각각 모임을 가지고 주 안에서 친교와 봉사를 두텁게 할 수 있기를 바랍니다."(〈영락〉, 제11호, 1967년 9월, 3.)

다. 이는 디다케(Didache)만이 아니라 케리그마(Kerygma), 레이투르기아(Leiturgia), 코이노니아(Koinonia), 그리고 디아코니아(Diakonia)라고 하는 교회 전 생활을 교육의 장으로 본 것이다. 한경직 목사는 이런 점에서 교육목회(Educational Ministry)를 앞당겨 실천하였다고 볼 수 있는데, 이러한 교회교육에 대한 이해가 오늘날 더 깊이 구현되어야 할 것이다.

둘째, 한경직 목사의 교회교육은 '교회 내 교육'만이 아니라 '교회 밖 교육'까지를 포함하는데, 이러한 교육에 대한 확장된 이해는 오늘날 교회교육이 단지 교회성장의 도구로 전락되어 교회 울타리 안에 머무는 것을 극복할 수 있는 가능성을 보여준다. 영락교회의 주일학교만이 아니라 주간학교 및 성경구락부의 개설, 그리고 영락 중고등학교를 비롯한 대광학교 등 기독교학교의 설립은 이러한 확장된 교회교육의 구조를 보여주고 있다. '교회 내 교육'과 '교회 밖 교육'의 연계는 한경직 목사에게는 너무나 자연스러운 일이었다. 왜냐하면 진정으로 아이들을 사랑하고 그들의 전인(whole person)을 교육하기를 원한다면 '교회 안'과 '교회 밖,' 그리고 '교회교육'과 '학교교육'을 분리시킬 수 없기 때문이다. 이러한 교육의 그림은 앞에서도 언급했듯이 이미 한경직 목사의 어린 시절, 간리 마을에서 자작교회가 진광소학교를 세우며 상호 협력했던 모습에서도 자연스럽게 연유되었다고 볼 수 있다. 이러한 한경직 목사의 교회와 학교의 통합된 교육구조는 오늘날 교회와 학교가 철저히 분리된 구조, 그로 인해 교회교육이 아이들의 전인을 변화시키지 못하고, 학교는 신앙과 종교성을 제거한 지식교육의 장으로 전락하는 한계를 극복할 수 있는 가능성을 보여주고 있다.

셋째, 한경직 목사의 교회교육은 '지성'과 '감성,' '신앙'과 '학문,' '영성'과 '전문성'이 통합된 '통전적 교육'이라고 할 수 있는데, 오늘날의 편협한 교육과는 다른 모습이다. 한경직 목사의 교육 여정이 이 두 가지 범주의 어느 한 쪽에 매몰되지 않고 양자를 모두 통합하는 과정이기에, 교회교육이 지식교육으로 전락하거나 신비주의나 감정주의에 빠지지 않고, 과학과 학문을 소홀히 하지 않으면서도 '여호와를 경외하는' 지혜교육을 강조하고, 실력있는 인재가 되는 것을 중요시하면서도 늘 기도와 영성의 사람이 되는 것을 추구하였다. 오늘날 교회교육은 두 가지 딜레마 속에 있는데, 과거의 은행저축식 교육(banking education)과 같이 지식 주입식 교육으로 남아 있느냐 아니면 포스트모던 시대의 아이들이 요구하는 감성

(feeling)을 만족시키는 교육을 추구하느냐의 갈등이다. 또한 좁은 의미의 신앙만을 강조한 나머지 하나님의 일반계시인 학문을 지나치게 소홀히 여기는 왜곡된 교육이거나 그 반대의 경우를 선택하게 되는 딜레마이다. 그러나 한경직 목사는 이 둘의 균형과 통합을 추구함으로써 '편협한 교육'이 아니라 '온전한 교육'을 지향하였다. 이러한 한 목사의 교회교육은 특히 모더니즘에서 포스트모더니즘으로 전환되는 기로에 서 있는 교회교육이 어떻게 편향된 교육에 빠지지 않고 통전적 교육을 추구할 수 있는지를 모범으로 보여주고 있다고 할 수 있다.

마지막으로 한경직 목사의 교회교육은 교사의 인격과 삶이 교육이라는 사실을 분명히 강조한다. 한경직 목사의 교육관이 형성되기까지에도 이미 인격과 삶으로 본을 보인 교사들이 존재하였고, 한경직 목사의 가르침 속에서도 가장 강조되고 있는 교육의 특징은 교사의 신행일치의 삶과 인격임을 알 수 있고, 또한 한경직 목사의 인격과 삶이 바로 그런 교사의 모습을 보여주고 있기 때문이다. 한경직 목사의 긍휼의 교육도 이러한 그의 인격과 삶을 반영한다. 긍휼, 애통, 섬김, 봉사, 수고, 눈물, 사랑 등은 한경직 목사의 교육의 특징을 드러내는 단어들이다. 보린원, 농아부, 성경구락부, 영락상업고등학교, 영락여자신학교, 그리고 남한산성의 조그마한 집과 무통장 등은 그의 긍휼과 긍휼의 교육을 함축적으로 보여주는 사례들이다. '긍휼이 교육한다.' 이는 한경직 목사의 또 하나의 교육의 명제이다. 이런 긍휼의 삶을 사는 한경직 목사의 인격과 삶이 교육하는 것이다. 그의 이미지는 지금도 사람들 가슴에 새겨져 계속해서 '하나님의 형상'으로 형성시키는 역할을 하고 있다. 오늘날 입시위주의 교육, 출세주의 교육, 엘리트 위주의 교육, 부익부 빈익빈의 교육, 이러한 '상향성의 교육'에 대해서 한경직 목사는 긍휼과 섬김의 '하향성의 교육'을 보여주고 있는 것이다. 평생을 예수님을 닮으려고 했던 그의 삶은 '성육신적 이미지'가 되어 어떤 강의나 설교보다도 더 영향력있는 교육의 통로가 되었다고 할 수 있다. 이런 성육신적 교육의 회복은 오늘날 교회교육이 무엇보다 요청하고 있는 기독교교육의 진수라고 할 수 있다.

한경직 목사의 교육은 더 많은 연구를 필요로 하고 있다. 그의 교육적 업적을 미화하는 연구가 아니라 한경직 목사의 교육신학과 철학, 그리고 교육에 대한 비전을 있는 그대로 발굴하는 연구가 요청된다. 한경직 목사의 교육여정을 탐구하게 되면, 한국 초기 교회사에 이미 오늘날 교회교육의 한계를 극복할 수 있는 대안들과 귀감이 되는 기독교 교육자들이 있음을 발견하게 된다. 한경직 목사의 교육에 대한 연구는 자연스럽게 한국교회 교육사에 대한 연구로 이어지게 되는데, 이 분야가 오늘날 기독교교육학 연구에서 가장 취약한 분야 중의 하나라고 할 수 있다. 또한 한경직 목사의 교회교육을 기독교 교육학적으로 규명하고 재해석하는 작업이 필요하다. 마치 금광석처럼 아직 제련되지 않은 채 존재하는 그의 교회교육에 대한 사상을 정리하고 재구성하면 오늘날의 교육의 문제를 해결할 수 있는 기독교적 교육철학이 될 것이다. 특히 교회와 학교, 그리고 가정을 연계하고 통합하는 그의 교육에 대한 확장된 이해와 긍휼의 교육, 그리고 그의 교사상은 오늘날 침체를 경험하고 있는 교회교육에 생기를 불어 넣을 수 있을 것이다. 아직도 '밭에 감추인 보화'와 같이 남겨져 있는 한경직 목사의 교육에 대한 심도 있는 연구가 계속되기를 기대한다.

한경직 목사의 학원선교사역

최재건 박사 / 연세대

I. 들어가는 말

교회는 역사적으로 인류역사의 획을 그을 정도로 교육에 공헌하였다. 그 대표적인 예가 중세 시대에 대학을 설립하여 오늘에 이르게 한 것이다. 근세에도 선교사들이 선교활동의 한 방편으로써 피선교지에다 교육기관들을 설립하여 부수적으로 많은 열매를 거두었다. 한국에 처음 왔던 개신교 선교사들도 배재, 이화, 경신, 정신 등의 학교를 세워 복음도 전하고 근대화에도 기여하였다. 처음에는 대학교육을 받을 수 있는 자가 없어 중등교육 위주로 하다가 후에 배재대학부, 숭실대학부 등을 두어 교육에 많은 투자를 하였다. 이러한 선교회의 교육 전통은 일제를 거쳐 지금까지 한국교회에 전수되어 왔다. 해방과 한국전쟁의 소용돌이 속에서도 많은 한국교회들이 교육사업을 통해 사회에 기여하였다. 그중 가장 대표적인 예가 한경직 목사와 영락교회의 교육활동이다.

한경직 목사는 세계적인 목사요[113] 통섭(通攝)의 목회자였다. 문과, 이과, 신학 교육을 두루 받아 실력을 다지고 이를 기반으로 그의 평생을 목회자, 전도자, 교육자, 사회사업가로 헌신하며 성공적인 그리스도인의 삶을 구축했다. 그가 담임하는 개교회 안에서 교회 내적

113)『영락교회 35년사』(서울: 영락교회, 1983), 258쪽.

인 예배와 친교는 물론 외적인 선교와 교육과 봉사에 역점을 두어 통전적이고 균형 잡힌 목회를 했다. 한국 교회 전체를 향해서도 에큐메니칼 정신에 따라 진보와 보수를 아우르고 세계 교회와 유대를 강화하는 데 공헌하였다. 교회와 사회, 민족, 국가를 위해서도 경천애인의 정신을 실천하여 교인들의 본이 되었다. 믿음과 행함이 일치한 목회자로서 특히 교회의 교육적 사명을 다하는데 앞장 선 교육가로서 한경직 목사는 한국 교회가 선교 일세기의 역사를 맞이하여 세계에 내어놓을 수 있는 특별한 인물이다. 그러나 본고는 그의 교육선교활동에만 국한하여 고찰하려고 한다.

교육가로서 그는 대광중 · 고등학교와 영락학원 산하 영락중 · 고등학교, 영락여자상업고등학교, 영락여자신학교를 설립하였고, 보성학교, 오산학교, 숭의학교와 숭실대학을 이남에서 재건하였으며, 아세아연합신학대학교, 서울여자대학교, 장로회신학대학교의 이사장으로 봉직하하였다. 본고에서는 그가 어떠한 정신으로, 어떠한 계기에서, 왜, 어떻게 여러 학교를 재건 · 창립하며 관여할 수 있었는가를 개괄적으로 살펴보려고 한다.

Ⅱ. 한경직 목사가 받은 교육

한경직은 1902년 12월 29일(음) 평안남도 평원군 공동면 간리에서 청주 한(韓)씨 도풍과 청주 이씨 부인의 장남으로 태어났다. 인근에 이미 자작교회가 세워져 있어서 그는 기독교 신앙의 분위기 속에 성장했다. 성장기에는 기독교정신에 의거해 설립된 학교들을 다녔다. 그 학교들은 또한 애국정신이 투철한 학교들이었다. 그는 초등교육을 그의 마을 인근에 있는 세네골의 진광(眞光)소학교에서 받았다. 당시에는 대부분의 아동들이 서당에서 전통적인 교육을 받고 있었다. 그런데도 그가 신식 기독교 학교를 다녔던 것을 보면 그의 부모가 개명된 분들로서 신앙적인 가정을 이루고 있었던 것을 알 수 있다. 진광학교는 미국 북장로교 선교사인 블레어(W.N. Blair) 목사가 세운 학교였다. 블레어는 교육에 관심이 많아 한국 선교회 전체의 교육정책을 입안한 인물이었다. 이 학교는 자작교회에 의해서 운영되었다.

그는 이 학교를 다니는 동안 성경을 배웠으며, 특별히 요한복음 3장 16절을 암송하여 영생의 길을 알게 되었다.[114] 뿐만 아니라 홍기두라는 선생님을 통해 나라사랑의 길도 배웠다. 홍 선생은 도산 안창호의 제자로서 어린 학생들에게 나라와 민족을 사랑하도록 가르쳤고, 상급 진학 문제도 잘 인도해 주었다.

그는 1914년에 소학교를 졸업하고 오산학교에 입학해 중등교육을 받았다. 오산은 민족의 나아갈 길을 밝힌 도산의 연설을 듣고 공감한 남강 이승훈에 의해 설립되었다. 우수한 일군을 길러 독립의 저력을 키우기 위해 이승훈이 사재를 털어 설립하고 몸과 혼을 바친 학교였다.[115] 한경직은 소학교 스승 홍기두, 그의 육촌형 한병직, 남강을 잘 아는 이종빈, 최원준 목사 등으로부터 적극적인 진학 권유를 받고 오산에 입학했다. 숭실학교보다 집에서 3배나 먼 곳에 있었음에도 불구하고 오산학교를 더 애국적인 곳으로 여겨 그곳으로 진학했다.[116] 그의 부친은 한 마리밖에 없던 소를 팔아 진학을 주선 해 주었다.

그는 오산에서 두 명의 스승을 만났다. 오산을 세운 남강 이승훈과 오산을 일으킨 교장 고당 조만식이다. 그들로부터 나라를 찾아야 된다는 애국사상을 전수 받았고, 나라를 되찾으려면 과학 공부를 해야 하며 바른 사람이 되려면 예수 믿는 신앙생활을 해야 한다는 것을 배웠다.[117] 그는 이 학교에서 받은 교육으로 인생의 목표와 정체성을 확립하였고, 나라와 민족을 사랑하는 목회자가 되어 스승들의 뜻을 계승 발전시켰다.

오산을 졸업한 후에는 평양에 있는 영성학교에서 잠시 교사로 봉사하였다. 이때 평양경찰서 폭탄투척사건으로 남산골 교회 장로들과 영성학교 교사들이 체포되어 고문당했는데, 그도 그들 중에 끼어있었다. 그 후 그는 숭실대학에 진학했다. 숭실은 미국 북장로교 선교회가 주축이 되고 미국 감리교선교회의 협력을 받아 한국인 기독교 지도자를 양성할 목적으로 미국 중서부의 하노버 대학을 모델로 하여 설립된 학교였다. 조선 총독부는 사학법을 제정해 구한말부터 대학과정 교육을 실시해오던 숭실학교로 하여금 새로운 설립허가

114) 템플턴상 수상 연설문, 1쪽

115) 『五山八十年史』(五山中高等學校, 1987), 86쪽

116) 金昞熙 편, 『韓景職목사』(奎章文化社, 1982), 12쪽. 『五山八十年史』, 152쪽.

117) "한경직 목사를 만남", 『한국기독교와 역사』창간호, 137-138쪽.

를 받게 만든 뒤 숭실전문학교로 인가하였다. 그러나 선교회는 이 학교를 'Union Christian College'라고 부르며 실질적인 대학과정 교육을 실시하였다.

한경직은 구국(救國)과 제민(濟民)의 길이 문과보다 이과에 있다고 여겨 이학부를 선택했다. 그는 학생들 사이에서 두각을 나타냈으며, 방학 때는 순회전도대에 들어 설교를 하기도 했다. 그는 블레어 선교사의 비서로 있으면서 황해도 구미포 소래에서 번역을 하다가 기도하던 중 민족이 새로워져야 함을 깨달은 후 목회자로 삶의 방향을 전환하는 계기를 맞이했다. 하나님을 섬기고 이민족을 주님 앞으로 인도하는 일에 헌신하기로 결심했다.[118] 블레어는 그가 미국에 유학 가서 신학공부를 하도록 권고하고 입학할 학교도 추천해주었다.

미국에 간 그는 신학교에 입학하기에 앞서 인문학의 소양을 넓히기 위한 목적에서 먼저 캔사스주에 있는 엠포리아대학(College of Emporia)[119]에 입학했다. 교육학, 종교학, 철학, 심리학 분야의 과목을 이수하였는데, 그중 교육학은 그가 교육선교에 심혈을 기울이게 된 배경이 되었을 것으로 짐작된다.

한국과 미국의 두 대학에서 문과와 이과의 과목들을 두루 섭렵한 한경직은 그가 서원했던 목회자의 삶을 본격적으로 준비하기 위해 장로교 신학의 명문인 프린스톤신학교(Princeton Theological Seminary)에 입학하였다. 그가 프린스톤신학교에서 수학했던 때(1926–1929)는 미국 장로교가 보수신학과 진보신학의 대립으로 분규에 휩싸여 있을 무렵이었다. 그는 그런 와중에서도 면학에 전념하여 우수한 성적을 받았고, 학생회장직을 맡기도 했다.[120] 여기에서 그는 신학적인 면에서 좌우로 치우치지 않고 교회의 일치를 추구하는 목회자를 지향하게 되었다. 그의 꿈은 박사학위를 취득하고서 귀국하는 것이었으나, 뜻밖에도 폐결핵에 걸려 더 이상 학업을 계속할 수 없게 되었다. 그는 병세가 악화되어 뉴멕시코 주의 알부쿠케에 있는 미국 장로교 수양관에서 치료와 요양을 하도록 주선을 받았다. 이 때 사선을 넘는 질병의 고난을 체험했다. 이 기간에 복음전도에 헌신할 것을 서원하며 3년

118) 金昞熙 편, 『韓景職목사』, 23쪽. 『목사님들 예수 잘 믿으세요』(샘터, 2002), 290–291쪽

119) College of Emporia는 미국 북장로회가 1882년에 세운 대학으로 1976년에 폐교되었다.

120) 金昞熙 편, 『韓景職목사』, 33쪽.

만이라도 한국에서 봉사할 기회를 갖게 해달라고 하나님께 간구하였다.[121] 마침내 3년 후 건강을 회복하고 서원대로 귀국하였다. 이러한 체험을 통해 그는 교회의 사회적 봉사에 대한 필요성을 인식하게 되었다.

귀국한 후 은사인 조만식의 천거로 평양의 숭인상업학교에서 영어와 성경을 가르쳤다. 숭실전문학교에서 교수가 되기를 지원했으나 조선총독부는 그가 미국 생활을 했다 하여 친미성을 들어 승인해 주지 않았다. 그가 가야 할 곳은 서원했던 대로 교회였다. 그는 1934년에 의산노회에서 목사 안수를 받았고, 신의주 제이교회에서 목회를 시작하였다. 목회방침으로써 교회의 선교적 사명과 교육적 사명 및 봉사적 사명을 강조했는데, 이러한 사명들은 민족 복음화에 초점이 맞춰져 있었다. 그러나 일제가 목회활동마저 금함에 따라 동교회가 설립한 보린원에서 일제 말기를 보냈다. 해방 후에는 사회의 치안과 질서 유지를 위해 활동했고, 기독교 사회민주당을 창당하여 공산당에 대항하기도 했다.

그가 비록 박사 학위 취득을 포기했을지라도 후에 그의 교회사역과 사회활동을 기려서 명예박사를 수여한 대학들이 있었다. 그는 1948년 모교에서 명예박사 학위를 받았고, 1955년 연희대학교에서 한국 최초로 명예 신학박사 학위를 받았다. 1977년에는 모교인 숭실대를 서울에서 재설립한 공을 기려 그 학교로부터 명예 철학박사 학위를 받았다. 이 학교들은 모두 기독교계 대학들이었다.

Ⅲ. 교육선교활동

해방 전까지의 기간은 사실상 본격적인 활동을 위한 준비기간이었다고 해도 과언이 아니었다. 해방 후 조선민주당을 세워 건국사업에 동참하려 했던 그는 공산당으로부터 탄압을 받아 비교적 일찍 남하하였다. 그는 베다니교회(현 영락교회의 전 이름)를 설립하여 목회하면서 교회와 사회와 국가를 위해 활동을 펼치기 시작하였다. 그의 목회 방침은 신의주 제2

121) Ibid., 32쪽.

교회에서와 마찬가지로 전도와 교육과 봉사였다. 건물 명칭도 이를 반영하여 선교관, 교육관, 봉사관으로 불렀다.[122] 개척한 지 1년도 안되어 인천에 개척교회를 세우고 한병혁 목사를 파송하기도 하였다. 대한기독교 구제회 같은 기구를 통해 미국으로부터 받은 구호물자를 난민들에게 보급하였으며, 피얼스(Pierce) 박사와 빌리 그래함(Billy Graham) 목사를 초청하여 영적 각성에도 심혈을 기울였다. 그런 가운데 전란으로 교육 시기를 놓친 피난민들에 대한 교육사업을 펼쳐 교육 구국에 앞장섰다.

1. 대광학원의 설립

해방이 되자마자 이북에는 소련이 진주하였다. 소련 공산주의자들의 군정 아래 월남자가 속출하였고, 이북에서 내려온 피난민들은 남한에서 불안정한 생활로 고통 받았다. 무엇보다도 학교의 정원과 시설의 제약으로 넘쳐나는 피난민의 자녀들을 적령기에 제대로 교육시킬 수가 없었다. 새 학교를 설립할 필요성을 느낀 그는 신의주 시절의 지인으로서 문교부에서 근무하고 있던 이창로 장로와 뜻을 함께 하여 교육위원회를 구성하였다. 학교 설립을 준비하면서 교명을 대광(大光)으로 정했는데, 안창호가 세운 대성학교와 한 목사가 다닌 고향의 소학교인 진광학교로부터 한자씩 따서 그렇게 지은 것 같다. 백영엽 목사를 초대 교장으로 추대하고 1947년 12월 4일 피어선 성경학교에서 이 학교가 개교되었다.[123] 그는 이사장으로 봉직하기 시작했고, 12명의 이사 및 10명의 교직원과 더불어 피난민을 위한 교육봉사에 앞장섰다. 이때의 학생 수는 291명이었다. 그의 모금 활동으로 미국 북장로교 선교회에서 받은 10만 불의 지원금 중에서 4만 불이 새 학교 교사 건립에 충당되었다—6만 불은 교회건립비로 충당되었다.[124] 김성호가 기증한 16,749평의 토지와 김치복 장로가 헌금한 200만 원 등이 이 학교 발전의 토대가 되었다.[125] 대광의 교훈은 누가복음 10장 27절에 의거해

---

122) Ibid., 75쪽.

123) 대광학원, 『大光五十年史』(대광학원, 1997), 7-9쪽.

124) Ibid.,, 7쪽.

125) 『영원한 스승 한경직 목사』, 18쪽.

"경천애인"(敬天愛人)으로 정해졌다. 건학이념은 학칙 제1조 "본교는 기독교 복음주의 정신 하에서 교육법에 의하여 중등보통교육을 실시함으로써 기독교적 인격을 도야하며 국가에 유위한 중견 공민을 육성함을 목적으로 함"에[126] 나타나 있고, 이는 한 목사가 천명했던 "그리스도를 교육의 표준으로 하여 민족교육, 과학교육, 직업교육을 실시함으로 써 사랑과 평화와 자유의 새 세계를 건설하고자 한다"[127]는 교육이념을 반영하고 있다. 이런 교훈과 건학이념은 그가 받았던 교육기관들의 이념과 일치되는 것이었다. 그는 대광학교 이사장직을 설립 이후로부터 53년간 봉직하였고, 하나님의 부름을 받기 2개월 전에도 이창로 장로에게 대광을 부탁한다고 할 정도로 이 학교에 깊은 애정을 품고 있었다.

2. 영락학원–영락중 · 고등학교, 영락여자상업고등학교 설립

영락교회는 '영락'의 이름으로 여러 교육기관을 설립하였다. 교회의 교육적인 사명을 위한 실천의 장으로 보았기 때문이다. 1945년 이래 이북 피난민들의 월남은 6.25전쟁 중인 1951년의 1.4후퇴 때까지 계속되었다. 해방과 전쟁으로 인한 혼란과 피폐 속에서 학령기를 넘긴 수많은 소년 · 소녀들이 높은 향학열에도 불구하고 생계 유지의 어려움으로 교육을 받을 수가 없었다. 이에 영락교회뿐만 아니라 해방교회도 성경구락부를 만들어 중학교에 진학하지 못하는 청소년들을 가르쳐오고 있었다.[128] 영락교회는 이런 상황을 직시하고 두 곳의 구락부를 합해 휴전이 되기 전인 1953년 1월 20일 "영락고등공민학교"를 설립하였다.[129] 이 학교가 신체적, 정신적 장애자도 받아들여 중등학교 과정의 야간 교육을 실시하자 많은 학생들이 몰려들었다. 그리하여 잃은 양 한 마리를 찾는 심정으로 기독교적 인격을 도야하

126) 대광학원, op. cit., 12쪽.

127) Ibid, 9쪽.

128) 우리는 소년 소녀들을 위해 새 학교를 필요로 했습니다. 남한에 대학들을 재건할 필요가 있었습니다. 탬플턴상 수상 연설문, p. 5

129) 『영락학원 50년사』(학교법인 영락학원, 2002), 68쪽

며 교육하는 기독교적 정신으로 운영되었다.[130]

이 학교는 점차 발전하여 1959년에 영락중고등학교라 불리는 정규학교가 되었다. 1967년에는 응암동으로 이전하였다. 1981년에는 상업고등학교가 봉천동으로 이전하면서 중학교와 고등학교가 분리되었다. 1983년에는 영락상고가 주간인 인문계인 영락고등학교와 야간인 영락고교 상과로 개편되었다. 1990년에는 새 여자상업학교 교사 신축과 야간 기피 현상에 따라 여자상고의 수업을 주간에 실시하였고, 1995년에 영락여자상업고등학교로 개편하여 개교하였다.

3. 오산학교의 재건

오산학교는 남강 이승훈이 도산 안창호의 애국정신에 영향을 받아 사재를 털어 1907년에 평안북도 정주에 세운 학교였다. 설립자 이승훈과 교장 조만식이 품었던 나라사랑의 혼이 박혀 일제하에 수많은 뛰어난 인물들을 배출한 민족의 학교였다. 한경직도 청소년기에 이곳에서 수학하며 나라사랑의 정신을 비롯해 많은 감화를 받았다. 이 오산학교를 이북의 정치적 상황과 6.25전쟁으로 인해 북한에서 복구할 수 없게 되자 1952년 3월 피난 수도였던 부산에서 오산학교 재건발기위원회가 조직되었다. 한경직은 1953년 1월에 창립총회가 모였을 때 상임위원으로 참여하였다.[131] 그는 당시 숭실학교, 보성학교의 재건을 위해 일하고 있었고 대광학교 이사장직을 역임하고 있었음에도 불구하고 오산 재건운동에 적극 참여하였다. 오산은 1953년 4월 25일 부산 동대신동 산4번지에서 재건 · 개교되었고, 휴전으로 수도가 서울로 환도되자 1954년 4월 16일에 서울 용산구 원효로 2가 94번지로 이전했다.

한경직은 남강을 존경하였기 때문에 오산의 재건뿐만 아니라 1974년에 남강 이승훈의 동상을 재건하는 일에도 재건위원회 회장이 되어 앞장섰고, 1984년에는 남강문화재단의 초대 이사장이 되어 그의 정신을 계승하기 위해 봉사하였다. 그는 남강과 고당을 자신의 삶의

130) 김정섭, "한경직 목사와 영락학교 교육", 제4회 한경직 목사 기념강좌 팜프렛, 34쪽.

131) 『五山八十 年史』, 468쪽, 472쪽.

정체성 형성에 있어 잊을 수 없는 스승으로 여겨 계기가 될 때마다 그들을 언급하며 그들의 정신을 기리는 일에 적극 참여하였다.

4. 숭의학교의 재건

숭의학교는 1897년 그래함 리(Graham Lee) 선교사의 집에서 10여 명의 소녀들이 신식교육을 받은 데서 기원하였다. 그 중등과는 1903년 평양의 제중원 건물에서 시작되었다. 일제 때 이 학교의 비밀결사 조직인 '송죽결사대'는 머리를 잘라 독립운동 자금을 헌납하는 나라 사랑의 모습을 보여주었다. 40여 년간 기독교 정신으로 수많은 신여성들을 길러낸 이 학교는 일제의 신사참배 강요에 저항하여 자진 폐교하였다.

이 숭의학교의 재건도 남북 분단으로 이남에서 할 수밖에 없었다. 이 학교의 재건에는 박현숙과 한경직이 앞장섰다. 숭의 재건위원회는 미육군 간호원 기숙사를 양도 받아 '사회사업 송죽회'를 설립하였다. 이를 바탕으로 미국 북장로교 선교회의 협조 속에서 1950년 4월 12일 송죽원에서 '숭의여자중학'이란 이름으로 교육을 시작하였고, 6.25 전란으로 1953년에야 정식인가를 받아 남산의 옛 조선신사 자리에서 재 개교하였다. 1958년 초 입주식을 갖고 새 학교교사로 옮겨갔다.[132] 한경직 목사는 숭의학교가 1974년 재정적인 위기에 직면하였을 때 관선이사로 선임되어 1999년까지 봉직하면서 영락교회 교인이 이 학교를 인수하도록 하였고, 이들이 삼풍사고로 물러나자 최창근 장로를 이사장으로 삼아 고비를 넘기기도 했다. 교내에 마펫 선교사 기념관을 건립할 때는 마펫 박사 기념사업회 이사장이 되어 봉사하였다. 대학으로 발전한 이 학교의 캠퍼스에는 그의 이러한 공적을 기려 '한경직기념 숭의기도동산'이 세워졌다. 또한 '한경직목사 숭의사랑장학회'도 결성되었다.

132) 숭의학원, 『崇義 九十年史: 1903~1993』(崇義學園, 1993), 301쪽.

5. 보성여학교의 재건

평북 선천은 기독교가 가장 많이 전파된 지역이다. 상주인구가 5,000여 명인 이곳에서 북교회(목사 양전백)가 1906년에 1,500명을 수용하는 교회를 지었고, 남교회(목사 김석창)가 1911년에 1,200명을 수용하는 교회를 지었다.[133] 그 외에도 그곳에 몇 교회가 더 있었고, 당시에 5일장이 주일과 겹치게 되면 장이 서지 못할 정도로 교세가 강했다.

이 지역에서는 휘트모어(N. C. Whittmore) 선교사가 크게 활동하였고, 1906년에 남학교인 신성학교를 설립한 데 이어 1907년에 보성여학교를 개교하는 데도 기여하였다.[134] 보성여학교는 1907년 미북장로교 선교사들과 한국인 목사들인 양전백, 이성삼이 주동이 되어 세웠다. 이 보성여학교가 신사참배 때 폐교되고 선천여자상업학교로 개편된 데 이어 미국 선교회와 평북, 의산, 용천 노회가 지역 유지인 백영덕, 이영찬의 희사를 힘입어 공동 운영하다가 1942년 일제에 의해 선천여자상업학교로 교명이 바뀌는 수모를 겪었으나, 평북의 유일한 여학교로 많은 여자 일꾼을 사회에 배출하였다. 해방 후 숭의여학교와 더불어 재건 움직임이 일어 선교회측이 두 학교를 통합해 재건하려 했으나 교명, 경영권, 학교 전통, 투자비용 등의 문제로 합의점을 찾지 못했다. 이런 상황에서 한 목사는 먼저 보성을 재건하는 방침을 택하여 1950년 6월 영락교회 부속건물에서 이 학교를 개교시켰다. 6 · 25전란으로 부산에 피난을 가서도 노천수업과 야전 천막수업을 실시하였다. 1952년 12월 정부의 인가를 받아 서울에서 복교하였다.[135] 1955년 북장로교 선교회 지원으로 용산동에 대지 3,000여 평의 교사를 지어 학교의 모습을 갖췄다. 영락교회의 최창근 장로가 이사장으로 있으면서 한경직 목사가 보성여학교에 대해 갖는 애정을 보고 큰 희사를 하여 체육관, 강당, 생활관을 완공하였다. 강당은 한경직목사기념관으로 명명되었다. 한경직 목사는 이사장, 명예이사장으로서 이 학교의 재건과 발전에 앞장섰다.

133) 양전백은 평양장로교신학교 1회 졸업생이고, 3 · 1독립선언 민족대표 33인인 중 1인이며, 1916년 예장 총회장을 역임했다. 김석창은 평양장로교신학교 4회 졸업생이고 6 · 25때 순교했다.

134) 초대 교장은 Miss Marie Louise Chase였으나, 1912년 신병으로 귀국했다. 2대 교장은 Mrs. B. I. Stevens였다.

135) 초대 교장은 김양선이었고, 2대 교장은 계병호, 3대 교장은 김선량, 4대 교장은 김정순이었다.

6. 숭실학교의 재건

숭실대학은 1897년 미북장로교 선교회가 숭실학당을 세운 데서 비롯되었다. 숭실학당은 구한말에 대학부를 두고 국내 최초로 대학 졸업생을 배출하였다. 일본의 강탈에 의해 재인가를 받고 주한 선교부가 대학설립 문제로 대립되는 과정에서 숭실전문으로 조선 총독부의 인가는 뒤에 받았지만 선교부는 4년제 대학으로 운영하여 많은 인재를 배출하였다. 한경직도 그중의 하나다. 설립자격인 초대교장 블레어 때부터 文科와 理科로 구분되었고 미국 중서부의 기독교 대학을 모델로 자조장학제도가 대폭 활용되었다. 건학 목표는 1) 기독교 선교, 2) 애국심 함양, 3) 과학 교육을 중심으로 하였다. 일제시대 말엽 군국주의화한 일본이 조선의 모든 교회와 학교에서도 신사참배를 강요하자 이에 반대하여 폐쇄되었다. 한경직은 해방 후 북에서 재건할 여건이 되지 못한 숭실대학을 전쟁 후에 남한에서 복교시키는 데에 앞장섰다. 1953년 설립재단 이사회가 구성될 때부터 최선봉에서 활동한 그는 초대 학장(1954~58)으로 선임되어 동문들의 전통적인 애교심 노력과 협조로 대학 부지구입 및 건축과 교수진 구성에 박차를 가하여 재 창립할 수 있게 하였다. 특성 있는 대학으로 재출발시키자는 취지 아래 처음부터 지금까지 많은 노력을 기울여 오고 있다. 이 대학은 대강당을 한경직기념관으로 명명되어 그의 정신을 계승하고 있다.

7. 영락여자신학교의 설립

장로교신학교에서 여학생의 수가 줄어들고 교회에서 봉직할 여전도사의 수가 줄어들자 한경직은 여자교역자 양성의 필요성을 인식하게 되었다. 1969년 1월 30일 영락교회에서 설립기성회가 조직되었고, 1969년 3월 16일 운영이사회가 조직되었으며, 김혜라가 초대 교장으로 선임되었다. 영락교회에서 수업을 시작한 후 서울여자신학교로 개교되었다. 지장단 권찰이 1969년 3.1절 50주년 기념일에 고인이 된 남편 이교홍 씨의 유지를 받들어 남한산성에 있는 토지 4,000평을 교회에 헌납했고, 최계수도 남한산성의 대지 950평 건물 10동을 교회에 헌납했다. 김철호 집사는 인접한 토지 1,500평과 건물 1동을 구입하여 헌납하고 경상비를 책임질 것을 약속했다. 마침내 1970년 10월 새 교사를 남한산성에 건축하고 1973년 여름에 이전하였다.

이 학교는 설립목적을 ①농어촌 미자립교회에서 봉사할 여자교역자 양성, ②남북통일을 염원해 통일 후 북한에 파송할 여교역자 준비, ③언제 또 변할지 모르는 일본의 군국주의화에 대비하고 미전도지역이라 할 수 있는 일본 복음화를 위해 파송할 선교사 양성, ④사회의 그늘진 곳, 소외된 자를 위한 사회복지 기관에서 일할 봉사자 훈련 등으로 정했다. 초교파적인 지도자 양성과 공동체 생활을 강조하는 이 학교의 공동체 생활 모토는 조건 없는 순종, 온전한 헌신, 나보다 남을 낫게 여기는 섬김, 모든 것에서의 자유함이었다. 기숙사 생활의 목적은 기숙사 생활을 통해 먼저 자기 자신을 알고 하나님께 순종의 생활을 하는 일을 동시에 훈련함으로써 온전한 헌신, 전폭적인 의뢰, 조건 없는 순종, 헌신 봉사, 죽기까지의 낮아짐, 나보다 남을 낫게 여기는 섬김, 모든 것으로부터의 자유함, 화해의 공동체 생활 구현에 두었다. [136)]

그밖에 노후 대책이 없는 여교역자를 위한 연장교육기관으로서 개신교 독신녀 공동체 자매회를 조직했다. 교장 김신옥 박사가 독일 마리아자매회를 견학하기도 하였다. 한경직은 이 학교의 발전에 교회적인 지원을 전폭적으로 하였고, 그의 인생의 말년에 남한산성에서 생활할 때 이 학교와 학생들이 감화 받고 상부상조하며 지냈다.

8. 기독교 대학 및 신학대학 이사장 역임

1) 서울여자대학

숭실대학을 비롯한 고등교육기관을 설립하여 교육선교에 임하던 총회는 상대적으로 여

136) 생활교육은 1) 새벽기도회: 5시 시작, 2) 체조, 3) 청소 및 식사준비, 4) 공동식사 5) 기본 수업: 화~금, 오전 9:30~오후 3:20, 6) 정기 예배: 매일 12:30~13:00, 수요일 밤과 주일 저녁예배, 7) 작업 시간: 매주 목요일 2시부터 2시간 반 동안, 8) 개인기도 시간: 3:30~6:00, 자신이 고독해지는 훈련의 시간, 9) 자율학습 시간, 10) 각 방면 기도회: "꿈에서도 주님만을" 중보기도 등으로 실시했다.

성을 위한 고등교육의 취약점을 보완코자 1924년 제15회 장로교 총회에서 여자대학 설립을 위한 규칙을 제정하였다. 그러나 여러 가지 여건과 정치적 현실에 있어서는 학교 설립에 어려움이 많았다. 우여곡절 끝에 1956년 서울여자대학 설립 준비위원회가 구성될 때 한경직은 기성회 부회장이 되었다. 1956년 4월 북장로교 선교회 회의에서 15만 불을 배정받게 하는 일에 기여하였다. 드디어 1957년 예장 제42회 총회는 여자대학 설립을 결의하였다. 1958년 4월 고황경 박사가 초대 학장으로 선임되었고, 1962년 한경직이 이사장으로 선출되어 1975년까지 역임하였다. 여성교육에 관심이 많은 그는 13년간 이사장으로 있으면서 학교의 외적 성장과 발전은 물론 신앙과 인품으로 감화를 끼쳤다.

서울여대는 1988년에 종합대학이 되었다. 설립목적을 인성교육 중심의 기독교 여자지도자 양성에 두고서 기숙학교로써 공동체 훈련을 도모했다. '必死努力 至極精誠', Head(지혜) · Heart(마음) · Hand(실천) 등을 모토로 하였다. 1968년부터 1987년까지 26년간 농촌봉사 활동을 펼쳤으며, 1988년부터 사회에 대한 자원봉사 활동에 많은 지원을 하였다.

2) 장로교신학대학교

장로회신학교는 1901년 평양에서 장로교회의 교역자 양성을 목적으로 개교되었다. 설립자 마펫(S. Moffett)을 중심으로 주한 미국 남북 장로교와 캐나다 및 호주 장로교선교부 소속의 선교사들이 교수진이었다. 농한기를 중심으로 교육을 실시하여 그 첫 졸업생을 1907년에 배출하였다. 1920-30년대에는 외적으로는 크게 발전하였다. 신학적으로는 보수적이고 넓은 의미의 복음주의였다. 번창 일로에 있던 이 신학교는 1930년대 후반 일제가 황민화 정책에 따라 교회와 기독교계 학교에까지 신사참배를 강요하자 이에 저항하여 1938년 폐교되었다. 이때 교장은 로버트(S. L. Robert)였고, 장로교계의 거의 모든 학교가 폐교로써 맞섰다.

그 후 1939년 조선신학교 설립 기성회가 조직되었는데, 한경직은 함태영, 김재준, 윤인구 등과 더불어 기성회에 가담하였다. 이 신학교가 1940년 3월 승동교회에서 개원되었을 때, 한경직은 이사가 되었고 해방 후 총회의 유일한 인준 신학교가 되었을 때는 교수로도 활동했다. 이 신학교가 신신학적 입장이라 하여 물의를 빚게 되자 1948년 5월 남산의 조선신궁 자리에 박형룡을 교장으로 하는 장로회신학교가 설립되었다. 조선신학교에서 교회사를 교수하던 한경직은 조신과 장신의 합병을 제안하였다. 총회는 조선신학교(후에 한국신학대학으로 개명)의 일부 신학교수의 신학사상을 문제 삼아 축출시키고 장로회 신학교만을 총회신학교로 인준하였다. 이때 한경직은 조선신학교의 교수직을 사임했다. 1959년 그간 NAE를 지지하던 승동측과 WCC를 지지하던 연동측 교회가 분열되어 전자는 합동측 총회신학교로 후자는 통합측 장로회 신학교로 분리되었다. 양 신학교는 교세의 팽팽한 분열에 따라 모두 평양의 장로회 신학교의 전통을 계승한다고 자부하고 있다. 한경직은 장로회신학대학 제4대 이사장으로 재직했다. 이 학교의 교육목표는 ①복음적 성경지식을 소유한자, ②투철하고도 불변하는 소명감을 가진 자, ③경건한 생활과 덕을 가진 자, ④목회에 대한 정열과 재능을 구비한 자, ⑤하나님의 공의에 입각한 사회의식을 가진 자, ⑥세계선교에 대한 비젼을 가진 자, ⑦미래를 통찰하는 역사의식을 가진 자 등이다. 그는 이 학교가 장로교계의 세계적 굴지의 학교로 자리 잡도록 교수진의 확충과 한경직 기념관을 건립하여 발전에 공헌하였다.

3) 아세아연합신학대학교

아세아연합신학대학교(Asia Center for Theological Studies and Mission, ACTS)는 한경직의 해외선교활동의 결과로 탄생했다.[137] 1968년 싱가포르 아세아태평양 전도대회(Evangelism Congress for Asia and Pacific Asia)에서 아세아 교회들이 연합해서 신학대학원을 하나 세우자고 합의하였다. 1972년 한국에서 ACTS 설립을 위한 국제이사회가 회집되었다. 1973년 한경직이 ACTS의 초대 설립이사장으로서 이사회를 구성했다. Billy Graham, Stanley Mooyham, C. Davis Weyertheuser가 서대문의 땅을 17만 5천 불에 사고, 30만 불을 들여 교사를 건축했다. 한경직은 이사장으로 봉직한 8년 동안 최창근으로 부터 8억 원 상당의 땅을 기증받아 초교파적, 연합적으로 학교를 운영했다. 이 학교는 신학은 보수를 지향하고 교회

137) 한철하, "한경직과 아세아연합신학대학교", 제8회 한경직 목사기념강좌.

관계는 에큐메니컬을 지향한다. 설립 이념은 아세아의 복음화이다. 한경직의 군복음화, 한국 복음화, 민족 복음화의 비젼의 일환이 되었다. 그는 오늘날 한국교회가 미국에 이어 두 번째로 많은 선교사를 세계에 파송할 수 있는 안목을 갖게 했고 그 바탕을 마련했다.

Ⅳ. 교육신학

그의 신학은 교회 중심의 신학으로 그의 목회활동을 통해 드러났다. 그는 교회의 3대 목표를 전도, 교육, 봉사로, 교회의 5대 사명을 예배, 친교, 선교, 교육, 봉사로 보았다. 교회의 사명들 중에서 앞의 두 가지는 대내적인 것이고 뒤의 세 가지는 대외적인 것이다. 한경직은 많은 교회들이 예배와 선교와 봉사에 치중하지만, "내가 너희에게 분부한 것을 가르쳐 지키게 하라"(마 28:19-20)는 말씀을 좇아 교육이 중요하며 인간은 교육을 받아야 인간구실을 할 수 있다고 보았다. 그 자신이 초등학교부터 대학까지 서구식 근대교육을 받았다. 그런데 국내 대학에서 이학부 교육을 받아 도미해서는 신학공부를 위해 문과계 대학을 다시 다닌 후 신학교육을 받았다. 그는 당시로서는 최상의 교육을 받았다. 다만 건강 악화로 신학교수가 되기 위한 학위과정을 받지 않았을 뿐이다. 그는 학교교육을 통해 애국애족의 정신을 배우고 기독교의 복음의 핵심을 체득하고 배운 것들을 실천하며 살려고 노력하였다.

한경직은 박형룡의 정(正)과 김재준의 반(反)을 통합하여 제3의 신학으로서 합(合)을 추구했다는 평가를 받았다.[138] 그는 좌로나 우로나 치우치지 않는 중용의 신학을 추구하고 또한 교회의 일치를 추구했다. 그는 스스로 보수적인 신앙의 소유자라고 말하면서도 교회의 일치와 신학의 온건노선을 견지하였다. 미국에서 신학을 수학할 때도 프린스턴이 신구 신학 사상의 대립으로 보수적인 그레샴 메첸이 웨스트민스터신학교를 세워 나갈 때도 그대로 프린스턴에 남아있었다. 1950년대 초 신학학 사조 문제로 경기노회가 분열될 때 조신 측에

138) 한승홍, op. cit., p. 222-3.

가담치 않았고, 예장 총회가 교회연합기구 문제로 승동측과 연동측이 첨예하게 대립될 때에도 승동측에 가담하지 않았다. 그는 포용적인 사고로 다양성을 지향하면서 교파를 초월해 교회의 하나 됨을 지키고 '5천만을 그리스도에게로' 인도할 것을 주장하였다. 그래서 전국 복음화대회나 연합집회, 빌리 그래함, 밥 피얼스 같은 복음전도자 초청집회, 군선교에 앞장섰다.

그의 사상에는 연합정신, 인간애, 애국정신이 담겨져 있었다. 신의주 시절부터 보린원을 세워 사회에 봉사하였다. 전란의 와중에서도 고아와 과부들을 위해 영락보린원을 비롯하여 지체 장애자들을 위한 기구의 설립과 시설의 확충에도 최선을 다했다. 교회가 일방적으로 '예수 믿고 구원받으라'는 선포를 행하기보다 하나님의 말씀대로 살 수 있는 올바른 생활을 가르쳐주어야 한다는 것이 그의 근본 입장이었다. 청소년 시절에 그를 가르치며 영향을 준 홍기두, 남강 이승훈, 고당 조만식의 애국애족의 정신을 계승코자 그들의 추모사업과 기념사업에도 남다른 열심을 보여주었다. 다만 무신론적 공산주의와 기독교는 양립할 수 없다는 확고한 신념 따라 반공에 저촉되는 일에는 관련치 않았다.

그는 무엇보다 교회와 교육이 분리될 수 없다고 보아 교회교육을 특히 강조했다.[139] 폐허가 된 전쟁터에서 먹고 살기에 바쁜 가운데서도 교육과 기독교 교육의 중요성을 역설하며 하나님에 대한 올바른 믿음, 하나님의 말씀에 대한 올바른 이해, 하나님의 말씀을 그대로 따르는 올바른 생활을 추구하게 하였다. 외적 성장과 교육을 분리시키지 않는 이러한 인식은 그의 사상이 균형 잡혀 있었음을 보여준다. 그는 "교육신학의 실천자요 교육 신학적 목회의 선구자"였다.[140] 그래서 대교회의 목사직을 감당하면서도 여러 학교를 세우고 복교하고 재창립하여 이사장으로, 교장으로, 교수로, 학장으로 봉직하였다.

그의 신학은 일언으로 정리하면 신본주의 신학이고 그리스도 중심주의이다. 그는 성장기에 교회가 세운 학교에서 공부하며 기독교정신을 교육받았다. 소학교도 선교사들이 세운 학교를 다녔고, 중등교육과 고등교육도 기독교계 학교에서 받았으며 신학교육은 말할 것도

139)『한경직의 생애와 사상』, p. 204.

140) 한승홍, op. cit., p. 176.

없었다. 그는 이런 경험을 통해, 또한 여러 교육과정을 통해 기독교정신을 심는 것의 중요성을 인식했다. 그리고 선교사들이 복음 전할 뿐만 아니고 학교를 세워 새로운 문물에 대한 지식을 전해준 것에 대해 감사하게 생각했다. 그는 나라와 민족을 살리는 길이 기독교 교육에 있다고 보았다. 곧 나라를 살리려면 사람들이 애국정신, 현대교육, 예수신앙으로 변화되어야 한다고 생각했다. 이런 영향은 오산학교 시절에 이승훈과 조만식 선생으로부터 받은 영향으로 형성되었다. 그는 이러한 동기에서 전란으로 인한 현실의 난관에도 불구하고 기독교학교 설립에 박차를 가하고 학원선교에 매진했다. 적수공권의 피난민들 자녀들을 위해 봉사하려는 동기도 갖고 노력함으로 많은 결실을 맺을 수 있었다.

V. 나오는 말

한경직은 단정코 교회의 교육적 사명에 충실한 교역자요 교육자였다. 숭실을 졸업했을 때도 영성학교에서 교편을 잡았다. 미국유학에서 돌아왔을 때도 숭인상업학교(崇仁商業學校)에서 교사로 활동하였다. 해방 후의 이념투쟁과 6.25의 전란 속에서 피난민들에게 영락교회를 설립하고 목회를 하면서도 젊은이들의 미래를 위해 각종 학교로부터 대학, 신학에 이르기까지 교육의 장을 마련하여 교회의 교육적 사명을 충실히 감행하였다. '5천만을 그리스도인에게로'는 구호를 내세우며 민족 복음화를 위해 학원선교화, 군복음화, 산업선교화에 역점을 두었고, 그중에서도 학원선교에 주력했다. 대광중고, 성경구락부, 영락중고등학교, 영락상업고등학교, 영락유치원, 영락성서학원, 영락여자신학교를 설립했고, 숭실대학, 숭의학교, 보성학교, 오산학교를 재건했으며, 장로회신학대학, 서울여자대학, 아세아연합신학대학원에서는 이사장으로 봉직했다. 장학재단을 설립하고 장학생을 선발했다.

그는 때를 볼 줄 아는 안목의 교육자였다. 특히 여성교육을 중시해 열정을 쏟았다. 어머니의 자녀교육이 미래 세대에게 얼마나 큰 영향을 주는지를 알았기 때문이었다.

사람은 의미 속에서 살고 그 의미를 늘 새롭게 해석하며 산다. 함석헌은 "역사를 반성해

보라. 그래서 역사를 고쳐 쓰라. 그리고 나서 인간과 문명에 대해 새 해석을 내리라"고 하였다.[141] 한국교회가 오늘날 세계에 내어놓을 것은 큰 교회와 좋은 목회자들이다. 그러나 세계적인 최고의 신학자, 기독교 문인, 건축가, 예술가, 사회사업가, 대 사업가는 아직 배출하지 못하고 있다. 영락중고나 대광고와 같은 기독교학교를 세계에서 모범적인 학교로 만들고 숭실, 연대, 이대, 서울여대와 같은 기독교대학을 세계적인 대학으로 만들어야 한다. 한경직은 그 자신의 영향력으로 교인들의 헌신을 힘입어 해방 후의 혼돈과 6.25전쟁의 와중에서 엄청난 일을 민족과 사회와 교회를 위해서 이룩했다. 지금은 한국이 경제적으로 세계에서 11번째 대국이 되었고, 한국교회도 세계를 향해 큰 책임을 감당할 실력을 갖추게 되었다. 오늘날도 그때처럼 소외된 자를 위한 교육을 필요로 하며 세계적인 엘리트를 길러내는 교육도 필요로 한다.

교육선교는 복음 전도의 사명을 이행하는 한 방법이지만 재원이 많이 든다. 그러므로 대교회가 담당해야 한다. 특히 대학선교나 고등교육 기관의 설립 및 운영은 큰 교회만이 지속적으로 감당할 수 있다. 세계화 시대에 그의 신앙과 신학과 삶을 본받는 제2, 제3의 인물이 나오도록 해야 할 것이다. 전란의 비참과 폐허 속에서도 세계적인 목회자를 배출하고 세계적인 대교회를 이룩한 영락교회가 50여 년 전의 그 정신으로 교회의 교육적 사명을 감당하겠다는 의지로 충일해진다면, 왜 세계적인 대학 하나를 만들지 못하겠는가? 유대인들은 교육을 통해 전통을 계승하고 창조하였다. 전체 노벨상 수상자의 1/3을 그들이 차지하고 있다. 한경직의 교육선교 전통의 계승은 영락교회와 그의 신앙과 삶을 기리는 자의 몫이다. 세계화 시대에 그의 뜻, 그의 삶이 충분히 재조명되고 그의 정신이 이 교회를 통해 잘 이어지고 계승되고 전파되어 가기를 기원한다.

---

141) 함석헌, "오산 80년사에 써 부치는 말", 『五山八十年史』, 1987.

제3장

한경직 목사의 사회봉사

1. 한경직 목사의 사회봉사사상
손의성 박사

2. 한경직 목사의 사회봉사사역
유장춘 박사

3. 한경직 목사의 교회봉사사역
허준수 박사

한경직 목사의 사회봉사사상

손의성 박사 / 배재대

Ⅰ. 서론

한경직 목사는 목회자로서 사회봉사를 모범적으로 실천하고 또 교회를 통해 사회봉사를 구현한 이상적인 모델로 손꼽힌다. 사회복지 전문가가 아닌 철저한 목회자로서 사회봉사를 일생을 다해 실천했던 한경직 목사의 사회봉사 사상을 조명하는 일은 한국 교회의 목회의 자리매김을 위해 반드시 필요하다고 생각한다.

한경직 목사를 생각할 때마다 큰 산을 대하는 듯한 위대함을 느끼면서도 자녀의 상처를 어루만져 주는 어머니의 소박한 손길을 대하는 듯하다. 그는 헨리 나우웬(Henry Nouwen)의 사역자 모델로 제시되는 '상처입은 치유자'(the wounded healer)를 생각나게 한다. 그는 우리 민족의 질고를 철저히 경험한 인물이며, 먼 외국에서 폐병에 걸려 죽음의 문턱을 넘나들었던 사람이다. 그리고 그는 1992년 4월 29일 독일 베를린에서 템플턴 상을 수상한 후 귀국하여 여의도 63빌딩에서 축하예배를 드리는 자리에서 "먼저 나는 죄인임을 고백합니다. 나는 신사참배를 했습니다. 이런 죄인을 하나님이 사랑하고 축복해 주셔서 한국 교회를 위해 일하도록 이 상을 주셨습니다."는 인사말을 하였다.[1] 이처럼 그는 신사참배의 어두운 그늘을

1) 김수진,「아름다운 빈손 한경직」(서울 : 홍성사, 2000), p. 139.

지닌 사람으로 평생을 참회하며서 살아왔다. 그래서 그는 겸손하며 그의 눈길은 항상 낮은 곳에 있다. 누구보다도 사람들의 연약함을 잘 이해하고 공감할 수 있는 사람이요, 또한 인간이 약함을 누구보다 잘 치료하고 어루만질 수 있는 사람이다.

한경직 목사의 목회 여정을 살펴보면, 그는 목자 중의 목자요, 다윗을 닮은 목자였다. 다윗이 어린 나이에도 불구하고 아버지가 맡긴 양을 지킬 때에 사자나 곰이 양 떼에서 새끼를 물어 가면 따라가서 목숨을 걸고 그 입에서 새끼를 구한 것처럼 그의 교인들 뿐 아니라 가난한 자, 병약한 자, 억눌린 자, 갇힌 자 등 사회적 약자들을 그냥 보고만 있지 못하였다. 자신의 것을 전부 내어주고서라도 그들을 구해내고자 했던 참 목자였던 것이다.

예수 그리스도 자신이 복음 그 자체인 것처럼 한경직 목사의 삶은 사회적 약자를 늘 향하고 있었으며, 그의 삶 자체가 사회봉사였다. 그의 사회봉사는 자선이나 시혜 차원이 아니라 사랑을 주는 것이었다. 먹을 것과 입을 것과 거처를 제공하고 시설과 재단을 설립한 일들은 그 사랑의 하나의 표현에 불과하다. 온전한 사랑이 전인적인 것처럼 그의 사회봉사도 철저히 전인적이다. 그는 도움을 주는 사람과 도움을 받는 사람을 구분하지 않았으며, 준 것을 자랑하지도 않았다. 그는 신체적이고 물질적인 요구를 충족시켜주는 것으로 만족하지 않았으며 새사람이 되기를 원했다. 말하자면, 그가 사람들에게 준 것은 돈이 아니라, 거처가 아니라 사랑을 주었던 것이다. 한경직 목사는 전도를 위해 사랑을 실천하는 것이 아니라 사랑하기 때문에 전도하는 것이다. 사랑하는데 그 영혼을 사랑하고 그 육신과 삶 전체를 사랑하는 것이다. 그에게서는 영혼과 육체 이 둘이 분리되거나 한쪽만 선택되지 않는다.

한경직 목사는 목회자이지 사회복지 전문가이거나 사회봉사 활동에만 전념하신 분은 아니다. 따라서 그의 사회봉사 사상을 논한다는 것이 무리인 듯 보이지만, 실제로 그의 사회봉사 활동과 사상을 조명해 보면 무궁무진한 보화를 발견하게 된다. 본인이 이 연구를 수행하면서 한경직 목사와 인간적인 교류가 있었거나 그의 목회 사역과 사회봉사 사역에 직접적으로 관여한 경험이 없이 철저히 제3자로서 그의 사회봉사 사상을 이해하고자 시도하는 것이 무리이며, 분명한 한계가 있다고 생각한다. 그러나 한경직 목사의 사회봉사 사상을 이해하고 분석하는 일은 통전적인 목회와 복음적 사회봉사의 토대를 마련함으로써 한국교회의 바른 사회봉사관을 정립하고 나라와 민족의 요구에 효과적으로 응답할 수 있는 교회 구조를 형성하는 데 도움이 되리라고 기대하며 부족한 연구를 시도하였다.

본 연구를 수행함에 있어서 한경직 목사의 사회봉사 사상을 이해하기 위해 2차적 자료보다는 이번에 발간된 그의 설교전집 내용을 중심으로 1차 자료를 분석하는 데 주력하여, 그의 설교 속에서 일관되게 드러나고 있는 그의 사회봉사 사상의 토대와 원리와 방법들을 정리하는 것을 목적으로 하였다. 본 연구를 통해 한국 교회가 한경직 목사의 복음적 목회철학에 기초한 사회봉사 실천의 발판을 마련하는 계기가 되기를 기대해 본다.

II. 한경직 목사의 사상적 배경

한경직 목사는 교회 창립 때부터 소외된 이웃에 대한 선교적 관심을 기울여 왔었다. 교회 설립과 동시에 고아 사업, 경로 사업, 결손 가정을 보호하는 모자원 사업 등을 지속적으로 추진한 것이 바로 그것이다.[2] 신의주 제2교회 목회 시절 '보린원'으로부터 시작된 복지사업이 현재 영락보린원, 영락경로원, 영락요양원, 재가노인상담, 영락모자원, 영락애니아의 집, 합실어린이집, 영락어린이집 등 다양한 계층의 사회적 약자들을 위해 예수 그리스도의 이름의 사랑을 실천해왔다. 한경직 목사는 창립 10주년 기념예배 설교를 통해 영락교회의 사명이 진리의 등대의 사명, 복음 전파와 민족교회의 사명, 그리고 사회와 국가에 처한 봉사의 사명으로 선포하였다.[3] 또한 1977년 7월 12일 주일 낮예배 설교에서 영락교회가 나아갈 올바른 신앙노선을 제시하고 있는데, 그것은 복음주의 신앙, 청교도적인 생활, 에큐메니칼 정신, 그리고 올바른 사회봉사와 사회참여이다.[4] 이처럼 한경직 목사의 목회관과 신앙관 속에는 사회봉사가 본질적인 요소로 나타난다. 또한 한경직 목사는 사회봉사자로서

2) 「영락교회 50년사」, p. 214.

3) "10년의 은총," 1955년 12월 4일. 창립 10주년 예배.

4) "올바른 신앙노선," 1977년 7월 12일.

필요한 자질을 갖추고 있는 것으로 보인다. 왓킨스(Watkins)는 사회봉사자의 자질로 따뜻함과 감정이입, 그리고 진정성을 손꼽는데,[5] 이는 한경직 목사를 사람들이 평가할 때 자주 언급되는 자질이다.

그의 사회봉사 사상에는 나라를 생각하는 마음에 깊이 새겨져 있다. 그의 사회봉사는 사회적 약자 개인을 향한 것이기도 하지만 철저히 나라를 사랑하는 길이라고 믿었다. 그의 복음적 신앙과 사회봉사 사상 속에는 애국애족의 정신이 녹아있는 특징을 갖고 있다.

이처럼 사회봉사자의 자질을 갖추게 하고, 교회의 본질적인 사역으로 사회봉사를 선택한 한경직 목사의 목회철학 속에서 형성된 그의 사회봉사 사상은 어떤 배경을 갖고 있을까? 그의 삶의 여정 속에서 그의 사상에 영향을 주었으리라 여겨지는 생애 배경들을 살펴보기로 하자.

한경직 목사의 사회봉사 사상에 영향을 준 인물 중에 먼저 그의 아버지를 손꼽을 수 있을 것이다. 그는 설교 중에 자신의 아버지가 왼팔이 크지 못하는 장애가 있었다고 말했다.[6] 이러한 아버지를 보면서 어린 한경직 목사의 마음속에 장애를 가진 이들에 대한 공감을 가질 수 있었을 것이다. 또한 그는 설교 중에 다음과 같은 아버지의 말을 인용하였다.

> "제 아버님이 저에게 늘 말씀하시던 가운데 하나는 모든 설움 가운데 배고픈 설움이 제일 크다고 하셨습니다. 그런고로 너는 언제든지 가난한 사람을 동정하라고 하셨습니다. 해방 후 38선을 넘어보고 6.25때에 사방으로 흩어져서 생명을 아껴보려고 방황하고, 1.4후퇴 때에 전 남한에 방황하고, 이곳까지 살아온 이 빈궁과 고독이 애통이 어떠하다고 하는 것을 다 체험하여 보았습니다. 어떤 때에는 날은 점점 기울어 어두워지는데 어디 가야 하룻밤을 지낼지 알 수 없어서 혹은 산기슭 혹은 길가에 산 분도 우리 가운데 많이 계실 줄 압니다."[7]

5) Derrel R. Watkins,「기독교 사회봉사 입문」, 노영상역. (서울 : 쿰란출판사, 2003), p. 74.

6) "장성과 열매," 1970년 5월 17일.

7) "애통하는 자의 복," 1955년 3월 20일.

"모든 슬픔 가운데 배고픈 슬픔이 제일 큰 슬픔이니라. 이런 말씀을 제가 어려서 우리 아버지께 들었는데, 언제나 이 말이 기억됩니다. 배고픈 슬픔이 아주 큰 슬픔입니다."[8)]

한경직 목사는 아버지를 통해 배고픔의 슬픔을 마음에 각인하게 되었으며, 이후 자신의 피난 시절 경험을 통해서 이 사실을 확인하게 된다. 이러한 아버지의 교훈과 이를 재확인한 자신의 경험을 통해 가난한 이들에 대한 공감과 사명의식을 갖게 되는 계기가 되었다고 볼 수 있을 것이다. 그의 설교에서 "가난한 사람의 목자는 여호와시니, 얼마나 아름다운 노래이냐? 그러나 이러한 생각은 가난 중에서 신앙생활을 한 자는 누구나 다 체험한 사실이다." 라는 언급은 이를 입증한다.[9)]

다음으로 그에게 영향을 준 인물은 남강 이승훈 선생이다. 한경직 목사가 오산학교 4학년이었을 때 남강 이승훈 선생이 일본사람에게 매를 맞은 흔적을 학생들에게 보이면서 했던 말 가운데 그가 잊을 수 없는 말이 있었다.

"다만 너희들은 분명히 알라. 다른 사람은 어떻게 하든지 나 이승훈이는 조선 사람으로 살다가 조선 사람으로 죽는다."[10)]

수 십 년이 지난 후에 인터뷰를 하면서 이 이야기를 하는데도 한경직 목사는 울먹거릴 정도로 그 말이 그에게 깊은 영향을 주었고, 이러한 삶의 단편들이 조국에 대한 애정을 갖게 된 중요한 계기들이라고 본다. 그의 애국애족 사상은 그의 복음과 목회와 사회봉사를 사회와 국가로 연결시키는 중요한 바탕이 된다.

도산 안창호 선생을 통해서는 그는 영향을 많이 받게 된다. 한경직 목사는 을사조약 4, 5

8) "일용할 양식(주기도문 5)," 1968년 3월 24일.

9) "무산자의 복음," 1947년 9월. * 날짜 기록 없음

10) 김병희, 「한경직목사」(서울 : 규장문화사). p. 15.

년쯤 전인 1890년경에 도산 안창호 선생이 나라가 소망이 있기 위해서는 첫째로 학교를 세워 인재를 양성해야 하고, 둘째로는 공장을 세워 산업을 발전시켜야 한다고 역설했던 것에 큰 감명을 받았다고 한다.[11] 교육가나 사업가가 아닌 목회자로서의 한경직 목사는 산업 발전 대신 자신이 사회와 국가를 위해 할 수 있는 사회봉사를 선택했다고 볼 수 있다.

또 하나의 영향은 평양 숭실대학이다. 한경직 목사는 1986년 숭실대 총장 취임식에서 한 연설 가운데 다음과 같은 이야기를 하였다.

> "그곳에서 내가 무엇을 배웠는가? 이따금 돌이켜 생각을 해보는데 역시 세 가지라고 요약할 수 있습니다. 첫째, 이웃을 사랑하고 봉사하라. 둘째, 현대 학문과 과학을 꼭 배우라. 그리고 셋째는 예수를 잘 믿고 좋은 사람이 되어라."[12]

그에게 있어서 숭실대학의 가르침은 사회봉사의 정신을 함양하는데 영향을 끼쳤다고 볼 수 있다. 또한, 한경직 목사가 숭실대학을 졸업한 후에 방위량 목사가 "너는 여기서 자연과학만 하고 인문학은 해보지 못했으니 미국가거든 내가 소개해 줄 테니 인문학 곧 인문과학을 먼저 공부하라."[13]는 권면을 통해 인문학을 배울 수 있게 되는데, 인문학 공부를 통해 인간과 사회를 더 깊게 이해하는 데 도움을 주게 되었고, 이것이 또한 사회봉사 사상의 인간 이해에도 간접적인 영향을 줄 수 있었으리라 본다.

그 후 한경직 목사는 이승훈 선생의 소개로 윤치호 선생을 통해 미국 유학 여비를 지원받게 된다. 한경직 목사가 윤치호 선생에게 나중에 반드시 갚겠다고 하자 윤치호 선생은 "그 돈은 나한테 갚을 일이 아니고 갚으려면 다른 사람한테 갚아라."고 했는데,[14] 이처럼 윤치호 선생뿐만 아니라 많은 사람들을 통해 은혜를 경험한 한경직 목사가 그들로부터 받은 은혜와 도움을 보은하고자 하는 은혜의 되물림 사상이 그의 사회봉사 사역에 영향을 미쳤으

11) *Ibid.*, p. 21.

12) "먼저 그의 나라와 그의 의," 1986년 1월 10일. 숭실대 총장 취임식.

13) 김병희, *Ibid.*, p. 24.

14) *Ibid.*, p. 25.

리라 본다.

마지막으로 그에게 중요한 영향을 주었던 사건이 있다. 한경직 목사는 박사학위 코스를 밟으려고 하던 중 폐병에 걸려 배틀 크릭 새니테리움(Battle Creek Saniterium)과 앨버커키(Albuquerque) 요양원에서 요양을 하게 되는데, 한국에서는 기대하기 어려운 전문적인 무료 요양서비스를 받는 경험 속에서 그는 사회적 서비스 체계와 서비스 제공 시설의 필요성을 깊이 인식했을 것이다. 그리고 앨버커키 요양원에서의 또 다른 중요한 경험은 그곳에서 총무로 봉사하고 있던 한 여인의 일생을 듣게 된 것이었다. 그 내용을 간단히 요약하면 다음과 같다.[15] 그녀는 결혼을 약속한 신학생이 있었는데, 이 신학생이 갑자기 폐병이 걸려 한경직 목사가 요양하고 있는 앨버커키 요양원에 치료하러 오게 되었던 것이다. 그녀는 약혼자가 그곳에서 얼마 살지 못한다는 이야기를 의사에게 전해 듣고는 목사를 찾아가 결혼식을 부탁하게 되고, 간곡한 부탁에 목사는 병상 결혼식을 거행하게 된다. 이후 이 여인은 약혼자가 세상을 떠날 때까지 극진히 그를 간호했을 뿐만 아니라 일평생 그 요양원의 환자들을 위해 헌신하고 있다. 한경직 목사는 그를 통해 깊은 감동을 받게 되고 이후 그녀와 대화를 하기도 했다. 이처럼 그가 폐병으로 가장 절망스런 시기를 보낼 때에 봉사자의 가장 아름다운 모습을 경험하게 되었던 것이다.

또한, 그가 요양원에서 읽었던 책들이 주로 성프랜시스전, 성안토니오전, 어거스틴의 참회록, 톨스토이 참회록 등의 성인전기 및 저서들이었다.[16] 죽을 고비를 넘기면서 마음을 비우고 새로운 삶을 계획하던 중 그에게 감명을 주었던 책들이 주로 참회와 헌신과 청신의 삶에 대한 것이었다. 이 독서를 통해 속죄와 은혜를 경험한 후에 청빈과 섬김과 나눔의 삶을 살았던 성인들의 삶을 자신에게 투영함으로써 그가 가난하고 소외된 자들에 대한 관심을 갖는 계기를 마련했다고 볼 수 있을 것이다. 그가 성인들의 삶을 따라 청빈한 삶을 살게 됨으로써 사회봉사의 동력을 마련했다고 볼 수 있다. 사회봉사의 실천은 가난하고 소외된 자들의 삶을 체휼하고 청빈의 삶을 지향하는 데서 나온다. 그런 점에서 한경직 목사는 사회적

15) "깊은 밤의 기도와 찬송," 1969년 10월 12일.

16) 김병희, *Ibid.*, p. 25.

약자들의 입장을 누구보다 잘 이해할 수 있었고 기꺼이 그들을 위해 헌신하는데 장벽이 낮았다고 볼 수 있다. 피처마이어(J. A. Fitzmyer)는 누가의 신학에 대해 서술하면서 "소유의 포기는 누가의 신학에 있어서 중요한 주제 중의 하나이다. 대체적으로 누가에 있어서 소유에 대한 사상은 소유의 전적인 포기와 소유의 적절한 사용이라는 두 가지 면으로 나타나고 있다."[17]고 하였다. 한경직 목사는 그의 청빈한 삶을 통해 소유에 대한 포기와 소유의 적절한 사용이 누구보다 용이했던 사람이었으며, 따라서 사회봉사로 나아가는데 누구보다 자연스러웠을 것이다.

Ⅲ. 한경직 목사의 사회봉사 사상의 신학적 토대

한경직 목사의 사회봉사 사상의 토대가 되는 신학적 이해를 고찰함에 있어서 그의 전반적인 조직신학적 관점보다는 사회봉사 사상과 관련된 신학적 이해를 중심으로 인간 이해, 구원 이해, 교회 이해, 이웃 이해, 고난 이해 등에 대해 살펴보았다.

1. 인간 이해

한경직 목사는 1977년 영락교회 대학부 설교를 통해 자신의 인간 이해를 분명히 나타내주고 있다. 그는 천도교의 인내천 사상에 기초한 인간관, 불교나 힌두교의 범신론적 인간관, 공산주의의 유물론적 인간관, 진화론적 인간관 등을 비판하면서 다음과 같은 몇 가지 인간관을 제시한다. 첫째, 인간은 피조물이다. 피조물이라는 것은 제한을 지니는 존재요, 또한 지음 받은 목적을 가진 존재라는 것이다. 이는 육신을 가진 제한적인 존재로서 하나님과 함께 할 때에만 온전해지며, 하나님께 영광을 돌리기 위한 목적을 지닌 존재라는 것이

17) J. A. Fitzmyer, *The Gospel According to Luke. Anchor Bible, 28A* (Garden City, New York: Doubleday, 1985), p. 249.

다. 둘째는 하나님의 형상대로 지음 받은 존재이다. 즉, 하나님과 닮은 요소가 있다는 것인데 창조성과 '마음 속에 새겨주신 하나님의 율법'인 양심이 바로 그것이다. 셋째는 인간은 영적인 존재이다. 따라서 불멸의 영혼을 위해 살아야 한다는 것이다. 넷째는 인간은 죄인이다. 인간은 원래 선한 존재로 지음 받았지만 선악과를 따먹고 죄를 지은 뒤로부터는 인간성이 부패해서 악해졌으며, 죄 문제를 해결하기 위해서는 예수 그리스도를 말미암지 않고는 안된다는 것이다.[18)]

인간은 죄악된 존재인 동시에 하나님의 형상으로 지음 받고 십자가와 부활 사건처럼 하나님의 무한한 사랑을 받고 소중한 존재라는 점에서 그의 기독교적 인간관은 역동적이다. 그래서 한경직 목사의 인간 이해는 부정적이지도 긍정적이지도 않다. 이는 인간이 교만할 수 없는 근거가 되면서, 동시에 누구나 하나님과 사람에게 사랑 받을 만한 가치를 가진 근거가 되는 것이다.

이러한 그의 인간 이해를 사회봉사 사상의 관점에서 다음과 같이 고찰할 수 있을 것이다. 첫째, 피조물로서 제한성을 가지며, 동시에 범죄로 말미암아 타락한 존재인 인간은 하나님과의 관계 회복을 통하지 않고서는 소망이 없다. 따라서 한경직 목사의 사회봉사는 철저히 하나님과의 관계 속에서 이해되고 완성되는 것이다. 그리고 하나님의 형상을 따라 지음 받아 하나님과 닮은 요소가 있다는 것은 사랑이신 하나님을 따라 사랑의 실천을 해야 할 목적성을 지니며, 누구나 사랑받을 만한 가치를 지닌 존재임을 입증해주는 것이다. 따라서 사회봉사의 대상이 제한되지 않는다. 또한 인간이 영적인 존재라는 것은 인간의 문제는 신체적 · 심리적 · 사회적 차원에 그치지 않고 영적인 차원까지 포괄해야 한다는 것을 의미한다. 따라서 한경직 목사의 사회봉사는 전인적인 관점을 가지게 되는 것이다.

인간 이해의 전인성에 대해 정종훈은 독일 사회선교 교육의 규약 서문인 "교회는 예수 그리스도 안에서 입증된 세상에 대한 하나님의 사랑을 모든 인간에게 증거할 사명을 지닌다."는 것에 근거하여 사회선교는 예수 그리스도 안에서 입증된 세상을 향한 하나님의 사랑을 모든 인간에게 증거하는 것으로, 육체적 재난과 영적 긴급성 그리고 사회적으로 불

18) 한경직 목사 탄신 100주년 기념사업위원회편, 「평생에 들던 말씀」(도서출판 선미디어, 2002), pp. 18-30.

의한 관계에서 고통당하는 사람들을 돌보는 행위로 표현된다고 함으로써 인간을 통전적(전인적)으로 이해하고 있다.[19] 전광현 등은 복지선교적 관점에서 인간을 육체적(physical ; somatic), 정신적(mental ; psychological) 및 영적(spiritual) 존재이며, 다양한 사회체계, 즉 사회환경의 영향을 받는 존재로 정리하고 있다.[20] 이처럼 사회봉사 및 복지선교에 있어서 인간 회복과 치유는 인간의 근본적인 모든 삶의 모든 부분의 회복, 즉 인간의 총체적 회복을 의미한다고 볼 수 있다.[21]

이처럼 한경직의 인간 이해는 인간으로 중생케 하시는 하나님과의 관계 회복에서 시작되며, 예수 그리스도로 말미암아 중생한 인간은 하나님께 지음 받은 피조물로서 하나님의 형상을 회복한 존재이며, 창조하시고 거듭나게 하신 하나님의 선하신 목적에 따라 세상 가운데서 하나님 나라의 확장과 하나님의 뜻과 영광을 드러내는 빛과 소금의 역할을 감당할 존재인 것이다.

2. 구원 이해

한경직 목사는 인간의 구원에 대해 인간은 영혼만으로 이루어진 것이 아니라 영혼과 육신이 합해서 인간이 되기 때문에, 그리스도께서 먼저 인간의 영혼을 죄 가운데서 구원해주시고 또 인간의 육체까지 구원하시기를 원하신다고 이해하고 있다. 따라서 하나님이 우리 인간의 영혼만 사랑하시는 것이 아니라 육신까지도 사랑하시며, 복음이 전파되는 곳마다 인간이 영적으로 구원받아야 하지만 또한 모든 것을 봉사해야 한다고 주장하였다.[22] 한경직 목사의 설교에서도 이러한 구원관이 그대로 나타난다.

---

19) 정종훈, "사회선교의 신학적인 근거 설정을 위한 모색,"「신학사상」1997, 제98집, p. 207.

20) 전광현, 강춘근, 김만철, 김진수, 박상호, 박현식, 손용철, 신민섭, 신연식, 오성훈,「기독교사회복지의 이해」(서울 : 양서원, 2005), p. 53.

21) 최무열,「한국 교회와 사회복지」(서울 : 나눔의 집, 2004). p. 19.

22) 한경직 목사 탄신 100주년 기념사업위원회편, *Ibid.*, p. 41.

"다시 말해서, 예수님께서 오신 것은 물론 우리의 영혼을 죄악 가운데에서 구원하시지만, 영혼만 구원하시는 것이 아닙니다. 육체까지도 구원하시기 위해서 오셨습니다. 내가 온 것은 너희가 생명을 얻고 더욱 풍성하게 하려 왔노라고 하는 말씀은 그것을 의미하는 줄 압니다. 또 우리가 다 믿는 장래에 육신의 부활에 대한 교리도 우리 인격 전체가 구원을 얻을 날이 있다고 하는 것을 우리에게 말씀하신 것인 줄을 아는 것입니다."[23]

한경직 목사는 사회 구원에 대해서도 인간은 사회적 동물이므로 영적으로 구원받았다고 해도 우리 사회, 우리 나라를 떠나서는 살 수 없는 존재이므로 구원받은 인간이 내가 사는 사회를 살만한 사회로 만들어야 할 사회적 사명이 있다고 보았으며, 이는 이 사회에 복음을 전파함으로 이루어질 수 있다고 보았다. 그런데 사회복음화는 하루 아침에 이루어지지 않고 이 사회에는 부정과 부패, 인권무시, 차별대우, 자유와 평등사상을 무시하는 사회적 제도적 악이 도사리고 있기 때문에 복음 전파를 우선적으로 하되, 한 걸음 더 나아가 전 인간을 구원하기 위한 교육 · 문화 · 의료 · 복지사업등 모든 노력을 기울여야 한다고 강조하였다.[24] 그의 설교에서도 개인적 구원이 사회적 구원으로의 확장되어 나가는 과정을 설명하고 있다.

"또한 천국은 여자가 가루 서 말 속에 누룩을 섞는 거와 같다고, 점점 부풀어서 온 덩이에 퍼지는 것과 같다고, 다시 말하면 하나님의 나라는 작은 것으로 시작해서 점진적으로 점점 더 확포될 것을 여기에 가르쳤습니다. 혁명적이 아닙니다. 진화적입니다. 급진적이 아닙니다. 점진적입니다. 조용히, 비밀히, 그러나 확실히 하나님의 나라는 누룩이 가루의 속에 퍼지듯 하나님의 나라는 온 세상에, 온 사회에 퍼질 때가 있을 것이라고 여기에 분명하게 가르쳐 주신 것입니다. 그러면 이 하나님의 나라와 세상 나라 혹은 사회와는 어떠한 관계가 있겠는가? 천국이 개인적으로 또는 가

23) "일용할 양식(주기도문 5)," 1968년 3월 24일.

24) 한경직 목사 탄신 100주년 기념사업위원회편, *Ibid.*, p. 42.

정적으로 임하게 될 때에 점점 어떤 나라나 그 사회의 정치, 경제, 문화 각 방면에 영향을 줄 것이 사실입니다."[25]

3. 교회 이해

한경직 목사는 "교회란 무엇인가?"란 제목의 베다니교회 창립 1주년 기념예배 설교를 통해 교회의 초월성과 현재성에 대해 언급한다.[26]

> "교회는 아주 타세계적(他世界的)인 듯하나, 실상은 가장 현실적인 것이다. 내세를 말하고 천당을 말하니까 타세계적인 듯 생각도 되지만, 그러나 내세의 구원은 현실에서 시작된다. 교회가 서있는 곳에 개인의 중생과 구원이 있으니 이 개인적 구원이 점차로 사회적 중생과 개혁에 미치는 것이다. 그러므로 교회가 서는 곳에 사회의 정치, 경제, 문화, 도덕, 각 방면에 새로운 부흥과 정화가 일어난다. 이렇게 교회는 전진한 구가의 초석이 되는 것이다."

이처럼 한경직 목사의 교회 이해는 초월적이면서 현실 참여적이다. 이것이 교회의 사회봉사의 근거가 된다. 그리고 이러한 현실 참여적 교회관을 그는 '사회의 천국화를 도모하는 것'이라고 부르고 있다.

> "거룩한 교회라고 하는 말은 세상과 구별된다고 하는 뜻인데 이것은 세상과 상관이 없다고 하는 말은 아닙니다. 우선 교회는 세상에서 모든 죄인을 불러서 구원해내는 기관입니다. 교회는 세상을 봉사합니다. 자선사업을 통하여, 교육 사업을 통하여, 의료사업을 통하여, 각 방면의 사업을 통해서 사회를 봉사합니다. 또한 교회는 자유

25) "나라이 임하옵시며(주기도문 3)," 1968년 3월 3일.

26) "교회란 무엇인가?," 1946년 12월 1일. 베다니 교회 창립 1주년 기념예배.

와 질서와 정의와 평화와 번영이 있고 명랑한 사회를 건설하기 위해서 각 방면으로 협력을 합니다. 특별히 이런 일을 이룰 만한 많은 지도자를 양성해서 사회에 내보내는 일을 교회는 하고 있습니다. 이렇게 교회는 사회의 천국화를 도모하는 것도 또한 사실입니다."[27]

이러한 교회관 위에 영락교회는 '선교 · 교육 · 봉사'라는 '3대 교회목표' 아래 '말씀 중심의 철저한 복음주의 신앙과 청교도적 생활의 경건성, 그리고 교회간의 연합정신 함양과 교회의 사회적 양심 구현' 등 '4대 지도이념'을 구현해왔다.[28]

그러면서 한경직 목사는 교회 창립 14주년 기념예배 설교에서 교회의 역할을 이야기하면서 교회는 우물과 같아야 한다고 이야기한다.

"그리스도의 교회를 통해서 생명수를 그리스도께서 주십니다. 그래서 문자 그대로 교회는 그리스도를 통해서 생명수를 주는 구원의 우물이 되는 것입니다. 〈중략〉 교회야말로 광야같이 메마른 아니, 사하라 사막같이 쓸쓸한 이 세상에서 영적 오아시스의 역할을 하고, 문자 그대로 구원의 우물이 되는 것입니다. 하나님의 은혜가 감사합니다. 돌아보건대 14년 전에 이곳에 큰 구원의 우물을 하나님께서 열어주셨습니다. 그리스도께서는 이 우물을 통하여 고향을 떠나고 재산을 잃고 허둥지둥 3.8선을 넘어온 모든 피난민들에게 생명수를 마시게 하셨습니다. 해방된 후 복잡한 세태에 시달려서 피곤하고 말할 수 없이 곤비한 심령들에게 새로운 구원의 길을 주셨습니다. 죄악에 물들어서 사망의 길을 걷는 많은 영혼들을 구원하여 주셨습니다. 우리는 이 창립14주년 기념 주일을 당해서 먼저 이 구원의 우물을 주신 우리 하나님 아버지 앞에 감사를 드릴 수밖에 없습니다."[29]

---

27) "거룩한 공회(사도신경 4)," 1968년 8월 4일.

28) 「영락교회 50년사」, p. 279.

29) "구원의 우울," 1959년 12월 6일.

소기천은 한경직 목사의 세 가지 교회 사역의 본질인 전도, 교육, 봉사를 각각 '그리스도 중심주의', '성경 중심주의', 그리고 '십자가 중심주의'로 연결시키고 있다.[30] 한경직 목사의 '오천만을 그리스도에게로'라는 교회 표어와 같은 전도의 강조는 그리스도의 복음을 전하려는 그리스도 중심주의에서 비롯되었다는 것이다. 한경직 목사의 말씀을 향한 열정은 성경공부에 대한 열정을 낳게 한 성경 중심주의로 말미암는다. 그리고 봉사는 십자가에서 자신을 희생하신 예수 그리스도를 본받는 것에 출발한 십자가 중심주의로 말미암았다고 주장하였다. 이러한 한경직 목사의 교육 개념은 단순히 성경공부의 차원을 넘어서서 온전한 그리스도인이 되게 하여 나라와 민족을 위해 기여할 수 있는 인재 양성과 인간 변화의 극대화를 위해 강조되어진 포괄적 개념이라고 볼 수 있다. 성경의 진리를 가르치는 교육을 비롯하여 신앙과 교회와 나라를 위해 가르치는 모든 것을 포함하고 있다고 볼 수 있다.

4. 이웃 이해

헬라어로 이웃은 세 가지 용어로 표현된다. 게이톤(geiton)은 같은 지역에 살고 있는 사람을 가리키는 말이다. 페리오이코스(perioikos)는 함께 거주하고 있는 사람을 의미한다. 그리고 플레시온(plesion)은 가까이 있는 사람을 의미한다. 네 이웃을 사랑하라는 위대한 계명에 사용된 이웃은 '플레시온'인데, 가까이 있는 사람은 누구나 그리스도인이 사랑해야 할 이웃이라는 의미이다.[31] 이중 한경직 목사의 이웃개념은 굳이 이 가운데에서 선택한다면 플레시온에 가깝다. 그는 이웃에 대한 설교를 하면서 "누구든지 접촉하게 되는 사람은 사랑하라."[32]고 하였다. 우리가 마을에서, 가게에서, 길거리에서, 어디에서나 만날 수 있는 사람을 말하는 것이다. 하지만 그의 이웃 개념은 접촉의 범위가 대상과 국경을 초월한다.

---

30) 소기천, "추양 한경직 목사의 성서적 복음주의 신앙과 영락교회의 과제," 「한국개혁신학」 2008, 23. pp. 47-50.

31) Derrel R. Watkins, *Ibid.*, p. 130.

32) "둘째되는 큰 계명," 1962년 6월 10일.

"이웃은 민족도 초월하고 국경도 초월하고 계급도 초월하고 누구든지 우리와 접촉하게 되는 그 사람이 우리에게 이웃이라고 가르쳐 주신 것입니다."[33]

"이웃은 민족이나 국경을 초월합니다. 누구나 다 이웃입니다. 예수님께서는 언제든지 세계의 모든 사람들이 다 한 아버지의 자녀로서 모든 사람들이 어느 곳에 있든지 이웃으로 살아야 한다는 그 근본적인 뜻을 우리에게 가르쳐 주셨습니다. 편협한 민족주의 사상, 신앙이 다르면 그런 사람은 도와줄 필요가 없다고 하는 편협한 교파주의 사상, 편협한 국가주의 사상, 이런 것들을 근본적으로 타파하시는 말씀이올시다. 벌써 2,000년 전에 예수님께서는 이 진리를 가르치셨습니다."[34]

그런데 가까이 있는 이웃, 그리고 접촉하게 되는 사람은 주로 사회적 약자들을 일컫는다. 그가 언급한 이웃, 즉 사회적 약자들은 다음과 같다.

"조금 더 구체적으로 우리가 생각해 본다면, 오늘날 우리 사회에도 이 불한당을 만난 사람들과 같이, 지나가던 사람이 도와주지 아니하면, 자기 혼자 살 수 없는 사람이 많이 있습니다. 가령 많은 고아들, 부모 없는 고아들, 이건 지나가던 사람이 도와주지 아니하면 자기 혼자 살 수 없습니다. 전쟁미망인들, 이런 사람들도 지나가던 사람이 도와주지 않으면 자기 혼자서 살 수 없습니다. 나이는 많고 기력이 쇠잔했는데 자식 없는 노인들, 이런 사람들은 지나가던 사람이 도와주지 아니하면 자기 혼자 살 수 없습니다."[35]

이 외에도 한경직 목사는 우리가 관심을 가져야 할 이웃으로서 농어민, 근로자, 윤락 여

---

33) *Ibid*.

34) "착한 사마리아인," 1958년 5월 21일.

35) *Ibid*.

성, 걸인, 나환자, 정신질환자, 전과자, 여성, 장애자 등을 언급하면서 이들의 고통과 상처를 설명하고 있습니다.[36]

한편, 한경직 목사는 이웃에 대한 원조가 의무이며, 불쌍한 사람을 도와주는 데에는 차별을 둘 수 없다고 말한다.

> "불쌍한 사람을 도와주는 데는 믿는 사람이나 안 믿는 사람이나 우리나라 사람이나 다른 나라 사람이나 불쌍한 사람을 볼 때에는 우리가 과연 성경의 교훈대로 산다고 할 것이면, 내가 도와줄 힘이 없으면 모르지마는 반드시 같이 도와주라고 하는 그 교훈이 여기에 있습니다."[37]

그러면서 그는 이웃에 대한 의무를 다하기 위해서는 전 세계를 이웃으로 품는 세계기독교봉사회와 같은 선한 이웃 운동에 참여할 것을 촉구하였다.

> "세계의 모든 사람이 다 우리의 이웃입니다. 오늘날 세계적으로 가장 절실한 문제가 많은 가운데, 하나님은 온 세계가 한 집안같이 된 오늘에 있어서 모든 사람을 내 이웃으로 아는 이 착한 이웃, 선린 사상의 보급이야말로 얼마나 적절한 문제인지 알 수 없습니다. 세계적으로 선린 운동이 일어나야 되겠습니다."[38]

하지만 이웃 사랑을 실천하지 않을 때는 현대 문명과 세계 인류를 보존할 길이 없다고 강하게 피력한다.

> "우리 인류가 내 이웃의 생명을 내 생명과 같이 귀한 줄 알고, 네 이웃을 도와주기를

---

36) "자연과 십자가," 1960년 3월 13일. "제4계명," 1967년 1월 29일.

37) "착한 사마리아인," 1958년 5월 21일.

38) "착한 이웃," 1963년 6월 16일.

내 자신과 같이 도와줄 수 있는 이와 같은 자리에 이르기 전에 결국은 이 현대의 문명과 세계 인류를 보존할 길이 어데 있습니까? 찾을 길이 없는 것입니다.[39]

5. 고난 이해

한경직 목사는 '인생고와 사명관'이란 제목이 설교에서 불교나 힌두교의 가혹한 운명론적 고난 이해와 기독교의 고난 이해를 비교하면서 고난에 대한 기독교의 긍정적 이해의 우월성을 주장한다.[40] 그는 불교의 윤회설에 따라 운명론적 고난을 이해한다면 현 생애에서 당하는 고난에 대해서는 전혀 손을 쓸 수 없게 되며, 이미 전생에서 결정된 것이므로 소망보다는 낙심과 자포자기하게 된다고 언급하면서, 이러한 고난관을 가진 종교에서는 자유도 은혜도 없다고 주장한다. 반면에 한경직 목사의 고난관은 인간의 고난을 목적론적으로 이해하고자 하는 관점을 갖고 있다. 그는 인간의 고난을 하나님의 입장, 그리고 사명적인 관점에서 볼 줄 알아야 한다고 주장하는데, 이는 인간의 고난을 통해 하나님의 영광이 드러나기 때문이라는 것이다.

"하나님은 인간고를 통해서 하실 일이 있습니다. 하나님은 인간고를 통해서 그의 자비를 나타내십니다. 하나님은 그의 능력을 나타내십니다. 그래서 고(苦)를 낙(樂)으로 바꾸어주시고, 암흑을 광명으로 변케 해주시고, 절망을 소망으로 바꾸어주시고, 인간의 재난도 축복으로 전환시켜 주실 수 있습니다. 하나님은 인간고를 통해서 인간의 가장 귀한 영혼까지 구원하여 주실 때가 많이 있습니다."[41]

그런데 이러한 목적론적 고난 이해가 사회봉사의 참여로 나아가게 하는 역할을 한다는 것

39) "둘째되는 큰 계명," 1962년 6월 10일.
40) "인생고와 사명관," 1955년 6월 26일.
41) "예수와 인간고," 1962년 9월 9일.

이다. 즉, 인간이 누군가가 고난을 당할 때 그 고난에 하나님의 영광과 자비를 드러내기 위한 목적을 이해하고 그 삶에 적극적으로 개입하게 된다는 것이다. 이러한 기독교적 고난 이해를 가진 기독교인들을 통해 많은 사회복지기관과 시설들이 만들어지게 되었다는 것이다.

> "우리 믿는 사람들은 언제나 인간고와 재난을 만날 때에는 하나님의 자비를 나타내기 위해서 힘써야 할 것입니다. 어떻게 하면 이 인간고를 통하여 하나님께 영광 돌릴 수 있을 것인지, 그 면을 생각해 볼 것입니다. 〈중략〉 역사적으로 살펴 볼 때에, 기독교가 가는 곳마다 불쌍한 문둥이들을 도와주기 위해서 문둥병원이 일어나게 되고, 혹은 여러 병자들을 치료하고 고쳐주기 위해서 비로소 역사상의 병원이라고 하는 제도가 생기게 되고, 불쌍한 고아들을 도와주기 위해서 고아원이 생겨나고, 불쌍한 노인들을 돕기 위해서 양로원이 생겨나게 된 것입니다. 또한, 불쌍하고 외로운 여인들을 돕기 위해서 모자원 등을 비롯하여 여러 자선사업단체, 봉사단체, 이와 같은 운동이 일어난 것은 우연한 일이 아닙니다."[42]

이는 빈곤이나 질병, 실업 등 비복지적인 원인을 개인적인 결함의 탓으로 보는 청교도들의 칼빈주의 정신과 자유방임사상과 같은 보수적인 사회복지 관점을 넘어서서 사명적 관점에서 고난을 해결할 다양한 방법들을 찾도록 유도하게 되는 것이다. 동시에 질병과 가난 등 인간의 고통을 긍정적으로 접근하여 새로운 삶의 기회나 동기로 이해하는 긍정적 시각 가짐으로써 자아효능감을 높여 클라이언트의 자립성을 강화할 수 있는 여지를 두기도 한다. 이러한 고난에 대한 목적론적 관점과 긍정적 이해는 한경직 목사 자신의 고난의 극복 경험에서 나온 것이라고 볼 수 있다.

> "우리가 이 세상길을 갈 때에 이와 같이 슬픔을 당하는 사람을 어떻게 보느냐? 우리가 무엇을 하려고 고아원 양로원 모자원을 하며 애쓰느냐? 우리가 이와 같은 슬픈 일을

42) "예수와 인간고," 1962년 9월 9일.

볼 때에 그 가운데서 하나님의 일을 발견하고, 하나님께 영광을 돌리고 그 가운데서 하나님의 뜻을 순종하려고 하는 사명적인 견지에서 이런 일을 하려고 합니다."[43]

또한, 한경직 목사의 목적론적 고난 이해에는 인간에 대한 긍정적이고 낙관적인 관점을 갖도록 도와준다. 그는 가난한 자를 예로 들면서 가난한 자가 아니고는 할 수 없는 사명이 있다고 하였다.

"마지막을 우리가 생각할 것은 가난한 자의 사명이다. 병자에게 병자로서의 사명이 있는 것 같이 가난한 자에게는 가난한 자가 아니고는 할 수 없는 사명이 있다. 가난한 자를 들어서 세계를 부요케 하는 것이 하나님의 경륜이다. 〈중략〉 형제들이여, 이것 때문에 울거나 낙심하지 말고 가난한 자가 아니고 할 수 없는 사명이 있음을 깨달으라. 전에 부요할 때 영광을 돌리던 그 이상으로 가난할 때 어떻게 영광을 돌릴까 하는 데 대하여 최선의 노력을 다하지 않으면 아니 된다. 마음의 부자가 되라."[44]

이러한 관점은 클라이언트의 임파워먼트(empowerment, 권한부여)[45]를 높이는 데 기여할 수 있다. 클라이언트가 자신의 가치와 자신의 사명을 인식할 때 자신의 환경을 스스로 조절하거나 극복할 힘이 생겨나는 것이다.

따라서 한경직 목사의 목적론적 고난 이해를 견지한다면 인간의 고난과 약함을 통해 새로운 소명과 삶의 긍정적 변화로 이어질 수 있는 계기를 마련할 뿐 아니라, 사회봉사의 실천을 통해 곤경에 처한 이들의 역량을 강화함으로써 하나님의 일과 뜻을 발견하고 하나님께 영광을 돌릴 수 있다는 것이다.

---

43) "인생고와 사명관," 1955년 6월 26일.

44) "무산자의 복음," 1947년 9월. * 날짜 기록 없음)

45) 사회복지실천에서 임파워먼트(권한부여)란 클라이언트를 문제 중심이 아닌 강점중심으로 보는 것으로, 클라이언트의 잠재 역량 및 자원을 인정하고 클라이언트 내외에 탄력성이 있음을 전제하여, 클라이언트가 자신의 삶을 통제할 수 있도록 권한 혹은 힘을 부여하는 것을 말한다(C. Sheafor, C. Horejsi & G. Horejsi, *Techniques and Guidelines for Social Work Practice, 1st ed.*, (Boston : Allyn & Bacon).

Ⅳ. 한경직 목사의 사회봉사 사상 분석

1. 사회봉사 사상의 구조 분석

1) 내연이외연(內燃而外延) 구조

일제하 한국 개신교회가 애국충절의 교회 성격을 강하게 나타내다가 1907년 대부흥운동을 계기로 내연이외연의 신앙 구조를 형성하게 된다. 이러한 변화의 영향을 한경직 목사가 받은 것으로 보인다. 민경배는 송창근의 말을 인용하면서 그가 한국교회의 근본적인 메시지를 상실하였다는 통절한 후회를 하고 있다고 말하면서, 기독교는 초자연적인 하나님의 은총을 받아들이며 마음의 회개를 하는 종교인데 당시 사회적인 운동 속에서 이런 심오한 차원을 내버리고 있었다고 지적한다. 이러한 관점에 당시 사회운동을 주도했던 조만식이나 송창근, 김인서, 김교신 같은 기독교 지도자들이 일제 말기에 오면서 참된 기독교는 속에서 신앙의 영적 불길이 활활 타오르고 나서 그것이 저절로 밖으로 외연 외양(外揚)하여 사회개혁을 촉발시키는 내연이외연(內燃而外延)의 길 밖에 없다고 확신하게 되었다고 보았다.[46]

박종현은 내연과 외연의 현상학적 구조를 통해 일제 하 한국 민족교회론을 정리한 민경배(1981)[47]의 내연이외연의 역사 이해를 바탕으로 내연과 외연의 관계를 다음과 같이 서술하고 있다.

"내연과 외연이란 기독교와 역사의 관계로서 기독교는 참된 신앙 그 자체로서 내면화되고 그 안에서 신앙이 불타오를 때 그 신앙의 힘이 자동적으로 밖으로 표출되어 역사 변혁의 에너지, 사회 개혁의 에너지로 나타난다는 신앙과 역사의 역동적 관계를 나타내는 것이다."[48] 이어서 박종현은 주기철과 김인서의 민족주의 비판을 언급하면서 교회의 비정치화

46) 민경배, "한국교회 사회운동사," 「연세대학교 연신원 목회자 하기 신학세미나 강의집」2000, 20. pp. 149-150.

47) 민경배, 「교회와 민족」(서울 : 기독교서회, 1981). pp. 3-6.

48) 박종현(1999). "한국교회의 신앙 내연과 그 외연 구조의 상관 관계 연구 : 1903-1910년 부흥운동과 일제말 한국교회 저항을 중심으로," 연세대학교 대학원 박사학위논문. 1999, p. 179.

가 곧 교회의 비민족화를 의미하는 것은 아니었다고 주장한다.[49] 복음주의 전통이 수행하려 했던 것은 비민족화가 아니라 비민족주의화였으며, 복음주의자들은 민족을 수용하되 민족주의 운동 특히 정치적 성격을 띤 민족주의 운동을 배격하려 하였다고 주장한다. 이러한 관점에서 볼 때, 한경직 목사의 복음적 민족운동의 비정치성을 이해할 수 있다.

한경직 목사에게서는 복음주의 신앙이 내연으로 작용하였으며, 민족애를 통해 외연화 되었다고 볼 수 있다. 한경직 목사의 설교에서도 내연이외연의 구조가 잘 드러난다.

> "무엇이나 충만하면 넘칩니다. 넘쳐흐릅니다. 하나님의 생명으로 충만하매 하나님의 생명이 넘치게 되었습니다. 우선 입으로 넘쳤습니다. 그들은 말할 수밖에 없었습니다. 그 심령이 그리스도로 충만하매 입을 열 때에 자연히 그리스도를 증거할 수밖에 없는 것입니다. 그러므로 오순절에 모든 사람이 충만한 가운데서 제일 먼저 나타난 것이 베드로가 단에 올라서 그리스도를 증거한 것입니다. 전도로 나타났습니다."[50]

> "무엇이나 충만하게 되면 넘치게 됩니다. 그릇에 물이 충만하면 넘치기 쉽습니다. 그들은 하나님의 생명으로 충만케 되었으므로 그 생명이 넘칠 수밖에 없었습니다. 그들은 그리스도로 그 마음속에 충만해 졌으므로 말하자면, 그리스도가 그들의 입을 통하여, 그들의 일상생활을 통하여 넘치게 되었습니다. 〈중략〉 그리스도로 충만하게 되면 자연히 복음의 전파로 나타났습니다. 그리고 그들은 그리스도의 사랑으로 충만하여 유무상통으로 나타났습니다. 자진해서 물질을 사도들의 발 앞에 가져왔습니다. 필요한 이에게 사도들은 나눠 주었습니다. 상부상조 하였습니다. 하나님의 사랑으로 충만하게 되니 그 사랑이 손을 통하여 넘쳤습니다. 그들은 재물을 자기 손에 쥐고 있지만은 않았습니다. 하나님을 위하여, 가난한 이웃을 위하여 즐거이 자

49) *Ibid*., p. 183.

50) "성령과 불의 세례," 1969년 5월 25일.

원하여 바쳤습니다. 사회봉사는 이렇게 되어야 합니다."[51]

이처럼 한경직 목사의 사회봉사 사상은 복음으로 충만이 개인의 행실로, 그리고 사회와 국가의 변화로 흘러 넘쳐나오는 내연이외연 구조를 갖고 있다고 볼 수 있다.

2) 복음적 사회봉사 구조

박종삼은 복음과 사회봉사의 관계를 설명하면서, 복음을 뿌리로, 그리고 전도와 봉사를 복음이라는 뿌리에서 나오는 열매로 묘사하고 있다.[52] 이는 한경직 목사의 관점과 유사하다고 볼 수 있다. 그리고 박종삼은 교회사회봉사에 대해 한국교회가 전도, 교육, 봉사를 교회의 본질적 사명으로 인식하면서도, 전도에 총력을 기울이고 사회봉사에 대한 노력이 미약했다는 문제점을 지적하면서 교회의 사회봉사가 복음의 핵심적 요소임을 다음의 다섯 가지 신학적 준거를 통해 주장하였다.[53] 첫째, 전파된 복음의 실천으로서의 사회봉사이다. 행위나 실천의 비중이 상대적으로 약화되어 전도와 봉사의 불균형이 초래된 원인이 교회의 이신득의(以信得義) 신학의 영향임을 지적하면서, 예수의 선교사역은 설교와 치유 사역이 동시에 이루어졌으며, 전도와 봉사는 떼어놓을 수 없는 실체였다. 한편, 윌리엄 핀슨 William Pinson)[54]과 알파 멜턴(Alpha Melton)[55]도 사회봉사는 교회의 일차적 역할과 기능이며, 교회의 사회봉사는 예배, 전도, 교육과 함께 하나님으로부터 위임받은 교회의 본질적인 사역임을 강조하고 있다.

복음 전도와 사회봉사를 통합한 것은 예수 그리스도의 복음 사역과 초대 교회의 모델을 통해서도 그 근거를 찾을 수 있다. 예수께서 70인의 전도대를 둘씩 짝지워 보내실 때, 복음 전파와 함께 병 고침을 명하신 것이 그것이다.(눅 10:1-9) 그리고 사회봉사와 복음이 불가

---

51) "아버지의 약속," 1971년 5월 30일.

52) 박종삼, 「교회사회봉사 이해와 실천」(서울 : 인간과복지, 2000), p. 34.

53) *Ibid.*, pp. 16-17.

54) William, Pinson, *Applying the Gospel* (Nashville: Broadman Press, 1975), pp. 15-39.

55) Alpha Melton, *Creative Social Ministry for the Church* (Nashville: Broadman Press, 1970), pp. 1-23.

분의 관계인 것은 복음의 일차적 대상이 가난한 자, 병든 자, 소외된 자, 갇힌 자들이기 때문이다. 또한 지극히 작은 하나에게 한 행위로 말미암아 영벌과 영생으로 구분되는 것(마태복음 25장) 등 복음과 사회봉사는 깊이 연관이 있음은 틀림없다.

한경직 목사의 사회봉사는 복음과 한 몸이라고 할 정도로 밀접한 관계를 갖고 있다. 이는 그에게 있어서 가장 큰 가치가 복음에 있기 때문이다. 그래서 그는 지리산 공비 출몰지에서도 전도 활동을 할 정도로 복음 전파에 대한 열정이 강하였다.[56]

> "교회에서 교육 사업도 하고, 자선 사업도 하고, 문화 사업도 하고, 사회개량 운동도 일으키지만, 이것은 근본적인 사업들은 아닙니다. 다 부대 사업이올시다. 우리 교회의 첫째 사업은 복음을 전파하는 일입니다. 그리스도께서 이 땅 위에 이 교회를 세워주신 목적이 이 복음을 간직하고 이 복음을 영적으로 주신 사람들에게 전파해 주기 위해시인 것입니다. 〈중략〉 우리가 항상 잊지 말고 깨달을 것 몇 가지가 있습니다. 첫째는 이 복음만이 인간에게 있어서 가장 귀한 우리의 영혼을 구원해서 영생을 얻게 합니다. 둘째는 이 복음만이 참으로 인간을 개조해서 새사람을 만듭니다. 셋째는 이 복음만이 사상전에 있어서 최후 승리를 거두게 할 것입니다. 넷째는 이 복음만이 이 부패한 사회를 도덕으로 재건할 수 있습니다. 다섯째는 이 복음만이 참된 자유와 평화와 번영이 있는 민주주의 국가를 건설할 수 있습니다."[57]

이처럼 한경직 목사가 복음을 최우선적으로 강조하는 이유가 죄된 인간과 사회를 온전히 구원하고 회복하는 것은 복음만이 가능하기 때문이다. 이를 위해서는 먼저 그의 인간 이해를 살펴볼 필요가 있다. 그는 인간 자체로는 완전하지 않을 뿐 아니라 죄악을 해결할 수 없는 한계를 지니고 있으며, 하나님과의 관계 속에서 온전한 인간으로 존재할 수 있다고 보았다. 즉, 항상 하나님과의 온전한 관계 속에서의 인간의 도리와 사명, 행위를 생각했다. 그

---

56) 김병희, *Ibid.*, p. 56.

57) "민주국가의 정신적 기초," 1963년 1월 6일.

에게 있어서 사회봉사나 애국애족은 단순한 긍휼과 동정심, 그리고 애국심에서 이루어지는 것이 아니라 하나님 안에서 복음을 통해 실천될 때 온전하다는 것이다. 이러한 사상이 그의 복음적 사회봉사의 기초가 되었다. 그에게 있어서 사회봉사는 철저히 복음과 신앙과 분리될 수 없는 것이었다. 그래서 교회의 본질과 사명을 이야기할 때 사회봉사가 함께 언급되는 것이다.

복음의 중요성은 그의 과학에 대한 이해에서도 잘 드러난다. 한경직 목사는 과학을 통한 나라의 발전과 변화를 꾀하는 일에 적극적이지 않았던 이유는 그가 과학에 대한 부정적 측면을 경험했기 때문으로 본다. 그는 '기독교란 무엇인가?'란 그의 저서에서 두 번째 주제로 '깨어진 과학의 꿈'이란 제목의 글을 적고 있다. 비록 과학이 불처럼 인류에게 필요한 것임에는 틀림없지만 과학은 결국 피비린내 나는 세계, 전 인류를 불안과 공포에 빠지게 한 세계를 가져왔으며, 이는 과학을 바르게 쓸 수 있는 사람이 부족하기 때문이라고 하였다. 그러면서 과학을 바르게 쓸 수 있는 썩고 악한 사람의 근성을 바로 잡을 수 있는 방법으로 종교, 즉 창조주 하나님께 돌아가는 것이라고 결론을 내리고 있다.[58]

그러나 한경직 목사에게 있어서 복음 전파가 교회의 일차적 사명이라고 해서 사회봉사가 선택적이라거나 수단적인 것은 결코 아니었다. 사회봉사를 실천하는 것이 곧 복음이라고 보았기 때문이다. 적어도 한경직에게 있어서 사회봉사는 복음의 한 부분이요 한 몸과 같은 것이었다. 이러한 관점에서 영락교회는 피난교회라는 어려움 속에서도 보린원과 같은 사회봉사 사업은 계속 추진하였던 것이다. 그만큼 한경직 목사는 사회봉사를 교회의 본질적 사명으로 인식한 것으로 볼 수 있다. 그리고 한경직 목사는 육체와 영혼이 통합된 전인적 인간관을 갖고 있기 때문에 영혼을 위한 복음과 육체를 위한 사회봉사가 늘 함께 갈 수 밖에 없다는 것이다.

> "그러므로 건강한 영혼이 필요함과 동시에 또한 건강한 육체가 필요합니다. 그래서 과거의 역사를 돌아보면 언제나 기독교 복음이 전파되는 곳에는 교회만 설립되는

58) 김수진, *Ibid*., p. 151.

것이 아니고, 병원도 학교도 고아원도 기타 모든 문화기관이 같이 설립되었던 것입니다.[59)]

한편, 한경직 목사는 복음적 사회봉사 구조적 관계를 '무언의 전도로서의 사회봉사'라는 말로 설명해주고 있다.

"우리가 사도행전을 읽어 보면, 그때 믿는 사람들의 행위 혹은 행동을 통해서 그리스도를 증거했습니다. 말의 전도가 물론 필요하지만, 말만 가지고는 아니됩니다. 말과 행위가 같이 해야 됩니다. 〈중략〉 헐벗은 사람에게 옷을 마련해주고, 밥 굶는 사람에게 쌀을 마련해주고, 어려운 가운데 있는 사람들을 어떻든지 피차 와서 직업을 알선해 주고, 피차에 서로 상부상조 하는 것은 다 무언의 전도입니다. 그러므로 우리 교회 안에 자선사업 기관도 물론 불쌍한 이를 위해서도 할 것이지만, 이런 일도 다 무언의 전도가 됩니다. 교육사업이나 의료사업이나 자선사업이나 이 모든 것도 그 자체를 위해서 하거니와 이거 역시 무언 가운데에 모든 다른 사람에게 복음의 전도가 됩니다.[60)]

말하자면, 그에게 있어서 사회봉사는 또 하나의 복음 전파의 형태라는 것이다. 그와 반대로 한경직 목사는 복음 자체에도 사회봉사의 성격이 담겨져 있다고 보았다.

"복음 전파는 민족과 국가를 위한 교회의 최대 봉사입니다. 복음 전파로 우리 국가의 가장 큰 외적 원수를 막을 수 있습니다. 곧 무신론적 공산주의 사상을 격퇴합니다. 복음 전파로 우리나라의 가장 큰 내적 원수도 막을 수 있습니다. 곧 부패와 부정, 온갖 사회악을 일소(一掃)하고 민주국가의 도덕적 기반을 튼튼히 할 수 있습니

59) "풍성한 생명," 1971년 11월 10일. 전주예수병원 봉헌식.
60) "사도시대의 전도," 1964년 4월 5일.

다. 복음 전파로 인간의 존엄성, 자유, 평등 등 민주주의의 기본 사상을 확립하여 우리나라의 민주국가로서의 사상적 기초를 튼튼히 닦을 수 있습니다."[61]

이러한 점들을 고려할 때, 한경직 목사의 사회봉사는 복음과 사회봉사가 역동적으로 상호연계되어 있는 복음적 사회봉사의 구조를 갖는다고 볼 수 있다.

3) 교회–국가–하나님 사랑의 일체 구조

한경직 목사의 아들 한혜원 목사는 아버지가 자신에게 늘 가르치던 것을 다음과 같이 기억하였다. "아버님은 저에게 언제나 세 가지를 가르쳐 주셨는데, 첫째는 나라를 사랑해야 한다. 둘째는 하나님을 사랑해야 한다. 셋째는 교회를 사랑해야 한다는 것입니다."[62] 이처럼 한경직 목사에게 있어서 나라와 하나님과 교회는 항상 함께 엮어진 삼겹줄과 같은 것이었다. 이 셋의 관계를 통해 한경직 목사의 사상을 이해한다면, 하나님으로부터, 교회를 통해, 나라를 복되게 함으로써 하나님의 나라를 이루어 나가는 것이다.

한국의 시대적 상황 속에서 기독교는 나라와 민족의 해방과 번영을 위한 새로운 이데올로기로 받아들여졌다. 한경직 목사 또한 기독교와 복음이 나라와 민족의 유일한 희망이라고 여겼다. 이러한 배경에는 한국에 복음이 전래된 과정에서 기독교가 한국의 해방과 발전에 기여한 측면이 전제되어 있다. 그는 1983년 '100년의 은총'이란 설교[63]에서 기독교의 전파로 말미암아 대한민국이 받은 은혜에 대해 열거하였는데, 1907년에 평양 대부흥을 비롯하여, 1945년이 연합국의 승리로 민족해방을 가져온 것, 6 · 25사변 때 미국을 중심한 UN군의 출동으로 공산화의 위기를 넘긴 것, 선교사들을 통해 기독교학교, 병원, 자선 사업 기관 등의 설립, 천대받던 한글문화의 개화에 기여, 한국 여성들의 사회적 지위 향상, 사회에서 버림을 받던 장애들에 대한 복지 등이다. 이러한 많은 축복이 기독교 신앙으로부터 왔다

61) "교회의 첫째 사명," 1980년 9월 29일.

62) 김수진, *Ibid.*, p. 133.

63) "100년의 은총," 1983년 7월 24일.

고 믿었던 것이다.

한경직 목사의 교회-국가-하나님 나라 구조를 이해하기 위해 그의 애국애족사상을 살펴보는 것이 필요하다. 한경직 목사는 인간의 삶과 사회와 국가에 대한 깊은 통찰력을 소유하였다. 그는 기존의 삶의 방식이나 사회체제와 제도, 국가 이데올로기 등의 한계를 충분히 이해하고 있었다. 그래서 그는 그 한계를 채울 수 있는 유일한 방법으로 기독교를 선택하였던 것이다. 그의 기독교 신앙과 애국애족 사상의 관계는 그의 1973년 2월에 '기독교 신앙과 애국심'이란 설교에 자세히 나타나 있다. 그 내용을 간단히 요약하면 다음과 같다.[64)]

기독교 신앙은 한 마디로 사랑이다. 따라서 기독교 신앙에 깊이 젖게 되면 자연히 나라와 민족을 사랑하게 된다. 엘리야, 엘리사, 이사야, 예레미야, 에스라, 느헤미야, 그리고 바울에 이르기까지 이들은 다 위대한 신앙가인 동시에 또한 위대한 애국자들이었다. 기독교 신앙은 회개와 중생을 통해 좋은 사람을 만들게 됨으로써 결국 건강한 나라를 만들게 된다. 좋은 신앙인이 되면 올바른 애국심을 갖게 되어 국가나 민족을 우상화하는 어리석음을 범하지 않고 올바른 애국심으로 나라를 사랑하게 된다. 기독교 신앙은 유물론적 인간관과 우주관을 거부하고 참된 자유민주국가를 형성할 수 있는 힘을 갖고 있다. 그리고 인간의 죄성과 한계성을 인정함으로 권력의 남용을 막는다.

한경직 목사가 기독교 신앙 혹은 복음이 나라를 구원할 수 있다는 생각을 갖게 된 것은 미국의 영향이 크다고 할 수 있을 것이다. 그에게 있어서 미국은 새로운 조국의 비전과 미래를 보게 해주는 하나의 모델이었을 것이다. 그가 기독교 신앙에 의해 자유민주주의 강대국으로 발전되어 가는 것을 경험하면서 기독교 신앙이야말로 조국을 구할 수 있는 가장 효과적인 방법이 될 수 있다는 생각을 갖게 되었을 것이다. 더군다나 기독교 신앙이 제국주의나 공산주의에 대항하여 나라를 세우는 정신적 기초가 되어야 한다는 것을 깊이 인식하였을 것이다. 그는 자신의 설교에서 자유 민주주의 국가를 세우기 위해서는 개인 인격의 존중사상, 개인의 자유 사상, 만인의 평등 사상 등으로 언급하면서 이러한 사상은 기독교 문화

64) "기독교 신앙과 애국심," 1973년 2월 1일.

의 밭에서만 아름답게 피어날 수 있다고 주장하였다.[65)]

또한 한경직 목사는 사회봉사의 실천이 단순히 가난하고 곤경에 처한 이웃을 돕는 행위를 넘어서서 나라를 바로 세우는 동력이 된다는 사실을 믿었다. 한경직 목사는 1953년 7월 27일 휴전협정이 조인되면서 그 해 10월 25일에 서울 환도 감사예배를 드리게 되었는데, 교인들이 너무 많이 와서 본당 수용인원인 2천여 명을 넘어서는 바람에 예배당 밖에서 예배를 드리는 사람도 생겼다. 이때 피난 갔던 영락교회 교인들만 모인 것이 아니라, 전쟁의 상흔으로 인해 하나님을 의지하고자 나온 사람도 많았다. 이 날 한경직 목사는 예수를 전하는 일이 결국 이 나라를 복 받게 하는 길임을 다시 한 번 확인했다는 고백을 하였다.[66)]

한편, 그가 애국애족의 방법으로 기독교 신앙을 선택한 이유는 현실적 정치의 한계를 깨달았기 때문으로 본다. 이에 대해 이종성은 "한경직의 애국심은 정치활동을 통해서가 아니라 정치가들을 좋은 정치가가 되도록 가르치고 훈련하는 일을 통해서 발휘되었다"[67)]고 하였다.

한편, 이혜정은 죄와 무지와 가난을 한경직 목사의 현실인식으로 두고, 이를 영락교회 구조와 기독교적 건국론으로 연결시키고 있다. 죄는 영락교회 구호에서 전도로, 그리고 기독교적 건국론에서는 기독교로 연결되며, 무지는 영락교회 구호에서 교육으로, 기독교적 건국론에서는 신문명으로 연결시킨다. 그리고 가난은 영락교회 구호에서 봉사, 그리고 기독교적 건국론에서는 애국(애족)으로 연결시키고 있다.[68)] 그러나 실제로 한경직 목사는 그의 인간 이해에서 기독교 복음을 통한 인간과 사회의 근본적인 변화가 일어나지 않고서는 참된 교육과 봉사가 효력을 나타내기 어렵다고 본다.

이러한 교회-국가-하나님 사랑의 구조가 반영되어 있는 것이 영락교회의 이름이다. 1946년 11월 12일 베다니전도교회를 영락교회(永樂敎會)로 바꾸었다. 교회이름을 '영락'(永

65) 한경직, 「건국과 기독교」(서울 : 기문사, 1949), p. 193.

66) 김수진, *Ibid.*, p. 113.

67) 이종성, "한경직 목사의 신학," 「한경직 목사 탄신 100주년 기념행사자료집」(사단법인 한경직목사기념사업회, 2008), p. 128.

68) 이혜정, "한경직의 생애와 사상 연구," 「한국기독교와 역사」2008, 83, p. 12.

樂)으로 한 이유는 당시 교회가 위치한 지역 이름이 '영락정'(永樂町)이었기 때문이기도 했지만, '영락'이란 이름은 반만년의 장구한 한민족사 가운데 가장 넓고 큰 나라를 건설했던 고구려 광개토대왕의 연호가 바로 '영락'으로 역사적 의미를 지니는 동시에 '고구려의 후손'으로 구성된 신앙공동체의 교회 이름으로 매우 적합한 이름이었다. 또한 '영락'이란 말은 '영원한 복락'의 준말이다. 믿는 자들의 궁극적 소망인 천국을 상징하므로 가장 적절한 이름으로 채택이 된 것이다.[69] 이 이름의 의미 속에 지역사회와 한민족과 하나님 나라의 개념이 모두 들어가 있다는 점에서 한경직 목사의 사상과도 합치된다. 한경직 목사는 영락교회를 통해 지역사회를 섬기고 나라를 위하며 하나님 나라를 향해 나아가는 사역을 전개한 것이다.

한편, 영락교회의 3대 목표인 전도, 교육, 봉사의 통합적 목회 구조에서도 교회-국가-하나님 사랑의 구조가 잘 드러난다. 1941년 6월 영국의 처칠 정부는 제2차 세계대전의 전후 부흥계획의 일환으로 전후에 사회보장제도를 실시할 것을 예상하여, 비버리지 경을 위원장으로 하는 사회보험 및 그 관련서비스에 관한 부처위원회를 임명하였다. 이것의 결과로서 1942년 11월 비버리지는 국회에 보고서를 제출하게 되는데, 이 보고서에는 현대 산업사회에서 인간의 복지를 저해하는 5가지 주요 해악으로 빈곤, 질병, 무지, 불결, 그리고 나태를 지적하였다.[70] 한경직 목사에게 있어서 나라와 민족을 구하기 위해서는 세 가지 해악, 즉 '죄'와 '무지', 그리고 '가난'을 제거해야만 했다. 이를 위해서는 예수의 주요 사역인 전도와 교육과 봉사를 자신의 목회 핵심사역으로 삼은 것이다.[71]

이러한 이유들로 인해 한경직 목사에게 있어서 복음 전파의 주체가 되는 교회와 이 땅의 조국, 그리고 하나님은 분리될 수 없는 것이었다. 그가 복음을 받아들이고 인생의 중요한 사상적 체계를 형성할 때부터 신앙과 조국의 안녕은 뗄래야 뗄 수 없는 한몸이었기 때문이다. 이것이 그의 독특한 통합적 사회봉사 사상의 구조를 형성하게 된 것이다.

---

69) 「영락교회 50년」, pp. 82-82.

70) 남기민, 「사회복지정책론」(서울 : 학지사, 1998), p. 84.

71) 김명혁, 「목회자 한경직 목사 부흥사 이성봉 목사」(서울 : 성광문화사, 2003), p. 60.

2. 사회봉사 사상의 가치

가치는 좋고 바람직한 것에 대한 지침이며 적합한 행동의 선택에 대한 지침이 된다.[72] 서구 사회에 있어서 인간과 사회를 보다는 가치관의 근원은 첫째, 인간의 기본적 가치로서 이웃에 대한 책임성을 원칙으로 하는 기독교 교리이고, 둘째, 모든 인간은 평등하며 자유와 행복 추구의 권리를 강조하는 민주주의 이념이고, 셋째, 환경을 무시하고 인격만을 주장하는 근면한 사람을 도덕적 인간으로 보고 쾌락을 죄악시하는 청교도 논리이며, 넷째, 자원의 진화 과정에서 강자는 생존하고 약자는 도태할 수밖에 없기 때문에 강자의 사회가 출현한다는 '사회진화론' 등에 입각하고 있다.[73] 사회복지의 기본 가치에 있어서, 가장 자주 거론되는 가치로는 개인의 가치와 존엄성, 개인에 대한 존경, 개인의 변화 가능성에 대한 가치, 클라이언트의 자기결정권, 비밀보장과 사생활보장, 적절한 자원과 서비스 제공, 클라이언트에게 권한부여, 동등한 기회보장, 비차별성, 그리고 다양성의 존중 등이다.[74]

한경직 목사의 사회봉사 사상의 주요 가치로는, 생명의 존귀성, 전인구원, 사회적 연대, 평등(비차별성), 개인적 가치성 등으로 정리될 수 있다.

1) 생명의 존귀성

인간의 존엄성과 가치는 모든 인간에게 주어진 보편적 가치이다. 한경직 목사는 생명을 존중하는 목회자이다. 그는 '생명의 존귀성'이란 설교를 통해 모든 생명 있는 것에 대해 고통을 주거나 그 생명을 파괴하는 것은 하나님의 뜻에 위반되며, 하나님의 형상대로 지음받은 인간의 생명이야말로 가장 소중한 것이라고 강조한다. 그리고 민주주의 근본정신도 생명을 존중히 여기는 것이며, 생명은 하나님께 속한 것이므로 가장 귀하고 신성하므로 모든 믿는 사람들이 생명의 존귀함의 진리를 인정하도록 깨닫게 하는 것이 신자의 사명이라고

72) F. M. Lowenberg, & R. M. Dolgoff, *Ethical Decisions for Social Work Practice*. (Pea Itasca: F. E. Peacock, 1998), p. 12.

73) N. I. Brill, 장인협 · 문인숙 공역(1986). 「사회복지의 원리와 방법」(서울 : 집문당, 1986), p. 28.

74) NASW. *Encyclopedia of Social Work* (Maryland: NASW, 1995), p. 894.

하였다.[75)]

그리고 그는 십계명의 제6계명을 설교하면서 인간 생명에는 무한한 가치가 있는 것을 깨달아야 하며, 어느 사회가 인간의 생명이 얼마나 안전하냐? 그것은 그 사회의 문명의 척도가 된다고 하였다.

> "민주주의의 근본정신은 생명을 존중히 여기는 것입니다. 생명은 하나님께 속합니다. 생명은 가장 귀하고 신성 합니다. 사람이 사람의 생명을 빼앗을 권리는 없는 것입니다. 예수께서 세상에 오신 것은 우리에게 생명을 주시고 더 주어서 풍성하게 하기 위해서 세상에 오신 것입니다. 오늘날 우리 믿는 사람들이 맡은바 사명 가운데 하나는 이 진리, 우리 동포들로 하여금 생명이 얼마나 존귀하다고 하는 진리를 인정하도록 깨닫게 하는 것이 우리 믿는 사람의 사명이올시다."[76)]

김기원은 인간의 존엄성을 회복하려는 공동체적 노력은 사회복지의 기본적 가치의 하나로서 오늘날까지 이어지고 있다고 하면서 기독교 사회복지는 단순히 자선의 차원이 아니라 하나님의 형상 회복이라는 구원론적 신앙의 의미를 포함하는 것으로 보았다.[77)] 박종삼은 복지선교의 이념을 '생명', '사랑', '섬김'으로 제시하면서 하나님이 주신 '생명'을 풍요하게 하기 위해 '사랑'이라는 강력한 에너지가 필요하며, '생명'과 '사랑'을 연결하는 것이 '봉사' 곧 '섬김의 생활'이라고 설명하고 있다.[78)]

2) 전인 구원

그레이브스(Graves)는 기독교 신앙에 기초한 사회봉사는 사람들의 전체적 필요를 예수

75) "생명의 존귀성," 1957년 1월 27일.

76) "제 6계명," 1967년 2월 12일.

77) 김기원, 「기독교사회복지론」(서울 : 대학출판사, 1998), p. 60.

78) 박종삼, *Ibid.*, p. 131.

그리스도의 이름으로 충족시켜 주는 것이라고 하였다.[79] 한경직 목사의 사회봉사 사상 또한 그의 전인적, 통전적 인간 이해를 바탕으로 전인적 욕구 충족을 지향하고 있다. 그는 인간의 기갈에 대해 육신에 대한 기갈, 굶주림에 대한 기갈도 있지만 지식에 대한 기갈, 자유에 대한 기갈도 필요하다고 하였다. 그리고 주님께서는 생명을 양식을 주시기 위해 오셨지만 육신의 굶주린 대중에게도 깊은 관심을 가지셨다.[80] 또한 한경직 목사는 1971년 전주예수병원 봉헌식에서 주님은 복음을 전파하시는 동시에 모든 병과 약한 것을 고쳐주셨다고 하면서, 복음을 통해 죄사함과 영혼 구원을 받게 하시고, 건강하여 모든 일을 잘할 수 있기 위해 병과 약한 것을 고쳐주셨다고 하였다. 그래서 과거의 역사를 돌아보면 언제나 기독교 복음이 전파되는 곳에는 교회만 설립되는 것이 아니고, 병원도 학교도 고아원도 기타 모든 문화기관이 같이 설립되었던 것이 바로 이것 때문이라고 하였다.[81]

3) 사회적 연대

한경직 목사는 '인간생활의 연대성'이란 제목의 설교에서 동생 아벨을 쳐서 죽인 가인이 "네 동생이 어디 있느냐?"는 하나님의 질문에 "내가 알지 못하나이다. 내가 이 아우를 지키는 자이니까?"라고 대답한 것이 동서고금을 통해 계속 이어져 내려온 이기주의요 개인주의의 표상이라고 비평하면서, 인간의 삶은 서로 엉켜 있고 연결되어 있어서 인간생활의 연대성을 부인할 수 없다고 하였다. 이어서 그는 죄악의 연대성과 함께 선의 연대성, 덕의 연대성이 있기 때문에 우리 자신의 행실을 조심해야 한다고 경고한다.[82]

그러면서 그는 환란상구(患亂相求)의 필요성을 강조하면서 연대성의 적극적인 이유가 가난한 이웃을 도와주는 것이 결국은 나를 도와주는 것이기 때문이라고 설명한다. 예를 들어, 내 이웃을 가난한 채 그냥 두면서 나만 부유하게 산다면 반드시 공산당이 일어나게 되며, 거리에서 구걸하는 아이들을 보호하지 않으면 장성하여 범죄를 저지를 수 있다는 것이다.

---

79) Herold K. Graves, *The Nature and Functions of a Church* (Nashville: Convention press, 1963). p. 123.

80) "인간의 기갈과 그 양식," 1966년 12월 11일.

81) "풍성한 생명," 1971년 11월 10일. 전주예수병원 봉헌식.

82) "인간생활의 연대성," 1956년 1월 29일.

따라서 환난 당한 자들을 서로 도와줘야 하는 것은 동정으로만 아니라 이웃으로서의 나의 책임이요, 동시에 나 자신을 돕는 일이 된다는 것이다. 이처럼 인간생활은 서로 연대성으로 연결되어 있음을 강조한다.[83] 또한 이러한 연대성의 가치는 개인만 해당되는 것이 아니라 가정과 국가까지도 포함한다.

> "가정이 건전하면 국가가 건전해지고, 우리 가정이 부패하면 국가가 역시 부패해집니다. 교회의 견지에서 생각 할 때에도 역시 그렇습니다. 가정은 우리 교회의 기초적 단위입니다."[84]

한경직 목사는 내가 옳게 산다고 해서 다 되는 것이 아니며 다른 이들까지 옳게 살도록 힘을 써야 하는 것이 공동의 운명을 지니고 사는 이 사회의 원리임을 강조하면서, 이러한 관점에서 사회봉사를 실천해야 할 것을 권면하고 있다.[85]

> "그러므로 나만 예수를 믿고 옳게 살 것이 아닙니다. 어떻든지 다른 사람에게도 복음을 전파해서 같이 옳게 살도록 힘을 써야 하는 것입니다. 내 아들 딸만 교육을 잘 시키는 것만으로는 부족합니다. 다른 집 아들 딸들도 똑같이 좋은 교육을 받을 수 있는 사회가 되기 위해서 교육사업에 힘을 써야 합니다. 그러므로 사회봉사를 해야 됩니다. 고아를 돌아봐야 됩니다. 불량소년들을 돌아봐야 됩니다. 윤락 여성들을 돌아봐야 됩니다. 과부를 돌아봐야 됩니다. 사회를 봉사해야 됩니다. 왜? 다 같이 살지 못하면 나 혼자만은 잘 살 수가 없는 까닭입니다. 조금 깊이 생각하면 남을 돕는 것이 나를 돕는 것입니다."[86]

---

83) *Ibid*.

84) "기독교 가정," 1957년 5월 5일.

85) "재난과 그 교훈," 1970년 4월 12일. "예수와 굶주리는 대중," 1964년 4월 19일. "그리스도의 몸과 그 지체," 1976년 7월 25일.

86) "재난과 그 교훈," 1970년 4월 12일.

이러한 한경직 목사의 사회적 연대 사상은 갈라디아서 6장 2절에는 "너희가 짐을 서로 지라 그리하여 그리스도의 법을 성취하라"는 말씀과 일맥상통하고 있다. 이 사상은 개인주의와 이기주의가 판을 치는 이 세대에 사회적 연대 사상은 공동체성 회복과 사회적 약자들에 대한 보호의 근거를 제공하며, 교회의 에큐메니칼 운동에 대해서도 좋은 준거가 될 것으로 본다.

4) 평등(비차별성)

과거에는 공공연하게 빈민에 대한 차별이 이루어지곤 했었다. 1531년 헨리 8세가 요보호 노인과 무능력한 걸인들의 구호 신청을 조사하여 그들이 제한된 지역에서만 구걸할 수 있도록 등록하고 허락받도록 하고, 등록받지 않은 걸인이나 부랑인에 대해서는 잔인한 처벌을 내리도록 규정한 법령을 제정한 것이나,[87] 1601년 제정된 엘리자베스 구빈법(The Elizabeth Poor Law)에서는 노동능력이 있는 빈민과 노동능력이 없는 빈민 및 요보호아동을 구분함으로써 인간의 가치를 차별적으로 구분하였다.[88] 또한 사회복음주의자들이 산업혁명과 자본주의 체계로 인한 사회구조적인 문제로 발생된 빈민들에게 주된 관심을 가졌으며, 이러한 관점에서 사회 개혁과 변화를 가져올 수 있는 도울 가치가 있는 빈민과 도울 가치가 없는 빈민을 구분하였다.[89]

그러나 오늘날 사회복지는 철저하게 평등과 비차별의 관점에서 실천되고 있다. 우리나라 사회복지사의 윤리강령에 보면, 평등과 비차별성의 가치를 담은 조항이 있다. "사회복지사는 클라이언트의 종교 · 인종 · 성 · 연령 · 국적 · 결혼상태 · 성취향 · 경제적 지위 · 정치적 신념 · 정신 · 신체적 장애 · 기타 개인적 선호, 특징, 조건, 지위를 이유로 차별 대우를 하지 않는다."[90] 이는 예수 그리스도께서 창기, 세리, 죄인, 이방인 등을 차별 없이 대해 주신

---

87) Walter A. Friedlander & Robert Z. Apte, *Introduction to Social Welfare* (Englewood Cliffs, New Jersey: Prentice Hall, 1980), p. 13.

88) 남기민, 「사회복지정책론」(서울 : 학지사, 2008), pp. 75-76.

89) Derrel R. Watkins, *Ibid.*, p. 74.

90) 한국사회복지사협회 (http://www.welfare.net/socialworker/Principle.jsp)

것과 일맥상통한다.

한경직 목사에게 있어서도 평등(비차별성)은 중요한 사상적 가치로 나타난다. 그는 선한 사마리아인의 비유를 자주 언급한다.[91] 이 비유는 차별 없는 사랑의 실천을 강조하고 있기 때문이다. 한경직 목사가 사회적, 인종적, 문화적, 계층적, 그리고 종교적인 차별 없이 도움이 필요한 누구나 사회봉사의 대상으로 삼았던 것이다. 또한 그는 주 안에서 모두가 하나님의 자녀라는 관점에서 모든 인간을 평등하게 이해하고 있다.

> "뿐만 아니라, 한 걸음 더 나아가서 그리스도의 이 새 시대의 서광은 인간과 인간 사이에 화평을 가져왔습니다. 유대 사람과 이방 사람, 헬라 사람과 스구디아 사람, 노예와 자유인 사이의 화평을 가져오게 되었습니다. 그러므로 그리스도 안에는 남자나 여자나, 자유하는 사람이나 노예나, 헬라 사람이나 스구디아 사람이나, 이방 사람이나 유대 사람이나 분별이 없게 되었습니다. 민족의 차별이 없게 되었고, 문화의 구별이 없게 되었습니다. 누구든지 주 안에서 다 하나가 되고, 다 평등이 되었고, 다 하나님의 자녀가 된 것입니다."[92]

또한 한경직 목사는 민주국가의 정신적 기초에 대한 설교 속에서 누구나 같이 배울 수 있는 기회, 활동 할 수 있는 기회, 살 수 있는 기회를 가질 수 있도록 정치를 하는 것이 민주국가의 요체이며, 누구나 법 아래서 평등한 대우를 받아야 한다고 강변한다. 여기에 빈부나 귀천의 차이가 있어서는 안되며, 직업의 차이, 군경과 민간의 차이, 공무원과 평민의 차이가 있어서도 안될 것임을 강조하였다.[93] 실제로 한경직 목사의 삶은 수혜 대상을 제한하거나 차등을 두지 않았다. 도움이 필요한 누구나 환영하였고 최선을 다해 원조하였다. 이러한 한경직 목사의 평등(비차별성) 사상은 사회봉사를 실천함에 있어서 수혜 대상을 결정하는

---

91) "착한 사마리아인," 1958년 5월 21일. "둘째 되는 큰 계명," 1962년 6월 10일. "새시대와 새사람," 1963년 6월 16일. "목자 없는 양," 1955년 6월 5일. "동정의 눈물," 1964년 4월 26일.

92) "새 시대의 서광," 1962년 12월 23일.

93) "민주국가의 정신적 기초," 1963년 3월 3일.

데 중요한 준거가 될 것이다.

5) 개인적 가치성

한경직 목사의 사회봉사에 있어서 실천적 초점은 항상 개인에게 있었다. 보린원 설립과 관련해서도 그는 처음부터 대중을 보지 않았다. 복순이라는 한 소녀에 집중하였으며, 한 사람 한 사람을 아픔을 보듬었고, 한 사람 한 사람을 섬겼다. 한경직 목사는 하나님의 공평하신 사랑에 대해 이야기하면서 하나님은 전 인류를 공평하게 사랑하시는 분이시지만, 전 인류를 사랑하는 동시에 그 사랑은 개인적인 사랑이라고 하였다.[94] 그리고 잃은 양의 비유에서 100마리의 양떼를 치는 목자가 100마리의 양들 모두를 잘 알고, 자기 자식같이 똑같이 사랑하며 돌봤지만, 한 마리의 양을 잃어버리자 그의 시선은 온통 잃어버린 양에게 향하는데, 이것이 목자의 마음이요, 하나님의 마음이라고 했다.[95] 한경직 목사는 이와 같은 심정으로 목회를 해왔으며, 수많은 사람들을 돌보는 봉사 사역을 감당해온 것이다. 그는 '이 작은 자 하나라도 잃어버리는 것이 내 아버지의 뜻이 아니라'는 성경구절을 인용하면서 다음과 같은 표현을 통해 개인적 가치성을 강조하고 있다.

> "하나님께서는 우리 하나하나를 사랑하셔서 그 하나 하나의 생명을 구원하기 위해서 독생자를 보내 주셨고, 예수 그리스도는 이 세상에 오셔서 우리 개인 하나 하나의 생명을 구속하기 위해서 십자가에까지 희생을 하신 것입니다. 이렇게 생각해 보니 우리 하나 하나의 생명이 얼마나 귀하고 얼마나 인간이 존엄하다고 하는 것을 우리가 깨닫지 않을 수가 없는 것입니다."[96]

또한 한경직 목사는 하나님이 우리를 다 다르게 지으신 것은 우리가 개별적인 존재이며,

94) "크리스마스와 하나님의 사랑," 1959년 12월 25일.

95) "민주국가의 정신적 기초," 1963년 3월 3일.

96) "민주국가의 정신적 기초," 1963년 3월 3일.

각 개인 하나 하나가 하나님 앞에 귀한 존재임으로 나타내주는 증거라고 말하면서 집단에 가리워서 개인이 무시되는 것을 주의하고 있다.

> "그런데 이런 시대에 대중만 생각하고 개인을 잊어버리기가 쉽습니다. 개인의 특색과 재능과 인격과 행복을 무시하기 쉽습니다. 하나님은 개인을 잊지 않고 무시하지 않습니다. 예수는 개인 하나하나를 귀중히 여기셨습니다."[97]

그래서 한경직 목사는 사회복지실천 개입에 있어서 개인적 실천방법론을 중요하게 생각하는 것이다.[98] 그의 사상적 가치 원칙은 개인을 위한 전체여야지 전체가 먼저일 수 없다는 것이다. 바로 이것이 한경직 목사의 개인적 가치성을 지향하는 사회봉사 사상이다. 이러한 개인적 가치성을 지향하는 관점 때문에 많은 사람들이 질적으로 변화되었으며, 그를 통해 하나님의 깊은 사랑을 느꼈다. 한경직 목사의 개인 중심 성향은 서북학회의 영향을 받았을 가능성도 있다고 본다. 서북학회는 사회진화론에 뿌리를 두고 인간의 주체의지로 사회개혁과 현실개혁을 강조하여 개인의 의식개혁을 통한 점진적 자강론을 기본으로 애국계몽운동을 펼쳐나갔던 단체로 한경직 목사의 사상에 간접적인 영향을 끼쳤을 가능성이 높다고 볼 수 있다.[99] 서북학회의 사회진화론적 입장은 기독교 신앙에 의한 개인의 질적 변화를 통한 사회 개혁을 선호하는 한경직 목사의 사회참여 방식에 영향을 끼친 것으로 보인다.

왓킨스는 기독교 사회봉사가 매크로시스템(macro-system) 수준에서보다는 마이크로시스템(micro-system) 수준에서 사회 제도들을 변화시키는 데 관심이 있다고 보았다. 즉, 예수 그리스도가 사회 제도의 틀(macro-system)에서 말씀하실 경우에는 혁명적인 원리를 가르치셨지만, 그의 일차적인 방법은 개인들과 작은 단체(micro-system)들을 위해 일하는 것이었다. 변화된 개인들이 변화된 단체를 만들고, 변화된 단체들이 사회 전체를 변화시키는

---

97) "한 영혼의 가치," 1970년 8월 2일.

98) *Ibid*.

99) 서북학회월보, "아세아문화사," 1908-1909.(이혜정 재인용) ; 이혜정(2008). "한경직의 생애와 사상 연구," 「한국기독교와 역사」2008, 83. p. 5.

힘이 된다.[100] 이는 한경직 목사의 개인적 가치성을 지향하는 사회봉사와 유사하다. 복음이 개인을 변화시키면 변화된 개인이 사회의 다양한 영역과 체계 속에서 속해 있으면서 자신의 자리에서 변화를 일으키면 그것이 사회적 변화를 가져오게 되며, 또한 같은 뜻을 가진 개인들이 함께 모여 그 뜻을 실현함으로써 사회구조적인 변화까지 자연스럽게 연결된다는 것이다. "예수 그리스도의 봉사와 현대 사회봉사자들의 봉사는 범위에 있어서는 매크로시스템적이지만, 그 방법의 초점은 마이크로시스템적이다."[101]

한경직 목사가 확신하는 것은 위대한 일은 한 사람으로부터 시작된다는 것이다.

> "우리가 세계 역사를 뒤져 볼 것이면 역사적으로 모든 위대한 운동 정치적으로 경제적으로 사회적으로 문화적으로 혹은 종교적으로 모든 위대한 운동이 처음에는 한 사람으로부터 시작되었다고 하는 사실입니다. 18세기 말엽에 영국에서 노예를 해방하고 노예 매매를 금지하는 새로운 운동이 일어나서 마지막에는 온전히 노예 제도를 없이하는 그 위대한 운동이 맨 처음에 한 사람, 윌버 솔스라고 하는 사람으로부터 시작되었다고 하는 것을 우리가 압니다. 따라서 대륙을 움직이고, 이 사회를 개혁하고, 이 사회를 옳게 만드는 모든 운동도 결국은 한 사람이 깨닫고 먼저 시작하고, 또 한 사람이 그 사람을 따르고, 또 한 사람이 그 사람을 따르고, 개인 개인이 움직이는 가운데 마지막에는 큰 운동을 일으켜서 위대한 일이 이 세계 역사에 나타나게 되는 것입니다."[102]

이처럼 개인에게 집중하는 관점은 한경직 목사의 사회봉사 경험으로부터 체득되어진 것이라고 볼 수 있다. 한경직 목사는 보린원의 50주년을 기념하며 50년의 역사를 수기 형식으로 기록한 "보린의 사랑은 강물처럼" 책 서문에서 복순이를 돌보기 위해 시작한 사랑의 행

100) Derrel R. Watkins, *Ibid.*, p. 121.

101) *Ibid.*, p. 122.

102) "한 소년의 헌신과 그 결과," 1958년 11월 30일.

위가 국경 일대의 고아들뿐 아니라 무의무탁한 노인들까지 보호하는 기관으로 발전해온 것을 회고하면서 하나님께 감사하였다. 이러한 자신의 사회봉사 경험은 개인으로 시작되어 점차 기관과 시설로 발전되어 나가는 원리를 체득하게 됨으로써 그가 제도적 접근보다는 개별적 접근을 더 신뢰하게 된 계기가 되었으리라 보여진다.[103)]

그러나 한경직 목사와 영락 공동체가 지향한 복음주의는 개인 차원에만 머문 것은 아니었다. 개인 구원을 통한 사회 구원, 곧 복음의 사회화를 추구했고, 바로 이를 위해 한국교회의 일치와 교회연합을 향한 에큐메니칼운동에 열정을 보였던 것이다.[104)]

기독교 사회봉사가 일반 사회복지보다 탁월한 부분이 있다면 아흔 아홉 마리 양을 둔 채 잃은 양 한 마리를 찾아나서는 선한 목자의 모습이다. 피조물인 인간을 구원하시기 위해 십자가를 기꺼이 지신 주님의 모습을 따라 섬기며 봉사하는 것은 사회복지 전문성 이상으로 삶의 긍정적 변화를 가져오는 데 중요하다. 한경직 목사는 바로 이 점을 놓치지 않았던 것으로 본다.

3. 사회봉사 실천 원리

왓킨스(Watkins)는 사회봉사의 원리를 다음과 같이 7가지로 제시하였다.[105)]

원리1 : 사회봉사의 근거는 모든 사람을 사랑하시는 하나님의 사랑이다. 하나님의 사랑은 무조건이며, 합리적이다.

원리2 : 사회봉사는 개인의 가치, 존엄, 온전성을 깨닫고 지지한다.

원리3 : 사회봉사는 그 대상자가 자기 자신의 상황을 개선하는 데 사용할 수 있는 바의 도움을 제공한다.

---

103) 박소연, 「보린의 사랑은 강물처럼」(서울 : 늘푸른, 1990), p. 5.

104) 「영락교회 50년사」, p. 238.

105) Derrel R., Watkins, *Ibid.*, 185-200.

원리4 : 사회봉사는 전인(全人)에 관심을 보여준다.

원리5 : 사회봉사는 양질의 서비스를 위임받는다.

원리6 : 사회봉사는 교회의 일차적 기능이다.

원리7 : 사회봉사는 적극적이다.

이처럼 기독교 사회봉사는 하나님의 사랑의 자연스런 결과이며, 본성적으로 적극적인 특성을 지니고 있다. 왜냐하면 하나님이 자신의 피조물의 고통에 적극적으로 개입하시는 것은 당연하기 때문이다. 말하자면, 부모가 자식이 고통당하고 어려움을 겪는 일에 소극적이라면 과연 그 부모가 자식을 사랑한다고 할 수 있겠는가? 그러나 자식을 사랑하는 부모라면 자식의 곤경에 부모가 적극적으로 개입할 것이기 때문이다.

또한 헨드릭스는 '기독교 사회선교의 신학적 기초'라는 글에서 사회봉사의 원리를 제시하고 있다.[106]

원리1 : 사람들에 대한 관심 : 개인적인 관계를 맺고 일하는 것은, 하나님께서 인간과 관계하시는 방식의 기초이다. 하나님은 세상과 그 안에 있는 모든 사람들에 대해 관심을 갖고 계신다. 그의 관심은 지구촌 전체 적용되나, 동시에 각 개인의 독특성을 알고 계신다.(개별화원리)

원리2 : 행동 : 하나님은 당면한 개인적인 필요들을 채워주고 궁극적인 구속의 필요를 채워주기 위해, 항상 일정한 시간에, 특별한 장소에서, 특별한 사람과 구체적으로 행동하신다.

원리3 : 모든 개인의 중요성 : 모든 인간은 하나님의 형상으로 창조되었고, 그러기에 모든 각자는 하나님께 가치 있는 존재들이다. 돕는 것은 오직 도움을 받고 있는 사람의 가치의 빛에 따라서만 행해질 수 있다.

106) William L. Hendricks, "A Theological Basis for Christian Social Ministries," *Review & Expositor 85* (1988), p. 226.

원리4 : 일차적인 자원인 하나님 : 하나님은 모든 생명의 지탱자이시고, 그래서 그는 돕는 사람과 도움을 받는 사람을 위한 일차적 자원이시다. 그러나 이것은 사람들이 하나님이 자기들의 입에 먹을 것을 채워 주고 돈을 제공해 주실 것을 바라고 서로 둘러앉아 있어야 한다는 것을 의미하진 않는다.

원리5 : 자기결정 : 하나님은 우리에게 자유의지를 주셨다. 하나님은 강제적으로 사람들의 의지를 유린하지 않으신다. 이는 도움을 받는 사람이 제공되는 서비스를 거절할 권리를 갖고 있다는 것을 말한다.

원리6 : 인내 : 도움을 받는 사람들의 자기결정권을 존중하게 되면 효율성이 떨어지거나 보다 기능이 회복되거나 상태가 향상되기까지 오랜 기간이 걸릴 수 있다. 그럼에도 불구하고 자립과 개인의 성취를 향한 단계로 나아가게 하기 위해 인내해야 한다.

원리7 : 개인적 책임 : 하나님의 능력 안에서 모든 일이 이루어지긴 하지만 그렇다고 해서 사람이 아무런 일도 할 필요가 없다는 것이 아니다. 하나님은 개인 스스로가 자신의 책임과 자신의 인생의 짐을 주체적으로 지고 가기를 원하신다. 기본적으로 자신의 삶에 대한 책임은 자신이 진다는 마음으로 살아야 할 것이다.

한경직 목사의 사회봉사원리 또한 왓킨스나 헨드릭스와 같이 성경에 기초하고 있어서 실천원리에 유사한 부분이 많다. 기독교의 사회봉사나 사회복지는 성경의 인간 이해와 가치를 통해 사회봉사가 구현됨으로 인해 일반 사회복지와는 또 다른 특성을 갖게 되는 것이다.

아담스(Adams, 1986: 34-37)는 사회적 원조를 하는 사람이 하나님의 자원과 연결되려면, 하나님의 말씀인 성경을 지혜롭게 사용해야 한다고 했는데, 이는 성경이 봉사자와 수혜자로 하여금 하나님과 일치를 이루도록 변화시키는 능력을 갖고 있기 때문이라고 하였다.[107] 한경직 목사가 전문적인 사회복지 교육을 받지는 않았지만 그럼에도 불구하고 그의 성경중심적 실천 원리는 현대 사회복지 실천의 원리를 대부분 포함하고 있으며, 훨씬 근본적인

---

107) J. Adams, *A Theology of Christian Counseling* (Grand Rapids: Zondervan Publishing Company, 1986), pp. 34-37.

내용까지 다루고 있다. 본 연구에서는 그의 사회봉사 원리들을 거시적 차원과 미시적 차원을 모두 포함하여 상부상조의 원리, 황금률 원리, 자립성의 원리, 그리고 수급권 원리 등의 4가지로 정리해 보았다.

1) 상부상조의 원리

한경직 목사는 초대교회 성도들이 모든 재산을 팔아 유무상통하는 모습을 상부상조(相扶相助)의 정신으로 표현하였다. 그는 초대교회의 상부상조 현상이 공산주의의 유물론적 철학이 아니라 자발적인 사랑의 행위로 규정하면서 그 원인을 두 가지로 분석하고 있다. 첫째는 참된 신앙의 발로로 성령을 통해 십자가의 사랑이 초대교회 성도들의 가슴에 가득 찼고 이것이 상부상조의 생활로 이어졌다는 것이다. 둘째는 가난한 자나 병자를 섬기는 것이 곧 주님을 섬기는 것이라는 것으로 신앙에서 나왔다는 것이다. 초대교회 부인 집사들이 병자를 심방할 때 "주님을 뵈러 갑시다"라고 말한 것을 일례로 들었다. 셋째는 초대교회는 교회를 상부상조의 단체로 인정하였다는 것이다. 왜냐하면 교회에서 일곱 집사를 봉사를 위하여 선택했다는 것이다. 그러면서 그는 성도들을 향해 "오, 대한 교회여! 초대 교회로 돌아가라. 초대교회의 상부상조의 정신은 지금 어찌 되었는가?"라고 외쳤다. 〈중략〉 오늘날 같이 그리스도의 순애(純愛)의 발로인 상부상조의 정신이 요구되는 때가 또 어디 있느냐? 사랑하는 베다니교회 교우들이 초대 교회로 다시 돌아가 깨끗한 생명수를 마시고 상부상조의 생활을 하지 않으려는가?"라고 외쳤다.[108]

한경직 목사는 또한 사도신경에서 '성도가 서로 교통하는 것'을 믿는 다는 것은 성도의 상부상조의 생활을 믿는 데까지 나아간다고 하였다. 성도의 교제를 뜻하는 '코이노니아'는 동참한다는 의미와 나누어 쓴다는 의미가 있다고 설명한다. 그러면서 그는 베다니 교회도 이러한 상부상조의 충실한 생활을 하기 위해서 교회를 통해 고아원, 양로원, 모자원 같은 기관을 설립하였으며, 슬픔 가운데 있는 우리의 이웃을 피차에 우리가 위로하고, 같이 슬픔에

108) "상부상조의 정신," 1946년 3월 16일.

동참할 것을 촉구하였다.[109)]

한경직 목사는 유무상통하는 상부상조의 생활은 기독교 역사를 통해서 계속되어왔으며, 지금도 세계기독교봉사회나 기독교세계연합회 내의 교회상호협조부를 통해 전 세계의 가난한 자들을 돕고 있는 형태로 나타나고 있다고 하면서, 우리가 얼굴을 알든지 모르든지 세계 어느 곳에 있든지 불쌍한 사람, 배고픈 사람, 헐벗은 사람이 있을 때에, 세계에서 믿는 사람들이 자기의 힘 있는 대로 물질을 바쳐서 그 일을 도와주는 것은, 그리스도 안에서 한 몸이 된 우리 믿는 사람들이 마땅히 행하여야 할 아름다운 정신임을 강조하였다.[110)] 그리고 이러한 환란상구의 삶을 통해 가난한 이웃을 돕는 것이 결국은 나를 도와주는 것이라고 하였으며,[111)] 피난교회의 시절에도 계속 사회봉사 사역을 이어올 수 있었던 것도 상부상조의 결과라고 하였다.[112)]

2) 황금률 원리

한경직 목사는 봉사에 대한 설교를 할 때 누가복음 6장 31절의 황금률을 자주 언급한다. 그는 "남에게 대접을 받고자 하는 대로 너희도 남을 대접하라"는 황금률을 자기 사랑과 이웃 사랑을 하나로 묶어주는 실천 원리로 이해하고 있다. 즉, 자신을 사랑하고 보살피는 만큼 이웃을 사랑하고 잘 보살핌으로써 자기 사랑과 이웃 사랑이 균형을 이룰 수 있게 된다는 것이다. 그는 성경의 황금률을 깊이 통찰함으로써 자신을 사랑하면 이웃을 사랑하지 않는 것이 되고, 이웃을 사랑한다는 것은 자신을 소홀히 여길 것이라는 지나친 이분법적인 사고를 넘어선 새로운 사회봉사의 원리를 제시해주고 있다.

한경직 목사는 '생의 황금률'이란 설교를 통해 황금률 원리를 자세히 설명하고 있는데 요약하면 다음과 같다.[113)] 사람이 자기가 대접을 받기 원하는 대로 남을 대접할 수 있는 생활

109) "성도의 교통(사도신경 5)," 1968년 8월 11일.

110) "초대교회의 받은 은혜," 1958년 6월 1일.

111) "인간생활의 연대성," 1956년 1월 29일.

112) "하나님의 행사를 잊지 말라," 1959년 12월 6일.

113) "생의 황금률," 1959년 2월 8일.

을 하기 위해서는 상상력이 필요하다. 이 상상력이란 다른 사람의 처지와 형편을 살피고 이해할 수 있는 자세를 전제로 한다. 즉, 내가 그 사람의 자리에 있으면 그 자리에서 내가 무엇이 필요할까를 상상력을 통해 이해하는 과정이 있을 때 황금률의 원리가 작동한다는 것이다. 누가복음에 등장하는 선한 사마리아 사람은 타인의 사정과 상황을 이해할 수 있는 상상력이 누구보다 강했기 때문에 그로 하여금 강도 만난 사람을 끝까지 책임질 수 있었던 것이다. 그런데 누군가가 이 황금률을 실천하려고 하면 단순히 상상력만 가지고 되는 것이 아니라 그의 마음에 상대방을 이해하고 동정하는 마음, 즉 사랑이 절대로 필요한 것이다. 또한 황금률은 서로의 실수에 대해서도 자비한 태도와 인내의 태도와 관용의 태도가 요구되기도 한다.

한경직 목사의 이러한 황금률 실천 원리는 사회봉사를 실천함에 있어서 사회복지실천가의 중요한 자질 중의 하나인 민감성을 강조한다. 예수께서 선한 사마리아인의 이야기를 통해 이웃이 누구냐는 질문에 대해 이웃에 대한 정의를 서로의 관계성 속에서의 설명하려고 했다는 사실은 이웃을 객관화하지 않으려는 의도가 있으며, 철저히 강도 만난 사람, 즉 클라이언트 중심에서 클라이언트의 문제와 욕구를 자신의 문제처럼 민감하게 느낄 수 있도록 클라이언트 중심의 관점으로 변화시키려는 의도를 보여주는 것이다. 이런 관점에서 한경직 목사가 황금률 원리를 강조한 것은 교회의 사회봉사가 사회적 약자의 입장과 처지와 형편을 그들의 입장에서 민감하게 배려하고 살피면서 이루어져야 할 것을 가르치고 있는 것이다.

한 예로, 영락교회의 봉사부에서 분리된 상례부가 청계천 피난민들의 장례식 일체를 돌보아 주게 되자 어떤 주일에는 청계천 피난민들이 한 20여세대가 영락교회에 등록한 일이 있었다. 이에 어떤 제직회원이 "목사님, 규칙을 좀 정해야겠습니다. 우리 교회에 적어도 한 달 이전에 등록한 사람만 장례해 주기로 합시다."라고 말하자 한경직 목사는 "아무 걱정 말고 장례식 해달라면 다 해줍시다"라고 하면서 영락교회가 많은 사람들이 모이는 것은 하나님의 은혜요 그만큼 영락교회가 활동을 잘하기 때문이라고 대답하였다.[114] 이러한 한경직 목사의 태도는 교회의 입장을 먼저 살피기보다는 클라이언트를 우선적으로 배려하고자 하

114) 김병희, *Ibid.*, p. 73.

는 클라이언트 중심적인 사고를 갖고 있었음을 알 수 있다.

3) 자립성의 원리

한경직 목사는 사회봉사 활동을 하면서 가능한 한 지속적이고 안정적인 운영이 가능하도록 자립을 지향하는 원칙에 의해 사회복지사업들을 추진해왔다. 그래서 다른 교회들의 사회활동에 비해 영락교회의 사회봉사 사역은 유난히 정식 허가시설로 운영되는 사업이 많다. 물론 영락교회 사회복지법인이 설립되어 있기 때문이기도 하지만 초창기부터 개인적인 지원으로 끝나지 않고 지속적인 사업이 가능한 시설 형태로 발전되었다는 것은 자립성을 지향한 결과라고 볼 수 있을 것이다.

그리고 한경직 목사는 사회적 약자들을 도울 때 강도 만난 사람을 도왔던 사마리아 사람처럼 회복할 때까지, 즉 자립할 수 있을 때까지 돕는 성향이 강하다. 예를 들면, 한경직 목사가 남편을 잃고 절대빈곤에 처한 모자가정을 돕기 위해 1951년 부산 대신동에 다비다모자원을 개원하고자 부산시청을 비롯하여 미군부대와 밥 피얼스 목사와 여러 교회와 유지들을 찾아 다닌 끝에 이들이 생활할 거처를 마련하고 그 이듬해에는 15평짜리 미싱 작업장을 마련하였다. 이 때 그는 교인들에게 부탁한 것이 '이들이 자립할 때까지 자녀와 함께 살아갈 수 있도록 적극 도와야 한다'고 호소했고, 자신의 생활비까지도 이곳에 쏟아 부었다.[115] 그가 돕는 방식은 자립할 때까지이다. 물론 여기서 말하는 자립성의 원리는 사회복지 실천에 있어서 클라이언트의 역량 강화를 통한 자립과 개념이 차이가 있으며, 수혜 대상이나 봉사 사역이 자립하는 데까지 나아간다는 의미이다. 한경직 목사가 일찍부터 사회복지재단을 설립한 것도 사회봉사 사업의 효율적이고 안정적이며 전문적인 운영이 가능하도록 자립을 지향한 원칙을 가지고 있었기 때문이라고 할 수 있다. 그가 교회 내 농아부를 보다 큰 장애인선교 사역으로 나아갈 수 있도록 영락농아교회로 독립시킨 것도 이러한 자립 운영 원칙을 잘 보여주는 것이다.

한편, 한경직 목사는 각 개인도 자립에 대한 의지와 노력을 가져야 한다고 강조하였다.

115) *Ibid.*, p. 127.

그는 '주는 것이 받는 것보다 복이 있다'는 설교를 통해 받는 습관이 남을 의지하게 만들고 자립생활에 장애가 되기 때문에 경계를 해야 하며, 남에게 줄 것이 있기 위해서 자립생활을 위해 노력해야 할 것을 당부하였다.[116] 그리고 청년들을 향해서도 내가 일해서 살고 내 손으로 벌어서 살겠다고 하는 자립정신을 강조하였다.[117]

4) 수급권 원리

일제 강점기와 해방 후, 그리고 6. 25 전쟁 등의 어려운 시기 동안에 많은 구호와 자선 행위가 이루어졌는데, 이때 한경직 목사는 가난한 이들을 돕는 것이 성도와 교회의 의무이면서 동시에 가난한 이들의 권리라고 하였다. 그는 '상부상조의 정신'을 설교하면서 "그들은 이 상부상조의 생활을 자선(慈善)으로 생각지 않았고, 따라서 이후의 상이나 영광이나 명예를 기대하지 않았다. 그들은 기독자는 다 한 지체이며 한 형제라고 하는 관념에서 마땅히 사랑하여야 하고, 마땅히 돌보아야 할 것을 하는 데 불과하다는 의무감과 책임감에서 한 것이다. 성(聖) 프랜시스는 배고파하는 자에게 먹을 것을 주어 먹게 할 때 그는 '자기 것을 먹는다'고 하였다. 그 뜻은 하나님이 우리 형제를 내실 때에 각기 먹을 것을 주었으니 가난한 자에게도 주시는 것이 정한 이치라고 생각하였기 때문이다"고 하였다.[118] 그는 또한 청지기 정신을 거론하면서 모든 재산은 하나님의 것이며, 하나님이 인간들에게 이 재산을 맡기는 것은 큰 공동사회에서 하나님의 뜻대로 유익하게 쓰기 위하여 맡긴 것임을 주장한다. 그리고 주기도문에서 일용할 양식 기도 문구 앞에 있는 '오늘날 우리에게'라는 기도의 표현 또한 이것이 개인기도가 아닌 사회적 기도이며, 인류를 위한 기도임을 말해준다고 하였다. 그러면서 그는 일용할 양식이 모든 사람을 위하여 하나님이 주시는 것이며, 같이 나눠 먹는 것이 하나님 뜻이라고 하였다.[119]

즉, 한경직 목사는 자선을 시혜 차원이 아닌 도움이 필요한 모든 사람의 권리로 인식하고

116) "주는 것이 받는 것보다 복이 있다," 1953년 4월 19일.

117) "제 8계명," 1967년 3월 12일.

118) "상부상조의 정신," 1946년 3월 16일.

119) "일용할 양식(주기도문 5)," 1968년 3월 24일.

있음을 잘 드러내준다. 우리 나라도 1999년에 공공부조법인 생활보호법을 국민기초생활보장법으로 바꾼 것은 국민의 최저생활 보장이 국가의 책임으로 인식하고, 최저생활 수준을 보장받는 것을 국민의 권리로 인정했다는 것이다. 이처럼 한경직 목사도 모든 재산이 하나님의 것이요 하나님이 공동체의 복지를 책임지고 있다는 관점에서 각 개인의 권리성을 인정했다고 볼 수 있다. 1999년에 와서야 수급권에 기초한 공공부조법이 개정된 만큼 이러한 설교를 했던 당시에는 국민의 수급권에 대한 개념조차 없었지만 한경직 목사는 이미 인간답게 살아가기 위해 도움 받는 것은 자선의 차원이 아닌 도움 받는 자의 권리 차원으로 인정하고 있다는 점에서 매우 선도적인 복지관을 가졌다고 볼 수 있다.

4. 복음적 사회봉사자의 자질

1) 공감 능력

선한 사마리아인의 비유에서 여리고로 가던 중 강도 만나 사람을 본체만체 지나친 대제사장과 레위인과 그를 도와주었던 사마리아 사람의 차이는 강도 만난 자의 고통과 심정에 공감하는 능력 유무에 있다고 할 수 있을 것이다. 공감 능력은 사회봉사자가 반드시 갖추어야 할 자질이다. 한경직 목사는 자신이 사회적 약자들의 고통에 공감하며 그들과 함께 아파하고 함께 발버둥쳤던 인물이었다. 그는 "무릇 지나가는 자여 너희에게는 관계가 없느냐? 거리를 지나가는 자들아 너희에게는 상관이 없느냐?"는 예레미야애가 1장 12절과, 예수께서 무리를 보시며 저들이 목자 없는 양과 같이 고생하며 유리하는 것을 민망히 보셨다는 마태복음 9장 36절을 인용하면서 지치고 쓰러지는 자를 볼 때 얼마나 이들의 고통에 아파했는냐가 얼마나 주님의 마음을 가졌느냐를 확인하는 척도가 되며, 믿는다고 하는 뜻이라고 하였다.[120] 또한 그는 남의 애통에 같이 애통할 줄 아는 사람은 복이 있으며, 남의 애통을 나의 애통으로 알아서 같이 애통을 나누고, 수고를 나눌 줄 아는 민족만이 복을 받는다고

120) "목자 없는 양," 1955년 6월 5일.

하였다.[121)]

그리고 한경직 목사는 예수 그리스도의 지상생활은 동정의 눈물의 표현이요, 생활이었다고 하면서 이러한 동정의 마음이 문둥이를 어루만져 깨끗케 하여주시고, 소경을 보게 하여주시고, 귀머거리를 듣게 하시고, 앉은뱅이를 걷게 하시며, 주린 자를 먹이시고, 슬픈 자를 위로하시며, 가난한 자에게 복음을 전파하는 바탕이 되었다고 하였다. 그리고 동정심은 하나님의 마음이요, 우리의 마음속에 동정심이 일어나는 것은 하나님의 마음이 우리 속에서 움직이기 때문이라고 하였다.[122)] 그리고 "즐거워하는 자들로 함께 즐거워하고 우는 자들로 함께 울라"는 로마서 12장 15절 말씀을 인용하면서 기독교는 동정의 종교이며, 기독교의 중심에 동정이 있다고 하였다.[123)]

그런데 예수님의 무한한 사랑은 모든 슬픈 자와 같이 눈물을 흘리지만, 눈물에 그치는 것이 아니라 눈물을 기쁨으로 변하게 할 수 있는 이적을 행하신 것을 강조하면서 공감과 동정과 눈물은 그것으로 끝나지 않고 사랑의 실천으로 연결되어야 함을 역설하였다.[124)]

2) 청지기 정신

한경직 목사의 사회봉사 사상에 뿌리 깊게 흐르는 것은 청지기 정신이다. 그는 영락교회의 지난 과거를 돌아볼 때마다 그가 고백하는 것은 교회의 참 소유자는 하나님이며 우리는 청지기일 뿐이라는 것이다.[125)] 그는 구약시대에 사람이 토지를 영원히 소유할 수 없도록 하신 하나님의 명령을 상기하면서 죄로 말미암아 죽을 수밖에 없는 우리를 주님의 십자가 보혈로 다시 속량해 주셨으므로, 우리의 몸, 우리의 영혼 그리고 우리에게 속한 모든 것, 우리의 재능이나 우리의 시간이나 우리의 물질이나 우리가 사용하는 모든 것이, 실상은 하나님의 소유요, 우리의 것은 아니며, 우리는 이것들을 맡아서 사용하는 청지기일 뿐이라고 하

121) "애통하는 자와 그 복," 1960년 1월 10일.

122) "동정의 눈물," 1964년 4월 26일.

123) "동정심," 1972년 9월 3일.

124) "예수의 눈물(성지순례)," 1958년 2월 2일.

125) "감사의 깊은 원천," 1971년 11월 14일. "받은 자의 책임," 1972년 11월 12일.

였다.[126] 따라서 청지기는 자신이 가진 것을 하나님의 뜻대로 써야 하며, 하나님의 교회와 하나님의 모든 백성들을 위해서 봉사하는 데 쓸 것을 권면하였다.[127]

3) 빚진 자 정신

한경직 목사는 "사실 나는 빚진 자의 괴수입니다. 하나님과 모든 사람에게 빚을 진 자입니다"[128]는 고백을 하였다. 한경직의 헌신과 봉사는 "빚진 자 사상"에서 나온다고 볼 수 있다. 그는 자신의 어린 시절 다녔던 시골 교회를 설립한 마포삼열 박사, 진광학교의 홍기두 선생, 오산학교의 이승훈 선생, 조만식 선생, 그리고 진광학교, 오산학교, 숭실대학, 엠포리아대학, 프리스턴신학교, 그리고 폐병에 걸렸을 때 2년간 요양서비스를 받은 앨버커키 요양원 등으로부터 갚을 수 없을 정도로 많은 빚이 있다고 하면서, 다음과 같은 고백적인 설교를 하였다.

> "여러분, 십자가 아래에 가로새긴 성경 구절이 무슨 절인지 압니까? 분명히 들으세요. 시편 16편 12절이올시다. 그 내용을 기억하십니까? 분명히 들으세요. "내게 주신 모든 은혜를 무엇으로 보답할꼬?" 내게 주신 모든 은혜를 그 무엇으로 보답할꼬? 그것은 제 신앙의 고백입니다. 여러분의 신앙의 고백이 또한 될 수 있는 줄 생각합니다. 사실 나는 빚진 자의 괴수입니다. 하나님과 모든 사람에게 빚을 진 자입니다." 〈중략〉 다시 말하면, 빚을 진 자들은 그 빚을 갚기를 힘써야 합니다. 빚은 꼭 갚아야 합니다. 특별히 연말은 빚을 갚는 때입니다. 성탄은 특별히 하나님의 주신 가장 큰 선물을 기억하면서 빚을 갚도록 힘을 써야 합니다. 전도로, 봉사로, 이 사랑의 빚을 만분지 일이라도 갚을 수 있도록 힘을 써야 될 것입니다. 사실 이 영적 채무감은 인격과 신앙의 척도입니다. 인격이 고상할수록 이 채무감이 강합니다."[129]

126) "그리스도인의 생활원리," 1965년 2월 28일.

127) "하나님의 뜻에 맞는 교회," 1960년 12월 4일.

128) "사랑의 의무," 1972년 10월 15일.

129) *Ibid*.

이처럼 한경직 목사는 빚진 자의 정신으로 일생을 헌신하며 살았고, 이 빚진 자의 삶의 근원은 하나님과 사람들에 대한 은혜와 감사에서 나온 자발적인 감정의 발로였다. 빚진 자의 정신이야말로 봉사자들에게 겸손을 가르치며, 신앙과 봉사가 함께 자라가게 하는 바탕이 되는 것이다.

4) 밀알의 정신

한경직 목사의 희생적인 봉사 철학을 한 마디로 표현한다면, "잃으면 찾으리라"이다. 그는 세상의 만물이 자체의 소모 없이 역사를 일으킬 수는 없다고 하면서 먼저 자신의 희생과 봉사가 없는 고귀한 생활이란 있을 수 없음을 주지시킨다.[130] 그는 밀알은 밀알 그대로 있을 때 한 알의 밀알이지만 희생하고 헌신하면 한 알의 밀알이 수십 배 수백 배의 결실을 맺게 된다는 진리를 설명하기 위해 예수님을 예로 들고 있다. 예수 그리스도가 이 땅에서 사역하실 때 그 활동 범위는 주로 갈릴리와 유다 지방으로 매우 제한적이었고 접촉한 사람들은 주로 이스라엘 민족들이었다. 그러나 그가 십자가에서 인류를 위해 죽어 희생된 후에는 부활이 있었고, 오순절 마가 다락방에서의 성령세례부터 온 세계에 전파된 복음으로 인해 인종과 지역을 초월한 수많은 사람들이 구원을 얻게 되고 그리스도의 정신으로 하나님의 뜻을 따라 살며 많은 열매를 맺고 있다.[131]

한편, 한경직 목사는 밀알의 원리를 아이들을 돌보는 시설 원장과 보모들의 자질에 적용하고 있다. 그가 당시 아동복지시설이 500개소 정도로 파악하고 있었는데, 이 시설에서 자라는 아이들은 외원단체와 국고보조로 최소한의 먹고 입는 것을 해결하는 데는 문제가 없지만, 중요한 것은 이 아이들을 바르게 양육할 원장과 보모들이 있느냐 하는 것이 가장 큰 문제라고 지적하면서 아이들을 양육하는 것은 땅에 떨어지는 밀 한 알의 정신을 가진 사회사업가가 한국사회에 요구되고 있음을 역설하였다.[132] 이는 사회봉사가 의식주 보호 차원

130) "너희는 세상에 소금이 되라," 1959년 2월 졸업식 설교.

131) "땅에 떨어지는 밀 한 알," 1972년 3월 12일.

132) *Ibid*.

을 넘어서서 밀알 정신과 같은 희생 정신을 가진 봉사자들의 질적인 사역에 의해 이루어져야 함을 강조한다.

V. 한경직 목사의 사회봉사 특징

1. 사회봉사 실천 모델 및 유형

한경직 목사의 사회봉사 모델을 이해하기 위해서는 신앙과 복음과의 관계를 이해하는 것이 필요하다. 신앙과 사회봉사의 관계를 어떻게 보느냐에 따라 기독교 사회봉사 모델이 결정되는데, 왓킨스(Watkins)는 크게 네 가지 유형의 모델로 구분하고 있다.[133)]

첫째 모델은 사회봉사는 신앙의 중심이라기보다는 신앙의 산물로 보는 입장이다. 그들은 사람들이 신앙 체계에 더 신실하면 할수록 가난하고 도움이 필요한 사람들에게 더 관심을 갖게 된다고 생각했다. (한경직 목사의 신앙체계에 한해서는 가능한 일이다. 그는 신앙생활과 목회가 철저히 전도, 교육, 봉사의 통합체계에 기초해 있기 때문이다.)

둘째 모델은 사회봉사가 신앙 체계보다 더 중요하며, 효과적인 사회봉사가 사람들의 신앙을 앙양시킨다고 보는 견해이다. 이 같은 자유주의적인 교파들은 교회들과 교회 다니는 사람들이 가난하고 도움이 필요하며 힘없는 사람들의 필요와 관련된 사회적이고 공동체적인 문제들에 참여하면 할수록 그들의 신앙이 자라게 된다고 생각하였다.

셋째 모델은 신앙과 사회봉사가 똑같이 중요하다고 보는 견해이다. 이러한 견해를 취하는 교파는 신앙과 사회봉사 사이의 연결을 만들려고 시도하지 않는다. 다만 그 지도자들은 교인 개인들과 교회들이 그것을 만들도록 기대할 뿐이다.

넷째 모델은 신앙과 사회봉사는 똑같이 중요하면서도 동시에 분리될 수 없다고 생각하는 통합주의 모델이다. 신앙과 사회봉사를 서로를 강화해 주고 지원해주기 때문에 똑같이 강

133) Derrel R. Watkins, *Ibid.*, pp. 76-77.

조되어야 한다.

한경직 목사는 신앙과 사회봉사의 관계에 대해서는 예수 그리스도가 인간의 고통과 고난에 적극적으로 응답하셨기 때문에 우리 성도들도 그래야 한다는 대전제를 갖고 있다. 어떻게 보면 한경직 목사의 봉사 사상은 넓은 의미에서의 복음이다. 그의 복음은 복음의 내용을 전해주는 전도와 교육과 봉사가 분리되지 않고 한 몸으로 존재하는 것이다. 예수 그리스도 자신이 복음 그 자체라고 볼 때, 예수를 통해 행해진 모든 사역이 복음 사역으로 이해될 수 있는 것과 마찬가지이다. 즉, 그가 복음을 선포하고 제자들과 대중들을 가르치고 교훈하며, 병든 자와 가난한 자, 소외된 자들의 고통과 아픔을 품으셨는데, 이 전체가 복음이라는 것이다. 이러한 관점에서 한경직 목사는 이 세 가지 사역의 관계를 특별히 전제하지 않았다. 물론 그가 전도가 최우선이라고 강조하고 또 전도를 위해 전력을 다한 것은 사실이지만 그렇다고 해서 교육이나 사회봉사가 전도를 위한 수단이나 도구로 취급되지는 않는다.

또한, 박종삼은 한국 교회의 사회봉사 실천모델을 A, B, C 세 가지로 구분하고 있다.[134] 모델 A는 교회가 사회복지재단을 설립하고 체계적, 전문적 사회복지서비스를 제공하는 모델이며, 모델 B는 교회 건물을 중심으로 교회 자원을 동원하여 자원봉사적 서비스를 지역주민에게 제공해 주는 모델이다. 모델 C는 교회는 그 자체로 사회봉사를 실시하지 않고, 다만 자원봉사요원으로 교인을 훈련시켜 지역사회 내 여러 복지시설이나 기관 또는 요보호가정에 파송하여 사회봉사를 실시하는 모델이다. 한경직 목사는 영락교회의 사회봉사 사역을 통해 이 세 가지 모델의 형태를 다 갖추었다고 볼 수 있다. 긴급구호활동을 지속하면서 고아, 모자가정, 노인 등을 위한 시설과 법인을 설립하였을 뿐 아니라 교회 내 자원봉사자들을 통해 빈곤가정 결연후원과 재가봉사, 의료봉사 등을 정기적으로 실천할 뿐 아니라 교회의 봉사관 건립을 통해 영락노인대학 등 다양한 복지 프로그램을 운영하고 있다. 거기다 맹인선교회, 세브란스병원 등 외부 의료 및 복지 사역을 지원하는 형태의 지원봉사사업도 전개하고 있어서 위의 세 모델이 함께 수행되는 통합적 모델에 가깝다고 볼 수 있다.

한편, 이삼열은 독일 디아코니의 사회봉사 활동을 중심으로 사회봉사 유형을 다음과 같

134) 박종삼, *Ibid.*, p. 156.

이 구분하고 있다.[135] 첫째, 치유활동을 통한 봉사, 둘째, 사회복지사업을 통한 봉사, 셋째, 사회상담을 통한 봉사, 넷째, 사회교육을 통한 봉사, 그리고 다섯째, 사회발전을 위한 봉사이다. 한경직 목사는 통전적 인간 이해의 틀에서 넓게 보고, 영적인 존재인 인간의 영적 삶을 이끄는 전도를 통한 영성복지, 교육을 통한 교육복지, 섬김과 나눔을 통한 사회복지가 등이, 봉사 사역 전부를 사회봉사 실천의 틀에 포함하고 있다. 그러나 독일 디아코니 활동 유형 중 사회발전을 위한 봉사에 대해서는 개인의 변화 원리에 의한 사회발전을 전제하고 있을 뿐 구체적인 실천 방법을 제시하지는 않는다.

위의 내용을 종합해 볼 때, 한경직 목사의 사회봉사 모델과 활동 실천 유형은 신앙과 봉사가 밀접하게 결합된 구조 속에서 다양한 사회봉사 모델과 형태를 대부분 포함하고 있는 통합적 구조를 갖추고 있다고 볼 수 있으나, 개인의 변화에 초점을 둔 그의 사회봉사 관점으로 인해 사회행동이나 사회참여, 사회계획, 지역개발 등과 같은 정책적, 구조적, 거시적 접근은 취약한 것으로 나타났다. 그러나 당시 한국 사회의 사회복지 이념과 실천의 수준과 당시 사회적 상황을 감안할 때 한경직 목사의 사회봉사 실천은 결코 시대에 뒤떨어진다고 볼 수 없으며, 오늘날 한국교회가 회복해야 할 교회 사회봉사의 핵심을 잘 드러내주고 있다고 평가된다.

2. 사회봉사 실천의 강조점

1) 시설 설립을 통한 사회봉사의 안정적 운영

한경직 목사는 한 개인 혹은 소수로부터 사회봉사 사역을 시작하지만 결국 그가 지향하는 것은 보다 조직적이고 체계적이며 안정적인 서비스를 제공하는 시설의 설립을 강조하는 입장을 가진 것으로 보인다. 다음의 설교 내용은 이러한 관점을 잘 대변하고 있다.

"우리가 사는 이 사회는 이러한 불행한 동포들이 많습니다. 옛날부터 환과고독(鰥寡孤

135) 이삼열, "사회봉사의 신학과 실천과제,"「사회봉사의 신학과 실천」(서울 : 도서출판 한울, 1992), pp. 27-32.

獨), 무의무탁한 노인들, 부모 없는 어린이들, 여러 불행한 이들이 있습니다. 건전한 사회가 되려면 이러한 이들을 반드시 도와서 같이 살아갈 수 있도록 온갖 구호와 사회사업과 구호시설, 자선시설이 필요합니다."[136)]

"그 실천방법에 있어서는 또한 여러 가지가 있을 것입니다. 다시 말하면 개인 하나하나의 사랑과 친절이 이렇게 필요하지마는 이것만으로는 부족합니다. 다시 말하면 거리에 있는 고아를 불쌍하다고 몇 천 원 주고 지나가는 것만은 부족합니다. 이들을 옳게 기르고 앞으로 사회에 짐이 되지 않는 일원을 만들려면 이들을 옳게 기르고 가르쳐야 하는데, 그러므로 고아원이 필요하고 양로원이 필요하고 신체장애자 복지센터가 필요합니다. 다시 말하면 개인적 구호만으로는 부족합니다. 사회봉사기관이 필요하고, 이 기관들을 옳게 운영하고 옳게 봉사할 수 있는 참된 그리스도인들이 필요합니다."[137)]

한편, 한경직 목사는 전주예수병원 봉헌식에 참여하여 기독교 정신으로 설립된 병원의 봉헌 의미를 다음과 같이 3가지로 정리하고 있다.[138)]

첫째, 이 병원은 온전히 그리스도에게 바쳐 그리스도께서 이 병원의 주인이시고 소유주이시다.

둘째로, 이 병원의 모든 운영의 정신도 오직 그리스도의 뜻대로 하겠다.

셋째로, 이 병원을 봉헌하는 뜻은 그리스도를 봉사하기 위함이다.

이 세 가지 봉헌 목적은 교회가 운영하는 사회봉사 기관 모두가 가져야 할 운영 원리이다. 이 세 가지 운영 원리를 잘 새겨 봉사를 실천한다면 기독교 복음 정신으로 설립된 사회봉사 기관의 정체성을 세울 수 있을 것이다.

---

136) "올바른 신앙생활," 1988년 3월 13일.

137) "신앙생활과 사랑의 실천," 1988년 3월 20일.

138) "풍성한 생명," 1971년 11월 10일. 전주예수병원 봉헌식.

2) 사회봉사 참여 조직의 다양성

한경직 목사는 교회가 사회봉사를 실천함에 있어서 다양한 조직이 각자의 방식으로 참여할 필요가 있음을 주장하였다.

첫째는 소그룹(구역조직)을 통한 사회봉사 실천이다. 그는 구역을 중심으로 한 사회봉사 참여의 의의와 참여 방식에 대해 다음과 같이 제시하고 있다.

"오늘날 우리 한국의 현실을 보면 특별히 서울 주변의 사정을 들어보면 사실 배고프고 헐벗은 동포들이 얼마나 많습니까? 그래서 심지어 집단 자살이라는 생각도 할 수 없는 일을 감행하는 동포가 종종 있습니다. 이런 때 우리가 할 일이 무엇입니까? 우선 각 구역을 통해서 내 구역 구역마다 잘 살펴서 우리 믿는 교우 가운데 말은 안 하지만 사실 굶주리는 가정이 있으면 어떻든 우리가 알아서 먼저 그 구역에 있는 여러분들이 도와서 그들을 보호하도록 힘쓰고, 그들의 힘이 미치지 못할 때엔 교회에 알려서 같이 구합시다. 그러나 우리가 믿는 사람만 돌볼 것이 아니고 구역 구역마다 안 믿는 사람으로 사실 가난해서 밥 굶는 가정이 있으면 이런 가정을 적어도 한 가정이 택해서 그 구역에서 힘을 모아서 십시일반으로 그 가정을 도와주고, 그 구역에서 힘이 부족하면 교회에 알려서 이렇게 도와주면 적어도 서울 안에 우리 교회 구역이 130여 구역이니 130여 세대는 도와줄 수가 있지 않겠습니까! 아마 이런 일을 시작한 구역도 많이 있는 줄 생각합니다."[139]

둘째는 가정 단위의 봉사이다. 한경직 목사는 가정은 하나의 작은 교회이며, 교회가 본래는 가정에서 시작된 것이니만큼 가정은 중요한 조직임을 주장하였다. 그리고는 기독교 가정의 특색은 봉사이기 때문에 먼저 하나님을 봉사하고, 가정에서 피차에 서로서로 봉사하고, 온 가정이 합해서 사회를 봉사하고, 온 국가를 위해서 모든 봉사를 해야 한다고 하였다.[140] 요즈음 가족복지가 중요한 사회복지 실천분야로 부각되면서 가족 중심의 활동이 강조되고 있다는 점에서 40년이 훨씬 지난 당시로서는 매우 통찰력 있는 접근이라고 할 수 있다.

139) "주님의 손," 1964년 3월 15일.

140) "너와 네 집의 구원," 1965년 5월 2일.

셋째는 전문사역팀을 통한 봉사이다. 한경직 목사는 구역과 가정 단위의 사회봉사 참여는 일찍부터 그의 교회 담임목사 봉직 시기에는 한번도 언급되지 않았던 전문팀 구성을 통한 사회봉사 실천방법을 교회 은퇴 후 1985년에 와서 종합적인 선교사업을 위한 전문팀을 구성할 필요성을 주장하였다. 그가 말하는 종합적인 선교 사업을 위한 전문사역팀 구성은 목사, 의사, 간호원, 교육가, 사회사업가, 농촌기술자 등으로 이루어져 있다.[141] 이 전문사역팀 구성은 전도, 교육, 봉사의 통합적 목회 방침과도 맥을 같이 하고 있으며, 오늘날도 적용될 수 있는 효과적인 실천 구조로 활용될 수 있을 것이다.

3. 사회봉사 실천 사례 : 보린원을 중심으로

한경직 목사가 보린원을 시작하게 된 계기는 폐병에 걸린 40대 아버지를 돌보던 8, 9세 정도된 지체장애 소녀 복순이를 만나면서부터이다. 처음에는 교회 장로들과 의논하여 먹을 것과 입을 것, 그리고 거처할 곳을 제공하고 의사를 보내어 폐병에 걸린 아버지를 치료하게 했다. 그리고 이듬해에 아버지가 세상을 떠나자 복순이를 맡을 사람이 없어 교회 황성도 권사가 위탁모가 되어 아이를 돌봐주었다. 그러던 중 복순이가 황성도 권사의 자녀들과 자주 마찰이 있게 되자 독립된 거처를 마련해주자는 생각에서 독지가들의 도움을 받아 아이들을 돌보기 시작한 것이 보린원이 출발하게 된 계기가 되었다.[142] 이 보린원의 발전 과정을 카두신(Alfred Kadushin)의 서비스 기능적 관점에서 들여다 보았다.

카두신(Alfred Kadushin)은 아동복지 서비스를 기능적인 측면을 중심으로 지지적 서비스(Supportive Service), 보충적 서비스(Supplementary Service), 대리적 서비스(Substitutive Service)로 나누고 이를 아동복지의 3S모델이라고 하였다.[143] 보린원이 출발하기까지의 과정을 살펴보면, 이 세 가지 유형의 아동복지 서비스가 적절히 제공된 것을 알 수 있다. 현

---

141) "신년사," 1985년 1월.

142) 김병희, *Ibid.*, pp. 41–44.

143) A. Kadushin, *Child welfare services, 4th ed.* (NY : McMillan Publishing Co. Inc., 1988).

재 생활하고 있는 가정 내에서 부모의 능력과 기능을 향상시키기 위해 심방을 통해 상담하고 격려 지지하는 한편, 의료서비스를 통해 아버지의 신체기능 회복을 위한 지지적 서비스를 제공하였으며, 부모의 보호 및 양육의 질이 부족할 때 이를 보충하기 위한 서비스로 음식 및 생활 용구 제공 등의 보충적 서비스를 제공하였다. 또한 아버지의 사망 후 더 이상 부모의 역할을 수행할 수 없게 되었을 때 이를 대리하는 대리적 서비스로 황성도 권사 가정을 통한 가정위탁 서비스와 이후 별도의 시설 마련을 통한 시설보호 서비스를 제공하였다. 그리고 보린원과 같은 시설보호서비스를 제공하게 된 이유도 관리의 편의성 때문이 아니라 아동의 보호와 보다 나은 환경을 제공하기 위한 의도에 기인한 것이라고 볼 수 있다. 이러한 과정을 통해 볼 때, 한경직 목사는 위기에 처한 아동에 대한 적절한 서비스를 상황에 맞게 제공하는 사회복지 실천을 수행하고 있음을 확인할 수 있다.

4. 결론

본 연구자는 성프란시스를 닮은 한경직 목사의 삶과 사역을 통해 그의 사회봉사 사상을 정리해보았다. 사회봉사 사상에 대한 선행 연구가 없어 그의 설교 전집을 전체적으로 살펴보게 된 것이 연구를 떠나서 본인에게 많은 깨달음을 주었다. 철저히 성경적인 관점에서 균형을 잃지 않고 초지일관의 삶을 살아온 목회자의 봉사와 헌신의 자취를 오히려 흐트려 놓지 않았을까 걱정이 앞선다.

한경직 목사에 대해 후배 목회자들이 갖게 되는 느낌은 어버이이다. 한국교회 목회자들에게 있어서 한경직 목사는 목회의 어버이요, 고향이요, 모델이다. 그의 목회는 요란하지 않으며, 내세우지 않고, 지나칠 만큼 성경적이다. 신앙적 균형을 강조하며, 부분과 전체를 통합한다.

사회봉사의 측면에서도 마찬가지이다. 한경직 목사가 가슴 아파했고, 눈물을 흘렸고, 사랑과 열정을 다해 백방으로 뛰어다녔던 결과로 이루어진 많은 복지사업 및 시설들과 다양한 사회봉사 사역들을 살펴볼 때 예수 그리스도가 이 땅에서 정말 원하셨던 일들을 그가 예수의 심정과 열정으로 감당하였음을 엿볼 수 있다. 그는 사회복지 전문가가 아니면서도 사회복지사업을 선도하였으며, 사회복지 영역에 큰 영향을 끼쳤다. 그를 통한 사회봉사 활동은 복음전파 활동과 다르지 않으며, 애국애족 활동이기도 하다. 한경직 목사의 사회봉사 사상은 평범하면서도 독특하다. 그의 사회봉사 실천은 사회복지 활동이기도 하고 복음전파이기도 하다. 한경직 목사에게 있어서는 목회와 사회복지활동은 분리할 수 있는 성질의 것이 아니다. "교회의 사회봉사란 사회사업이 아니라 구원의 행위이다. 아픈 사람, 가난한 사람, 낙오된 사람, 절망적인 사람들을 보고 치료하는 봉사사업은 이것이 하나의 사업이고 전문직업이기 때문에 하는 것이 아니라, 혹은 동정심이나 자선을 베푼다는 의미에서가 아니라, 바로 인간을 구원한다는 인간의 정신과 육체를 전체적으로 구원하는 하나님의 사업을 한다는 정신으로 운영되어져야 한다"[144]는 이삼열의 정의처럼 한경직 목사의 사회봉사 사상은 한국 교회로부터 복음적 사회봉사의 본질을 회복하는 데 있어서 하나의 모델로 삼을 수 있을 것이다.

한편, 한경직 목사는 철저한 애국자이다. 나라와 민족을 사랑하는 그의 마음이 교회와 사회, 국가와 하나님 나라가 통합될 수 있는 사회봉사 실천 구조를 형성하게 했다. 그는 개인개인에 대한 초점을 강조하는가 하면 나라와 민족까지 철저히 보듬는다. 그의 미시적 실천방법은 거시적 실천방법을 통해 미치는 영향까지도 포괄한다. 이는 그의 내연이외연, 복음적 사회봉사, 교회-국가-하나님 사랑의 일체적 구조와 같은 사회봉사 구조 때문이다. 따라서 한국 교회가 진정 이 사회를 품고 하나님의 사랑을 실천하려고 한다면 한경직 목사의 교회-국가-하나님 사랑의 일체성을 지녀야 할 필요가 있다.

한경직 목사의 사회봉사 실천 원리는 어떤 사회복지 실천 원리보다 깊이가 있으며, 그 영향력의 범위를 가늠하기 어렵다. 철저히 복음적 신앙에 기초한 사회봉사 실천 원리는 전문적인 사회복지 실천 원리의 핵심을 대부분 포함하고 있어서, 매우 혁신적이다. 그의 사회봉사는 임시방편의 원조 활동이 아닌 항상 근본적인 변화를 지향한다. 그의 사회봉사의 시작은 한 사람으로 출발하지만 그의 사회봉사의 결실은 많은 사람들에게 전문적이고 안정적인

144) 이삼열, *Ibid.*, p. 24.

복지서비스를 제공하는 자립적인 기관으로 자리를 잡는다.

그는 이미 인간의 신체적, 심리적, 사회적, 영적 욕구를 깊이 이해하고 통찰하고 있어서 항상 통전적인 사회봉사 실천을 지향한다. 그의 사회봉사 사상의 독특성은 복음과 사회봉사를 완벽하게 통합하고 있으며, 개인과 교회와 국가와 하나님 나라를 하나의 맥락으로 연결짓는 통합적 관점을 견지하고 있다. 그에게서 도출된 사회봉사 가치와 원리, 그리고 사회봉사 실천가의 자질 등은 복음적, 성경적 원리에 근거한 사회봉사 실천과 사회복지 전문영역의 실천방법들과 충분히 결합되고 보완될 수 있는 가능성을 보여주고 있다. "하나님의 사랑과 그 사랑을 구체화시키는 그리스도인들의 사랑의 성육신은 모든 봉사를 위한 일차적인 시금석이다. 사회봉사를 위한 동기로서 하나님의 사랑보다 더 나은 어떤 개념은 없을 것이다"[145]는 왓킨스의 말처럼 한경직 목사야말로 성육신적인 사회봉사를 실천한 목회자라고 볼 수 있다.

물론 한경직 목사는 사회복지 전문가가 아니다. 순수한 복음적 동기에서 사회봉사 활동을 전개했으며, 적어도 목회 활동 당시에는 사회복지 제도나 실천 수준이 오늘 날과 비교하여 현저히 낮았기 때문에, 그를 통해 이루어진 사회복지 활동들은 전문성의 관점에 논하기는 어렵다. 그럼에도 불구하고 사회봉사 실천 과정과 그 결과들을 살펴볼 때 대상 이해나 실천 원리, 그리고 전문 기관이나 시설로 발전해나가는 과정을 살펴볼 때, 높이 평가할 만하다.

이 연구를 통해 기대하는 것은 정부와 전문가에 의해 사회봉사의 주도권을 넘겨주었을 뿐 아니라 교회 본연의 내연(內燃)을 상실하고 기독교 사회봉사의 정체성을 찾지 못하고 있는 한국교회가 한경직 목사의 복음적 사회봉사 사상을 계승하여 복음이 사회적 영향력을 끼치는 사회봉사 주체로 거듭나게 되기를 기대해 본다.

145) Derrel R. Watkins, *Ibid.*, p. 122.

한경직 목사의 사회봉사사역

유장춘 박사[146] / 한동대

Ⅰ. 서 론

1. 연구의 중요성

2000년 4월 19일 한경직 목사(이하 한경직 또는 한목사)가 타계한 바로 직후 한국의 모든 중앙일간지들은 이구동성으로 한목사의 부고를 세상에 알렸다. 그 기사들을 살펴보면 크게 세 가지 내용으로 구성되었다. 첫째는 영락교회의 담임목사로서 성공적인 목회를 했다는 사실, 둘째는 그의 청빈한 삶과 겸손하고 온유한 성품에 관한 것이었는데 가장 많은 분량을 다루고 있는 내용은 세 번째 항목, 그것은 한목사의 사회봉사적 삶이었다.[147]

146) 유장춘, M. Div., MSW, Ph.D. 한동대학교 교수. 사회복지전공, 청하교회 협동목사.

147) 2000년 4월 20일자 발행된 신문들을 살펴보면 [서울신문]은 "개신교계 산증인 韓景職 목사 타계"라는 제호를 사용했고, [동아일보]는 "한국 개신교 최고 원로 한경직 목사 별세"라는 제목을 붙였다. [서울신문]은 타계한 한경직 목사는 "평생 믿음과 봉사의 외길을 걸은 한국교회의 원로"였다고 말하고 있고, [한국일보]는 한경직 목사의 타계를 알리면서 "한국 개신교를 대표하는 원로"라고 발표했다. [한겨레] 신문은 "청빈한 한평생, 이웃사랑, 교육사업 힘써"라고 부제를 부쳐 한국 개신교의 원로 한경직 목사가 타계했음을 알렸고, [경향신문]은 "한국 개신교단의 산 역사인 한경직(韓景職) 목사"가 별세했다고 전했다. [문화일보]는 "한국 개신교의 개척자"라는 표현을 사용했으며, [세계일보]는 "한국 개신교의 큰 별 한경직(韓景職) 목사"라는 칭호를 붙였다. 특별히 국민일보는 여러 면의 칼럼을 통해 한경직 목사의 목회와 업적, 그리고 각계의 반응을 전했다.

세계적으로 권위 있는 종교계의 노벨상이라고 일컬어지는 템플턴상 심사위원회는 1992년 만장일치로 한국의 한경직 목사를 수상자로 확정했다. "한국의 한경직 목사가 사랑의 쌀 나누기 운동을 계기로 남북대화에 기여한 공로를 비롯 평생을 사회복지와 목회활동에 바쳐온 노력을 높이 평가해 92년도 템플턴상 수상자로 결정했다."고 발표하였다.[148]

한국교회는 목회자로서의 한경직을 더 중요시 했지만 한국사회와 국제사회는 봉사자로서의 한경직 목사를 더 존중했다. 한경직 목사가 한국교회의 목회자요 전도자로서 위대한 생애를 살아간 것은 사실이지만 그가 교회의 울타리를 벗어나 한국사회와 국제사회에서 진정으로 존경 받는 지위를 얻게 한 것은 그의 사회적 봉사 사역이었던 것이다.[149] 그가 종교적 사역에만 치중했다고 하면 결코 그러한 탁월한 지위를 얻을 수가 없었을 것이다.

물론 한경직 목사에게 있어서 제일의 사명은 전도였다. 그에게는 어떤 것도 전도에 방해되는 일을 해서는 안 되었다. 한경직 목사가 이렇게 전도를 강조한 것은 전도를 통해서 진정으로 나라가 새로워지면, 인류가 소망을 얻을 것이라고 보았기 때문이다. 그에게는 전도가 애국하는 가장 중요한 지름길이었던 것이다.[150] 그러나 기독교 전도와 교회부흥에 있어서 그의 업적이 지대하다 해도 결국 그를 가장 위대한 목회자로 추앙을 받도록 밀어올린 것은 그의 사회적 기여였던 것이다.

본 연구는 한경직 목사의 사회적 봉사의 삶과 그 영향에 대한 설명이다. 특별히 여기서 다루고자 하는 내용은 그의 사회봉사 중에서도 영락교회의 울타리를 넘어서 전체 한국사회를 향한 그의 사회적 업적을 다루고자 하는 것이다. 영락교회의 울타리를 넘는다는 의미는 영락교회를 둘러싼 지역사회와 영락교회의 조직, 예산, 시설 그리고 법적으로 관계된 영역을 넘는다는 것을 의미한다. 한 목사는 영락교회 한 교회의 목회자가 아니다. 한국 기독교계의 얼굴이며, 한겨레의 정신적 지주로서 나라와 민족을 위해 헌신한 사회적 지도자였던 것이다.

148) [한국일보] 1992-3-12, 02면.

149) 조은식 편,「한경직 목사의 신앙유산」(숭실대학교 출판부, 2007); Won-Sul Lee, Seung-Joon Lee, & Joong-Sick Han, *Just Three More Years to Live!: The Story of Rev. Kyung-Chik Han,* The Rev. Kyung-Chik Han Memorial Foundation, 2005.등의 자료들은 템플턴 상의 이유로써 한 목사의 종교적 활동 보다 사회를 향한 봉사의 삶을 더 강조하고 있음을 볼 수 있다.

150) 정진경, "한경직 목사와 선교" 조은식, Ibid., 108.

뿐만 아니라 본 연구는 한경직 목사의 봉사 사상이나 이념적인 부분을 다루기보다는 그의 삶의 족적을 추적하면서 그가 실천해 나갔던 민족사랑, 사람사랑, 나라사랑의 아름다운 모습들을 정리해 보고자 하였다. 그러므로 이 연구에서 의미하는 사회봉사는 넓은 의미에서의 사회봉사를 말하는 것임을 천명해둔다. 혹자는 사회봉사를 고통 받는 사람들에게 직접적으로 서비스를 제공하는 구호적 봉사에 국한시키기도 한다. 사실 한경직 목사의 구호적 사회봉사는 대부분 영락교회를 중심으로 실천되었고 그 외에는 외원기관들을 통해 한 것이었는데 그 부분의 기록은 매우 제한되어 있었다. 그러나 한경직 목사의 사회봉사는 보다 폭넓은 영역에서 실천되었기 때문에 본 연구는 외원단체를 통한 구호적 봉사와 함께 교육을 통한 사회봉사, 그의 정치사회적으로 미친 영향, 더 나아가서 분단된 겨레를 위한 애국애족의 헌신도 포함해서 다루게 될 것이다. 여기에는 사실적 추적을 전제로 하고 단순히 긍정적인 면만 나열하는 것이 아니라 논란의 소지가 있는 측면도 함께 생각해 보고자 한다.[151]

II. 고통 받는 약자를 향한 긴급한 응답: 외원원조

대한민국 근대사는 고통 받는 약자들이 끊임없이 반도강산을 방황하는 험난한 역사로 점철되어 왔다. 우리 민족은 일제의 잔혹한 탄압의 시기를 거쳐, 민족상잔의 처절한 전쟁을 지나, 개발 이데올로기의 암울한 전제정치를 겪어야 했다. 일제시대에는 제국주의의 침탈에 못 견뎌 고향을 떠난 실향민들이 도시 주변에 토막을 짓고 살아갔고, 전쟁 중에는 이북의 공산 치하를 경험하고 그 위험을 피해 나온 피난민들이 타향살이를 하면서 망향의 고달픈 삶을 이어갔다. 개발시대에는 직장을 찾아 농촌에서 무작정 상경한 사람들이 공장 주변에 몰려들어 도시빈민들로 자리를 잡았다. 그들의 피곤한 삶은 피난민촌, 판자촌, 천막촌,

151) 한경직목사기념사업회에서 계획한 금번 추모세미나의 내용은 '한경직 목사의 사회봉사'를 주제로 "한경직 목사님의 봉사사상"과 "한경직 목사님의 봉사사역: 영락교회(영락사회복지재단)를 중심으로"라는 별개의 논문이 있으므로 본 연구의 내용은 '영락교회 외부에서 진행된 한경직 목사님의 사회봉사'로 설정하였다.

뚝방촌, 철거민촌, 쪽방촌으로 이어지는 길고 긴 빈민의 역사를 이어 오고 있다.

이러한 시대적 상황 속에서 한경직 목사는 고통 받는 약자들의 삶에 동참하며 그들의 문제를 위해 구체적으로 응답하는 사역을 지속해왔다. 특별히 그의 구호적 활동은 전쟁과 같은 위기 상황에서 더 긴급하고 적극적으로 전개되었다. 민생의 필요와 욕구는 말로 다할 수 없이 큰데 물자의 공급은 절대적으로 부족한 재난 상황에서 한 목사가 할 수 있는 일은 외원원조를 끌어 와서 적절하게 배분하고 아동이나 미망인들처럼 절박한 사람에게 우선적으로 돌봄의 손길을 뻗치는 일이었다.

신의주에서 위기를 벗어나 남한으로 내려온 한 목사는 얼마 안 되어 다시 전쟁의 소용돌이 와 함께 서울을 떠나 대전, 대구를 거쳐 부산으로 들어갔다. 그는 1951년 1월 9일 부산중앙교회에서 각 교파 교역자들을 소집하여 피난 성도 구호대책의 필요성을 역설하고 초교파적인 개신교 총연합기구인 '기독교연합 전시비상대책위원회'를 결성하고 회장의 자격으로 미국의 트루먼 대통령, 유엔사무총장, 맥아더 사령관 등에게 한국 국민의 진의가 담겨있는 메시지를 보내는 등 구호를 위한 활동에 진력하게 된다.[152)]

그런 활동과 함께 한편으로 피난지에서 피난민을 구호하기 위해 기거해야 할 거처가 무엇보다 시급하다고 생각한 한 목사는 미군으로부터 다량의 천막을 얻어다가 천막을 치고 피난민들이 거처할 곳을 마련하였다. 몰려드는 고아와 미망인들을 위한 적극적 대책이 필요했다. 이 때 밥 피어스(Robert Willard Pierce: 애칭 Bob) 목사를 만나 월드비전이 탄생한다. 뿐만 아니라 그 이후 한국에서 펼쳐진 가장 중요한 외원기관들인 홀트양자회와 기독교아동재단의 이사장으로서 아동들을 위한 중요한 업적을 남겼다.

1. 피난동포 섬김 사역

1945년 10월 초순에 38선을 넘은 한 목사는 2개월 정도가 지난 그해 12월 2일 첫 주일에

152) 조영석, 「한경직 목사의 생애와 신학사상 연구: 그리스도론, 교회론, 목회자론을 중심으로」석사학위논문, 2000. p. 21.

실향민 27명과 함께 베다니교회의 창립예배를 드렸다. 이 베다니교회는 어느 사이에 피난민 교회라고 소문이 났고 북한에서 내려온 피난민뿐만 아니라 만주와 중지, 남지, 그리고 일본을 비롯한 태평양 일대에서 돌아온 귀국동포들도 몰려들었다.[153] 이 교회는 반년도 넘지 않아 1천명에 이르고,[154] 처음 2년 만에 4,335명에 이르렀다.[155] 이러한 현상은 베다니교회가 월남한 모든 피난민들의 집합소로서 만남의 장소, 혈육과 친지들의 안부를 확인하는 중심이면서 서로 위로하고 의지하는 안식처요, 자유를 찾은 기쁨의 제단을 쌓는 기도처였다는 것을 의미한다. 따라서 베다니교회는 하나님의 성소만이 아닌 피난민들의 삶의 터전 바로 그것이었다.[156]

전쟁기간 동안에는 물론이지만 전쟁이후에도 영락교회는 이북에서 내려온 피란동포들의 중심이었다. 한경직은 영락교회의 문을 활짝 열어 놓고 피난민을 맞아들였다. 피난민은 하루에도 1,000여 명씩 거쳐 갔다. 교회에서는 이들을 위하여 잠자리를 마련하고 식사를 제공해야만 했다. 이는 위기 상황에서 교회가 해야 할 역할에 대하여 좋은 모델이 되게 한다. 한경직의 교회는 교회를 위한 교회, 교인을 위한 교회가 아니라 민족을 위한 교회, 겨레를 위한 교회였던 것이다.

민경배는 한국교회 초기의 정체성을 '민족교회'라고 설정했다.[157] 민족의 아픔을 교회의 아픔으로 받아들이고, 민족의 문제를 교회가 해결해야 할 문제로 받아들이는 교회가 민족교회이다. 그러나 이러한 민족교회로서의 한국교회 정체성은 점차 희박해지고 일제와 권위주의 정권의 시대를 거치는 동안 내면화되고 개별화된 신앙형태로 변모해 갔다. 그리고 세속적 축복론과 종말적 말세론의 영향을 받아 교회는 더욱 더 사회와 경쟁관계를 형성하고 격리되어 갔다. 그러나 한경직 목사의 목회는 항상 민족을 향해 열려있었다.

---

153) 한숭홍, Op. cit., p. 119.

154)「영락교회 50년사」Op. cit., p. 68.

155) Templeton Prize "Bio: Dr. Kyoung-Chik Han"

156)「영락교회 50년사」Op. cit., p. 68.「영락교회35년사」Op. cit., p. 63. 김영한, Op. cit., p. 116.

157) 민경배, "한국교회 제 2세기의 교회사적 전망,"「목회의 전문화와 영성: 제4회 연신원 목회자 신학세미나 강의집」연세대학교 신과대학 유니온학술자료원, 1984. p. 137.

2. 한경직 목사와 월드비전

한경직 목사는 미국으로 들어가서 피어스와 함께 한국기독교선명회를 세웠다. 그리고 조직과 법인이 체계적으로 설립된 1953년 초대 이사장에 취임하여 86년까지 집무했고, 그 후에는 소천 할 때까지 명예이사장으로 관계를 끊지 않았다.[158] 피어스는 원래 나사렛 교회 출신이었는데 후에 침례교 목사가 되었다. 그는 한 목사와 같이 전도와 사회봉사를 조화시킨 사람이었다. 1947년 중국에서 집회를 인도해 달라고 요청받은 피어스는 그곳에서 복음을 전하는 동안 불쌍한 고아를 보게 되었고, 고아를 돕는 일에 하나님의 부르심을 경험했다. 그러나 중국은 공산화로 말미암아 더 이상 선교할 수 없게 되어 한국을 선교지로 삼게 되었다. 피어스는 한국 전란의 혼돈을 보며 한국의 고아들을 위해서 일하기로 작정했다.

> 어디를 가나 기리에는 아이들이 돌아다니며 동물만도 못한 생활을 하고 있었습니다. 더러운 물 밖에는 먹을 것이 없는 아기들도 보았습니다.[159]

이때 그는 성경책 표지 안에 그의 일생을 좌우하고 월드비전 영성의 기초라고 할 수 있는 한 문장을 다음과 같이 써서 넣었다.

> Let my heart be broken with the things that break the heart of God
> (하나님의 마음을 찢는 것들로 나의 마음이 고통당하게 하소서)[160]

이 때 그는 한 목사를 만나 협력하면서 1950년 9월에 선명회(World Vision)를 세우기에 이

---

158) 김응호 편, 「秋陽 韓景職 牧師」(도서출판 목양사, 2001) p. 114. 「기독교문사, 「기독교대백과사전」Vol. 16. (기독교문사 1985) '한경직.' 한경직 목사의 월드비전 이사장직에 대한 년도는 어떤 자료에는 차이가 있는데 이는 실질적인 책임자로서의 일하기 시작한 시기와 법적으로 등록된 책임자로서의 시기가 다른 까닭으로 보인다. 민경배,「월드비전 한국 50년 운동사: 1950~2000」(서울: 월드비전, 2001) p. 154.

159) 민경배, Ibid., p. 135.

160) Ibid.

르게 되었다.[161] 한경직 목사가 처음으로 피어스 목사를 만난 것은 6.25 전란 직전이었던 1950년 봄 종로에서였다.[162] 피어스 목사는 한 목사의 프린스턴신학교의 동기 동창이었고 전쟁 중에 포로수용소 선교로 유명해진 옥호열(Harold Voelkel) 선교사의 안내로 한경직 목사를 만나게 되었다. 한 목사는 피어스 목사를 초청하여 영락교회에서 처음 설교를 하게 되었는데 이것이 향후 월드비전의 동역자로 협동하는 중대한 만남의 시작이었다. 이 때 한 목사는 피어스 목사의 설교에 압도 되었다. 한 목사는 후에 이렇게 회상한다.

> 설교하는 자세가 몹시도 진지하고 열성적이어서 그 당시 남대문 옆에 있던 공터를 빌려서 초교파적인 연합전도대회를 열 수 있도록 주선하게 되었다[163]

이 전도 집회는 커다란 성과를 올리게 되었고 두 사람 사이의 신뢰는 공고해 졌다. 6.25 전쟁의 와중에서 이들은 부산에서 다시 상봉한다. 당시 부산에는 전란을 피해 300명 가량의 교역자들이 집결하고 있었는데 한목사와 피어스의 협동사역은 뜻하지 않게 갑자기 열린 목회자 수양회로부터 시작되었다고 한다.[164] 한목사와 피어스 목사의 동지의식에 대하여 민경배는 한경직 목사의 복음주의 노선과 그것이 외연(外延)된 사회구호의 구도가 밥 피어스 목사의 비전과 정확하게 상통하였다고 분석했다.[165]

사실 이 두 사람 사이에서 한국월드비전을 세우는데 주도적인 역할을 한 사람이 누구였는지는 깊이 생각해 보아야 할 일이다. 한 목사는 이렇게 말한 적이 있다.

> 내가 무엇을 해야겠나? 기도 많이 하다가 '안 되겠다. 내가 미국에 들어가서 모금을

161) 정진경, Op. cit., p. 105.

162) Harold Voelkel, Han Kyung Chik, World Vision Magazine, June 1964, 22ff(재인용) 민경배, 「월드비전 한국 50년 운동사」 p. 152.

163) 한경직, "인생행로와 봉사," 「선명」 1991, 5~6월호, p. 3.(재인용) 민경배, Op. cit., p. 153.

164) 민경배, Ibid., p. 153.

165) Ibid., p. 156.

해서 피난민을 돕고 피난 목사들을 도와야겠다.' 하고 다시 미국에 들어가서 조직한 것이 월드비전으로 우리나라의 '기독교 선명회'가 만들어졌지요.[166)]

적어도 그들 사이에는 월드비전을 중심으로 적절한 역할 분담이 있었던 것으로 봐야 할 것이다.

"피어스는 미국에서 도움을 구하고, 나는 본부를 한국에 두고 조직을 인도하기로 결정했습니다."[167)]

이 진술을 볼 때 피어스는 홍보와 모금을 맡고 한 목사는 실제적인 구제와 구호활동을 담당했던 것으로 봐야 할 것이다. 피어스와 한경직 목사의 관계는 평생 동지적인 관계로 돈독하여서 피어스가 세상을 떠났을 때 한경직 목사는 그의 장례식 설교자로 초청을 받게 되었다.[168)] 월드비전 발행의 Going with God(1954년 판)은 한경직 목사에게 헌사를 바치고 있을 정도였다.[169)]

초기 월드비전의 사역에 대하여 한경직 목사의 회상에 따르면 다음과 같다.

"선명회의 초기의 일은 다음과 같이 요약할 수 있습니다. 첫째는 교역자 수양회(Pastor's Conference)를 통하여 세계적으로 전도와 교회 부흥에 힘쓰게 되었고, 둘째는 피난민들과 고아들, 젊은 과부들과 무의탁 노인들을 돕는 구호사업을 하였습니다. 셋째는 병자들을 돕는 의료사업이었습니다."[170)]

---

166) 김병희「韓景職목사」(서울: 奎章文化社, 1982) p. 83.(재인용) 김학수,「한경직의 신앙이 한국교회에 끼친 영향에 대한 연구」석사학위 논문, 1993. p. 107.

167) 한경직, "창설자 밥 피어스 목사와 나"「한국선명회 40년 발자취」한국선명회 40년사 편찬위원회, 1993. p. 15.(재인용) 민경배, Op. cit., p. 124.

168) 정진경, Op. cit., p. 106.

169) 영락교회 35년사 대한예수교장로회 영락교회 1983. p.119.

170) 한경직, "선명회의 회고와 전망,"「선명」1990. 9. 1. p. 3.(재인용) 민경배, Op. cit., p. 153.

영락교회 50년사의 기록을 보면 피어스의 월드비전 모금이 영락교회 건설에 크게 이바지한 것을 알 수 있다. 부산으로 옮겨 간 영락교회는 피난교회시절에도 보린원 사업을 계속하여 부산에 본원을, 제주에 분원으로 두고 고아들을 돌보았다. 그러나 전쟁의 참상이 너무 심각하여 단순히 고아들만 보호하고 양육하는 것으로 사회적 요구에 부응할 수가 없어 전쟁으로 생겨난 수많은 미망인들이 홀로 자녀들을 양육하는 것을 돕기 위하여 다비다모자원을 세웠다. 이 모자원은 밥 피어스 목사, 미군방송 AFKN, 기독교세계봉사회 등의 도움으로 시설을 확장하고, 이후 월드비전에 가입하여 많은 재정적 후원을 받았다.[171]

피어스의 모금은 부산의 다비다모자원 설립에 700달러, 지프차 1대 기증, 전자오르간과 차임벨, 증축공사에 1만 달러 등을 이 초기에 전달하여 영락교회의 전쟁고아와 미망인들을 돌보았다. 실제 1953년도에는 밥 피어스 목사의 모금액 전체의 14%가 영락교회에 갔고, 한경직 목사에게는 1%가 갔다고 한다. 이를 두고 항간에 영락교회에 너무 많은 비용이 제공되어 전쟁고아의 참상을 극복하라고 보내진 돈이 목적과 일치하지 않게 사용된 것이 아닌가 하는 우려도 없지 않았다.[172] 그러나 이러한 비용은 영락교회가 하나의 개교회로서의 의미만 갖는 것이 아니라 피난동포를 위한 월드비전 사역의 실천현장으로 사용되었다는 것을 의미한다. 영락교회는 한경직 목사의 교회나 영락성도들만의 교회가 아니라 동포의 교회, 전쟁고아의 교회였던 것이다. 이처럼 월드비전이 조직과 시설을 갖추지 못하고 손과 발이 형성되지 못했을 때 영락교회는 월드비전의 비전을 실현하는 복지기관이었던 것이다.

선명회 사업은 전쟁미망인 · 고아 · 나환자 구호사업을 비롯하여 맹아 · 농아 · 의수족사업 · 아동병원 · 가정개발사업 그리고 선교사 지원사업에 이르기까지 매우 광범위 했다. 1953년에는 한국에 선명회 사무실이 마련되고 본격적인 구호사업을 실시하게 되었고 1956년 1월에는 고아들로 구성된 선명회 어린이 합창단을 조직하여 구미 여러 나라를 순방하면서 전쟁동안 한국의 고아들을 도와준 은덕에 감사하고 한국민족의 뛰어난 재능을 세계에 알리기도 하였다.

171) 영락교회,「영락교회 50년사」(대한예수교장로회 영락교회, 1998) pp. 126-137.

172) 민경배, Op. cit., p. 157.

월드비전이 창설될 때에 다섯 개의 기본목표를 설정하여 그 활동영역을 명시하였다. 첫째는 기독교 사회복지, 둘째는 긴급구조, 셋째는 복음주의적 선교 확장, 넷째는 기독교지도자 개발, 그리고 다섯째는 선교적 도전이었다. 이 기본목표를 분석하면, 선교와 봉사가 각각 두개씩 적절하게 배분되어있고 거기에 지도자개발이라는 과제를 제시하였다. 이렇게 시작된 월드비전은 현재 정기 후원자가 20만 명을 돌파하고 사랑의 빵 저금통 2,000만개를 돌파하였으며, 국내에 115개의 지회가 조직되고, 18개의 국내 사업장에 몽골, 미얀마, 인도 등의 아시아 국가를 포함하여 에티오피아, 가나, 잠비아 등의 아프리카 국가까지 43개 국가 158개의 해외사업장(2008년 3월 현재)으로 확대 증가되었다.[173)]

3. 홀트아동복지회

한국선쟁으로 말미암아 고아의 수는 크게 늘어났다. 1949년에는 101개의 고아원 시설에 7,338명의 아동이 수용 보호되고 있었다. 전쟁이 한참 진행되는 1952년 8월에는 고아원 280개에 30,473명의 고아들이 수용되고 있는 것으로 보고되었다. 미망인의 수는 고아의 수보다 훨씬 더 많은 30여만 명인 것으로 나타났다. 그들이 부양해야 하는 아이들은 51만7천 명이나 되었다.[174)]

한경직 목사는 1967년 홀트양자회(후에 홀트아동복지회)의 이사장으로 취임하게 된다.[175)] 그러나 홀트양자회의 이사장으로서 한경직 목사의 역할이나 활동은 거의 기록으로 남겨지지 않았기 때문에 50여년이 지난 오늘에 알 수 있는 방법은 거의 없다.

한국전쟁이 발발하자 50여개의 외원단체들이 대거 한국으로 찾아오게 되었다. 이들의 활동은 전재민 응급구호 사업을 비롯하여 고아원운영, 해외입양, 전쟁미망인에 대한 원조 등

---

173) 월드비전 한국 홈페이지 http://www.worldvision.or.kr 참조.

174) 김홍수, "한국전쟁시기 기독교 외원단체의 활동," p. 23.(재인용) 송정연, 「한경직의 사상과 활동에 대한 연구: 한국전쟁기를 중심으로」석사학위 논문, 2005. p. 63.

175) 「기독교대백과사전」Op. cit. 공식적으로 한경직 목사는 1967년에서 시작하여 1974년까지 홀트양자회(현 홀트아동복지회)의 이사장으로 재직하였다.

다방면에서 진행되었다.[176] 홀트양자회는 1955년 미국인 H. 홀트가 6 25전쟁 때 고아가 된 8명의 혼혈아를 해외에 입양한 것을 계기로 출발한다. 1960년에는 재단법인 홀트해외양자회를 설립하여 주로 혼혈아들의 미국 입양을 전개하였고 국내외 불우아동 입양, 아동상담 미혼모상담, 아동의 위탁양육 보호, 아동을 위한 종합병원 특수학교 운영, 유아원 설립 운영, 장학사업 등 그 영역이 지속적으로 확대되어 왔다.[177]

현재 홀트는 전국 13개 입양상담소를 운영하고 있다. 이미 1965년부터 선진국아동복지 시스템인 가정위탁을 도입, 현재는 전국 500여 위탁가정에서 입양 전까지 건강하게 보호한다. 안전하고 건강한 출산을 위해 미혼모의 집 '아침뜰', '고운뜰','아름뜰'을 운영하고 있으며 아기를 양육하기 원하는 미혼모들에게는 쉼터 '마포클로버 ', '대전클로버 '를 제공한다. 1961년 7만여 평 대지 위에 지은 일산복지타운에는 병원, 재활관, 종합체육관, 보호작업장 등이 건립되어 장애인들의 교육과 치료, 재활을 돕는다. 현재 요양원을 별도로 운영, 270여 명의 장애인들이 전문적이고 체계적 보호를 받고 있다. 또한 자활의 집, 그룹홈 프로그램을 시작하여 장애인의 사회 복귀를 위한 재활사업도 실시되고 있다. 장애인합창단 '영혼의 소리로'와 홀트휠체어농구단도 성공적으로 운영하고 있다. 지역사회 장애인들을 위해서는 1964년 홀트학교를 건립하였고 2004년 고양시장애인복지관을 건립했다.

홀트는 북한 아이들의 추위와 배고픔을 구제하기 위해 2004년부터 북한 아동 지원사업을 시작하여 분유 지원과 육아원의 시설을 개선하였다. 앞으로 북한 지역에 애육원을 신축하고 아동보육 및 교육을 지원할 계획이다. 홀트는 설립 초부터 혼혈아동들을 위해 입양가정을 찾아주고, 기숙사를 설립, 교육과 직업훈련을 실시하였는데, 1999년 국내 처음으로 몽골이주노동자가정 아동지원사업을 시작하여 이주노동자가정자녀를 위한 교육, 양육 ,의료비 지원을 실시하고 2006년부터는 결혼이민자 가정을 위한 지원사업을 다각적으로 펼치고

176) 한국전쟁 중에 내한한 외원단체들은 유엔민간원조사령부(The United Nations Civil Assistance Commend: UNCAC)에 등록해야 했는데 1952년 이후 50년대 후반까지 등록한 교회단체는 약 35개에 달했다. 최원규, "외국민간원조단체의 활동과 한국 사회사업 발전에 미친 영향," 117(재인용) 허명섭, 「해방이후 한국교회의 재형성:1945-1960」2003. p. 268.

177) 다음의 홀트상황은 홈페이지 http://www.holt.or.kr를 참고하였다.

있다.

뿐만 아니라 홀트는 지역사회복지에도 힘을 기울여 서울을 시작으로 수원, 대구, 부산 4곳에 어린이집을 운영하고 있으며, 1990년 대구종합사회복지관 건립을 필두로 부산수영종합사회복지관, 운봉종합사회복지관, 하남시종합사회복지관을 위탁 운영하고 있다.

또 입양후 입양가정에서 입양가족과 입양자녀간의 관계를 돕고 입양인의 욕구를 채우기 위해 2008년 3월 입양가정지원센터를 개소하여 국외입양인의 모국방문과 모국연수, 친가족,위탁부모 상봉과 서신 연결, 게스트하우스를 운영하여 모국과의 연계를 돕고 아동복지를 연구하고 체계화하기 위해 2000년 5월 가정복지연구소를 설립하였다.

4. 기독교아동복지재단(Christian Children Fund: CCF)

미국의 기독교 아동복리회는 1948년에 한국 아동을 위한 후원을 시작했다. 1979년 '한국어린이재단'으로 변경되고 1986년에 CCF 지원이 종결되고 자립된다. 1994년에는 '한국복지재단'으로 개칭되었다가 2008년 이후 현재 '어린이재단'이 되었다.

한경직 목사는 1950년 기독교아동복지재단(현: 어린이재단, 이후 CCF)의 이사장으로 취임했고 1955년부터 1974년까지는 이사로 재직했다.[178] 이것 역시 별다른 기록이 남겨져 있지 않지만 현재의 어린이재단의 양상이 가장 좋은 기록이라고 봐야 할 것이다. 현재 어린이재단의 재정운영은 년 1천57억 원(2008년)에 이르고, 지역본부 16개, 사회복지관 19개, 가정위탁 지역센터 10개, 아동보호전문기관 8개, 기타 7개 기관의 방대한 아동복지관련 시설 및 기관을 운영하고 있다.[179]

178) 김응호 편, 「秋陽 韓景職 牧師」(도서출판 목양사, 2001) p. 115.

179) 어린이재단 홈페이지 www.childfund.or.kr 참고

Ⅲ. 새로운 세대를 향한 절실한 헌신: 교육봉사

인간의 필요(human needs)를 충족시키는 것이 봉사라면 교육은 인간의 가장 본질적인 필요, 즉 자아성취의 욕구, 자기성장의 욕구, 미래를 향한 희망의 욕구를 충족시킨다는 의미에서 가장 중요한 봉사가 된다. 사람은 교육을 통해서 미래를 꿈꾸고, 자기를 개발하며, 미지의 세계를 향한 가능성을 확대시킨다. 의식주를 돌보고 건강과 여가를 돌보는 일반적인 사회봉사와 달리 교육은 인간 존재 그 자체를 성숙시키고, 자주 · 자립적 역량을 강화할 수 있게 할 뿐 아니라 정신적 개발을 통해 삶과 운명을 변화시킨다는 점에서 가장 고상하고 이상적인 봉사활동인 것이다. 한경직의 생애를 조사할 때 교육을 통한 봉사의 측면에서 그는 지대한 업적을 남겼다. 특별히 그의 교육적 기여에 사회봉사적 의미가 깊은 이유는 학원을 기업이나 가업으로 생각하여 사적인 입신출세의 수단 정도로 치부하는 우리 사회의 왜곡된 교육현장에서 가난하고 무지한 피난민들의 자녀, 순교자의 자녀들, 여성 등 취약계층의 교육을 우선적인 목적으로 설정하여 학교를 세우기도 하고 재단을 운영하기도 했던 데 있다.

한경직은 그의 공적 생애를 목사로서 시작한 것이 아니라 교사로서 시작했다. 1919년 오산학교를 졸업한 그해 그는 폭탄투척 혐의자로 구속되어 고문을 받은 후 잠시 평양 남산골의 영성소학교 교사로 봉직하다가 숭실학교에 입학한다. 1926년 엠포리아와 프린스턴을 거처 한국에 돌아온 1932년부터는 숭인상업학교와 숭실전문학교에서 가르치기도 하였다.[180] 그는 인재 양성에 특별한 관심을 갖고 있었다. 1947년 12월에는 대광학교를 설립했으며, 한국전쟁 직후에 숭실대학을 재건하였다. 그 후 서울여자대학교, 숭전대학교, 장로회신학대학교, 아세아연합신학대학교 등 여러 대학과 영락학원, 보성학원 등 중 · 고등교육 기관을 설립 운영자가 되었다. 나중에는 숭의학원의 재건과 정상화에도 깊이 관여한 바가 있다.

---

180) 김영재, "한국교회사에 있어서의 한경직 목사의 위치,"『한경직 목사의 신앙유산 : 한경직목사 기념강좌 모음.』(숭실대학교 출판부 2007) pp. 153~171.

1. 대광학교

해방은 되었으나 한반도는 38도선 이남과 이북으로 분단되어 많은 이북동포들이 이남으로 몰려 내려왔다. 월남한 피난민들은 모든 경제기반을 이북에 놓아둔 채 혈혈단신으로 피신한 사람들이었다. 가난한 피난민 자녀들의 교육은 무엇보다 시급한 일이었다. 대광학교의 창립은 이들 피난민자녀들의 교육을 위한 것이었다.[181] 1946년 말 한경직 목사는 이 문제를 놓고 백영엽 목사, 박학전 목사, 이인식 목사, 김성호 선생, 김치복 집사 등과 논의한 후, 피난민 자녀를 위한 학교 설립안을 교회 내에 정식 제출하였다.[182] 교회는 이 사안을 개교회 차원이 아니라 좀 더 큰 범위로 즉 월남 피난민 사회 차원으로 격상하여 추진하도록 결정하고 준비모임 형태로 '이북신도대회'를 열었다. 베다니교회에서 1947년 8월 15일 광복 2주년을 맞아 열린 이 대회에서 한경직 목사는 회장에, 김성준 목사는 서기에 선임되고 "월남한 교우를 위하여 중등 교육기관을 설립토록 할 것"을 결의하면서 본격적으로 추진되었다.[183]

한 목사는 이러한 과정에서 사회사업적 방법론에 근거한 역량을 최대한으로 발휘하고 있었다. 그는 교회내의 중요한 사람들에게 필요를 역설하여 동기를 부여하고(Motivation) 흩어진 피난민 교역자들과 지도자들의 공동체를 조직하였으며(Community Organization), 김성호의 토지, 김치복의 헌금, 그리고 미북장로교의 원조 등 자원들을 동원해 내었다(Providing Resources)[184].

한경직 목사는 1947년 대광 중 · 고등학교를 설립 이후 2000년 타계할 때까지 53년간 이사장으로 재직하였다.[185] 대광학교는 광복이후 가장 많은 교역자를 배출하고 대표적인 미션스쿨로서 고등학교가 평준화되기 이전까지는 가장 우수한 고등학교 중의 하나로 성장할

181) 「영락교회 50년사」 Op. cit., p. 101.

182) Ibid., 102.

183) Ibid.

184) 김성호는 16,749평의 토지를 기부하였고 김치복 장로는 200만원을 헌금하였으며 미 북장로교 선교부로부터 학교 설립비 4만 달러를 지원받아 순조롭게 진행시켜나갔다. 최재건, "한경직 목사와 학원선교," 「한경직 목사 추모자료집(7주기)」(한경직목사추모사업회, 2007) p. 60.

185) 김응호, Op. cit., p. 114.

수 있었다.

2. 보성학교

보성학교는 평북 선천에서 1907년 미북장로교 선교사들과 한국인 목사들이 양전백, 이성삼이 주동이 되어 설립한 여학교이다. 이 보성여학교가 신사참배 때 폐교되고 일제에 의하여 선천여자상업학교로 교명이 바뀌는 수모를 겪었는데 한경직 목사가 1950년 6월 영락교회 부속 건물에서 이 학교를 개교시켰다.

한경직 목사는 1950년에 보성여자중고등학교를 재건하고 이후 77년까지 27년간 초대 이사장으로 재직하였다.[186] 한 목사는 이 학교에 특별한 애정을 쏟았다. 개교 직후 일어난 6.25 동란에도 부산에 피난을 가서 노천 수업과 야전 천막 수업을 실시하였다고 한다. 1952년 12월에는 정부의 인가를 받아 서울에서 복교하였으며, 1955년 용산동에 대지 3000여 평의 교사를 지어 학교의 모습을 갖추었다.[187] 영락교회의 최창근 장로는 한 목사의 애정에 감복하여 체육관, 강당, 생활관을 완공할 수 있도록 큰 희사를 한 바 있다.

보성학교의 사회봉사적 의미는 여자 청소년들의 교육 기회가 남자 청소년의 기회보다 훨씬 적은 이 시절에 여성교육을 위해 학교를 설립하고 애정을 쏟았다는 데 있다. 한 목사의 교육은 항상 취약계층에 초점이 설정되어 있었던 사실을 여기서도 발견 할 수 있다.

3. 숭실학교

숭실학교는 1897년 미북장로교 선교회가 숭실학당을 짓고 시작하여 국내 최초로 대학 졸업생을 배출하였으나 신사참배를 반대하여 폐쇄되었다. 숭실대학의 재건운동은 1945년 해방과 동시에 숭대졸업생 60여 명이 평양시 서문밖교회에 모여 대학재건을 결의하면서 시작

186) 김응호, Ibid., p. 114.

187) 최재건, Op. cit., pp. 65~66.

되었지만 공산치하에 들어가게 됨으로써 더 이상 진전을 보지 못하였다. 부산에 모인 교우들은 1.4 후퇴 때 남하한 평양시대의 이사였던 고한규장로를 중심으로 다시 모여 재건운동을 결의하였지만 결국 동란이 끝난 직후 1953년 12월 17일에 가서야 제 1회 "숭실대학 재건기성회"를 개최하게 되었다. 그리고 그달 30일 오전 10시에 영락교회에서 숭대재건을 위한 재단이사회가 열려 한경직 목사를 학장으로 추대하였다. 1954년 4월 12일에는 정부로부터 "재단법인 숭실대학"의 인가를 받아 폐교된 지 만 16년 만에 다시 부활한 것이었다.

한경직 목사는 1954년 58년까지 초대 학장을 지냈고 1967년에서 70년까지는 재단이사장으로 봉직했다.[188] 한 목사는 처음 개교 당시 영락교회의 부속 건물에서 강의가 진행되던 시절 순교자들의 유가족들을 돌보기 위하여 30여명의 순교자 유가족 자녀들을 받아들여 전학비 장학금을 지불하면서 공부하게 하였다. 이 때 연세대나 고려대에 재학 중인 순교자 자녀학생들도 숭실대로 옮겨왔다고 한다.[189] 재건초의 장학금 지급제도를 보면 ①우등생 장학금, ②순국선열 및 순교자 자녀 장학금, ③목사 자녀 장학금, ④여학생 장학금, ⑤역대 학장기념 장학금 등이 있었다. 이중 순국선열 및 순교자 자녀들에게 장학금을 지급하는 제도는 숭대의 특징을 잘 나타낸 것이라 하겠다.[190] 그리고 여학생에게 지급한 장학금은 여학생 전원에게 등록금의 반액을 보조하였는데, 이것은 초기 여학생들을 많이 입학시키기 위한 정책이었다. 이처럼 한경직의 교육 사업에는 항상 소외되고 취약한 계층에 대한 배려가 동반되고 있었다.

4. 학교법인 영락학원

1945년 이래 이북 피난민들의 월남은 6.25 전쟁 중인 1951년의 1.4 후퇴 때까지 계속되었다. 해방과 전쟁으로 인한 혼란과 피폐함 속에서 학령기를 넘긴 수많은 소년 소녀들이 높은

188)「기독교대백과사전」Op. cit.

189) 순교자 김예진 목사의 아들로서 미국 노폭 대학교에서 오랫동안 사회복지학교수로 재직하다가 은퇴하고 현재 숭실대 대학원의 사회복지학 초빙교수로 일하는 김동수 박사의 2009년 3월 26일 증언에 근거함

190) 숭전대학교 80년사 편찬위원회,「숭전대학교 80년사」(숭전대학교 출판부, 1979) pp. 439~442

향학열에도 불구하고 생계유지의 어려움으로 교육을 받을 수가 없었다. 이들을 위해서 학교에 진학하지 못한 청소년들을 '성경구락부'라는 모임을 만들어 가르쳐 오고 있었는데, 이것이 53년 1월 20일 '영락고등공민학교'로 설립되었다. 이 학교가 신체적, 정신적 장애자도 받아들여 중등학교 과정의 야간 교육을 실시하자 많은 학생들이 몰려들었다.[191]

한경직 목사는 정식학교로 승격된 1958년 영락중고등학교와 영락여자상업학교를 포함하는 학교법인 영락학원의 초대이사장이 되었다.[192] 이 영락학원은 대광학교나 숭실대학과는 달리 영락교회가 독자적으로 직영하는 교육기관이라는 사실에 있어서 특별한 의미를 갖는다. '영락성경구락부'는 처음에 60명의 전쟁고아와 결손 아동 등을 교육했으며 1953년에는 6학급 649명, 1964년까지 1천여 명의 아동들에게 초등교육을 실시하였다. [193]

이 시절에는 가난한 사람들에게는 정규학교보다 야학이나 공민학교 형태의 교육이 더 접근 가능한 교육프로그램이었다. 영락학교는 이러한 빈곤계층, 장애인, 고아와 결손가정의 아동들을 수용할 수 있는 비정규과정으로부터 시작했다는 사실이 한 목사의 교육을 통한 봉사적 의미를 더욱 부각시키는 부분이라 할 수 있겠다.

5. 숭의 여학교[194]

숭의학교는 구한말인 1897년 그래함 리 선교사의 집에서 10여 명의 소녀들이 모여 신식교육을 받다가 1903년 미국인 선교사 마펫 목사에 의해서 평양에 여학교로 세워졌다. 그 후 일제의 탄압과 신사 참배 강요에 맞서 자진 폐교하였다. 한경직 목사는 박현숙과 함께 숭의 재건에 나서서 미 육군 간호원 기숙사를 양도받아 '사회사업 송죽회'를 설립하였다. 송죽회는 일제시절 숭의의 '송죽결사대'라는 비밀결사조직으로서 여학생들이 머리를 잘라 독립운동자금을 헌납하기까지 하는 애국단의 이름이었다. 이 사회사업단체를 바탕으로 미국북장

191) 최재건, Op. cit., pp. 61~62.

192) 김응호, Op. cit., p. 114.

193) 「영락교회 50년사」Op. cit., pp. 211~213.

194) 숭의학원에 대한 내용은 최재건(Op. cit., pp. 63~64)의 글과 숭의학원 홈페이지 http://seg.ms.kr를 참조하였다.

로교회의 협조를 받아 1950년 송죽원에서 '숭의여자중학'이란 이름으로 교육을 시작하였고 전쟁 후에 남산에 일본이 세운 신사 자리에 숭의여학교를 다시 세우게 되었다. 신사참배에 저항해서 문을 닫은 학교가 바로 그 우상의 제단을 무너뜨리고 십자가의 학교를 높이 세운 것은 매우 의미가 깊은 일이 아닐 수 없다. 그것은 우상 섬기기를 거부하며 신앙의 절개를 지켰던 숭의학교에게 하나님께서 주시는 승리의 축복이었다.

한경직 목사는 이 학교를 재건할 때 깊이 관여했을 뿐 아니라 1974년 재정적인 위기에 직면했을 때에도 관선이사로 선임되어 소천하시기 1년 전인 1999년까지 봉직하며 학교가 위기에서 벗어나도록 영락교인이 인수하게 하였고, 나중에는 최창근 장로를 이사장으로 세워 위기에서 벗어나게 하였다. 교내에 마펫선교사 기념관을 건립할 당시에는 마펫 박사 기념사업회 이사장으로도 봉사하였다.

숭의 여학교는 서울 대방동에 캠퍼스를 건설하고 2003년부터 새로운 시대를 열었다. 현재 숭의학교는 유치원으로부터 대학에 이르기까지 커다란 학원으로 발전하였다. 이 학교의 캠퍼스에는 한경직의 공적을 기려 '한경직 기념 숭의 기도의 동산'이 세워졌고 '한경직 목사 숭의 사랑 장학회'도 운영되고 있다. 숭의학원은 절대적으로 교육의 기회가 부족했던 여성 교육을 위한 학교였다는 점과 사회사업기관으로 설립되어 재건이 진행되었다는 사실에서 사회봉사적 의미가 강하게 부각되는 기관이다.

6. 영락여자신학교의 설립[195)]

영락여자신학교는 여교역자 양성을 위한 국내 유일의 교육기관으로서 1969년 한경직 목사의 성역 40주년 기념사업으로 설립이 추진된 학교이다. 장로회신학교에서 여학생의 수가 줄어들고 교회에서 봉직할 여전도사의 수가 줄어들자 한 목사는 여자교역자 양성의 필요성을 인식하고 설립에 들어갔다. 이 학교의 설립 목적은 첫째 농어촌 미자립 교회에서 봉사할

195) 영락여자신학교의 내용은 최재건(Ibid., pp. 67~69)의 글과 신학교 인터넷카페 http://cafe.naver.com/ynwts를 참고함

여교역자 양성, 둘째 통일 후 북한에 파송할 여교역자 준비, 셋째 미전도지역이라 할 수 있는 일본의 복음화를 위해 파송할 선교사 양성, 넷째 소외된 자를 위한 사회복지기관에서 일할 봉사자 훈련으로 정했다.

이 학교의 교육정신은 공동체 생활을 기초로 하는 순종, 헌신, 섬김의 삶을 자유롭게 경험해 나가도록 하는 것이었다. 이 학교 역시 여성의 교육, 낙후지역, 사회봉사의 전문가를 양성하는 목표를 통하여 한경직의 봉사정신이 구현되는 학교라고 볼 수 있다. 한 목사는 은퇴 후 이 학교의 기숙사로 사용되던 소박한 숙소에서 노후를 보내다가 소천했다.

7. 그 외의 교육을 위한 봉사

한경직 목사는 앞에서 설명한 교육봉사 외에도 여러 대학과 신학교에서 경영인으로 봉사했다. 1962년부터 1975년까지 서울여자대학교의 학교법인 정의학원의 이사장으로 봉직했고[196] 1971년에서 1973년까지 학교법인 장로회신학대학교의 4대 이사장직을 수행했다.[197] 뿐만 아니라 1973년에서 1981년까지는 아세아연합신학대학원 초대 이사장으로 헌신하였다.[198]

서울여대는 1924년 제15회 장로교 총회에서 여자대학 설립을 위한 규칙을 제정하였지만 여건이 여의치 않아 1956년에 설립준비위원회가 결성되었는데 이때 한 목사는 부회장이 되었다. 1958년 고황경을 초대학장으로 선임하고 개교했으며 1988년에 종합대학이 되어 크게 발전했다. 여성교육에 관심이 많던 한 목사는 13년간 이사장으로 있으면서 학교의 외적 · 내적 성장과 발전에 많은 기여를 하였다.[199]

1901년 평양에서 개교한 장로회신학대학교는 1938년에 이르러 신사참배에 저항하여 폐교로 맞섰다가 해방 후에 재건되었는데 한경직은 제4대 이사장으로서 재직하였다. 그는 이

196) 김응호, Op. cit., p. 114.

197) Ibid., p. 114.

198) Ibid., p. 114.

199) 최재건, Op. cit., pp. 69~70.

학교가 장로교계의 세계적 굴지의 학교로 자리 잡도록 교수진을 확충하고 한경직기념관을 건립하여 발전에 공헌했다.[200]

아세아연합신학대학교(Asia Center for Theological Studies and Mission, ACTS)는 한경직의 해외선교활동의 결과로 탄생한 학교이다.[201] 1968년 한경직 목사가 공동의장으로 싱가폴에서 주재했던 '아세아태평양전도대회(Evangelism Congress for Asia and pacific Area)'에서 아세아 교회들이 연합해서 신학교를 세우자는 결의를 이끌어낸 것이다. 그리고 3년 뒤 1972년 ACTS 설립을 위한 국제이사회가 회집되었을 때 한 목사를 이사장으로 하는 이사회가 결성되었다. 이때부터 이사장으로 재직하다가 80세에 스스로 물러났다.

그 외에도 재단법인 남강 문화재단, 고당 조만식 선생기념사업회, 운정장학재단을 비롯한 여러 가지 장학 사업에 책임자로 관계를 하였고 다양한 교육 사업에 여러 형태로 공헌을 하였지만 이만 줄이도록 한다.[202]

Ⅳ. 격동하는 한국의 정치현실과 그의 가시밭 길: 사회참여

한경직 목사는 삼일운동 후 1920년대에 '조선학생회' 운동에 관여했고, 30년대에는 신사참배 반대, 40년대에는 신의주에서 기독교사회민주당을 결성했으며, 50년대에는 기독교구국회를 조직하여 반공의 일선에 나섰다. 평생 교회에서 조용히 목회에 전념하고 싶었겠지만 필요하다면 노동위원장직도 맡았고 자치회의 부회장도 했으며, 도민회 회장직을 맡기도 하였다.[203] 격동하는 한국의 정치 · 사회의 현실에 일시적이나마 적극적으로 관여하며 민족

200) Ibid., p. 70~71.

201) 한철하, "한경직과 아세아연합신학대학교," 「한경직 목사의 신앙유산」조은식 편, (서울: 숭실대학교 교목실, 2007) p. 295~300.

202) 「기독교대백과사전」Op. cit.

203) 서울신문 1946년 7월 14일자에는 한목사가 한국여론협회의 노동위원장이 되었다고 보도되었고, 48년 1월 30일 조선일보에는 평북도민회 회장을 가지고 있음을 알려주고 있다.

의 위기에 행동으로 참여하였다. 그는 한 교회의 목사로서만 사역한 것이 아니라 민족과 사회가 필요로 할 때 민감하게 행동으로 응답한 것이다.

1. 신사참배 반대와 좌절

신사참배는 신앙적인 문제요, 종교적인 문제이면서 동시에 정치적이고 사회적인 문제이기도 하다. 신사참배는 일제가 한국인의 애국심을 말살하고 민족정신을 굴종시켜 식민통치를 영구히 존속시키려는 의도에서 강력하게 추진한 것이었다. 일제가 신사참배를 강행하는 근본적인 이유를 생각하면 그것은 분명히 종교적인 목적이 아니라 정치적인 목적이었던 것이다. 이러한 사실에 근거하면 신사참배는 신앙과 종교의 영역을 뛰어넘어 정치 · 사회적인 문제가 된다.

이미 잘 알려진 바와 같이 한경직 목사는 1933년 신의주 제2교회를 맡아 1942년까지 크게 성장시키며 목회를 하였으나 1942년 신사참배를 강요하는 일제의 탄압으로 사임하였다. 신사참배를 정면으로 반대하고 옥고를 치루기까지 한 끝에 결국 교회 강단에서 쫓겨난 것이었다.

일제의 입장에서 보면 한 목사는 그냥 놓아둘 수 없는 철저한 배일주의자요 애국지사로서 친미주의자였다. 그는 그 시대에 드문 지식인이었고, 지도자였다. 민족학교인 오산학교 출신인데다가 미국유학파라는 사실을 생각하면 단연 돋보이는 존재였고 그의 태도와 결정은 교회뿐만 아니라 민족사회에 큰 영향을 미치지 않을 수 없었던 것이 사실이다. 그래서 일제는 한경직을 민족주의자요 반일사상가로 낙인찍고 신사참배를 하지 않는다고 연행하여 목사직으로부터 추방하였던 것이다.[204)]

이렇게 해서 그는 1945년 해방이 될 때까지 고아원의 원장으로만 봉사하게 된다.[205)] 그가 목회하던 신의주 제2교회가 세운 보린원이라는 고아원에서 거름통을 짊어지고 농사를 하

204) 김영한, Op. cit., pp. 119~120.

205) 민경배, Op. cit., p. 154.

며, 고아들을 돌보고 지내던 시절 목회자가 목회의 현장을 잃은 상처가 참으로 고통스러웠으리라 짐작되지만 정작 그에게 평생 쓰라린 상처로 남겨진 사안은 신사참배의 문제였다.

1992년 템플턴상을 받은 후 그 기념 축하연에서 자신은 신사참배를 한 죄인이라고 고백하였다.[206] 이것은 한 목사를 존경하는 많은 사람들에게 큰 충격이었다. 그는 생전에 이만열 교수를 만나 대화록을 작성하는 중에 이렇게 말했다고 한다.

> 그때 상황이 어떻게 됐는고 하니, 신사참배를 찬성할 목사가 누가 있겠어요. 다 반대 아니겠어. 다 반댄데, 그러니까 신의주에서도 특별히 반대하는 목사와 장로들을 그 사람들이 조사해 갖고서는 열 대여섯을 전부 잡아넣었단 말야. 나도 잡혀 들어가 있었지요. 그렇게 하고서는 신사참배 가결을 했단 말이예요... 그런 문제로 반대를 했는데 우리 교인들이 다 이걸 허락하고... 그때 생각에, 사실 이 신사참배 문제로 지옥엘 가겠느냐... 심지어 무슨 생각까지 들어오는고 하니 "우리 교인들이 모두 지옥에 가면 나도 함께 지옥에 가야지 나 혼자만 천국에 가겠느냐," 이건 시험이죠, 그러나 그때 그런 생각이 들어와요. 그런 가운데서 윤 목사하고 나하고 의논을 하는데... "할 수 있느냐, 그저 허락한다고 하자" 그렇게 했어요.[207]

신사참배에 대한 고백에 대해서는 한 목사가 직접 신사참배를 했기 때문에 그렇게 말한 것인지, 교인들의 신사참배를 끝내 반대하지 못해서 그렇게 고백한 것인지는 분명하지 않다. 만약 그가 직접 신사참배를 했다면 그를 강단에서 추방하기까지 하지는 않았을 것이기 때문이다. 하지만 그런 것은 그리 중요하지 않았다. 그가 옳다고 믿고 생각하고 있는 것을 끝까지 지켜내지 못한 것에 대한 고통이 평생 그의 마음을 따라다니다가 결국 하나님과 사람 앞에서 인생의 최고 영광된 상을 받고 축하를 받는 바로 그 자리에서 끝내 고백하고 말았던 것이다.

---

206) 김영재, Op. cit., p. 157

207) 이만열, "한경직 목사를 만남,"「한국기독교와 역사」창간호, (기독교문사, 1991. 7.) p.152.

우리 한국교회는 한 목사의 이 고백을 통해서 큰 위로와 모범을 유산으로 받았다고 말해야 옳을 것이다. 다윗이 비록 그의 그 엄청난 실패에도 불구하고 하나님 앞에서 정직과 공의의 모범으로 남은 것과 같은 맥락이다. 신사참배의 압력을 뿌리치고 신앙을 지킨 사람은 소수지만 주기철 목사를 비롯해서 여러 사람이 있는 것이 사실이다. 그러나 위기의 시대에 저지른 잘못에 대하여 평안한 시대에 고백한 사람은 한 목사 외에 그 사례를 들어본 일이 없다. 그러한 부분에서 그는 아름다운 영성을 보여준 것이었다.

2. 신의주 치안유지와 기독교사회민주당 정치실험

해방 후 한반도는 북위 38도선을 경계로 미소 점령군에 의해 분할 점령되었다. 남쪽은 미국이 주도하는 민주주의로, 북쪽은 소련이 주도하는 공산주의로, 이것은 한반도를 두 동강 낸 정치적인 분열임과 동시에 이념적인 분열이었다.

일제에 의해 강단에서 쫓겨났던 한 목사는 해방직후 교회에서 돌아와 달라는 요청이 있었는데도 불구하고 바로 교회에 복귀하지 않고 그 지역의 치안을 유지하기 위해서 신의주 자치회를 결성하고 부회장으로서 일했다. 그야말로 정치일선에 나선 것이었다.[208] 놀라운 것은 그러한 활동이 패전하여 물러가는 일본 사람들을 보호하려는 일본 지사의 부탁을 듣고 시작한 일이라는 사실이다. 여기서 그의 평화와 화해를 사랑하는 정신, 그리고 용서의 정신이 구체적인 행동으로 나타나고 있음을 볼 수 있다.

> 해방 후에 신의주에서 일본 지사가 나한테 사람을 보냈어요. 그래서 일본지사를 처음 만났어요. 그런데 일본 지사가 무슨 말을 하는고 하니 "지금 일본이 패했는데, 이제는 미군이 들어올 텐데, 문제는 미군이 들어오기 전에 한국 민족과 일본 민족의 감정대립이 대단하다. 그러니까 잘못하면 큰 희생이 난다. 그러니 이것을 나서서 막아야 하는데 누가 나서서 이것을 막을 수 있겠는가. 누구한테 물으니까 당신이 이

208) Ibid., pp. 154~155.

책임을 맡으면 이 전환기를 무사히 지낼 수 있다고 한다. 그러니 이것을 좀 맡아 주시요"라고 나보고 말을 해요[209]

일본인 지사는 라디오 방송을 통해서 자신은 물러가노라고 하고 앞으로 치안책임은 한목사가 맡는다고 공표를 했다.[210] 한경직은 '신의주 자치회'를 조직하였다. 독립운동을 하다가 옥고를 치룬 이유필 선생을 위원장으로 세우고 제1교회 담임목사인 윤하영과 함께 부위원장이 되어 청년들을 치안대로 편성했다. 그리고 경찰서에서 무기를 인수하고 파출소를 지켜 위기의 시기를 평온하게 넘길 수 있었다.

그러나 소련군이 몰려오고 공산당이 득세하면서 사태가 어지러워질 조짐이 보이자 한 목사는 신의주 자치회를 개편해서 민주당이라는 정당을 추진해 나갔다. 해방이 되던 1945년 9월 초에 한경직 목사와 윤하영 목사가 중심이 되고 평북의 기독교인을 기반으로 기독교사회민주당이 조직되었다. 이 정당은 "민주주의 정부의 수립과 기독교 정신에 의한 사회개량"을 정강으로 하여 조직되어 처음에 민주당이었으나 "북한 인민의 전적 포섭을 위해" 당명을 사회민주당으로 바꾸었다고 한다.[211]

기독교사회민주당은 지방조직 과정에서 공산주의 추종자들과 자주 충돌하였다. 이 해 11월 16일부터 있었던 용암포지부 결성대회를 계기로 일어난 충돌은 11월 23일부터 시작된 신의주학생시위사건의 도화선이 되었다. 이를 계기로 소련 당국은 기독교사회민주당 간부들에 대한 일제 검거에 나서게 되었다.[212] 그리하여 윤하영 한경직 등 당 지도부가 월남하게 되었고 기독교사회민주당은 사실상 해체되었다.

공산치하에서 격렬하게 저항했던 사회운동은 아주 드물었기 때문에 신의주 학생운동의

---

209) 한승홍, 「한경직 예수를 닮은 인간, 그리스도를 보여준 교부」 (북코리아, 2007) p. 114.

210) Ibid.

211) 김양선, 「한국기독교해방십년사」대한예수교장로회 총회교육부, 1956, p. 62~64 및 한국기독교역사연구소 북한교회사집필위원회, 「북한교회사」(한국기독교 역사연구소, 1996) pp. 388-389.

212) 이만열, "한경직 목사의 한국교회사에서의 위치,"「한국교회와 한경직 목사: 1주기 추모자료집」(서울: 사단법인 한경직 기념사업회, 2002) pp. 28~29.

의미는 아주 중요한데 그 배후에 한경직 목사의 영향이 있었다는 사실은 한국근대사에 매우 중요한 사실이면서도 그동안 묻혀져 온 진실이었다.

한경직 목사의 이러한 위험한 정치참여는 정치적 야심에서가 아니라 "누군가 꼭 해야 할 일인데 할 사람은 없으니 우리라도 손을 대어야 한다는 애국일념 하에 새 나라의 건국 기틀은 반드시 민주적이고 기독교적인 '터'위에 놓아야겠다는 소박한 생각"에서 이루어진 일이었다. 그에 의해 조직된 이 정당은 해방 후 국내에서 조직된 최초의 정당이었다.[213] 그야말로 민경배가 말했던 것처럼 해방 한국의 새 시대를 맞이하여 "도덕적 정치의 이념을 불살랐다"[214]고 볼 수 있겠다. 만약을 전제로 한 추측이지만 한 목사의 이러한 정치 실험이 성공했다면 북한사회가 공산주의로 넘어가지 않았고, 민족상잔의 전쟁을 겪지 않아도 되었을 것이며 우리나라가 오늘까지 분단된 민족으로 서로 대립하면서 고통스러운 역사를 경험하지 않아도 되었을 것이다. 그런 의미에서 한경직 목사의 정치 시도는 매우 중요한 시도였다고 하지 않을 수 없다.

3. 분단된 해방공간에서의 반공운동

신의주에서 한경직 목사의 실험적 사회참여는 오래갈 수 없었다. 폭력과 독선으로 무장된 공산세력이 장악한 사회에서 대화와 토론을 통한 합리적 정치는 애당초 무리였다. 그는 임박한 체포의 위기를 피하여 38선을 넘어 남쪽으로 피신했다. 이때부터 탈출 성도의 한사람으로써 피난민사역과 함께 반공의 일선에 서서 일관되게 영향을 미쳤다.[215] 한경직에게 있어서 공산주의는 최대의 적이었다.[216] 공산주의는 무신론적 유물사관에 근거하였고, 권력쟁취를 위해서 수단과 방법을 가리지 않았으며, 테러를 통해 양민을 학살하는 무도한 집단이었다. 그래서 공산주의는 인류의 적으로서 그에게 타도의 대상이었다. 그는 단순한 반

213)「기독교대백과사전」Op. cit. p. 39.「영락교회 35년사」Op. cit., p. 44.「영락교회 50년사」pp. 61~62.

214) 한경직,「민주국가의 정신적 기초, 영락교회 출판위원회」1968. 참조(재인용) 민경배, Op. cit., p. 154.

215) 한경직은 반공연맹의 이사(1974)로 활동하기도 하였다.「기독교대백과사전」Op. cit.

216) 한숭홍, Op. cit., pp. 121~122.

대자가 아니라 행동으로 반대하였다.

> 정치적 자유가 없이 신앙의 자유와 기타 모든 자유는 없는 것이다. 고로 우선 독립이다! 이것은 우리 겨레의 지상명령이다. 그러나 독립은 하되 기독교적 이상에 의하여 건국케 할 의무가 있다. 건국하되 유물론적 독재국이 되면 어찌하랴. 이때는 참으로 천재일우의 기회이다. 우리의 행동 여하가 자손만대에 큰 관계가 있다는 것을 분명히 자각하여 우리의 의무를 수행하여야 하겠다.[217)]

죽음의 사선을 몇 고비 넘으면서 공산주의의 해악을 절실하게 경험한 한 목사는 그 후로 공산주의와 대결해야 한다는 강한 신념을 갖게 되었던 것으로 보인다. 그리하여 그에게는 공산주의를 막는 것이 독립하는 것만큼이나 중요했고, 부패한 정권을 심판하는 것보다도, 권위주의 정권의 민주화를 위한 변화를 추진하는 것보다도 우선한 문제였다.

한 목사의 월남직후 활동들을 살펴보면 한동안 미 군정청의 통역으로 활동하다가 베다니교회를 창립한 이듬해 46년에는 베다니청년회를 조직하여 강연회 등을 개최하고 진정한 민주주의 사상 계몽에 힘썼다. 당시 청년회의 성향은 공산당의 만행을 목도하고 그들의 학정을 피해 정든 고향과 부모형제를 떠나온 이들이었기 때문에 남달리 반공주의에 투철하였다. 그래서 이 청년회는 신탁통치 반대 운동의 중심에 있었던 '서북청년단'의 중심세력으로서 큰 역할을 하게 된다.[218)] 또 47년 1월에는 베다니 대학생회가 조직되어 혼란한 해방정국에서 기독학생의 사명이 무엇인지 열띤 토론을 벌였고, 당시 학내에 침투된 공산주의 '프락치'문제로 좌 · 우간의 반목이 치열하게 벌어지던 때였으므로 반공산주의 운동의 최선봉에 섰다.

---

217) 한경직, 「건국과 기독교」1949, pp.140~148.(재인용)「영락교회 50년사」Op. cit., p. 61.

218) 한숭홍, Op. cit., pp. 154~157. 「영락교회 50년사」Ibid., pp. 97~99. 당시 교회당도 없는 영락교회의 천막교회에서 1947년 이북학도들의 총단결을 도모하고 반공투쟁을 효과적으로 하기 위해 〈한국학생연맹〉, 〈서북학년〉, 〈함남학련〉 등의 단체를 발전적으로 해체하고 〈이북학련 총연맹〉을 결성하였다. 이재오,「해방후 한국학생운동사」(서울: 형성사, 1984), p. 93.

한 목사는 47년 10월 7일 한국 독립을 위한 국민대회에서 이북동포에게 보내는 메시지를 낭독했다. 뿐만 아니라 1948년 여 · 순 반란사건 당시에는 남원군 일대를 방문하고 군민들을 위로하는 구국전도집회를 열어 전도집회를 겸한 선무활동을 전개하였다.[219] 1949년에는 「건국과 기독교」라는 첫 설교집을 출간하여 복음적인 사회사상을 제시하고 한국교회의 사회참여를 선도하였다.

4. 한국전쟁의 소용돌이 속에서 구국활동

1950년 6월 25일. 새벽 4시 한국전쟁이 터졌다. 바로 다음 날 한 목사는 예수교서회(현 기독서회) 회의실에 기독교지도자들과 함께 "국가 변란이 임했는데 우리가 보고만 있겠느냐" 논의하면서 국군을 돕고 피난민을 돌보기 위하여 〈대한기독교구제회〉를 결성하여 회장에 추대되었다.[220] 비록 너무 빨리 공산군이 서울로 밀려들어왔기 때문에 제대로 된 활동을 해보지 못했으나 사회적 위기와 국가적 변란에 즉시 대처하는 한 목사의 기민한 참여정신을 잘 알 수 있게 하는 사안이다.

피난을 떠난 한 목사는 1950년 7월 3일 대전에서 〈대한기독교구국회〉를 조직, 국방부와 사회부를 도와 선무 · 구호 · 방송 등의 일을 하게 된다. 한 목사가 대전까지 피난을 내려갔을 때 대전에는 많은 목사들이 피난을 와 있었다. 그들은 대전 제일교회에 모여서 이 나라 이 겨레를 위하여 무엇을 할 것인가를 의논하다가 '대한 기독교 구국회'를 조직하였고 한 목사는 회장으로 활동하게 되었다. 전의를 상실하고 쫓겨 가는 상황이었지만 시국강연을 열고 단결을 호소하여 사기를 북돋았다. 이 모임은 순식간에 이남 전역으로 퍼져 나갔고, 대구 · 부산 등지 30여 곳에 지부가 설립되는 선풍을 일으켰다. 전세가 악화되어 정부가 대구로 옮겨갔을 때 구국회도 함께 이동하여 쉴 틈 없이 강연하였다.[221]

---

219) 「영락교회 50년사」 Ibid., pp. 96~97.

220) 김성준, 「한국기독교순교사」(서울: 한국교회교육연구원), pp. 192~193.(재인용) 한숭홍, Op. cit., p.135.

221) 강정훈, 「사랑이 꽃피는 큰나무 한경직 : 청빈과 겸손의 참 목자 이야기」 (문예춘추사, 2007) pp. 166~167.

그리고 교회들을 통하여 기독청년들을 모집하여 이른바 '기독청년의용병'을 조직하고 3,000여명의 지원자를 훈련받게 하고 전쟁터로 보냈다. 이러한 활동은 패색이 짙은 전쟁 상황에서 이루어졌기 때문에 더 의미가 크다. 그는 군사를 모집하고 정부에 군사교관을 파견하도록 청원했으며 사방으로 쫓아다니며 식량을 얻어다가 먹이고 생사고락을 함께 나누었는데 이들은 전선의 최전방에 배치되어 전멸 당했다고 한다. 이 소식을 듣고 한 목사는 큰 고통을 갖고 살아가게 된다.[222] 9.28 수복 때에 한 목사는 기독교구국회 회장으로 가장 먼저 서울에 입성했고 다시 구국단을 인솔하고 북진하는 군인들과 함께 평양까지 올라갔다가 중공군의 개입으로 다시 서울로 귀환했다가 부산으로 내려간다.[223]

1951년 정부 파견 유엔 사절로 도미: 1951년 3월 한국 정부는 UN군의 파한과 원조에 감사하여 한경직을 UN에 감사사절단으로 파견하였다.[224] 영어에 능통하고 친한파 미국 친구들과 유지들을 잘 알고 있으며, 더욱이 미국 교회지도자들과 폭넓게 교제를 갖고 있던 한 목사는 UN에서, 그리고 미국 정계를 비롯한 교계에서 구국일념에 동분서주하며 많은 외교적 공헌을 했다.[225]

5. 한경직 목사의 순수한 평화주의와 군사정권

1) 4.19와 한경직 목사

한 목사는 4.19 학생혁명이 진행되는 동안 자신이 설립한 대광고등학교를 비롯한 기독교 고등교육기관들이 데모운동에 적극 참여하는 것을 매우 우려스럽게 바라보았다. 대광학교는 4월 19일 아침 일찍 시위에 나섬으로 이 날 혁명의 불길이 치솟도록 견인하는 주요 요인이 되었다. 그것은 한 목사의 설립이념인 "경천애인이라는 교훈 밑에서 투철한 기독교 정신, 곧 불의와 타협하지 않는 정의로운 인간상 구현을 가르치고 익힌 대광학교의 남다른 교

222) 한숭홍, Op. cit., p. 139.

223) Ibid., pp. 143~145.

224)「영락교회 35년사」p. 136.

225) 한숭홍, Op. cit., p. 151.

육의 결과"[226]라고 할 것이다. 그때 영락교회 대학생들 사이에서 중요한 리더십을 발휘하고 있던 서울대 학생 김치호가 경찰의 발포로 인하여 죽음을 당하기도 하였다.[227] 교회는 김치호의 장례를 교회장으로 엄수하여 그의 죽음에 의미를 부여하고 그가 외치며 죽어간 뜻을 한국교회와 사회 앞에 널리 알렸다.[228] 또한 교회는 계속된 시위대와 경찰의 충돌 과정에서 많은 시민과 젊은이들이 부상을 당하자, 이들을 위해 "4.19 의거에 부상을 당한 환자에게 위문금을 보내기로 가결하고 한국일보사에 100만환"[229]을 보냄으로서 시위세력을 지원하는 입장을 취했다. 그러나 한편으로 한 목사는 민주주의의 진전을 바랬으면서도 호전적 공산주의의 목전에서 우리 사회가 극도로 혼란해 지는 것에 대하여 매우 걱정했음이 틀림없다.

2) 5.16과 한경직 목사

4.19 학생혁명 이후 민주당 정권의 혼란의 와중에서 1961년 5월 16일 박정희를 중심으로 한 일단의 군인들이 쿠데타를 일으켜 정부를 전복하고 사태를 장악했다. 쿠데타의 주체세력은 군사혁명위원회의 가장 우선적 목적이 "공산주의 위협으로부터 국가를 방어하기 위해서"라고 천명했고, 이러한 혁명공약이 성취된 다음 즉시 정권을 민간에게 이양하고 본연의 업무인 국방의 의무로 돌아가겠다고 굳게 약속을 하였다.

한경직 목사는 군사혁명이 일어났을 때 기독교 교역자로서, 미국의 민주주의적 교육을 받은 지성인으로서, 당연히 부정적인 견해를 갖지 않을 수 없었겠지만 혼란한 사회를 안정시키고 공산주의를 막아내며 민간 이양을 약속한 이상 받아들이는 것으로 결정했다. 그리고 한반도에 일어난 군사쿠데타에 대하여 워싱턴 정부가 한국사회의 지도자들의 의견을 듣고자 했을 때 한경직 목사는 김활란 박사 등과 함께 사절단으로 도미하여 그러한 견해를 밝혀 국내 상황의 안정을 위해 노력했다.

226)「영락교회 50년사」Op. cit., p. 182.

227) Won-Sul Lee 외, Op. cit., p. 170.

228)「영락교회 50년사」Op. cit., p. 182.

229) 영락교회 당회록, 1960년 4월 24일.(재인용)「영락교회 50년사」p. 183.

3) 한일국교 정상화와 한경직 목사

그러나 우리가 잘 아는 바와 같이 그 약속은 지켜지지 않았다. 평화를 사랑하고 순수하게 약속을 믿은 한경직의 기대가 무너지고 말았다. 특별히 1965년 박정희 정부가 무리하게 일본과 '한 · 일 국교 정상화'를 추진하려고 하였을 때 한경직은 교계의 지도자들과 함께 4월 17일 영락교회에 모여 한국기독교연합회(NCC)의 이름으로 '한일 국교 정상화에 대한 우리의 견해'라는 성명서를 통해 국민과 교계의 우려의 뜻을 전했다.[230] 그리고 정부의 입장에 변함이 없자 7월 1일 한경직 목사를 비롯해 김재준, 이태준, 김세진, 이해영 등 166명의 기독교 목사들이 연서하여 "그리스도인으로서 조국의 운명에 대해 방관할 수 없다"는 반대성명과 함께 "온갖 형태의 독재와 모든 불의 부정부패에 항거한다"는 강경한 입장을 표명했다.[231]

4) 10월 유신과 한경직 목사

하지만 한 목사는 1970년 교계와 사회의 뜻있는 분들이 박정희 정부의 유신 헌법에 반대하여 서명운동을 했을 때 이에 동참하지 않았다. 이 사실을 두고 그의 국가관, 정의관, 및 정의 실현을 위한 의지에 대하여 의아심을 가지는 사람들이 생겨났다.[232] 그는 1970년대 유신헌법 반대 운동 서명에 참여하지 않은 것에 대하여 다음과 같이 피력한다.

> "전도해야 할 목사로서 제 1되는 사명을 버리고까지 정치운동이나 사회운동에는 참여하지 않는다는 그 원칙이 서 있었소. 그래서 보류했거든"[233]

김영한은 한 목사의 진술을 근거로 그는 복음전도자이지 사회운동가는 아니라고 주장한다. 실제로 한 목사는 70년대 교회 청년들이 반정부 시위를 하려 할 때 직접 나서서 그들을

---

230)「영락교회 50년사」Ibid., p. 185.

231) Ibid., p. 186.

232) 김영재, Op. cit., p. 155.

233) 김병희 편저,「한경직 목사」(서울: 규장문화사, 1982), 89.(재인용). 김영한, Op. cit., p. 114.

막았었다.[234)]

그의 이러한 태도를 이해하기 위해서는 오산학교 시절까지 되돌아가야 한다. 한경직은 오산학교 시절 조만식 교장으로부터 비폭력 무저항 정신을 뼈저리게 교육받았다. 그는 한 번도 조만식은 일본 사람들에 대해서 그들이 남의 나라를 약탈하고 괴롭히는 것은 악한 일이지만 그렇다고 일본 사람들 자체는 미워하지 않았다고 한다. 오히려 일본인들을 사랑하고 동포처럼 반갑게 대해 주려고 노력했다. 그는 한 번도 학생들 앞에서 일본 사람들을 경멸하는 조로 '왜놈'이니 '쪽바리'니 하고 부른 적이 없었다고 한다. 그는 비록 일본인의 죄는 미워했지만 일본 사람은 사랑하려고 노력했던 참된 신앙인이었다. 따라서 조만식은 일본인들에 대항하는 일에서도 절대로 폭력을 사용하지 못하도록 했다. 그는 기도회 때마다 학생들에게 원수를 사랑하고 어떤 일이 있어도 폭력을 사용하는 일은 없어야 한다는 것을 강조했다. 1974년 고당 조만식선생기념사업회 조직 회장 취임[235)]하기까지 했던 한경직 목사에게 이러한 조만식의 교육은 일생을 두고 그의 마음에 살아있었던 것이다.

5) 신군부 제4공화국과 한경직 목사

1980년 5월 18일 광주에서 군대와 데모대 사이에 참혹한 전투가 벌어지고 1,200여 명의 사람들이 목숨을 잃었다.[236)] 이런 험악한 시절 8월 6일 수요일 아침 서울 롯데호텔 에메랄드룸에서는 전두환 국가보위비상대책위원회 상임위원장을 비롯한 23명의 한국 교회를 대표하는 목사들이 참석한 가운데 국가와 민족을 위한 조찬기도회가 1시간 30분 동안 진행되었다.[237)] 이 기도회는 KBS와 MBC를 통하여 세 번이나 반복되면서 대대적으로 홍보되었다.

"그 날의 조찬기도회는 전두환 정권 홍보용 기도회였습니다. 세월이 많이 흘렀지만

---

234) 「기독교대백과사전」Op. cit.

235) Ibid.

236) Won-sul Lee 외, Op. cit., p. 192.

237) [국민일보] 2008-05-21 33면

이렇게라도 고백하니 마음이 편하고 이제는 여한이 없습니다."[238]

이 날 기도회에 참석한 정진경 목사의 술회였다. 홍보용 기도회인 줄 알고 참석한 목사는 아무도 없었을 것이다. 이 자리에 참석해서 순서를 맡은 목사들은 나중에야 이 기도 모임이 정권의 홍보용이었다는 것을 알게 되었다. 이들은 사람들의 협박과 비난을 감수해야 했다. 정진경 목사는 "철저하게 이용당했다는 불쾌감이 참석했던 목사들과 기독교계에 팽배했다"고 말한다.[239] 목사들은 말씀으로 권면하고 기도로 하나님께 나아가도록 하는 것을 기대했을 때 정치군인들은 홍보를 생각했던 것이다.

한경직 목사는 이날 설교를 담당했다. 그에게 조찬기도회에 참석하는 것은 새삼스러운 것은 아니었다. 한 목사는 1968년 5월 1일 서울 워커힐호텔 코스모스홀에서 열린 제1회 국가조찬기도회에도 참석했다.[240] "나라를 위해 기도해달라고 하는데 못한다고 할 수 없지 않느냐"[241]는 것이 그가 참석한 이유였고, 그 이후 이것은 일관된 그의 태도였던 것이다.

전두환 국보위 상임위원장을 위한 조찬기도회의 자리에서 한 목사는 '하나님께서 구하시는 것'이라는 제목으로 설교했다.[242] 설교의 본문은 미가서 6장 8절. "사람아 주께서 선한 것이 무엇임을 네게 보이셨나니 여호와께서 네게 구하시는 것은 오직 정의를 행하며 인자를 사랑하며 겸손하게 네 하나님과 함께 행하는 것이 아니냐"였다. 한 목사는 강한 어조로 정부의 통치에 있어서 공의로움의 중요성을 선포했다. 권력자는 민주주의의 원칙 안에서 백성을 겸손하게 사랑해야 한다고 말해주었다.[243] 1971년 5월 1일에 있었던 대통령 조찬기도회의 설교에서 한경직은 "민주국가를 건설하는 데는 법, 교육, 자유, 도덕이 절대로 필요하나" 이것들의 기초는 기독교 신앙이라고 역설하였다.[244] 분명히 그는 쿠데타의 지도자들에

238) Ibid.

239) Ibid.

240) Ibid., 2008-05-10 19면

241) Ibid., 2008-05-21 33면

242) [국민일보] 2008-05-21 33면

243) Won-sul Lee 외, Op. cit., p. 193.

244) 김영한, Op. cit., p. 112.

게 옳은 것과 정의로운 것을 가르치려했던 것이다. 그러나 사람들은 한 목사와 다른 기독교 지도자들이 조찬기도회에 참여한 것만 기억하고 평가했지, 한 목사가 거기서 무엇을 말했는지에 대해서는 관심조차 갖지 않았다.

지난 2월에 김수환 추기경의 타계를 알렸을 때 한 목회자는 "개신교 지도자들은 광주민주화운동 직후인 1980년 8월 조찬기도회를 열어 전두환 정권의 창출을 도운 부끄러운 행동을 회개해야 한다"고 말했다고 한다.[245] 또 혹자는 국가 조찬기도회가 교회와 정권의 밀월관계의 상징이었다고 주장하기도 한다. 그들의 주장이 설득력이 있고 옳은 측면이 있는 것은 사실이다.

그런데 한 목사의 문제는 그렇게 간단한 문제가 아니다. 중요한 것은 한 목사에게 진정성이 있었느냐의 문제일 것이다. 한경직 목사는 이만열 교수와의 대담에서 사회참여에 대한 자신의 입장을 밝혔는데 "어느 특정인에 관한 일은 언제나 직접 그 개인에게 조용히 충고하고 주의를 촉구한다."고 하였다.[246] 또 "정치노선에 유관한 것은 나는 국가의 안보적 차원에서 심사숙고한다. 안보문제를 정치적으로 이용하여 통제정책에 이용하는 폐단과 위험이 있다 하더라도, 그 자체가 정말 국가안보에 미칠 가능성이 없다고 단언할 수 없는 한 안보위주의 길을 걷고자 하는 것이 나의 생각이다."[247]라고 설명하였다. 더 나아가 "사회참여문제에 대한 교회의 입장은 모름지기 두 가지 면을 생각해야 한다. 사회복지에 유관한 사회참여는 국가의 손길보다 더 앞설 수 있다면 더욱 좋을 것이다. 이것은 우리 신앙인의 쌍무적 사명이기 때문이다. 그러나 정치적으로 다뤄야 할 사회참여 문제는 신중을 기해야 할 것이다. 항상 사회질서와 국가의 안위문제를 염두에 두어야 한다."[248]는 것이다.

이만열은 이 문제에 대하여 이렇게 말했다.

한경직의 사회참여에 대한 입장은 분명하다. 나라의 안보에 관한 것에는 심사숙고

245) [국민일보] 2009-02-23 29면

246) 이만열, (1991) Op. cit., pp. 158~159.

247) Ibid.

248) Ibid.

하고 공산당에 대한 것은 단호하다는 것으로 요약할 수 있다. 그러나 이러한 분명한 입장에도 불구하고, 전두환의 등장과 같은 불의한 정권의 등장에 협조하는 것 같은 것도 안보와 관련시켜 생각할 수 있는 것인지, 따라서 전두환과 관련된 그의 판단과 행동이 자신의 원칙에 부합되는 것인지, 그것은 여운을 남긴다. 자신의 원칙에 충실하기 위해 비판을 삼간다면, 꼭 같은 논리에서 불의한 정권을 위해 박수치고 축복하는 것도 절제해야 한다고 믿기 때문이다.[249]

한경직 목사는 프린스턴(Princeton) 시절 진보 · 보수의 역사적 신학적 논쟁과 웨스트민스터(Westminster) 신학교의 분열을 경험하면서 이런 분쟁적인 상황에서는 일절 개입하지 않는 자세를 취하게 되었다. 그것이 비록 "역사적 결단 앞에 책임 회피하는 것이 되지 않겠는가 하는 의문도 뒤따를 수 있는 대목"이다. 그러나 그것이 그의 목회 전반에 걸쳐 일관되게 보이고 있어서 그의 신앙 인격과 관련시켜 생각하는 것이 타당하다고 본다.[250]

분명한 것은 한 목사는 순수한 평화주의자였다는 사실이다. 그의 화평의 목회관은 그의 정치관과 통일관에도 그대로 나타났다. 그는 정교분리의 입장을 표방하면서도 교회는 정치에 영향을 미쳐야 하는데 그 방법은 투쟁적 방법이 아닌 사랑과 평화의 방식이어야 한다고 했다.[251] 동시에 그는 애국자였다. 김명혁은 1957년 3월 3일에 한 목사가 강단에서 행한 "성서적 애국심"이란 제목의 설교를 회상하면서 "예수님도 애국자이십니다"라고 말하여 나라 사랑을 강조하면서도 성서적 애국심이란 민족주의나 국가주의를 넘어서 하나님의 나라와 그의 나라를 우선적으로 구하는 것이라고 강조했다 한다.[252]

249) 이만열(2002), Op. cit., p. 35.

250) Ibid., 22.

251) 김명혁, "목회자 한경직 목사,"『한경직 목사 탄신 100주년 행사 자료집』(한경직목사기념사업회, 2008) p. 209.

252) Ibid., p. 214.

V. 분단과 대립의 장벽을 넘어서: 화해와 일치

1. 나눔을 통한 남북의 화해

한경직 목사는 교회법을 따라 70세가 되는 1972년 5월 은퇴를 발표하고 후임에 박조준 목사를 내정한 후 이듬해 1월 2일에 원로목사로 추대되었다.[253] 한 목사가 은퇴 이후 가장 먼저 관심을 가진 것은 북한선교였다. 이미 은퇴 이전에 "앞으로는 북한선교를 위해 힘쓰겠다"고 밝히기까지 하였다.[254] 이러한 은퇴 이후의 비전이 '사랑의 쌀 나누기 운동'을 통하여 구체적으로 실현되어 나갔다.

1990년 1월 17일 한국기독교총연맹(명예회장 한경직, 회장 박맹술)은 사랑의 쌀 나누기 운동 발기인대회를 갖고 3월 1일부터 국민적 운동을 펴나가기로 결정한다. 이 운동의 발기인 대표는 한경직 목사였고 실행위원장은 이한빈, 운동본부장에는 박세직이 선출되었다.[255]

이때의 상황을 설명하면, WHO는 기아선상에서 매년 세계아동 1천 4백만 명의 어린이가 굶어 죽어가고 있다고 보고했다. 이는 매일 4만 명의 어린이가 죽어간다는 사실을 말하는 것이다. 그러나 국내에서는 9년 연속 풍작으로 1,100만 섬이 넘는 쌀이 남아돌아 더 이상 쌓아둘 창고가 없어 노천에서 썩어가고, 이를 유지관리 하는 데만 4,000억 원의 정부재정이 축나고 있었다. 정부는 이렇게 넘치는 쌀의 소비를 촉진하기 위해서 쌀 막걸리, 쌀 소주, 쌀 술 등으로 소비를 부추기고 있었다.[256] 이 때 한 목사는 북한동포를 살리자고 쌀 나누기 운동을 주창하고 나서셨다. 당시 한 목사는 주위의 만류를 뿌리치고 사랑의 쌀 나누기 운동을 성공적으로 전개했다.

사랑의쌀나누기 운동은 한국장로협의회, 한국기독실업인회 중앙연합회, 한국교회평신도단체협의회, 한국기독교국민화합운동협의회, 한국일보사, 국민일보사, 교계신문 등 50여

253)「기독교대백과사전」Op. cit.

254)「영락교회 50년사」pp. 282~285.

255) [한국일보] 1990-02-18 1면.

256) 사랑의쌀나누기운동본부(한국기독교총연합회 부설), 사랑의쌀나누기운동 1단계 종합보고서. p. 3.

개의 기관단체가 연합한 범사회적인 연합운동이었다.[257] 이 운동은 기독교가 중심이 되어 벌어졌지만 참여과정에서는 기독교 신자들뿐만 아니라 불교 · 천주교 등 타종교계에서도 크게 호응했고, 미국 독일 인도네시아 등 해외의 많은 교민과 선교사들, 외국의 기업체까지 한 방울의 물로써 참여를 아끼지 않았다.

1990년 7월 드디어 남포항을 통해 쌀 1만 가마를 북한 동포에게 전달함으로써 분단이후 첫 남북 민간 교역의 문을 열었다. 이는 굳게 닫힌 북한의 빗장을 애정과 사명감으로 남북한의 첫 교역의 물꼬를 튼 중요한 전기를 마련하게 된 것이다. 이 운동이 펼쳐지면서 우리 사회에 사랑과 인정이 넘치는 손길이 흘러서 24만여 명이 참여를 했으며 1년 결산을 통해 집계된 성금의 총액은 26억 2천 2백여만 원이었다. 사랑의쌀나누기운동위원회는 지난 19년 동안 지속적으로 활동하면서 총88억 8천만 원의 모금을 거두어 북한에 11억, 몽골을 비롯한 20여 개 나라에 40억, 그리고 국내에 88억 상당의 쌀을 나누어 왔다고 발표했다.[258]

사랑의쌀나누기 운동은 국민의식을 계몽하고 국위를 선양하며 사랑의 실천, 믿음의 봉사로 국민적 화합에 기여하는 운동이었다. 농촌경제의 부흥과 국가재정 해소에 기여하며 과소비 억제 경제정의 지향으로 국민의 위화감을 해소하고 결식아동들, 소년소녀 가장, 불우이웃, 북한동포, 동남아 아프리카 기아난민 구호로 선교하는 문화민족임을 선양하는 의의를 가진 운동이 되었다.

한 목사는 "백두산에서 소나무를 찍어다가 내 고향 북한 땅에 교회를 짓고 싶다"는 말씀을 자주 하셨다고 한다.[259] 결국 이러한 소원은 기필코 달성되게 되었다. 1992년 런던의 버킹햄 궁에서 필립 공으로부터 템플턴상의 상금을 수상할 때 "저는 이것을 저의 교회 장로들에게 맡기겠습니다. 그리고 주님께서 우리를 통일로 인도하셨을 때 북한에 교회들을 세우기 위해서 사용하라고 말하겠습니다."[260]라고 하였다.

257) 사랑의쌀나누기운동본부 보고서, p. 2

258) 사랑의쌀나누기운동위원회, 「제20회 정기총회 보고자료집」2009년 1월 17일 여전도회관, p.18.

259) 정진경 목사 회고사, 한경직목사기념사업회 편, 「한경직 목사 탄신 100주년 기념행사 자료집」사단법인 한경직 목사 기념사업회, 2008. p. 48.

260) Samuel H. Moffett, "Rev. Kyung-Chik Han: A Leader of Yesterday for Our Tomorrow," 한경직목사기념사업회 편,

그의 노후의 삶은 북한을 연민하는 기도의 삶이었던 것으로 보인다. 월드비전에서 북한에 6개의 국수공장을 짓고 나서 회장을 비롯한 직원들이 현지를 시찰하고 돌아와 영락교회에서 기자회견을 하던 날 한 목사를 만난 정진경 목사는 이렇게 회상하였다.

"... 그런데 제가 6시에 올 건데 무슨 일로 5시에 왔다가 시간이 있기에 목사님께 인사드리려고 들렀더니 저를 꼭 잡는데 그때 그런 모습을 처음 보았습니다. 그 때는 말씀을 못 하시고 귀로 잘 듣지도 못하던 때거든요. 그저 손을 잡고 부르르르 떱니다. 뭔가 북한에 대해 이야기 하겠다고 속에서는 강하게 끌어 오르시는 것 같은데 말은 못하십니다. 옆에서 모신 백 장로님이 그래요. '오늘 아침부터 마음과 생각이 북한에 있다'고. 그래서 제가 '그러면 모시고 가자'고 하여 그날 모임을 설명해 드리고 왔습니다. 그만큼 그분은 통일의 열망이 컸습니다. 그때 그 모습을 볼 때 '정말로 그렇게 통일을 바란 분이 있었을까?'라는 느낌을 가지게 되었습니다.[261]"

그는 공산주의를 막아내느라 수욕을 당했지만 동포를 사랑하고 통일을 염원하는 마음은 한결 같았다. 한경직 목사는 1969년에 통일원의 고문[262]으로 위촉되었다. 경향신문은 "한목사가 '한국 기독교와 영락교회의 발전을 기원하며 남북통일이 이뤄지길 바란다'는 유언을 남긴 것으로 알려졌다"고 보도했다.[263]

2. 섬김을 통한 교단 간의 연합

한국교회의 가장 중요한 문제 중 하나는 분열에 있어왔다. 신사참배 문제로 편이 갈리더니, WCC 문제로 다시 나뉘어졌다. 진보와 보수로 나뉘어지고, 통합과 합동으로 분리된다.

「한경직 목사 탄신 100주년 기념행사 자료집」사단법인 한경직 목사 기념사업회, 2008. p. 75.

261) 정진경 목사 회고사, p. 48.

262) 「기독교대백과사전」Op. cit.

263) [경향신문] 2000-04-20 18면.

이러한 분리의 과정에서 한경직 목사는 언제나 하나 됨을 위해서 최선을 다했다. 한경직 목사는 일찍부터 자신을 가리켜 “믿음은 보수이나 교회관을 두고는 에큐메니칼 운동을 지지한다”고 말했다.[264] 박용규는 한경직 목사를 온건한 복음주의의 에큐메니칼 목회자로 설명했다. 한 목사는 박형룡으로 대표되는 정통주의와 김재준으로 대표되는 진보주의 사이에서 통합이라는 합(合)을 도출할 수 있었다고 평가한다.[265] 이러한 정신은 그의 성품과도 일치한다. 목회자 한경직은 화평의 목회자였던 것이다. 그는 항상 온유와 겸손을 바탕으로 화평을 이루어간 협력의 목회자[266]였다.

이만열 교수는 한경직 목사의 여러 자료들을 섭렵하면서 그의 위치는 중도적 지도자, 성경의 표현을 쓰자면 '좌로나 우로나 치우치지 않는' 신앙인이라고 말하고 싶다"고 요약했다.[267] 그는 한경직 목사의 노선을 "에큐메니칼한 연합정신과 '열린 보수'를 지향하면서 그 이념을 실제로 연합운동에 적용하여 한국교회 사상 가장 큰 업적을 남겼다"고 기술했다. 한 목사는 훗날 한국기독교연합회 회장을 비롯하여 뒷날 "전국복음화 운동, 군복음화후원회, 한국기독교총연합회, 한국기독교100주년 기념사업회 및 각종 기념사업회와 교육기관을 이 연합정신에 입각해서 이끌어갔다. 20세기 후반의 한국기독교 연합사업에서는 그의 역할이 주어지지 않은 곳이 없다고 할 정도"[268]였다고 말한다.

특별히 이 교회의 일치와 관련된 사업이 '한국기독교백주년 기념사업'이었다. 이 백주년 기념사업을 위한 협의회에는 장로교 통합은 물론 합동, 감리교, 침례교, 예감, 나사렛, 루터교, 등 많은 교단들이 연합해서 만들어진 기구였다. 1983년 협의회가 조직되면서 한경직 목사는 총재에 취임했고, 민주적인 방법으로 기구를 선도하여 여러 가지 기념사업에 업적

264) 김영재, “한국교회사에서의 위치,” 「한경직 목사의 신앙유산 : 제1회 한경직목사 기념강좌 모음」(숭실대학교 출판부, 2007) p. 155.

265) 박용규, “온건한 복음주의의 에큐메니칼 목회자,” 한국교회와 한경직 목사: 1주기 추모자료집」서울: 사단법인 한경직 기념사업회, 2002, p. 49.

266) 김명혁, Op. cit. p. 202.

267) 이만열(2003), Op. cit. p.16.

268) 이만열(2002), Op. cit., pp. 26~27.

을 남겼다.[269)]

기념사업의 목적은 다음과 같이 다섯 가지로 정리되었다:[270)]

1. 오늘의 한국 교회가 있기까지 복음의 씨를 이 땅에 뿌리기 위해 온갖 희생을 아끼지 않았던 신앙 선배들의 업적을 기리고 전승하는 데 있다.
2. 지나간 한국 교회 100년의 역사를 통해 뼈저리게 느꼈던 교회 분열의 역사를 참회하고 하나의 교회를 지향하는 데 있다.
3. 다가오는 선교 2세기를 향해 과거의 선교 자세를 반성하고 한국교회가 나아가야 할 방향을 설정하는 데 있다.
4. 100주년을 기점으로 받는 교회에서 주는 교회로 발전하여 세계선교에 이바지하기 위함에 있다.
5. 이 민족을 하나님께로 인도하여 하나님의 나라를 이 땅에 이루는데 있다.

위의 목표에서 제시된 바와 같이 이 사업은 화해와 일치를 지향하며 봉사와 섬김의 정신이 크게 존중되고 있음을 볼 수 있다. 이 연합과 일치의 운동을 통해서 사랑의 실천운동을 하게 되었는데 그 중에 하나가 맹인 무료 개안수술 전문병원인 실로암안과병원이다. 이 병원은 86년1월 28일 준공되어 일 년에 3백에서 5백여 명의 맹인들의 시력을 되찾아 주고 있다.

3. 봉사를 통한 교회와 세상의 중보

한경직 목사는 세계에서 가장 큰 장로교회를 세우면서 그 목회의 3대 목표를 교회의 3대 목표로 선교, 교육, 봉사를 설정하였다.[271)] 그리고 이 세 가지 목표를 균형 있게 조화시켜

269) 김응호, Op. cit., p. 81.

270) 한국기독교100주년기념사업과 관련된 내용은 인터넷 홈페이지 http://www.100thcouncil.com를 보라.

271) 「기독교대백과사전」 Op. cit.

나갔다. 또 그가 설정한 4대 지도이념은 첫째 성서중심의 복음주의적 신앙, 둘째 경건한 청교도적 생활훈련, 셋째 에큐메니칼 정신으로 교회 상호 간에 협력과 연합사업, 넷째 교회의 대 사회적 양심의 구현[272]이었다. 이러한 그의 목회지침은 열린 교회를 지향하게 하였다. 한국교회는 이 열린 교회의 목회를 모범으로 본받아야만 할 것이다.

그의 목회영역은 교회의 울타리를 넘어서 지역사회와 일반사회, 그리고 국제사회까지 모두 포함하고 있는 열린 공간이었다. 한경직은 1932년 12월에 개최된 북미기독교연합공의회에서 새로 개정 · 채용된 '기독교회의 사회신조'를 신학지남에 소개하였다.[273] 그는 이미 1930년대에 사회봉사에 등을 돌린 근본주의 교회운동과 다른 선택을 제시하고 있었다. 40년대에는 이북탈출동포들을 향해 교회 문을 열었고, 50년대에는 전쟁고아와 미망인들을 위해 문을 열었으며, 60년대에는 도시빈민과 산업체 근로자들을 향해 문을 열고, 70년대에는 군 장병들을 위해 열었으며, 80년대 이후에는 북한 동포와 세계의 기아선상의 고통당하는 사람들을 위해 교회의 문을 열어젖혔다.

이러한 참여적이고 중보적인 봉사의 목회는 예수님의 목회를 본받은 것이었다. 예수님은 "두루 다니사 회당에서 가르치시고, 천국복음을 전파하시고, 모든 병과 모든 약한 것을 고치셨다.(마 4: 23)" 이 모든 약한 것에는 경제적, 심리적, 사회적, 정치적 약한 모든 것이 포함될 것이다. 교회는 예수님의 몸이다. 이를 달리 말하면 교회는 '공동체화 된 그리스도'라고 말해야 할 것이다. 교회를 만나는 사람은 그리스도를 경험해야 한다. 그러므로 교회는 예수께서 하신 일을 계속해 나가야 하는 것이다. 이런 관점에서 예수님을 흉내 내는 교회가 가장 이상적인 교회다. 영락교회는 한경직 목사의 이러한 이상을 잘 지원했고 한 목사는 그 지원을 뒷받침으로 한국과 세계를 섬긴 것이다.

---

272) Ibid.

273) 한경직, "기독교회의 사회적 신조," 「신학지남」 15권 3호 (1933.5), 48~49.

Ⅵ. 결론: 영락을 넘고 교회를 넘어서 세상을 향하여

한경직 목사는 화평을 도모하는 온화하고 겸손한 성품으로 사람을 감화시키면서도 뛰어난 조직력과 추진력으로 많은 사역들을 감당해낸 열정적인 지도자였다. 그에게는 좌우를 초월한 넓은 포용성과 중립적인 강한 자제력이 있었기 때문에 굳이 규범적으로 유형화한다면 보수적 정통주의라고 하기보다는 '복음적 온건 평화주의자'[274]라고 해야 할 것이다. 한 목사에 대하여 이만열은 이렇게 평했다.

> 그는 한국 교회 지도자로서는 보기 드물게 사회참여에 적극적이었다. 전쟁 시에 그가 해외에 나가 한국에 대한 지지와 원조를 끌어들인 것은 차치하고라도, 그가 남긴 사회사업과 교육사업만으로도 이를 반증하고도 남는다. 이것은 영락교회라고 하는, 그를 뒷받침하는 교회가 있었기 때문이기도 하지만, 그가 연합사업에서 남긴 놀라운 성과는 영락교회 목회자였다는 것만으로 설명되지 않는다고 본다.[275]

그의 활동은 영락을 넘어서 지역사회를 넘어서 민족과 국가 그리고 세계의 폭넓은 영역에서 펼쳐졌다. 그는 전 세계를 활동반경으로 삼고 가는 곳곳마다 중요한 영향을 심어놓았다. 동시에 그의 활동은 교회를 넘어서 기독교 종교를 넘어서 정치, 사회, 교육 등 여러 영역에서 폭넓은 역할을 감당했다. 그의 설교는 정치 · 경제 · 사회 · 문화 모든 영역을 다루고 있고, 그의 관심은 사회복지, 교육, 통일, 국정 전반에 걸쳐 다가가고 있었다.

그는 모든 것을 복음으로 풀어나갔다. 그래서 모든 것을 사랑으로 풀어나갔다. 그에게는 전도를 통해 영혼을 구원하는 것이 최우선적 과제였지만 결코 사회참여와 봉사를 그것으로부터 분리하지 않았다. 그는 깊은 묵상으로 생각하는 사람이었지만 동시에 즉시 행동하는 사람이기도 하다. 해방과 함께 자치위원회를 결성했고, 전쟁발발과 함께 구호단을 만들었

274) 기독교대백과사전

275) 이만열 "한경직 목사의 한국교회사에서의 위치," p. 35.

다. 이상을 위해 행동할 수 있는 사람이었던 것이다.

그가 선택하는 방향은 두 가지였다. 하나는 약자 중심이었다. 학교를 세워도 여성들을 위한 학교, 가난한 학생들을 위한 학교를 세워나갔고 복지시설을 만들어도 어린이와 노인과 미망인들을 위한 시설과 프로그램들이었다. 또 다른 하나는 화해와 일치를 향한 평화 중심이었다. 그는 평화를 깨뜨리는 제국주의나 공산주의가 싫어서 저항하거나 무시했다. 큰 낭패를 보지 않기 위해서 작은 실망을 감수했다. 그러나 사람에 대한 사랑, 민족에 대한 애정은 오랜 세월이 지나도 변하지 않았다.

한국교회가 한경직 목사의 사회봉사와 관련된 사역을 되새기고 의미를 탐색하는 이유는 한 시대의 영성과 교회를 지도했던 그의 삶에서 사회봉사와 관련된 지혜를 찾고자 하는 데에 있을 것이다. 아무쪼록 한경직 목사의 사회봉사적 정신과 사역을 통해서 한국교회의 지도자들이 진정한 모범을 찾고 배울 수 있기를 기대한다.

〈참고문헌〉

강정훈, 「사랑이 꽃피는 큰나무 한경직 : 청빈과 겸손의 참 목자 이야기」 문예춘추사, 2007,

김명혁, "목회자 한경직 목사," 「한경직 목사 탄신 100주년 행사 자료집」한경직목사기념사업회, 2008.

김성준, 「한국기독교순교사」서울: 한국교회교육연구원

김영재, "한국교회사에서의 위치," 「한경직 목사의 신앙유산 : 제1회 한경직목사 기념강좌 모음」숭실대학교 출판부, 2007.

김병희 「韓景職목사」 서울: 奎章文化社, 1982

김양선, 「한국기독교해방십년사」대한예수교장로회 총회교육부, 1956,

김영한, "한경직 목사의 영성," 숭실대학교 교목실 편 「한경직 목사의 신앙유산」서울: 숭실대학교 출판부, 2007.
김응호 편, 「秋陽 韓景職 牧師」도서출판 목양사, 2001.
김학수, 「한경직의 신앙이 한국교회에 끼친 영향에 대한 연구」석사학위 논문, 1993.
김흥수, "한국전쟁시기 기독교 외원단체의 활동,"
민경배,「월드비전 한국 50년 운동사: 1950~2000」 서울: 월드비전, 2001.
민경배, "한국교회 제 2세기의 교회사적 전망,"「목회의 전문화와 영성: 제4회 연신원 목회자 신학세미나 강의집」연세대학교 신과대학 유니온학술자료원, 1984.
박용규, "온건한 복음주의의 에큐메니칼 목회자," 한국교회와 한경직 목사: 1주기 추모자료집」서울: 사단법인 한경직 기념사업회, 2002,
송정연, 「한경직의 사상과 활동에 대한 연구: 한국전쟁기를 중심으로」석사학위논문, 2005.
숭전대학교 80년사 편찬위원회, 「숭전대학교 80년사」 숭전대학교, 1979. p. 439~442
영락교회, 「영락교회 35년사」 대한예수교장로회 영락교회 1983.
영락교회, 「영락교회 50년사」 대한예수교장로회 영락교회 1998.
이만열, "한경직 목사의 한국교회사에서의 위치,"「한국교회와 한경직 목사: 1주기 추모자료집」서울: 사단법인 한경직 기념사업회, 2002.
이만열, "한경직 목사를 만남," 「한국기독교와 역사」창간호, 기독교문사, 1991.
이재오, 「해방후 한국학생운동사」서울: 형성사, 1984.
조은식 편,「한경직 목사의 신앙유산」숭실대학교 출판부, 2007.
조영석, 「한경직 목사의 생애와 신학사상 연구: 그리스도론, 교회론, 목회자론을 중심으로」석사학위논문, 2000.
최재건, "한경직 목사와 학원선교," 「한경직 목사 추모자료집(7주기)」한경직목사추모사업회, 2007.
한경직, 「건국과 기독교」1949.
한경직, "인생행로와 봉사," 선명 1991, 5~6월호.

한경직, “창설자 밥 피어스 목사와 나” 「한국선명회 40년 발자취」 한국선명회 40년사 편찬위원회, 1993.

한경직, “선명회의 회고와 전망,” 「선명」1990. 9. 1.

한경직, 「민주국가의 정신적 기초」영락교회 출판위원회, 1968.

한경직, “기독교회의 사회적 신조,” 「신학지남」 15권 3호 1933. 5.

한경직목사기념사업회 편, “정진경 목사 회고사,” 「한경직 목사 탄신 100주년 기념행사 자료집」사단법인 한경직 목사 기념사업회, 2008.

한국기독교역사연구소 북한교회사집필위원회, 「북한교회사」한국기독교 역사연구소, 1996.

한숭홍, 「한경직 예수를 닮은 인간, 그리스도를 보여준 교부」 북코리아, 2007.

한철하, “한경직과 아세아연합신학대학교,” 「한경직 목사의 신앙유산」조은식 편, 서울: 숭실대학교 교목실, 2007.

「해방이후 한국교회의 재형성:1945-1960」2003.

Harold Voelkel, Han Kyung Chik, World Vision Magazine, June 1964.

Samuel H. Moffett, “Rev. Kyung-Chik Han: A Leader of Yesterday for Our Tomorrow,” 한경직목사기념사업회 편, 「한경직 목사 탄신 100주년 기념행사 자료집」사단법인 한경직 목사 기념사업회, 2008.

Won-Sul Lee, Seung-Joon Lee, & Joong-Sick Han, Just Three More Years to Live!: The Story of Rev. Kyung-Chik Han, The Rev. Kyung-Chik Han Memorial Foundation, 2005.

<참고자료>

기독교문사, 「기독교대백과사전」Vol. 16. 기독교문사 1985.

사랑의쌀나누기운동본부(한국기독교총연합회 부설) 사랑의쌀나누기운동 1단계 종합보고서.

사랑의쌀나누기운동위원회, 「제20회 정기총회 보고자료집」2009년 1월 17일 여전도회관.

영락교회 당회록, 1960년 4월 24일.

Templeton Prize Document "Bio: Dr. Kyoung-Chik Han"

[서울신문] 2000-04-20, 1946-7-14일

[동아일보] 2000-04-20

[한국일보] 1990-02-18, 1990-02-11, 2000-04-20

[한겨레] 2000-04-20

[경향신문] 2000-04-20, 2000-04-20

[세계일보] 2000-04-20

[국민일보] 2000-04-20, 2008-05-21, 2008-05-10

[조선일보] 2000-04-20

<인터넷자료>

www.childfund.or.kr

http://www.holt.or.kr

www.revhan.org.

http://cafe.naver.com/ynwts

http://www.worldvision.or.kr

http://seg.ms.kr

한경직 목사의 교회봉사사역

- 영락교회와 영락사회복지재단을 중심으로 -

허준수 박사 / 숭실대

Ⅰ. 서론

"피난민과 가난하고 소외된 약자들에 대한 사랑의 봉사자요, 한국 장로교회 성장의 최고 기여자요, 아시아, 아프리카 유럽 그리고 미주지역에 이르는 해외선교사역을 펼쳐나간 세계선교와 평화 확산의 지도자 (한경직 목사의 신앙유산, 2007)"

한경직 목사의 사역을 평가하기는 어렵지만 위의 문장은 한경직 목사의 목회사역과 봉사사역을 매우 잘 표현했다고 생각한다. 한경직 목사는 처음 목회를 시작하면서 사회에서 소외되고 가난한 사람들에게 관심을 보이기 시작했고 단순히 생각 수준에서 머무는 것이 아니라 그리스도의 사랑과 구제 정신을 소외되고 불우한 자들을 위하여 목회 활동 이외에 봉사사역에 혼신의 노력을 쏟았다. 한경직 목사의 봉사사역은 사회복지제도와 교회 사회사업이 일천한 우리나라에서 선도적인 역할을 수행하였다고 할 수 있다. 해방 후에도 이러한 한경직 목사의 봉사사역들은 아동복지, 모자복지사업, 노인복지사업, 영유아 교육사업, 장애인복지사업 및 장학사업 등으로 영락교회를 중심으로 확대 발전시켰다. 그리고 영락사회복지재단 설립과 운영을 통하여 보다 교회사회복지사업의 전문화를 도모하게 되었다. 현재는 한경직 목사의 숭고한 봉사정신을 영락교회의 사회봉사활동들과 영락사회복지재단의 복지 사업을 통하여 우리 사회와 전 세계 교회와 목회자들에게 귀감이 되는 기독교 사회봉사활동으로 더욱 더 발전해 나가고 있다.

한경직 목사님의 봉사활동 관련의 주요 활동들을 정리하면 다음과 같다. 1939년 신의주에 고아원 시설인 보린원을 설립, 이들을 돌보는 한편 47년에 서울에 이를 재건했으며, 50년에는 현재의 한국복지재단인 기독교아동복지재단 이사장을 역임했다. 그 후로도 부산 다비다모자원, 영락경로원을 설비했으며, 57년에는 보린원, 경로원 및 모자원을 통합, 영락사회복지재단법인을 설립해 초대 이사장을 지내기도 했다. 또한 현 월드비전인 선명회와 홀트아동복지회에도 각별한 애정을 쏟았으며, 북한의 기근으로 인한 식량난으로 굶어죽는 이들이 늘어나자 이를 지원하기 위해 조직된 사랑의 쌀 나누기운동의 명예회장직을 맡아 동포의 아픔을 돌아보는 일에도 일조했다. (한경직목사기념사업회, 2009)

한경직 목사는 봉사를 교회의 3대사업으로 규정하고 목회사역과 설교를 통하여 그리스도인들의 봉사활동에 대하여 매우 강조하셨고, 이러한 연유로 영락교회의 목회자들과 성도들은 우리나라의 다른 교회와 비교해 보아도 봉사활동이 활발히 진행되고 있고, 봉사를 중요한 교회의 핵심 분야로 설정하여 현재에 이르고 있다. 이러한 영락교회의 봉사활동과 전통은 한국 개신교회에 봉사활동의 이정표를 제시해 주었다고 평가할 수 있다. 그러나 한경직 목사의 봉사사상을 계승 발전시키기 위해서는 현재 영락교회의 봉사활동과 영락사회복지재단의 사업과 활동들에 대한 점검과 이에 따른 개선 방안의 마련이 필요하다. 이를 위하여 영락교회 목회자, 임직자, 성도 및 관련 기관의 실무자들은 협력하여 영락교회의 사회봉사활동을 보다 향상시켜낼 전략과 방안들을 구축해야 할 과제를 안고 있다.

사회봉사에 대한 한경직 목사의 주요 말씀과 설교의 주요 내용들을 정리하면 다음과 같다. 첫째, 선한 청지기로서 봉사하라. "성경이 분명하게 가르치는 건 내게 시간이 있든지, 내게 재주가 있든지, 내게 능력이 있든지, 내게 돈이 있든지, 그것을 내 뜻대로 쓰지 말고 꼭 주인 되시는 하나님의 뜻대로 쓰라는 거예요. 하나님은 봉사하기를 원하시니까 봉사해라, 교회에 봉사하고, 이웃에 봉사해라. 그 원칙을 분명히 가르쳐 줍니다."(한경직목사 100

주년기념사업회, 2002) 항상 겸손하고 절제된 생활과 자세로서 국가, 지역사회, 교회 및 이웃에게 봉사해야 한다는 점을 강조하였다. 지금이야 어느 정도 사회복지제도가 구축되고 교회뿐만 아니라 공공 및 민간영역에서의 사회봉사활동들도 활성화 되어 있지만 한경직 목사가 목회를 시작하고 처음 보린원 사역을 시작할 즈음에는 우리나라에서 교회가 중심이 되어 체계적으로 불우한 아동이나 노인들을 위하여 보린원을 설립하고 운영한 것은 매우 상징적이고 의미 있는 사역이었다고 생각한다.

둘째, 봉사의 기회. "젊었을 때 일하세요. 건강할 때에 일하세요. 병들면 일 못해요. 평화로운 때 일하세요. 전쟁나면 일 못합니다. 살았을 때 일하세요. 죽으면 못합니다. 하나님께서 기회를 주실 때에 일을 해야 합니다. 교회를 위하여 나라를 위하여 가정을 위하여 친구를 위하여"(한경직목사100주년기념사업회, 2002). 한경직 목사는 타인을 위한 봉사를 현재보다는 미래로 미루려는 우리들에게 봉사 기회의 시기성을 강조하면서 경제적, 신체적 및 사회적으로 안정될 때까지 미루는 것이 아니라 다른 사람들을 위해서 즉각적으로 봉사해야 된다는 것을 목회활동과 설교를 통하여 교인들에게 강조하였다. 또한 이러한 말씀의 내용들 중에는 한경직 목사의 봉사에 대한 철학이 담겨져 있다. 본인 스스로 목회 초부터 미개척 분야인 복지사역을 감당하면서 많은 고난과 어려움 속에서도 꾸준히 그리스도의 사랑의 정신을 복지사역으로 승화하였다.

셋째, 사랑과 봉사와 헌신의 향기. "하나님의 교회는 하나님의 꽃동산이라고 할 수 있습니다. 여러분 한 사람 한 사람이 마리아 신도의 신앙을 본받아 교회 안에 믿음과 사랑과 봉사와 헌신의 향기가 가득하면 교회는 자연히 크게 부흥할 것입니다. 외롭고 쓸쓸한 세상에 사는 메마른 영혼들을 하나님의 사랑과 하나님이 주시는 은혜와 기쁨과 화평을 맛보기 위하여 벌처럼 나비처럼 모여 들 것입니다."(한경직목사100주년기념사업회, 2002) 한경직 목사는 하나님에게 영광을 돌리고 교회가 부흥하기 위해서는 모든 성도들이 사랑의 정신으로 소외된 자들을 위하여 봉사하도록 권면하였다. 이들 통하여 그리스도의 사랑을 경제적으로 가정적으로 취약한 계층에도 봉사를 통하여 전파할 수 있다는 점을 강조하였다.

넷째, 봉사의 씨를 뿌려라. "사랑의 씨를 뿌리면 자연히 봉사를 하게 돼요. 봉사를 하려면 제일 먼저 불쌍한 이들을 도와야 해요. 그러니까 고아사업과 외롭게 된 과부들을 돕는 일들을 할 수밖에 없고, 또 병자들을 위해서 병원을 설립할 수밖에 없어요. 금년은 특별히 신체장애자를 돕는 해 아닙니까? 신체장애자와 불쌍한 사람들을 돕는 사랑과 봉사의 씨를 많이 뿌리면 하나님께서 분명히 많은 열매를 맺게 하실 겁니다. 선한 일을 심는 여러분이 되시기를 바랍니다."(한경직목사100주년기념사업회, 2002) 한경직 목사는 교회가 사회봉사활동이나 구제사역을 할 때에 누구에게 가장 우선적으로 도움을 줄 것인지를 명확하게 간파하고 있었다. 야고보서의 말씀처럼 가정 환경이 불우한 고아를 돕기 위하여 보린원을 운영하였고, 과부를 위하여 다비다모자원을 설립하였고, 그리고 장애인들을 위하여 영락애니아집을 운영하였다. 한경직 목사는 단순히 봉사활동을 일회적인 행사로 여기지 않고 어떻게 하면 교회를 중심으로 기관과 단체를 설립하고 교회 사회사업 측면에서의 제도화(Institutionalization)를 추구하였다고 할 수 있다.

다섯째, 인간애 정신을 실천하라. 한경직 목사의 사상에는 사랑에 대한 깊은 애정이 담겨져 있다. 신의주에서 목회를 시작할 때부터 가난하고 병들고 외롭고 의지할 곳 없는 사람들에게 깊은 애정을 갖고 있었다. 한경직 목사는 가난하고 소외된 청소년들을 위한 교육기관을 설립하여 이들이 교육을 통하여 가난의 대물림을 극복하도록 교육 환경을 마련하는데 주력했다. 한경직 목사의 목회신학의 원리는 다음과 같은 말씀에 함축적으로 나타나고 있다. 인간을 잘 봉사하는 것이 곧 하나님을 잘 봉사하는 것이라고 역설하고 가난하고 불쌍한 인간을 돕고 인간애적인 사상에 바탕을 둔 목회를 행해 오셨다.(숭실대학교, 2007) 사회복지제도의 출발 역시 가난하고 소외받고 차별 받는 사람들에게 어떠한 도움을 전문적으로 줄 것인지를 고민하면서 출발하였다. 또한 현재까지 세계에서 존경받는 많은 인물이나 지도자들이 경제적, 신체적, 정서적 및 사회적으로 차별받고 소외된 계층이나 집단을 위하여 한 평생을 바친 것처럼 한경직 목사도 한 평생을 지내면서 사회에서 버림받고 차별받는 사람들을 위한 봉사활동에 전념하신 것은 그리스도인들뿐만 아니라 일반인에게도 많은 귀감이 되는 훌륭한 역할을 감당했다고 생각한다.

본 글은 한경직 목사의 사회봉사사역의 발자취를 살펴보기 위하여 영락교회, 영락교회경직목사기념사업회 및 영락사회복지재단들에서 발행되었던 서적, 자료집 및 홈페이지 자료들을 중심으로 고찰하였다. 첫째로 한경직 목사의 사회봉사 발자취와 그 의의를 목회 초기와 퇴임시기까지를 주요 업적과 활동들을 연도별로 정리하고 이에 대한 교회사회사업적 함의를 도출하고자 했다. 둘째, 영락교회의 사회봉사의 주요 활동을 분석하여 한경직 목사가 영락교회에 봉사활동이 어떻게 영향을 미쳤는지를 살펴보았다. 끝으로 영락사회복지재단의 주요사업들을 복지 분야별로 정리하고 이에 대한 앞으로의 개선 방안에 대하여 서술하였고, 그리고 앞으로 영락교회가 어떻게 하면 한경직 목사의 봉사사상과 정신을 계승하여 발전시켜 나갈지에 대하여 기술하였다.

Ⅱ. 한경직 목사의 주요 복지사역의 발자취

1. 1939년 '신의주 보린원' 설립

1933년 미국 유학을 마치고 고국으로 돌아온 한경직 목사는 평안북도 신의주 제2교회에서 첫 목회를 시작하였다. 1938년 초겨울, 다급한 목소리로 찾아온 교회 한 청년에게 이끌려 철로 변에 있는 쓰러져 가는 오두막집을 방문하게 되었다. 그곳엔 폐병 말기인 아버지와 철길에서 다리가 잘린 여덟살의 가엾은 복순이라는 소녀가 살고 있는 가정이었는데, 한 목사는 이 가정을 결코 외면할 수 없었다. 소녀의 아버지는 교인들의 따뜻한 손길과 이태희 원장의 간호로 살아오다가 이듬해 이른 봄 사망했고, 고아가 된 복순이가 가여운 생각이 들어 '고아원'을 세우겠다는 결심을 하게 된다. 한경직 목사는 신의주에서 사업을 하고 있는 장로들을 찾아가 자신이 하고자 하는 뜻을 전하고, 보린원 설립을 위한 후원금을 마련하였다.(영락사회복지재단, 2009) 한경직 목사는 목회 초기에 지역사회에서 도움의 손길을 필요로 하는 가정과 아동들에 대한 깊은 관심을 가지고, 교회 내의 인적 자원(Human Resource)과 경제적 자원(Economic Resource)을 동원하여 부모가 없어서 불우한 환경 속에 있는 아동들을 위한 생활공간을 마련하는데 많은 노력을 경주하였다. 현재 우리나라에는 고아와 불우 아동들을 위한 아동보호서비스 체계가 어느 정도 구축되었지만 1930년대 개별교회에서 불우아동들을 위한 아동보호시설을 건립하여 교회의 인력과 재정을 통하여 운영했다는 것은 매우 의미 있고 상징적인 복지사역이었다고 평가할 수 있다.

한경직 목사는 “어린 영혼은 무엇보다 애정을 필요로 합니다. 그러나 그 애정을 받을 수 없게 된 어린이들이 우리들 주변에 있습니다. 하나님께서 우리에게 보내신 불우한 어린 복순이를 돌보고자 시작한 이 집이 이제 너무나 더 많은 아이들을 위해 일하게 되어서 감사합니다. ‘이웃을 보살핀다’ 는 뜻에서 ‘보린원’이라고 부르고 싶습니다.” 이것이 보린원의 시초가 되었으며 당시 10명의 아이들은 신의주교회 유년부 교사인 정용순 보모에게 따뜻한 보살핌을 받으며 생활했지만, 계속 늘어나는 아이들을 보호하기에 숙소는 비좁은 실정이었다.(영락사회복지재단, 2009) 한경직 목사는 이웃을 살핀다는 목적으로 보린원을 설립하여 운영하였는데 이는 영국의 런던의 빈민지역의 주민들을 위해서 시작한 인보관 운동(Settlement House Movement)과 시카고 지역에 Jane Addams에 의하여 설립된 Full House 등이 추구했던 목적과 유사성을 발견할 수 있다.

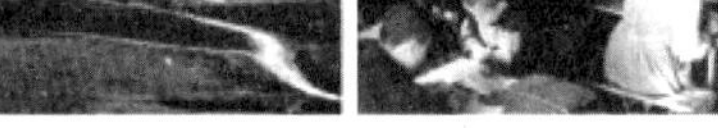

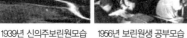

1939년 신의주보린원모습 1956년 보린원생 공부모습 1989년 보린원기공식 성탄예배에서 아동공연 아동들의 연극하는 모습

출처 :영락사회복지재단(2009)

2. 1941년 남신의주에 노인관 신축 운영

1941년 9월 의지할 곳 없는 노인들을 보호하기 위해 당시 남신의주 보린원의 같은 대지에 200평 규모의 ‘노인관’을 건립했는데 이는 노인복지시설이 거의 일천한 우리나라에서 노인들을 위한 노인생활시설을 개척했다는 점에서 매우 상징적인 사건의 하나이다. 한경직

목사님의 노인복지사역은 여기에서 끝나지 않고, 1950년 6 · 25 전란으로 보호가 필요한 노인들의 수가 증가하게 되자 교회의 제직회에서 노인들을 구호할 수 있는 기관의 설치가 급선무임을 제의하고 기독교정신에 의하여 양로시설을 설립하기로 결정하였다. 양로시설을 건립하기 위하여 설립위원회를 교회 임직자들을 중심으로 결성하고 서울 성북구 돈암동 소재 대지 1,200평 건물 4동으로 매입하여 양로시설을 건립하고 운영하였다.(영락사회복지재단, 2009)

한경직 목사는 이미 1940년대부터 요보호 노인들의 보호 문제의 심각성을 인지하고 교회가 어떻게 하면 체계적으로 노인들을 위한 복지사역을 할 것인가를 고민하고 노인들을 위한 다양한 복지사역을 확충하기 위하여 교회 차원에서 매우 조직적인 차원의 접근들을 시도하고 이를 현실화하기 위하여 노력하였다. 신의주 보린원에 설립된 노인관은 교회에서 설립한 최초의 근대식 노인생활시설이라고 평가할 수 있다.

3. 1947년 서울에 보린원 재건

서울 충무로 2가에 고아 30명을 위한 서울보린원 설립을 1947년 1월에 하였고, 1947년 서울 용산구 후암동에 천여 평의 대지 위에 가건물 20평을 건립하여 충무로 임시 원사로부터 이전하였다. 1950년 6 · 25 전쟁 당시 한경직 목사님은 후암동 서울보린원을 떠나 1948년 봄에 미사리 농장을 보린원에서 인수하여 보린원 원생들에게 농사일을 맡겼던 곳으로 피신했는데 그곳이 1948년 가을 미사리 보린원 분원이 되었다. 1951년 1월 6 · 25전쟁으로 보린원생들은 배를 타고 부산에서 피난생활을 했다. 정월이 지나고 2월 제주도 성산포로 피난하여 UN 산하의 민간원호기구(Civil Assistance Community: CAC)의 도움을 받으면서 20명의 원생들이 생활해 나갔고, 같은 해 가을 한림으로 이사하게 되었다.(영락사회복지재단, 2009)

한경직 목사는 6 · 25 전쟁 중에도 보린원 원생들의 복지와 안녕을 위하여 보린원을 해체하지 않고 원생들을 안전한 지역으로 대피시켰고, 이들을 후원하기 위하여 국제기구의 도움을 받을 수 있도록 적극적으로 노력하였다. 그리고 제주지역에서 원생들의 학습과 교육지도를 위하여 지역사회의 다양한 자원을 동원하였다. 한경직 목사는 전쟁 중에 보린원 원생들을 단순한 보호를 제공하는 것 이외에도 이들의 능력 향상(Empowerment)을 시켜 나가기 위하여 현대사회복지에서 많이 활동하는 지역사회복지의 한 방법인 자원개발 및 동원 등의 접근방법을 활용하시는 전문적인 지식과 관점을 겸비하였다고 생각한다.

4. 1951년 부산에 다비다모자원 설립

1951년 7월에 한경직 목사님과 미국 피얼스 목사는 피난지 부산에 모자보호사업을 위한 다비다모자원 설립하여 운영하였는데 이 시설은 대한민국 모자보호시설로는 최초 시설이었다. 한경직 목사님은 한국동란 중에 전쟁으로 인하여 아버지를 잃고 생계가 어려운 모자가정을 위하여 부산에 다비다모자원을 설립하여 운영하였다. 다비다모자원에서는 한경직 목사님의 인도로 전쟁미망인 22명과 82명의 아동이 보금자리를 마련하였고, 다비다모자원의 재정을 마련하기 위하여 미국으로 가서 재미 한인들로부터 후원금을 마련하셨다.(숭실대학교, 2007)

보다 구체적으로 다비다모자원의 설립 배경을 살펴보면 다음과 같다. 1951년 7월에 기독교 민간사절로 미국에 체류하고 귀국한 한경직 목사는 전쟁미망인을 위한 보호의 필요성을 인식하고 당시 영락교회 고한규 장로와 미국 월러드 피얼스 목사의 적극적인 후원으로 1951년 11월 부산시 서구 서대신동 대지 240평에 천막 3동을 치고 전란 중에 남편을 잃은 전쟁미망인들의 가족 22세대를 보호하기 시작하였고, 1951년 12월 18일에 부산에서 '다비다모자원'을 개원하였다. '다비다'의 뜻은 사도행전 9장 36절-42절에 나오는 여제자로서 특히 과부를 위하여 많은 봉사의 일을 하다 죽은 다바다의 이름에서 연유한 것이다.(영락사회복지재단, 2009) 다비다모자원은 전쟁미망인과 그들의 자녀들을 위한 우리나라 최초의 모자시설로서 이곳을 통하여 전쟁미망인들을 단순히 보호하는 차원을 떠나서 그들에게 자립하고 자활할 수 있도록 다양한 교육과 훈련을 실시하였고, 원생들을 대상으로도 다양한 교육, 여가 및 훈련 프로그램 등을 제공하여 불우한 가정환경을 극복하고 그리스도의 신앙 아래서 올바르게 성장할 수 있는 환경을 마련해 주었다.

5. 1952년 영락경로원 개원

한경직 목사는 건축한 건물을 '영락경로원'으로 결정하고 초대 이사장에 한경직 목사, 초대 원장에 이재명 장로, 상임간사에 정상일 집사를 택정하였다. 1952년 8월 1일 직무를 개시하였고 1952년 3월 4일에 매수한 건물 4동 중 사용 가능한 2동만을 1952년 8월 18일부터 수리 착수하여 동년 11월 10일에 완료하였다. 이곳에 들어오려는 노인들이 많아 남성 노인 6명, 여성 노인 19명을 선정하여 1952년 11월 12일 개원식을 거행하였다.(영락사회복지재단, 2009) 한경직 목사는 영락경로원을 신축하여 보호가 필요한 노인들에게 적합한 생활시설을 제공하려고 노력하였다. 그리고 영락경로원에 입주를 희망하는 노인들을 선정하는 작업을 시행했다. 현대사회복지제도에서도 제도와 시설에 적합한 대상자들을 선정하는 작업이 매우 중요한 사회복지기관의 업무가 되었는데 영락경로원은 이미 오래 전에 적합한 대상자를 선정(혹은 사정: Assesssment)하기 위하여 고민했다는 것은 매우 의미 있는 일이었다고 생각한다. 앞으로 교회에서 복지사역을 위한 시설과 서비스를 기획하여 가장 복지 욕구가 높은 대상자를 선정하고 이들을 위한 복지 서비스를 제공하는 것은 복지 재원의 효과적인 활용이라는 측면에서 매우 중요한 교회 사회복지 실천의 과제라고 생각한다.

6. 1953년 부산 다비다모자원의 생활모습

1953년 작업장 1동 15평을 신축하여 세계기독교봉사회로부터 헌옷을 원조 받아 미망인들이 그것을 재생품으로 만들어 양재, 한복, 편물, 수예 등 여러 가지 작업을 하였으며, 그 제품을 판매한 수입금으로 최저 생활을 유지하였다. 1954년 6월부터 세계기독교구제 선명회로부터 보조금을 받아 생활하다가 1954년 8월 미국 제48수송부대를 통한 AFKN 원조물자와 기독교세계봉사회의 공임 보조로 원사 2동 38평, 목욕실 4평, 화장실 3평을 신축하고 구옥 3동 45평을 개축하였다.(영락사회복지재단, 2009) 부산 다비다모자원에서는 모자원에서 생활하고 있는 전쟁미망인들의 자활을 위하여 의류재활용사업을 시작했다. 2000년부터 우리나라에서 빈곤층과 차상위 계층의 자립을 위하여 국민기초생활보장제도 하에 자활지원센터를 통하여 공적부조 수급자들을 위한 다양한 자립(Independence) 및 자활(Self-Sufficiency) 지원프로그램을 실시하고 있다. 그런데 이미 부산 다비다모자원에서부터 전쟁미망인들을 중심으로 경제적 자립을 위한 다양한 사업을 추진했다는 것은 매우 의미 있는 사업이라고 평가할 수 있다. 앞으로도 교회 사회복지 실천 현장에서 자립과 자활을 위한 다양한 제도, 서비스 및 프로그램을 마련하여 대상자들의 진정한 자립 기반을 구축할 수 있도록 노력해야 한다. 그리고 국내에서 자원 동원이 어려운 그 당시에 외국의 원조기관(Aid Society or Organization)들이나 단체들과의 긴밀한 협력 체계를 구축하여 복지사역을 추진했다는 사실도 복지사역을 위한 재원이 부족한 현재에도 시사해 주는 점들이 많다.

7. 1953년 노인복지사역을 위한 후원회 조직

6·25전란 후 국민경제도 혼란기였기 때문에 정부나 교회재정만으로는 노인들을 위한 복지사역을 감당하기는 어려웠다. 그래서 한경직 목사는 교회 내에 목회자, 임직자 및 성도들을 대상으로 노인복지사역을 위한 후원회를 조직하였으며 모아진 후원금으로 복지사역을 위한 운영비를 충당했고 일부 재원은 저축하였다.(영락사회복지재단, 2009)

우리나라의 경우 사회복지제도의 미성숙으로 인하여 아직도 복지욕구는 있지만 국가로부터 도움을 받는 대상자들은 매우 적은 편이다. 이를 개선하기 위해서는 국가 이외에 종교나 민간기관들이 복지재원을 자발적으로 마련하여 정부의 복지정책이나 서비스를 받지 못하는 사각지대의 소외계층을 위한 복지서비스 및 프로그램을 운영하는 것이 매우 필요하다. 이를 위하여 지역사회의 관련기관이나 단체들을 중심으로 민간 차원의 복지사업을 위한 기금을 형성하는 것은 매우 중요하다. 영락교회에서는 구체적인 노인복지사역을 위하여 이에 필요한 재원을 마련하기 위하여 후원회를 조직하여 재원을 마련한 것은 높이 평가할 만하다. 현재 우리나라에서는 사회복지공동모금회나 기업 복지재단을 통하여 사회복지 기관 및 단체들의 복지사업에 필요한 재원들을 후원해 주고 있지만 항상 수요에 비하여 공급은 턱없이 부족한 실정이다. 앞으로 교단이나 교회 차원에서 우리 사회의 소외되고 특히 공공사회복지제도의 사각지대에 있는 계층을 위한 복지사역을 위하여 교회가 감당할 수 있는 수준에서 복지재원을 마련하고 이를 합리적으로 집행할 수 있는 체계를 마련하는 것이 절실히 요청된다.

8. 1956년 1월, 서울보린원에서 영락보린원으로 개명

보린원은 당시 보건사회부에서도 지원하지 못하고 있을 때 CCF의 원조와 한 목사의 배려로 고난을 잘 견디어 냈다. 1947년 후암동으로 이전하면서 서울보린원으로 불러지다가 1956년 영락보린원으로 개명하였고, 보건사회부로부터 재단법인으로 1957년에 인가를 받았다.(영락사회복지재단, 2009) 평안북도 신의주에서 시작했던 보린원을 6 · 25 전쟁이후 서울에 다시 재건하면서 영락보린원으로 개명하였다. 한경직 목사는 일제 강점기부터 6 · 25전쟁을 거치는 어려운 상황 속에서도 아동복지사역의 중요성을 인식하고 목회 초기에 시작하였던 신의주보린원을 영락보린원으로 개명하면서 그 동안 본인이 했던 아동복지사역의 전통성과 지속성을 유지하였다. 그리고 보린원이 정부의 재정적인 지원을 받지 못할 경우에는 영락교회와 외국원조기관을 충분히 활용하여 영락보린원에 필요한 운영경비를 마련하였다.

9. 1957년 10월 1일, 재단법인 영락원 설립

한경직 목사님은 재단법인 영락원을 설립하고 그 산하에 보린원, 경로원, 모자원과 함께 종합복지재단을 구성하게 되었으며 1959년 서울시장으로부터 법인 인가를 받게 되었다.(영락사회복지재단, 2009) 한경직 목사는 영락원을 설립하여 다양한 복지사역들을 보다 효과적으로 운영할 수 있는 체계를 구축하였다. 현재에도 많은 교회들이 일회성이나 단기적 차원에서의 봉사활동이나 구제사역들을 실시하는 경우가 많지만 한경직 목사는 아동복지, 노인복지 및 모자복지사업 등을 통합할 수 있는 복지법인을 결성하여 영락교회에서 시행되는 모든 복지사역들을 전문적이고 합리적인 차원에서 운영하려고 했다. 이러한 교회에서의 복지법인의 도입은 그 당시로서는 감히 누구도 생각할 수 없는 정도의 복지사역의 새로운 패러다임을 제시한 일이라고 평가한다.

10. 1965년 서울 성북구 정릉에 다비다모자원 준공

서울 돈암동에서 생활하다가 1965년 5월 서울시 성북구 정릉동의 1,123평을 매입하여 구호실 4동과 사무실, 예배실 등 총 150평을 신축하고 다비다모자원을 이전하여 준공예배를 드렸다. 전쟁미망인 가족들은 모자원을 통하여 위로와 용기를 얻어 생활을 할 수 있게 하고 나아가 자립할 수 있는 자활의 준비를 이룩할 수 있었다.(영락사회복지재단, 2009) 한경직 목사는 부산에 설립하였던 모자원을 지속하기 위해서 서울에 부지를 마련하여 다비다모자원을 재 건립하여 모자가정에 대한 지속적인 도움을 주었다.

11. 1965년 경기도 광주 풍산리에서의 생활

교회보조금, 정부보조금, 후원금, 찬조금과 밭 경작, 양계 등 자체 생산 시설을 운영하다가 19654년 영락교회 창립 20주년을 맞이하여 그 기념사업의 하나로 소수 정원(약 30명)만을 보호할 수 없는 협소한 돈암동 건물을 정리하고 새로운 양로시설을 경기도 광주군 풍산리에 신축 확장키로 결정하였다. 신축공사 부지로 영락교회가 묘지로 소유하고 있었던 경기도 광주군 동부면 풍산리 산 33번지(현 경기도 하남시 풍산동 산33번지) 소재 11,640평의 임야를 인수하게 되었다. 이 대지는 당시 서울 인구의 증가로 서울·경기 경계선이 되었고 지역이 개발됨에 따라 묘지로서 적합지 않게 되어 이 자리에 시설을 건축하기에 이르렀다.(영락사회복지재단, 2009) 한경직 목사는 하나의 복지기관을 설립하는 것만을 목적으로 하지 않고 변화하는 환경과 복지수요에 따라서 복지기관들의 확충 방안에 대해서도 많은 고민을 하였고 매우 체계적으로 영락교회 산하 복지기관들의 양적 발전에도 많은 노력을 하였다.

12. 1980년 우리나라 양로시설에 최초의 병실을 운영

영락경로원에서 생활하는 노인들의 수가 급증하고 거주 노인들의 고령화로 인하여 질병과 질환으로 고통을 받는 노인들이 늘어나고 건강한 다른 거주 노인들에게 병이 전염되자 질병과 질환 상태의 노인들을 전문적으로 보호 할 수 있는 시설 확보의 필요성이 증가하였다. 1980년 9월 한경지 목사의 주례와 이사회, 교우 및 거주 노인들과 함께 기공예배를 드리고 1980년 11월 박조준 목사의 주례 하에 내외귀빈, 관계자, 교우, 노인 300여 명이 모인 가운데 준공예배를 드린 후에 이때부터 환자들을 격리 보호하게 되었다. 당시 1980년대에는 개발제한구역에서의 신축허가는 불가능하게 되어 영락경로원의 부대시설로 하여 47평의 건축허가를 받고 정부로부터 건축비를 보조 받고 있는 노인들을 전문적으로 치료할 수 있는 병실을 운영하는 기관으로 발전하였다.(영락사회복지재단, 2009) 한경직 목사는 변화 및 복지수요에 매우 능동적으로 대처하였다. 영락교회에서 운영하고 있는 복지기관들과 대상자들의 복지욕구를 미리 파악하고 이러한 욕구들에 부응하기 위하여 복지기관들의 물리적 환경의 개선과 확충을 위하여 노력하였다.

13. 1981년 합실어린이집 개원

1981년 서울시로부터 한경직 목사에게 관악구 신림동에 위치한 합실어린이집을 위탁운영해 줄 것을 요청하여 왔다. 당시 합실어린이집이 있는 지역은 1970년 청계천 및 이촌동

한강변에서 생활하던 철거민들을 신림동으로 이주시킨 후 그곳에 유아원을 설치하고 위탁체를 모집하였으나, 지역적 여건이 좋지 않은 관계로 위탁기관이 없자 한경직 목사에게 위탁 운영하여 줄 것을 요청했다. 한경직 목사는 남들이 외면하는 시설이지만 저소득층에 있는 어린이들의 교육과 보육이 반드시 필요하다는 판단에 따라 이를 수락, 위탁 받아 1981년 9월 30일 합실어린이집 개원예배를 드렸다.(영락사회복지재단, 2009)

14. 1986년 영락경로원 신축

1952년 11월 12일 돈암동 개원 당시 남자 6명, 여자 19명으로 노인사업을 시작하였다. 그 후 영락교회 창립 20주년인 1965년에 현 경기도 하남시로 이전하여 생활하다가 1985년 영락교회 창립 40주년 기념사업의 일환으로 14,000평의 부지 위에 698평의 규모로 신축하여 1985년 5월 18일 기공식 예배를, 1986년 11월 준공예배를 드렸다.(영락시회복지재단, 2009)

1965년 경로원원사

1953년 경로원 어르신 모습

1965년 영락경로원 봉헌식기념

체육대회-기념촬영

공을 굴리는 할머니 모습

출처 : 영락사회복지재단 홈페이지(http://www.ynswf.co.kr)

15. 1990년 보린원 신축 완공 및 준공 예배드리다

영락교회 50주년 기념사업으로 지어진 영락보린원. 1990년 2월 28일 보린원 준공예배가 드려졌다. "우리 보린원 일곱 번째 건물입니다." 한경직 목사의 기쁨이 넘치는 첫마디였다. "처음 신의주 하정에 20평짜리로 시작했고, 남신의주에 400평으로 짓느라고 많은 사람들이 성금을 내주어 이룩한 훌륭한 건물이 1945년 8.15후에 서울에 와서 이 자리에 처음 미국에게 천막을 얻어 쳤고, 그 다음에 미국 교포들의 성금을 받아 지은 재미동포기념관, 6 · 25때 미국 AFPlan으로 두 번에 걸친 건물, 그 하나는 아래채 건물로 남아 있지만 이렇게 여섯 번에 걸친 건물을 다 남의 힘으로 지은 건물이었습니다. 그러나 오늘 성대한 준공예배를 드리는 이 건물은 온전히 우리의 힘, 우리 영락교회의 힘으로 지은 것이고 제일 깨끗하고 제일 잘 지은 것이니만큼 그 보람과 기쁨은 더욱 크다."는 한경직 목사님의 목소리에 예배에 참여한 모든 분들의 눈에는 눈물이 흐르고 있었다.(영락사회복지재단, 2009)

16. 1990년 영락어린이집 개원

1990년 2월에 영락보린원의 원사를 현대식 건물로 신축하면서 지역사회의 저소득층 맞벌이부부 가정에 있는 아동들을 보육하기 위해 1990년 6월에 영락보린원 내에 영락어린이집을 설치하여 운영하기 시작하였다.(영락사회복지재단, 2009)

17. 1990년 사회복지법인 영락원에서 영락사회복지재단으로 변경

1957년 10월 재단법인 영락원을 설립하여 영락교회의 복지사역들을 보다 통합적으로 운영하려고 시도하였고, 그 이후에 새롭게 시작한 복지사업들을 포함하여 1990년 재단법인 영락원을 사회복지법인 영락사회복지재단으로 변경하여, 21세기를 맞이하여 보다 전문적인 교회복지사역의 중추기관으로 발전을 추구하였다. 현재 대부분의 대형교회들은 교회 산하 혹은 병설로 사회복지재단을 운영하고 있으며 기독교적 구제사역을 보다 전문적으로 행하기 위하여 사회봉사담당 목회자, 사회복지전문가, 교회사회복지사 및 성도들이 협력하여 교회의 사회복지재단을 통하여 이 땅의 소외되고 차별 받는 계층의 복지 향상에 많은 기여를 하고 있다. 영락사회복지재단은 이러한 기관들의 선도 기관으로서 차별성을 가지고 우리나라 기독사회복지재단의 모범적인 역할을 수행할 수 있도록 노력해야 한다.

18. 1994년 영락애니아의 집 개원

1994년 1월 영락교회 창립 50주년을 맞이하여 한경직 목사님의 뜻에 따라 용산구 후암동에 뇌성마비 중증장애인 요양시설인 영락애니아의 집을 설립하고자 1994년 1월 12일 기공예배를 드렸다. 애니아는 성경 말씀 사도행전에서 예수님의 수제자 베드로가 장애인을 고쳐 주었다는 내용에서 그 여인의 이름을 따서 시설의 명칭을 지었고 그 이름의 뜻은 칭찬받는 사람이다. 1994년 7월 28일 애니아의 집 준공 이후 본 시설의 입소 정원은 뇌성마비 중증장애아동 40명과 19명의 직원이 함께 생활하였다.(영락사회복지재단, 2009)

19. 1994년 영락노인복지센터 설치

영락경로원은 1985년 영락교회 40주년 기념사업으로 건축하였고, 영락재가노인복지상담소는 1992년 3월 하남시 지역사회거주 요보호 어르신들을 보호할 수 있도록 돕기 위한 것으로 독거노인 약 150명을 돌보는 기관이 되었다. 영락요양원은 1993년 8월에 노인요양원 설립인가를 받고, 1994년 영락교회 50주년 기념사업으로 건물을 신축하게 되었다. 영락경로원, 영락요양원 및 영락재가노인복지상담소 등의 3개의 기관을 통합하여 어르신들을 체계적으로 보호하기 위해 1994년 5월 영락노인복지센터 설치인가를 받고 운영하게 되었다.(영락사회복지재단, 2009) 영락사회복지재단의 영락노인복지센터는 건강하지만 보호가 필요한 노인들을 위한 영락경로원, 만성질환이나 요양보호가 필요한 노인들을 위한 영락양로원 그리고 지역사회거주 노인들을 위한 영락재가노인복지상담소 등을 설치 운영하여 지역사회거주 노인들로부터 요양보호가 필요한 노인들을 위한 종합적이며 통합적인 노인복지센터를 운영하고 있는 데 매우 큰 의의가 있다고 생각한다.

Ⅲ. 한경직 목사와 영락교회의 봉사사역

1. 영락교회의 봉사비전

한경직 목사의 봉사사상을 바탕으로 영락교회는 사회복지제도가 미성숙 되고 일천한 우리나라에 많은 영향을 미친 것을 부인할 수 없다. 영락교회가 제시하고 있는 봉사비전의 고찰을 통하여 과연 이 비전이 한경직 목사의 봉사사상을 잘 계승하고 있는지 그리고 현재 영락교회 목회자, 임직자 및 성도들이 한경직 목사의 봉사사상을 교회 내 및 교회 밖의 생활 속에서 잘 지켜나가고 있는지를 평가해 보는 것도 매우 필요하다.

영락교회의 봉사비전 전문의 주요 내용들은 다음과 같다.

"우리나라에 개신교가 전래된 이래 교회가 정치, 경제, 사회, 문화 전반에 걸쳐 끼친 영향은 지대한 것이었습니다. 특히 해방과 6 · 25전쟁 후 학교 설립, 장애인, 모자 가정과 노인들을 위한 사회사업 기관을 설립하는 등 영락교회의 사회봉사는 한국교회에 커다란 영향을 끼쳐왔습니다. 그러나 근래에 이르러 한국 교회와 영락교회의 사회봉사 활동이 정체되어 가고 있다는 평가를 받고 있습니다. 사회봉사를 위한 헌금과 후원은 변함없이 지속되고 있지만 예전과 같은 힘 있고 활발한 사회봉사 활동은 못 된다는 비판을 받는 이유는 무엇일까요?

이제 영락교회도 '하나님께서 새 천년을 맞이한 영락교회의 사회봉사부에 주시는 새로운 비전이 무엇인가?'를 묻기에 앞서 지상사역인 복음전도와 이웃을 내 몸과 같이 사랑하라고 하신 주님의 명령을 제대로 감당하고 있는가를 물러야 할 것입니다.

사회봉사는 하나님의 구속받은 백성과 교회가 마땅히 해야 할 바입니다. 하나님께서 사도바울을 통해서 말씀하신바 '만사를 정함이 없는 재물에 소망을 두지 말고 오직 우리에게 모든 것을 후히 주사 누리게 하시는 하나님께 두며 선한 일을 행하고 선한 사업에 부하고 나눠주기를 좋아하며 동정하는 자가 되게 하라'(딤전 6: 15-16)는 말씀에 의지하여 온 교우들이 이 시대 하나님께서 우리 영락교회에 원하시는 선한 사업에 힘써야 할 것입니다.

영락교회 사회봉사부는 교회 구석구석을 살펴 이런 이웃을 찾아 돕는 일에 열심을 다할 것입니다. 소년 · 소녀가장, 독거노인, 노인 단독세대, 장애인, 실업당한 자, 질병으로 고통당하는 자들을 돕기 위해 힘을 다할 것입니다. 다치고 상한 강도 만난 자를 싸매어 주고 고쳐준 사마리아인처럼 '너희도 그렇게 행하라'(눅 10: 38)하신 주님의 말씀에 순종하는 사회봉사부로서 충성을 다할 것입니다.

그러나 한편으로는 봉사미, 실업지원금, 실업가정 자녀 교육비, 외부 기관 지원과 같은 사업들이 지급 중심의 행정적 성격이 강하지 않았는지 반성해 봅니다. 충분한 실태 조사와 심방을 전제로 하지 않는 행정적 절차로서의 구제의 모습이 있다는 것을 솔직히 고백합니다. 또 이제까지는 긴급 재난을 당한 이들에게 신속한 구호를 할 수 없었습니다.

이런 의미에서 새 천년을 맞은 사회봉사부는 사회봉사센터로서의 역할을 더욱 강화하고자 합니다. 자원봉사부와 상담부 그리고 사회봉사부가 공간을 마련하여 상시로 운영할 사회봉사센터를 운영하고자 합니다. 이로써 어려운 이들을 돕고자 하는 모든 사람들과 도움을 필요로 하는 이들을 결연을 맺어주는 일과 긴급 재난으로 고통당하게 될 경우에 즉각적으로 지원해 줄 수 있는 팀이 운영될 수 있을 것입니다. 또한 지급하는 구제에서 벗어나 직접 찾아가 심방하고 그들의 진정한 아픔이 무엇인지 살피고 그들의 고통을 덜어주기 위해 최선을 다해 지원해주는 이웃으로서의 모습을 갖추고자 합니다."(영락교회, 2009)

영락교회의 봉사 비전 전문의 주요 내용들을 보고 현재 영락교회의 사회봉사의 방향과 목적을 가늠해 볼 수 있다고 생각된다. 위의 전문에서는 영락교회의 봉사비전의 방향에 대하여 언급하고 있고, 그리고 현재 영락교회가 직면하고 있는 이슈와 문제점들을 논의해 보면 다음과 같다. 첫째, 현재 영락교회는 그리스도의 사랑을 전파하기 위한 체계적인 봉사사역을 수행해 오고 있는가? 둘째, 현재 영락교회가 한경직 목사의 봉사사상을 잘 계승하여 발전시켜 나오고 있는가? 셋째, 현재 영락교회는 우리나라 교계에서의 위상에 걸맞은 복지사역을 잘 감당해 나가고 있는가? 넷째, 현재 영락교회는 우리나라 교계에서의 위상에 걸맞은 복지 욕구에 부합하게 잘 설정하여 운영해 오고 있는가? 다섯째, 현재의 영락교회의 방향과 일치하고 있는가? 여섯째, 현재 영락교회는 복지사역의 전문성을 통하여 그리스도 정신을 우리나라와 전 세계를 대상으로 전파할 준비가 되어 있는가?

또한 위의 전문은 영락교회의 복지사역의 방향을 가늠하는데 매우 중요하다. 그러나 위의 봉사비전은 영락교회의 봉사의 방향에 대하여 명확하게 제시하지 않고 있고 또한 그 동안 한경직 목사가 신의주에서 시작한 보린원 사역으로부터 영락교회에서의 한경직 목사의 봉사에 대한 설교 및 봉사사역, 그리고 영락사회복지재단의 복지사업들을 포함하여 이러한 모든 복지사역들을 통합하여 영락교회의 복지사역의 명확한 방향을 제시하는 등대가 되기에는 부족한 측면이 있다. 한경직 목사의 복지사역과 사상을 계승하여 영락교회가 이 땅에 경제적, 사회적, 정서적 및 영적인 측면에서 소외되고 차별되고 있는 자들에게 그리스도의 사랑을 전하기 위해서는 새로운 봉사비전의 정립과 이에 부합하는 교회 차원의 대책 마련이 시급히 요청된다. 결론적으로 위의 봉사비전 전문에서 나타난 주요 방향과 내용들이 그리스도의 구제사상을 포함하여 한경직 목사의 봉사사상을 잘 반영하고 있는지 그리고 이를 통하여 영락교회가 한국 교회들 중에서 복지사역의 개척자며 선도자의 역할을 감당해 낼 수 있는지에 대하여 앞으로 진지하게 고민해 보아야 할 과제라고 생각한다.

2. 영락교회 사회봉사부의 이념과 활동

개별교회의 사회봉사부의 이념을 살펴보면 사회봉사부의 구체적인 방향을 가늠할 수 있다. 영락교회 사회봉사부의 이념은 다음과 같다. "사회봉사부는 교회 제직부서의 하나로서 교회 내외의 제반 사회복지서비스(Social Welfare Service)를 제공하고 복지 프로그램을 시행하는 부서이다. 사회봉사부는 하나님의 사랑의 공동체인 교회의 한 지체로서 성도들의 상부상조 정신을 함양하고, 환난 당한 교우를 구제하며 봉사정신 및 사회적 책임의식을 고취시키는 일을 추진한다. 교회 밖으로는 그리스도의 사랑과 희생의 정신으로 사회구제사업 및 복지사업을 전개한다. 사회봉사를 통한 복음의 전파와 교회간의 연대를 지향하고 복지 정책을 개발하여 사회를 선도하며 사회문제의 예방과 치유에 적극적인 책임을 감당하는 교회의 사명을 다하며 나간다. 사회봉사부는 그리스도의 제자로서 부르심을 받았기에 맡겨진 사명을 최선을 다해 감당하고 있다."(영락교회, 2009) 봉사비전과 비교하여 영락교회 사회봉사부의 이념은 사회봉사부의 의의, 방향 및 주요 사업 등에 대하여 어느 정도 구체적으로 기술하고 있다. 그러나 이러한 이념들이 영락교회의 다양한 복지사역들을 사회봉사부를 중심으로 어떠한 방법으로 전개되어야 하는지를 제시해 주기에는 부족한 측면이 있다. 사회봉사부의 이념 역시 사회봉사부의 이념과 목적 그리고 봉사사역의 구체적인 원칙들을 사회봉사부 이념에 담아 낼 수 있도록 해야 한다. 그리고 이러한 이념의 설정에 있어서 한경직 목사의 복지사상과 영락교회의 봉사비전과의 연계성을 확보하는 것도 매우 필요하다.

현재 영락교회 사회봉사부에서 실시하고 있는 복지사역들은 다음과 같다. ① 봉사주일 진행팀 : 매달 넷째 주일에 의류 수집, 봉사금, 봉사미를 수납하고 교우들의 봉사정신을 고취한다. ② 이 · 미용 및 목욕 봉사팀 : 노인 및 장애자들을 대상으로 목요시스템이 완비된 이동목욕차량을 통하여 직접 가정을 방문하여 목욕 서비스를 실시한다. ③ 가정복지 봉사팀 : 독거노인, 장기환자 및 사회복지적 돌봄을 필요로 하는 성도들을 대상으로 방문 봉사한다. ④ 호스피스팀 : 암과 같은 불치병을 앓고 있는 성도들을 대상으로 남은 삶을 하나님의 자녀로서의 존엄성을 잃지 않고 투병생활을 감당할 수 있도록 돕는다. ⑤ 의료 봉사팀 : 기독 의료인으로 구성하여 교회 내외의 의료봉사에 관한 제반 사항을 기획하고 진행한다.(영락교회,2009)

영락교회의 사회복지사업은 그 규모와 종류 면에서 놀랄 만큼 다양하며 지속성을 지니고 꾸준히 펼친 '그리스도 사랑의 사업'들이었다. 영락교회는 그리스도의 복음정신을 구체적으로 이 땅에 심고 뿌리는 '사랑의 손길'을 펴나갔던 것이다. 특히 사회적으로 소외되고 버림받은 어려운 이웃을 향한 이 같은 손길은 앞으로도 계속 이어질 것이다. 이밖에도 영락교회의 사랑의 봉사활동은 여러 모양으로 전개되었다. 즉 사회복지재단을 통한 이상의 봉사활동 외에 교회 내의 각종 선교단체들이 그때그때마다 도움의 손길이 필요한 지역과 단체를

위해 '나눔과 섬김 운동'을 전개해 왔다.(한경직목사기념사업회, 2008)

현재 영락교회 사회봉사부에서 실시하고 있는 복지사역들을 점검해 보면 영락교회의 봉사비전, 사회봉사부 이념 그리고 한경직 목사의 봉사사상을 현실화시켰다기보다는 그 동안 영락교회에서 실시해 왔던 봉사활동들을 현재에도 지속적으로 수행하고 있고, 이러한 봉사활동들은 이미 우리나라의 모든 교회의 기본적인 봉사사역으로 자리 잡고 있는 것들이 대부분이다. 이러한 봉사활동들이 영락교회가 처음 실시했을 당시에는 새로운 복지사역들이지만 지금 거의 전국의 모든 교회에서 유사한 복지사역을 수행하고 있다. 그러나 복지사역을 보다 중점적으로 다루고 있는 우리나라 다른 교회들의 경우보다 전문적인 교회 사회사업을 교회목회와 접목시켜서 일반 사회복지기관이나 단체들보다도 체계적이고 과학적으로 복지사역들을 수행해 오고 있다. 특히 영락교회는 한경직 목사가 시무하던 기간 동안 우리나라의 교회 복지사역을 주도적으로 이끌어 온 대표적인 교회로써 다른 교회보다는 복지사역을 체계화 전문화 및 제도화 시킬 수 있는 방안을 모색하기 위하여 목회자, 임직자 및 성도들이 마음을 모아서 영락교회의 복지사역을 한 단계 발전시켜 나갈 수 있는 전문화 된 교회 사회사업의 활성화를 통하여 우리나라의 교계에서 복지사역의 선도 기관으로 발전해야 할 역사적 책임과 역할을 감당해 나가야 한다고 생각한다.

Ⅳ. 영락사회복지재단의 분야별 복지사역

1. 아동복지사업(Child Welfare)

1939년에 개원한 아동보호시설인 영락보린원은 1989년 일본 가마쿠라보육원과 자매결연했으며, 1994년부터는 용산구 후암동, 마포구 상수동 관내 무의탁노인 도시락배달봉사도 시작하였다. 저소득층 자녀를 대상으로 하여 1981년 개원한 합실새마을유아원은 1988년에는 유아원 졸업생들을 대상으로 독서실을 운영하였으며, 1989년에 건물을 신축하는 등 시설 확충도 뒤따랐다. 1991년 합실어린이집으로 명칭을 바꾸었고, 같은 해 인근 신우초등학교 부설 공부방을 개원하기도 하였다. 핵가족화와 취업 여성의 증가 등으로 아동 보육이 사회적 문제로 떠오르자 1990년 6월 영락보린원 신축건물 1층에 영락어린이집을 개원하였다. 탁아(託兒), 육아(育兒) 및 신앙적 교육 등의 기능을 가지고 있는 영락어린이집은 현재 다양한 프로그램을 마련하고 시설 및 정원을 늘려 저소득층 가정의 어린이들을 돌보는 탁아소 및 유아원으로서의 기능을 다하고 있다. 1991년 7월 10일부터 영세민 자녀들을 위한 공부방을 운영하기도 하였다. 이는 합실유아원 출신 유아들이 초등학교에 진학하고서도 방과 후 공부할 공간이 없어 방황하는 것을 극복하기 위하여 마련한 것이다. 이 공부방에서는 초등학교 1, 2학년 아동 20명을 방과 후 모아 전도를 겸한 학습지도를 펼쳐 좋은 반응을 얻었다.(한경직목사기념사업회, 2008)

영락사회복지재단의 아동복지사업은 1939년부터 현재에 이르기까지 아동보호시설, 영유아 보육시설 및 지역아동복지센터 등의 아동복지사역 전반에서 개척자의 역할을 잘 감당하고 있다. 그러나 21세기 변화하는 국내외 정치적 경제적 사회적 환경에 부응하기 위해서는 영락사회복지재단 산하의 아동복지사역들을 점검하고 이를 창의적으로 개선하며 보다 전문적인 사역을 통하여 발전시켜 나가야 한다. 특히 현대사회에서의 가족의 범위와 유형이 변화하고 있고 기존의 아동복지시설과 서비스만으로는 현재의 아동문제를 효과적으로 다루기는 어려운 실정이다. 교회복지재단을 통하여 교회 사회사업 측면에서의 아동복지사업의 전문화와 활성화를 위하여 한층 더 노력해야 할 것 같다. 영락복지재단에서 시행하고 있는 복지사업들을 정리해 보면 아래와 같다.

1) 영락보린원

영락보린원의 주요 사업들을 살펴보면 다음과 같다. ① 요보호 아동양육사업: 보호양육. ② 상담프로그램: 개별, 집단상담, 부모상담, 사례회의 심리검사. ③ 인지발달프로그램: 개별학습, 현장체험학습, 독서지도, 예절교육. ④ 정서발달프로그램: 치료프로그램, 취미/적성지도, 문예활동, 레크리에이션. ⑤ 사회성발달프로그램: 여름방학캠프, 자치활동, 사회성기술훈련. ⑥ 가족지원프로그램: 아동친지방문, 부모초청교육, 가족캠프, 가족시설방문. ⑦지역사회연계프로그램: 자원봉사활동, 동요대회, 지역사회경로잔치. ⑧ 건강발달프로그램: 보건교육, 안전교육, 영양관리. ⑨ 퇴소자립지원프로그램: 진로탐색, 사회적응훈련, 퇴소자교육, 학업기술훈련. (영락보린원, 2009 홈페이지 www.borinwon.or.kr)

기존의 선행연구에서 밝혀진 영락보린원의 과제는 다음과 같다. ① 행정과 아동교육 및 관리의 체계화와 과학화. ② 아동학습 능률과 기능 향상으로 자립기반확립과 사회기여. ③ 신앙의 성숙과 생활화. ④ 생활지도 강화와 정서교육 프로그램의 개발. ⑤ 직원의 전문화와 재교육. ⑥ 시설의 효율적 관리(영락사회복지재단, 1991)

영락보린원은 한경직 목사가 목회를 시작하면서 처음으로 복지사역을 시작하여 현재에 이르고 있는 영락교회와 영락사회복지재단의 최초의 복지사업으로 규정할 수 있다. 아동보호시설의 선도시설로서 일반 아동보호시설보다는 보다 더 한경직 목사의 봉사사상을 계승하여 현재의 서비스와 프로그램에 반영해야 한다. 그러나 우리나라의 거의 모든 복지시설들이 국가나 지자체의 재정적인 지원으로 운영되기 때문에 영락보린원을 발전시켜 나가기 위해서는 국가나 지자체의 재정적 지원 이외에 영락교회와 영락사회복지재단의 지속적인 지원이 필요하다. 그리고 단지 하나의 아동보호시설이 아니라 우리나라에서 아동보호시설의 선도 기관으로서의 역할을 정립하고 이에 부합하는 기관 내적 및 외적인 역량을 강화시켜 나가야 한다. 그리고 기존의 아동보호시설의 대상자뿐만 아니라 우리나라의 시급한 아동보호문제를 주도적으로 해결해 나갈 수 있는 기관으로 거듭 발전해 나가야 한다.

2) 영락의 집

2002년 6월 1일에 개원한 그룹홈 '영락의 집'은 시설아동 중에서 학교와 시설생활에 적응하지 못하고 중도 탈락하는 여학생을 위한 공동생활가정으로 5명의 아동들이 생활하고 있습니다. 초기 사회복지공동모금회 지원을 통해 운영되다가 현재는 영락사회복지재단에서 운영하고 있으며 다양한 서비스 지원으로 건강한 사회인으로 성장하는 데 돕고 있습니다. 영락의 집의 주요 복지사업들을 살펴보면 다음과 같습니다. ① 교육사업: 학습지도, 예절

교육 , 학교방문. ② 신앙지도: 수련회참가, 교회교사면담, 예배참석. ③ 사회성계발: 여름캠프, 야외활동, 요리실습, 친지방문, 문화활동. ④ 상담사업: 심리상담(영락보린원, 2009)

영락의 집은 아동보호시설에서 적응하지 못하는 여학생을 위한 공동생활가정으로 일반아동들보다도 더 세심하게 서비스를 제공해야 한다. 특히 이러한 아동들을 단순히 보호의 대상으로 여기지 말고 기독교적인 측면에서 이들의 신앙과 영성을 보다 확충시켜 나갈 수 있는 기독교적 공동생활가정을 표본이 될 수 있도록 다양한 노력을 경주해야 한다. 그리고 지금은 여학생만을 대상으로 시설을 운영하고 있지만 남학생을 대상으로 한 영락의 집이 필요하다. 과학적이고 합리적인 시설의 운영을 통하여 타 교회나 교단에서 이러한 시설과 서비스를 전파할 수 있도록 노력해야 한다. 이러한 가정과 영락교회의 성도들을 연계시켜서 영락교회의 성도들이 한 가정씩 책임지고 영적이나 재정적으로 후원해 줄 수 있는 방안을 모색하는 것도 필요하다.

3) 영락지역아동복지센터

지역아동복지센터는 사회적 안전망으로써 아이들을 안전하고 따뜻한 분위기 속에서 보호하고 건전한 인지/정서 발달 향상을 돕고자 2005년에 개원하였다. 현재 우리나라는 맞벌이부부, 여성의 사회진출, 한부모, 조손가정의 증가로 가정에서 아동들의 방과후 양육과 교육을 감당하기 어려운 실정이다. 이러한 위기의 아동들을 대상으로 영락아동복지센터를 통하여 아동복지종합서비스를 제공하려고 하고 있다. 영락아동복지센터의 주요 복지사업들은 다음과 같다. ① 아동복지사업: 방과후 학교, 한꿈교실(특기적성교실), 어린이도서관. ② 부모역할강화사업: 부모역할교육, 부모아동관계성 향상 프로그램. ③ 지역사회자원개발사업: 자원봉사자개발 및 실습생교육, 아동 및 가족상담, 개별 집단상담, 심리적성검사, 사이버상담실.(영락보린원, 2009)

우리나라의 아동복지환경은 매우 급변하고 있고 특히 저출산, 핵가족 및 이혼에 의한 해체가정의 증가로 지역사회 내에는 교회의 손길을 필요로 하는 요보호아동이 매년 증가하고 있는 실정이다. 이를 개선하기 위하여 기존의 아동보호시설을 중심으로 지역아동센터들이 정부의 주도 아래 전국적으로 확충되고 있는 실정이다. 지역아동센터는 여러 가지 이유로 아동들을 방치하는 가정의 아동들을 방과 후 혹은 낮 동안에 심리사회적 지원 및 교육을 매우 훌륭하게 운영해 오고 있다. 이러한 교회의 Know-How를 지역아동센터와 접목시킨다면 보다 체계적인 아동보호프로그램을 제공할 수 있다. 교회가 이러한 시설들을 보다 적극적으로 지원한다면 지역선교 차원에서도 많은 긍정적인 결과를 이끌어 낼 수 있다고 생각한다.

〈그림 1〉 영락사회복지재단의 조직도

출처: 영락사회복지재단 홈페이지(http://www.ynswf.co.kr)

4) 합실어린이집

1981년 관악구 신림 10동에 거주하는 저소득층 어린이들의 심신을 건전하게 육성하기 위하여 서울시가 건립하고 영락사회복지재단이 위탁을 받아서 운영하고 있다. 1970년 당시 청계천 및 이촌동에 생활하던 철거민을 이주시켜 지역이 형성된 곳으로 당시 유아원을 설치하여 민간에 위탁하려 했으나 위탁업체를 선정하지 못하고 영락사회복지재단이 서울시의 요청으로 위탁운영하고 있다. 합실어린이집의 주요 사업들은 다음과 같다. ① 보육사업: 견학, 특기교육, 장애아 통합교육, 안전교육. ② 교사교육: 사사교육, 영양교육, 평가인증, 조력시설 탐방. ③ 장난감도서관: 장난감 대여. ④ 가족지원사업: 부모교육, 참여수업, 각종교육.(영락사회복지재단, 2009)

함실어린이집은 그 동안 영락교회가 영락사회복지재단을 통하여 우리나라의 복지사역을 주도하는 기관으로 인정되어 서울시로부터 위탁을 권유 받은 기관이다. 이처럼 영락교회의 복지사역은 역사적 전통을 가지고 있고 다른 교회나 민간기관들이 아동복지사역에 관심을 두지 않을 때부터 묵묵히 어렵고 힘든 복지사역들을 잘 감당한 것을 우리 사회가 인정했기 때문에 가능하다고 생각한다. 영락교회의 복지사역은 현재까지 다양한 분야에서 가시적인 성과를 이루어 왔다. 그러나 지금은 국가, 지자체, 기업, 종교기관 및 다양한 NGO 단체 등에 의해서도 다양한 복지사업들이 전개되고 있다. 다시 한 번 영락교회의 숭고한 복지사역의 전통을 계승하고 이를 한 단계 발전시켜 나가기 위하여 복지제도의 사각지대에 놓인 대상자들의 복지 욕구에 대하여 보다 능동적으로 대처할 수 있는 방안을 적극적으로 모색해야 한다.

5) 영락어린이집

1990년 영락보린원의 원사를 현대식으로 신축하면서 지역사회 저소득 맞벌이부부 가정에 있는 아동들을 보육하기 위하여 1990년 6월에 영락보린원 내에 어린이집을 설치하여 운영하고 있다. 영락어린이집의 주요사업은 다음과 같다. ① 교육사업: 일반교육 및 장애아 통합교육, 예절교육, 안전교육, 현장학습. ② 교사교육: 외부교육, 자체교육, 실습교사관리. ③ 안전 및 위생: 건강검진, 예방접종, 위생교육. ④ 부모교육: 부모면담, 교육. ⑤ 지역사회연계: 타 시설 견학, 자원봉사, 운영위원회.(영락사회복지재단, 2009)(http://www.ynswf.co.kr)

위의 복지사업들은 민간기관에서 제공되는 프로그램과의 차별성을 확보하기가 어렵다. 크리스천 어린이집으로서의 역할을 감당하기 위하여 현재 영락어린이집의 서비스와 프로그램을 평가하고 보다 발전시켜 나갈 수 있는 방안을 모색해야 한다. 그리고 영락교회와 연관 된 산하 교회에도 기독어린이집을 운영할 수 있도록 지원하고 타 교단 소속의 어린이집 운영에도 도움을 줄 수 있는 창의적이고 기독교적인 다양한 아동 관련 프로그램 및 서비스를 개발하고 보급해야 한다.

2. 노인복지사업(Welfare for the Aged)

처음에는 1952년 설립 된 영락경로원만 있었으나 영락요양원 · 재가복지노인상담소 · 영락노인복지회관 등을 포함하여 영락노인복지센터 등 양적으로 시설이 계속 늘어나자 1994년 5월 경기도 하남시 풍산동에 영락노인복지센터를 건립하고, 이를 운영하기 위한 노인복지재단을 결성해서 오늘에 이르고 있다. 노인요양시설인 영락요양원은 창립 50주년 기념사업의 일환으로 1992년 8월 설립허가를 받은 영락재가복지노인상담소는 노인들을 특정 장소에 모아서 서비스를 제공하는 것보다는 그들이 있는 지역사회로 실무자를 파견하여 도움을 제공하는 것이다. 그리고 부양가족이 있더라도 그들이 직장이나 기타 사정으로 돌볼 수 없는 노인 130명을 대상으로 서비스를 제공하고 있다. 이 사업의 주요 내용은 가사 서비스, 건강관리 서비스, 정서적 서비스, 가정봉사원사업 서비스, 주간보호, 일시보호 서비스, 도시락배달 서비스 및 후원사업 등으로 이루어져 있다.(한경직목사기념사업회, 2008)

기존의 연구에 의하여 드러난 영락노인복지센터의 문제점들은 다음과 같다. ① 시설측면: 시설공간의 부족, 노인부부를 위한 공간부족, 문화생활공간의 부족, 병실공간의 협소, 시설 및 기자재의 부족. ② 인력측면: 실무자의 부족, 전문화의 부족, 처우개선.(영락사회복지재단, 1991) 위에서 지적한 주요 내용들을 일부분은 시정되었겠지만 아직도 위에서 지적한 시설과 인력측면의 문제점들은 아직도 개선되고 있지 않은 상태이다. 이러한 문제점들을 개선하기 위해서는 단순히 정부나 지자체의 제한된 지원예산만을 의지해서는 결코 해결할 수 없다. 종교단체나 법인들이 민간기관이나 기타 기관과의 차별성을 확보하고 종교기관의 비전과 이념을 시설에 적극적으로 펼쳐 나가기 위해서는 기존의 수동적인 태도를 극복하고 보다 적극적인 차원에서 이러한 문제점들을 개선할 수 있는 구체적인 방안을 마련해야 한다. 그리고 시설과 인력측면의 문제점들을 개선하기 위해서는 추가적인 재원이 필요하고 이를 교회, 교단 혹은 복지재단을 통하여 필요비용을 위한 기금을 마련해야 한다.

그리고 2008년 노인장기요양보험제도의 시행으로 인하여 전통적으로 공급자 중심의 노인복지사업들이 수요자 중심의 노인복지로 전면적으로 개편되었다. 이제 시행된지 얼마 안 되지만 영락노인복지센터도 노인장기요양보호제도의 도입으로 인한 장단점들을 체계적으로 분석하여 기독노인복지센터의 정체성을 유지하면서 지역사회와 시설에 거주하고 있는 노인들의 복지욕구를 체계적으로 해결할 수 있는 방안에 대하여 심도 있게 고민해 나가야 한다. 또한 이러한 변화에 능동적으로 대처하기 위한 인적, 재정적 및 기술적인 측면에서의 대응방안도 조속히 수립해야 한다.

1) 영락경노원

1939년 한경직 목사님은 신의주에서 노인관을 설립하여 무의탁 노인을 위한 구제사역을 시작하였고, 그 후 서울시 성북구 돈암동에 경로원을 설립하여 25명의 노인들을 대상으로 노인복지사업을 시작하였다. 1985년 영락교회 창립 40주년 기념사업의 일환으로 현재의 경로원을 신축하여 우리나라 노인복지사업의 선구자 역할을 담당하고 있다. 영락경로원은 입소 후 어르신들의 기본적인 신체적 서비스로부터 정서적, 사회적, 의료적 서비스를 제공하여 어르신들의 삶의 질 향상을 도모하고 있다.(영락노인복지센터, 2009)(www.youngnak-noin.or.kr)

영락경로원 역시 한경직 목사가 보린원에 세운 노인관의 전통을 계승한 매우 역사적인 노인생활시설의 하나이다. 영락경로원은 만성질환이나 일상생활에 제한을 가진 노인들을 위한 요양시설과는 다르게 경제적, 사회적 및 가정적으로 불우한 일반노인들을 위한 양로시설이다. 인구 고령화와 핵가족화의 영향으로 우리나라에서는 영락경로원과 같은 노인들을 위한 양로원이 필요하지만 2008년 노인장기요양보험제도의 도입으로 인하여 수요에 비하여 절대 부족인 양로시설이 요양시설로 대거 전화되면서 유사한 복지 욕구를 가지고 있는 현재의 노인들과 앞으로 증가하는 노인들을 위한 양로시설은 절대적으로 부족한 것이라고 생각한다. 정부나 민간기관들은 앞을 다투어서 노인장기요양보험의 혜택을 받는 장기요양기관으로서의 요양시설을 앞으로 보다 많이 건립하여 운영할 예정이다. 이러한 상황에서 영락사회복지재단 같은 종교복지법인이 주도적으로 우리나라의 양로시설의 양적 및 질적 수준을 향상시킬 수 있도록 대책을 강구하는 것이 매우 절실히 요청된다.

2) 영락요양원

1982년 경로원의 어르신 중 환자를 격리하여 보호하기 시작했으며 1993년 8월에 노인요양원을 설립하고, 1994년 7월에 영락교회 50주년 기념사업으로 건물을 신축하여 신체적, 정신적으로 건강하지 못한 노인들이 평안한 노후의 삶을 보낼 수 있도록 주거의료복지사업을 실시하고 있다. 영락요양원의 주요 사업으로는 신체적, 정서적, 의료적으로 다양한 프로그램을 제공하고 생활의 안정 및 심신기능의 유지 그리고 편안한 노후생활을 보낼 수 있도록 하고 있다.(영락노인복지센터, 2009)(www.youngnak-noin.or.kr)

1980년 초부터 현재까지 영락요양원은 만성질환자와 일상생활을 독립적으로 수행할 수 없는 노인들에게 전문적인 요양서비스를 제공해 온 전통과 경험을 갖고 있는 노인요양기관이다. 인구의 고령화로 인하여 요양보호서비스의 욕구는 날로 증대되고 있다. 2008년 노인장기요양보험의 시행으로 노인요양시설에 대한 우리 사회의 요구는 점차로 증대될 것으로 예상된다. 영락경로원은 그 동안 축적된 경험과 Know-How를 바탕으로 우리나라의 노인장기요양 분야의 중심기관으로 발전해야 하고, 이러한 경험들을 다른 교회나 교단 산하의 요양시설의 건립과 운영에 전문적인 도움을 줄 수 있는 방안을 모색해야 한다. 그리고 노인에게 장기요양보호서비스를 제공할 때에 심리사회적 및 의료적인 개입 방안뿐만 아니라 영적 차원에서의 개입 방안의 구축 방안도 마련해야 한다. 특히 요양시설과 호스피스케어와의 연계성을 확보할 수 있는 방안 역시 마련해야 한다. 또한 영락교회의 성도들을 중심으로 이러한 요양시설에서 사회봉사를 통하여 직간접으로 그리스도의 구제사역에 동참할 수 있는 제도적인 방안도 모색해야 한다.

3) 영락가정봉사원파견센터/주간보호센터

1992년 3월 경기도 하남시 지역사회에서 홀로 생활하는 요보호 노인들에게 다양한 복지서비스를 제공하여 지역사회 안에서 건전하고 안정된 노후생활을 영위할 수 있도록 하기 위하여 설립하였다. 2005년 7월에 지역사회 요보호 어르신들을 낮 동안 보호할 수 있는 주간보호센터를 개원하여 운영해 오고 있다. 주요 사업들로는 신체적 정서적 이유로 일상생활을 영위하기 어려운 노인들에게 가정봉사원을 파견하고, 낮 동안 가족들의 보호를 받지 못하는 재가 어르신을 대상으로 다양한 주간보호서비스를 제공하고 있다.(영락노인복지센터, 2009) (www.youngnak-noin.or.kr)

고령사회(Aging Society)에서는 시설에 거주하는 사람들도 증가하지만 더 많은 노인들이 지역사회에 거주하면서 다양한 재가복지서비스(Home Care)를 제공 받기를 원하고 있다. 현재 우리나라에서는 시설보호보다는 재가보호에 대한 복지 인프라와 인력이 턱없이 부족한 실정이다. 교회를 중심으로 지역사회에 거주하고 있는 노인들의 복지욕구에 부합하는 재가서비스를 개발하고 이를 통하여 지역선교를 보다 활성화 할 수 있는 방안을 모색해야 한다.

3. 장애인복지사업(Welfare for the Disabled)

영락애니아의 집은 영락교회 창립 50주년 기념사업으로 한경직 목사님의 뜻에 따라 뇌성마비 중증장애 아동을 양육하는 생활시설이다. "애니아"는 사도행전 말씀에 중풍으로 침상 위에 누운 지 8년 된 애니아를 베드로가 낫게 하여 룻다와 사론지역의 사람들이 그리스도를 영접했다는 말씀에 기반을 하였다.(영락애니아집, 2009) (www.ynaenee.net) 현대사회에서 혼자 스스로 일상생활을 영위하지 못하는 중증 장애아에 대한 보호는 가정에서 체계적으로 보호하기에는 많은 어려움이 있다. 특히 중증 장애아동의 가정일수록 대체로 경제적으로 어려운 형편이다. 이러한 중증 장애인 아동의 가정들을 지속적으로 지원해 줄 수 있는 전문적인 기관의 필요성을 인식하고 1991년 4월 영락사회복지재단 이사회에서 장애인 복지시설을 운영하기로 결의하였다. 중증 장애아동들 중에서 뇌성마비 아동들을 대상으로 생활시설을 통하여 다양한 복지서비스를 제공할 수 있는 '영락애니아의 집'을 1994년 7월에 개원하였다. 현재 입소 대상은 무료 대상자는 국민기초생활보호 수급자 및 무의탁 아동들이고 유료 대상자는 뇌성마비 1급 지체장애 아동들이다.(한경직목사기념사업회, 2008)

영락교회에서 아동이나 노인복지사역보다는 장애인복지사역은 늦게 시작했지만 복지사역의 다양성을 확보하는 차원에서 영락애니아집의 운영은 큰 의의가 있다고 생각한다. 특히 한경직 목사가 장애인들을 위한 복지사역을 권면하고 이를 위해서 중증 장애인들을 위한 영락애니아집을 건립한 것은 한경직 목사가 목회를 통하여 항상 교회가 고아, 과부 및 장애인들에게 구제사역을 해야만 한다고 강조한 것과 연관성이 있을 것으로 생각한다. 영락애니아집의 대상자들도 뇌성마비 장애인들을 위한 생활시설을 마련한 것은 민간 복지기관들이 일반적으로 경증이나 중증도의 장애인들을 위한 생활시설을 운영하는 것과는 차별화하여 더 많은 도움의 손길이 필요한 중증 장애인들을 위한 생활시설을 건립하여 운영했다는 측면에서 그 의의가 있다. 우리나라 장애인복지의 수준은 매우 열악한 측면이 있다. 교회가 앞장서서 국가나 민간 복지기관들이 관심을 가지지 않는 사각지대의 장애인들을 위한 복지 인프라를 구축하고 다양한 장애 유형에 따른 복지욕구를 수용할 수 있는 복지기관 확충과 재활서비스의 개발에 역점을 두어야 한다.

4. 모자복지사업(Welfare for Families with Dependent Children)

1951년 전쟁의 혼란기에 개원한 영락모자원(다비다모자원)은 남편을 잃은(사별, 이혼, 유기 등) 어머니가 세대주로서 18세미만의 아동을 양육하는 무주택 국민기초생활 수급권자와 저소득층 모자가정 아동을 양육하는 미혼모를 보호하고 건강한 가정을 이루도록 돕는 교육사역이다. 1986년부터 자녀들을 위한 장학사업도 벌려왔다. 현재 298세대가 퇴소하여 사회의 다양한 영역에서 활동하고 있다.(한경직목사기념사업회, 2008) 영락모자원의 주요 복지사업들은 다음과 같다. ① 자립기반사업: 주택제공(3년), 생계비지원, 취업알선, 개인후원자 연결. ② 교육사업: 한마음공부방 운영, 체험학습, 독서실 운영, 컴퓨터자격증교실. ③ 장학사업: 성덕장학금, 지체장학금, 특별장학금, 퇴소자녀장학금. ④ 선교사업: 원내예배, 절기예배, 성경공부, 신앙수련회. ⑤ 기타사업: 문집발간, 법률상담, 자원봉사자 교육(영락모자원, 2009)(www.youngnak.net/full)

영락교회가 우리나라에서 최초의 모자시설을 건립하여 운영했다는 것은 매우 큰 의의를 가지고 있다. 그리고 영락모자원의 주요 복지사업의 내용들을 살펴보면 단순한 보호차원을 떠나서 영락모자원의 어머니와 그들 자녀들의 자립기반 확충과 자활을 위하여 다양한 노력을 시도했다는 것이다. 앞으로도 모자가정의 자립기반 형성을 위한 효과적인 프로그램과 서비스를 개발하여 보급할 필요성이 있다. 그리고 앞으로는 날로 증가하는 모자가정과 다문화 가정을 위한 복지사역을 시작할 수 있도록 준비하는 것도 필요하다고 생각한다.

V. 결론 및 제언

현대사회에서 점증하는 복지요구는 더 이상 개인이나 가족 내에서만 해결하기에는 어려워지고 있다. 오늘날 사회복지에 대한 일차적 책임은 국가에 있지만 국가의 재원과 능력에는 한계가 있으므로 이를 보완하기 위해 하나님의 말씀의 선포(Kerigma)와 친교(Koinonia), 사회봉사(Diakonia) 차원에서 교회가 양질의 복지자원을 복지사역에 활용하는 것이 매우 바람직하다. 또한 교회의 복지사역은 소외되고 차별받는 자들에게 단순한 의식주의 문제를 해결하는 차원을 넘어서 영적 차원에서의 도움을 줄 수 있다. 사회의 일반 기관이나 단체들과 비교하여 풍부한 인적 및 물적 자원을 가지고 있는 교회가 복지사역을 확대한다면 공공복지에서 제외되는 사각지대의 복지대상자들의 삶의 질은 보다 개선될 것이라고 생각한다.

또한 우리나라의 취약한 복지제도를 보완하기 위한 차원에서 종교단체, 비영리민간단체 및 기업체들의 자발적인 복지 참여가 더욱 더 요청되고 있다. 특히 정부에서 실시하는 공공복지사업 및 이에 따른 예산이 극히 부족한 상황에서 사회복지 분야에서의 교회의 역할은 매우 중요하다. 교회는 복지사역에 필요한 재정, 시설, 인력 및 조직 자원을 충분히 갖추고 있고 , 전국 각 지역에 산재되어 있으므로 체계적이고 조직적으로 운영한다면 지역사회 주민들에게 직접적이고 전문화된 복지사업을 제공할 수 있는 가장 적합한 기관이다. 그러므로 교회가 보다 적극적으로 복지사역에 동참해야 한다. 이제 한국 교회는 외형적인 성장 중심의 패러다임을 지양하고 교회에 속해 있는 성도와 지역 사회의 비 크리스천들을 위하여 기독교 정신의 핵심인 나눔, 섬김, 사랑의 정신을 실현하는 차원에서 봉사 중심의 패러다임을 보다 강화해야 한다. 이를 위하여 복지대상자들의 경제적, 사회적, 심리적 및 영적 문제 등을 보다 전문적으로 다룰 수 있도록 교회의 복지사역에 대한 성서학적인 관점에서 체계적으로 정립하고, 교회의 복지사역과 선교활동과의 연계성 확보에도 주력해야 한다.

이러한 측면에서 사회복지가 일천한 시기에 교회를 중심으로 구제사역을 시작하였던 한경직 목사의 복지사역은 우리나라의 복지제도의 발전에 많은 영향을 미쳤다고 평가할 수 있다. 한경직 목사는 우리나라의 목회뿐만 아니라 우리나라 사회복지 발전에 일조한 사회복지 분야의 개척자며 선구자적인 역할을 하였다. 현재에도 많은 교회와 목회자들이 국가, 지역사회 및 이웃에 대한 그리스도인들의 봉사를 강조하지만 한경직 목사처럼 봉사활동을 본인의 중심 목회사역의 일환으로 생각한 분은 없다. 그는 이러한 복지사역을 위하여 끊임없이 기도하고 계획하고, 이러한 복지사역들을 보다 효과적이고 체계적으로 이끌어 나갈 수 있는 복지기관과 단체를 설립하였다. 그리고 복지사역에 필요한 재정을 마련하기 위하여 국내외에서 인적자원과 물적자원을 동원한 복지사역의 조직가이며 실천가의 역할을 수행했다고 생각한다.

현재 영락교회와 영락사회복지재단은 한경직 목사의 사후에도 우리나라에서 교회 사회봉사 분야에서 중요한 역할을 담당하고 있다. 한경직 목사는 평생 동안 그리스도의 사랑을 복지사역을 통하여 이 땅의 크리스천과 비 크리스천을 대상으로 펼쳐왔다. 특히 복지사역 분야에서는 타 교회와 비교할 수 없는 역사적 전통과 축적된 경험들을 가지고 있다. 이를 단지 영락교회의 자랑으로만 여기지 말고 한경직 목사의 봉사사상과 복지비전을 발전시켜서 우리나라의 소외되고 가난하고 차별받는 자들을 위하여 보다 전문화된 복지서비스를 제공하고, 그리고 영락교회와 영락사회복지재단은 우리나라의 교회 사회복지와 선교활동의 주도적인 역할을 수행해야만 하는 역사적 사명을 갖고 있다. 이를 위하여 다음과 같은 몇 가지 이슈와 제언을 서술하고자 한다.

첫째, 한경직 목사의 봉사사상과 복지사역을 체계적으로 연구하여 보급할 수 있도록 해야 한다.

영락교회와 영락사회복지재단은 한경직 목사의 실천적인 봉사사상과 복지사역을 체계적으로 연구하고 이를 다른 교회와 교단에서 활용할 수 있는 방안을 강구해야 한다. 이를 위하여 영락교회나 영락사회복지재단에서 한경직 목사의 봉사사상을 재해석할 수 있는 연구조직이나 연구팀을 설립하여 운영하는 것도 고려해야 한다. 그리고 평생 동안 관여하였던 한경직 목사의 복지사역의 의의를 신학적, 선교학적 및 사회복지학적인 측면에서 재조명하기 위하여 보다 심도 깊은 연구 사업을 실시하는 것도 필요하다. 이를 위하여 영락교회를 중심으로 교계와 학계가 연합하여 공동 연구 사업을 진행하는 것도 필요하다. 그리고 영락교회와 영락사회복지재단의 복지사역들을 시행할 때에 한경직 목사의 봉사사상과 이념을 핵심 원칙으로 활용할 수 있도록 해야 한다.

둘째, 영락교회의 사회봉사활동에 한경직 목사의 봉사사상을 연계시킬 수 있는 방안을 마련해야 한다.

현재 우리나라의 많은 교회에서 사회봉사활동을 강조하고 매우 다양한 봉사활동들을 시행하고 있다. 그러나 대부분의 교회 봉사활동들이 사회봉사 전문목회자나 전문가의 지도 없이 일회성이나 비계획적으로 임기응변식으로 진행되는 경우가 매우 많다. 그리고 일부

교회에서는 교회의 사회봉사활동을 이해하지 못하고 교회의 사회봉사활동에 전혀 관심을 가지지 않는 경우도 많은 편이다. 한경직 목사는 봉사를 교회의 3대 사업 중의 하나로 생각하고 평생 동안 사회봉사를 몸소 실천하였고, 영락교회와 성도들에게 사회봉사활동의 중요성을 자신의 목회활동을 통하여 지속적으로 강조하였다. 그 동안 영락교회의 사회봉사활동은 많은 일들을 이루어 냈지만 우리나라 교회 사회봉사의 선도기관의 위치에 부합하는 사회봉사활동 체계와 프로그램을 운영하고 있는지 검토해 보아야 하고, 특히 한경직 목사의 복지사상을 접목시킬 수 있는 교회 사회봉사 프로그램을 개발하여 이를 성도들의 봉사활동에 적극적으로 활용하는 방안을 모색해야 한다.

셋째, 한경직 목사의 복지사역의 전통을 계승하여 영락교회와 영락사회복지재단의 복지사역을 보다 전문적으로 수행할 수 있는 체계의 구축이 필요하다.

우리나라 교회에서 시행되고 있는 일반적인 사회봉사활동들을 살펴보면 봉사활동에 관심을 가지는 일부 임직자나 성도들만을 중심으로 운영되고 있는 것이 사실이다. 교회에서 봉사활동을 보다 활성화하기 위해서는 가능한 모든 성도들이 개인들의 능력을 발휘하여 봉사활동들에 참여할 수 있게 하고, 이러한 봉사활동의 참여를 통하여 그리스도의 사랑의 실천을 몸소 체험할 수 있는 방안들을 추구해야 한다. 그리고 교회 사회봉사의 전문성(Professionalization)을 확보하기 위하여 적정한 사회봉사전담 목회자와 크리스천 사회사업가들을 고용하여 전문적으로 지역 사회의 복지 문제를 발굴하고 이에 적합한 봉사프로그램들을 개발하여 운영하는 것이 매우 중요하다.

영락교회는 한경직 목사의 지도력에 의하여 이미 오래 전부터 교회 사회봉사의 전문화를 위하여 많은 노력을 해 왔다. 영락교회의 목회자와 성도들이 연합하여 아동복지, 영유아복지, 모자복지, 장애인복지 및 노인복지에 이르기까지 다양한 복지사역을 감당해 왔다. 그리고 영락원과 영락사회복지법인을 만들어서 이러한 영락교회의 복지사역을 통합적이고 전문적으로 운영하려는 노력을 해 왔다. 그리고 사회봉사 전담 목회자를 두어서 영락교회의 사회봉사활동들도 보다 체계적으로 운영해 오고 있다. 그러나 현재 영락교회의 사회봉사활동과 영락사회복지재단 산하의 복지기관들의 복지사역들을 체계적으로 평가하고 앞으로 보다 전문적인 복지사역을 위한 체계를 구축하도록 해야 한다. 이를 위하여 영락교회의 사회봉사부의 활동과 조직을 점검해 보고 영락사회복지재단 산하의 기관들이 인적자원이나 물적자원 측면에서 전문적 서비스를 제공하고 있는지를 지속적으로 평가하여 문제점들을 개선해 나갈 수 있는 방안을 마련해야 한다.

넷째, 한경직 목사의 복지사상과 복지사역의 업적을 우리나라와 전 세계에 알릴 수 있도록 다양한 방안을 모색해야 한다.

한경직 목사의 숭고한 복지사상과 복지사역의 업적을 기념하기 위하여 다양한 방안을 모색할 수 있다. 첫째, 한경직 목사 복지사역 탐방 프로그램을 운영할 수 있다. 둘째, 아동복지에서 노인복지사업에 이르기까지 각각의 복지사업에 관심 있는 자들을 대상으로 장기적 차원의 교육을 포함한 자원봉사사업을 전개할 수 있다. 셋째, 교회, 교단 및 기독사회복지 기관이나 단체들의 전문가들을 대상으로 전문 복지사역 프로그램을 운영할 수 있다. 넷째, 그리고 한경직목사기념사업회와 연계하여 '한경직목사 기념 사회봉사상' 제도를 신설하여 교회사회복지사역을 성실히 수행하고 있는 목회자, 임직자 및 성도들을 대상으로 복지사역들에 대한 시상 방안도 마련할 필요가 있다. 다섯째, 국내외에서 행한 한경직 목사의 복지사역을 외국의 교회, 교단 및 기독교사회복지 관련 단체 등 연계 사업을 전개할 수 있다.

다섯째, 영락교회를 중심으로 그리스도의 사랑을 복지사역으로 확충해 나갈 수 있도록 교단과 교계 차원에서의 복지사역의 활성화 방안을 모색한다.

그 동안 한국교회의 봉사활동은 사회복지제도가 낙후된 우리나라의 공공복지제도를 보완하고 민간 사회복지 활동을 이끌어 나가는 중추적인 역할을 수행하였다. 그러나 이러한 한국교회의 사회복지 활동은 교단 중심으로 체계적인 계획과 방향성을 확보하여 실시하기 보다는 개교회 중심으로 실시되었기 때문에 복지사업의 효과를 달성하기에 어려운 실정이다. 그리고 지역사회에 교회들이 연합하지 않고 경쟁적으로 봉사활동들을 실시하는 과정에서 교회자원의 낭비 및 서비스의 중복 현상도 나타나고 있는 것이 사실이다. 앞으로의 교회의 복지사역 방향은 교단이 중심이 되어서 교단의 복지사역의 방향을 정립하고 이러한 복지사역을 지역에 있는 개교회들이 연합하여 복지사역을 전문적으로 추구할 수 있는 방안을 시급히 마련해야 한다. 교단을 중심으로 교단에 속한 교회들의 복지사역에 대한 방향을 정립하고 교역자 및 성도들에 대한 지속적인 교육 및 훈련 프로그램을 제공하여 교회 사회봉사에 대한 인식을 향상시키고, 특히 개별 교회들이 효과적인 복지사역을 전개해 나갈 수 있도록 재정적, 행정적, 기술적인 지원을 제공할 수 있는 시스템을 구축하는 것이 필요하다. 우리나라의 교계에서 영향력이 있는 영락교회는 교단을 중심으로 교회복지사역이 보다 활성화될 수 있도록 그 동안의 복지사역의 전통과 경험을 바탕으로 복지사역의 중심교회의 역할을 수행할 수 있도록 해야 한다.

여섯째, 영락교회와 영락사회복지재단은 급변하는 우리나라의 복지환경과 복지욕구에 부합하는 다양한 복지사역들을 개척해 나가야 한다.

그 동안 영락교회는 우리나라에서 복지사역을 선도해 나가는 교회로 자리매김하고 있다. 그리고 다른 교회나 교단과는 비교할 수 없을 정도의 다양한 복지사역들을 목회자와 성도들이 연합하여 그 역할을 매우 잘 감당해 오고 있다. 또한 아동보호시설, 노인복지분야 및 모자복지에서는 민간 사회복지기관들보다 더 전문적으로 복지사업들을 전개해 오고 있다는 것도 사실이다. 그러나 저출산, 고령화, 가족해체, 사회의 양극화 및 다문화 가정의 출현 등 우리나라의 사회복지환경은 매우 급격히 변화하고 있다. 앞으로 영락교회와 영락사회복지재단이 전통적으로 운영해 오고 있는 복지사업들과 봉사활동들을 지속적으로 운영하는 것도 필요하지만 변화하는 우리나라의 복지환경에 부합하는 복지사업과 프로그램들을 개발하고 새로운 복지사역들을 개척해 나갈 수 있는 방안들을 고민해 보아야 한다.

끝으로, 영락교회와 영락사회복지재단의 복지사역의 확충을 통하여 그리스도의 사랑을 전파하고 복지사역과 선교활동을 체계적으로 연계할 수 있는 방안을 마련해야 한다.

우리나라의 일부 교계에서는 선교활동과 복지사역이 분리된 활동으로 생각하는 경향도 있는 편이다. 그리고 어떤 활동을 우선적으로 해야만 하는지에 대한 신학적인 논쟁을 벌이는 것도 사실이다. 그러나 그리스도의 사랑을 이 땅과 전 세계에 전파하기 위해서는 선교활동과 복지사역을 균형적이며 체계적인 관점에서 연계할 수 있는 방안을 모색해야 한다. 외국의 선교사들이 우리나라에 선교사들을 처음으로 파견하고 그리스도를 전혀 모르는 우리 민족에게 기독교를 전파할 때에 그 당시 우리 민족의 복지욕구에 부합하는 다양한 복지 및 구제사역들을 전개하면서 우리 민족에게 다가오려고 노력했다. 그리고 초창기의 외국 선교사들은 복지사역과 선교활동을 분리해서 다루기보다는 복지사역을 선교활동의 하나의 대안적인 방안으로 삼았다. 또한 6 · 25 전쟁을 거치면서 UN과 외국 원조단체들이 우리나라를 돕기 위하여 많은 노력을 했고, 특히 외국의 선교단체 및 기독사회복지 단체들이 전쟁으로 폐허가 된 우리 민족을 돕기 위하여 다양한 복지사업들을 전개하였다. 그리고 한경직 목사는 영락교회와 그 이후에는 영락사회복지재단의 복지사역을 통하여 이 땅에 소외되고 차별 받는 자들에게 그리스도의 사랑의 정신을 전하기 위하여 한 평생 노력하였다고 생각한다. 이러한 맥락에서 앞으로 영락교회와 영락사회복지재단의 사명은 복지사역이 전도 및 선교활동의 중요한 사역의 하나로 발전할 수 있도록 영락교회의 목회자, 임직자 및 성도들이 협력하여 우리나라에서 선교와 복지사역의 중심 교회로 발전할 수 있는 구체적인 방안과 전략을 모색해야 한다.

〈참고문헌〉

숭실대학교(2007). 한경직목사의 신앙유산. 서울: 숭실대학교

한경직목사기념사업회(2002). 한국교회와 한경직 목사(1주기 추모 자료집). 서울: 한경직목사기념사업회

한경직목사기념사업회(2007). 한경직목사 추모자료집(2-5주기). 서울: 한경직목사기념사업회

한경직목사기념사업회(2008). 한경직목사 추모자료집(8주기). 서울: 한경직목사기념사업회

한경직 목사 탄신 100주년 기념사업회(2002). 평생에 듣던 말씀. 서울: 선미디어

서울시 보육정보센터 홈페이지(2009). www.children.seoul.go.kr

영락사회복지재단(1991). 2000년대를 향한 기독교 사회복지사업. 서울: 영락사회복지재단

영락사회복지재단(2009). 한경직목사와 복지사역. 서울: 영락사회복지재단

영락사회복지재단 홈페이지(2009). www.ynswf.co.kr

영락노인복지센터 홈페이지(2009). www.youngnak-noin.or.kr

영락보린원 홈페이지(2009). www.borinwon.or.kr

영락모자원 홈페이지(2009). www.youngnak.net/full]

한경직목사기념사업회 홈페이지(2009). www.revhan.org

영락애니아의 집 홈페이지(2009). www.ynaenee.net

제4장

한경직 목사의 선교

1. 한경직 목사의 선교사상
박명우 박사

2. 한경직 목사의 국내선교사역
변창욱 박사

3. 한경직 목사의 국외선교사역
안교성 박사

4. 한경직 목사의 북한선교사역
하충엽 박사

한경직 목사의 선교사상 : 하나님 나라 선교[1)]

– A Study on the Mission Thought of Han: Kingdom of God Mission –

박명우 박사 / 경민대학

Ⅰ. 서언

1. 문제의식과 연구의 필요성

한경직 목사는(이하 한경직이라 칭함) 예수를 닮은 인간이었고 그리스도를 닮은 교부였다. 그는 훌륭한 목회자였고, 마음을 울려내는 설교자였으며, 쉬지 않는 전도자였다. 자신의 모든 것을 바쳐서 봉사에 임했으며, 모든 것을 동원해 교육에 헌신했다. 그래서 한국을 대표하는 목회자가 되었고, 한국교회와 세계교회에 거대한 발자취를 남겼다. 그가 자신을 깊숙이 낮추고 청빈에 힘쓰고 화합을 위해 과감히 자신을 버릴 수 있었음은 이 민족의 구원, 오직 그 한 가지만을 생각했기 때문이었다. 그리고 자신보다 더 나은 지도자들이 이 민족을 위해 나와 주기를 바라는 마음 때문이었을 것이다. 그러나 현재 한국 민족과 함께 하는 교회의 모습은 그의 기대와는 달리 실망스럽기 짝이 없다.

1) 하나님 나라 선교 (Kingdom of God Mission)는 '하나님 나라의 선교'와는 좀 다른 측면에서 정의되어야 한다. 하나님 나라 선교는 하나님 나라의(of the Kingdom of God) 선교를 내용적으로 포함하고, 그리고 하나님 나라를 위한 (for the Kingdom of God) 선교와 하나님 나라에 의한 (by the Kingdom of God) 선교를 형식적으로 포괄하고 있다. 본 논문 24페이지 참조.

이런 실망을 웅변으로 보여주는 단적인 예가 2006년 10월 시사저널이 보도한 "개신교는 왜 홀로 쇠퇴하고 있는가?"하는 기사이다. 이 기사는 그 기사의 내용이 주는 통계나 원인 분석보다는 그러한 보도의 시도를 가능하게 하는 시대 분석을 주목하게 한다. 다른 말로 표현한다면 이미 개신교를 바라보는 사회문화적 시각은 개신교의 몰락을 공공연하게 다루어도 될 만큼 사회문화에 대한 그 영향력이 약화 되었다는 것을 반증하는 것이다. 더 이상 지금의 패러다임으로는 이전까지 보여줬던 영향력을 유지하기도 그리고 현저하게 약해진 영향력을 회복하기도 힘들다는 분석으로 보면 된다.[2)]

이러한 현실 인식 위에 한경직의 생애를 살펴보면 그 함성의 울려남이 예사롭지 않다. 소박하고 가난했던 그의 생애는 들추어 볼 때마다 이 민족과 교회에 큰 소리의 울림을 전한다. 그 울림은 우리 시대의 거만함과 교만함을 꾸짖으며, 새로운 모습을 촉구한다. 그가 위대한 것은 묵묵히 인간 한경직으로 살아가는 그 모습 속에서 온갖 역사적 굴곡을 다 경험하고 포기할 듯한 상황에서도 유연하게 삶을 매듭지었다. 그의 삶은 기술적 이론화의 과정도 아니었으며, 동시에 어떤 신학적 논리를 계획한 적도 없다. 그저 역사의 굴곡에서 자신이 해야 할 일을 발견하고 모진 세파에도 굴하지 않는 어떤 태도를 지녔을 뿐이다. 다시 말해 한경직은 이 민족의 고난이 만들어낸 전형적인 그리스도인이었을 뿐이다.[3)]

이런 점은 한경직의 인간적인 면모나 신학적인 모습을 이해하는 것이 어렵도록 만든다. 여기에 덧붙여 시간이 지날수록 더해질 신화적 요소까지 고려한다면 한경직과의 거리를 더욱 벌려 놓을 것이다. 그렇다면 어떤 방법으로 한경직을 오늘에 되살려 내고, 그로부터 한

---

2) 테야르 드 샤르댕은 그의 저서 인간현상을 마치면서 기독교의 가장 큰 요소는 활기참이라고 했다. 이 활기참은 모든 사람과 계층에게 영향을 주면서 그 종교의 힘찬 흐름을 만들었다고 강조한다. 그래서 기독교를 믿는 사람에게나 그렇지 않은 사람에게까지 영향력을 느끼게 한다. 이런 점에서 기독교의 내외적 영향력의 상실이야말로 기독교의 활기참의 약화를 말하는 것이며 기독교의 가장 큰 요소의 결핍을 의미한다. (참조. 테야르 드 샤르댕, 양명수 역, 『인간현상』 (한길사, 1997), 271~272.

3) 동시대를 살았던 다석 유영모는 이런 사실에 대해 한반도에 사는 이 민족은 마치 거지와 같이 살림이 구차해서 정식으로 먹지 못하고 구걸하다시피 여기저기서 얻어먹을 수밖에 없는 처지임을 직시하면서 그렇게 먹어도 잘 소화 할 수 있어야 하고 그럴 수밖에 없는 운명임을 강조했다. 이것은 한국의 현대사에서 성장한 사람들이 공통적으로 가질 수밖에 없는 현상으로서 역사의 굴곡마다 그 상황에 맞게 행동해야 하는 행동양식을 낳았고, 이것은 나아가서 논리적 귀결보다는 상황을 극복하려는 태도로 드러나게 된다.

국 교회의 미래에 대한 적절한 답을 구할 수 있는가 하는 질문이 생긴다.

이 질문을 만족시키는 연구를 위해 이제까지와는 다른 방향에서 접근을 시도하는 것이 좋겠다. 즉, 이제까지 한경직을 위해 창조된 이미지나 명성을 통해서 접근하는 것이 아니라 한경직 자신이 직접 말하도록 하는 새로운 의미의 '말걸기'를 시도하고자 한다. 지금의 이 민족 역시 한경직이 겪었던 그런 어려움과 고난을 시대를 달리해 가며 겪고 있는 것이 사실이기 때문에 그의 대답은 적절한 해결책을 찾는 데 많은 도움을 줄 수 있으리라 생각한다.

이렇게 한경직을 돌아보고 그에게 말을 거는 것은 시대적 당위성이나 당면한 요구 때문만은 아니다. 학문하는 자에게 요구되는 철저한 중립성과 객관성 담보의 책임에도 불구하고 이 글은 순전히 필자 개인의 호기심과 편견에 바탕을 두는 것이기도 하기 때문이다. 위대한 선배를 만나는 것이 너무도 벅차고, 만날수록 마음 깊은 곳으로부터 울려나는 경외감이 이 작업으로 나를 인도하기 때문이다. 이런 나의 편견과 함께 한경직에 대한 비판적인 측면을 고려하지 않는다고 탓하는 학자들의 비평 역시 그들 나름대로의 편견이라고 여긴다. 다만 바라는 것은 서로가 절대적인 편견은 극복하는 것이 어려울지라도 대화의 장에서 그 편견의 실체만큼은 밝혀질 수 있다고 믿는다.[4)]

2. 연구방법

한경직에 관한 선행 연구는 한경직의 템플턴상 수상 이후 보여 진 일시적인 관심과 영락교회와 숭실대학교를 중심으로 한 학술발표회를 통해서 관심이 이어질 뿐 학문적인 관심의 영역 밖에 있었다. 특별히 신학적 관점으로 접근을 시도하는 몇 경우가 있는데, 조직신학적

4) 화이트 헤드는 그의 책 관념의 모험에서 역사적 사실을 들추어 봄에 있어 편견을 지닐 수밖에 없다고 단정했다. 학자의 본분이 객관성을 담보하는 것이지만 이미 이런 것들은 사실상 불가능하며 이것을 가능하다고 믿는 것을 편협성(provinciality)이라 지적했다. 참조. 화이트 헤드, 오영환 역,『관념의 모험』(한길사, 1997), 47.

관점에서 한경직 신학의 유산을 통해 한경직 신학의 자리를 찾아보려 한 이신형[5]은 선행된 정성구, 한숭홍, 맹용길로부터 그 논증 방향을 안내 받았다.[6] 그리고 한경직의 선교사상에 관심은 이광순과 선교의 실천적 측면의 교육과 봉사를 연구한 박상진과 손의성의 연구도 주목할 만하다. 이런 신학적 관심과 조금 다른 시각에서 한경직 개인에 관한 역사적 관심을 잘 밝혀낸 이혜정과 최태연의 연구도 신학적 접근에 유용할 수 있다.[7]

이 중 한경직의 선교관과 직접적 연관을 맺고 있는 이광순의 '한경직 목사의 선교관과 선교사역'은 한경직 선교관의 장점과 문제점을 먼저 파악하게 해준다. 이광순은 글 서론에서 자신의 연구를 이렇게 제한한다. 즉 한경직의 생애에 대한 다양한 측면을 포괄하거나 총체적인 연구가 아니라는 점을 분명하게 한다. 그렇게 함으로서 그가 찾으려고 하는 것은 선교관이며, 그의 선교관이 선교사역과 어떤 인과관계가 있는지에 대해서 초점을 맞추겠다고 요약한다. 그리고 그의 연구는 한경직의 설교를 분석하는 힘든 작업을 통해 진행되었다.[8]

본고는 이러한 이광순의 선교 사상 연구에서 보이는 제한점들을 통해 한경직 선교 연구의 범위가 전체적이고 통합적이어야 한다는 것을 그의 연구로부터 제안 받는다. 그리고 한경직 연구의 범위를 넓히는 작업을 통해서만이 한경직 신학의 윤곽에 접근할 수 있는 최선의 길임을 확인 받는 것이다. 이것은 한경직을 부분적으로 연구해서는 그가 가진 삶의 지평

5) 참조. 이신형, "최근의 논의에서 바라본 한경직의 신학 사상",『한국조직신학논총』제4집 (한들출판사, 1999); 이신형, "한경직 다시 그리기",『한국조직신학논총』제6집 (한들출판사, 2001); 이신형, "한경직의 신앙적 특징과 그 내적 구조", 숭실대학교 교목실,『한경직 목사의 신앙유산한국조직신학논총』(숭실대학교 출판부, 2007)

6) 정성구, "한경직의 설교를 논함", 『목회와 신학』(두란노 서원, 1992. 2); 맹용길, "한경직의 윤리사상", 『목회와 신학』(두란노 서원, 1992. 2); 한숭홍,『한경직: 예수를 닮은 인간, 그리스도를 보여준 교부』(북코리아, 2007).

7) 이혜정,『한경직의 기독교적 건국론과 복음화 운동』(한국정신문화연구원 박사학위논문, 2006); 최태연, "한경직 신학과 한국교회",『목회』, 271호, 1999.

8) 이광순의 연구에서 선교관과 선교사역이 상관관계가 있다는 것은 논리적으로 정당한 것이지만, 그 상관관계가 다소 표피적으로 묘사되는 단점이 있다. 그리고 이광순은 한경직 선교론의 변천을 언급하면서 개인구원 그리고 민족구원에 이어서 세계구원으로 선교관의 도약을 언급했다. 이것은 또 다른 의미에서 한경직 선교관을 전체적으로 보지 못하는 결과였다. 참조. 이광순, "한경직 목사의 선교관과 선교사역", 『한경직 목사 탄신 100주년 기념행사 자료집』(한경직 목사 기념사업회, 2008), 249; 260.

때문에 연구자가 혼동을 일으키거나 감정적인 결론으로 끝날 수 있기 때문이다.

이런 점에서 이 연구는 다음과 같은 연구 방법론을 사용한다. 먼저, 한경직 신학의 해석틀로 한경직의 사회전기와 개인전기적 접근을 사용한다. 이 전기적 접근은 그의 자전적 전기의 요약이 아니고 그의 삶의 중심과 주변에서 일어나는 사건을 통해 그의 삶이 만들어지는 과정을 추적해 보는 것이다. 이러한 접근법은 한경직의 신학적 목소리를 더 명확하게 들을 수 있는 가능성을 담보해 준다. 더 구체적으로는 한경직의 삶과 신학적 관계성을 읽어내기 위해 사회전기와 개인전기를 따로 병렬시킴으로서 자연스럽게 전기 자체가 말할 수 있는 가능성을 열어놓고자 한다. 왜냐하면 한경직 신학은 그의 삶과 설교에서 신학적 지식화 과정을 거치는 것이 아니라 감정과 인격을 수단으로 신학적 작업이 진행되기 때문이다. 이러한 관찰 관점의 변화로 얻을 수 있는 것은 한경직에 대한 전체적이면서도 다면적인 접근을 용이하게 하는 것이다.

두 번째로는 한경직 신학을 진행하는 방법으로 '말걸기'라는 보다 즉각적이고 현실적인 질문과 대답을 통한 신학 이해를 진행하고자 한다. 그 이유는 서양과는 달리 동양의 인문학적 의미는 조화되고 균형 잡히게 현실 문제에 집중할 수 있는 태도의 학문이기 때문이다.[9]

마지막으로 이 논문에 구체적으로 적시되지는 않지만 보이지 않는 방법론으로서의 기본 질문도 있다. 그것은 '한경직을 통한 신학의 지역화 가능성이 있는가?' 하는 것이다. 한경직의 신학은 우리 민족을 위한 것이긴 하지만 한경직에게 말걸기를 통해 이 지역을 넘어선 대답도 들을 수 있기 때문이다.

---

9) 김용옥,『동양학 어떻게 할 것인가』(통나무, 1997), 310. 이 문제와 관련해 한경직은 구체적이고 실용적인 사람이었던 것 같다. 이것은 그가 실용주의자이기보다는 실용적 태도를 지녔다는 의미이다. 김용옥의 연구도 동양에는 그런 태도만 있다는 것을 분명하게 했다.

Ⅱ. 한경직 선교사상의 사회전기와 개인전기적 토대

한경직 연구의 가장 큰 걸림돌은 선(先) 이해가 너무나 강해서 신학적 접근을 하는 데 매우 불리하다는 것이다. 그 예를 잘 보여주는 이가 이신형인데, 그는 한경직 연구들을 조명하면서 그 연구들 대부분이 해석학적 준거 틀을 결여한 채 선 이해에 의해서 논지를 전개하고 있다고 지적했다.[10] 이것은 의도하지 않은 실수일 수 있다. 다시 말해 지금껏 한경직 연구는 대부분 그와 어떤 형식으로든 관련이 있는 사람들이 자신의 경험에 기초해서 한경직 읽기를 시작했기 때문이다. 그러므로 이신형의 지적처럼 한경직 연구에 있어 선 이해를 벗어나서 해석 틀을 통해 그 무엇인가를 읽어내고 그 무엇을 해석해 내야 하는 것이다.

이런 관점에서 이 논문은 한경직에 대한 적합한 해석을 위한 해석 틀로서 전기적 토대를 제안한다. 그 이유는 부정적으로는 기존의 한경직 연구에서 보이는 것처럼 선 이해는 한경직의 신학적 창조성을 붙잡는 것을 방해하는 요소가 될 수 있기 때문이다. 또한 긍정적인 측면에서는 전기적 토대에 접근함으로서 형식 논리나 이론을 배제하고 그 전기 자체가 말하게 하는 힘이 있기 때문이다.

전기적 토대는 세부적으로 사회전기와 개인전기로 나누어 볼 수 있다. 개인전기가 우리가 충분히 상상하는 대로 그 스스로 말하는 힘이 있고 생생한 상황을 전달하는 것처럼 사회전기(sociography) 역시 그렇다. 즉 사회도 탄생과 사망을 경험하고 때로는 훌쩍이며 때로는 소리를 내고 죽는 것이라는 측면을 보유하고 있다는 것이다.[11] 그래서 한경직의 사회전기적 측면은 한경직이란 개인이 어떻게 민족을 품고 화평과 통합을 추구한 지도자가 될 수 있었는지를 보여주는 해석적 틀이 될 것이며, 개인전기적 측면은 약하고 약한 인간인 그가 어떻게 하여서 돌봄과 청빈의 사람이 되고 끝내는 강한 인간으로 자리매김 했는지를 보여주

10) 이신형, "한경직의 신앙적 특징과 그 내적 구조", 363.

11) 요한갈퉁 외, 노영숙 역,『거시사의 세계』(우물이 있는 집, 2005), 118.

리라 여긴다.

1. 사회전기적 토대: 민족을 품고 사는 삶

한경직 본인이 밝힌 자신의 인생 요약은 "복음을 통한 민족과 국가에 봉사"하는 것이었으며 숭실대 3학년 때 결심한 이후 평생을 그것을 위해 정진해 왔다고 했다.[12] 근 1세기에 걸친 그의 삶은 한국 현대사의 굴곡과 한국 개신교회사와 그 궤적을 같이한다. 다른 말로 하면 오늘의 현재는 그의 삶에 연속해 있고, 어떤 형태로든지 그의 삶과 관련성을 지닌다. 그래서 그의 사회전기는 그가 말한 것 보다 더 많은 것을 말해 줄 수 있다.

1) 민족 지형에서 소외된 서북지역

조선왕조의 건국 과정에 서북 지역의 무인들의 기여도가 지대했음에도 서북 지역은 철저하게 관리 등용에 차별을 받았다. 그리고 경국대전 등에 평안도 사람들에 대한 사회적 차별을 명문화하고 조선 전체 시기에 차별이 적용되었다.[13] 이런 구조적인 차별과 소외에서 18세기 이후 경제적으로 성장한 유생과 무인들은 스스로 중앙관료 진출을 포기한다. 그들은 19세기에 들어 저항 지식인이 되고 상인층이 되어 평안도 농민전쟁(홍경래의 난)을 일으킨다.

이런 원인은 조선의 지배 문화에서 소외된 주변부로서의 현실 때문이었고, 지형적으로는 토지가 부족하였기에 선비계급의 성장이 부족할 수밖에 없었다. 이는 결국 유교의 사회문화적 영향력이 미미할 수밖에 없는 환경을 조성하게 된다.[14] 그런 와중에 상공업과 광산업을 통해 상업적 부를 축적한 평민과 천민이 많아지게 된다. 이런 자본의 확충과 정치적 차별이 결합되어 이 지역의 분위기는 자연스럽게 새 시대와 질서를 준비할 도전적인 지식인

12) 조선일보와 특별인터뷰, 1983.『한경직 목사 성역 50년』, 21.

13) 이진구, "한국 개신교 수용의 사회문화적 토대에 관한 연구",『종교와 문화』 2호, 서울대학교 종교문제 연구소, 1996, 162-163.

14) 이진구, 같은 책, 166-167.

들을 양성하게 된다.

이런 결과 서북지역에서는 문물과 정보의 교역지역(국경지역)에서 형성된 자립적인 계층이 많아졌다. 그들은 개방적이고 진취적이며 독립적인 사회 공동체와 정보가 잘 공유되는 사회적 유통망을 형성하였다. 아울러 이들 지역은 중앙정부로부터 주변부로 여겨져 직접적인 통제로부터 벗어나 있어 시대적 전환기에 새로운 역할을 부여받을 수 있는 좋은 조건을 갖추고 있었다.

2) 일본의 침탈과 민족의 운명에 대한 자각

한경직은 1902년 12월 29일 평안남도 평원군 공동면 간리에서 맏아들로 태어났다. 그의 출생은 지리적으로는 소외와 혼란함 그리고 전환기적 에너지가 넘치는 서북 지역이었으며, 시간적으로는 개화기인 동시에 일제에 의한 국권이 상실되는 시기로서 민족해방에 대한 이념들이 생성되고 응집되기 시작하던 때였다. 이런 정신적 활동들은 직접적으로는 의병활동이라는 개혁으로 나타났고 간접적으로는 교육을 통한 실력 양성론으로 나타났다. 이 당시 지식인의 특징은 사회진화론에 입각한 점진적 자강론의 입장에 있었기 때문에 한경직은 이런 시대적 사조 속에서 교육받고 성장하게 된다.[15] 그래서 이혜정에 의하면 한경직은 그의 시대적 사조로 인해서 사회진화론적 입장에서 사회의 유기적 연대를 강조하는 특징을 갖게 되었다고 지적하면서, 한경직이 인간의 주체적 의지로 인한 사회 개혁과 현실 개혁을 강조하는 것과의 연관성을 설명한다.[16]

이렇게 한경직은 출생과 함께 민족의 운명에 대한 깊은 고뇌를 안고 출발했다. 민족의 운명이 곧 자신의 운명이고 개인의 노력이 곧 국가의 운명을 좌우할 수 있다는 그런 신념의

15) 이혜정, 앞의 논문, 20. 이 당시의 사회진화론에 입각한 점진적 자강론은 18세기 후반에 형성되어 한경직의 출생 당시에는 전국적으로 애국계몽운동으로 나타났다. 그 중에서 특히 서북계가 최초의 지역단위 학회를 만들고 전국의 애국계몽운동을 선도하는 역할을 했다.

16) 이혜정, 같은 논문, 21.

대척점(對蹠點)에는 일본의 침탈이라는 구체적인 적이 있었다. 그 와중에서 그는 두 사람의 선생님을 만나는데 홍기주 선생과 우용진 전도사였다. 이들을 통해 소년 경직은 나라사랑과 민족구원이라는 두 가지를 사명으로 깨닫게 되었다.[17)]

이런 깨달음과 함께 그가 진학한 오산학교는 그에게 민족에 대한 새롭고도 더 확실한 비전(vision)을 안겨주게 된다.[18)] 오산학교는 이미 그 설립 의도가 대표적인 서북 지식인인 이승훈에 의해서 민족의 운명을 교육으로 극복하길 원했기에 입학하는 모든 학생들에게도 그런 선이해가 적용된다. 이승훈은 오산학교의 개교식에서 다음과 같이 웅변한다.

> 지금 나라가 기울어져 가는데 우리가 그저 앉아 있을 수는 없다. 이 아름다운 강산, 선인들이 지켜온 강토를 원수인 일본인들에게 그대로 내어 맡긴다는 것이야 차마 있어서는 안 된다. 총을 드는 사람, 칼을 드는 사람도 있어야 할 것이다. 그러나 그보다 더 귀중한 일은 백성들이 깨어나는 일이다. 세상이 어떻게 돌아가는지를 모르고 있으니 그들을 깨우치는 일이 제일 급무이다..... 내가 오늘 이 학교를 세우는 것도 후진을 가르쳐 만분의 일이라도 나라에 도움이 되기를 원하기 때문이다. 오늘 이 자리에 일곱 명의 학생밖에 없으나.... 일심협력하여 나라를 남에게 빼앗기지 않는 백성이 되기를 부탁한다.[19)]

이승훈은 한경직 자신의 기억 속에서도 대단히 중요한 의미로 자리 잡고 있는데, 그가 졸업반이 되었을 때 이승훈을 만났다. 그때 이승훈은 한경직에게 "다른 사람은 어떻게 하든지 나 이승훈은 조선 사람으로 살다가 조선 사람으로 죽는다"고 말했고 이 장면을 이야기

17) 한숭홍, 앞의 책, 67.

18) 한경직은 평양의 숭실중학교와 정주의 오산학교를 지원할 수 있었는데, 오산학교를 선택한 배경은 신앙과 나라사랑을 동시에 가르치는 민족주의 학교였음을 한숭홍은 지적한다. 한숭홍, 같은 책, 69.

19) 김기석,『남강 이승훈』(현대교육총서, 1964), 90.

하는 한경직은 울먹이면서 그 이야기를 도저히 잊을 수 없다고 회고했다.[20]

이승훈과 함께 오산학교를 이끌었던 조만식은 이승훈의 정신적 신념에 더해 어떻게 하면 나라를 튼튼히 세워 민족의 운명을 구할 수 있을까 하는 민족주의를 강하게 표방했다. 한경직의 기억에 의하면 그는 오직 "한국 사람으로 살갔다"[21]는 외침으로 살아갔고, 실제로 나라사랑의 모범을 보여준 사람이었다. 그래서 오직 나라사랑을 위해 전 생애를 희생한 이는 조만식뿐이라며 존경을 표했다.[22] 실제적으로 조만식은 민족을 바로 세우는 길로 자급자족하는 '조선물산장려회'(1922년)를 조직하여 직접 현실적인 운동으로까지 연결하였다.

이들 두 사람의 영향은 민족의 운명이 다른 사람의 책임이 아니라 바로 나의 책임이며, 나의 개인적인 노력을 통하여서 구체적으로 어떻게 민족을 구원하는 일에 협력할 것인지를 알게 했다. 그리고 그런 앎의 지식 뿐 아니라 어떻게 구체적으로 실천까지 나아가야 하는지도 그들 스스로 보여주었다.

이후 한경직은 영성학교 교사를 거쳐서 숭실대학에 진학하고 그곳에서 민족을 위한 일군으로 부름을 받는다. 한경직은 그때의 감격을 다음과 같이 기억했다.

> 방위량(William N. Blair)이라는 선교사가 있었어요. 내가 그분 비서로 있으면서 공부하였더랬는데 황해도 구미포에 소래라는 곳에 선교사 피서지가 있었시요. 여름마다 피서갈 때 나도 같이 가서 번역을 한다든지 일을 거들어 주곤 했시요. 3학년 때 한번은 구미포 모래사장에 혼자 조용히 산책을 하는데 -하나님의 은혜지요- 내가 앞으로 무엇을 할거냐 하는 문제를 놓고 꿇어앉아서 기도하고 싶어졌습니다. 그때 기도하던 중 분명히 마음속에 하나님의 지시가 왔시요. 사실 그때 중요한 것은 민족

20) 김병희 편저,『한경직 목사』(규장문화사, 1982),
21) 김병희, 같은 책, 16.
22) 김병희, 같은 책, 19.

이니깐, 민족을 위해서 일하라는 그런 부름을 받았시요.[23)]

민족을 위해 부름 받은 한경직은 자신의 삶은 없고 이제 민족만 있는 민족과 개인의 공동운명론을 자각했으며, 민족을 살리는 일은 곧 개인을 살리는 일이었다. 그래서 자신의 개발은 곧 민족을 위한 헌신의 방법이었다. 그 후 한경직은 유학의 길에 올라 엠포리아대학(Emporia College)을 거쳐 프린스턴신학교(Princeton Theological Seminary)를 졸업했다. 박사과정을 준비하던 중 폐병으로 인해 학업을 포기하고 요양을 택하였고 결국 완치되지 않은 상태에서 목숨을 걸고 귀국하게 된다.

3) 민족 해방의 기쁨과 중첩되는 시련

미국에서 귀국한 한경직의 모습은 그가 민족에 대해 어떤 태도를 취하고 있느냐 하는 것을 보여주는 상징적인 모습이었다. 그는 미국에서의 오랜 생활에도 불구하고 늘 두루마기에 까만 고무신을 신은 전형적인 애국지사의 모습과 같았다.[24)] 그런 그에게 한국의 상황은 민족적으로는 일본의 압제가 점점 강해져 가는 상황이었고, 교회적으로는 이미 선교 반세기가 지나 선교사 중심의 구조에서 자주적인 교회로 바뀌는 시기였다. 이런 변화의 와중에서 두드러지는 특징은 교회 신앙의 경향성이 보수와 진보로 나누어지고, 그리고 양자가 강하게 대립되는 구조로 바뀌어 간 것이다.

이런 상황을 더 복잡하게 만드는 사건으로 1935년부터 일본제국주의는 신사참배를 노골적으로 강요하기 시작했다. 특별히 이 신사참배를 통해서 교회의 분열을 획책하려는 의도를 가지고 있었다. 이 신사참배를 거부한 기독교학교들은 강제 폐교당하고, 1938년 4월 29일 평양신학교 마저 신사참배를 거부하고 자진 폐교하게 된다.[25)] 그리고 교회에 대한 압박

23) 김병희, 앞의 책, 22-23.

24) 한숭홍, 앞의 책, 95.

25) 김양선,『한국기독교사 연구』(기독교문사, 1980), 170.

은 점점 강해져서 외국 선교사를 추방하고 교회를 징발하는 등 2차대전 말기의 상황으로 치달아 가고 있었다.

한경직의 한국 생활 역시 순탄치 않아서 학교 교사로서의 삶도, 그리고 신의주 제2교회의 시무 역시 맘대로 되지 않았다. 교회를 사임한 한경직은 4년 동안 보린원을 설립하여 그곳에서 고아들과 함께 생활하다가 해방을 맞는다. 이 당시 그의 태도를 보면 그가 어떤 각오로 한국에서의 생활을 이어가는지를 잘 보여준다. 그는 하나님께 나아감도 물러섬도 모두 민족의 운명 앞에서 조심스럽게 움직였다. 미국 생활 중 폐병에 걸렸을 때도 그는 죽음을 목전에 두고 하나님 앞에서 봉사의 기회를 간구했다. 그러했기에 민족을 살리는 일이면 학교에서 쫓겨나도 교회를 목회할 수 없어도, 그리고 분뇨통을 메고서 농사를 지어도 아무런 상관이 없었다. 왜냐면 민족을 위한 일은 어디에서든 찾을 수 있었기 때문이다. 그런 연장선상에서 해방 이후 신의주 치안유지의 책임을 맡는 것과 소련에 대항해 '기독교사회민주당'을 조직하는 것도 이해해 볼 수 있다.

4) 한국전쟁과 민족 운명의 위기

해방의 기쁨도 잠시 이북 지역은 소련군이 진주함으로서 공산당의 압박이 심해졌다. 공산주의자들의 폭력과 테러로 인해 교회는 탄압받고 주민들은 공포에 떠는 현장을 직접 목격한 한경직은 공산주의의 이념이 이론과 괴리된 허구라는 사실을 몸으로 체험하게 된다. 이때부터 그는 철저한 반공주의자가 되었다.[26] 그로 인해 일제의 압박에도 견딜 수 있었던 한경직은 그를 체포하려는 공산당을 피해 1945년 10월 초에 월남하게 됐다. 그 후 같은 해 12월 2일 실향민 27명과 함께 베다니 전도교회(후에 영락교회로 개명하다)를 세운다.

이 시대는 정말 혼란스러운 시대였지만 그 와중에서 가장 위협적인 것은 공산주의였다. 그리고 그로 인해 결국은 한국전쟁이 발발하게 된다. 이때 한경직은 영락교회를 새롭게 건

26) 『한경직 목사 성역 50년』, 80.

축하고 겨우 몇 번 예배를 드린 상태였다. 그래서 그는 인민군이 서울에 쳐들어왔지만, 피난보다는 순교를 선택하기 위해 몇 시간씩 교회에서 최후의 기도를 드렸다. 그의 기도는 민족을 구원해 주실 것을 하나님께 호소하는 것이었다.[27] 그 당시 그의 결심이 얼마나 확고했는지를 한경직은 다음과 같이 회상한다.

> '내가 공산당과 대립되다가 여기까지 왔는데 이제 저놈들이 여기까지 따라오니 내가 이 이상 더 피할 수 가 있느냐? 피할 필요가 없다. 나는 그저 여기서 기도하다가 그저 하나님의 뜻대로 순종하겠다.' 이래서 나는 그저 교회로 들어가서 기도했시요. 채 어둡기 전에 김치복 장로하고 장로님 몇 분이 왔댔시요. 자꾸 피하자는 거요. 나는 각오한 바가 있으니까 안가겠다고 그랬시요.[28]

민족의 운명이 바람 앞의 등불 같을 때 그는 민족과 함께 죽는 것을 선택했다. 그러나 장로들의 강권에 할 수 없이 피난을 떠날 수밖에 없었다. 북한군이 최종적으로 부산만 남겨둔 채 낙동강에서 대치하고 있을 때 한경직도 대부분의 사람들과 함께 부산으로 피난 갔다. 가족들의 생사도 모른 채 피난지에서 그는 모든 사람을 위로하는 것을 자신의 사명으로 알았다. 그리고 교회를 잃고 먹을 것도 없이 굶주리는 수백 명의 목사들이 있었는데, 그 허탈한 삶에 희망과 용기를 북돋아 주기 위해 노력했다. 그 결과 그는 피어스(Bob Pierce) 목사와 함께 목회자를 위한 세미나를 1주일간 개최하여 목회자들에게 선교에 대한 열정을 고취시켰다.

하루의 삶도 보장이 안 되는 전쟁터에서 쉬지 않고 전도와 봉사에 힘쓴다는 것은 쉬운 일이 아니다. 상식적으로 볼 때, 목적도 없고 계획도 갖기 힘든 상황에서 선교는 무의미한 일일 수밖에 없었지만, 그에게 있어 선교는 민족을 구원하는 것이었고, 하나님의 종으로서 충성을 다하는 것이었다. 그래서 그에게는 아무리 불확실하고 위험해도 선교만이 민족을 살

27) 김치선, "한경직 목사와 김치선 전 숭실대 총장의 '50년 사랑'",『라벨르』통권 30호 (1992. 8), 37-38.
28) 김병희, 앞의 책, 60-61.

릴 수 있는 유일한 길이었다.[29] 그것은 일제의 어려움에서 구해 주셨던 그 하나님께서 이 전쟁에서도 반드시 이기게 하실 것이라는 굳은 믿음을 가지고 있었기 때문이다.

2. 개인전기적 토대: 약함으로 강한 인간

1) 소외된 서북인의 후예

한경직이 태어난 마을 간리는 작은 산촌 마을이었고, 그의 아버지 한도풍은 가난한 서북인 농부였다. 그가 태어난 곳은 다행스럽게도 개신교 선교 초기부터 복음이 전파되어 이미 그의 출생 이전에 교회가 세워졌다. 한경직의 회상에 의하면;

> 이 교회는 제가 세상에 나기 약 5년 전에 북장로교 선교사 마포삼열(S. A. Moffett) 목사님이 오셔서 세웠는데, 우리 할아버지의 동생이 그 설립자 가운데 하나였어요. 우리 동네에는 한문 서당도 있었고 교회에서 경영하는 조그만 학교도 있었어요. 그런데 우리 아버지는 저를 어렸을 때 서당엘 보내지 않았어요. 서당에는 또 우리 할아버지 가운데 한분이 훈장으로 계셨는데도 '진광학교'라고 하는 기독교 학교에 보내서 신학문을 공부토록 했어요. (중략) 그러니까 저는 어릴 때부터 성경을 배우고 교회엘 나갔습니다.[30]

한경직이 태어난 곳은 그 당시의 기준에 의하면 평양에서도 꽤 먼 산골이었다. 그리고 그의 아버지 한도풍은 한쪽 팔이 자라지 못하는 장애가 있었고, 어머니는 그가 열 살이 되던 해에 돌아가셨다.[31] 한경직의 할아버지도 그의 아버지 12살 때에 돌아가셨기 때문에 친척집에 의탁하여 살았고, 그로 인해 공부를 못한 것이 한이 되기도 했다. 이런 여러 가지 정황

---

29) 한숭홍, 앞의 책, 147.

30) 이만열, "원로와의 대담: 한경직 목사를 만남,"『한국기독교와 역사』창간호 (기독교문사, 1991), 137-140.

31) 한경직 설교, "장성과 열매", 1970. 5. 17., 박상진, "한경직 목사의 교회교육과 그 영향",『한경직 목사 추모자료집』(8주기), 한경직목사기념사업회, 2008, 49.

으로 미루어서 한경직은 풍족하지 못한 삶을 산 것은 사실인 것 같다.[32] 이런 어려운 가정 형편과 암울한 민족적 분위기 속에서, 자신의 정체성에 대한 고민의 시기에 그는 진광소학교의 홍기주 선생과 우용진 전도사를 만난다. 그는 그들로부터 나라사랑과 민족구원이라는 그들의 교육적 이념과 신앙적 소산을 배울 수 있었다.

이런 교육의 결과 그는 집에서 가까운 숭실학교 보다는 먼 오산학교에 진학하게 된다. 이곳에서 그는 민족적 정체성과 현실에 대한 눈을 뜨게 된다. 오산학교에서 부닥친 것은 한없이 약한 민족과 그것을 아파하는 사람들을 만난 것이다. 이승훈이 자신의 상처를 드러내놓고 몸에 새겨진 민족의 아픔을 절절하게 전해줄 때 한경직도 감동할 수밖에 없었고,[33] 그 당시 '조선의 간디'라고 불렸던 조만식은 가난한 서북인의 후예에게 나라 사랑에 대한 깊은 인상을 심어 주었다.

2) 헐벗고 가난한 몸으로 하나님 앞에 서다

오산학교를 졸업한 후 한경직은 숭실전문을 졸업하고 이승훈의 소개로 윤치호를 통해 여비를 지원받아 미국의 엠포리아대학(Emporia College)에 진학하게 된다. 대학을 졸업하고 한경직은 본격적으로 신학 수업을 위해 프린스톤신학교(Princeton Theological Seminary)에 진학하여 우수한 성적으로 졸업했다. 그에게 남은 목표는 예일대학(Yale University) 박사과정에 진학하는 것이었다. 그러나 그는 자신의 꿈을 위해 다시는 달릴 수 없는 그런 처참한 지경에 처하게 된다. 그가 27세가 되던 1929년 학비 마련을 위해 아르바이트를 하던 중 당시로서는 도저히 치유되기 힘든 폐병 3기의 진단을 받게 된다. 사형선고나 마찬가지인 절망 앞에서 그의 모든 계획은 좌절되었다. 그래서 그는 기도하기 시작했다. 그의 기도는 살려달라는 기도가 아니라 "한국에 가서 3년만 일하다가 죽어도 감사합니다"는 봉사의 기회

32) 그의 아버지는 그에게 모든 슬픔 가운데 제일 큰 슬픔은 배고픈 슬픔이라는 절절한 고백을 남겼다. 한경직의 설교, "애통하는 자의 복", 1955. 3. 20.

33) 김병희, 앞의 책, 15.

를 간구하는 것이었다.[34] 이것은 자기 헌신의 맹세였으며, 죽음까지 초월한 절대적 하나님 의존이었다. 그 스스로 이렇게 회상한다.

> 내가 더 공부할 마음은 없다. 내가 무슨 학자가 될 마음은 없다. 난 그저 성경 보고 성경대로 살고 내가 주님 위해서 일하려고 나섰으니 생명을 계속해 준다면 몇 해라도 좋다.[35]

삶의 모든 계획이 사라진 순간 그리고 인간이 절망하는 그 순간을 그는 이렇게 웅변했다.

> 인간의 절망은 하나님 안에서는 소망이 됩니다. 인간의 암흑은 하나님 안에서는 광명이 됩니다. 우리 가운데 심령이 아직까지도 백골과 같이 그 심령이 죽은 가운데 있는 이가 계십니까? 이제 하나님의 그 음성을 듣고 그 죄 가운데서 떠나서 무덤을 열고 하나님의 구원을 받으시기 바랍니다. "죽은 자여, 자는 자여, 깨어서 그 죽은 가운데서 일어나서 그리스도의 빛을 받으라"고 하는 하나님의 음성을 들을 수 있기를 바랍니다.[36]

한경직은 하나님의 절대적인 의존 속에 3년간을 요양했다. 그가 신학수업과 학비를 벌기 위해 치열하게 살았던 시간에 비해 자신을 새롭게 돌아보는 결단의 시간이 되었을 것이 분명하다. 죽음 앞에 선 인간이 할 수 있는 일이 그리스도의 빛을 받으라는 하나님의 음성을 듣는 일 외에는 없었을 것이다. 요양을 마친 후 그는 자신에게 주어진 시간과 사명을 감당하기 위해 귀국길에 오른다. 이 귀국은 살기 위한 것이 아니고 죽기 위한 것이었으며, 하나

---

34) 김병희, 같은 책, 32. 한경직은 병 치료를 위해 배틀 크릭 새니터리움(Battle Creek Saniterium)과 앨버커키(Albuquerque)요양원 그리고 덴버에서 요양을 하였다.

35) 이만열, "한경직 목사를 만남", 『한국기독교와 역사』 창간호 (기독교문사, 1991. 7), 147.

36) 한경직, 『신자의 사명』(신우사, 1959), 107.

님께서 그에게 주신 사명을 완수하기 위한 출정식이었다.[37)]

3) 고통당하는 이들과 함께 고통당함

한경직이 1932년 귀국 후 모든 좌절을 이겨내고 1933년 목회의 길로 들어섰지만 1938년 일제의 교활함에 무릎을 꿇을 수밖에 없는 상황에 이른다. 김수진에 의하면, "결국 1938년 9월, 평양 서문밖교회에서 열린 제27회 조선 야소교장로회 총회가 강압적으로 신사 참배를 결의하기에 이른다. 한경직 목사도 신의주 제1교회 윤하영, 홍하순 목사를 비롯하여 장병원, 박연서, 김리현, 이혁호 장로 등과 함께 신사 참배 결의에 참석하게 되었다. 이로써 그는 평생 지우지 못할 굴욕의 그늘을 가슴에 묻게 된다."[38)] 그러나 김수진의 말처럼 이처럼 굴욕적인 사건이 일어난 이유에 대해 역사적 평가는 냉정하겠지만 그의 개인전기적 입장에서 보면 새로운 시각을 열어준다.

한경직을 만난 이만열은 이 문제에 대해 직접 질문했는데, 그의 인간적 힘이 드러나는 대답을 들었다. 즉 교활한 일본인들이 한경직 등 반대하는 목사들과 장로들을 구금한 채 평신도를 설득해서 신사참배를 가결한 후 그들을 풀어주었다. 그때 한경직은 그의 고민을 이렇게 술회했다.

> 신사참배는 우상숭배고 일본놈들이 하는거고 그런 문제로 반대를 했는데 정작 우리 교인들이 다 이걸 허락하고 또 다 해놓고 보니 심각한 문제로 생각이 돼요. 그때 생각에, 사실 이 신사참배 문제로 지옥엘 가겠느냐, 우리는 어떻게 되겠느냐, 이런 것이 문제가 되면서 심지어 무슨 생각까지 들어오는고 하니 '우리 교인들이 모두 지옥에 가면 나도 함께 지옥에 가야지, 나 혼자만 천국에 가겠느냐'. 이건 시험이죠. 그

37) 이만열, 같은 책, 147. 알려진 바에 의하면 한경직의 귀국당시 폐병은 완치되지 않고 재발하기도 하는 등 그 귀국 결심이 쉽게 이루어진 것은 아니라는 증언이 많다.

38) 김수진, 『아름다운 빈손 한경직』 (홍성사, 2000), 43-45.

러나 그때 그런 생각이 들어와요. 그런 가운데 윤목사하고 나하고 의논을 하는데, (중략) 할수 있느냐, 그저 허락한다고 하자, 이렇게 했어요.[39]

이런 한경직의 태도는 출애굽기 32장의 모세의 중보기도와 유비되는 측면이 있다. 모세는 이스라엘 백성의 죄악에 대해 하나님께 중보기도를 드리면서 하나님께서 이스라엘 백성을 사하시지 않으시면 자신도 이스라엘 백성과 함께 죽게 해 달라고 간청한다. 그리고 예수 그리스도의 모습 속에서도 이런 모습을 찾을 수 있다. 한경직은 믿음에 대해 이야기 하면서 믿음을 예수의 모습을 통해서 표현한다. "예수는 이 대중을 볼 때에 자기가 같이 이 고통을 당하는 것처럼 아팠습니다. 같이 고통을 당했습니다."[40] 이렇게 한경직은 너무도 약한 사람이었기에 다른 이들이 아파하는 것을 자신의 아픔으로 알았다. 이런 약함을 다른 시각으로 조명한 글이 있다.

하나님을 표현하는 단어 중에서 야훼 라하민(Yahweh Rachamin)이라는 말이 있다. 이는 자기의 고난당하는 백성들을 어머니와 같이 태중에 안아 친밀하게 돌보시는 하나님이라는 뜻이다........ 많은 목회자 가운데 왜 한목사만이 성자로서 존경받을 수 있었을까. 바로 한목사가 야훼 라하민의 정신을 온몸으로 실천했기 때문이 아닌가 한다.[41]

4) 철저한 무너짐 속에 순교를 결심

해방의 기쁨도 얼마 안 되어 월남하게 된 한경직은 영락교회를 개척하지만 한국전쟁의 발발로 인해 피난의 길을 떠날 수밖에 없었다. 그는 분명하게 자신은 더 이상 도망가지 않

---

39) 이만열, 앞의 책, 151-152. 이런 그의 결정은 후일 템플턴상을 수상(1992년)한 것을 축하하는 예배에서 이렇게 고백되었다. "먼저 나는 죄인임을 고백합니다. 나는 신사 참배를 했습니다. 이런 죄인을 하나님이 사랑하고 축복해 주셔서 한국 교회를 위해 일하도록 이 상을 주셨습니다." 김수진, 앞의 책, 139.

40) 한경직 설교, "목자없는 양", 1955. 6. 5.

41) 「국민일보」, 2000. 4. 22., 21. 한경직의 소천 소식에 그의 죽음을 애도하면서 쓰여진 조상문.

기로 마음에 굳은 결심을 했다. 그러나 그는 '잠시 피하자'는 교인들의 요청에 의해 결국은 피난을 가게 된다. 그 와중에 그가 느낀 절망과 수치심은 이렇게 표현되었다. 수많은 피난민으로 인해 한강을 건너는 것이 불가능할 때 어떤 사공이 그를 알아보고 배에 타라는 것이었다. "그의 말을 듣고 있던 한경직 목사는 그 젊은 사공의 얼굴을 더 이상 쳐다볼 수가 없었다. 영락교회를 두고 도피하는 자신이 너무 초라하게 느껴지는 순간이었다. '하나님 죄송합니다. 교회를 지켜야 하는데 또 이렇게 되었습니다. 저의 잘못을 용서해 주십시오. 저의 믿음 없음을 용서해 주십시오…(중략) 벌써 두 번째가 아니던가. 해방 후 신의주 제2교회 시절, 생명의 위협으로 인해 양 떼를 두고 월남한 일이 늘 마음에 걸리던 그였다. 그런데 또 다시 교회를 버리고 피난길에 오르게 될 줄이야."[42)]

한경직은 자신의 약함과 무능함을 절절히 깨달았다. 매일 절망의 끝을 오가며 부산까지 피난을 가게 되었다. 부산에서의 삶은 백척간두에 선 그런 형국이었다. 모두가 희망을 버린 순간 그는 자신의 사명이 무엇이었는지를 되새기게 된다. 그래서 목회자들을 중심으로 구국기도회를 열고 피난민들을 격려하고 부상병들을 찾아 위로하는 일에 전력을 다하였다. "모두의 소원이 너무나 분명함에도 불구하고 자신에게는 그 소원을 이루어줄 힘이 없어"[43)] 하나님의 역사를 더 간절히 사모할 수밖에 없었다.

한경직은 절망 중에서 들려오는 하나님의 음성에 더 큰 힘을 내는지 모른다. 왜냐하면 약함과 절망은 하나님께서 그에게 들려주는 새로운 사명의 음성일 수 있기 때문이다. 부산에서의 그의 사역은 서울에서 이룰 수 없었던 수많은 일들을 해내는 기초가 되었다. 교회를 개척하고 목회자들을 격려해서 민족의 운명을 기독교 신앙으로 건져내고자 하였다.

42) 김수진, 앞의 책, 78.

43) 김수진, 같은 책, 91.

5) 제1계명을 지키기 위해

전쟁이 끝나고 한경직은 영락교회를 통하여서 한국교회의 중추적인 역할을 떠맡은 가운데 수많은 사람을 대표하는 한국 개신교의 아이콘이 되었다. 그래서 그의 개인적인 판단도 수많은 사람들의 비판의 대상이 될 수밖에 없는 경우가 많았다. 그 중 그의 개인적인 면면을 살필 수 있는 것이 군사독재 정권 시절이다. 이때는 많은 비판들이 그를 따라 다녔다. 대표적인 것이 조찬기도회 건인데, 이에 대해 이만열은 그의 참석으로 인해 독재 정권을 용인하고, 전두환 신군부의 출현을 정당화 하는데 협조했다는 비난을 면치 못하게 되었다고 평했다.[44] 이 문제에 대해 한경직은 "내가 제일 원하는 것은 민족복음화가 아니갔소. 그때 군인 전도 할 때인데 내가 이거 서명운동하고 내 이름을 먼저 써 놓으면 군인 전도의 길이 막히거든. 그러니 이거 전도해야 할 목사로서 제1계명 되는 사명을 버리고까지 정치 운동이나 사회운동에는 가담 않는다는 그 원칙이 서 있었시요."[45] 그의 제1계명은 민족복음화를 위한 선교라는 그의 선언은 소래 해변에서 깨달았던 사명이며, 죽음의 문턱에서 하나님과 약속한 사실이며, 일제와 한국전쟁의 위험 속에서도 잃지 않았던 희망 그 자체였다.

6) 가난하지만 가장 부요한 죽음

한경직을 기억하는 사람들은 누구나 그를 '가장 인간적인 사람' 또는 '지극히 인간을 사랑한 사람'이라고 기억한다. 그런 그도 생애의 마지막 2년을 노환과 많은 고난을 받았다. 그는 완전하지 않은 폐를 가지고 일생을 목회하고 생활했다. 그의 고백 역시 "일생을 연약한 몸으로 살아온 것이 제일 괴로움이었지요"[46] 였다. 김명혁의 기억에 의하면, 그는 설교하면서 '우리 사람은 약합니다' '우리는 파산된 존재입니다'란 말을 자주 했다. 그는 진정 약하디 약한 사람이었다. 그리고 "정의감 넘치는 이들이 총칼을 두려워하지 않고 데모하고 감옥에 갈 때, 그는 총칼 든 사람들의 영혼을 위해 하나님께 기도를 드려주고는 정말 바보처럼 욕

44) 이만열, 한국 현대사에 나타난 과거사 청산의 문제,『신학사상』(1996년 봄호), 159-160.

45) 김병희, 앞의 책, 88-89.

46) 한경직, "우리가 어찌 성공과 실패를 단언할 수 있나요?",『월간목회』(1982. 9), 71.

만 실컷 얻어먹은"[47] 사람이었다. "한경직 목사는 한 평생 자기 자신의 약함과 민족의 약함을 절감한 사람인 동시에 그 약함을 통해서 하나님의 깊은 은혜를 체험하고 간증한 사람이었다."[48] "그는 화평과 박애의 목회자였고, 어떤 사람의 요청도 거절하지 못한 연약한 목회자였으며, 호된 욕 한마디 못하실 정도로 지나치게 너그러우셨던 목회자"였다.[49] 김명혁은 그의 논문에서 감히 한경직을 평할 수 없다고 하면서 이렇게 그의 흐느낌을 적었다. "그분은 너무 선하셨다. 너무 눈물을 혼자서만 흘리셨다. 혼자서만 탄식하셨다. 아마 책망은 자기에게 속한 것이 아니고 하나님에게 속한 것이라고 생각하시면서 혼자서 우셨는지 모른다. 그분은 너무 약하셨고 너무 너그러우셨다. 그러므로 잘못은 그분에게 있었던 것이 아니라 사실은 우리 모두에게 있었던 것이다. 그분의 온유와 겸손과 인내와 화평과 사랑의 몸짓을 무시하고 짓밟은 것은 우리들이었다."[50]

한경직은 아름다운 빈손으로 우리의 곁을 떠났다. 그의 일생은 가난한 죽음으로 인해 더욱 더 칭송을 받았다. 이우근은 이렇게 솔직하게 묘사했다. "그는 바보처럼 살다 가셨습니다. 가장 좋은 옷을 입고 가장 멋진 자동차를 탈수 있었는데도, 그는 바보처럼 좋은 옷 대신에 소매가 닳아빠진 옷을 입었고 멋진 차 대신에 버스를 타거나 남의 차를 빌려 타곤 했습니다. 가장 안락한 아파트에 살 수 있었는데도, 바보같이 그것을 마다하고 '월셋방에 사는 교인들이 얼마나 많은데.....' 하시면서 산꼭대기 18평정도 되는 국민주택에 들어갔습니다.:[51]

빈손으로 그저 왔다가 그저 빈손으로 간 인간 한경직, 그의 죽음은 너무도 가난했지만 그 가난으로 인해 너무나 큰 부채를 그의 후배들에게 떠 맡겼다. 그럼으로써 그는 너무도 부요한 사람이 되었다. 또한 그는 너무도 약한 사람이었기에 약한 사람을 돌봄에 솔선했고, 너

47) 한경직목사 기념사업회,『아름다운 사람 한경직』(규장, 2000), 25.
48) 한경직목사 기념사업회,『한경직 목사 탄신 100주년 기념행사 자료집』, 149.
49) 김명혁, 앞의 책, 212.
50) 김명혁, 같은 책, 212-213.
51) 한경직목사 기념사업회,『아름다운 사람 한경직』, 23.

무나 약한 사람이었기에 화평의 중요성을 알았으며, 청빈의 사람이 되었다. 그래서 우리는 그를 "작은 예수"요 "20세기의 성자"로 칭송한다. 그의 죽음을 애도하며 한 신문은 이렇게 평했다. "한국 최대 교회의 담임목사이면서도 청빈과 겸손을 잃지 않았던 사람, 가난하고 소외된 이들을 돌보고 진실을 실천했던 한국 개신교의 자존심"[52)]

Ⅲ. 한경직의 하나님 나라 선교 (Kingdom of God Mission)

1. 선교사상의 내장 구조

한경직 선교사상을 전개함에 있어 우선시 되는 것은 한경직의 선교사상이 내장하고 있는 구조의 독특성에 관심을 가질 필요가 있다. 이 독특성들은 이미 전술한 그의 사회전기와 개인전기를 구조적으로 선택함으로서 선교사상의 내용으로 삼는다. 그래서 개인의 사회전기와 개인전기가 신학의 내용으로 발전할 수 있는 계기를 제공하게 되는 것이다. 이런 과정 속에서 집중적으로 관심 가져야 할 부분은 한경직 선교사상의 내적 구조를 이루고 있는 교회와 민족, 그리고 복음과 구원에 관한 각각의 관계성이다. 이 관계성은 선교사상의 전개에 있어 내적 동력으로 작용하여 한경직 선교사상의 모습을 형성하는데 도움을 줄 것이다.

1) 교회와 민족의 긴장구도

한경직의 사회전기와 개인전기에서 가장 돋보이는 주제는 교회와 민족이었다. 그리고 이 주제는 다양한 학자들이 그의 사상에 접근하는 통로의 구실을 했다. 임걸은 그의 논문에서 한경직 신학을 이해함에 있어 "교회 신앙론"으로 접근했고, 한숭홍은 "교회 중심주의"로 접근했다.[53)] 이 둘은 교회중심주의적 측면에서 한경직을 바라보았다. 이와는 약간 다른 측면

52) 「조선일보」, 2000. 4. 19., 31.

53) 임걸, "한경직(1902-2000)의 교회 신앙론",『한국기독교신학논총』24 (한국기독교학회, 2002), 193-224; 한숭홍,

에서 이혜정은 "기독교 건국론"이라는 민족주의적 측면에서 바라보았고, 최태연 역시 민족주의에 강조점을 두고 접근했다.[54] 이런 접근은 나름대로 한경직의 역사적 가치 또는 사상의 경향성 등을 찾기 위한 과정으로 좋은 역할을 한다. 그러나 한경직의 신학에 더 창조적으로 접근하고 그 신학적 의의를 밝혀내기 위해서는 이 두 측면 사이의 관계성을 파악하는 것이 더 나은 방법이라 여겨진다.

한경직에게 있어 교회와 민족은 분리하기 힘들다. 왜냐하면 그에게 있어 민족적 열정과 기독교적 열정은 대부분의 경우 하나로 일치된 모습으로 나타난다.[55] 그의 전기적 측면을 보면 한경직은 태어나면서부터 죽을 때까지 교회를 떠난 적이 없다. 그리고 그 전 과정에서 민족은 뗄 수 없는 긴장관계로 한경직을 지배하게 된다.

그래서 한경직에게 있어 민족이란 그의 일생 전체를 관통하는 중요한 주제임이 분명하나. '민족'이란 개념은 개화기에 우리나라에 정착한 개념으로서 전환기의 지식인들에게 아주 중요한 개념이었다. 특히 한경직의 교육과정을 통해서 이 민족개념은 그의 일생의 신념으로 자리 잡게 됨을 여러 경로를 통해서 확인할 수 있다.[56] 이 한경직의 민족개념을 확인하기 위해서는 그의 성장과정에 형성되었던 민족에 관한 담론 그리고 논의의 쟁점들을 확인하는 것이 그 정확한 이해를 도울 것이다.

조선의 개화기 그리고 한경직이 성장했던 시기만 해도 민족의 의미는 확정되지 않은 것처럼 보인다. 그래서 사회적으로 이에 대한 공적인 해석이 필요로 했고, 〈대한매일신보〉는 이렇게 설명했다.

앞의 책.

54) 이혜정, "한경직 연구의 관점: 기독교적 건국론",『한국기독교와 역사』제30호 (2009. 3), 157-181.

55) 이혜정, 같은 책, 159.

56) 예를 들어 한경직이 진광학교에서 만났던 선생님도 안창호에 의해 교육된 사람이었고 그 시대의 민족의미를 가장 잘 설명해낸 신채호 역시 한경직이 오산학교를 입학하기 직전에 다녀갔다. 이런 영향을 받은 이승훈과 조만식 역시 그의 교육에 있어 중요한 역할을 한 것은 주지의 사실이다. 참조. 최태연, 앞의 책, 102.

민족이란 것은 단지 동일한 종교를 받들며 동일한 언어를 사용하면 동일한 민족이라 가히 칭하는 바.......(중략) 국민이란 것은 그 혈통, 역사, 거주, 종교, 언어의 동일한 것 밖에 또한 필연적으로 동일한 정신을 가지며 동일한 이해를 느끼며 동일한 행동을 하여 그 내부의 조직이 한 몸의 골격과 흡사하며 그 대외의 정신이 한 병영의 군대와 흡사해야 이를 국민이라 말하나니.[57)]

그리고 이 민족의 의미는 한일합방과 함께 더 강화되는데, 그것은 국권을 빼앗기고 국민이라는 개념으로는 개개인을 설명하기 힘들어 대안적 명분으로 민족이란 개념이 부상하게 되면서이다. 이를 통해서 지식인들과 독립투사들은 저항적 애국계몽 운동으로 나아갈 수 있게 된다.

이와 동시에 한경직 주변인들의 민족이해는 '사회진화론'에 입각한 자강적 민족주의에 기초하고 있는데, 이것은 기본적으로는 개인주의에 기초하고 있고 사회유기체설과 결합되면서 개인이 전체에 봉사하는 관념으로 전환된다.[58)] 그래서 때로는 강자의 입장을 합리화시켜주기도 하며 군주를 중심으로 하는 지배권을 인정[59)]하게도 되지만 그 스스로도 그가 민족지상주의자는 아니라고 언급한다.[60)]

교회에 대한 이해는 한경직 자신으로부터 직접 설명을 들을 수 있는데, 그는 영락교회 1

57) 「대한매일신보」 1908년 7월 30일자 논설.

58) 김도형, "한말 계몽운동의 정치론적 연구",『한국사 연구』54, (한국사 연구회, 1986), 117.

59) M. Foucault, 박정자 역,『사회를 보호해야 한다』(동문선, 1998), 98. 민족의 개념은 그 당시의 애국적 견지에서는 좋은 측면이 있지만, 넓은 의미의 민족담론은 푸코가 지적하는 것처럼 강력한 확산력과 커다란 변신 능력을 가지고 있다. 그리고 전략적 다면성을 지니고 있다. 예를 들면 이 민족의 의미는 해방정국에서 좌익에서 우익까지의 모든 정파의 사상적 이념으로 기능했으며, 반공주의(anti-communism), 반일사상(anti-japanese line)에 봉사했다. 그리고 다시 박정희 정권의 통치이념으로 광범위하게 활용되기도 했다. 그래서 한경직은 자신이 할 수 있는 최선의 선택으로 민족개념을 발전 시켰을 것이다. 특별히 그런 어려운 상황에서 사회진화론과 민족에 대한 이해는 그가 미국유학을 통해 더욱 경험적인 확신을 가졌을 것이 분명하다. (필자 주)

60) 한경직 설교, "성서적 애국심", 1957. 3. 3.

주년 기념설교에서 교회는 이 세계와 전혀 관계없는 것 같으나 가장 현실적인 것이며, 교회는 이 민족을 지키고 이끌고 살리는 것이다.[61] 민족의 운명이 사실은 교회와 밀접한 관련성을 가지면서 교회와 민족 간에 양자의 긴장관계가 형성된다. 민족의 흥망이 중요한 문제이지만 그 흥망은 결국 교회에 달려있고, 교회는 민족의 구원을 위해 봉사해야 한다.[62]

이렇게 한경직에게 있어 교회와 민족은 서로를 지향하는 긴장관계가 있다. 그렇기 때문에 한경직 신학에 접근을 위해서는 교회중심주의와 민족주의 양자의 긴장을 생각해 보아야 한다. 그리고 교회만이 그리고 민족만이 아닌 둘 사이의 긴장구도가 한경직 선교를 통해 전개되었음을 짐작할 수 있어야 한다.

2) 복음과 구원의 내적 관계와 외적 확장[63]

이광순은 한경직 설교 분석을 통한 그의 선교관을 추적하면서 한경직의 설교에서 중요하게 언급되는 두 가지 단어인 전도와 구원을 지적한다. 이 '전도'라는 말은 복음이라는 이해의 측면에서 약 2,000회 등장하고 구원이라는 단어는 약 3,000회 등장한다. 한경직의 설교에서 등장하는 전도라는 말은 복음의 양태로서 부르심과 파송하심의 의미를 담고 있다. 또한 그에게 있어 복음이란 성경 중심, 그리스도 중심, 십자가와 부활 중심의 신앙을 의미한다.[64] 이와는 약간 다르게 구원은 예수 그리스도의 복음을 듣고 믿는 자에게 주시는 하나님의 사랑이요(요3:16) 선물이자(엡2:8) 생명이며 영생이다.

이들 두 단어는 서로 분리되기보다는 한경직의 선교 전반에서 함께 쓰이면서 내적인 관

61) 한경직 설교, "교회란 무엇인가", 1946. 12. 1. 베다니교회 창립 1주년 기념주일.

62) 한경직 설교, "기독교와 정치", 1946. 베다니 교회.

63) 한경직은 복음이란 용어 대신 복음주의라는 용어를 사용하기도 했지만, 오늘날 이 복음주의는 여러 가지로 다르게 해석될 가능성이 있고, 이 주의(ism)라는 용어도 한경직이 가진 복음의 순수성과는 거리가 있다고 여겨져 본 논의에서는 '복음'이라고 광범위하게 사용한다.

64) 한경직목사 기념사업위원회,『한경직 목사 성역 50년』(한경직목사기념사업회, 1986), 25-26.

계를 형성한다. 물론 이광순의 지적처럼 한경직의 선교의 중심은 복음보다는 구원에 더 중심이 가 있다. 그리고 그의 설교 대부분 역시 제목이나 본문에 상관없이 구원으로 시작해서 구원으로 맺는다.[65] 그러나 이러한 구원의 돋보이는 역할에도 불구하고 구원의 언급은 복음의 전체적인 면과 늘 동반하고 인과적 관계를 맺는다. 즉 복음 없이는 구원도 없는 것이다. 그래서 개인은 복음으로 인해 구원을 받을 수 있고, 구원을 받아야 되는 이유 역시 복음 때문이며, 구원 받은 자의 삶 역시 복음의 내용으로 가득 차야 하는 것이다.

이런 내적인 관계성은 선교의 본질을 구성하는 중요한 요소이기도 하다. 즉 선교가 목표하는 인간들을 복음으로 구원시켜 하나님의 백성으로 만들고 그 백성들이 복음을 실천하여 새로운 하나님 나라의 일원을 받아들여 구원의 기쁨과 동시에 새롭게 복음을 실천할 수 있는 은사들을 전해 주는 것이다.[66] 이혜정의 연구에 의하면 한경직에게 있어 이 관계성은 더 살아있는 모습으로 드러나는데, "복음이란 각 민족의 현실과 만나 그 민족의 영적, 현실적 구원에 기여하는 실용적 구원을 의미한다."[67] 즉 그에게 있어 복음은 각 민족의 현실을 개선하고 구원하는 의미를 가지고 있으며, 민족 구원을 위해 개인의 민족의식을 함양하고 사회참여를 실천해야 하는 것이다. 그의 설교에서 이 내적 관계성은 더 생생하다.

> 얽매인 생명들이 많습니다. 죄의 사슬에 얽매인 생명들이 많이 있습니다. 욕심에 얽매인 영혼도, 생명도 있습니다. 정욕, 탐욕, 지위욕, 명예욕, 이런 온갖 욕심의 사슬에 얽매인 생명들도 많이 있습니다. 무지의 사슬에 얽매인 생명도 많이 있습니다. 미신의 사슬에 얽매인 생명이 지금도 많이 있습니다. 근심과 걱정에 얽매인 생명들도 많이 있습니다. 빈곤에 얽매인 생명들도 많이 있습니다. (중략) 예수님께서 오신 것은 이 모든 인간의 생명을 얽매이는 쇠사슬을 끊어버리고 자유를 주시기 위하여

65) 이광순, 앞의 책, 248-249.

66) 김은수,『현대 선교의 흐름과 주제』(대한기독교서회, 2001), 243.

67) 이혜정, 앞의 책, 158.

오셨습니다. 그러므로 주님을 믿는 자마다 죄악의 사슬에서 해방 됩니다. 온갖 욕심의 사슬을 끊고 해방을 받게 됩니다. 무지 가운데서, 미신 가운데서, 근심 가운데서, 공포 가운데서, 모든 쇠사슬에서 해방이 되는 것입니다. 복음이 가는 곳마다 정치적으로 경제적으로 사회적으로 반드시 해방되고야 마는 것입니다. (중략) 이렇게 복음이 가는 곳마다 그 사회에는 사회적으로 민족적으로도 자유가 있는 것입니다. 주님께서 오신 목적은 우리에게 이 자유를 주시기 위해서 오신 것입니다.[68]

한경직 선교의 본질로서 기능하는 복음과 구원의 내적 긴밀성 또는 생생한 둘 사이의 긴장은 가만히 정체하는 것을 허락지 않는다. 즉 복음과 구원이라는 내적 관계성이 개인과 민족 그리고 나아가서 인류와도 만나면서 그 외연이 다양해지고 확장된다. 예를 들면 이광순은 민족구원과 개인의 영혼구원 사이의 관계성을 설명하면서 이 둘은 별개라기보다는 그 확장 내지 연장에 있음을 분명히 지적한다.[69] 그리고 한경직의 설교에서도 구원의 확장이 드러나게 보인다.

요단강을 건너서 가나안을 점령하듯, 남한을 점령하고 북한을 점령하고 나아가서 삼천만 동포들의 영혼을 구원하고 이 나라를 기독교 나라로 하고 하나님께 영광을 돌리는 것이 이 땅에 70년 전에 하나님께서 부여하신 궁극적인 목적이요, 경륜이라는 것을 우리가 잊어서는 안 될 것입니다.[70]

한경직에게 있어 복음과 구원의 확장은 그 구조가 명백하다. 복음으로 인하여 개인의 구원이 차고 넘쳐서 개인을 새로운 차원의 복음으로 이끈다. 이로 인해서 차고 넘치는 구원의 확장은 마침내 온 민족을 구원하게 한다. 이 민족의 구원도 멈추는 것이 아니라 군대처

68) 한경직 설교, "풍성한 생명", 1971. 5. 2.

69) 이광순, 앞의 책, 249.

70) 한경직 설교, "가나안 점령의 명령", 1955. 5. 1.

럼 전진하고 전진하는 가운데 그 넘침이 온 인류가 구원에 이르는 확장성을 한경직은 꿈꾸는 것이다. 예를 들어서 1963년 12월 1일의 설교를 보면, "우리 하나 하나가, 개인 개인이 한 사람의 영혼을 구원할 수 있습니다. 이 개인 전도를 통해서 온 민족을 구원하고 온 민족의 대부분이 기독교로 돌아오게 될 때 자연히 우리나라의 정치, 경제, 문화 모든 방면에 큰 변화가 생길 것"이라 언급한다. 그리고 다른 설교에서 그는 "우리가 이 앞으로는 온전히 우리 한국교회만 생각할 게 아니예요. 전 세계 교회를 위해서 우리가 기도를 해야 되겠고, 전 세계 민족이 다 그리스도께 돌아오기 위해서 우리가 기도해야 되겠습니다."[71]라고 말했다.

한경직에게서 보이는 이런 선교적인 내적 구조는 그의 개인적 아이디어라기보다는 그가 복음에 순수하게 기초해 있었기 때문에 발견되는 것 같다. 이런 사실과 비견되게 현대선교 신학의 논쟁에서는 복음과 구원의 내적관계가 긴밀해지기 보다는 독립적으로 다루어져 있음을 발견하게 된다. 현대선교 신학의 복음의 내용과 구원의 내용이 다르지 않을 텐데 서로 만나지 못하는 이유가 그 때문이라 여겨진다. 그리고 만약 이 양자 사이에 정체보다는 확장성을 내재하고 있다면 문제는 간단하다고 생각된다. 한경직의 설교를 통해 간단명료한 이 내적 구조의 근원을 더듬어 볼 수 있다.

> 전도는 지상 명령이올시다. "너희는 온 천하에 가서 복음을 전파하라"고 예수님께서 최후로 우리 믿는 사람에게 명령한 말씀이올시다. 기억하십시다. 전도는 우리의 유일한 소망이요, 살 길입니다. 개인의 살 길도, 민족의 살 길도, 오직 복음에 있습니다. 영혼의 구원도 복음을 믿는데 있고, 이 썩어져 가는 사회를 구할 길도 오직 복음에 있습니다.[72]

71) 한경직 설교, "아프리카 카메룬 교회", 1956. 8. 5.

72) 한경직 설교, "사도시대의 전도", 1964. 4. 5.

2. 선교사상의 전개

1) 조화지향적 선교 (Harmony Centered Mission)

"누가 그를 가리켜 한국교회를 품에 안고 복음을 위해서는 모두에게 격려와 사랑의 손길을 편 한국교회의 화평의 사도라고 하지 않을 사람이 있겠는가?"[73] 김명혁은 이렇게 질문을 던지면서 한경직은 한국교회에서 교파를 초월한 조화의 사람이었으며, 복음을 전하기 위해서는 누구와도 손을 잡고 모두를 협력하며 격려하였다고 했다.[74] 한숭홍 역시 "그는 배타주의를 주장하는 옹졸한 사람도, 분리주의를 역설하는 과격한 사람도 아니다. 그는 분명히 그의 신학사상이 복음주의적 신앙과 에큐메니칼 신학에 근거하고 있음을 밝히고 있지만, 그와 신학 사상이 다른 사람들도 모두 한 형제로 포용하는 포괄적인 사상의 주인공이다."[75]라고 언급했다.

그러면 이러한 것들은 어디로부터 오는 것인가? 한경직의 신학은 바로 이런 사실들과 관계있는 것 아닌가라는 질문들이 생겨난다. 그리고 이 답은 역시 그의 사회전기와 개인전기에서 찾아질 수 있는 것으로서, 그의 신학적 자리나 신학적 선언으로 인한 것이 아니라 그의 태도에 기인한 측면이 크다.[76] 그는 교회 일을 함에 있어서도 언제나 화평과 조화를 중요시 했다. 설사 억지로 가능한 일도 화평하지 않으면 시도하지 않았다. 그것은 아무리 뜻이 훌륭해도 조화롭지 않으면 교회와 선교가 손상을 입기 때문이었다.[77] 이런 태도는 자신의 목회 내내 기본 기조가 되었는데, 당회를 진행하는 가운데서 의견이 분분하고 어려움이 생기면 '여러분 다 저의 덕이 부족하여 이렇게 된 듯합니다. 오늘은 이만하고 우리 다 같이

73) 김명혁, 앞의 책, 207.

74) 김명혁, 같은 책, 205.

75) 한숭홍, "한경직의 생애와 사상" (III),『목회와 신학』(1992. 9), 181.

76) 한경직 신학의 경향성에 대해 평가는 그 관점에 따라 여러 가지로 논의를 불러일으킬 수 있다는 점에서 이신형의 다음 논문을 참고하면 도움이 된다. 이신형, "한경직 다시그리기-리츨 신학과의 연계성", 한국조직신학회,『조직신학논총』(2001), 187-212.

77) 한경직, "우리가 어찌 성공과 실패를 단언할 수 있나요?",『월간목회』(1982. 9), 72.

기도합시다'하면서 당회원들을 위해서 뜨겁게 기도하셨다고 한다.[78] 이 이외에도 한경직은 누구와도 불협화음을 만들기를 원치 않았으며, '조금이라도 남에게 괴로움을 끼치지 않은' 사람이었으며, '전혀 사심이 없는 분'이셨다.[79] 그리고 그는 '조화의 사람이며, 순리와 중용의 한국형 신사'였다.[80] 이런 평가는 그가 얼마나 조화를 그의 삶 전체에 실천했으며, 그의 선교가 얼마나 조화로움 위에 구성되었는지를 반증해 주는 것이다.

결국 한경직에게서 교회와 민족의 긴장 구도와 복음과 구원의 확장성은 이런 조화의 기질 위에 기반을 두고 있다. 또한 이런 조화의 기질은 무조건적인 통합이 아니라 성서적(복음) 우선성과 순순한 인간(민족)사랑에 연결되어 있다.

이 조화지향적 선교의 태도는 그의 연합사업 전반에서 관찰되는데, 한국전쟁 당시의 연합사업 그리고 후기로 이어지는 복음화 운동 속에서도 보수와 진보 진영을 아우르는 데서 확인할 수 있다. 그는 하나님께서 그를 교회 밖으로 내어 쫓을 때에도 조화의 사람으로 세상 사람들이 싫어하는 일을 도맡아 했고, 전쟁 중에도 자신과 가족보다는 이 민족과 교회를 먼저 생각해서 사람들과 연합하였다. 교회가 분열되고 수많은 사람이 손가락질해도 그들을 향해 목소리를 높이지 않았고, 오히려 그들을 대화와 연합으로 이끌기 위해 노력했다. 그 결과 그는 그의 삶 전체 기간을 통해 걸쳐 연합 사업을 문제없이 성공 시키고 그로 인해 많은 영향력을 이 민족 속에 각인 시킬 수 있었다. 이런 그를 한숭홍은 평가하기를 "분명한 것은 한국 신학의 정(正)은 박형룡의 보수주의 신학이고, 한국신학의 반(反)은 김재준의 자유주의 신학이고, 박형룡도 김재준도 포함하는 합(合)의 신학은 한경직의 신학"[81]이라고 했다. 사실 이러한 중간적 입장은 분명 그 시대상을 들추어 보면 비판이나 정체성을 의심 받기 쉬웠을 것이다. 그럼에도 그는 양 진영을 조화시키면서 중간의 자리를 지킬 수 있었고,

78) 김병희, 앞의 책, 164-165. 이런 예는 그의 삶 곳곳에 포진해 있기 때문에 강조하지 않아도 저절로 드러난다.

79) 백운경, 아름다운 사람, 57.

80) 김병희, 같은 책, 117-118.

81) 한숭홍, "한경직의 생애와 사상" (IV),『목회와 신학』(1992. 10), 246.

양쪽 진영과 균형을 이룰 수 있는 신학적 무게까지 가지고 있었다는 것을 확인할 수 있다.

이 조화는 아름다운 태도로 여겨질 수 있는 것이지만 선교적 관점에서는 중요한 의미를 가진다. 그 이유는 이 조화의 기본 속성인 화해 그리고 평안 등은 선교에서 중요한 역할을 하기 때문이다. 이계준은 이 조화가 복음의 핵심이며 선교의 중심이라고 이야기 했다.[82] 그리고 이 조화의 선교적 성격은 구원과 평안(샬롬)[83]을 연결할 수 있는 단초를 제공한다. 왜냐하면 그의 메시지 속에서 복음은 구원인 동시에 얽힘으로부터 자유와 해방이었기 때문이다.[84]

이렇게 한경직의 조화지향적 선교의 태도는 어두운 민족의 고난을 지나는 모든 형제들에게 따사로운 햇볕 같은 것이었다.[85] 그렇게 그의 삶 전체를 선교를 위해 던졌으며, 조화로움으로 그 길을 조율해 갔다. 그리고 마침내는 그런 조화지향적 선교를 통해서 이 민족을 구원하기를 바랐다.

2) 통합적 선교 (Wholistic Mission)

한경직의 삶의 태도를 통해서 조화의 선교적 기질이 생겼다면, 그의 선교 전체를 통해 일관성 있게 드러나는 선교적 외형 혹은 양태는 통합적 선교였다. 이 선교적 양태는 예수 그리스도의 신약 속의 선교에서 영향을 받는다.

> 예수님의 하신 일은 옛날이나 오늘이나 간단히 생각하면 세 가지입니다. 첫째는 전

---

82) 참고. 이계준,『한국교회와 하나님의 선교』(전망사, 1985), 82-83.

83) 한경직에게서의 샬롬은 에큐메니칼의 인간화를 포괄한 더 넓은 의미의 평안으로서 요한복음 14: 27의 평안을 제시한다.

84) 한경직 설교, "풍성한 생명," 1971. 5. 2.

85) 김준곤은 그를 이렇게 기억했다. "그 분에게서 발견한 가장 인상적인 것은 따사로운 햇볕 같은 온화하고 인자한 인간성이다". 참조. 김병희, 앞의 책, 117.

도의 사업입니다. 복음을 전파했습니다. 둘째는 교육 사업입니다. 예수님께서는 항상 가르치셨습니다. 산에 올라가서 깊은 종교의 진리와 도덕의 진리를 가르쳤습니다. 제자들을 가르쳤습니다. 씨 뿌리는 비유로 가르쳤습니다. 셋째는 봉사의 사업입니다. 병든 자를 고쳐주시고, 가난한 자를 도와주시고, 모든 불쌍한 사람들을 붙들어 주는 일입니다. 이 세 가지 사업은 오늘날도 주님께서 살아 계셔서 주님의 몸된 교회를 통해 계속 하시는 것입니다. 지금도 복음을 전파 하십니다. 지금도 교육 사업을 하십니다. 지금도 봉사 사업을 해서 여러 가지로 불쌍한 사람을 도와주십니다.[86)]

그의 설교에서 보이는 것처럼 통합적 선교는 이렇게 이미 예수의 선교적 틀 속에 나타났던 여러 가지 선교적 요구들을 그대로 이루어가는 모습인 것이다. 이 통합적 선교라는 용어는 현대 선교신학 속에서 자주 통전적 선교란 용어와 함께 사용되었다.[87)] 그러나 이 논문에서 통합적 선교를 적당한 용어로 선택했다. 그 이유는 통전적 선교라는 용어가 자주 복음주의적 선교관과 에큐메니칼 선교 양자 보완하려는 측면을 그 언어의 의미 속에 함축되어 있기 때문이다.[88)]

한경직은 예수님의 선교적 원칙에 따라 신의주 제2교회에서부터 영락교회에 이르기까지 줄곧 전도, 교육, 봉사의 세 외형적 틀을 유지했다. 특히 그의 설교 속에서 복음전파가 기독교인의 의무이자 신성한 사명인 것과 마찬가지로 교육과 봉사도 그러하다는 점을 분명히 했다.[89)]

86) 한경직 설교, "주를 따르라", 1959. 10. 4.

87) 이광순 역시 한경직의 선교관을 정리하면서 통전적 선교라는 입장을 취했다. 참조. 이광순, 앞의 책.

88) 브라텐은 양극화의 어느 한쪽 편승을 거부하면서 통전적 선교를 이야기 했고, 몰트만 역시 양극화는 어리석은일임을 분명히 했다. 참고. K. E. Braaten, A Theology of the Christian Mission, 이계준 역,『현대선교신학』(대한기독교출판사, 1984), 8.; J. Moltmann, Kirche in der Kraft des Geistes, 박봉랑 역,『성령의 능력안에 있는 교회』(한국신학연구소, 1984), 310.

89) 이광순, 앞의 책, 242.

한경직 선교의 양태로서 먼저 전도에 대해 살펴보면, 이광순은 한경직의 설교를 분석하면서 한경직의 초창기 설교부터 영락교회를 은퇴한 이후의 설교에 이르기까지 전도란 용어가 고르게 분포하고 있음을 밝혔다.[90] 이 전도는 구원과 맥락을 같이하여 등장하는데, "하나는 개인의 영혼과 관련해서이고, 다른 하나는 민족 구원과 관련해서이며, 끝으로 인류구원과 관련해서이다."[91] 이를 통해서 이광순은 한경직이 시대를 달리하면서 그의 선교적 태도가 개인영혼 구원에서 민족구원 그리고 세계 인류구원으로 나아가는 도식을 설명했다.[92] 그리고 이것을 한경직 선교관의 도약이라고 봤다.[93] 이것은 한경직이 그의 삶에서 시간이 지나면서 선교관이 변화하고 발전하고 있다는 선(先) 이해에서 비롯되었다는 생각이 든다. 왜냐하면 이광순이 이미 이 논문에서 관심하고 있는 것처럼 한경직의 민족이해에서 읽을 수 있는 개인과 민족의 긴장관계를 놓치고 있기 때문이라 여겨진다. 사실상 이광순 역시 같은 논문에서 민족구원과 영혼구원의 관계를 발전이나 선교관의 도약보다는 민족구원이 영혼구원의 확장 내지 연장에 있다고 그 둘 사이의 긴장관계를 언급하기 때문이다. 이런 긴장관계는 이혜정의 논문에서도 보여지는데, 그는 한경직의 전도운동이 단순한 종교운동이 아니고 종교적 운명이 민족 운명을 결정한다는 현실인식에서 출발하고 있다고 설명하면서, 전도운동은 민족과 국가에 대한 책임론에 입각하여 개인회심을 강조함으로써 결국 민족과 국가운명을 개인내면의 차원에서 다루고 있다고 봤다.[94]

그리고 한경직의 전도에서 특이한 내용은 다양한 전략을 구사한다는 것이다. 그에게 있어 전도는 미룰 수도 실패해서도 안 되는 전쟁과 같은 것이었기 때문이다.[95] 민족복음화는

90) 이광순, 같은 책, 248. 1946년-1960년까지의 설교에서 전도라는 단어는 783회 나오며, 1961-1972년까지의 설교에서는 753번 나온다.

91) 이광순, 같은 책, 249.

92) 이광순, 같은 책, 263.

93) 이광순, 같은 책, 260. 이광순의 이와 같은 생각은 이혜정이 제시한 기독교 건국론의 구조에 비추어 봐도 민족구원에 대한 생각이 그의 목회 초기부터 있었다는 것을 알 수 있게 된다. 참조. 이혜정, 『한경직의 기독교적 건국론과 복음화 운동』, 62-64.

94) 이혜정,『한경직의 기독교적 건국론과 복음화 운동』, 107.

95) 한경직 설교, "오천만 복음화를 위한 새로운 헌신", 1974. 2. 22.

국가운명을 결정짓는 중대 사안으로 인식되었으며 이를 위해 가능한 모든 방법을 동원하는 대규모 전략을 강조하였다.[96)]

두 번째로 한경직의 통합적 선교에 있어 교육적인 측면은 개인전도 운동이 핵심이 되어 다른 영역의 선교로 확대됨을 볼 수 있다.[97)] 박상진은 그의 연구를 통해 한경직 목사의 교회교육이 '교회 내 교육'과 '교회 밖 교육'을 통합하고 있음을 밝혔다.[98)] 이 특징은 두 영역이 엄연히 다른 교육의 장을 지니고 있음에도 불구하고 이 둘이 구분되는 것이 아니라 통합되어 있음을 주목하게 한다. 그리고 박상진은 이런 통합이 이미 한경직의 어린 시절 고향마을에 세워진 진광학교와 자작교회의 관계로부터 연속되어진 것이라 지적했다.[99)]

그리고 한경직의 선교에서 교육은 '전인'(whole person)을 사랑했던 그의 관심과 관련성을 지닌다.[100)] 그는 한국 역사의 고난 속에서 수없는 불쌍한 어린이들을 만나게 되고 그들에게 신앙교육뿐 아니라 사회 교육도 필요함을 깨닫게 된다. 그것은 아마도 그의 불우한 환경과 그의 약함으로 인한 관심이었을 것이다. 그래서 박상진은 이런 한경직의 교육적 관심을 '성육신적 교육'이라고 명명했다.[101)]

마지막으로 한경직은 사회봉사를 "사회적 약자 개인을 향한 것이기도 하지만 철저히 나라를 사랑하는 길이라고 믿었다."[102)] 손의성은 한경직의 봉사사상의 구조를 밝히면서 그의 봉사사상은 교회사랑–국가사랑–하나님 사랑의 일체구조라고 밝혔다. 물론 이런 구조 역

96) 이혜정, 같은 책, 106.

97) 이혜정,『한경직의 기독교적 건국론과 복음화 운동』, 논문, 89.

98) 박상진, "한경직 목사의 교회교육과 그 영향",『한경직 목사 추모자료집 (8주기)』(한경직목사 기념사업회, 2008), 104.

99) 박상진, 같은 책, 82.

100) 박상진, 같은 책, 83.

101) 박상진, 같은 책, 77.

102) 손의성, "한경직 목사의 봉사 사상",『한경직 목사 추모자료집 (9주기)』(한경직목사 기념사업회, 2009), 39.

시 개인의 구원에 그 바탕을 두고 있으며, 사회봉사 역시 또 하나의 복음전파의 형태로 인식했다. 특히 손의성의 연구에서 관심을 끄는 것은 한경직 "교회와 사회, 국가와 하나님 나라가 통합 될 수 있는 사회봉사 실천구조를 형성하게 했다"[103]는 것이다. 이 실천구조는 개인 개인에게 초점을 강조하면서 동시에 나라와 민족까지 포함한다. 그리고 미시적인 실천방법은 거시적 실천방법을 통해 미칠 수 있는 영향까지 포괄한다. 손의성은 자신의 논문을 맺으면서 결과론적으로 한경직의 사회봉사의 실천원리는 철저히 복음적 신앙에 기초해 있어서 현재의 전문적인 사회복지 실천 원리의 핵심을 대부분 포함하고 있을 만큼 혁신적이라고 평가 했다.

이러한 한경직의 통합적인 선교는 한경직의 목회적 삶을 관통하고 있으며, 그의 신학 전반을 구성하고 있다. 우리가 한경직에게서 볼 수 있는 선교사역의 전형은 성육신적인 십자가의 사역이었다. 그의 선교의 실행은 선교적 필요성이 있는 모든 곳을 향한 선교였고, 그 선교의 실천에 있어서는 고난 받는 종이신 예수 그리스도의 뒤를 따르는 사역이었다. 또한 어떤 우월적인 위치에서 이루어진 것이 아닌 성육신적인 선교 사역이었으며, 고난을 회피하지 않고 걸어가는 십자가의 사역이었다. 십자가는 유대인에게는 거리끼는 것이요, 헬라인에게는 미련한 것이었으나, 모든 인류를 구원하시는 하나님의 지혜였기 때문이다.(고린도전서 1:23-24)

3) 구원중심적 선교(Salvation-centered Mission)[104]

기독교에서 제일 중요한 교리는 구원론이다. 그러나 이 구원에 대한 입장은 현대 선교신학의 논쟁 속에서 개인구원과 사회구원이란 양 측면으로 나누어져 왔다. 1977년 진보적 복음주의자들의 모임인 시카고 선언은 그런 현실과 그 극복을 위한 단서들을 제공한다.

103) 손의성, 같은 책, 109.

104) 이 구원 중심적 선교는 현대신학의 종교다원주의적 논쟁에서 보여지는 '구원중심주의'(soteriocentrism)와는 그 맥을 달리한다. 참조. John Hick and Paul F. Knitter, *The Myth of Christian Uniqueness* (Maryknoll: Orbis, 1995), 178-200.

우리는 복음주의가 구원을 전적으로 개인적-영적-타계적으로만 이해한 나머지 하나님의 구원 활동의 집단적-육체적-현세적 의미를 등한히 하였음을 개탄한다. 그러므로 우리는 복음주의가 구원관의 종합적 견해를 회복하기를 촉구한다.[105]

이런 반성적 논의의 시작도 결과를 이끌어내는데 부족함이 있었던 것 같다. 그 사실은 이들 논의가 지금까지도 계속되고 있다는 것이고, 분명한 것은 아직도 만족할 만한 결과에 이르지 못하고 있다는 것이다. 이런 점에서 한경직의 선교는 이런 선교적 논의 이전에 선교적 실천으로 적용되고 결과도 이끌어낸 뛰어난 신학적 선취(先取)라고 말할 수 있다.

한경직의 선교는 언제나 그 선교의 지향점이 구원이었다. 그래서 그의 선교의 성격적 특징을 구원중심적이라고 부를 수 있을 것이다. 이 구원중심적 선교는 조화지향적 선교의 기본적 성격 위에 통합적 선교의 양태가 수렴되는 그 정점에 놓여 있다. 즉 구원을 위해 조화가 우선되어야 하며, 전도-교육-봉사 역시도 구원에 이르기 위한 선교적 행위였다. 그리고 이런 선교적 영역의 대상인 개인과 민족, 그리고 세계 인류까지도 이 구원으로 묶여져 있다.

한경직에게 구원중심적 선교의 출발점은 마치 신명기 역사가(Deuteronomistic historian)들이 질문했던 것처럼 한경직 개인에게 그리고 우리 민족에게 왜 이 같은 비극적인 상황이 일어났는가 하는 질문에서 비롯되었다. 신명기 역사가들은 민족이 멸망한 후 포로가 된 암울한 시기에 자신들의 비극의 원인이 무엇인지 밝혀내고 자신들의 미래를 찾아보려는 의도가 있었다. 그래서 그들은 고통은 이스라엘의 죄에 대한 하나님의 징벌이고 회개하고 돌아오면 새 출발을 허락한다는 믿음을 갖게 되었다.[106]

---

105) Robert E. Webber, Common Roots (Grand Rapids: Zondervan Pub., 1078), 253-254.

106) 박준서, "포로기의 역사와 제2의 출애굽",『새롭게 열리는 구약성서의 세계』(한국신학연구소, 1989), 134.

그래서 한경직은 대부분의 선교역사에서 강조되는 강력한 선교의 동기인 영혼의 구원[107] 보다는 민족의 구원이 그의 선교의 동기가 되었다. 그래서 그의 구원중심적 선교를 구성하는 개인의 구원, 민족의 구원 그리고 세계 인류의 구원은 서로 상관관계를 지닌다. 한경직이 생각하는 구원의 중심은 민족구원이었다. 그러나 이 민족을 구원하기 위한 방법으로서 그는 개인구원을 이야기 한다.

> 우리 하나 하나가, 개인 개인이 한 사람의 영혼을 구원할 수 있습니다. 이 개인 전도를 통해서 온 민족을 구원하고 온 민족의 대부분이 기독교로 돌아오게 될 때에 자연히 우리나라의 정치, 경제, 문화 모든 방면에 큰 변화가 생길 것입니다.[108]

이러한 개인 구원은 마치 요단강을 건너서 가나안을 점령하듯 남한을 점령하고 더 나아가서 북한을 점령하고 결국에는 모든 민족을 구원하게 되는 것이다.[109] 이렇게 한경직은 민족 단위의 구원을 강조하지만 거기에 머무는 것을 원치 않았다. 오히려 그는 민족주의의 폐쇄성을 지극히 경계했다.[110] 그래서 그는 다음과 같이 설교했다.

> 우리는 물론 우리 민족을 구원할 큰 의무가 있습니다. 그러므로 오천만 복음화 운동이 일어나는 것은 감사한 일입니다. 그러나 여기에만 그치면 아니 됩니다. 우리는 넓은 밭을 보아야 합니다. 넓은 아시아, 제 3세계, 아니 전 세계의 넓은 밭에 나가 복음의 씨를 뿌려야 합니다. 그래야 한국교회가 우리 민족도 구원하고 전 세계 인류도 구원하는 하나님의 밝은 진리 등대가 될 것입니다.[111]

---

107) MÜller는 선교의 역사를 볼 때 영혼의 구원이 언제나 강력한 선교의 동기였음을 부인할 수 없다고 말한다. 참조. Karl M ller, 김영동 역,『현대선교신학』(한들 출판사, 1997), 110-112.

108) 한경직 설교, "작은 일의 날", 1963. 12. 1.

109) 한경직 설교, "가나안 점령의 명령", 1955. 5. 1.

110) 이혜정,『한경직의 기독교적 건국론과 복음화 운동』, 66.

111) 한경직 설교, "한국 교회와 외국 선교", 1974. 1. 31.

이런 점에서 한경직의 구원중심주의적 선교는 민족의 구원을 목표로 하고 그것을 이루어 내기 위해서 개인 개인의 구원을 중시하였다. 개인의 구원이 이루어져서 민족을 구원하게 되면, 자동적으로 구원의 힘에 의해서 민족의 경계를 벗어나게 된다. 이것은 구원의 확장이라고 이미 지적했듯이 구원에 의해 개인과 민족 그리고 세계 인류까지 포함하는 선교가 가능하게 된다.

한경직 선교의 구원중심적 선교가 이런 개방성을 지녔다는 의미는 다른 의미에서 한경직 신학을 점검해 볼 수 있는 기회를 제공하기도 한다. 그것은 한경직 신학이 놓인 자리와도 관련이 있다. 조화지향적 선교가 선교의 수직적 측면과 수평적 측면의 만남을 위한 단초를 제공하고 있다면, 이 구원중심주의적 선교는 구원이라는 공통적 목표를 통해서 신학적 경향성의 차이를 극복할 수 있는 공동 토대가 될 수 있을 것이다.

이 논문은 이미 한경직 선교사상을 전개함에 있어 선교 사상의 틀을 추적하는 작업으로 전기적 토대를 통해 직접 대답을 들어보려 했다. 사회전기를 통해서는 민족의 고난이 부르짖는 선교의 요구를 들어보려고 한 것이며, 개인전기를 통해서는 한경직 개인의 결단과 선교적 열정을 들어보려 한 것이다. 이 두 측면을 통해 한경직은 무엇이 선택적으로 우선되어야 하는 것에 대해, 민족의 구원 없이는 개인도 없고 민족을 넘어서는 세계도 없다는 것을 간단하게 표현한다. 그러므로 이 모든 것을 존재하게 하는 구원이야 말로 한경직으로 하여금 움직이게 하는 동인(動因)이었을 것이다. 그래서 구원을 위해서는 보수주의도 진보주의도 만나야 하며, 그들의 신학적 관심을 관통하는 수직적 선교관과 수평적 선교관까지도 만날 수 있는 그런 장을 제공할 수 있었다.

20세기 한국 교회의 그 무수한 연합사업과 성장의 촉매가 되었던 만남들 대부분이 한경직을 통해서 이루어진 것은 이러한 그의 구원중심적인 선교관이 있었기 때문에 가능한 일이었을 것이다. 그의 선교관은 이미 앞에서 제시한 것처럼 그 어떤 주의(ism)라기보다는 이해이며, 태도였기 때문에 말을 걸어오는 상황에 따라 무한한 대답의 가능성을 열어놓았다. 그에 덧붙여 그의 뛰어난 실천력은 논리와 지식화의 허점을 극복하고 무한히 열려있는 하나님 나라로 나아갈 수 있는 좋은 도구였다.

3. 하나님 나라 선교(Kingdom of God Mission)

하나님 나라는 오래전부터 선교의 핵심이었고 지금까지도 그 내용과 중요성을 잃지 않고 있는 중요한 선교학적 주제이다. 또한 이것은 교회와 신학이 이룩해야 할 최종목표이기도 하다.[112] 이런 사상은 이미 개신교 최초의 선교대회였던 에딘버러(Edinburgh) 1910년 대회에서 확립되었는데, 전능하신 하나님께서 세계를 복음화 하려는 큰 과제를 우리에게 부여하셨다고 확인했다.[113]

이렇게 하나님 나라의 중요성을 선교의 사명과 과제로 인식하게 된지 이제 1세기가 지나가고 있지만, 오히려 선교신학적으로나 선교신학의 실천면에서 복음화와 인간화 그리고 보수와 진보라는 양극화가 심화되고 있다. 이러한 양극화는 한경직을 둘러싸고 있는 현실 속에서도 적나라하게 나타났는데, 한경직이 신학자냐 아니냐는 질문에서부터 보수와 진보 그리고 복음주의와 에큐메니칼에 대한 정체를 강요받기도 했다. 그러나 이 연구를 진행하는 시점에서 볼 때 이러한 질문은 그에게도 별로 의미 없었을 뿐더러 한국 신학 전체를 보아서도 도움 되지 않는다. 그 이유는 신학에 대한 질문과 대답은 형태와 조건을 떠나서 생겨날 수 있으며 기술상의 이유로 신학이다 아니다 라고 규정하는 것도 어렵게 되었다. 특히나 포스트모던(post modern) 그리고 포스트-포스트모던(post-post modern)을 이야기 하는 이 시점에서는 구조적 경직화로 놓칠 수 있는 의미를 파악하는 것이 더 중요하게 되었

112) 박순경,『하나님의 나라와 민족의 미래』(대한 기독교 출판사, 1984), 329.

113) Message from the Conference to the Church, in World Missionary Council 1910, vol. IX: The History and Records of the Conference, 108f.

기 때문이다.[114)]

이런 관점에서 본고에서는 한경직 신학의 전체적인 면을 조망할 수 있는 '하나님 나라 선교'를 제안한다. 이 하나님 나라 선교는 형식과 내용면에서 다음과 같은 특징이 있다. 먼저 형식면에서 선교적 실천 전체가 하나님 나라를 위해 진행되었다는 것과, 선교적 실천이 하나님 나라에 의해 진행되었다는 것이다. 그리고 내용적인 면에서 선교적 실천이 하나님 나라의 선교적 실천이라는 것이다.

선입견을 배제하고 창조적 신학의 목소리를 듣기 위해 살펴본 한경직의 사회전기와 개인전기는 그의 선교를 하나님과 그의 백성을 왕국(Kingdom)중심으로 파악하면서 그의 선교가 하나님 나라 선교임을 명명백백히 밝힌다. 그리고 이 하나님 나라 선교는 현대선교신학의 논쟁 속에 나타나는 양극적인 선교와 구별되는 것이 큰 특징이다. 물론 그 신학적 정교함에 있어서는 다소 덜 논쟁적이어서 관심을 끌지 않을 수도 있지만, 기술 신학의 논쟁으로부터 벗어나 있음으로 인해 더 큰 차이와 다름의 신학을 열어줄 수 있을 것이다. 그리고 현대 선교신학의 논쟁과 발전과정 이전에 성립된 한경직의 하나님 나라 선교는 그 속에 현대선교신학의 논쟁을 포괄하고 있으면서 교회와 이 세상에 동시에 기여 가능한 미래적 선교사상으로서의 가능성을 보여 준다.

한경직의 하나님 나라 선교는 다음의 설교에서 구체적이면서도 전체적인 모습을 잘 보여준다.

> 신께서는 모든 인류를 사랑하시고 이 모든 인류를 구속하시기를 원하십니다. 이 뜻이 하늘에서 이루어진 것 같이 땅에서도 이루어지게 해 달라고 기도할 수밖에 없고,

114) 켄 윌버(Ken Wilber)의 책 *The Eye of Spirit-An Integra Vision for a World Gone Slightly Mad* (Boston & London: Shambhala, 1997)과 *A Brief History of Everything* (Boston & London: Shambhala, 1996/2000)을 참조하시오.

이 기도가 이루어지기 위해 전 세계에 복음을 전파할 수밖에 없습니다. 그리고 우리가 하늘의 사정을 잘 몰라서 일일이 설명할 수는 없지만 하늘에서는 모든 방면에 신의 뜻이 이루어지지 않는 곳이 없는 줄 압니다. 이런 의미에서 이 땅에서도 어떤 방면에서든지 신의 뜻이 이루어지기를 기도해야 하는 것입니다. 영적 방면은 말할 것도 없고, 정치적 방면, 경제적 방면, 사회적 방면, 문화적 방면, 그 밖에 국제적인 면 등 어떤 면에서든지 신의 뜻을 온전히 이루어 달라고 기도할 수밖에 없습니다. 이렇게만 되면 우리 정계에서도 부정과 부패가 물러갈 것입니다. 이렇게 된다면 과연 우리 사회에는 정의와 평화를 이룰 것입니다. 이렇게 될 때에만 온 세계에 평화가 이룰 것입니다.

다시 말하면 신의 뜻이 각 방면에서 온전히 이루어진 것처럼 이 땅에서도 온전히 모든 방면에서 이루어짐으로써 이 땅이 하늘나라가 되게 해 달라고 기도해야겠습니다.[115)]

이 설교는 한경직의 선교의 목표 그리고 범위의 논거가 될 수 있으며, 한경직 선교의 전체적인 측면을 조망하게 해준다.

선교의 목표: 한경직의 하나님 나라 선교는 그 목표가 하나님 나라를 위한(for the Kingdom of God) 선교였다. 인간은 오직 하나님 나라를 위한 선교를 통해 구원에 이르러야 한다. 그러나 이 선교의 중심인 구원은 정체되어 있는 것이 아니라 확장되는 개념이 있음을 이미 본고에서 다루었다. 즉 구원은 개인에게서만 머무는 것이 아니라 사회적인 면까지 나아가서 결국에는 그 모든 것을 포함한 하나님나라를 이루는 것이 되는 것이다. 이런 확장의 과정에 개입하는 하는 것이 하나님 나라에 의한(by the Kingdom of God) 선교이다. 하나님의 나라는 정체되지 않음으로 인해서 끊임없이 선교에 개입하고 선교를 완성하는 것이다. 이런 전 과정 자체를 일컬어 하나님 나라의 선교(of the Kingdom of God)라고 명명할 수 있

115) 한경직 설교, "뜻이 이루어지이다", 1968. 3. 17.

기도 하다. 그러므로 한경직의 하나님 나라 선교는 구원편향적인 측면이나 인간화만을 위한 선교의 양 측면을 극복하려는 선교적 목표를 이미 지니고 있는 것이다.

선교의 범위: 한경직에게 있어 하나님 나라 선교의 범위는 하나님의 통치가 미치는 모든 범위를 의미한다. 한경직은 예수의 복음 선포를 통해 하나님의 왕권이 인간의 개인적인 삶의 양상과 하나님의 백성들 모두를 다스리는 직접적인 힘의 현존을 보았다.[116] 예를 들면 예수의 기적 행위는 하나님의 통치의 외적 증거라기보다는 하나님의 통치가 이미 임하였다는 사실을 증거 하는 것이기 때문이다.[117] 그러므로 하나님의 통치가 실현 되는 순간부터는 이 세상이 악한 세력의 지배하에 있더라도 이미 이 세상은 하나님의 소유임이 명확하게 선포 되는 것이다. 이런 점에서 개인과 민족 그리고 온 인류가 하나님 나라 안에서 구원으로 소통되는 한경직의 선교의 범위는 하나님 나라와 일체감을 가지게 된다. 다르게 표현하면 한경직의 하나님의 나라는 묵시적 미래의 나라(the apocalyptic future Kingdom), 영적 내면의 나라(the spiritual inner Kingdom). 정치적 지상의 나라(the political earthly Kingdom), 그리고 제도적 교회의 나라(the institutional ecclesiastical Kingdom)만이 아닌 이 모두를 합한 나라였다.[118] 이런 총체적인 나라여야만 하나님 나라 그 자체의 선교(Mission of the Kingdom of God)일 수 있기 때문이다.

선교의 의미: 한경직의 선교에서 찾을 수 있는 몇 가지 의미 중에서, 우선 눈길을 끄는 것은 한경직의 선교에서 보이는 선택적 우선성이다. 즉 그가 생각하는 민족의 의미는 신명기 사가들이 생각하는 그런 민족의 지형을 지니고 있지만, 민족의 고난이 가져다 준 시급함으로 인해 민족 구원을 최우선으로 삼았다. 이 우선성은 한경직의 선교사상이 발현되고 성숙된 그의 전기적 토대 속에서 생생하게 확인 가능하다. 그가 복음에 대한 사명을 깨달은 것

116) 레이먼드 E. 브라운, 김광식 역,『신약성서 그리스도론 입문』(분도출판사, 1999), 82-89.

117) 레이먼드 E. 브라운, 같은 책, 86-87.

118) 참조. 정용석, "초대교부들의 하나님 나라 이해", 한국대학선교학회, 『대학과 선교』제 7집 (2004. 12), 127-150.

도 민족의 중요성 때문이었고, 그가 죽음의 현장에서 살려달라고 기도한 이유도 민족 때문이었다. 문제는 이러한 우선성이 전제적이거나 독재적인 측면으로 드러나는 것이 아니라 이 우선성도 개인으로부터 출발하고 결국에는 민족까지도 넘어서는 그런 확장성을 가진다는 것이다. 이로 인해서 현대의 보수적 선교신학이 안고 있는 수직적 선교의 문제를 그 안에 포괄 할 수 있게 된다.

두 번째로는, 한경직의 순수한 복음이다. 한경직은 복음이 하나님 나라의 시발점이며 복음을 통해서 하나님 나라도 완성하게 된다. 그러나 이 복음이 지나치게 형이상적인 구원에 머무는 것이 아니 현실적 실천으로 이어져서 결국엔 현실에서까지 하나님 나라를 이루는 것이 목적이었다. 이는 지나친 인간화 경향 때문에 비판에 직면한 수평적인 현대선교의 이해마저도 만족 시킬 수 있는 그런 선교관이 된다.

세 번째는 넘침의 선교이다. 한경직 선교의 목표는 하나님 나라였지만 그 하나님 나라의 확장은 개인의 구원을 통해서 시작된다. 이 개인의 구원이 차고 넘쳐서 민족이 구원받고 그리고 결국에는 온 세상이 구원에 이르는 하나님 나라의 완성을 가능하게 하는 것이다. 다시 말하면 이 구조는 하나님 나라가 그 내적 구조의 긴장으로 인해 계속 확장되고 다시 하나님 나라로 수렴 되는 그런 구조라는 것이다. 그래서 그는 그의 설교에서 "뜻이 하늘에서 이루어진 것 같이 땅에서도 이루어지게 해 달라고 기도할 수밖에 없고, 이 기도가 이루기 위해 전 세계에 복음을 전파할 수밖에 없다"는 것이다.

네 번째는 선교의 현실 변혁성이다. 한경직의 하나님나라는 현실적 선교의 실천으로 일어나는 결과물인 동시에 이미 복음과 함께 열려진 나라이기도 하다. 그래서 하나님나라의 회복이라는 측면과 성취라는 양 측면을 실천을 통해 극복하고자 한다. 그가 빈손으로 이 세상을 떠났을 때에야 비로소 그의 선교적 실천의 구체성을 확인할 수 있었다. 그는 그의 그런 실천이 그 자신에게서 그치는 것이 아니라 이 세상 곳곳에서 일어나기를 바랐다.[119)]

119) 현대의 소비구조 사회에서 이런 한경직의 선교관은 시사하는 바가 크다. 모든 것을 소비로 인식하는 세계에서 그

Ⅳ. 결언

한경직의 생애를 통한 그의 선교사상의 탐구는 필자에겐 잊을 수 없는 특별한 만남이었다. 그의 생애 구석구석에서 울려나는 조용하고 깊은 목소리를 통해 한국교회의 현재와 미래까지도 충분히 통찰해 볼 수 있는 그런 시간이었다. 그리고 한경직 생애 전반에 걸쳐 시도한 말 걸기는 그의 삶과 선교가 창조성을 내장한 무한한 신학의 보고였음을 알려주었다.

한국교회가 그 정체성의 불안함과 영향력의 약화를 경험하고 교회의 지도력을 상실해 가는 이 시점, 그분의 빈자리는 너무도 커 보이고 우리 자신의 현재는 너무도 초라해 보였다. 동시에 그분의 신학적 자리를 창조적으로 계승 발전시키지 못한 것 또한 안타깝다.

본고가 한경직의 신학적 논의를 전개함에 있어 의미 있었던 것은, 먼저, 한경직 신학의 브랜드로서 '한경직의 하나님 나라 선교'를 주장하는 것이다. 그래서 필자는 그의 삶과 선교적 여정에서 하나님 나라 선교라는 신학적 입장을 읽어내려고 노력했다. 이 노력으로 인해 그의 선교사상은 하나님 나라를 위한 선교였고, 하나님 나라에 의한 선교였고, 하나님 나라의 선교였음이 분명해졌다. 즉 그의 선교는 오직 하나님 나라의 중심성에 의해 선교가 시작되고 진행되었다는 것이다. 이런 하나님 나라의 중심성은 현대 선교신학이 안고 있는 가장 큰 문제점인 선교의 양극성을 극복하는 중요한 매개체가 될 것이다. 물론 이미 선교신학의 역사에서 하나님 나라 선교의 시각이 없었던 것은 아니다. 그럼에도 불구하고 이것이 한경직이라는 고유한 개인에 의해 진행되는 하나님 나라 선교라는데 그 중요점이 있다. 이 이유는 한경직의 선교를 구성하는 내용은 세계 기독교 역사에서 누구도 재현해 내기 힘든 전기적 토대와 완벽한 실천력을 그 속에 담고 있기 때문이다. 그래서 한경직의 하나님 나라 선교는 이론적이거나 지식화 과정을 지니는 그런 신학과는 너무도 다른 지점에 서 있다.

소비를 거룩하게 함으로써 개인적으로 구원에 이르고 결국에는 하나님 나라를 현실적으로 성취하는 것이 그의 선교적 적용이 될 것이다. 이런 거룩한 소비에 관한 전개는 다음의 글에 잘 나타나 있다. 참조. 박명우, "보이지 않는 교회의 선교: '거룩한 소비'의 선교", 『섬김 화해 일치의 목회의 신학: 손인웅 목사 담임목회 30주년 기념 논문집』(한들출판사, 2007), 247-276.

두 번째로는 한경직 연구에 관한 것인데, 부분적 관점보다는 전체적이고 통합적인 연구의 방향성을 제시한다는 것이다. 이것은 이미 한숭홍이나 이신형이 지적한 것처럼 한경직의 신학이 그 자료와 목회자라는 특이성으로 인해 감추어지는 측면이 크기 때문이다. 그로 인해 부분적으로는 신학적 대척점이 생길 수 있고, 때로는 이론신학의 비판에 직면할 수 있다. 그러므로 이런 연구관점의 전환으로 인해 한경직 연구의 더 넓은 길을 제시할 수 있으리라 믿는다. 그리고 이런 통합적 연구의 다른 장점은 우리가 한경직 연구에서 직면하고 있는 여러 가지 해결되지 않는 사건들을 새롭게 해석 가능하게 하는 단초들을 제공한다. 즉 한경직의 부분 연구나 개인적인 시각은 때로는 한경직을 변호하게 하고 때로는 공격하며 중도적인 침묵의 입장을 취하게도 한다. 그러나 전체적이고 통합적인 관심으로 이것들을 적절하게 해석하고 답변할 수 있다고 생각한다.

세 번째는 이러한 신학적 결과물들이 한경직의 사회전기와 개인전기를 통해서 읽혀졌다는 측면이 의미 있다. 이제껏 신학이 지식화의 과정을 우선하고 개인의 삶이 소외되었던 것을 생각하면 포스트-포스트 모던 시대에 신학 하는 방법으로 전기적 측면이 수용되는 것은 의미 있는 방향이다.

이 연구를 마치면서 다소 아쉬운 것은 한국 교회가 이토록 좋은 신학적 보고를 적절하게 사용하지 못한다는 것이고, 한국교회의 미래를 지역적 이해를 고려하지 않는 전혀 다른 곳에서 찾는다는 것이다. 우리가 한경직 선교의 틀을 여러 가지 신학적 방향성으로 다듬기만 한다면 한경직의 신학은 한국을 대표하면서 동시에 세계 교회에 영향을 미칠 수 있는 그런 신학으로 거듭날 것이다.

마지막으로 우리가 기억해야 할 것은 이러한 한경직에 대한 관심이 '초기 신앙으로 돌아가자' 거나 '종교개혁사상을 다시 회복하자'는 아드 폰테스(Ad Fontes)는 아니다. 오히려 다음과 같은 하비 콕스의 진술이 타당한 이유가 될 수 있을 것이다. 하비 콕스는 최근의 교회

현상에 대해 다음과 같은 진단을 했다. "아드 폰테스를 제한적으로 해석해야 한다. 만일 기독교인들이 예수님이 하셨던 사역, 하나님의 왕국을 실현하는 일을 지속한다면, 철저히 그가 했던 것과 우리의 지금 하는 일이 일관되는지 적어도 점검을 해야 한다. 우리는 계속 우리 사역을 점검해야 한다. 그래서 개혁사상의 슬로건은 '한번 개혁된 교회는 계속하여 개혁한다'는 것이다. 개혁된 교회란 없다. 오직 개혁하고 있는 교회만 있을 뿐이다."[120)]

120)「국민일보」, 2009. 12. 9. 국민일보 창간 21주년 기념 하비 콕스 하버드대 교수 대담.

한경직 목사의 국내선교사역

– 복음주의와 에큐메니칼을 아우르는 통전적 신학의 실천자 –

변창욱 박사 / 장신대

Ⅰ. 서론

한국의 유명 교회마다 우리에게 주는 독특한 영적 이미지와 분위기가 있다. 예를 들면, 여의도순복음교회(조용기 목사)는 금식기도와 구역 조직, 명성교회(김삼환 목사)는 새벽기도와 "특새," 사랑의 교회(옥한흠 목사)는 제자훈련, 온누리교회(하용조 목사)는 경배와 찬양 등 오랜 시간에 걸쳐 형성된 자체 브랜드가 있다. 그렇다면 한경직 목사의 영락교회는 어떤 이미지를 주는가? 필자는 이 글을 준비하면서 한경직 목사의 영락교회만이 가지는 독특성은 무엇이며 어떻게 이를 브랜드화 할 수 있을까라고 생각해 보았다.

사실 한경직 목사는 국내보다 해외에서 더 많이 알려져 있는 것 같다. 필자가 공부한 프린스턴 신학대학원 동문회는 1985년 한경직 목사(1926–29, B.D.)에게 모교를 빛낸 자랑스런 동문상을 수여했다. 또한 1992년 5월 7일 한경직 목사는 영국 버킹검 궁에서 종교계의 노벨상이라고 불리는 템플턴상을 수상했다. 이후 프린스턴 신학대학교의 로버트 스피어(Robert E. Speer) 도서관 1층 열람실에는 장한 프린스턴의 여러 동문들 사진 중에 한경직 목사의 대형 초상화가 걸려 있다.[121] 초상화 하단의 소개에는 그가 한국의 영락교회 목회자

121) 이상현, "한경직 목사님의 인격과 삶: 은혜와 감격에서 우러나온 헌신의 일생,"『한경직 목사 탄신 100주년

로서 고아와 가난한 사람들을 위해 수고한 사역을 기리고 있다.[122] 또한 프린스턴 신학대학교는 한경직 석좌 교수직을 만들어 그를 기념하고 있다.

한 개인의 삶과 사역을 평가하는 일이 쉽지 않지만, 한경직 목사의 경우처럼 신의주 13년(보린원 사역 3년 포함), 서울 27년 등 총 40여년의 목회 사역을 통해 국내외의 수많은 사역을 감당하신 경우는 더더욱 그러하다고 생각한다. 한경직 목사는 영락교회와 200여 개의 국내외교회 개척, 산업 선교, 군 선교, 교회 연합 사역과 대광 중고등학교를 비롯한 보성 중고등학교, 영락중고등학교, 영락여자상업학교, 영락여자신학교 등의 설립과 운영에 직접 관계하시고, 숭실대학교, 장로회신학대학교, 서울여자대학교, 아세아연합신학대학교(ACTS)의 이사장으로 섬기며 이들 학교의 재건과 운영에 직간접으로 많은 영향을 주었다. 또한 한경직 목사가 세운 여러 사회봉사 기관들, 즉 1939년 신의주 보린원, 1947년 서울(영락) 보린원, 1951년 다비다모자원, 1952년 영락양로원, 1954년 영락모자원, 1953년 선명회, 1946년 장애인부(농아부, 1983 영락 농아인 교회로 독립) 등을 통해 수많은 사회 구제와 봉사 활동을 펼쳤다.

한경직 목사의 국내 선교 사역을 다루는 이 글에서 필자는 한경직 목사가 월남한 후 남긴 원본 자료(설교문, 기고문, 강의안 등)와 영락교회를 통해 제작된 자료를 바탕으로 기존의 여러 선행 연구 결과를 적절히 활용하면서 그가 해외 선교대회에 나가 발표했던 글도 참조한다. 또한 그가 실제 목회사역 현장에서 실천을 통해 남겨놓은 여러 교회, 교육 기관, 봉사 기관 등을 중심으로 그의 사역을 선교신학적으로 분류하고 정리함으로써 그가 남긴 목회적, 신학적, 선교적 교훈을 전반적으로 살피려고 한다. 특히 본 글에서는 한경직 목사의 선교(전도)관과 사회 약자에 대한 관심과 배려가 어떠했는지를 살펴보고 이를 선교신학적으로 정리하여 오늘의 한국교회에 주는 선교적 도전과 교훈으로 삼고자 한다.

기념행사 자료집』(서울: 사단법인 한경직목사기념사업회, 2008), 281-282.

122) 참고로, 프린스턴 신학대학교의 스피어 도서관에는 빈민 선교로 일본에서 성자로 추앙받는 프린스턴(B.D.) 동문인 가가와 도요히꼬 (賀川豊彦, 1888-1960)의 초상화도 있지만 후미진 곳에 걸려있다.

II. 한경직 목사의 국내 선교 사역: 전도, 교육, 봉사

현존 자료와 선행 연구에 의하면 한경직 목사의 국내 선교 사역은 크게 다음의 세 가지 범주로 나누어 볼 수 있다고 사료된다. 즉 복음 전도(선교), 기독교 교육, 사회봉사가 그것이다.[123] 이 3대 원칙은 그의 전 생애를 통해서 변치 않았고, 이 세 영역에서 그의 모든 사역이 일관되게 이루어져 왔음을 알 수 있다. 1959년 10월 4일 한경직 목사는 전도, 교육, 봉사의 세 가지 사업은 오늘날에도 주님께서 살아계셔서 주님의 몸 된 교회를 통하여 계속하시는 일이라고 하였다.[124]

"우리 영락교회가 처음 서면서 3대 사업을 정했지요. 전도, 교육, 봉사입니다. 우리교회 건물 이름도 선교관, 교육관, 봉사관이라고 그래요."[125]

"선교와 교육과 복지사업이 이 시련의 과도기에는 너무도 필요한 일들이었습니다."[126]

한경직 목사는 1971년 10월 3일(주일) 낮 예배에 "그리스도의 몸"(본문, 고린도전서 12:12-31)이라는 제목의 설교에서 주님의 몸 된 교회의 할 일은 주님께서 하시던 일을 계속하는 데 있다고 했다.

첫째는, 우선 주님은 복음을 전파하였습니다... 그러므로 지금도 교회의 첫째 사명은 전도입니다. 개척교회 설립을 통해서 그리고 학원전도, 산업전도, 병원전도, 군인전도, 그리고 문서전도, 방송전도, 노방전도 등 모든 방면으로 복음을 전파해야 합니다. 개인으로도 전도하고 단체로도 전도해야 합니다.

---

123) 이종성, "한국교회와 신학에 미친 영향", 숭실대학교 교목실 편,『한경직 목사의 신앙 유산』(서울: 숭실대학교출판부, 2007), 18.

124)『한경직 목사 설교전집 4권』(서울: 한경직목사기념사업회, 2009), 82-83.

125) 탁준호, "한경직 목사와 대광," 숭실대학교 교목실 편,『한경직 목사의 신앙 유산』, 174.

126) 한경직목사탄신100주년기념사업위원회 편,『목사님들, 예수 잘 믿으세요』(서울: 샘터사, 2002), 296.

둘째는, 주님께서 늘 하시던 일은 가르치는 일입니다... 많은 무리들을 동시에도 가르치셨고... 또 개인적으로도 하나씩 가르치셨습니다... 그러므로 본 교회에서도 주일마다 아이들을 위한 교회학교... 지도자 양성을 위한 야간성경학교, 전도사 양성을 위한 여자신학교, 대중교육을 위한 영락중학교, 혹은 상업고등학교 등이 있는 것입니다.

그리고 셋째, 주님은 세상에 오셨을 때에 굶주린 자를 먹이셨고, 병든 자를 고치셨고, 모든 봉사를 하셨습니다. 그러므로 그리스도의 몸 된 교회도... 불쌍한 고아들을 위한 보린원, 무의무탁한 노인들을 위한 양로원, 외로운 모자들을 위한 모자원, 혹은 학비 없는 학생을 돕기 위한 장학회 등 기관이 있고... 힘쓰는 중에 있는 것입니다.[127]

1. 교회 개척을 통한 선교 사역

한경직 목사는 영락교회를 개척하면서 본격적인 국내선교를 시작해 나갔다. 영락교회는 1945년 12월 베다니 전도교회로 출발했다. 처음 설립예배 때 27명의 교인으로 시작했다.[128] 그런데 베다니교회가 피난민 교회라는 소문이 나면서 많은 피난민들이 모여들었다. 38선을 넘어 남하한 피난민들, 만주와 중지, 남지 일대에서 귀국한 동포들, 멀리 일본 화태 등지에서 온 사람들까지 모여들었다.[129] 교회 문을 연지 채 1년이 못되어 교인 수가 벌써 1,000명이 넘었다. 이후 영락교회는 많은 성장을 하여, 한국전쟁 전에 3,000명에 이르렀다. 전후에는 5,000명이 넘는 교인이 출석했다. 1960년대에는 6,000명이 넘었고, 1972년에는 15,000명이 넘는 교인이 출석하게 되었다.

이렇게 성장한 영락교회는 베다니 전도교회라는 처음 이름에 부합하듯 초기부터 전도 활동에 진력했다. 그리고 이 활동은 교회 개척이라는 보다 적극적인 선교활동으로 확대, 발전해 나가면서 국내에 많은 개척교회를 설립하게 되었다. 세워진 개척교회 통계를 보면, 1945

127)『한경직 목사 설교전집 12권』, 513-514.

128) 창립 예배에서 한경직 목사는 누가복음 10:38-41을 본문으로 "베다니의 향기"란 제목으로 설교했다. 한숭홍,『한경직의 생애와 사상』(서울: 장로회신학대학교출판부, 1993), 125.

129) 한경직목사기념사업 출판위원회,『한경직 목사 성역 50년』(서울: 영락교회 홍보출판부, 1986), 38.

년 12월 개척부터 1960년까지 15년간 영락교회가 개척한 교회는 49개이며, 이후 1972년까지는 26개 교회를 개척하였다. 그 결과 그가 영락교회에 시무하던 27년 동안에 총 75개의 교회, 즉 1년에 2개의 비율로 교회를 개척해 나갔다. 이는 그가 영락교회를 담임하는 동안 일관되게 교회 개척을 중시했다는 증거이다.[130] 그 후에도 영락교회는 계속하여 개척교회 설립에 힘을 기울여 왔으며, 한경직 목사는 영락교회를 창립한지 40년간(1945-1985)에 군대에 지어준 교회를 제외하고 "거의 230여 교회"가 영락교회를 통해 세워졌음에 감격하며 감사했다. 이처럼 한경직 목사의 영락교회는 무엇보다도 "전도에 힘쓴 교회"였다.[131]

1) 감리교 지역에 세운 장로교회

한경직 목사 지도하의 영락교회는 교회가 개척된 지 1년도 안 되어서 인천지역에 전도를 통해 두 개의 교회를 개척하기 시작했다. 원래 인천은 감리교 지역인데 여기에 영락교회가 처음으로 교회를 개척한 것이다. 이것이 인천제일교회의 시작이었다.

(1) 인천제일교회(1946.10), 인천제2교회(1948.1), 인천제3교회(1949.1)

1946년 10월 19일 영락교회에서 한병혁 목사를 인천에 개척 전도목사로 파송하여 이북에서 월남한 14명의 교인들을 중심으로 인천 제일교회 개척을 도왔다. 그리고 영락교회 여전도회가 교역자 신수비(薪水費, 지금의 사례비)로 매월 5천환씩 1년간 보조했다. 이들은 조남철 집사(당시 인천항만 사무소 소장)의 사가에서 예배를 시작함으로써 인천에서는 처음으로 개척된 장로교회가 되었다.[132] 또한 인천 제2교회와 인천 제3교회도 영락교회 여전도회의 재정 지원을 받아 개척되었다.

130) 이광순, "한경직 목사의 선교관과 선교 사역," 한경직목사기념사업회, 『한경직 목사 탄신 100주년 기념행사 자료집』(서울: 한경직목사기념사업회, 2008), 228, 235.

131) 영락교회, 『영락교회 50년사 (1945-95)』(서울: 영락교회, 1998), 75-76, 152.

132) 영락교회 여전도회 60년 사료 편집위원회, 『영락교회 여전도회 60년 사료집』(서울: 영락교회, 2010), 47, 60; 인천제일교회, 『인천제일교회 60년 사료집』(인천: 인천제일교회, 2007), 62; 영락교회, 『영락교회 50년사』 74, 76.

(2) 인천 송도교회(1946.10)

비슷한 시기인 1946년 10월경에 영락교회는 길진경(길선주 목사 아들) 목사를 파송하여 인천송도교회를 개척 보조하였다. 교역자 사례비 후원은 영락교회 청년실업인회(신행도)에서 하다가, 후에 여전도회에서 보조하게 되었다.[133] 이들은 모두 장로교인들로서 주로 황해도 지역에서 내려온 피난민들인데 그곳에서 장로교회에 다니던 분들이어서 인천의 감리교회에 다니지 않고 별도의 장로교회를 만들었던 것이다.

인천은 한국 선교 초기부터 주한 장감 선교부 간에 논의되기 시작하다가 1907-1909년 사이에 체결되었던 선교구역 분할 협정(教界禮讓, comity agreements)에 의해 1909년부터 1936년까지 30여 년 동안 감리교 선교부의 전담 지역이었다.[134] 하지만 사실 선교지 분할 협정의 효력이 공식적으로 끝났음에도 불구하고 인천은 그간에 형성된 감리교의 강한 교파성과 텃세로 인해 여전히 감리교 지역으로 남아 있었다. 그러다가 해방 이후 북한 공산주의를 피해 잠시 머물 생각으로 가까운 인천으로 월남한 장로교인들이 인천에 많이 거주하게 됨으로 베다니 전도교회(1946.11.12 영락교회로 개명)는 같은 피난민 신분에 장로교인으로서 동병상련의 마음에서 적극적으로 도와주었다.

역사적으로 보면, 전통적으로 감리교 선교지역인 인천에 세워진 첫 장로교회인 인천제일교회 개척과 전도 목사 파송은 단순히 하나의 개척교회를 세웠다는 것 이상의 의미가 있었다. 전통적으로 감리교 선교지역이던 인천에 세워진 첫 장로교회였으며, 선교 초기에 한국에 온 외국 선교사들 간에 초교파(에큐메니칼) 운동의 좋은 의도로 시작되었던 선교지역 분할정책이 시간이 흐르면서 한국교회의 장로교회와 감리교회 사이에 지역별로 교파주의(denominationalism)를 조장하고 강화시켜 본래의 목적과는 달리 반(反) 에큐메니칼적 정신

133) 영락교회, 『영락교회 50년사』, 74.

134) "AGREEMENT ON DIVISION OF TERRITORY BETWEEN THE NORTHERN PRESBYTERIAN CHURCH IN THE UNITED STATES OF AMERICA AND THE METHODIST EPISCOPAL CHURCH IN THE UNITED STATES OF AMERICA, Seoul, Korea, September 17th, 1909," *Fifth Annual Meeting of the General Council of Presbyterian Evangelical Missions in Korea, Seoul, October 8-9, 1909*, 32-34; "AGREEMENT for division of the entire territory worked by the Korea Mission of the Methodist Episcopal Church, and the Korea Mission of the Presbyterian Church in U.S.A.," September 17, 1909.

을 고착화시킴으로써 건전한 초교파 운동을 어렵게 만들 수 있는 가능성이 있었다. 따라서 "이는 남의 터 위에 건축"하는 일(롬 15:19-20)이 아니라, 향후 전개될 현실적으로 바람직한 지역별 교파주의와 교파별 지역 분할의 폐단과 폐해를 허무는 전기가 되었던 것이다.[135]

인천제일교회는 영락교회의 "개척교회 제1호"가 되었다. 교회가 창립된 지 1년도 안 된 신생교회, 정확하게는 개척된 지 10개월 된 교회로서 부족한 것도 많았을 것이지만, 교회를 두 곳이나 세우고, 교역자들의 생활비까지 완전히 부담했다. 이처럼 "인천제일교회의 개척은 영락교회가 수백 개의 교회를 세웠던 개척전도의 효시"가 되었으며, 이 일은 "개척교회가 개척교회를 세운 최초의 일로 한국교회사에 기록될 만한 일"이었다.[136]

2) 피난길에 세운 부산, 대구, 제주 영락교회

6 · 25 전쟁으로 서울을 떠나 피난 간 영락교회 교인들과 1. 4 후퇴 때 이북에서 월남한 기독교인들은 "어디에서도 하나님의 권고하심과 임재를 깨닫고, 아브라함처럼 감사의 제단을 쌓고, 회개와 감사의 기도드릴 것을 잊지 않았다."[137] 또한 피난 시절의 부산, 대구, 제주도에서도 영락교회 노방 전도대는 커다란 성과를 거두었다. 이후 피난지에서 예배를 드리던 교인들이 힘을 모아 교회를 개척하게 되었는데, 먼저 부산영락교회(1951.1.7)와 대구영락교회(1951.2.6) 그리고 제주영락교회(1952.1.6)를 각각 세우고 성전을 신축 봉헌하였다. 부산 영락과 제주 영락교회의 경우 서울 영락교회가 재정 지원을 했고 이후 당회를 조직하고 소속된 지역 노회에 가입하도록 했다.[138]

한경직 목사는 "영락"이란 이름을 기념으로 세운 지방교회의 이름에 붙이는 것을 달갑게 생각하지 않았다고 한다. "영락"이라는 글자를 빼고 지방교회에 맞게 부르도록 권유했으나

---

135) 영락교회,『영락교회 50년사』, 76-77. 참고로, 영락교회 여전도회가 6.25 전쟁 전(1946-49)까지 개척한 6개 교회 중 4개는 인천(감리교 지역), 1개는 안성(장로교 지역), 나머지는 서울(공통 점유지역) 등이다(『영락교회 여전도회 60년 사료집』, 47).

136) 한숭홍, 『한경직의 생애와 사상』, 173; 영락교회,『영락교회 50년사』, 76. 지금 인천제일교회는 인천지역의 통합교회 중 주안교회 다음으로 성장하여 다양한 교회 개척과 교육 선교 사역을 감당하고 있다.

137) 한경직목사기념사업회, 『한경직 목사 성역 50년』(서울: 영락교회 홍보출판부, 1986), 56.

138) 한경직목사기념사업회, 『한경직 목사 성역 50년』, 56; 영락교회,『영락교회 50년사』, 124-136.

결국 그렇게 되지 않음을 부끄럽게 생각한다고 하셨다. 그러면서 이미 오랜 세월이 흘렀고 지금껏 별반 큰 부작용이 없음을 다행으로 생각하신다고 부언하셨다.[139)]

초기의 교회 개척과는 달리 1955년-56년 대한예수교장로회 총회장으로 있던 한경직 목사는 이후 주로 개교회로 개척하기 보다는 총회를 중심으로 교회를 개척하고자 했던 것 같다. 대한예수교장로회 부총회장으로 있던 한경직 목사는 1955년 5월 1일 교회 개척("가나안 점령의 명령; 수 1:1-9)이라는 설교를 했다.

> 우리 총회 전도부에서 작년[1954년]부터 선교 70주년을 기념하여 특별히 5개년계획을 세워 남한에 아직 교회가 없는 500개의 면에 신설 교회 500개를 세우기로 작정하였습니다. 그래서 작년 중에 백 개를 세우려고 총회 전도부에서 많은 힘을 썼지만, 작년 총회 보고를 들어 보니 100교회를 세우지 못하고 68개의 교회를 신설했다는 것입니다.
>
> 만일 대한예수교장로회 산하에 있는 모든 신자들이 앉은뱅이 믿음을 갖지 않고 일어나 자기의 정성을 다하였다고 하면 어찌 100개의 면에 100개의 교회를 세우지 못했겠습니까? 우리가 전도회 모임 때 모일 수 있으면 더욱 좋고, 참석할 수 없어도 누구나 다 가입해서 다소를 불구하고 한 달에 얼마씩 꼭 내서 교회 없는 면(읍)에 교회를 세우기로 꼭 작정해야겠습니다. 우리가 열심히 전도비를 내어 20여 처에 전도인을 낼 수 있는 것을 감사합니다. 내가 지금까지 믿는 것은 영락교회의 4,000명이 한 사람도 빠지지 않고 주님의 말씀과 같이 일어나면 우리 영락교회에서 30곳을 보내지 못한 것을 채울 수 있다고 생각합니다. "너희는 모든 백성과 더불어 일어나라 그리하여 요단을 건너 내가 준 땅으로 가라"이 말씀을 같이 듣고 깨닫기 바랍니다.[140)]

139) 한경직목사기념사업회, 『한경직 목사 성역 50년』, 56-57쪽. 각처에 개척된 여러 영락교회에 대해 한경직 목사는 이렇게 부연 설명을 하고 있다. "여러분 아시는 대로 지금 남한에는 6.25 때에 설립된 부산 영락교회, 제주 영락교회, 대구 영락교회 이외에도 영락교회라는 이름을 가진 교회들이 적지 아니합니다. 국내뿐 아니라 국외에서도 역시 그러합니다. LA에 있는 나성 영락교회는 말할 것도 없고, 현재 미국은 물론 캐나다, 남미에까지 영락교회란 이름을 가진 한인교회들이 적지 아니합니다."(『한경직 목사 설교전집 18권』, 187.)

140) 한경직,『한경직 목사 설교전집 1권』(사단법인 한경직목사기념사업회, 2009), 462-63.

월남하여 모든 것이 넉넉하지 않은 피난민들이 주축이 된 개척 교회 시절에 교회 개척을 시작한 점은 높이 평가해야 한다고 본다. 이는 한경직 목사 개인이 교회의 본질적 사명을 복음 전파와 선교에 두었기 때문에 가능한 일이었을 것이다. 이는 또한 사도행전 13장에 나오는 안디옥교회를 연상시킨다. 안디옥교회는 예루살렘교회가 핍박으로 흩어진 와중에 세워진 교회였는데, 흥미롭게도 모교회가 아닌 개척교회인 안디옥교회가 역사상 최초로 선교사를 파송하는 교회가 되는 영예를 차지하기 때문이다. 이는 선교 역사상 안디옥교회뿐 아니라 아주 이른 시기에 선교사 파송을 시작했던 한국교회의 전통에도 부합하는 일이었다고 평가할 수 있다.

3) 선교 구조(Sodality)를 통한 개척 선교

랄프 윈터(Ralph D. Winter)는 일찍이 하나님의 교회 선교는 두 가지 구조를 통해 수행되어져 왔다는 점에 주목했다.[141] 지역 교회와 선교회의 관계에 대하여, 윈터는 두 구조론으로 설명했다. 즉 그는 지역교회를 "모달리티"(Modality, 교회 구조)라 했고, 선교회를 "소달리티"(Sodality, 선교 구조)라고 했다. 그리고 모달리티와 소달리티를 "하나님의 선교를 위한 두 가지 구조"라고 불렀다.

모달리티는 유대교 회당, 지역 교회 혹은 교구 조직(diocese)를 말하는 것으로서, 연령이나 성별의 구분이나 제한 없이 신자라면 누구나 다 참여할 수 있는 조직 공동체이다. 반면에 소달리티는 유대교 개종 권유자들(proselyters), 선교단(missionary band), 수도원/수녀원처럼 연령이나 성별 혹은 결혼 유무에 따라 제한을 받는 조직 공동체이다. 따라서 소달리티의 회원이 되려면 모달리티의 일원이 된 이후에 또 한 번 헌신하는 제2의 결단을 해야만 한다.[142]

---

141) Ralph D. Winter, "The Warp and the Woof of the Christian Movement," in his and R. Pierce Beaver's, *The Warp and the Woof: Organizing for Christian Mission* (South Pasadena, CA: William Carey Library, 1970), 52-62.

142) Ralph D. Winter, "The Two Structures of God's Redemptive Mission," in Ralph D. Winter and Steven C. Hawthorne, eds., PERSPECTIVES *on the World Christian Movement: A Reader*, Fourth Edition (Pasadena, CA: William Carey Library, 2009), 5244-253. 사실 역사적으로 보면 개신교회는 이러한 선교 소달리티 조직을 갖지 못하여 종교개혁 이후 200여 년 동안 활발한 선교 활동을 전개할 수 없었다.

예를 들면, 유대교 회당이나 안디옥 교회는 모달리티에 해당하고, 유대교 전도자들(마태복음 23:15), 안디옥 교회가 파송한 바울과 바나바의 선교단(사도행전 13장), 지역 교회의 남녀 선교회는 이 소달리티에 해당한다. 한 지역에 위치하고 있는 교회는 기동성을 가지기 어렵다. 따라서 헌신되고 기동성 있는 조직이 필요하다. 윈터는 하나님의 구속적 선교가 이루어지기 위해서 모달리티와 소달리티 구조 모두가 필요할 뿐 아니라, 서로 조화를 이루며 일할 필요가 있다고 보았다. 이 두 구조 모두가 하나님이 세우시고 사용하는 도구이기 때문이다.

한국교회사에서 보면, 1898년 초기 평양 장대현교회(마포삼열 선교사 시작)에서 여전도회가 조직된 이후 교회 건축 후원, 이기풍 목사 조력자로 이선광 여전도사 제주 선교사로 후원, 산동 여선교사 김순호 봉급 후원, 산동 선교사 주택 건축비 지원 등 초기부터 많은 일을 감당해 나갔다.[143] 이처럼 이들은 당시의 온갖 사회적 차별에도 불구하고 구원의 은혜에 감격하여 교회의 필요를 알고 전도와 선교를 위한 이들의 자발적 헌신과 봉사를 감당했다.

여러 가지 점에서 영락교회 여전도회는 초기 평양의 여전도회의 전통을 고스란히 이어받았다고 생각한다. 사실 영락교회가 국내교회 개척과 이후 군 선교와 해외 선교에 이르기까지 광범위한 선교 활동을 펼칠 수 있었던 데는 숨어서 남모르게 수고하고 헌신한 여전도회 회원들이 있었기에 가능했다. 올해 초에 발간된 『영락교회 여전도회 60년 사료집』에 보면, "영락여전도회는 영락교회의 역사와 분리될 수 없으므로 영락교회 60년의 역사 속에서 여전도회의 역사적 활동들을 짚어보고자 한다"라고 선언하며 60년 약사를 시작하고 있다.[144]

영락교회 여전도회 조직은 1946년 2월 여집사 30여 명이 모여 창립을 위한 발기 모임이 있었고, 그해 8월 창립총회를 개최함으로 결성되었다. 영락 여전도회원들은 한국의 어느

143) 郭安連 編,『長老敎會史展彙集』(Digest of the Presbyterian Church of Chosen) (평양: 북장로회선교부, 1935), 101,133-134;『영락교회 여전도회 60년 사료집』, 22. 1907년에 독노회(獨老會)가 조직되고, 독노회 조직과 함께 "선교 없는 교회는 교회가 아니다"라는 말에 따라 설립된 노회에 전도부를 설립하고 그 첫 사업으로 7인 목사 중 한분인 이기풍 목사를 제주도에 선교사로 파송한다. 1909년에 최관흘(崔寬屹) 목사를 해삼위(지금의 블라디보스톡)에, 그리고 한석진 목사를 일본에, 평양 여전도회에서는 이선광을 제주도에 5년간 파송 전도케 했다. 이어서 1909년에 시작한 100만 명 구령운동의 일환으로 김영제 목사를 북간도에, 김진근 목사를 서간도에 파송했고, 구미지역, 즉 캘리포니아와 멕시코에 사는 동포를 위해 방화중 목사를 파송했다.

144)『영락교회 여전도회 60년 사료집』, 32-34.

교회보다도 많은 교회들을 개척하고 지원했는데, 특기한 점은 창립 2개월 만에 앞서 언급한 인천제일교회와 인천송도교회 개척 지원을 시작했던 것이다. 이후 1979년까지 교역자를 파송하며 개척하고 후원한 교회가 100여 개가 넘는다.[145] 이들은 오늘의 영락이 있게 한 "영락의 마르다와 마리아"들이며 이들의 "헌신과 봉사의 손길, 그리고 끊임없는 눈물의 기도가 없었다면 오늘의 영락은 상상할 수 없었을 것"이다. 마르다와 마리아와 같은 여성 성도들의 헌신과 기도 속에 영락교회는 부흥 성장했던 것이다.[146]

영락교회는 초기부터 랄프 윈터가 말하는 선교 구조인 여전도회 조직 활용을 통해 수많은 개척 선교 사업을 추진해 나갔다. 이처럼 영락교회는 소달리티 선교 구조를 잘 활용하여 전도활동과 교회 개척과 교회 지원 사업 등으로 활동의 폭을 확대해 나갔던 것이다. 이는 무엇보다도 한경직 목사가 여전도회를 통한 이러한 선교 구조의 필요성과 중요성을 깊이 인식하고 있었기 때문에 가능한 일이었다고 생각된다.

2. 학원 설립을 통한 선교 사역

한경직 목사는 원래 교육자로서 출발했다. 미국 프린스턴 유학에서 돌아와서도 숭인상업학교 교사로서 학원선교를 시작했고, 해방 후에도 교회 신앙 교육과 교회 교육에 깊은 관심을 가졌다. 그는 대광학원과 영락학원을 비롯하여 영락여자신학교 등의 많은 기독교 학교 설립과 운영에 직 · 간접 관계했다. 한경직 목사는 학교 설립의 목적이 바로 기독교 교육의 장을 넓혀 통전적인 선교 사역의 기회를 얻고자 했다. 특히, 해방 후 이북에서 월남한 피난민 중에는 많은 청소년들이 교육의 기회를 갖지 못한 채 길거리에서 방황하고 있는 모습을 보고나서, 몇몇 마음을 같이 한 인사들과 함께 1947년 대광중학교(현 대광 중고등학교)를 개설한 이후 학원복음화를 통한 민족을 살리는 일에 심혈을 기울였다.

145)『영락교회 여전도회 60년 사료집』, 47-48. 여전도회가 개척한 교회 중 자립하여 크게 성장한 교회를 보면, 인천제일교회(1946), 인천제2교회(1948), 인천제3교회(1949), 장석교회(1959), 군포장로교회(1959), 삼양제일교회(1960), 마천중앙교회(1968), 산성교회(1971), 연예인교회(1975) 등이 있다.

146) 영락교회,『영락교회 50년사』, 73.

당시 어려운 경제여건에도 교인들의 마음이 모아져 학교를 새롭게 설립하게 되었다. 그리고 1950년 보성학교를 서울에서 재건하고 초대 이사장으로 취임했고, 1953년에는 영락중고등학교를 설립했으며, 1959년에는 학교법인 영락학원 이사장으로 취임했다. 고등교육 기관이었던 숭실대학을 1954년 영락교회에서 재건하고 초대 학장(1954-58)으로 취임했다 그 후 숭실대학 이사장을 비롯해서 서울여자대학 이사장, 영락여자신학교 설립자 겸 이사장, 장로회신학대학 이사장, 아세아연합신합대학 이사장 등을 역임했으며 그가 관여했던 거의 모든 학교가 잘 성장했다. 한경직 목사는 주님의 대위임령(Great Commission) 가운데 교육을 통한 선교, 즉 가르쳐 지키게 하는 사역에 깊은 관심을 가지고 있었음을 다음의 글에서 발견할 수 있다.

> 한국 교회는 열심히 전도하는 교회입니다. 그런데 혹 교육에 어떠한가? 물론 모든 교회가 주일학교 교육에 힘쓰는 줄 압니다. 그러나 그것만으로 족한가? 사실은 할 수만 있으면 여러 교회가 힘을 합하여 교회학교, 초등학교를 비롯하여 대학에 이르기까지 많이 일으켜 우리 학생들이 전면적으로 기독교 교육을 받을 수 있도록 힘을 써야 합니다. 교육 사업을 정부에만 맡겨서는 아니 됩니다. 한국 교회는 이점에 대하여 새로운 각성이 있어야 합니다.[147)]

> 우리는 주님의 말씀대로 주님이 분부하신 바를 다 가르치도록 힘써야 합니다... 기독교의 근본적인 우주와 깊은 진리와 구속의 도리를 가르칠뿐더러 특별히 기독교 윤리와 도덕을 우리 국민들에게 가르쳐서 기독교 사회를 건설하도록 힘을 써야 합니다. 이를 위해서는 주일에만 모이는 교회학교 교육만으로는 부족합니다. 할 수만 있으면 초등학교, 중학교, 전문학교, 대학교육을 기독교 신앙 아래서 실시할 수 있도록 교육기관을 설립 또는 육성하여야 합니다. 그리고 기독교 가정교육, 사회교육에 힘쓸 수밖에 없습니다. 이렇게 한 걸음 더 나아가 우리 사회가 기독교화 되고, 우

147) 『한경직 목사 설교전집 18권』, 329.

리 문화가 기독교문화가 되도록 노력하여야 합니다.[148]

위에 나타난 대로, 한경직 목사는 학원설립을 통한 기독교 교육에 힘을 썼다. 그는 단지 한 사람의 변화에 그치지 않고 그는 교육을 통한 사회 변혁과 기독교 문화 창달에까지 바라보는 원대한 비전을 가지고 있었음을 볼 수 있다. 현재 영락교회는 7개의 학교를 설립하여 운영하고 있다. 한국교회 역사상 개교회가 이렇게 많은 학교를 세우거나 재건한 경우는 아마 유례가 없을 것이다. 왜 그가 이렇게 많은 학교를 세웠는가? 한경직 목사의 목회철학 가운데 교육에 있었다고 본다. 어릴 적부터 배웠던 신앙교육과 민족의 선각자들로부터 배웠던 기독교 교육 및 애국 교육들이 그에게 기독교정신으로 인재를 양성함으로 이 땅을 이롭게 해야 한다는 비전을 심어주었으며, 이것이 학교 설립이라는 계기를 마련해 주었던 것이다.

한경직 목사는 많은 교회들이 전도에는 열심이지만 교육에는 관심이 부족하다고 생각하고, "내가 너희에게 분부한 모든 것을 가르쳐 지키게 하라"(마28:19-20)는 말씀을 좇아 신앙 교육이 중요하며 인간은 신앙 교육을 받아야 인간 구실을 할 수 있다고 보았다.[149] 그는 기독교 교육을 통하여 지성과 영성, 신앙과 학문, 과학과 학문을 소홀히 하지 않으면서도 여호와를 경외하는 지혜교육을 강조하며, 세상 지식과 하나님을 아는 지식이 조화를 이루는 "통합적 교육"을 지향함으로써 실력 있는 기독 청년이 배출되기를 바라고 있다.[150] 한경직 목사가 "종교와 과학"이란 제목으로『신학정론』창간호(1949년 1월호)에 기고한 글과 전도용 소책자『기독교란 무엇인가?』에 보면 이러한 그의 생각이 잘 나타나 있다.

과학의 힘은 위대합니다. 과학은 비행기... 원자탄... 수소탄도 만들 수 있습니다. 그러나 이것들을 바르게 쓸 수 있는 '사람'은 '과학'으로 만들지 못합니다... 어디 가

148)『한경직 목사 설교전집 14권』, 521.

149) 최재건, "한경직목사와 학원선교,"『한경직목사 추모자료집(7주기)』(서울: 한경직목사기념사업회, 2007), 72-73.

150) 박상진, "한경직 목사의 교회교육과 그 영향: 성육신적 교육자, 한경직 목사,"『한경직 목사 추모자료집(8주기)』(서울: 한경직목사기념사업회, 2008), 87-88, 105-106.

서 이와 같은 사람을 만들 수 있겠습니까? 여기에 비로소 종교적인 문제가 들어옵니다. 사람은 스스로 자기를 바르게 만들 수 없습니다. 그러기에 사람은 본래 지으신 조물주 하나님께 돌아가야 합니다.[151)]

그런데 이 물질문명을 바로 쓸 만한 인격의 수양은 결국 종교적 신앙에서 오고, 인간의 외적 생활을 향상 윤택케 할 만한 물질문명은 과학을 통하여 오는 것이다. 그러므로 물심 양면의 원만한 생활을 위하여 종교와 과학은 한 수레의 두 바퀴이다.[152)]

또한 한경직 목사는 1973년 아세아연합신학대학교(Asian Center for Theological Studies and Mission, ACTS) 설립과 유치에 주도적 역할을 감당했다. 사실 ACTS는 한경직 목사의 해외선교에 대한 비전과 아시아와 세계 교회 지도자들과의 유대 관계로 인해 설립될 수 있었다.[153)] 1968년 11월 5-13일에 싱가폴에서 개최된 "아세아-남태평양 전도대회"(Asia-South Pacific Congress on Evangelism)[154)]에서 아시아 교회의 신학 교육 대표들은 아시아 교회 지도자들은 아시아 복음화와 선교에 주안점을 두고 아시아 교회 지도자들을 양성할 목적으로 연합신학대학원을 설립하기로 결의했다.

이후 1973년 한경직 목사를 이사장으로, 초대 원장에 마삼락(Samuel Hugh Moffett) 박사, 부원장에 한철하 박사를 각각 임명했다. 마침내 1974년에 서울시 서대문구 충정로에 교사가 완공되었고, 1977년 교육부로부터 아세아연합신학대학원의 인가를 받았다. 이후 1979년에는 아세아신학연맹(ATA)으로부터 M.Div.(교역학석사), Th.M.(신학석사) D.Min.(목회학 박사)를 수여할 수 있는 신학원으로 인준을 받았다. 현재 종합대학교로 발전하여 서대문 캠퍼스와 양평 캠퍼스로 나누어져 많은 인재를 양성하고 있다.[155)]

151) 한경직, 『기독교란 무엇인가?』(서울: 영락교회 선교부, 1956, 2007), 6-7.

152) 한경직, "종교와 과학,"『신학정론』제1권 1호 (1949년 1월호): 22.

153) 한철하, "한경직 목사와 아세아연합신학대학교,"『한경직 목사의 신앙유산』(서울: 숭실대학교 출판부, 2007), 295-296.

154) 이 대회는 한경직 목사가 참석한 1966년 베를린(Berlin) 전도대회(World Congress on Evangelism)의 지역 대회로 개최되었다.

155) 1982년 8월 한경직 목사님의 말씀에 따라 "아시아 복음화를 실천할 지도자 양성"이라는 막중한 비전과 사명에

또 한 가지 주목할 점은 한경직 목사는 영락교회가 개척된 지 얼마 되지 않은 1951년 8월 어려운 집안 환경의 정규학교에 다니지 못하던 소외된 계층의 자녀들을 위해 초등학교 과정의 성경구락부(Bible Club)를 설립하여 불우한 사람을 돕는 사업을 시작했다. 이후 청소년을 위한 기관이 필요함을 절감하고 한경직 목사는 교회 구내 베다니실을 이용하여 야간에 성경구락부 중등부를 시작할 것을 허락하시어 1952년 6월 2일 학생 모집에 들어갔다.[156] 1953년 11월 고등공민학교 인가를 받아 야간부 중등교육기관으로서의 면모를 점차 갖추어 갔다. 이후 고등공민학교는 영락 중 고등학교로 발전하게 된다.[157]

3. 사회봉사를 통한 선교 사역

한경직 목사는 사회봉사를 통한 선교에 많은 관심을 가졌다. 이런 관심은 구체적으로 그의 초기 설교에서뿐 아니라 그가 개척 초기부터 시작했던 여러 사회봉사 기관을 통해 잘 드러나고 있다. 그는 1955년 영락교회 창립 10주년을 맞아 "10년의 은총"이라는 설교에서 영락교회의 '3대 사명'을 다음과 같이 재천명했다. "첫째는, 진리의 등대를 삼고자 하는 목적이 있는 줄 압니다. 둘째는, 복음 전파와 민족 교화의 사명입니다. 셋째는. 사회와 국가에 처한 봉사의 사명인 줄 압니다. 기독교는 사랑의 종교입니다."라고 하면서 지나간 사회봉사 사역을 열거하면서 더욱 더 매진할 것을 요청하고 있다.

사랑에는 반드시 봉사와 희생이 따릅니다. 지금 본 교회에서 보린원, 경로원, 모자원, 성경구락부, 고등공민학교 등, 이런 것으로만 우리가 만족할 것이 아닙니다. 우리는 이 기관

공감해 영락교회 최창근 장로가 양평에 재산을 헌납하여 양평 캠퍼스가 생기게 되었다("한경직 목사 50년 보좌한 최창근 장로(97)의 헌신 인생," 국민일보 2010.4.8일자).

156) 오기형, "한국 교육에 미친 영향", 숭실대학교 교목실 편,『한경직 목사의 신앙 유산』(서울: 숭실대학교출판부, 2007), 36-37; 김득렬 편,『권세열(Francis Kinsler) 선교사 전기: 씨를 뿌리러 나왔더니』(서울: 사단법인 대한청소년성경구락부, 2007), 28. 이 책에는 1952년 6월 10일 영락교회 내에 영락 중등부가 설립되었다고 기술하고 있다.

157) 영락교회,『영락교회 50년사』, 1998), 151.

들을 우선 완전케 하고, 한 걸음 더 나아가서 교회의 장래와 민족의 장래를 위해서 적극적으로 특별히 사회적으로 교육 방면에 봉사하지 아니하면 안 될 것입니다.[158]

이러한 이유로 한경직 목사는 어려운 이웃을 그냥 지나치지 않았고 그들의 아픔과 고통을 함께 나누고 그들의 보금자리와 삶의 터전을 만들어 주었다.[159]

그로부터 3년이 지난 1958년 5월 21일 "착한 사마리아인"(누가복음 10:25-37) 제하의 주일 저녁 설교에서, 한경직 목사는 자신의 사회 봉사관에 대해 분명히 밝히고 있다.

> 오늘날 우리 사회에도 이 불한당을 만난 사람들과 같이, 지나가던 사람이 도와주지 아니하면 자기 혼자 살아갈 수 없는 사람이 많이 있습니다. 가령 많은 고아들, 부모 없는 고아들, 이들은 지나가던 사람이 도와주지 아니하면 자기 혼자 살 수 없습니다. 전쟁미망인들, 이런 사람들도 지나가던 사람이 도와주지 않으면 자기 혼자서 살 수 없습니다. 나이는 많고 기력이 쇠잔했는데 자식 없는 노인들, 이런 사람들도 지나가던 사람이 도와주지 아니하면 자기 혼자 살 수 없습니다.[160]

이후 1960년 3월 13일(주일) 낮 설교에서는 농어촌과 근로자, 윤락 여성, 걸인들, 나병 환자와 정신 질환자들 그리고 전과자들을 거론하며 교회가 돌보아야 할 대상이라고 밝혔다.[161] 주위 사람들의 증언을 통해서도 "내 이웃을 내 몸과 같이 사랑하라"는 주님의 말씀을 몸소 실천했던 한경직 목사는 소극적 목회에서 그들이 사는 삶의 현장을 찾아가서 그들의

---

158)『한경직 목사 설교전집 2권』, 116-117.

159) 이에 대해, 한경직 목사는 연말 설교에서 다음과 같이 강조하였다. "크리스마스에 우리 영적으로 목마른 동포들에게 냉수 한 그릇의 복음을 전하여야 되겠습니다. 큰 봉사는 못하지만 냉수 한 그릇의 봉사는 하도록 힘을 써야 할 것입니다. 특별히 주를 사랑하는 마음으로 주님이 항상 관심을 가지시는 이 소자들, 작은이들을 잊지 말아야 하겠습니다. 어린이들, 고아들, 환자들, 고독한 이들, 가난한 이웃들, 일선에서 혹은 해안 초소에서 외롭게 나라를 지키는 우리 젊은이들, 그리고 모든 소외된 계층을 잊지 말고 냉수 한 그릇의 작은 봉사라도 아끼지 말기를 바랍니다.『한경직 목사 설교전집 14권』, 495을 참조하라.

160)『한경직 목사 설교전집 3권』, 143.

161)『한경직 목사 설교전집 4권』, 293-297.

형편을 위해 봉사하고, 어려움을 덜어주고, 고통과 아픔을 치유해 주고 위로해 줌으로써, 적극적 목회사역을 감당하기를 원하였다.

그러면서 한경직 목사는 해방이후 기독교의 사회봉사[162]에 대해 이렇게 평가하고 있다.

> 기독교는 대한에 있어서 사회운동과 사회사업의 선구자가 되었습니다. 농촌 운동도 교회에서 먼저 했고, 소비조합 운동도 기독교 청년들이 먼저 한 것은 말할 것도 없으나, 이 운동이 전국적으로 전개되지 못한 것은 오직 왜정 탄압에 인함이었습니다. 그러한 중에서도 위생시설, 자선사업은 거의 기독교의 독점이었습니다. 병원, 나병원, 요양원, 고아원, 양로원 등 거의 기독교 사업에 의해 건설되었습니다. 이렇게 기독교는 가장 불행하고 가난한 자에게 먼저 복리를 가져오기 위하여 노력한 것입니다.[163]

그럼 여기서 각 사회봉사 사역에 대한 구체적인 설립과 취지와 내용에 대해서 알아보기로 하자.

1) 신의주 보린원(1939)과 영락 보린원(1947)

1933년 한경직 목사가 미국 유학을 마치고 돌아와서 신의주 제2교회에서 목회를 할 때, 한 가정을 심방하였다. 그 가정은 철로 변에 쓰러져 있는 폐암 말기인 아버지와 복순이라는 장애를 가진 어린 소녀가 살고 있는 가정이었는데 한경직 목사는 이 가정을 외면할 수가 없었다. 복순이 어머니는 젖먹이 아이를 업고 남편과 복순이를 버리고 어디엔가 종적을 감추었다. 한경직 목사는 이 아이 때문에 고아원의 필요성을 새삼 느끼게 되었다. "고아와 과부를 환란 중에 돌아보고"라는 주님의 명령에 이끌리게 되어 고아들을 돌보게 되었다. 1935년

---

162) 이에 대해 한경직 목사는 사회봉사의 중요성이 곧 교회의 최종적인 실천의 삶임을 다음과 같이 강조하였다. "다시 말하면 우리 주님께서 우리 믿는 사람들에게 주신 사명은 언제나 간단히 말하면 세 가지입니다. 첫째는 복음 전파요, 둘째는 교육이요, 모든 방면의 교육이지요, 가르쳐야 합니다. 셋째는 모든 봉사와 사랑의 실천입니다. 그러면서 마지막으로 주님께서 한 가지 약속을 하셨습니다."『한경직 목사 설교전집 18권』, 42를 참조하라.

163)『한경직 목사 설교전집 1권』, 117.

새 예배당을 헌당한 후 교회 공간을 활용하여 교회 부설 기관으로 보린원을 시작했다. 당시 보린원에는 고아들뿐 아니라 의지할 데 없는 무의탁 노인들도 모셨다. 복순이는 보린원의 제1호 원생이 되었다.[164)]

이렇게 한 어린아이에 대한 사랑과 관심으로 시작된 한경직 목사의 사회봉사는 소외된 많은 이웃들에게 그리스도의 사랑을 실천하는 장으로서의 역할을 했다. 이것이 신의주 보린원의 유래이며 이는 홀로 된 노인들도 함께 돌보는 복합시설이었다. 1947년 1월 한경직 목사는 1939년 신의주에서 시작했던 고아 사업을 서울(1956년 영락 보린원으로 개명)에서 다시 시작했다. 이같이 한경직 목사가 보린원을 통하여 고아와 과부, 그리고 무의탁 노인들과 장애인들을 도우는 사회봉사사역은 우리 민족에 지대한 공헌을 했다. 왜냐하면 1930-40년대에 개교회에서 보린원의 사역을 통하여 교단과 기독교 전체와 타종교와 정부 및 시민단체에 많은 자극과 교훈을 주었기 때문이다.[165)]

2) 장애인(농아인) 사역

한경직 목사는 장애인 사역에도 비교적 일찍 관심을 가졌다. 그는 장애를 당한 사람들이 많이 있음을 알고, 언어장애를 당한 농아인 사역을 시작했다.[166)] 본래 우리나라 농아인 선교사역은 1909년 미국 감리교 여선교사 로제타 셔우드 홀(Rosetta Sherwood Hall, 1865~1951)에 의하여 평양 농아학교를 세우면서 시작되었다. 처음에는 맹아학교 안에 있었지만 1959년 맹아교육과 농아교육의 특수성이 인정되어 분리 교육이 이루어지게 되었다. 농아인 사역은 1935년 평양노회 제직회가 운영한 평양 맹아학교 내에서 농아인을 위한 주일 예배가 있었는데 이것이 이북지역의 농아교회의 효시가 되었다. 그리고 남한에서는 1946년 10월 영락교회가 개척된 지 1년도 안된 시점에서 농아부 예배가 시작되어 농아인교회의 효시가 되었다. 이후 1985년 1월 20일 창립 40주년 기념사업의 일환으로 영락농아인

164) 박소연,『보린의 사랑은 강물처럼』(서울: 늘푸른 출판사, 1990), 18-28; 이윤구, "한국 사회에 미친 영향,"『한경직 목사의 신앙유산』, 61에서 재인용.

165) 이윤구, "한국 사회에 미친 영향,"『한경직 목사의 신앙유산』, 63.

166) 김은섭, "한국기독교의 높은 산 한경직 목사,"『빛과 소금』(두란노서원, 2007. 6), 147.

교회가 별도의 예배 처소로 옮겨가 완전한 자립을 이루었다.[167]

그 외 영락교회는 부산 다비다모자원(1951), 영락경로원(1952), 영락모자원(1954), 영락애니아의 집(1994)과 같은 여러 봉사 시설을 운영하고 있다. 한경직 목사는 많은 사회봉사 사역에 관심을 가지고 실천하였다.[168] 그는 앞으로 한국교회가 더 많이 사회봉사에 관심을 가지고 실천할 것을 강조하고 있다.

> 앞으로 한국교회는 사랑의 실천, 곧 모든 사회봉사사업에 대하여 크게 각성하여야 합니다. 사회봉사사업과 그 실천을 국가에만 일임할 수는 없습니다. 그 한 가지는 이러한 사업은 돈만 가지고 할 수 없습니다. 이러한 사업과 기관을 운영할 수 있는 믿음을 가진 주님의 마음과 눈을 가진 사람이 필요합니다. 이러한 의미에서 한국 교회는 이 사회적 사랑의 실천 운동에 적극적으로 나서야 될 줄 믿습니다.[169]

4. 기타 선교 사역

한경직 목사는 교회가 마땅히 해야 할 일들을 "전도사업, 교육사업, 그리고 봉사사업"임을 강조하면서 전도에 대해서 여러 가지 방법을 제시했다. 예를 들면, 개인전도, 집회 전도, 문서 전도, 방송 전도, 노방 전도, 파송 전도 등의 방법이 있다. 그는 이 모든 방법을 통

---

167) 영락교회, 『영락교회 50년사』, 71–72, 305–306.

168) 사회봉사에 대해, 한경직 목사는 다음과 같이 상부상조정신을 가지기를 원했다. "하나님은 사랑이십니다. 그리스도는 그 사랑의 화신이십니다. 십자가는 그 사랑의 상징입니다. 우리가 사는 이 세계에는 때때로 천재와 지변이 있습니다. 또 인간의 죄와 무지와 과오로 온갖 비참한 사고, 심지어 전쟁까지 종종 있습니다. 그뿐 아닙니다. 우리 인간에게는 근본적으로 생로병사, 나고 늙고 병들고 죽는, 이른바 인생의 사고, 네 가지 괴로움이 있는 것입니다. 이런 복잡한 원인 가운데서 옛날부터 지금까지 어느 사회에나 소위 환과고독(외롭고 위지할 데 없는 처지)들이 있습니다. 다시 말하면 고아들이 있고 과부들이 있고 무의탁 한 노인들, 고독한 이들이 있는 것입니다. 산업사회일수록 또 생활이 도시화될수록 고독한 사람들이 많아지는 것입니다. 교회는 이들에게 사랑의 손길을 펴야 합니다. 초대교회의 유무상통의 정신을 발휘해야 합니다. 상부상조하는 생활을 솔선해야 합니다." 위의 책, 152쪽을 참조하라.

169) 『한경직 목사 설교전집 18권』, 329–30.

해 기회가 있는 대로 전도해야 한다고 강조하였다.[170)]

> 현대 전도야말로 창의적으로 또한 최신 장비로 해야 가장 큰 효과를 얻을 것이다. 우선 중점적인 전도가 필요하다. 물고기들이 많이 모인 곳에 그물을 던져야 많은 고기를 잡을 수 있다. 그러므로 오늘날 우리 한국 상황에 있어서는 어디보다도 먼저 군대, 학원, 공장 등에 우선적으로 가장 중점적으로 전도 활동을 전개하고, 그리고 군목, 경목 사업을 적극 후원하며 교목, 산업 전도에 종사하는 이들에게 적극 지원하며 인도함이 시급한 당면 문제이다. 그리고 이미 말한 대로 가장 현대적인 장비를 통하여 복음의 씨를 뿌려야 많은 열매를 맺을 것이다. 다시 말하면 문서(기독교 신문, 잡지, 서적), 라디오, TV, 영화, 드라마, 등등 매스컴을 통하여 적극적으로 남북한에 복음의 씨를 널리 뿌려야 한다.[171)]

1) 방송(매체)선교

한경직 목사는 방송을 통한 선교사역에 관심을 많이 가졌다. 그는 시대의 변화에 따라, 전도의 방법이 다양함을 인식하고 방송선교에 힘을 썼다. 1959년부터 기독교 방송에 소망의 시간을 통하여 방송선교를 시작한 이래 방송매체를 통한 선교는 계속되었고, 이것은 영락교회와 한경직 목사를 널리 알리는데 큰 공헌을 하였다.

2) 대한성서공회와 기드온협회

한경직 목사는 문서를 통한 전도에 심혈을 기울였다. 그는 성경을 보급하고, 전도지를 배포하는 일에 힘을 썼다. 특별히 영락교회를 통해 한경직 목사는 자신이 쓴 "기독교란 무엇인가?"라는 전도 소책자를 매년 수 만 부씩 많은 사람들에게 배포하였다.[172)] 이러한 문서선

---

170) 『한경직 목사 설교전집 14권』, 458-59.

171) 『한경직 목사 설교전집 14권』, 160.

172) 『한경직 목사의 신앙유산』, 104.

교의 대대적인 출발은 대한성서공회를 통해서 이루어졌다. 이와 같이 한경직 목사는 대한성서공회와 기드온협회를 통하여 한국교회의 문서선교의 중요한 역할을 감당하는데 많은 기여를 하였다.

3) 산업선교

영락교회는 1960년대 후반부터 산업선교에도 관심을 가졌다. 60년대 초 산업화가 가속되면서 도시 근로자들이 늘어나기 시작하였고, 한경직 목사가 여기에 관심을 기울인 것은 당연하다. 그러나 영락교회의 산업선교는 성공적이지 못했다. 그것은 산업선교의 실무자가 영락교회의 복음주의 노선과 달랐기 때문이다. 영락교회는 산업 전도를 위해 영등포에 목사 한 사람을 파송하였다. 위와 같은 산업선교가 성공하지 못함에도 불구하고 한경직 목사는 다시 산업인 선교에 많은 관심을 가지면서 산업선교를 위해 실업인의 복음전도의 책임이 막중함을 강조하고 있다.

4) 군 선교

한경직 목사가 특별히 관심을 가진 분야가 군 선교였다. 한경직 목사는 선교를 위한 가장 좋은 황금어장이 군대라고 생각했다. 영락교회의 도움을 받아서 그는 군목들의 생활을 지원하고, 예배당 신축을 보조하고, 그 다음에는 대중 집회를 개최했다. 한경직 목사가 군 선교에 관심을 쏟은 이유는 그의 국가관 때문이기도 하다. 공산주의의 위협 아래서 조국을 지키는 가장 중요한 일은 군인들이 기독교정신으로 무장하는 일이라는 것이다. 한경직 목사는 이 일을 보다 효율적으로 진행하기 위해서 1972년 군복음화 후원회를 조직하여, 군목에게 오토바이 지원, 군인교회 건축지원, 집회지원, 합동 세례식 거행, 성경보급 등 여러 가지 일을 주도했다.[173)]

위와 같은 군 선교에 노력을 하면서, 한경직 목사는 앞으로 더 적극적으로, 그리고 더 구체적으로 군 선교에 임할 것을 강조하였다.

---

173) 『한경직 목사 성역 50년』, 73-76.

먼저 한국 안에 물고기들이 많이 모여 있는 전도의 황금어장이 어디 있는가? 세 곳입니다. 첫째는 군대, 둘째는 학원, 셋째는 공장입니다. 우리 민족을 빨리 복음화 시키려면 이상 세 곳에서 중점적으로 전도를 해야 합니다. 감사한 것은 우리 군대 안에는 군목들이 있어서 복음화 활동을 하고 있습니다. 우리 한국 교회는 이 군목 활동을 적극 후원해야 합니다.

민족복음화의 지름길은 군 복음화입니다. 한국 청년들은 모두 한 번은 군대를 다녀옵니다. 군 복음화의 지름길은 사관학교의 복음화입니다. 그러므로 태릉 사관학교, 영천 사관학교, 공군사관학교에 중점적으로 복음화 활동을 지원해야 하며, 또 신병이 처음으로 들어오는 논산 훈련소에 중점적으로 복음화 활동을 후원해야 합니다.[174]

5) 북한선교

한경직 목사는 90세에 템플턴상을 수상했다. 이 상은 세계적으로 종교 발전에 크게 기여한 사람에게 주어지는 것으로 종교계의 노벨상이라 불리는 의미 있는 상이다. 인류를 위해 봉사하고 헌신한 인물에게 해마다 수여되고 있다. 한 목사는 1992년 4월 29일 독일 베를린 샤우스 필 하우스에서 수상 연설을 하고 5월 7일 영국 왕실인 버킹검 궁에서 수상패와 102만불(현재 환율로 11억여 원)의 수상금을 받았다. 수상금 전액은 북한 선교 헌금으로 기탁했다.[175]

선명회는 1994년 말 북한 돕기 운동을 펼쳤다. 하늘이 명하시는 음성에 순종하여 굶주리는 북한의 우리 피붙이, 특히 어린이들을 위해 양식을 보내기로 하고 모금을 시작했다. 한 목사께서 황해도 바닷가의 간절한 기도로 하나님의 명을 받으셨던 지역으로 한우도 보내고 평양의 한 병원으로 침대(500대)도 보내고 차차 사업이 자라서 1996년부터는 한 목사님의 고향 평원에 국수공장을 세우고 매일 1만 명에게 일용할 양식을 주고 있다. 1997년 11월부터는 개천, 안주, 선천, 원산, 산창까지 여섯 곳에서 6만 명의 어린이들이 기아와 아사를 면

174)『한경직 목사 설교전집 15권』, 142.

175) 한경직목사탄신100주년기념사업위원회 편,『목사님들, 예수 잘 믿으세요』(서울: 샘터, 2002), 278, 287.

하고 있으며 북한 전역 12곳의 어린이 집들을 지원하기 시작했다.[176)]

6) 교회연합을 통한 선교사역

한경직 목사는 교회 연합을 통한 선교 사역에도 많은 관심을 가졌다. 그의 교회 연합차원에서 선교사역은 단순히 개인구원을 위한 전도의 차원에서 끝나는 것이 아니라 민족차원에서 민족을 복음화 하려는 데서 시작되었다. 그의 본격적인 연합운동이 교단 중심의 활동을 시작으로 전개되었다. 1956년에 한국기독교연합회 회장(현 KNCC), 1983년에 한국기독교 100주년기념사업회의 총재로서 활동했고, 1989년에 한국기독교총연합회 대표로, 1990년에는 한국기독교총연합회(한기총) 명예회장으로서 교회연합운동에 적극 동참하게 되었다. 특히 1990년 6월에는 분단 45년 만에 처음으로 북한 동포들에게 1만 가마의 "사랑의 쌀 보내기 운동"을 전개해 남북 민간교류의 물꼬를 트기도 했다.

평소 한국 교회의 분열을 아파하던 한경직 목사는 1984년 한국기독교 100주년을 맞아 초교파적인 사업을 구상했다. 바로 100주년 기념사업이었다. 이렇게 연합차원에서 전도 운동을 펼친, 한경직 목사는 교단과 교회들과의 연합예배 모임도 아주 중요하게 생각했다. 그래서 연합예배를 드리며, 연합으로 기도하는 일에 앞장을 섰고, 교단연합운동과 세계교회연합운동에도 앞장을 섰다. 다양한 교단, 교파들을 하나로 묶어서 이끌었기 때문에 모든 교단의 사람들이 한경직 목사를 믿고 존경했고 신뢰했다. 그래서 한국 전쟁 때의 대한기독교구국회를 시작으로 해서 엑스플로 '74 대회, 빌리 그래함 전도대회, 한국교회 100주년대회 등 수많은 연합 사업을 성공적으로 이끌었다.[177)]

176) 이윤구, "한국 사회에 미친 영향", 숭실대학교 교목실 편,『한경직 목사의 신앙 유산』, 65.

177) 한숭홍,『한경직의 생애와 사상』, 188-89.

Ⅲ. 한경직 목사의 선교사역 평가

흥미로운 점은 1950년대 말부터 1960년대 말까지 선교 개념에 대한 혼란이 제기된 시점에 한경직 목사가 여러 국제대회에 참여했다는 것이다. 그가 참석했던 선교 대회를 개괄하면서 이러한 그의 활동이 국내 선교 사역에 어떤 영향을 미쳤을지 추론해 보자.

1. 선교 동역자

한경직 목사는 1957년 12월 28일부터 1958년 1월 8일까지 아프리카 가나(Ghana)에서 개최된 국제선교협의회(IMC)에 참석했다. 서구 선교의 일방적 행태를 반성하고 새로운 차원의 선교 협력 방안들이 모색되었다. 한경직 목사는 이 회의에서 두 가지 중요한 의제가 다루어졌다고 소개한다. 첫째는 IMC가 1948년에 창설된 WCC에 통합하는 문제이고, 둘째는 신학 교육기금(Theological Education Fund, TEF)의 설립을 결의한 것이었다. 전자의 문제는 선교 운동이 약화될 것이라는 우려 때문에 적지 않은 반대 의견이 있었으며 한국 대표(한경직, 유형기, 유호준, 김활란) 내에서도 반대하다가 대세에 밀려 찬성하게 되었다고 소개한다.[178)]

한경직 목사는 1958년 7월(주일) 저녁 설교에서 동아시아 기독교 협의회(East Asia Christian Conference, EACC: 1973년 CCA로 개명)에 대한 소개와 함께 어떻게 1957년 3월 인도네시아 프라팟(Prapat)에서 EACC가 처음으로 결성되었는지를 설명했다.[179)] 또한 창립총회에서 "동아시아에서의 공동의 복음 전도 과제"(The Common Evangelistic Task of the Church in East Asia)라는 제목으로 동아시아 교회 대표들이 복음 전도의 과업에 대해 논의

---

178) 『한경직 목사 설교전집 2권』, 473-488. 1958년 1월 26일(주일) 저녁 설교 "이 시간에 복음 선교"(행 1:1-13).

179) 『한경직 목사 설교전집 3권』, 238-246 ("동아 정세와 그리스도인의 책임," 롬 1:8-17). 1955년에 인도네시아 반둥(Bandung)에서 모인 아시아ㆍ아프리카의 신생국가 지도자들의 모임은 역사적인 것이었다. 유럽과 일본의 식민정치에서 벗어난 신생국가 지도자들의 협동과 연대의 다짐은 아시아 역사의 새로운 출발이었다. 이런 분위기 속에 EACC 모임이 열렸다.

한 사건을 설명했다. 이렇게 생긴 EACC에 한국의 교회협의회(NCC, 장로교회와 감리교회 가입)를 포함한 아시아 여러 나라가 참여하고 있음도 소개했다. 그 자신이 EACC의 실행위원회 위원으로 1957년 여름(동경) 위원회 모임에 참석했다. 그러나 제1회 대회에는 불참했다.[180]

우리의 주목을 끄는 점은 시기적으로 보면 아주 이른 시기인 1950년대에 한경직 목사가 EACC에서는 "선교사"라는 말 대신에 "협동 사역자"라는 용어를 쓰고 있다는 사실을 소개하고 있다는 것이다.[181] 서구의 우월적인 위치에서 시혜자로 베풀려고만 하는 자세가 아니라 협력하여 사역하는 동반자 관계를 암시하는 말이다. 그 단적인 예로 1956년 당시 총회 전도부장 한경직 목사에 의해 해방 후 최초의 장로교 선교사로 태국에 간 최찬영, 김순일 목사는 태국그리스도교단(Church of Christ in Thailand)과 "선교 동역자"(fraternal worker) 신분으로 파송 받았다.[182]

2. 복음 전도와 사회적 관심

한경직 목사는 1966년 빌리 그래함(Billy Graham) 목사가 주도한 베를린에서 개최된 세계전도대회(World Congress on Evangelism)에서 칼 헨리(Carl Henry) 박사와 함께 공동 대회장으로 봉사했다. 이 일은 향후 세계선교에 있어서 한국교회의 위상과 역할을 높이고 신장시키는 중요한 계기가 되었다. 이 대회에서 복음 전도에 있어 우선권의 문제와 복음 전도와 사회적 책임의 관계에 대한 논의가 있었다. 그래함 목사는 복음 전도에 사회적 행동과 책임이 관련되기는 하지만, 우선성은 복음 전도에 있음을 천명했다.

베를린 세계전도대회 2년 후인 1968년 11월 베를린 대회의 지역 대회 성격으로 싱가폴에

---

180) 그러나 1959년 5월 말레이지아 쿠알라룸푸르에서 열린 제2회 대회 (주제: "Witnessing Together")에는 참석했다(『한경직 목사 설교전집 3권』, 458-474).

181) 『한경직 목사 설교전집 3권』, 238-246.

182) 최찬영, 『최찬영 이야기: 해방 후 최초의 선교사』(서울: 죠이선교회, 1995), 211. 최찬영은 영락교회 선교사로 파송 받았다. 최찬영은 당시 "선교사역 동역자"라는 말을 사용했다고 기억한다.

서 "아세아-남태평양 전도대회"(Asia-South Pacific Congress on Evangelism)"가 개최되었다. 이 대회는 빌리 그래함의 세계전도운동이 특별히 아세아지역의 중요성을 인정한 결과로 모이게 되었으며, 앞서 언급했듯이 한경직 목사의 영향력으로 인해 이 대회에서 ACTS의 창설이 처음으로 논의되고 결정되었다. 이 대회에서 한경직 목사는 "복음 전도가 교회의 최고 사명"임을 밝히며, "건강한 교회는 교회 예산의 절반 정도를 복음 전도에 사용해야 한다"고 주장했다. 덧붙여 그는 교회 성장에 필요한 여러 요인이 있을 수 있지만, 개교회는 섬김의 구조로 변해야 하며 그 이유를 다음과 같이 요약했다.

> 가장 많이 섬기는 교회는 가장 많이 성장하는 교회가 된다. 가난한 자들, 병든 자들, 궁핍한 자들, 고아들, 과부들, 그리고 모든 사람들을 돕는데 주의를 기울이는 교회는, 달리 말하면, 가장 진지한 "사회적 관심"(social concern)을 가지는 교회에는 언제나 많은 사람들이 몰려온다. 이것은 우리가 이기적인 목적으로, 즉 단순히 교회 성장을 위해서만 사람들을 도와야 한다는 의미가 아니다. 이것은 우리가 사람들의 육체적 필요에 관심을 갖고 그 신체적 필요를 채워줄 때 우리는 대개 이들의 영혼을 구원하는 도상에 있다는 것을 의미한다.[183)]
>
> 그들은 그리스도의 사랑으로 충만하여 유무상통(有無相通)으로 나타났습니다. 자진해서 물질을 사도들의 발 앞에 가져왔습니다. 사도들은 필요한 이에게 나눠주었습니다. 상부상조 하였습니다. 하나님의 사랑으로 충만하게 되니 그 사랑이 손을 통하여 넘쳤습니다. 그들은 재물을 자기 손에 쥐고 있지만은 않았습니다. 하나님을 위하여, 가난한 이웃을 위하여 즐거이 자원하여 바쳤습니다. 사회봉사는 이렇게 되어야 합니다.[184)]

이처럼 한경직 목사는 아시아 교회의 사회적 관심을 촉구하고 있다. 그러나 그는 결코 교

183) Arthur Johnston, *The Battle for World Evangelization* (Wheatin, IL: Tyndale House Publishers, Inc., 1978), 247-248.

184) 『한경직 목사 설교전집 12권』, 413-414. 1971년 5월 30일 주일 낮예배, 사도행전 1:1-11 "일용할 양식(주기도문 5)."

회 성장을 그 목표로 삼는 편협한 생각에 사로 잡혀있지 않았다. 이는 그가 목회 초기부터 시행해 온 여러 가지 사회봉사 프로그램의 경험에서 우러나온 진솔한 고백이라 여겨진다. 즉 선교와 사회봉사의 관계에 있어 오직 전도만을 고집하는 보수적인 입장에 서 있지 않았다. 사회봉사를 복음전도의 수단으로 간주하는 일부 복음주의자들의 입장이 아니다. 사회봉사는 곧 복음전도라는 진보적 입장도 아니다. 오히려 사회봉사는 복음전도의 일부이며 복음전도의 동반자로 간주되고 있다. 이처럼 그에게 있어 전도와 사회봉사가 분리되지 않는다. 하지만 전도와 봉사가 연결된다고 하여 봉사를 교회의 수적 증가를 위한 전도의 수단으로 삼을 수 없다.

3. 통전적 선교 모델

한경직 목사는 그의 목회 초기인 1930년대 초부터 영락교회 때까지 유난히 사회봉사 영역에 많은 관심을 기울였다. 보린원, 농아부, 성경구락부, 다비다 모자원, 영락경로원 등 개인의 차원에 머물지 않고 구체적인 사회적 정황 속의 개인을 돌본다. 그의 입장은 "우리의 이웃은 그의 영혼만을 사랑해야 하는 육체 없는 영혼이 아니며, 육체의 보살핌만을 요구하는 영혼 없는 육체도 아니며, 사회로부터 고립된 영육의 존재도 아니다[185)]"는 존 스토트(John Stott)의 말을 연상시킨다. 흥미롭게도, 스토트는 한경직 목사가 참석하여 전도에 관한 글을 발표했던 1966년 베를린 전도대회의 주제 강연자였다. 한경직은 복음주의적 성향에서 벗어나지 않는다. 그는 개인의 영혼 구원에만 머물지 않는다. 복음을 통한 개인의 변화가 더 나아가 사회와 국가의 변혁까지 확대되어 나간다.

한경직 목사가 쓴 아래의 글에서 우리는 초월성과 내재성이 조화롭게 어우러져 있음을 본다. 그의 교회관이나 선교관에서 현세적 차원과 내세적 차원을 나누는 이원론적 세계관을 찾아볼 수 없다.

---

185) John Stott, *Christian Mission in the Modern World*, 서정운 역,『현대의 기독교 선교』(서울: 대한기독교서회, 1982), 40.

교회는 아주 타세계적(他世界的)인 듯하나, 실상은 가장 현실적인 것입니다. 내세를 말하고 천당을 말하니까 타세계적인 듯 생각도 되지만, 그러나 내세의 구원은 현실에서 시작됩니다. 교회가 서있는 곳에 개인의 중생과 구원이 있으니 이 개인적 구원이 점차로 사회적 중생과 개혁에 미치는 것입니다. [186]

그리스도께서 무엇을 하셨습니까? 병난 사람은 고쳐주었습니다. 주린 자에게는 먹을 것을 주었습니다. 항상 가난한 사람을 도왔습니다. 다시 말하면 여러 가지로 봉사한 것입니다. 그러므로 교회는 언제나 환난과 고독이나 인생행로에 쓰러지는 이들을 붙들어 주는 역할을 해야 되는 것입니다. 그러므로 모자원도 해야 되고, 경로원도 해야 되고, 고아원도 경영해야 되는 것입니다. 그러므로 병원도 할 수 있으면 경영해야 됩니다. 모든 사회봉사, 인생고를 덜어 주는 일에 교회가 솔선수범해야 될 것입니다.[187]

4. 사회 구호적 봉사에서 사회 구조적 봉사로

한경직 목사는 신의주에서건 서울에서건 이른 시기부터 사회 약자와 소외 계층과 장애인에 대한 많은 목회적 관심을 보여 왔다. 그는 단지 일회성 구호나 구제에 그치지 않았다. 보린원이나 성경 구락부의 예에서 보듯이 이들에게 양질의 교육을 제공하여 이들이 의존성의 굴레에서 벗어나 제 발로 일어설 수 있도록 했다. 이는 초대교회가 했던 구호사업을 뛰어넘어, 16-17세기 독일 경건주의자들이 할레(Halle)에 고아원과 학교를 동시에 설립하여 운영했던 사건을 연상시킨다. 요즈음 많은 교회들이 빈민, 고아, 과부, 노인, 환자들을 돌보는 구호(relief) 봉사나 자선(charity) 봉사에는 열심이지만, 사회구조적 봉사의 단계까지는 나아

186) 『한경직 목사 설교전집 1권』, 21쪽. 1946년 12월 1일 베다니교회 창립 1주년 기념주일, 고린도전서 3:1-15 "교회란 무엇인가"에서.

187) 『한경직 목사 설교전집 11권』, 455쪽. 1969년 12월 7일 주일 낮예배(창립 24주년), 고린도전서 12:12-27 ("그리스도의 몸인 교회").

가지 못하고 있다.[188] 이러한 나눔과 돌봄의 구조가 사회 구호적 영역에 머물러서는 안 되고 보다 조직적이고 법적 차원에까지 나가야 한다.

서울 보린원의 경우, 1957년에 벌써 서울시로부터 '재단법인 영락원'(현재의 영락사회복지재단) 설립 인가를 받았다. 오래 전부터 시행되던 여러 봉사 프로그램은 이제 전문화되고 법인화되어 지속적으로 진행되고 있다. 또한 이번 기회에 보린원(영락원)이나 성경 구락부 출신의 많은 사람들이 어떠한 신분 상승의 통로를 거쳤는지, 그리고 지금 사회 각층에서 어떤 역할을 감당하고 있는지에 대한 사회학적 조사를 통해 한경직 목사의 사회봉사 프로그램이 단지 사회봉사 혹은 구호차원에 머문 것이 아니라 사회 행동과 사회 변혁의 단계에까지 나갔는지에 대한 연구도 필요한 시점이 되었다고 본다.

Ⅳ. 결론

한국교회는 지난 세기에 선교 100년을 기념하며 그 동안 이룩한 놀라운 성장을 회고하며 기쁨과 환희로 맞이했었다. 그러나 이로부터 불과 20여 년이 지난 지금 한국 개신교회는 지난 세기에 경험했던 획기적이고 폭발적인 성장을 향수로 간직하면서 앞으로 어떤 방향으로 나아가야 할지 심히 고민하고 있는 상황에 처해 있다.

2006년 통계청에서 발표한 한국의 종교인구 현황[189]에 의하면, 2005년 11월 1일 기준으로 개신교인 수는 10년 전인 1995년에 비해 1.4% 감소했다. 1995년에 876만명(인구 구성비 19.7%)에서 2005년 861만명(인구 구성비 18.3%)으로 지난 10년간 약 14만 4천명이 감소(19.7% ■ 18.3%)한 것이다. 이에 비해 불교는 인구 구성비에서 23.2%에서 22.8%로 0.5% 감소하기는 했지만, 전체 숫자에 있어서 40만 5천명이 증가했으며, 천주교는 놀랍게도 295

188) 한국일, "통전적 선교 관점에서 본 교회의 사회봉사와 책임에 관한 연구," 이만식 편,『21세기 교회와 사회 봉사』 1권 (서울: 장로화신학대학교 연구지원처, 2008), 175-176.

189) 통계청,『2005년 인구 주택 총조사』, 2006.

만 여명에서 514만 여명으로 무려 219만 5천명이 증가하여 74.4%라는 경이로운 성장을 기록했다. 이로써 천주교는 10년 전 인구 구성비 6.6%에서 10.9%로 급격히 성장했다.

이러한 통계는 우리에게 적지 아니한 충격으로 다가온다. 첫째, 한국의 3대 종교인 개신교, 불교, 천주교를 포함하여 전체 종교 인구는 10년 전인 1995년에 비해 지난 10년간 2.4% 증가했다. 천주교, 불교, 심지어 원불교를 포함한 대부분의 종교가 지난 10년간 성장세를 보인 반면, 유일하게 개신교만이 감소세를 기록했다. 전체 종교 인구는 늘어나고 있는데 개신교만이 감소한 것이다. 둘째, 개신교는 감소했는데, 같은 기독교 뿌리에 있는 천주교는 늘어났다. 자료는 개신교가 그간에 느껴오던 위기감이 통계로 확인된 것이다.

개신교회가 1970-80년대에 놀라운 성장을 누릴 수 있었던 것은 한국사회 특유의 열성과 당시 사회의 종교적 필요에 적절히 잘 대응해온 결과였다. 반면 1990년대 이후 개신교회는 변화하는 사회의 요구에 적절히 대응하지 못하고 사회에 좋은 이미지를 만들어내지도 못한 채 부정적인 모습만을 보여주었다. 그 결과 나타난 한국교회의 성장 둔화와 대사회 이미지 악화의 원인으로 교회가 지난 20여 년간 사회봉사 부분에 취약했었다는 자성의 목소리가 나오기 시작한다.

1980년대와 90년대의 천주교의 급진적 성장은 이웃과 세상을 향해 나아간 책임적 행동이 많은 사람들에게 깊은 신뢰를 얻었기 때문이라고 본다. 김수환 추기경과 명동 성당을 중심한 민주화와 사회정의를 위한 행동과 이와 동시에 오웅진 신부와 음성 꽃동네로 대변되는 소외된 이웃과 장애인들과 함께 했던 천주교의 디아코니아가 그 중심에 존재했기 때문이다.[190] 그러나 한국 사회의 절대적 종교인구가 줄지 않고 오히려 늘어나고 있다는 점은 아직도 우리에게 회복할 기회와 가능성이 남아 있다는 것을 시사한다. 이처럼 교회는 이웃과 세상을 향한 책임성을 잘 감당할 때 다시 사회로부터 신뢰를 회복하게 되고 성장하게 된다. 교회는 복음 전도와 사회봉사 혹은 사회적 책임의 본질적인 과제를 갖고 있다. 이 두 과제가 두 날개가 되어 견고하게 비상할 수 있을 것이다. 한경직 목사와 영락교회는 정체 내지는 쇠퇴기에 접어들 조짐을 보이고 있는 한국교회에 좋은 대사회적 활동의 모델을 제시하

190) 김명용,『열린 신학 바른 교회론』(서울: 장로회신학대학교출판부, 1997), 36-37.

고 있다고 생각한다.

오늘의 변화된 선교 상황은 국내에서뿐 아니라 해외 선교현장에서도 우리가 선교를 개인의 영혼구원만으로 제한하여 이해하는 것을 더 이상 용납하지 않는다. 가장 복음이 필요한 이슬람, 힌두교, 불교권, 그리고 공산주의나 사회주의 지역에서 선교사는 직접적인 복음전파와 교회 개척만을 고집할 수 없다. 창의적 접근이 요구되는 선교 현장에서는 오래 전부터 다양한 종류의 봉사와 섬김을 통한 선교가 이루어져 왔다. 예수 그리스도와 초대교회 이후 약 2,000년간 사람들의 육체와 영혼의 필요를 채워주며 그리스도의 섬김과 사랑과 봉사의 본을 보여 왔다.

한경직 목사의 영락교회가 내세울 수 있는 브랜드는 '한경직 목사의 목회와 삶'이라고 생각한다. 그의 선교신학은 영혼만 치유하는 것이 아니라 육체도 치유하고, 개인만 치유하는 것이 아니라 사회와 세상도 치유하는 복음주의와 에큐메니칼을 아우르는 통전적이며 전인적인 봉사를 기반으로 한다. 한경직 목사의 세 가지 목회 방침에 맞추어 영락의 자체 브랜드를 잘 지켜나가기를 바란다. 끝으로 창립 50주년 기념예배에서 한경직 목사가 영락교회와 한국교회에게 제시한 미래 청사진을 소개한다.

> 돌이켜 보면 모든 것이 하나님의 은혜요 도우심이었습니다... 바라기는 영락교회가 21세기의 주역이 되는 교회가 되기를 바랍니다. 우리 교회는 한국교회와 사회를 위하여 특별한 사명을 받은 교회입니다. 지난 50년 동안에는 전도와 교육과 사회봉사를 위해 애써 왔는데, 장차 21세기에는 남북통일과 세계 선교를 위하여 크게 쓰임 받을 줄로 믿습니다.[191]

191) 한경직, "은혜와 보답,"『영락교회 창립 50주년』(팜플렛).

한경직 목사의 국외선교사역

안교성 박사 / 장신대

I. 서론

한경직 목사(이하 한경직)는 한국교회, 특히 한국장로교회의 국외선교사역에 있어서 많은 활동을 하였다.[192] 이런 국외선교사역은 해당분야뿐 아니라, 한국교회 전반에 대하여 많은 영향을 미쳤다. 그런데, 의외로 이와 관련된 구체적인 사실들이나 그것들의 역사적 의의에 대하여 많은 연구가 이뤄지지 않았다. 다시 말해, 한경직과 관련하여, 익히 알려진 사실이 막연하게 반복되는 경향이 강한 반면, 구체적인 분석이나 객관적인 반성이 부족한 형편이다. 그러나 한경직의 국외선교사역의 구체적인 사실을 모두 밝히는 것은 본 논문의 범위를 넘어서는 것이다.[193] 물론 필자는 이제까지 잘 소개되지 않은 1차 사료들을 밝히는데 주

192) 논문 성격상 존칭을 생략한다. 또한 국외선교에 대해서는, 해외선교, 세계선교 등 다양한 용어가 사용되고, 그 의미도 각각 상이하지만, 본 논문에서는 주어진 발제 제목에 따라, 기본적으로 국외선교라는 용어를 사용하기로 한다.

193) 한경직의 국외선교사역, 더 넓게는 해외사역에 대해서는, 《대한예수교장로회(통합측) 총회 보고서》, 《기독공보》, 《한경직목사설교전집》 등을 통하여 파악할 수 있다. 이와 관련된 가장 중요한 문건 가운데 하나인 "영락교회 당회록"은 본 연구에 직접 활용하지 못했다. 다음 책을 볼 것. 한국교회사료연구원, 《추양한경직목사기독공보기사모음집》 (서울: 한국교회사료연구원, 2002); 한경직, 《한경직목사설교전집》 (서울: (사) 한경직목사기념사업회, 2009). 한경직의 경우, 해외사역과 국외선교사역은 확연하게 구분하기 어렵고, 과연 그런 구분이 유의미한 것인가도 의문이다.

력하였지만, 본 논문은 한경직의 국외선교사역을 몇 가지 유형으로 나누어 요약하고, 핵심적인 사안을 소개하고, 역사적인 의의를 평가하고자 한다.

II. 한경직의 국외선교사역의 평가

한경직의 국외선교사역은 몇 가지 유형으로 나누어 살펴볼 수 있다. 이것은 한경직의 목회사역의 발전과정과 연관이 있다. 그리고 이 유형은 각 시기별로 중복되어 나타나는 경우도 있다. 첫째, 이주교회 목회기(1945-1950), 둘째, 한국교회 해외교섭대표기(1950-1955), 셋째, 에큐메니칼 선교 참여기(1955-1966), 넷째, 복음주의 선교 참여기(1966-2000).

1. 이주민교회 목회기(1945-1950)

1) 이주민교회와 국외선교

한경직의 목회는 영락교회 이전부터 시작되었다. 그러나 한경직의 대표적인 목회는 영락교회와 더불어 시작되었다. 사실 한경직과 영락교회는 분리될 수 없을 만큼 함께 성장하였다. 이런 사실은 한경직의 국외선교사역에도 영향을 미쳤다. 그렇다면 왜 그런가, 그리고 어떻게?

영락교회는 오늘날의 용어로 말하면 국내이주민에 의하여 설립된 교회(a church established by domestic migrants)이다.[194] 일반적으로 이주민교회는 매우 결속력이 큰 교회이다. 더구나 영락교회의 경우, 국내 이주는 정치적, 종교적, 경제적 원인이 복합적으로 나타났고 생사가 걸린 문제였다.[195] 북한으로부터 남한에 오는 것도 생사가 걸린 문제였고, 새

194) 이것은 상황에 따라, 이주민교회, 뿌리뽑힌 교회, 새로운 곳에 던져진 교회 등 다양하게 묘사될 수 있다.

195) 해방 후 한국의 기독교난민의 성격에 대해서는 다음 책을 볼 것. 강인철, 《한국 기독교회와 국가 시민 사회: 1945-1960》 (서울: 한국기독교역사연구소, 1996); 《전쟁과 종교》 (오산: 한신대학교출판부, 2003); 《한국 개신교와 반공주의: 보수적 개신교의 정치적 행동주의 탐구》 (서울: 중심, 2007); In Cheol Kang, "Protestant

로운 정착지인 남한에서 생존하는 것도 생사가 걸린 문제였다. 영락교회는 남한이라는 낯선 정착지에 세워진 신앙적 섬이었고, 그 섬은 그 섬을 찾아온 사람들의 기대에 부응하였다. 실향민은 영락교회로 몰려들었고, 다시 영락교회는 실향민을 불러 모았다.[196] 뿐만 아니라, 한국전쟁으로 인하여 이들은 거듭 피난길을 나서게 되었다. 당시 상황을 묘사한 다음과 같은 기록을 살펴보자.

> 남한에서의 출발은 용이한 일이 아니었다. 다른 월남자들과 마찬가지로 한 목사도 어찌 할 바를 몰랐다. 어디서 살며, 어디서 일하고, 무엇을 먹고 살 것인가가 문제였다. 그는 고향을 떠나온 몇몇 교우들을 만났다. 그는 그들에게 같이 예배드릴 것을 제의했다... 이처럼 절망에 찬 사람들의 모임이 바로 오늘의 영락의 핵심이요 시작이었다...
>
> 해가 감에 따라 영락교회는 성장해 갔다. 무엇보다 예배당 설립이 시급했다... 그리하여 그 교회는 2천 좌석을 갖춘 아름다운 교회가 되었다...헌당식이 있은 지 3주일 후에 공산주의자들이 처 들어왔다. 그리하여 서울은 비울 수밖에 없었다.
>
> 월남자들에게 있어서 그와 같은 또 하나의 피난생활이 겹쳐졌다는 것은 그 누구도 슬픔을 측량할 수는 없을 것이다. 그들은 전에도 모든 소유를 잃어버렸었다. 그런데 또 다시 빨갱이들에게 모든 것을 빼앗기게 되었으니 말이다. 게다가 방금 완성된 교회까지 잃어버린 그 고통이 어떠했으랴![197]

Church and Wolnamin: An Exploration of Protestant Conservatism in South Korea" *Korea Journal* 44/4 (Winter 2004): 157–90. Joo Seup Keum, "Church, Minjung, and State: The Revival of Protestant Christianity in North Korea", *Studies in World Christianity* 8/2 (2002), 264–84; "Remnants and Renewal: A History of Protestant Christianity in North Korea, with Special Reference to Issues of Church and State, 1945–1994" (Unpublished Ph.D. Dissertation, University of Edinburgh, 2002). 허명섭, 《해방 이후 한국 교회의 재형성, 1945–1960》 (부천: 서울신학대학교출판부, 2009). 김홍수, 《한국전쟁과 기복신앙 확산연구》 (서울: 한국기독교역사연구소, 1999).

196) 남한으로 이주한 북한출신 한국인을 가리키는 용어가 다양하지만, 해당교회인 영락교회의 경우를 고려하여, 본 논문에서는 실향민으로 하기로 한다.

197) 코흐, 박빌립 역, 《한국교회의 어제와 오늘》 (서울: 세종문화사, 1970), 55, 56. 띄어쓰기는 원문대로이다. 이 책의 겉표지와 한경직의 "머리말"에는 필자가 코호로 되어 있으나, 이 책의 뒷표지나 책 후반부에 수록된 독일어본의 겉표지를 보면 필자가 Von Ren Monod로 되어 있다. 필자는 이런 차이가 발생한 원인을 알 수 없다. 이 책의

이러한 이주민교회는 그 발전 과정에서 대개 두 가지 양상을 보인다. 하나는 내향적 타입(a introvert type)이고, 다른 하나는 외향적 타입(an extravert type)이다. 영락교회의 경우는 외향적 타입을 취했고, 그런 지향성이 영락교회의 성장을 설명해준다. 이 자리에서 영락교회가 이주민교회였다는 사실의 역사적 의의, 영락교회가 외향적 타입의 이주민교회가 된 이유 등에 대해서 상술할 수는 없고, 이것은 별도의 연구가 필요하다. 다만 본 논문은 이런 사실과 한경직의 국외선교사역과의 관련성을 설명하고자 한다.

이주민교회가 외향적 타입을 취했을 경우, 다시 말해 선교적 교회(a missionary church)로서의 태도를 갖췄을 경우, 이주민교회는 세 가지 방향의 선교에 참여하게 된다. 첫째, 동질집단에 대한 선교이다. 둘째, 주류집단에 대한 선교이다. 셋째, 동질집단 및 주류집단과의 연합을 통한 보다 확대된 선교이다.[198]

이런 관점에서 영락교회의 선교를 설명할 수 있다. 첫째, 영락교회는 동질집단에 대한 선교에 주력하였다. 국내에 실향민교회를 개척하거나 개척을 지원하였다. 또한 실향민을 위한 복지사역에 참여하였다.[199] 둘째, 영락교회는 한국에 대한 복음화에 앞장섰고, 복지사역의 범위를 계속 확대해나갔다. 셋째, 영락교회는 전 세계에 영락교회 유형의 교회를 재생산하였고, 나아가 타문화권 선교에 참여하였다. 이 과정에서도 복지사역은 중요한 부분을 차지하였다.

이러한 발전과정은 한경직 및 영락교회의 국외선교관의 성격을 규정지었다. 첫째, 한경

3부는 한국교회의 대표적인 교회와 목회자로, 영락교회와 한경직을 간략하게 소개하고 있다.

198) 가령 용어네일은 소수민족교회가 세 가지 선교를 할 수 있다고 주장한다. 동질 집단을 대상으로 한 내적 선교(internal mission), 수용사회의 교회에 영향을 주는 역선교(reverse mission), 그리고 수용사회의 교회와의 공동의 선교(common mission). Jan A. B. Jongeneel, "The Mission of Migrant Churches in Europe", *Missiology: An International Review* 31 (Jan. 2003): 29-33, 특히 29.

199) 한경직이 전도와 복지 곧 복음사역 및 복지사역에 모두 관심을 가지게 된 것은, 그가 일제말기 목회를 할 수 없을 때, 고아원사역 등을 한 경험과 무관하지 않다고 볼 수 있다. 다만 본격적인 한경직의 목회사상 및 선교사상에 대한 논의는 본 논문의 영역이 아니기 때문에, 이 자리에서는 생략하기로 한다. 역사적인 예로는, 칼뱅도 이주민으로, 또한 이주민교회 사역을 위하여 다양한 사회복지사역을 하였고, 이 점에서 양자를 비교하는 것도 의미있는 일이 될 것이다. 다음 논문을 볼 것. 안인섭, "칼빈의 디아스포라 사역" (미간행발표논문, 칼빈탄생500주년 기념 포럼: 칼빈의 디아스포라 사역 회고 및 한국 장로교회 디아스포라 사역의 진단과 전망, 2009년 11월 21일), 1-14.

직 및 영락교회의 국외선교관은 실향민, 한국, 전 세계로 퍼져나가는 동심원적 구조를 가지고 있다. 따라서 선교가 매우 자연스럽게 여겨졌다. 이로 인하여 한경직과 영락교회는 선교적인 목회자, 선교적인 교회가 되었다. 둘째, 이런 과정에서 전도와 복지, 곧 복음사역과 복지사역은 교회의 우선적인 사역으로 나타났다. 이런 특징은 동질집단선교, 주류집단선교, 확대된 선교, 즉 실향민, 한국, 전 세계 선교에 계속 나타났다.

이 자리에서 두 가지 사실을 잠시 언급하고 넘어가기로 하자. 첫째, 전 세계에 영락교회 유형의 교회가 재생산 되었는데, 이 과정은 매우 느슨한 양상을 나타냈다. 요즘처럼 직할교회나 준교단 형태가 아닌, 주로 교인 집단의 동질성 내지 영락교회를 모범으로 삼는 정신적 동질성에 기반을 둔 재생산 과정이었다. 바로 이러한 자율성 내지 융통성이 오히려 영락교회 유형의 교회의 증가를 가능하게 했다고 할 수 있다. 그러나 오늘날 세월이 흐름에 따라, 실향민을 중심으로 한 교인 집단의 동질성이 약화되고, 다양한 교회의 모범들이 대두됨에 따라, 영락교회 유형의 교회 재생산은 급격하게 저하되고 있다.[200] 이에 대한 본격적인 연구가 필요하다. 둘째, 이러한 영락교회 유형의 교회들 가운데 많은 교회들이 선교에 적극적이었다. 가령, 나성영락교회를 들 수 있다. 영락교회 유형의 교회와 선교 참여의 관계성 역시 본격적인 연구가 필요하다.

2) 이주민교회에 대한 새로운 성찰

최근 들어 세계화에 따라 이주 현상이 보편화되고 디아스포라 문제가 다변화되고 있다. 다양한 디아스포라가 출현하고 있다. 이에 따라 선교 유형도 특정 디아스포라를 선교의 대상으로 삼던 유형에서 특정 디아스포라가 선교의 주체가 되고 나아가 다른 디아스포라를 선교 동원화 하는 유형까지 나타나고 있다.[201]

200) 최근에는 온누리교회, 두레교회, 주님의교회 등이 전 세계에 재생산되고 있다. 대체적으로 온누리교회나 두레교회는 직할교회나 준교단 형태의 성격을 나타내고, 주님의교회는 자발적 모방형의 성격을 나타낸다고 할 수 있다. 해외한인교회의 성격과 문제점에 대해서 본격적인 연구가 필요하다. 미국의 윌로우크릭교회(Willow Creek Community Church)도 전세계적인 관계망을 통하여 준교단적인 양상을 나타낸다.

201) 필자는 한국의 이주민 신학를 다루면서 계속 변해가는 이주민의 모습에 대하여, 이방인으로서의 디아스포라, 이웃으로서의 디아스포라, 가족으로서의 디아스포라, 선교사로서의 디아스포라로 정리한 바 있다. 졸고,

이런 관점에서 영락교회에 대한 다각적인 연구가 필요하다. 첫째, 필자가 위에서 언급하였듯이, 영락교회의 역사를 국내이주에 의한 교회라는 관점에서 분석하는 일이다. 둘째, 최근 들어, 북한출신[기독교인] 제1세대(월남민 혹은 실향민)가 중심이 된 영락교회가 북한출신[기독교인] 제2세대(탈북자)와 만남으로써 교회론적 문제와 선교학적 문제에 봉착하고 있다. 이 문제는 이주현상이 시차를 두고 중복되어 나타나는 것과 이주민 세대 간의 세대차가 복합적인 현상으로 나타나는 것과 연관이 있다.[202] 이에 대한 연구가 이미 나오기 시작했으며 추가 연구를 기다리고 있는 상황이다. 셋째, 위에서 언급하였듯이 영락교회가 해외에 재생산 되는 과정에서 해외한인교회 및 세계선교의 분야에 다각적으로 참여하고 기여하였는데 이에 대한 분석 역시 기대되고 있다.

2. 한국교회 해외교섭대표기(1950–1955)

한국교회는 해방 후 세계교회와의 교류가 절실하였다. 한편으로 제2차 세계대전 종전과 더불어 후기-식민시대가 도래함으로써 민족국가들이 독립하게 되었고, 민족교회들 역시 독립하였다. 이에 따라 그동안 선교지의 선교부를 통하여 서구의 소위 모교회(mother churches)들과 간접적으로 관계를 맺던 현지 민족교회들이 이제 교회 대 교회 차원에서 직접적으로 관계를 맺게 되었다.[203] 한국교회 역시 세계교회와의 교류가 필요하였는데 이런

"디아스포라 사역을 위한 디아스포라 사역서설" (미간행발표논문, 칼빈탄생500주년 기념 포럼: 칼빈의 디아스포라 사역 회고 및 한국 장로교회 디아스포라 사역의 진단과 전망, 2009년 11월 21일), 16–24, 특히 20–22를 볼 것. 또한 졸고, "다문화사회 선교, '손님 대접' 모델에서 '가족됨' 모델로", 《목회와 신학》 (2009, 12): 210–17.

202) 이주민 세대의 세대차는 두 가지로 나타난다. 하나는 이주가 한번 이뤄진 뒤, 이민 1세대와 그 후손간의 세대차가 나타나는 경우이다. 다른 하나는 이주가 거듭됨으로써, 시기별로 상이한 이주민 세대간의 세대차가 나타나는 경우이다. 통상 이민지에서는 이런 세대차가 중복하여 나타난다. 영락교회의 경우도, 월남민[실향민]과 그 후손간의 세대차, 1차 월남민인 실향민과 2차 월남민인 탈북자간의 세대차가 모두 나타나고 있다.

203) 서구교회와 비서구교회의 관계에 대한 인식은 계속 변화를 겪어왔다. 가령 세계선교대회의 경우, 1900년 New York 대회 및 1910년 Edinburgh 대회에서는 mother church–daughter church 관계로 여겨지던 것이, 1928년 Jerusalem 대회에서는 older church–younger church로, 제2차세계대전 종전 이후 특히 1947년 Whitby 대회 이후로는 partner church–partner church로 바뀌게 되었다.

일을 감당할 국제적인 지도자로 부상하게 된 인물 가운데 한 명이 바로 한경직이었다.

다른 한편으로, 한국의 해방은 분단과 전쟁으로 이어지는 복잡한 양상으로 나타났다. 한국교회는 그동안 삼자정책의 성공사례로 인식되어 왔고, 특히 자립(self-support)은 거의 신앙적 덕목에 이르렀다고 할 만큼 강조되었다. 그러나 해방, 분단, 전쟁으로 이어지는 격변 가운데 한국교회는 일시적이나마 해외 의존적 교회가 되었다.[204] 이로 인하여 해외교회 및 해외에큐메니칼 기관, 심지어 기독교 기관이 아닌 세속 기관의 도움이 절실하게 되었는데, 이 분야에서 두각을 나타내게 된 국제적인 지도자 가운데 한 명이 바로 한경직이었다.

따라서 한경직은 점차 종횡무진으로 국내외를 드나들었는데, 이것은 일반적인 목회자로서는 상상할 수 없는 행동양식이었고, 행동반경이었다.[205] 한경직은 국제관계를 통하여 성장했고, 국제관계는 다시 한경직을 교계의 주요인물로 만들어갔다. 먼저 한경직이 한국교회 해외교섭대표로서 활동한 내용을 살펴본 뒤 해외지원과 관련하여 특히 구체적인 관계를 맺어온 월드비전 사역에 대하여 살펴보도록 하겠다.

1) 한국교회 해외교섭대표

위에서 언급한 바와 같이 해방 후 한국교회는 세계교회와의 연대에 힘쓰게 되었다. 이것을 세분하면 해외교회, 해외선교 기관, 해외에큐메니칼 기관과의 연대로 말할 수 있다. 한경직은 이런 모든 분야에 관여하였다. 사실 해방 이후 한국교회의 중요한 지도자로 부상한 인물들 가운데 적지 않은 수가 해외교회와의 관계성이란 배경 속에서 성장하였다.

가령 해방 이전에 한국교회는 장로교, 감리교, 성결교가 삼분하여 차지하였고, 특히 장로교와 감리교가 우세하였다. 그러나 해방 이후 새로운 교파로 부상한 두 교파가 있는데, 바로 침례교와 오순절교회(하나님의 성회)이다. 이 교파들의 대표적인 지도자로 김 장환 목사와 조 용기 목사를 들 수 있다. 이들 모두 미국교회와의 긴밀한 관계 가운데 성장하였고, 소속교파 역시 성장하였다. 김장환은 미국 유학 후 미국침례교선교부의 자국민 선교사로 한

204) 이로 인하여 한국교회는 구제기관으로서의 이미지를 가지게 되었다.

205) 이승준, "한경직 목사와 한국전쟁", 《한국기독교와 역사》 15 (2001): 10-37, 특히 23-27.

국에 파송되었다.[206] 조용기는 한국에서 사역하던 미국오순절교단 선교사의 통역으로 시작하여 후에 그의 가능성을 알아본 선교사가 서대문 전도관(선교센터)을 서대문 교회(민족교회)로 전환하여 맡김으로써 도약의 기반을 마련해주었다.[207] 한편, 한경직은 대한예수교장로회의 대표로 크게 활약하였고, 처음에는 미국통으로 후에는 전 세계적인 관계망을 통하여 세계적인 지도자로 성장하였다.[208] 한경직은 한국전쟁과 관련하여 해외원조의 중요한 통로가 되었다. 따라서 총회는 심지어 다양한 원조를 소개하면서 "한경직 목사를 통한 구제"라는 점을 명기하기도 했다.[209]

한경직의 위상은 교단, 한국교회, 나아가 세계교회에서 꾸준히 커져갔다. 우선 한경직은 35회 총회(1949년)부터 총회 총대가 되었다.[210] 초기에 몇 번 총대 명단에서 누락되었지만 지속적으로 총회 총대가 되었다. 이미 38회 총회(1953년)에서 부회장이 되고, 39회 총회(1954년)에 다시 한 번 부회장이 되고, 40회 총회(1955년)에는 총회장이 되었고, 따라서 세계적으로 한국교회 및 교단을 대표하는 기회가 점차 많아졌다.

뿐만 아니라 에큐메니칼 운동과 선교 분야에서 중요한 자리를 계속 유지했다. 첫째, 거의 지속적으로 교단의 선교부 부원이 되었고, 오랫동안 선교부장이 되었다. 잠시 다른 부서에 속했다가도 선교부로 돌아옴으로써 선교에 대한 관심을 엿보였다. 선교부가 전도부로 흡수된 뒤에는 전도부장을 여러 차례 하였다.[211] 둘째, 해방 후 새로운 에큐메니칼 선교 개념에

206) 김승태, 박혜진 편, 《내한 선교사 총람, 1884-1984》 (서울: 한국기독교역사연구소, 1994), 49,99,329.

207) 여의도순복음교회 편, 《위대한 소명: 희망목회 50년》 (서울: 여의도순복음교회, 2008).

208) "WCC 연구협회에 한경직 박사 대표로 참석", 《기독공보》, 1952년 11월 17일자; "한경직 박사 도미", 《기독공보》, 1953년 5월 25일자 등. 그리고 "한경직 목사에 명박학위, 제2회 세계 기독교대회서 수여"의 제하의 기사에 의하면, 한경직은 이미 세계적인 지도자로 인정받기 시작하였다. 그 기사는 다음과 같다. "장로회 부회장 한경직 목사에게 명예박사 학위가 수여되었다. 이는 제 2회 W.C.C. 대회가 6명의 세계장로교회 지도자에게 지난 23일 각각 명예박사 학위를 수여하였는데, 그 중의 한사람으로 한경직목사가 받게 된 것이다. 그런데 한 박사는 사정에 의하여 동대회에 참석치 못하였으며 방금 휴양 중에 있다." 《기독공보》, 1954년 8월 30일자.

209) 대한예수교장로회, 제37회총회회의록, 1952, 154.

210) 대한예수교장로회, 제35회총회회의록, 1949, 29. 당시 뿐 아니라 그 이후 총회회의록에 상당한 오류가 나타나는 것으로 보여 총회회의록을 사용할 때 주의가 필요하다. 가령 총대명단이나 각부서 공천명단에서 부정확한 면이 나타난다.

211) 대한예수교장로회통합측, 제47회총회회의록, 337.

따라 외국선교부가 현지 민족교회에 통합되는 과정이 나타났다.[212] 이런 과정에서 외국선교부와 대한예수교장로회 간에 위원회가 나타났고, 상황에 따라 그 명칭과 특성이 계속 변하였는데 한경직은 이 위원회에 줄곧 참여하였고 오랫동안 대표가 되었다.[213] 셋째, 한경직은 한국기독교연합회에 장기간 교단 대표 가운데 한 명으로 참여하였고, 제6회기(1952년)에는 그 기관의 부회장, 제9회기(1955년)에는 회장을 역임하였다.[214] 따라서 한경직은 세계선교, 협력교회와의 에큐메니칼 관계, 국내 에큐메니칼 운동 등에 모두 관여하게 되었다.

이런 관점에서 그가 한국교회 내지 교단을 대표한 것은 너무나 당연하다고 할 것이다. 한경직은 1950년대 중반 이후 1960년대 중반까지 여권, 건강, 참석자 배분 등의 이유를 빼고는 줄곧 다양한 세계대회에 참가하였다. 곧 세계교회협의회, 국제선교협의회, 동아시아기독교협의회(및 아시아기독교협의회), 협력교회 등이 주최하는 국제대회에 거듭 참석하였다.[215] 한경직은 한국교회와 대한예수교장로회의 해외통이었던 것이고, 이런 모든 관계는 적어도 1960년대 중반 이전까지는 에큐메니칼 관계에 속한 것이었다.

물론 한경직이 세계적인 지도자로 성장한 것은 그의 국제관계만으로 설명할 수는 없다. 무엇보다도 영락교회가 경이적인 교회성장의 상징이 되어가고 있었고, 한경직이 영락교회의 목사라는 사실이 그의 교단 및 세계교회 내에서의 위상을 공고히 해주었다. 그는 이미 영락교회를 통하여 세계적인 성공사례가 되어가고 있었던 것이다.

한경직은 이런 해외활동을 자신이 목회하던 영락교회에 소개하였다. 무엇보다 한경직은 설교를 통하여 세계교회와의 연대에 대하여 다양하게 소개하였다. 이것은 영락교회가 세계

---

212) 상세한 내용은 에큐메니칼 선교 부분을 볼 것.

213) 이 위원회의 변화에 관해서는 다음 책을 볼 것. 민경배, 한국교회백주년준비위원회사료분과위원회, 《대한예수교장로회백년사》 (서울: 대한예수교장로회총회, 1984), 654-66.

214) 한국기독교교회협의회 70년 역사편찬위원회 편, 《하나되는 교회 그리고 세계》 (서울: 대한기독교서회, 1994), 169-70.

215) 한경직이 참석한 주요대회를 열거하면 다음과 같다. 1952년 인도 Lucknow의 세계교회협의회 주최 동아시아에큐메니칼연구대회, 1954년 에반스톤 세계교회협의회 총회(총회회의록에 의하면 여권 문제로 불참), 1956년 미국북장로교회 주최 레이크 모홍크 선교협의회, 1957년 가나 국제선교협의회 대회, 1958년 브라질 장로교 대회, 1962년 미국남장로교회 주최 몬트리어트 선교협의회, 1964년 동아시아기독교협의회 주최 존 모트 강연 등. 이밖에 1966년 베를린 대회, 1968년 베를린 대회 후속 아시아-남태평양 전도대회, 1973년 전아시아선교협의회, 서울 '73대회 등.

적 인식을 지니고 선교의식을 높이는데 크게 기여했으리라고 추정할 수 있다. 가령 1956년에는 아프리카 카메룬 교회를 방문한 것을 소개하였다. 이 방문은 미국북장로교회가 주최한 레이크 모홍크 대회(Lake Mohonk Consultation)의 후속조치로 여겨진다.[216)] 1957년에는 전년도인 1956년에 로마를 방문한 것을 소개하였다. 이 방문은 아프리카 카메룬 교회를 방문하던 여정과 연관되는 것으로 추정된다.[217)] 또한 1958년에는 가나에서 열린 국제선교협의회(International Missionary Council, IMC)에 대하여 몇 차례 소개하였다. 이것은 에큐메니칼 선교기관과의 연대를 소개한 것이다.[218)] 또한 세계교회의 인사들이 계속해서 영락교회를 방문하였다. 이로 인하여 영락교회는 계속해서 세계교회에 대한 인식이 높아졌다.

2) 월드비전(구 선명회[宣明會]) 사역[219)]

한경직의 사역에 일관되게 반복되는 것은 복음사역과 복지사역이다. 그런 점에서 월드비전 사역 역시 예외가 아니다. 역설적인 말이지만, 월드비전 사역은 월드비전 탄생 이전부터 시작되었다. 즉 월드비전 창시자인 피어스(Robert Willard Pierce, 통칭 Bob Pierce)가 월드비전을 설립하기 이전부터 한경직과 피어스의 관계는 시작되었다. 피어스는 한국에서 복음사역에 먼저 참여하였다. 피어스는 부흥사로 한국에 왔고, 그 후 한국전쟁을 계기로 한국의 복지사역을 위하여 월드비전을 설립하였다. 한경직이 복음사역과 복지사역 모두에 관심이 있기 때문에 피어스와의 관계는 계속 이어져갔다. 월드비전이 복지사역 전문 선교기관으로

216) 한경직, "아프리카 카메룬 교회(1956년 8월 5일 주일저녁예배)", 《한경직목사설교전집 2》, 177-85. 한경직은 레이크 모홍크 대회에 아담스(Edward A. Adams, 한국명 안 두화), 안 광국 등과 같이 참가하였으며, 미국의 주요도시를 순방하였고, 아담스와 안 광국은 귀국하였으나, 다시 유럽과 아프리카 여러 곳을 방문한 뒤 8월 초에 귀국하였다. 대한예수교장로회, 제41회총회회의록, 1956, 15. 레이크 모홍크 대회의 공식대표는 한경직 한 명이었다.

217) 한경직, "어머니의 믿음(11957년 5월 12일 주일낮예배)", 위의 책, 382-391.

218) 한경직, "주의 발자취(1958년 1월 26일 주일낮예배)", 위의 책, 465-472; "이 시간에 복음 선교(1958년 1월 26일 주일저녁예배)", 위의 책, 473-88.

219) 월드비전은 한국의 복지사역을 위하여 선명회로 시작되었다. 1998년 한국선명회도 월드비전한국으로 개명하였다. 월드비전 및 이 기관과 한경직과의 관계에 대한 보다 구체적인 내용은 다음 책과 글을 볼 것. 월드비전한국, 《월드비전 한국 50년운동사》 (서울: 월드비전, 2001); 김은섭, "밥 피어스(Bob Pierce)의 한국선교"(미간행발표논문, 한국기독교회사학회 제141회 세미나, 2009년 9월).

거듭나면서, 직접적인 복음사역과는 거리를 두게 되었지만, 오히려 이런 양상이 한경직이 피어스 및 월드비전과 보다 빈번하고 지속적인 관계를 유지하는데 한몫을 하기도 하였다. 그 이유는 다음과 같다. 피어스가 부흥회 중심의 복음사역만을 했을 경우 양자의 관계는 간헐적일 수밖에 없었을 것이다. 그러나 피어스가 지속성이 필요한 복지사역에 더 집중하였고, 한경직이 이 일에 동참함으로써 양자의 관계는 보다 빈번하고 지속적인 관계로 발전하였던 것이다. 이런 양상은 피어스와 거의 동시대에 한국에서 부흥회 중심의 복음사역을 벌이기 시작했던 빌리 그래함(Billy Graham)과 비교해 볼 수 있을 것이다.

빌리 그래함과 한경직은 한국교회의 민족복음화운동에 큰 족적으로 남겼고, 한경직은 이 운동을 통하여 한국교회의 대표적인 지도자로 부상하였다. 그러나 빌리 그래함과 한경직의 관계는 월드비전처럼 빈번하고 지속적인 관계는 아니었다. 양자의 관계는 오히려 1966년 베를린 대회를 기점으로 더욱 유의미한 관계로 발전해나갔다. 이것에 대해서는 아래에서 상술하겠다.

3. 에큐메니칼 선교 참여기(1955-1966)

1) 에큐메니칼 선교의 대두

제2차 세계대전 종전과 후기-식민주의 시대의 도래는 선교에도 변화를 촉구했다. 그것은 국가의 독립, 교회의 독립에 걸맞는 선교의 독립이 이뤄져야 한다는 것이다. 선교의 독립과 그것에 근거한 선교 협력 나아가 일치와 선교를 연계하는 선교적 변화를 한 마디로 요약하면 '에큐메니칼 선교'라고 할 수 있다.[220] 이러한 변화는 과거에 선교기관(초교파선교회와 교파선교부)이 중심이 되어 서구에서 비서구를 향해 나가는 지리적 개념에 근거한 전통

220) 에큐메니칼 선교에 대한 이해를 위해서는 다음 책과 글을 볼 것. John Smith, *From Colonialism to World Christianity* (Philadelphia: The Geneva Press, 1982); Donald Black, *Merging Mission and Unity: A History of the Commission on Ecumenical Mission and Relations* (Philadelphia: The Geneva Press, 1986); Daniel J. Adams, "The Biblical Basis for Mission, 1930-1980", Martin E. Marty, ed., *Missions and Ecumenical Expressions* (Munich: K. G. Saur, 1993), 82-101 [이 글은 원래 *Journal of Presbyterian History* 59:2 (Summer 1981): 161-77에 실렸다].

적인 '해외선교'를 벗어나서 각 지역의 교회가 선교적 소명에 응답하여 선교하며, 이를 위하여 교회들이 서로 협력한다는 새로운 선교를 요구하였다.

이런 새로운 선교관은 이에 따른 수많은 부수적인 변화를 요구하였다. 선교개념의 변화, 선교주도권의 변화, 선교기관의 변화, 선교사의 변화 등 엄청난 변화를 초래하였다. 또한 이런 변화를 설명하기 위한 새로운 용어들이 등장하였다. 이 자리에서 에큐메니칼 선교 자체를 자세히 논할 수는 없지만 본 논문의 논지 전개상 필요한 몇 가지를 언급하고자 한다.

첫째, 당시의 역사적 배경을 살펴보자. 에큐메니칼 선교란 개념은 선교기관으로는 국제선교협의회(International Missionary Council, IMC), 에큐메니칼 기관으로는 아시아교회협의회(the Christian Conference of Asia, CCA; 전신은 동아시아기독교협의회, the East Asia Christian Conference, EACC), 교회로는 미국북장로교회(Presbyterian Church of the United States of America, PCUSA)가 가장 적극적으로 주장하였다고 볼 수 있다.[221)]

각설하고, 제2차 세계대전 종전 후 아시아에서는 에큐메니즘이 활발하게 진행되었다.[222)] 이미 1928년 예루살렘 국제선교협의회 대회에서 서구교회와 비서구교회의 새로운 관계정립이 요구되었다. 1938년 탐바람 국제선교협의회 대회에서 아시아에 지역 에큐메니칼 기구를 결성할 것이 논의되었으나 제2차 세계대전 발발로 무산되었는데 종전 후 이 문제가 다시 대두되었다.[223)] 세계교회협의회와 국제선교협의회가 초기에 지역 에큐메니칼 기구 결성

221) 국제선교협의회(International Missionary Council, IMC)에 대해서는 다음 책을 볼 것. William Richey Hogg, *Ecumenical Foundations: A History of the International Missionary Council and Its Nineteenth-Century Background* (New York: Harper & Brothers, Publishers, 1952), 특히 332-42; International Missionary Council, *Missions under the Cross: Addresses delivered at the Enlarged Meeting of the Committee of the International Missionary Council at Willingen, in Germany, 1952; with Statements issued by the Meeting* (London: Edinburgh House Press, 1953). CCA와 EACC는 다음 책을 볼 것. U Kyaw Than, ed., *"Witness Together": Being the Official Report of the Inaugural Assembly of the East Asia Christian Conference* (Rangoon: EACC, 1959); K. H. Yap, *From Prapat to Colombo: History of the Christian Conference of Asia (1957-1995)* (Hong Kong: CCA, 1995), 미국북장로교회는 1958년 미국연합장로교회(United Presbyterian Church of the United States of America, UPCUSA)가 되었는데, 이에 대해서는 *Smith, From Colonialism to World Christianity*를 볼 것.

222) 다음 책을 볼 것. 안재웅, 《에큐메니컬 운동 이해》 (서울: 대한기독교서회, 2006); 나이난 코쉬, 김동선 · 정병준 공역, 《아시아에큐메니칼운동사 I》 (서울: 한국기독교교회협의회, 2006).

223) Sang Jung Park, "Introduction", *From Bangalore to Seoul* (Singapore: Christian Conference of Asia, 1985), 2-4.

에 반대하기도 하였으나 결국 1957년 동아시아기독교협의회의 결성으로 열매 맺었다.[224] 그러나 이미 1947년 휘트비 국제선교협의회 대회에서 선교에 모든 교회가 부름 받았고, 모든 교회는 협력해야 한다는 점에서 "partnership in obedience"라는 개념이 대두되었다. 1954년에는 아시아 지역에서 에큐메니칼 선교를 보다 구체화하기 위하여, 미국북장로교회의 선교부 지도자였던 찰스 레버(Charles Leber)의 지도력 하에 "아시아에큐메니칼선교협의회(Asian Council of Ecumenical Mission, ACEM)"가 설립되었다.[225] 결국 이 협의회에 세계교회협의회와 국제선교협의회 대표들이 참여하면서 동아시아기독교협의회의 탄생으로 나가는 계기를 마련했던 것이다.

둘째, 그렇다면 에큐메니칼 선교의 핵심은 무엇인가? 에큐메니칼 선교의 이정표 가운데 하나라고 할 수 있는 레이크 모홍크 대회(Lake Mohonk Consultation)의 메시지는 다음과 같이 선언하였다.

> 우리가 협의하면서 미래를 계획하는 가운데 다음과 같은 위대한 진리를 확신하게 되었다. 파송하는 선교기관이 되는 특권은 모든 교회에 속해 있으며, 이것은 국적, 문화 및 재정 능력과 상관없다. 따라서 우리는 모든 곳의 교회들이 경계 너머로 복음을 전달하는 일과 자기 백성들을 그리스도에게 인도하는데 도움을 받기 위하여 다른 교회로부터 선교동역자를 환영하는 일에 함께 동참하기를 촉구한다. 우리는

224) 이 과정에서, 오스트레일리아(호주)와 뉴질랜드가 태평양 국가라는 이유로, 이 기구에 참여하게 되었다. 이로 인하여, 순수 아시아 기구보다 아시아 · 태평양기구적인 성격이 있게 되었다. 그리고 나중에 호주연합교회가 결성되는 과정에서도 이러한 광활한 지역의 선교적 과제를 대응하는 것이 연합의 하나의 이유로 부각되기도 하였다. 동아시아기독교협의회의 기원에 대해서는, 통상 1957년 프라팟 회의에서 결의되었고, 1959년 쿠알라룸프 회의를 창립총회로 보지만, D.T. Niles 같은 이는 1957년 프라팟 회의를 제1차 회의로 보았다. 다음 책을 볼 것. 나이난 코쉬, 《아시아에큐메니칼운동사 I》, 165, 173.

225) 이것을 진정한 에큐메니칼 구조보다는 새로운 지역별 교파선교협의회로 보고, 감리교가 대응하는 구조를 만들려고 했다. 이에 대해서는 K. H. Yap, *From Prapat to Colombo*, 13을 볼 것. 한편, 미국북장로교는 남미에도 "아시아에큐메니칼선교협의회(ACEM)"과 유사한 조직인, "남미장로교회위원회(the Commission of Presbyterian Churches in Latin America, CCPAL)"을 결성하였다. 그러나 아프리카와 중동지역에는 그런 조직이 없었다.

에큐메니칼 선교에 헌신한다.[226)]

이 메시지는 에큐메니칼 선교를 다음과 같이 정의하려고 했다.

> 우리는 모든 국가들에서 영적 불감성, 도덕적 무력감, 사회적 불의, 그리고 육체적 고난을 목격한다. 사람들의 필요에 대한 우리의 민감성은 정의, 평등, 형제애에 관한 사람들의 점증되는 요구에 필적하지 못한다. 바로 이런 이유로 해서 우리는 오직 기구적인 관점에서만 스스로를 구현하고자 하는 그 어떤 에큐메니칼성(ecumenicity)의 개념도 부적합한 것으로 거부한다. *에큐메니칼 선교는 전 세계의 전 교회가 동적인 선교에 전 생을 내어놓는 것이며, 그 목적은 예수 그리스도의 이름으로 세계와 직접적으로 활기차게 만나는 것이다.(Ecumenical mission is the whole Church in the whole world releasing its whole life in dynamic mission, with the purpose of entering directly and vitally into an encounter with the world in the name of Jesus Christ).* 교회는 너무나 오래 동안 이 세상이 믿기 위하여 그분 안에서 하나가 되라는 그분의 명령을 무시해왔다. 우리 시대의 시급성이란 [맥락] 가운데서 교회는 이제 감히 더 이상 그러지 않을 것이다.[227)]

이상의 내용을 바탕으로, 에큐메니칼 선교의 핵심을 요약하면 다음과 같다. (1) 에큐메니칼 선교에서는 서구교회만이 아닌 모든 교회가 조건에 상관없이 선교적 사명을 갖는 것이 강조된다. (2) 선교는 더 이상 특정 파송교회가 주도하는 것이 아니라 모든 교회가 초청교회가 되며, 그 교회의 초청에 따라 그 교회의 선교적 필요를 채워주는 것이 되었다. 따라서 선교사는 보냄을 받는(sent) 자가 아니라 초대를 받는(invited) 자가 되었다. 이러한 선교사의

226) "A Message from the Consultation on Ecumenical Mission under the auspices of the Presbyterian Church in the U.S.A.", *Report of the World Consultation of the Board of Foreign Missions of the Presbyterian Church in the USA Held at Mountain House, Lake Mohonk, New York -22 April - 1 May, 1956* (mimeographed), 16. 필자의 번역.

227) Ibid. 필자의 번역이며, 강조도 필자의 것임.

새로운 모습을 설명하기 위하여 부정적인 의미가 담긴 기존의 선교사(missionary)라는 용어 대신, 동역자(혹은 선교동역자, fraternal worker)라는 용어가 제시되었다.[228] (3) 나아가서 선교는 더 이상 서구교회가 비서구교회를 교육하는 것이 아니라, 모든 교회가 각자 상이한 선교적 상황에 처했는데, 이러한 가운데 서로에게서 배우는 것이라고 생각하게 되었다. 가령 서구는 기독교가 널리 퍼져 있으나 신앙의 피상성(superficiality)이라는 문제가 있고, 비서구는 여전히 비기독교인이 많다는 문제가 있기 때문에 서구나 비서구 모두 비기독교적인 셈이며, 따라서 서구교회와 비서구교회는 서로 배워야 한다는 것이다. 이런 관점에서 미국교회가 선교사를 보내는 것이 아니라, 선교사를 받는 일까지 벌어졌다.[229]

에큐메니칼 선교에 대한 비판은 크게 두 가지로 요약할 수 있다. 첫째, 선교구조와 관련된 비판이다. 이것은 주로 선교기관 특히 초교파 선교회로부터 비롯된다.[230] 에큐메니칼 선교가 구조적으로 선교기관을 현지 민족교회에 통합하는 것을 전제로 하기 때문에 당사자격인 선교기관은 에큐메니칼 선교를 환영하지 않은 경향이 있다. 이것이 1961년 국제선교협의회가 세계교회협의회에 통합되는 과정에서 첨예하게 나타났다. 그러나 민족교회가 각자가 처한 지역에서 선교적 교회가 되고, 선교의 주체가 되어야 한다는 주장은 어떤 경우에도 무시되어서는 안 될 것이다. 만일 그럴 경우 그것은 사실상 근대 서구 선교가 이룩한 업적

228) 원래 이 용어는 서구가 전쟁의 폐해 가운데 놓였을 때, 전후복구를 돕기 위하여 미국교회 등이 유럽교회에 사역자를 보냈는데, 이런 사역을 교회간 협력(inter-church aid)이라 하고, 이런 사역자를 동역자라고 불렀다. 이것을 에큐메니칼 선교가 원용하여 사용하기 시작한 것이다.

229) William R. Hogg, *New Day Dawning* (New York: World Horizons, 1957), 16-21. 이런 관점에서 한영교가 미국에 선교사로 파송되어 사역하였다. 대한예수교장로회, 제43회총회회의록, 1958, 193-5.

230) 가령, 보수적인 선교학자 피터 와그너(C. Peter Wagner)는 태국선교사였던 김순일의 책의 추천사에서, 에큐메니칼 선교의 실험장이라고 할 수 있었던 태국선교와 관련하여 에큐메니칼 선교를 다음과 같이 혹평하였다. "특히 서구 선교 단체들의 선교 정책과 토착교회와의 관계 수립에 있어서 발생되는 허다한 난제 속에서 저자[김순일]는 독자적인 입장을 유지해 가면서 심층적이고 본질적인 차원에서의 뚜렷한 비판은 오도된 서구 선교전략을 궤도 수정하는데 이바지하기도 했다. 태국에서의 서구 선교부와 토착교회와의 통합을 위한 정책이 뉴욕에 있는 선교본부에서 작성되여졌으며[sic] 토착교회의 의사가 전혀 반영되지 않음으로써 선교와 교회(즉 mission-Church)의 통합은 결국 연극에 불과했다는 사실을 저자는 보고한다." 피터 와그너, "추천의 말씀", 김순일, 《한국선교사의 가는 길: 태국선교 20년의 결산》 (서울: 성광문화사, 1980), 6. 이런 입장은 선교기관의 존재를 지지하는 보수적인 선교학자들에게서 강력하게 나타난다. 그러나 레이크 모홍크 대회에 태국교회의 지도자가 대표로 참석했다는 점에서 그런 비판은 일방적이며 지나친 것으로 볼 수 있다. 태국교회의 대표는 Rev. Leck Taiyong으로 the Church of Christ in Thailand(CCT)의 총무였다. 물론 그 대표가 그 결과를 본국교회에 제대로 소개했는지, 본국교회가 그것을 긍정적으로 수용했는지는 별도의 연구가 필요하다.

을 스스로 부정하는 것과 마찬가지이다.

둘째, 선교신학과 관련된 비판이다. 소위 에큐메니칼 신학 특히 선교신학이 기독교의 보수 및 진보 간의 양극화의 계기가 된 것도 사실이다. 그러나 에큐메니칼 신학 내에도 다양한 입장이 있고, 설사 특정 에큐메니칼 선교신학을 거부한다고 하더라도 선교와 일치를 연결하자는 에큐메니칼 선교의 대의명분마저 도외시할 수는 없는 것이다. 이미 20세기를 통하여 일치를 도외시하거나 일치에 반하는 선교는 반선교(counter-mission)라는 것이 밝혀졌다. 따라서 특정 에큐메니칼 선교신학, 아니 에큐메니칼 선교까지 거부한다고 하더라도 에큐메니칼 협력마저 부정할 수는 없는 노릇이다.

2) 한국교회와 에큐메니칼 선교의 실제

그렇다면 이런 변화는 한국교회와 어떤 관계가 있었던 것일까?[231] 특히 한경직의 국외선교사역과는 어떤 관계가 있었던 것일까? 먼저 한국교회와 관련하여 몇 가지만 언급한 뒤,[232] 한경직의 국외선교사역에 대하여 언급하기로 하자.

첫째, 미국북장로교회는 한국교회, 특히 한국장로교회에 대하여 가장 큰 영향력을 미쳤던 교회였기에, 이 교회의 새로운 선교정책은 한국장로교회에 큰 영향을 미칠 수밖에 없었다. 특히 한국장로교회 가운데서 에큐메니칼 교회로서의 정체성을 고수하였던 대한예수교장로회(통합측)은 에큐메니칼 선교라는 개념을 적극 수용할 것이 예상되었지만 현실은 그렇지 못했다. 일반적으로 말해, 에큐메니칼 선교라는 개념이 하루아침에 전통적인 해외선교 개념을 불식하거나 대체할 수 없었다. 심지어 전통적인 해외선교 개념에 익숙하거나 그것을 신봉하는 사람들은 에큐메니칼 선교에 대하여 적대적인 경향을 보였다. 이것은 미국북장로교회 내에서도 마찬가지였다. 따라서 에큐메니칼 선교 개념은 상명하달식의 형태를

231) 한국교회 전반에 걸친 일반적인 논의는, 졸고, "1945년 해방 후~현재, 선교적 관점에서 본 한국교회" (미간행발표논문, 한국교회 세계선교기여 심포지엄 자료집, 2010년 2월 27일), 71-95을 볼 것. 이 논문은 다음 잡지에 재수록되었다. 졸고, "1945년 해방 후~현재, 선교적 관점에서 본 한국교회" 《전방개척선교, KJFM》 28 (2010, 5/6): 52-69.

232) 다음 두 단락은 위의 글, 79쪽의 두 단락을 수정하여 전재한 것이다.

취한다는 비판도 있었다. 바로 이런 맥락에서 이 개념의 저변 확대를 위하여 가졌던 모임이 1956년의 레이크 모홍크 대회였다.[233] 그리고 미국북장로교회는 1958년 북미연합장로교회(The United Presbyterian Church of North America)와 통합하여 미국연합장로교회(The United Presbyterian Church in the U.S.A.)가 되었는데, 이 통합을 계기로 새로운 선교 개념에 맞는 새로운 선교 구조를 마련하였다. 그것이 바로 "에큐메니칼선교 및 관계위원회(Commission on Ecumenical Mission and Relations, COEMAR)"였다. 한국에서 사역하던 선교부의 모교회들 간에도 에큐메니칼 선교를 수용하는데 시차가 있었다. 미국남장로교회의 경우 비록 레이크 모홍크 대회에 대표를 파견하였지만 독자적으로 유사한 성격의 대회를 가진 것은 1962년에 이르러서였다.[234] 한경직은 이 대회에도 참석하였다.[235] 뿐만 아니라 미국의 선교본부와 한국에서 사역하던 선교부와 선교사들간에도 이해의 차이가 나타났다. 전반적으로 말해 선교본부는 진보적인 태도를 취한 반면 선교지의 선교부와 선교사들은 보수적인 태도를 취하였다.[236] 가령, 미국북장로교회보다 더 보수적인 입장을 취했던 미국남장로교회 선교사 출신이었던 브라운(G. T. Brown, 한국명 부명광)은 1980년대에도 여전히 에큐메니칼 선교에 대하여 다소 부정적인 입장에서 문제점들을 밝힌 바 있다.[237] 이런 상황에서 한국장로교회가 에큐메니칼 선교를 이해하기란 쉽지 않았다. 더구나 당시 한국장로교회 내부에서는 에큐메니칼 운동 자체에 대한 시비가 오가던 형편이었다. 따라서 한국장로교회는 에큐메니칼 운동에 적극적으로 참여하지 못하고 있었다. 이로 인하여 한국장로교회는 에큐메니칼 교회로서의 정체성을 가지고 있음에도 불구하고 에큐메니칼 선교를 제대로 이해하거나

233) 레이크 모홍크 대회에 대해서는, 다음의 보고서와 홍보책자를 볼 것. *Report of the World Consultation;* Hogg, *New Day Dawning.*

234) Board of World Missions of the Presbyterian Church in the United States, *Consultation on World Missions, Montreat, North Carolina, October 13-15,1962* (S.l.: s.n, 1962)을 볼 것.

235) 대한예수교장로회통합측, 제48회총회회의록, 1963, 409.

236) 선교사들의 태도 변화에 대하여는 다음 글을 볼 것. Homer Tyndale Rickabaugh, "Missionary Identity Crisis: An Exploratory Study Arising out of Participation in Mission in Korea" (Unpublished D. Min. Dissertation, San Francisco Theological Seminary, 1981).

237) G. T. Brown, "Rethinking Some Modern-Day Missionary Shibboleths", *Missiology: An Internatioal Review* 12/1 (Jan., 1984), 87-95.

수행하지 못하는 결과를 낳았다. 이에 대한 구체적인 논의는 아래에서 재론하겠다.

둘째, 한국교회는 선교에 있어서 이율배반적인 양상을 나타냈다. 먼저 한국교회 특히 한국장로교회는 해방 후 미국 및 호주 교단 선교부들에 대하여 선교 주도권을 강력하게 주장하였다. 한국장로교회는 이런 과정에서 민족교회의 입장에 대하여 충분한 경험을 했지만 막상 스스로 선교할 때는 현지의 민족교회의 입장을 고려하지 못하는 모순적인 모습을 보여 왔다. 위에서 살펴보았듯이 한경직은 외국선교부와 교단 간의 위원회에도, 선교부에도 오랫동안 참여해왔지만, 이런 문제를 시정하는데 영향력을 크게 미친 것으로는 보이지 않는다. 더구나 1950년대의 연속적인 교회 분열 이후 대부분의 한국장로교회는 외국선교부와의 관계를 단절하였기 때문에 에큐메니칼 선교의 주요한 두 가지 관계인 새로운 선교기관-교회관계(missions-church relationship)나 새로운 자매교회 관계(church-church relationship)를 이해할 기회를 갖지 못하였다.

셋째, 한국교회의 선교 이해에도 문제가 나타났다. 많은 학자들이 해방 후 1980년 이전까지의 시기를 선교 침체기로 본다. 이 자리에서 상술할 수는 없지만 이런 입장은 선교 역사를 전통적인 선교의 시각에서 보는 태도와 밀접한 관계가 있다. 그러나 이 시기에 규모는 작지만 선교적으로 매우 중요한 의미를 지니는 선교가 이뤄졌고, 이런 선교는 대부분 에큐메니칼 선교의 틀 가운데 이뤄졌다. 하지만 한국교회 특히 한국장로교회가 에큐메니칼 선교에 대하여 이해가 부족하여 오해와 갈등이 빚어졌다. 그 결과 에큐메니칼 선교의 틀 안에서 전통적인 선교를 시도하는 모순이 나타났다. 이런 현상은 특히 한국교회가 선교를 할 때 현지의 민족교회를 무시하거나 배제하는 경향으로 나타났다. 한경직의 국외선교사역은 바로 이런 거대 맥락 가운데 이뤄졌다. 이제 사례 연구를 통하여 구체적으로 살펴보자.

(1) 태국선교

태국선교는 한국교회, 특히 한국장로교회의 불굴의 선교정신이 나타난 사건이었다. 한국장로교회는 교회 설립과 더불어 선교를 시작하였다. 서구 선교부들은 선교지에 민족교회를 설립하는 데는 성공하였지만 민족교회를 선교하는 교회로 만드는 데는 크게 성공하지 못하였다. 그런 점에서 처음부터 자전하는 교회(self-evangelizing church)에서 자선교하는 교회(self-missionizing church)로 발돋움한 한국장로교회는 칭찬할 만한 교회라고 할 수 있다.[238] 한국장로교회는 1907년 독노회 설립과 더불어 제주선교를 시작하였고, 1912년 총회 설립과 더불어 산동선교를 시작하였다.[239] 한국장로교회는 해방 후 재건총회에서 선교 재건을 결정하였다. 이것은 어려운 여건 가운데서도 선교를 감행한 한국장로교회의 선교적 유산에 걸맞는 결정이었다. 하지만 산동선교를 재건하자는 이 결정은 곧 이어 벌어진 한국전쟁으로 인하여 결실을 맺지 못하였고, 결국 마지막 선교사였던 방지일 목사가 귀국함에 따라 일단락되었다. 그 대신 한국전쟁 종전 후 폐허 가운데서도 한국장로교회는 태국선교를 시작하였다.

바로 이 태국선교가 현실화될 수 있었던 것은 영락교회의 역할이 컸다. 당시 한경직은 총회 선교부장이었다. 그리고 해방 후 첫 번째 선교사로 태국선교사가 된 최찬영 선교사는 영락교회의 단독후원으로 나갈 수 있었다. 이것은 한국교회의 선교사가 총회 파송선교사로 나가지만 사실상 개교회나 개인 등의 후원에 힘입게 되는 전통의 시작이기도 하였다.[240]

당시 기록을 보면 한국장로교회는 전통적 선교관에서 전통적인 선교, 특히 개척선교를 염두에 두었던 것으로 보인다. 그런데 왜 태국선교를 하게 된 것일까? 이 결정은 당시 '아시아에큐메니칼선교협의회'에서 이뤄졌다. 특히 아시아교회가 아시아교회를 돕는다는 새로운 선교적 실천을 시도한 것이었다.[241] 태국선교는 한국교회 특히 한국장로교회가 얼마

---

238) William Taylor, "From Iguassu to the Reflective Practitioners of the Global Family of Christ", William Taylor, ed., *Global Missiology for the Twenty-first Century: The Iguassu Dialogue* (Grand Rapids: Baker, 2000), 6.

239) 다음 글을 볼 것. 졸고, "한국교회 선교의 기원에 대한 소고: 제주 선교와 이기풍 선교사의 사례를 중심으로" KMQ 31 (2009 가을): 81-93; "한국교회 최초의 타문화권 선교, 산동선교의 역사적 의의", KMQ 32 (2009 겨울): 86-100; (Kyo Seong Ahn), "The Genesis of World Mission of the Presbyterian Church of Korea" (Unpublished M. Phil. Thesis, University of Cambridge, 2004).

240) 당시 대구의 신임복 집사(후에 장로)도 개인적으로 선교사 1명을 후원하겠다고 하였다. 처음에는 인도네시아선교를 염두에 두다가, 나중에는 태국선교도 지원하게 되었다. 여하튼 이런 맥락에서 영락교회는 개교회로서는 상당한 규모의 선교부를 운영하며, 후원교회보다는 파송교회의 면모를 강하게 나타낸다. 이것은 최근 대형교회가 새로운 파송기관이 되는 현상과 무관하지 않으며, 명성교회, 온누리교회 등 예를 많이 찾아볼 수 있다.

241) '아시아에큐메니칼선교협의회'에서 아시아교회 간에 다양한 선교가 결정되었다. 다음 보고서를 볼 것. *Minutes of the General Assembly of the Presbyterian Church in the United States of America, Fifth Series-Volume V-1956, Part I. Journal and Supplement One Hundred and Sixty-eighth General Assembly, Philadelphia, Pennsylvania, May 24-30, 1956*

나 선교관에 혼란을 겪었는지를 극명하게 보여주는 사건이었다. 태국선교사인 최찬영은 1955년 4월 25일 파송예배를 드렸다. 이것은 한경직이 에큐메니칼 선교의 이정표라고 할 수 있는 레이크 모홍크 대회에 참석하기 전의 일이었다.

당시 태국교회는 에큐메니칼 운동의 실험장이라고 할 만큼 에큐메니칼 정신이 높았던 반면, 한국장로교회는 에큐메니칼 운동이 점차 교회 분규의 빌미로 등장하기 시작하여 어려움을 겪고 있었다. 이런 상황은 당시 아시아교회 간의 선교 동역자라는 동일한 범주의 선교사로 태국에 파송되었던 일본선교사 코스케 고야마와 한국선교사 최찬영의 대조적인 고백을 통하여 극명하게 나타난다. 먼저 코스케 고야마의 고백을 들어보자.

> 나는 태국에 도착하면서, 아시아 에큐메니즘의 연소하지만 존경할 만한 유산 속으로 들어갔다. 이 아시아 에큐메니즘은 1949년 "동아시아에서의 기독교적 전망(The Christian Prospect in Eastern Asia)"이란 주제로 개최된 방콕협의회와 더불어 시작되었다. 디 티 나일스(D. T. Niles), 우 키아오 탄(U Kyaw Than)과 앨란 브래쉬(Alan Brash)의 지도력 하에, 동아시아기독교협의회(East Asia Christian Conference, EACC)가 1957년 설립되었다. 인도네시아 프라팟에서 개최된 이 창립총회의 주제는 "동아시아 교회들의 공동 복음사역 과제(The Common Evangelistic Task of the Churches in East Asia)"였는데, 내가 치앙마이[태국의 제2도시이며 기독교 선교 중심지]에 도착하였을 때 여전히 메아리치고 있었다. 나는 아시아 전체에 퍼져있는 신앙 공동체의 실제를 직접 경험하였다. 나의 신학적 교역은 이런 "공동 복음사역 과제" 가운데 놓인 새롭고 강력한 맥락을 발견하는 것이었다.[242)]

한편, 최찬영의 고백은 한국선교사들이 전통적 선교관에 익숙해 있었다는 것을 잘 말해

(Philadelphia: Office of the General Assembly, 1956), 171.

242) Kosuke Koyama, "My Pilgrimage in Mission", his *Water Buffalo Theology* (twenty-fifty anniversary edition, revised and expanded, Maryknoll: Orbis Books, 1999), 173. 필자의 번역.

주고 있다.

> "최 선교사님 가족이 태국에 사역 동역자로 오시게 된 것을 환영합니다. 이곳에 오시면 우리 총회에 소속되어 함께 의논한 후 우리가 파송하는 지역에 가서 사역하시면 됩니다. 저희는 최 선교사님을 위하여 묵으실 수 있는 사택을 마련할 것입니다. 곧 건강하게 뵈올 수 있기를 빕니다."
> 이 편지를 받고 왜 모든 결정을 태국 교회에서 일방적으로 하는지 이해하지 못했다. 그 후로 나는 두 가지 큰 고민에 빠졌다. 첫 번째 고민은 내가 함께 일하게 될 태국 교회가 에큐메니컬이라는 점이었다. 에큐메니컬에 대한 반감이 많았던 나로서는 큰 부담이 아닐 수 없었다. 두 번째 고민은 내가 해야 할 일뿐 아니라 우리가 있을 집까지 지정해 준다는 점이었다. 대부분의 선교사들은 자신의 독자적인 판단에 따라 일하는데, 나는 완전히 머슴 살러 가는 것이 아닌가 하는 생각이 들었던 것이다.[243)]

이상의 인용에서 잘 알 수 있듯이, 당시 한국교회의 태국선교는, 적어도 초반에는, 동상이몽의 선교였다고 할 수 있다. 이와 관련하여 또 다른 한국선교사였던 김순일 선교사의 진술을 들어보자.

> 이와 같은 선교 정책 하에 1957년 8월 16일 태국에 기독교 총회와 태국에 나와 있는 중요 선교단체들이 한 마음이 되어 통합의 길을 택한 것이다. 〈미국 연합장로교 선교부, 필립핀 연합교회 선교부〉 등등이 통합 결성식에 동참한 것이다. 우리는 그날부터 〈선교사〉라는 명칭을 벗어놓고 〈협동교역자〉라는 새로운 명칭을 받게 되었다. 역사적으로 사용되어 오던 〈미쇼나리〉라는 명칭이 〈휴레타널워카〉 즉 협동교역자로 개칭된 것은 무엇인가 시원섭섭한 감이 들었다. 근 150년 동안이나 지속해 오던

243) 임윤택, 《해방 후 최초의 선교사 체험기》 (서울: 두란노서원, 2009), 258. 또한 최찬영, 《최찬영이야기》 (서울: 죠이선교회, 1995), 129-30을 볼 것.

미국 선교단체는 이 날을 기해서 그 간판부터가 완전히 사라지고 그리고 모든 선교부의 재산과 독자적인 결정권과 선교사의 인사문제에 이르기까지 태국 기독교 총회라는 토착 교회에다 다 넘겨준 것이다.

세계 선교정책을 위해서는 이 통합이 가지는 예식의 의의는 지극히 큰 것이다. 그렇기 때문에 미국 선교본부에서는 이 예식을 크게 보도하고 선전했다. 미국 장로교 선교본부에서는 촬스레버 박사를 파송해 왔고, 한국에서는 한경직 목사와 남인도 교회에서는 칼 박사가 초대되었고, 그 외에 많은 귀빈들이 외국에서 모여왔다. 그러나 태국 형제들은 이 예식에 대해서 별로 큰 흥분과 자극을 가지지 않았다... 상황이 어떻게 되었든지간에 우리 한국 선교사들은 선교지에 도착해서 일년도 안 되어 이와 같은 큰 변동을 경험한 것이다.[244)]

사실 미국북장로교회는 1959년 한국에서도 동일한 일을 하고자 하였다. 그러나 1959년 대전총회에서 한국장로교회가 합동측과 통합측으로 분열되는 대혼란을 겪는 통에 불발이 되고 말았던 것이다. 여하튼 한국교회의 태국선교는 에큐메니칼 선교가 한창 진행되는 과정 중에 이뤄졌던 것이다.

태국선교에 참여했던 최찬영 선교사와 김순일 선교사는 한국교회에 에큐메니칼 선교에 대하여 적극적으로 소개하지 않았다. 김순일의 경우, 그의 자서전인 《한국선교사의 가는 길》에서 에큐메니칼 선교에 대하여 전반적으로 부정적인 입장을 취하였다. 최찬영의 경우, 에큐메니칼 선교에 대하여 점차 긍정적인 입장을 취하는 변화를 보였다. 최찬영은 자서전인 《최찬영 이야기》에서는 에큐메니칼 선교에 대하여 긍정적인 언급을 거의 하지 않았지만, 개정판 자서전인 《해방 후 최초의 선교사 체험기》에서는 여러 차례 에큐메니칼 선교에 대하여 언급하며, 특히 이것에 대하여 "선교 사역 동역자"라는 한 장을 할애하였다.[245)] 그러면서도 최찬영은 이렇게 토로하고 있다.

---

244) 김순일, 《한국선교사의 가는 길》, 284-85.

245) 임윤택, 《해방 후 최초의 선교사 체험기》, 252-64.

이런 이야기를 하니까, 선교사로 파송 받을 당시부터 내 생각이 그렇게 선교적으로 앞서 있었다고 생각하는 사람들이 있을지 모르겠다. 그러나 실제로는 해방 후 독립 국가의 최초 선교사로 파송 받았던 나 자신도 사역 동역자라는 개념이 생소했고 무엇이 어떻게 돌아가는지 전혀 알지 못했다. 이런 상황을 설명해 줄 수 있는 사람도 없었다. 그러면서도 당시 선교부장이었던 한경직 목사님과 총회 임원들을 무조건 믿었다…

실제로 총회 선교부에서도 세계 선교의 동향과 태국 교회의 신학적 입장 등에 대한 자세한 내막을 모르고 있었다. 그때 총회 선교부장으로 계시던 한경직 목사님께서 이렇게 말씀하셨다.

"여기서 이 문제를 가지고 이렇다 저렇다 길게 얘기하지 맙세다. 이제 최 선교사가 가서 자세한 보고를 해 올 테니, 그때 가서 자세하게 얘기하기로 합세다. 그때 필요하면 다른 계획을 세우기로 하고, 우선은 계획대로 가는 것으로 합세다."[246]

에큐메니칼 선교의 발전 과정에 깊숙이 관여하였고, 최찬영 선교사를 후원하던 한경직 역시 한국교회에 에큐메니칼 선교에 대하여 소개하는 일에 크게 기여하지 못했다. 오히려 한경직과 최찬영은 1966년 베를린 대회에 참석하고 있다.[247] 한국교회의 이후의 역사를 보더라도, 에큐메니칼 선교는 결코 보편화되지 않았다. 이런 형편은 한국장로교회만의 문제가 아니었다. 1961년 이화여자대학교 선교회는 전재옥 등 3명을 파키스탄에 파송하였는데, 이 역시 아시아교회간의 협력선교, 즉 에큐메니칼 선교의 일환으로 진행되었다. 그러나 전재옥의 자서전인 《파키스탄, 나의 사랑》은 파키스탄 교회의 초청을 받았다는 것만을 언급할 뿐, 에큐메니칼 선교에 대하여 거의 언급하지 않는다. 이런 현상은 시간이 지나도 크게 개선되지 않았다. 심지어 20년이 지난 1980년대에 파키스탄 선교를 재개한 대한예수교장로회통합측 선교사 정성균 역시, 에큐메니칼 선교의 관계망을 통하여 선교지에 입국하고 사

246) 위의 책, 25257–59.

247) 위의 책, 165, 256.

역하고 지원까지 받았지만, 에큐메니칼 선교에 대한 깊은 이해가 없었고, 오히려 많은 갈등을 빚는 모습을 드러냈다. 그의 전기인《사랑의 빚을 갚으련다》역시 에큐메니칼 선교에 대하여 분명한 이해를 나타내지 못하고 있다.[248)]

그렇다면, 에큐메니칼 선교에 있어서 가장 중요한 대회로 손꼽히며, 이런 변화가 한창이던 1956년에 개최된 레이크 모홍크 대회와 한경직의 관계, 특히 그 대회가 한경직의 국외선교사역에 어떤 영향을 주었는지 살펴보기로 하자.

(2) 미국 레이크 몽호크 대회

미국북장로교회는 자체 교단 및 협력 교단과 에큐메니칼 선교에 대한 인식을 같이 하기 위하여 1956년 레이크 모홍크에서 에큐메니칼 선교에 관한 협의회를 개최하였다. 본 논문이 에큐메니칼 선교나 레이크 몽호크 대회 자체를 다루는 것이 목적은 아니지만, 당시 한경직의 국외선교사역을 이해하려면 레이크 몽호크 대회에 대한 이해는 필수적이라고 할 수 있다.

이 대회의 핵심은 대회가 제시한 다섯 가지 중심적인 질문, 즉 프로그램, 관계, 현재 및 추가적인 인원 및 기금, 우선권에 대하여 미국북장로교회와 협력 교단이 함께 지혜를 모으는 것이었고, 이에 기반하여 새로운 선교를 모색하는 것이었다. 다섯 가지 질문은 다음과 같다.

> 첫째, 1956년 가을을 시작으로 향후 5년간을 전망할 때, 미국북장로교 교단선교부가 관여하고 있는 다음과 같은 각 영역에서 어떤 것이 프로그램이 되어야 할까? 즉 에큐메니칼 선교의 정의와 강조, 복음사역의 진전, 기독교교육, 신학훈련 및 평신도 교회지도자의 훈련과 참여, 의료사역, 장학금, 방송과 영화, 문학과 문맹퇴치, 산업전도, 공산주의에 대한 기독교적 접근, 사회사업 등.
>
> 둘째, 이 5년간 혹은 그 이후에 교단선교부와 선교사 및 선교동역자가 교회와 맺어

248) 졸고, "1945년 해방 후~현재, 선교적 관점에서 본 한국교회",《전방개척선교, KJFM》, 59.

> 야 할 관계는 어떤 것이어야만 할까?
>
> 셋째, 이 5개년 계획에서 현재 미국의 인원과 기금은 어떻게 하는 것이 최상의 사용이 될까?
>
> 넷째, 이 5년간 만일 가능할 경우 추가적인 미국의 인원과 기금이 필요한 것은 무엇일까? 그리고 그것들은 어떻게 그리고 어디서 사용될까?
>
> 다섯째, 만일 5개년 계획이 각 민족교회나 미국북장로교회 교단선교부 혹은 다른 국제기구로부터 충분한 지원을 받지 못할 경우, 반드시 해야만 할 것은 무엇일까? 설사 어떤 것은 현재 하고 있거나 할 예정이지만 중단되어야 한다고 하더라도 말이다.[249]

레이크 모홍크 대회에 참석한 129명 가운데, 해외협력교단 대표는 15명이었다.[250] 교회를 대표하는 것은 두 가지 범주가 있었다.[251] 첫째, 교회대표가 직접 참석한 경우는 열다섯이었다.[252] 둘째, 교단대표가 아닌 선교지 선교부대표가 대리로 참석한 경우도 일곱이나 되었다.[253]

참석교회들은 에큐메니칼 활동의 관점에 따라 분류되었다. 그 기준은 국내 및 국외 각 2가지로 모두 4가지 항목이다. 구체적인 내역은 국내적으로는 (1) 기독교협의회(National Christian Council, NCC)나 유사 에큐메니칼 기구에 참여하는지, (2) 연합교회(United Church)인지, 국외적으로는 (3) 장로교 지역별 에큐메니칼 기구이나 세계교회협의회에 참여하는지, (4) 에큐메니칼 선교를 수행하는지 등이다. 한국은 연합교회 항목을 제외한 3가

---

249) *Report of the World Consultation*, 1–2. 필자의 번역.

250) *Ibid*,, 7.

251) *Ibid*., 2–3.

252) 아프리카, 브라질, 콜롬비아, 과테말라, 홍콩(중국), 인디아, 이란, 일본, 한국, 멕시코, 파키스탄, 필리핀, 시리아–레바논, 태국, 베네주엘라 등이다. 주로 국가단위로 분류되었지만, 주목할 만한 점도 있다. 아프리카는 대륙인데도, 한 국가처럼 취급되고 있다. 레바논–시리아라는 지역은 레바논–시리아 대회라는 교회조직에 따라 한 국가처럼 취급되고 있다.

253) 유럽, 칠레, 에콰도르, 인도네시아, 이라크, 네팔, 타이완(포모사) 등이다

지 항목에 해당되는 것으로 분류되었고, 특히 에큐메니칼 선교 항목에서는 "아시아에큐메니칼선교협의회"에 참여하고, 1912년부터 중국선교를, 또한 태국선교를 하는 것으로 기록되어 있다. 따라서 참여교회 가운데 에큐메니칼 활동도가 두 번째로 높은 교회군에 속하게 되었다.[254] 특히 이 대회 보고서는 몇몇 국가는 에큐메니칼 선교의 준비가 되었다고 평가하면서, 한국을 포함하고 있다.

> 에큐메니칼 선교를 위한 초기 준비가 이미 마련되었다. 과거 브라질이 포르투갈을 선교한 일(1911), 그리고 한국이 중국을 선교한 일(1912), 그리고 오늘날은 인디아와 파키스탄이 합동으로, 또한 필리핀이 이 분야에서 지도력을 공유하고 있다.[255]

이 대회에 참석한 회원들은 대회를 마무리하면서 다음과 같은 소회를 나누었는데, 요약하면 다음과 같다. 첫째, 참석자들이 세계적인 기독교인들의 교제를 경험하였다. 둘째, 북미교회가 이제는 조언을 하는 것이 아니라 조언을 구하였다. 셋째, 이 대회는 사업 대회라서 강연보다 토의에 집중했다. 넷째, 이 대회는 철저한 협의회라서 사전에 각 교회로부터 보고서가 수집되었고, 회의 내용이 잘 기록되었다. 다섯째, 백 퍼센트 협력을 과시하였다. 여섯째, 협의회는 끝이 아니라 시작이었다. 일곱째, 이것은 개인적인 동시에 연합적인 헌신의 시간이었다.[256]

이 대회에서 특별히 한국과 관련하여 생각할 것은 세 가지이다. 첫째, 한국의 선교적 필요에 대하여 다음과 같은 것들이 논의되었다. 군목(22쪽), 장로교여자대학 및 신학교(26쪽)[257], 서울의 시범 학생회관 설립(28쪽), 인천, 청주, 부산, 안동 및 대전에 청년사역프로

254) *Ibid.*, 20-21. 이 분류에 의하면, 가장 활발한 교회는 필리핀교회이며, 그 다음은 홍콩(중국), 인디아, 일본, 파키스탄, 태국 등을 들 수 있다.

255) *Ibid.*, 21.

256) *Ibid.*, 4-5.

257) *Ibid.*, 26, 37. 특히 신학교와 관련하여 신학생이 500명이나 되어서, "벽이 터져 나갈(bursting its walls)" 정도라는 표현을 썼다.

그램 개발 및 학사 설립(32쪽), 신학교 보강문제(37쪽).[258] 의료선교사 충원(41쪽), 세브란스 및 대구 병원 산하 6개 진료소 지원(42쪽), 2개 병원 재정 지원(43쪽), 장학생(46쪽)[259], 방송 및 영화 분야 보강(49, 50, 52쪽), 산업선교(56쪽), 농어촌목회자 자녀 장학금(58쪽), 신학교 및 기독교 학교에 공산주의 관련 과목 신설 및 문헌 발간(59쪽), 사회사업(61, 62쪽).

둘째, 중국교회에 대해서 아시아교회들이 중국교회와 관계 개선을 시도하고, 에큐메니칼 선교 동역자를 보내는 일 등이 거론되었으나, 당시 한국의 정치적 상황을 미뤄볼 때, 이 내용이 한국교회에 제대로 전달된 것 같지는 않다.[260]

셋째, 이 대회에서 한 마디로 한경직은 유명인사가 되었다. 이 대회는 진정한 협의회가 되기 위하여 공식적인 프로그램을 최대한 축소하고 비공식적인 토의에 몰두하였다. 이런 가운데 한경직이 설교를 담당하였고, 기적과 같은 한국교회를 소개하였다. 해방 전에 한국교회가 선교의 기적이었다면, 해방 후에 한국교회는 교회의 기적이 되어가고 있었다. 아직 20세기 후반의 한국교회의 폭발적인 교회성장은 일어나기 전이었지만, 영락교회는 이미 교회성장의 선두주자였고, 한경직은 바로 그 교회의 목회자였다. 한경직은 또한 한국교회의 복지사역에 대해서도 다음과 같이 발언하였다.

> 우리 교회는 사회 프로그램에 더욱 관심을 가져야만 한다. 당연한 일이지만, 만일 우리 기독교인들이 성경을 바로 읽으면 우리들은 자연스럽게 또한 사회사업가가 된다고 나는 생각한다. 현재 한국에 고아, 과부 및 모든 종류의 사회복지사업을 위하여 약 450개 정도의 복지기관이 있다. 이 모든 기관들 가운데 2/3가 기독교인이 설립하였거나 운영하고 있는데, 한국의 기독교인은 2천2백만 한국 인구 가운데 불과 1

258) *Ibid.*, 37. 이밖에 야간신학교, 성서학원 등이 거론되었고 이에 따라 오히려 교수선교사 요청, 보조금 증액 등의 현상을 보였다.

259) *Ibid.*, 46. 장학생은 미국과 유럽으로 보내되, 신학 50%, 교육 30%, 의료 15%, 기타 5% 등으로 분야를 할당하고 있다.

260) *Ibid.*, 73.

백만에 지나지 않는다.[261)]

레이크 몽호크 대회 이후, 한경직은 1957년 년말에서 1958년 년초에 걸쳐 개최된 가나(Ghana) 국제선교협의회에 참석한다. 이 대회는 선교와 교회의 통합의 필요성을 절감하여 세계교회협의회와의 기구적 통합을 결의한 대회이기도 하다.[262)] 따라서 1959년 이후 대한예수교장로회통합측이 세계교회협의회와의 관계가 소원해졌다고는 하지만, 이미 에큐메니칼 선교의 핵심적인 사안은 대부분 파악하고 있다고 볼 수 있다. 그러나 그런 내용들이 본국교회에 충실히 전달되었는지에 대하여 검토가 필요하다. 대한예수교장로회통합측이 오랜 기다림에도 불구하고 합동측과의 연합이 이뤄지지 않자, 세계교회협의회의 재가입을 결정한 것은 십년이 지난 1969년이었다.[263)]

(3) 필리핀선교

한경직과 영락교회는 선교에 계속해서 열심이었다. 이 중에서 에큐메니칼 선교와 관련하여 특히 주목할 만한 경우가 있는데, 바로 필리핀 선교이다. 이 선교에 대한 평가는 보는 관점에 따라 상반된다. 한편으로 미시적인 관점과 선교사의 관점에서 보면, 이것은 선교연합의 좋은 본보기이다. 국내에서 교단 간 교류가 활발하지 않은 시기에 해외에서 합동측과 통합측이 연합하여 단일한 장로교회를 필리핀이라는 선교지에 설립하였기 때문이다. 당시 필리핀선교에서 주도권을 가진 것은 합동측이었는데, 통합측이 필리핀에 선교사를 보내면서 별도로 장로교회를 세우지 않고 합동측과 협력하기로 한 것이었다.[264)] 당시 통합측 선교사

261) *Ibid.*, 61. 이것은 결국 인구대비 기독교인비율이 4.5% 정도라는 것이다.

262) Ronald K. Orchard, ed., *The Ghana Asssembly of the International Missionary Council, 28th December, 1957 to 8th January, 1958, Selected Papers, with an Essay on the Role of the I.M.C.* (London: Edinburgh House Press, 11958). 특히 이 가운데 다음 글을 볼 것, "The Role of the I.M.C., Some Reflections on the Nature and Task of the I.M.C. in the Present Situation", 185-240.

263) 대한예수교장로회통합측, 제54회총회회의록, 1969, 127.

264) 이 과정에 대해서는 다음 책을 볼 것. 박기호, 《한국교회선교운동사》 (파사데나: 아시아선교연구소, 1999), 253-93, 특히 271-73.

였던 류동원을 후원하였던 영락교회는 그런 결정을 인정하였다.[265] 그 후 통합측은 "필리핀 개혁교회"를 별도로 설립하였다. 다른 한편으로 거시적인 관점과 민족교회의 관점에서 보면, 이것은 선교 분열의 예가 되기도 한다. 이미 미국북장로교회와 여러 교회들의 노력으로 연합교회인 "필리핀연합그리스도교회(United Church of Christ in the Philippines, UCCP)"가 설립되었는데, 선교사가 다시 가서 교파교회를 설립한다는 것은 아쉬운 일이 아닐 수 없다. 만일 박기호가 주장하듯이 신학적인 이유 때문에, 필리핀연합그리스도교회 이외의 교회를 별도로 설립하는 것이 불가피하더라도 선교사가 교회를 세우기보다는 필리핀의 다른 복음주의교회와 협동하는 것이 보다 발전된 선교적 태도라고 할 수 있을 것이다.[266]

4. 복음주의 선교 참여기(1966-2000)

1) 대한예수교장로회(통합측)의 세계교회협의회 회원권 유보와 복음주의에의 선교 참여

1950년대는 한국장로교회로서는 매우 잔인한 시기였다. 불과 10년 사이에 한국장로교회는 크고 작은 4개의 교단 즉 고신측, 기장측, 합동측, 통합측으로 갈라졌고, 그 이후 교회분열은 계속되어 최근에는 한국장로교회가 200개를 넘어서게 되었다. 1959년 합동측과 통합측의 분열에서 적어도 표면상으로는 에큐메니칼 운동이 교회분열의 원인 가운데 하나로 거론되었다. 그리고 이런 분열담론은 사실 여부와 상관없이 반세기가 지난 지금까지도 거듭되고 있다.[267]

통합측은 1959년 교회분열의 해결 방안 가운데 하나로 세계교회협의회의 회원권을 유보하기로 하였다. 물론 그런 결정은 소기의 목적을 거두지 못하였고, 1975년 제5차 나이로비 총회부터 다시 대표를 파견하였다. 1950년대에서 1970년대는 에큐메니칼 신학, 특히 에큐메니칼 선교신학이 엄청난 변화를 경험하였던 시기였다. 그러나 통합측은 이런 중요한 시

265) 위의 책, 271.

266) 위의 책, 255, 261-62.

267) 졸고, "역사의 화해, 화해의 역사: 한국장로교역사의 새로운 이해" (미간행발표논문, 고신 60회 총회기념 역사포럼, 2010년 4월 8일, 고려신학대학원 강당), 59-73.

기에 공백 기간을 가질 수밖에 없었다.[268] 각설하고, 이 기간 동안 한국장로교회, 특히 한경직은 새롭게 대두하기 시작한 복음주의 계열의 에큐메니칼 운동에 참여하게 되었다. 한경직의 이런 참여는 그 후 한국교회에 여러 분야에서 크나큰 영향력을 끼치게 되었다.

앞서서 언급하였듯이, 한경직에게 복음사역과 복지사역은 모두 매우 중요한 사역이었다. 특히 1950년대까지만 해도 복음사역은 주로 국내전도를 의미하였고, 그 이후 세계선교로 관심을 넓혔지만 역시 전도의 관점에서 선교를 바라보았다. 이런 맥락에서 한경직이 1966년 베를린 대회로 대표되는 복음주의 계열의 세계선교운동 및 선교연합운동에 참여하게 된 것은 어쩌면 자연스런 일일지 모르겠다.

2) 베를린 대회 및 그 이후

베를린 대회의 기원은 여러 가지 이유로 인하여 설명할 수 있다. 그 중에 하나로, 본 논문과 관계있는 것은 다음과 같다. 1961년 국제선교협의회가 세계교회협의회에 통합되는 것에 대하여 복음주의자들 특히 복음주의 선교 관계자들이 우려의 목소리를 나타냈다. 복음주의자들은 이에 그치지 않고 구체적으로 복음주의 선교연합 관계망을 원하였다. 그 결과가 베를린 대회였다. 베를린 대회는 1910년 에딘버러 세계선교대회의 영적 후계자임을 자임했고 전도와 선교에 집중하였다.[269] 이런 상황은 두 가지로 설명할 수 있다. 첫째, 당시 복음주의 선교의 복권을 강조한 만큼 전도와 선교를 강조한 것은 당연한 일이었다. 둘째, 아직 로잔 대회처럼 전도와 선교에 있어서 사회적 책임을 강조하지 않았다. 그런 의미에서 베를린 대회는 전통적인 선교를 재현한 것이었다고 말할 수 있다. 전통적인 선교를 복음주의적 관점에서 수정한 것은 로잔 대회에서부터 본격화되었다고 할 수 있다.

이 대회에 참석한 한국대표는 한경직과 김활란였다. 이미 한경직의 위상은 확고하였다. 그것은 김활란도 마찬가지였다.[270] 에큐메니칼 운동 분야에서만 보면, 오히려 김활란의 연

268) 이것은 매우 중요한 문제이나, 아직 본격적인 연구가 부족하다.

269) 1974년 로잔대회는 다시 이 베를린 대회의 후계자임을 자임한다.

270) 김활란에 대해서는 여러 책이 있으나, 특히 그의 자서전을 볼 것. Helen Kim, J. Manning Potts, ed., *Grace Sufficient: The Story of Helen Kim* (Nashville: Upper Room, 1964).

륜이 더 길었다고 할 수 있다. 김활란은 이미 1928년 예루살렘 국제선교협의회 대표에서 당찬 발언을 통하여 세계의 주목을 받은 바 있다.[271] 한경직과 김활란 모두 전도를 중요시 하였고, 따라서 전도와 선교를 연속선상에서 이해하던 베를린 대회에 적합한 대표라고 할 수 있다. 두 사람은 베를린 대회 이전에도 이미 한국의 복음화를 위한 초교파 조직을 결성하는데 앞장선 바 있다.[272] 따라서 이들은 넓은 의미에서 복음주의적 에큐메니칼주의자(evangelical ecumenicals)들이라고 할 수 있다. 이것은 한국교회에서 초기에 사역했던 선교사들의 입장과 일맥상통하는 것이었다. 한경직의 경우, 1950년대에 에큐메니칼 선교에 깊이 참여한 바 있지만, 결국 교단이 에큐메니칼 운동에서 한 발짝 뒤로 물러선 기간이었던 1960년대에 복음주의적 에큐메니칼주의자로 복귀한 셈이다.

한경직과 김활란 모두 베를린 대회에서 중요한 발표를 하였다. 한경직은 주강사 중의 한 명으로 "By My Spirit(나의 영으로)"라는 제목으로 강연하였다.[273] 한경직은 이 강연에서 기독교인이 세계선교에 매진해야 한다고 하면서 다음과 같이 강조하고 있다.

> 분명히 지금은 우리 그리스도인들이 세계적인 선교 비전과 전략을 가져야 할 때입

271) *Report of the Jerusalem Meeting of the International Missionary Council, Vol. IV, The Christian Mission in the Light of Race Conflict* (London: Oxford University Press, 1928), 233; Hans-Ruedi Weber, *Asia and the Ecumenical Movement, 1895-1961* (London: SCM, 1966), 155.

272) 민족복음화에 있어서 한경직과 김활란의 역할에 대하여서는 다음 논문들을 볼 것. Daniel SoonJung Lee, A Historical Study of the National Evangelization Movement of Korea (Unpublished Ph.D. dissertation, Fuller Theological Seminary, 1988); Timothy S. Lee, "Born-again in Korea: The Rise and Character of Revivalism in (South) Korea, 1885-1988" (Unpublished Ph.D. dissertation, University of Chicago, 1996).

273) Carl F. H. Henry and W. Stanley Mooneyham, eds., One Race, One Gospel, One Task: World Congress on Evangelism, Berlin 1966, Official Reference Volumes: Papers and Reports, Vol. I. (Minneapolis: World Wide Publications, 1967), 107-15. 이 강연 원고는 다음 웹주소에서도 찾을 수 있다. http://www.wheaton.edu/bgc/archives/docs/Berlin66/Han.htm. access date, 2009-06-06. 또한 강연의 녹음내용을 다음 웹주소에서 들을 수 있는데, 음성으로 된 강연의 내용은 문서로 정리된 강연의 내용과는 다소 차이가 있으나, 유의미하다고 말하기 어렵다. http://www.wheaton.edu/bgc/archives/GUIDES/014.htm. access date, 2010-04-20. 한편 김활란은 "세계에 있어서 전도의 장애물들(Obstacles to Evangelism in the World)"이란 4분과의 "전체주의와 집단주의(Totalitarianism and Collectivism)"라는 소분과에서 "전도에 대한 공산주의의 반대(Communist Opposition to Evangelism)"라는 제하의 논문을 발표하였다. 이 논문은 One Race, One Gospel, One Task, Vol. II., 291-93에 수록되어 있다. 이 논문 역시 다음 웹주소에서도 찾을 수 있는데, 제목은 "전체주의와 집단주의"로 되어 있다. http://www.wheaton.edu/bgc/archives/docs/Berlin66/kim.htm. access date, 2009-06-06.

니다. 그 이유는 복음이 전 세계를 위한 것이기 때문만이 아니라, 세계가 계속 작아지고 있기 때문이며 또한 악의 세력들이 더욱 대담하고 과격해지기 때문입니다. 우리가 확신하는 것은 하나님께서 그분의 신실하심을 통해 인류 역사상 이처럼 중요한 시간에 어떤 특별한 방식으로 우리를 만나주시리라는 것입니다.[274)]

이어서 한경직은 이 강연을 다음과 같이 전개하였다. 첫째, 복음이 예루살렘에서부터 한국에 이르는 선교역사를 압축하여 제시하였다. 둘째, 한국에 복음이 들어와 발전하는 과정을 상세하게 설명하였다. 토마스, 알렌, 언더우드와 아펜젤러 등 초기 선교사의 노력과 교회 설립, 20세기 초의 정치사회적 혼란 속에서 일어난 대부흥운동, 노회 설립과 더불어 시작된 선교사역, 해방 후 공산주의의 박해와 전쟁 등의 고난이 오히려 가져온 영적 각성과 부흥, 군목 창설과 전쟁포로 선교, 이로 인한 교회성장, 모든 읍면단위에 교회가 서고 기독교인이 전인구의 7%에 이르게 된 일, 개신교 선교 80주년을 맞아 개시된 전국복음화운동, 북한에서 확인가능하지 않지만 지하교회가 신앙생활을 계속하리라는 기대, 그리고 통일에 대한 소망과 한국이 기독교국가가 되리라는 소망. 한경직은 이런 기적 같은 역사를 설명하면서 거듭 "힘으로 되지 아니하며 능력으로 되지 아니하고 오직 나의 영으로 되느니라"라는 주제성경구절을 반복하였다. 셋째, 선교를 방해하는 수많은 장애물이 있지만 이것 역시 영으로 극복할 수 있다고 주장하였다. 마지막으로, 십자가 군병들아 앞으로 나가라, 성령께서 함께 하시니, 정복하라고 권하고 있다.[275)] 한경직 역시 당시 전통적인 선교관과 마찬가지로 선교에 있어서 전투적인 용어를 사용하고 있다는 것을 보게 된다.

이 강연을 보다 더 잘 이해하려면 한경직이 그 이전에 했던 "동아시아에 있어서의 전도(Evangelism in East Asia)"라는 강연이 도움이 된다.[276)] 제3회 존 모트 강연(The John R. Mott Lectures)이 "은혜와 사도직(Grace and Apostleship)"이라는 제하로 제2차 동아시아기독교협

274) *Ibid.*, 107.

275) *Ibid.*, 115.

276) Kyung Chik Han, "Evangelism in East Asia", *The S.E. Asia Journal of Theology: A Quarterly being the organ of the Association of Theological Schools in S.E.* Asia 5/4 (April 1964): 33-36.

의회가 개최되기 전에 방콕에서 열렸는데, 한경직은 4명의 연사 가운데 한 사람이었다.[277] 한경직은 이 강연에서 동아시아 지역에서 특히 선교가 필요하다고 하면서, 선교에 대하여 '전도'라는 용어를 씀으로써 그의 선교관이 전도 위주라는 것을 다시 한 번 나타냈다. 특히 전도에 있어서 개인적인 역할을 부각시킴으로써 선교를 개인적인 전도의 측면에서 강조하고 있다. 한경직은 동아시아에 선교 기회 뿐 아니라 선교 장애도 있다고 주장하면서 이런 것들은 결국 성령의 능력으로 감당할 수 있다고 주장하였다.[278] 이런 입장은 1966년 베를린 대회의 "나의 영으로"라는 강연에 거의 반복되고 있다. 한경직의 "동아시아에 있어서의 전도"라는 강연은 두 가지 점을 시사해준다. 첫째, 대한예수교장로회통합측이 세계교회협의회와의 관계를 정리하고 난 뒤에도 다양한 에큐메니칼 운동에 계속해서 관계를 맺었다는 사실이다. 둘째, 한경직이 서로 성격이 다른 모임에 참석하면서도 전도 위주의 선교관을 계속 유지하고 있었다는 사실이다.

한경직과 김활란은 베를린 대회의 후속 모임으로 1968년에 개최된 아시아-남태평양 전도대회에도 활발하게 참여했다.[279] 한경직은 실행위원회 위원장, 김활란은 프로그램 위원회 위원이 되었다. 한경직은 이 대회에서 "전도를 위한 지역교회의 구조를 만들기(Structuring the Local Church for Evangelism)"란 발표를 한다. 한경직은 "모든 지역교회의 궁극적 사명은 우리 주님의 마지막 명령, 곧 '너희는 온 천하에 다니며 만민에게 복음을 전파하라'는 명령을 순종하는 것이니, 다시 말해 전도의 사명"이라고 주장했다.[280] 그 밖에 당시로서는 신진학자로 이 종성이 참석하였다.

---

277) John Fleming, "Editorial", Ibid., 3.

278) Kyung Chik Han, "Evangelism in East Asia", 36.

279) 이 대회에 대해서는 다음 보고서를 볼 것. W. Stanley Mooneyham, ed., Christ Seeks Asia: Official Reference Volume, Asia-South Pacific Congress on Evangelism, Singapore, 1968 (Hong Kong: Rock House, 1969). 한경직이 경건회를 인도한 것과 논문을 발표한 것의 음성녹음은 다음 고문서보관소에서 찾아볼 수 있다. Billy Graham Center, Archives, Collection 579 [March 26, 2003] Asia-South Pacific Congress on Evangelism; 1968, Records 1968-1968, T[ape] 1, Side 2, a devotional; T[ape] 15, Side 2, Dr. Kyung Chik Han, Structuring the Local Church and Evangelism. 자세한 내용은 다음 웹주소를 볼 것. http://www.wheaton.edu/bgc/archives/GUIDES/579.htm, access date, 2010-04-20. 김활란과 이 종성의 논문의 음성녹음도 같은 웹주소를 볼 것.

280) Kyung Chik Han, "Structuring the Local Church for Evangelism", Mooneyham, *Christ Seeks Asia*, 205-8, 인용은 205.

이 대회에서 내린 결정들 가운데 중요한 것 하나가 바로 오늘날의 “아세아연합신학대학교”의 설립이다. 최초에는 이름이 CATS(Center for Advanced Theological Studies)로, 장소가 싱가폴로 정해졌지만 결국 한국에 설립되게 되었고, 이사장에 한경직, 학장에 마삼락(Samuel Hugh Moffett), 부학장에 한 철하가 되었다.[281)]

베를린 대회를 잇는 중요한 대회가 1974년 개최된 로잔 대회였다. 이 대회에서는 이미 세대교체가 이뤄져 한경직과 김활란 대신 한 철하, 김 옥길, 그 밖에 김 장환, 조 동진, 김 의환, 김 사무엘 등이 참석하였다. 일본에서 사역하던 조 기선도 참석하였다.[282)]

한경직은 이상과 같이 서구 특히 미국이 주도하던 베를린 대회 등과 관계를 맺었지만, 아시아가 주도하던 새로운 선교운동에도 관계를 맺었다. 가령 조 동진이 주도했던 “전아시아 선교협의회, 서울 '73(All-Asia Mission Consultation, Seoul '73)"에도 참여했다. 한경직은 서울 대회의 준비과정부터 참여하였으며, 당시 "아시아전도협력기구(Coordination Office for Asian Evangelism, COFAE)"의 회장이었던 까닭에 서울 대회의 명예회장을 맡게 되었다.[283)] 이 대회에는 강신명, 최종철 등이 참석했고,[284)] 이 대회의 후속조치인 “아시아선교단체연합(Asia Missions Association)"에는 조용기 등 여러 사람들이 참여했다.[285)] 이 같은 아시아 주도의 새로운 선교운동은 전도에 집중하는 보수적인 입장을 강조함으로써 당시 아시아의 당면

281) 다음 웹주소를 볼 것. http://www.acts.ac.kr/acts/history/index.html, access date, 2010-04-20. 물론 아세아연합신학대학교가 최초의 성격을 유지하고 있는지, 최초의 설립 취지를 성취하고 있는지에 대해서, 별도의 연구가 필요하다.

282) 다음 보고서를 볼 것. J. D. Douglas, ed., *Let the Earth Hear His Voice: International Congress on World Evangelization, Lausanne, Switzerland: Official Reference Volume: Papers and Responses* (Minneapolis: World Wide Publications, 1975). 로잔 대회의 핵심문건인 로잔언약에 대한 상세한 설명에 대해서는 다음 소책자를 볼 것. John Stott, *The Lausanne Covenant - An Exposition and Commentary, Lausanne Occasional Papers 3* (Wheaton: Lausanne Committee for World Evangelization, 1975).

283) David J. Cho, ed., *New Forces in Missions: the Official Report of the All-Asia Mission Consultation, Seoul '73 and the Inaugural Convention of the Asia Missions Association, 1975* (Seoul: East-East Center for Missions Research & Development, 1976), 16-17. 한경직은 1970년대부터 이미 명예회장 등의 자격으로 지도력을 넓혀갔고, 그 이후로는 그런 현상이 강화되었다. 심지어 한경직의 직접적인 참여가 없어도 거의 모든 대회에 그의 이름이 거명되었다.

284) *Ibid.*, 417-18.

285) *Ibid.*, 422-23.

과제 해결에 몰두하던 아시아교회협의회(CCA) 등과는 선교관에 있어서 첨예한 대립을 보였다.

이상의 내용을 요약하면 다음과 같다. 당시 한경직이 소속한 대한예수교장로회통합측 및 기타 한국장로교회들이 잠정적으로 혹은 장기적으로 에큐메니칼 운동과 절연한 대신 베를린 대회에서 로잔 대회로 이어지는 복음주의 선교운동에 적극 동참함으로써 한국교회는 전반적으로 신학적인 면에서 특히 선교신학적인 면에서 보수화되었고, 에큐메니칼 운동에 대한 이해가 부족하게 되었다. 이것이 한국교회의 선교가 전통적 선교관을 고수하게 되는 중요한 원인이 되었다. 뿐만 아니라 한국내의 민족복음화 운동과 자생적 에큐메니칼 운동의 성격에도 큰 영향을 미치게 되었다.

3) 민족복음화운동, 세계선교운동, 통일운동

한경직의 국내전도사역은 다른 논문이 다루기 때문에 이 자리에서 상세히 다루지 않을 것이다.[286] 다만, 한경직의 국내전도사역 가운데 가장 중요한 분야 중의 하나가 민족복음화 운동인데, 이것은 세계선교운동과 통일운동으로 발전해 나갔다. 이런 맥락에서 민족복음화 운동은 국외선교사역과 연관성이 있었다.

민족복음화운동은 한국교회가 선교 80주년을 기념하는 1960년 중반에 자생적으로 시작되었다. 그러나 1966년 베를린 대회의 중심인물인 빌리 그래함이 한국의 민족복음화운동에 본격적으로 참여하면서 이 운동은 크게 발전하였다.[287] 한국의 민족복음화운동 가운데 일부는 베를린 대회의 후속조치 프로그램의 성격을 띠기도 하였다. 사실 한국의 민족복음화 운동은 빌리 그래함의 최대 성공 사례 가운데 하나로 손꼽히기도 하였다. 그리고 이런 성공은 빌리 그래함과 한경직의 동역으로 가능하였다.

민족복음화운동은 발전하는 가운데 점차 그 성격이 변화하고 확대되었다. 첫째, 민족복

286) 이번 세미나에서 발제하는 변 창욱의 "한경직목사의 국내전도사역"을 볼 것.

287) 물론 빌리 그래함은 이미 1966년 이전부터 한국에서 사역하였다. 특히 대한예수교장로회총회통합측은 1964년 총회 차원에서 빌리 그래함을 초청할 것을 결의하고 있다. 대한예수교장로회통합측, 제49회총회회의록, 1964, 49.

음화운동이 1970년대에 외국강사 및 외국자금에 의존했다면, 1980년대에 들어서면서 강사진과 기금 모두 한국교회가 담당하였고, 주제도 민족복음화에서 세계선교로 발전하였다. 특히 이 시기에 한국적 선민의식이 거듭 언급되기도 하였다. 둘째, 1980년대부터 한국교회는 민족분단이라는 한국사회의 근본적인 문제에 대면하면서 통일에 주목하기 시작하였다. 한국교회의 통일운동은 다양하게 진행되었는데, 대체적으로 보수진영은 북한선교운동으로, 진보진영은 남북한평화통일운동으로 전개되었다.[288] 이동춘이 지적하였듯이, "한국(남한)교회는 북한교회와는 달리 일치된 통일관을 가지고 있지 않았다."[289] 그 결과, 결국 남북 갈등이란 통일문제 앞에서 남남 갈등이란 문제점을 나타내게 되었다. 즉 "남한교회는 상호간에 이런 다양성을 평화적으로 소통하는데 성공적이지 못했다."[290] 이런 가운데 보수진영이 결집하여 그들의 입장에서 통일운동과 에큐메니칼 운동을 대변할 기구를 결성하였는데, 그것이 바로 한국기독교총연합회의 설립이었다.

4) 한국기독교총연합회 설립과 자생적 에큐메니칼 운동의 대두

한국기독교총연합회(Christian Council of Korea, CCK)는 설립 과정에 대하여 다음과 같이 설명하고 있다.

> 한국교회의 성장은 새로운 판도를 가져왔다... KNCC는 한국기독교회의 창구 역할을 수행함으로써 한국교회를 대표하는 기관으로 인식되었다. 그러나 KNCC의 큰 교단으로는 예장 통합측과 기감뿐이었다.
>
> 한편 KNCC에 가입하지 않은 많은 교단들이 1970, 1980년대를 거치면서 엄청난 성장을 했으며, 여기에 한국 기독교 100주년을 맞이하면서 모든 교단들이 크게 성장하

---

288) 다음 책을 볼 것. 정성한, 《한국기독교통일운동사》 (서울: 그리심, 2003).

289) 이동춘, "공공신학의 관점에서 보는 한국교회 통일방안에 관한 연구" (미간행박사학위논문, 장로회신학대학교, 2009), 51.

290) 졸고, "정의로운 평화와 한국교회: 한일강제병합 100년, 한국전쟁 60년, 사월혁명 50년" (미간행발표논문, NCCK 에큐메니칼 선교정책토론회: 한국교회와 에큐메니칼 선교: 에큐메니즘이란 새 술을 새 부대에, 2010년 3월 11일–12일, 대전 스파피아호텔 무궁화홀), 12–28; 인용은 22.

게 된다. 한국교회가 100주년을 맞이하면서 기념비적인 사업이 요청되자, KNCC계와 비 KNCC계로 나뉘어 있던 모든 교단들은 교파를 초월하여 100주년 기념사업에 동참하게 된다. 한국기독교 100주년 기념행사는 성공적으로 마무리되고 100주년 기념사업회는 해산하였다. 그러나 각 교단의 준비위원들 사이에서는 교파를 초월하여 한 데 뭉치자는 새로운 운동이 일기 시작하였다.

때마침 1989년 1월 2일 새해를 맞이한 교계 원로들은 그동안 성공적으로 사업을 이끌어 왔던 한경직 목사에게 위로 겸 새해 인사차 남한산성을 방문했다...이 자리에는 KNCC 계열에 있었던 기장측의 강원용 목사, 조향록 목사, 기감의 오경린 감독, 강병훈 목사와 예장 통합측에 속한 최창근 장로 등이 참여하였는데, 현재 한국교회의 상황으로 보아 KNCC가 한국교회를 대표할 수 있는 기관이 될 수 없다는 데 의견의 일치를 보았다.[291]

다소 긴 인용이었지만, 이 인용에서 한국기독교총연합회의 몇 가지 특성을 엿볼 수 있다. 첫째, 비 KNCC 계열이 에큐메니칼 운동에 목소리를 내기 시작했다. 둘째, 한국기독교 100주년기념사업회가 뿌리가 되었다.[292] 셋째, 원로들이 중심이 되었다는 것이다. 넷째, 반 KNCC 적인 성격이 컸다는 것이다.

한국기독교총연합회의 특성은 유성에서 열린 준비모임에서 좀 더 구체화되었다.

리베라 호텔에서 하룻밤을 보내면서 한국교회 장래를 위해 기도하고 회의한 이들 각계 교단의 대표들은 한국교회의 전 교단을 하나로 묶어서 정부나 사회에 대해 한 목소리를 내자는 데 합의했다. 그리고 공산권이 무너지고 있는 마당에 하루속히 하나의 연합체를 조직하여 남북통일을 실현시키기 위해 북한 선교에 힘을 기울여야

291) 김수진, 한국기독교총연합회 10년사 발간위원회, 《한국기독교총연합회 10년사》(서울: 한국기독교총연합회10년사발간위원회, 2002), 49-50.

292) 이 인용에서는 한국기독교100주년기념사업회가 해산되었다고 하였으나, 이 조직은 임시조직이었지만 현재까지도 존속하고 있다. 최근 이 조직은 100주년기념교회를 설립하여 그 조직을 강화하고 있다.

한다는 데에도 뜻을 모았다.[293)]

즉, 한국기독교총연합회는 새로운 대정부, 대사회 단일창구가 되고자 했고, 공산권 붕괴라는 역사적 맥락과 북한선교라는 목적을 강하게 인식하였다. 이 자리에서 한국기독교총연합회에 대한 본격적인 논의를 할 수는 없고, 한경직과의 관계성을 살펴보기로 하자.

한경직은 1955년에서 1956년에 걸쳐 한국기독교연합회(Korean National Christian Council, KNCC, 한국기독교교회협의회의 전신)의 회장을 역임하였다.[294)] 그렇다면 한경직은 어떻게 한국기독교교회협의회와 적대적인 단체인 한국기독교총연합회의 대표적인 인물이 될 수 있었을까? 이전까지는 일반적으로 한경직이 보다 광의의 에큐메니칼적인 인물이기에 이런 상반되는 두 가지 에큐메니칼 기구를 수용하고 그것에 개입할 수 있었다고 평가되어 왔다. 민 경배의 최근의 평가도 이와 크게 다르지 않다.[295)] 그러나 이런 평가는 두 가지 에큐메니칼 기구의 차별성을 설명하지 못할 뿐 아니라 한경직 내부에 놓인 모순도 설명하지 못하고 있다. 오히려 이제까지의 논의에서 살펴보았듯이 한경직은 초기의 협의회적 에큐메니칼 운동(the conciliar ecumenical movement)에 협조적이었지만, 점차 복음주의적 에큐메니칼 운동(the evangelical ecumenical movement)과 자신을 동일시하였고, 그런 그의 입장은 한국기독교총연합회를 결성함으로써 더욱 분명해졌다. 따라서 한경직 안에서 한국기독교교회협의회와 한국기독교총연합회가 한데 어우러진 것이 아니고, 오히려 한경직은 한국교회가 양자의 차별성이란 문제를 대면하도록 요구하고 있다. 양자의 화해문제는 한국교회가 장차 해결해야 할 문제인 것이다.

293) 김수진, 《한국기독교총연합회 10년사》, 51.

294) 한국기독교교회협의회의 영어명은 National Council of Churches in Korea로 그 약자는 NCCK이나 KNCC도 병행해서 쓴다. 1970년 한국기독교연합회가 한국기독교교회협의회로 바뀌는 과정에서 많은 변화가 있었지만, 이 두 단체는 상호 계승의 관계로 이해한다.

295) 민경배, "한경직, 분열 경계하고 복음으로 세상 품었던 신앙의 사표", 《한국기독공보》, 2010년 4월 24일자.

5. 한경직의 국외선교사역의 유산

한경직의 국외선교사역의 유산을 요약하면 다음과 같다. 먼저 장점을 살펴보자. 첫째, 한경직은 전도라는 개념을 중심으로 처음에는 민족복음화에 집중하다가 점차 국외선교로 그 영역을 넓혀갔다. 따라서 전도가 선교라는 개념으로 확대되어 나갔다. 다시 말해, 한경직에게 있어서 전도는 그의 국내선교 및 국외선교를 관통하는 핵심적인 가치였던 것이다. 둘째, 한경직은 목회에 있어서 복음사역과 복지사역을 동시에 추진하였고, 이것은 그의 선교관이나 국외선교사역에도 반영되었다. 그리고 영락교회의 선교방침에도 반영되었다. 셋째, 한경직은 피난민교회라는 이주민교회의 대표가 되고, 이 교회가 외향적인 교회가 되도록 지도함으로써 자연스럽게 선교의 영역을 넓혀나갔다. 이로 인하여 영락교회 및 영락교회를 모델로 한 교회들이 선교적 교회가 되는데 기여하였다. 넷째, 한경직은 국외선교를 포함한 다양한 해외활동을 통하여 교회가 세계 기독교회에 대한 인식을 고취하고 국외선교를 자연스러운 것으로 받아들이게 하였다.

그러나 이러한 장점들에도 불구하고 몇 가지 단점도 지적해야 할 것이다. 첫째, 한경직은 국내선교 및 국외선교에 있어서 복음사역과 복지사역이라는 틀을 유지했다. 이런 입장은 그의 사역의 초기에는 다른 사람에 비하여 전향적인 면을 나타냈다고 평가할 수 있지만, 그의 사역의 후기에 들어서는 그 입장이 새로운 변화를 수용하지 않고 계속 유지되었기에 오히려 시대에 뒤떨어지는 면을 나타냈다고 평가할 수 있다. 다시 말해, 민족복음화와 세계선교 모두를 지속적으로 전도 혹은 복음사역과 복지사역이라는 틀을 통해봄으로써 20세기 후반에 대두된 선교의 새롭고 확장된 개념에 능동적으로 대응하지 못했다. 둘째, 한경직은 다양한 해외활동, 특히 해방 후 에큐메니칼 운동과 에큐메니칼 선교에 주도적으로 혹은 거의 독점적으로 참여하고 활동하였으나, 이런 것들을 국내 교단이나 개교회에 소개하여 선교사상과 실천 차원에 반영시키는데 적극적이지 못했다. 물론 이것이 한경직 개인만의 탓은 아니다. 무엇보다 당시 한국교회 특히 한국장로교회가 에큐메니칼 운동을 둘러싼 소용돌이에 휘말렸고, 특히 대한예수교장로회통합측은 에큐메니칼 운동 특히 세계교회협의회의 회

원권을 유보하기까지 한 상태였다. 이런 상황에서 에큐메니칼 운동은 파행적으로 진행될 수밖에 없었다. 셋째, 이런 상황은 한경직이 복음주의 계열과 거의 배타적으로 관계를 증진시켜나가는 결과를 초래하였고, 따라서 한국교회는 전통적인 선교관의 지배하에 놓이게 되었다. 특히 에큐메니칼 선교 개념의 핵심인 "현지교회가 선교의 주체"라는 사상이 한국선교의 선교에 반영되지 못함으로써 수많은 문제점들을 낳게 되었다. 그 결과 한국교회가 국외선교를 하는 과정에서 시대착오적인 선교를 진행하는 경우가 많았다. 넷째, 한경직이 거의 배타적으로 복음주의 계열과 관계를 맺음으로써 한국교회의 대표적인 지도자로서의 역할이 제한될 수밖에 없었고, 나아가 보수와 진보를 아우르는 보다 확대된 연합에 기여하지 못하게 되었다. 다시 말해 한경직의 지도력은 점차 복음주의 계열 내로 한정되었던 것이다.

Ⅲ. 결론: 선교운동가 한경직

결론적으로, 주목할 만한 사실은 한경직이 무엇보다 목회자로서 국외선교사역에 참여하였다는 것이다. 첫째, 한경직은 신학적 소양을 충분히 가졌지만 신학자라고보기는 어렵다. 그것은 한경직이 목회에 전념했을 뿐 아니라 본격적인 신학서적을 남기지 않았기 때문이다. 둘째, 한경직은 국외선교사역에 평생토록 참여하였지만 선교사상가라고보기는 어렵다. 그것은 한경직이 본격적인 선교관련 서적을 남기지 않았을 뿐 아니라, 스스로는 다양한 선교사상을 접하고 영향을 받았음에도 불구하고 그것을 한국교회에 소개하는 일에 소홀히 했기 때문이다. 이에 대해서는 다른 논문에서 다룰 것으로 기대된다. 셋째, 그러나 한경직이 목회자로서 국외선교사역에 참여했다는 것은 매우 중요한 의의를 지닌다. 그 이유는 다음과 같다. 하나는 한국교회는 처음부터 선교적 교회(a missionary church)였기 때문에 서구교회와 달리 초교파선교회가 아닌 교단선교부가 중심이 되어 국외선교를 감당하였고, 교단정치가 선교에 많은 영향을 주게 되었다. 따라서 한경직이 노회 및 총회 등 교단에 영향력을 미치는 교단지도자로서의 역할을 맡았다는 사실은 매우 중요했다. 다른 하나는 한국교회는 교단적으로 선교하였지만 동시에 개교회의 영향력이 컸다. 따라서 한경직이 한국교회의 대표적인 영락교회의 담임목사로서의 역할을 맡았다는 사실도 매우 중요했다. 이런 점에서 한경직은 선교사상가보다 선교운동가였고, 선교신학의 활성화보다는 선교사역의 동원화에 더 크게 기여했다고 할 수 있다.

한경직 목사의 북한선교사역

하충엽 박사 / 영락교회

Ⅰ. 서론

한경직 목사의 북한 선교사역은 네 가지로 분류해 볼 수 있다: 첫째로, 북한의 문이 열리도록 기도하는 것, 둘째로, 북한 동포들에게 복음을 증거하는 것과 그들이 배고플 때에 먹을 것을 나누는 것, 셋째로, 전 민족복음화에 참여하여 평화적으로 남북한 민주통일이 이루어지는 것, 넷째로, 북한교회를 재건하는 것이다. 여기에 구심적 선교인 탈북민 선교가 빠져 있는 것처럼 보이지만 한경직 목사의 재임 기간 중에는 대량 탈북민들이 발생하지 않았기 때문에 그의 설교에는 드러나 있지 않지만, 사실, 구심적 북한선교를 한경직은 한국전쟁시에 있었던 북한선교를 상기하면서 구심적 북한선교를 나타내 주고 있다. 한경직 목사는 군목제도의 효율성을 설명하면서 군대 안에도 그 당시에 15%의 그리스도인들이 있었으며, 전쟁 중에는 15만 명의 북한 공산주의 포로 사이에서 복음 증거를 전개하여 2만 명이 그리스도께 돌아오고 그 중에 150명이 목사가 된 사례가 있었음을 강조했다.[296)]

북한 동포들에게 복음을 증거 하는 것이 전 민족복음화에 속해 있는 것으로 분리해서 서

296) 한경직, 한경직목사설교전집, vol. 9. "나의 신으로," 서울: (사)한경직목사기념사업회, 2009, P. 290. 1966년 10월 26일 베를린세계전도대회 설교

술한 이유는 한경직 목사는 북한선교의 대상을 두 부류로 분류했던 기간이 있었고 그것을 뛰어 넘는 과정이 있었다는 것 때문이며, 다른 이유 하나는 한경직은 전 민족복음화가 되었을 때에 평화적으로 남북한 민주통일이 이루어질 것이라고 보았기 때문에[297] 전 민족복음화에 참여하여 평화적으로 남북한 민주통일을 같이 묶은 것이기도 하다.

한경직 목사의 북한 사역을 위한 대상들을 이해하는 것은 중요한 것 중에 하나일 것이다. 한경직 목사는 북한선교의 대상이 되는 북한 사람들을 두 부류로 분리했었지만 나중에는 그 부류를 뛰어 넘게 된다.

무엇보다도 한경직 목사의 북한선교 사역은 영락 그리스도인들에게 지대한 영향을 미쳤다. 그가 영락교회를 1945년에 설립한 설립자이기도 하면서, 그리고 그의 은퇴가 1973년이었음에도 불구하고, 더욱이 그가 2000년에 소천하였음에도 불구하고, 그의 삶과 신앙과 신학은 영락교회에 이어져 오고 있다. 그래서 영락교회에서는 '한경직은 한국교회의 과거가 아니라 미래입니다' 라고 고백한다.[298]이러한 관점에서 한경직 목사의 북한선교 사역은 현재까지 포함되어야 할 것이다. 즉 이것은 한경직 목사의 북한 선교사역은 현재까지 연속성과 지속성이 있음을 전제로 하여 본 논문을 다루고자 한다. 다른 말로 표현하자면, 현재의 영락교회 북한선교사역은 한경직 목사가 창출해 놓은 공간(space)안에서 그 공간과 연속성을 가지고 있다고 하겠다.

연구의 방법론은 영락 그리스도인들의 인식 체계를 분석하기 위해서 사회인류학적 방법론을 사용했으며 한경직 목사의 포용의 공간 창출을 이해하기 위하여 신학방법론을 동시에 사용할 것이다. 연구자가 2007년에 실시한 영락 그리스도인들 21명을 반구조적 면담(semi-structured interviewing)으로 얻은 자료를 사용하였으며 윤리적 규정으로 그들의 신분을 드러내지 않는 것(confidentiality)을 지켰다.

연구의 이론적 틀은 스티븐 루키스 (Steven Lukes)의 제3차원적 권력이론(The Three

---

297) *May the Words of My Mouth*, Published in honour by the Memorial Committee of Rev. Kyung-chik Han's 100th Birthday Anniversary, p. 35.

298) 2010년 4월 18일 영락교회 주일예배 시에 방영된 영상물

Dimensional Power)과 어빙 고프만(Erving Goffman)의 오점만들기(Stigma) 이론과 밀로슬라브 볼프(Miroslav Volf)의 배타(Exclusion)와 포용(Embrace)의 이론을 사용하였다.

Ⅱ. 한경직 목사의 북한선교개요

1. 한경직 목사의 북한선교 비전

한경직 목사는 이스라엘 백성이 바벨론 포로로 있을 때에 에스겔, 다니엘, 많은 무명의 신자들과 애국자들이 진리와 자유의 씨를 뿌렸기에 그들은 해방을 맞이했고 예루살렘으로 돌아 온 것으로 해석했다. 한경직 목사는 이것을 우리 민족 역사에 적용을 했다. 우리 민족이 일제의 포로가 되었을 때에도 많은 애국지사, 선교사, 목사, 무명의 전도자들이 국내, 국외에서 진리와 자유의 씨를 뿌렸기에 결국 8.15 해방을 맞이하게 된 것으로 보았다. 그리고 한경직 목사는 아직도 해방되지 못한 북한 동포를 위하여 진리와 자유의 씨를 계속해서 뿌리는 것이 북한 선교 운동을 일으킨 근본적 의도임을 밝혔다.[299)]

한경직 목사는 선교 제2세기를 맞이하는 영락교회가 한국교회와 세계교회와 함께 한반도의 통일과 북한선교를 위해서 기도운동을 일으켜야 한다고 주장했다.[300)] 그 기도운동을 통하여 북한의 문이 열려서 복음이 들어가도록 하고 평화적으로 남북한의 민주통일이 이루어지도록 전국교회와 세계교회가 함께 기도해야 한다고 주장했다. 한국선교 100년을 계기로 북한 동포와 교회를 위하여 기도운동을 일으켜야 하는 이유로는 북한동포를 해방시키는 것은 하나님의 권능으로 기적적으로 밖에는 사람의 다른 능력으로는 할 수 없다고 보았기 때문이다.[301)] 한경직 목사는 자신부터 세계 많은 나라들을 방문하면서 국외 교회로부터 협

299) 한경직목사설교전집, vol. 12. "해방의 감격과 기도," P. 484. 1971년 8월 15일 주일낮예배, 시편126편 1-6절.

300) 한경직목사설교전집, vol 2. "첫 8.15의 마음," P. 60. 1955년 8월 14일 주일저녁예배, 시편 126편 1-6절.

301) 한경직목사설교전집, vol.17. "에벤에셀," p. 1984년 4월 설교, 설교노트, 사무엘 7장 3-12, 개신교 100주년에 즈음하여, 강조한 것은 연구자가 함.

력을 받으며 선교를 해 나아갔고 계속해서 영락교회는 그 뜻을 이어가며 세계교회들을 초청하여 그들과 협력체계를 구축하고 있다.

나아가 한경직 목사는 한국선교 제2세기에는 한국교회가 세계복음화의 중심지가 될 것을 예시하였다. 그리고 그는 전 민족복음화의 새 비전과 통일 한국의 새 비전과 세계복음화의 기지로서의 새 한국 교회의 비전을 보았다.

> "이 제2세기에는 세계의 종교적 판도와 운동에도 상당한 변화가 있을 것입니다. 지금까지는 대체로 기독교 복음이 서양으로부터 동양에 미쳤습니다. 그러나 이 앞으로 오는 새 시대에는 이 동양의 작은 나라 한국이, 그리고 이 작은 무리 한국 민족이 하나님의 택한 백성으로서 복음을 온 아시아는 물론 서구에까지 역수출하며, 따라서 이 작은 나라 한국이 세계복음화의 중심지가 될 수도 있습니다. 우리는 이것을 바라며 믿고 기도하며 열심히 일하여 이 하나님의 새 일의 새 역군이 되어야 하겠습니다. 오, 주여! 빨리 이루어 주시옵소서. 그리고 이 새 시대는 새 일꾼이 요구됩니다. 하나님께서는 새 시대에 새 일을 위하여 새 일꾼을 부르십니다. 어떤 이들이 과연 새 일꾼이 될 수 있는가? 여기에 "보라"하는 말씀이 있습니다. 무엇보다도 먼저 눈이 열려 새 시대와 새 일을 보아야 하겠습니다. 새 비전이 있어야 합니다. 전 민족복음화의 새 비전, 통일 한국의 새 비전, 세계복음화의 기지로서의 새 한국 교회의 비전이 있어야 하겠습니다."[302]

한경직 목사의 예시인, "한국이 세계복음화의 중심지가 될 수 있습니다"의 비전은 한국이 미국 다음으로 해외선교사를 가장 많이 파송한 것으로 볼 때에, 그의 예시는 이루어지고 있음을 알 수 있다. 아울러 영락교회에서는 금번 한경직 목사 추모 10주기를 기해서 국제평화화해컨퍼런스 (International Conference on Peace and Reconciliation)을 10월 31일부터 11월 4

302) 한경직목사설교전집, vol. 17. "보라 내가 새 일을 행하리니," p. 139. 1983년 9월 25일 주일저녁예배 (한국교회 100주년기념) 설교노트, 이사야 43장 14-21절.

일까지 70여 나라들에서 교회 지도자들과 신학자들 140명을 초청하는 것을 준비 진행해 가고 있다. 이 컨퍼런스는 단순한 컨퍼런스가 아니고 영락교회가 세계교회들과 한국교회들과 함께 (with or networking) 북한선교를 향한 기도의 힘을 모으고 그들과 연합하여 북한선교와 세계선교를 하고자 하는 취지로 볼 때에 한경직 목사의 비전을 이루어 가는 것이라 할 수 있겠다.

또한 한경직 목사는 한국선교 100주년이 되는 해인 1983년에 요셉의 형제들이 식량이 필요하여 요셉에게로 온 것처럼 북한이 남한의 식량을 구하기 위해 올 것을 예시했다.

> "그런데 북한의 상황은 어떠한가? 그들도 물론 경제 부흥을 위해 국민에게 밤낮 고역을 강요하는 것이 사실입니다. 그런데……아직도 국민은 헐벗고 굶주리고 대부분 옥수수의 배급으로 연명하고 있다고, 그곳에서 내려 온 동포들이 증언을 합니다. 하나님께서 필연 축복하시지 않는 모양입니다. 결국은 어떻게 될 것인가? 필경 요셉의 형들처럼 우리 남한에 구걸하러 내려올 때가 있을 것 같습니다. 아마 그렇게 될 때에야 회담에도 응하게 될 것이고, 이산 형제도 만날 기회를 줄 것이고, 온 민족이 갈망하는 평화통일도 이루어질 것이 아닙니까? 그러므로 우리 남한 동포들은 일치 단결하여 과거도 그러하였지만, 앞으로 더 한 마음 한 뜻으로 우리의 정치, 경제, 사회, 문화, 모든 방면으로 우리 국력을 크게 길러야 합니다. 우리 그리스도인들이 이러한 노력에 정신적인 기초가 되어야 합니다."[303]

북한은 1990년대에 들어서면서 식량사정이 더욱 나빠졌고, 특히 북한에서 고난의 행군이라고 일컫는 1994년부터 1997년까지 기근과 홍수로 최악의 식량난에 수많은 아사자들이 발생했다. 그리고 그것은 대량 탈북 사태로 이어졌다.

북한의 식량난이 시작 될 1992년에 한경직 목사는 사랑의 쌀 나누기 운동을 펼쳐서 북한에 쌀을 보내게 된다. 1998년부터 영락교회는 대한민국에 입국하는 탈북민들에게 생활필수

303) 한경직목사설교전집 vol.17. "우리의 눈물," pp. 108-109. 1983년 7월 10일 주일낮예배 설교, 창세기 45장 1-15.

품을 제공하면서 복음을 증거하고 있고, 1998년 이후로 입국한 탈북자들은 모두 영락교회의 땅을 밟은 자들이 됐고, 복음을 들은 자들이 되어 왔다. 이 선교 사업은 지금까지도 계속되어지고 있다. 영락교회 이철신 담임목사에 의하면, 이 선교 사업은 한경직 목사께서 영락교회를 세운 1945년부터 전쟁의 어려운 시절까지 영락교회에 오는 피난민들에게 주먹밥을 제공한 정신을 계승하는 것이라고 증언한다. 즉 그 당시에 북에서 월남한 피난민들에게 제공하였던 주먹밥이 오늘날 북에서 탈북 해 온 분들에게 생필품을 제공하는 것으로 연속된다는 것을 의미하는 것이다.

마지막으로 한경직목사는 북한에 지하 성도들이 있음을 주장했다. 한경직 목사는 한국교회 선교 100주년을 맞이하면서 한국교회 선교 제 2세기에는 반드시 북한 동포들이 해방 되고 무너진 제단들이 재건 될 것을 예시했다.

> "38 이북에는 북한 동포 1,800만 명이 있습니다. 이들 중에는 오직 하나님만 아시는 비밀 중에 눈물로 신앙을 지키는 참된 하나님의 자녀들도 상당히 있는 줄 믿습니다. 그러나 그들은 자유란 전혀 없는 살벌한 환경 가운데에서 눈물의 기도를 드릴 뿐입니다. 그리고 대다수는 그 독재 아래서 무종교의 생활을 하고 있습니다. 사랑하는 동포 여러분, 이것은 일시적인 현상이요 결코 하나님의 뜻이 아닙니다. 선교 제2세기 어간에는 북한 동포는 반드시 해방을 받고 무너진 제단을 다시 쌓으며, 아니 북한 전역 방방곡곡에 새 교회가 건축되고 할렐루야 찬송 소리가 백두산을 비롯하여 묘향산, 구월산 등, 그리고 전 남한, 한라산에 미치기까지 온 하늘에 사무칠 줄 믿습니다. 선교 제2세기에는 하나님께서 반드시 이 새 일을 이루실 것입니다."[304]

이 정신은 영락교회 성도들에게 영향을 주었다. 영락 그리스도인들 중에는 자신의 고향

304) 한경직목사설교전집 vol 17, "보라 내가 새 일을 행하리니," p. 138. 1983년 9월 25일 주일저녁예배 (한국교회 100주년기념) 설교노트, 이사야 43장 14-21절, 알렌이 1884년도에 한국 땅에서 선교 활동을 했으므로 1983년은 선교 100년이 되는 해이다.

에 교회를 재건해 달라고 기금을 위탁하는 성도들이 있는 것을 통해서도 알 수 있겠다. 또한 영락교회의 당회에서는 신의주가 개방이 되어 교회가 필요할 시에 신의주에 교회를 재건하기로 만장일치로 가결을 이미 해 두고 있다. 이것은 한경직 목사의 북한교회 재건의 신앙을 이어받은 상징적 사건이라 할 수 있겠다.

2. 한경직 목사의 북한선교전략

한경직 목사는 1972년 6월 25일에 설교를 통해서 북한에 진리를 전파하는 북한선교 전략을 제시했다. 첫째로는 방송선교이다. 그에 의하면, 방송전파에는 38선이 없으므로 방송국을 통해서 진리의 전파 방송을 더욱 강화하는 것이 필요하다고 지적했다. 두 번째로는 문서전도이다. 그에 의하면 북한은 허위와 악담이 가득한 문서를 남한에 보내고 있는데 남한 그리스도인들은 이에 대항해 진리와 사랑과 자유와 평화의 문서와 성경을 이북으로 적극적으로 보내야 한다고 주장했다. 셋째로는 38선에 십자가를 세우는 것이다. 그는 진리와 자유와 사랑과 평화의 상징인 십자가를 인민군들에게 비춰주자고 제안했다.

나아가 한경직은 위의 세 가지 방법으로 복음진리를 북한 동포들에게 전파하기 위해 우리 그리스도인들이 실행해야 할 세 가지를 제시했다. 첫째로는 기도였다. 둘째로는 시간과 재능과 물질을 적극적으로 바치는 것이다. 그러면서 전도지를 쓰는 이도 있어야 하겠고, 자금을 대는 이들도 있어야 한다고 주장했다. 셋째로는 북한 선교를 위하여 범교회적 기구를 만들어야 한다고 주장했다.[305] 계획을 넘어서 한경직 목사는 1959년부터 기독교 방송에 소망의 시간을 통하여 방송선교를 시작한 이래 방송 매체를 통한 선교를 했다. 나아가 한경직 목사는 총회에 1971년에 북한선교위원회가 조직 된 것을 치하했다.[306]

305) 한경직목사설교전집, vol. 13. "진리와 자유," 1972년 6월 25일, 요한복음 8장 31절-40절.

306) 한경직목사설교전집, vol. 13. "쇠사슬에 매인 사신," p. 253. 1972년 8월 6일 주일낮예배, 음성자료, 에베소서 6장 10-20절.

3. 한경직 목사의 북한선교 대상

한경직 목사는 그리스도의 사랑으로 북한을 포용하는 공간을 가지고 있었고 영락교회 북한선교 사역은 그 공간(space)적 상징성과 연속성을 가지고 있다. 영락교회는 이북에서 공산주의의 박해를 피해 월남한 피난민들이 세운 교회이며, 공산주의를 이기기 위해서 민족복음화운동을 한국전쟁 중이나 이후에 지속적으로 강화시키었다. 월남인이며 현재 영락교회 시무장로 중에 한 분은 이렇게 증언한다.

> "반공은 영락교회에 출석하는 교인이라면 자연스럽게 스며들고 강화되었어요. 대부분의 교인들이 그 당시만 해도 피난민이기 때문입니다. 교회의 분위기 자체가 반공이었어요. 한경직 목사님께서도 근본적으로 공산주의를 미워하셨어요. 왜냐하면 한 목사님이 공산당의 핍박을 직접 경험하셨기 때문이지요."[307]

1) 두 부류

한경직 목사는 공산주의 철학의 이념은 유물사관(Materialism)과 무신론주의(Atheism)와 허무주의(Nihilism)에 뿌리를 두고 있다고 주장했다. 진실한 평화를 위해서는 그리스도인들은 이러한 악한 세력에 대항하여 싸워야 한다고 주장했다.[308] 한경직 목사는 사탄 세력의 화신(embodiment)으로서 공산주의 사상을 이해했고 김일성을 대표적인 악마로서 간주했다. 한경직 목사는 "가장 무서운 적은 공산주의 사상이고 그를 따르는 추종자들이다." 라고 말하고 그 이유로는 "공산주의자들은 사람들에게서 자유를 빼앗아 가기 때문이다." 라고 주장했다.[309] 한경직 목사는 그리스도인들이 북한 백성들에게 복음을 증거 해야 한다고 주장했다.[310] 한경직 목사에게는 북한은 믿음의 자유가 없고 연설의 자유가 없고 만남의 자

307) 월남인 13 심층면담, 2007년 3월 19일, 서울

308) May the Words of My Mouth, *Op.Cit.*, p. 92.

309) 위의 글, p. 141.

310) 위의 글, pp. 144, 178.

유가 없고 주거와 이동의 자유가 없는 커다란 감옥과 같다고 보았다. 그런데 여기에서 한경직 목사는 북한의 일반 백성들을 김일성과 공산주의자들의 포로로 보았다.[311] 그리고 한경직 목사는 북한에도 로마 네로 시대처럼 지하에 숨어 있는 믿음을 지키고 있는 남은 자(the faithful remnants)가 있고, 공산주의자들의 정권이 제거 되었을 때에 헌신된 믿는 자들이 대규모로 나타나게 될 것이라고 확신했다. 나아가 그는 대한민국이 통일이 될 때에 기독교국가가 될 것이라고 확신했다.[312] 그러므로 한경직 목사는 대한민국이 기독교국가가 되기 위해서, 그리고 공산주의 정권의 압력을 제거하기 위해서는 남한 그리스도인들이 최선을 다해서 북한 백성들에게 복음을 증거 해야 한다고 주장했다.[313]

앞에서 서술한 바와 같이 한경직 목사는 북한 백성들을 세 부류로 분류를 하고 있음을 알 수 있다. 첫째로는 김일성을 포함한 공산주의자들이고, 둘째로는 그들에게 포로로 잡혀 있는 북한 일반 백성들이고, 셋째로는 믿음을 지키고 있는 지하성도들이다. 그리고 한경직 목사는 첫째 대상은 싸워야 할 대상으로 혹은 제거해야 할 대상으로 주장했고, 둘째 부류는 복음을 통해 자유를 얻어야 하는 대상으로 인식했다. 셋째 대상에 대해서는 대한민국이 통일 후에 기독교 국가가 될 수 있는 희망을 보게 했다고 볼 수 있다.

더 크게 분류하자면 한경직 목사는 북한 땅에 사는 대상을 선과 악으로 이분법적으로 구분을 했다. 싸워야 할 대상과 불쌍히 여겨지는 대상으로 구분했다. 싸워야 할 대상은 공산주의로 무장된 사람들이고, 불쌍히 여겨야 할 대상은 그들에게 포로 되어 있는 북한 주민들로 보았다.

> "오늘의 북한에는 계급이 없는가? 그렇지 않습니다. 지금 북한은 계급이 둘로 나뉘었어요. 하나는 공산당이요, 다른 하나는 공산당이 아닌 사람들입니다. 공산당은 지배계급이요, 공산당원이 아닌 사람은 피지배계급입니다. 공산당원은 상전처럼 행

311) 위의 글, p. 289.

312) 위의 글, p. 211.

313) 위의 글, p. 290.

세하고, 다른 사람들은 노예의 지위에 있습니다. 그 생활의 차이는 천양지간입니다."[314]

한경직 목사는 영락교회에서 반 세기 동안 설교(1945-2000)를 했다. 그의 설교는 영락교회 성도들에게 지대한 영향을 미쳤다. 그 영향 중에는 북한 사람들을 둘로 나눈 것도 포함 된다. 영락 그리스도인 중에 한 분은 이렇게 증언한다.

"교회가 민족복음화를 강조해오면서 나는 공산주의는 분명히 파괴 되어져야 하고 이북의 불쌍한 주민들은 동정심을 가지게 되었는데 그 이유는 그들은 착취되어지고 있기 때문입니다."[315]

영락교회의 탈북민을 위한 예배인 자유인 예배에서 봉사하는 한 권사는 다음과 같이 증언한다.

"탈북민들은 북한에서 살 때에 인권이 없었잖아요. 그들은 배고팠고 희망 없이 살았잖아요. 저는 북한의 지도자들과 북한의 체제는 너무 싫어하지만 북한에서 온 일반 탈북민들에게는 동정심이 갑니다. 그들을 착취한 사람들은 김일성과 김정일과 인민군이잖아요. 저는 그들은 정말 나쁘다고 확신합니다. 그러나 그 지도자들이 그들에게 무엇이든지 해 줄 수 있다고 믿어온 탈북민들은 우리가 잘 돌봐 주어야 한다고 봅니다. 그러나 지도자들과 인민군은 아닙니다. 전 그들을 환영할 수 없습니다."[316]

이러한 진술들은 영락교회 성도들이 북한 사람들을 이분법적으로 구분하고 있음을 나타

314) 한경직목사설교전집, vol. 15. "바벨론 강변의 눈물," p. 272. 1978년 11월 5일 주일낮예배, 음성자료, 시편137편 1-9절

315) 월남인 02 심층면담, 2007년 2월 12일, 서울

316) 월남인 07 심층면담, 2007년 2월 15일, 서울

내 준다.

2) 두 부류에 대한 고찰

북한선교의 대상을 두 부류로 구분한 것은 현재 탈북민 사역을 할 때에 문제를 발생하게 한다. 불쌍한 탈북민들과 북한을 지배하고 있는 엘리트들과 구분 짓는다고 할지라도, 즉 가난한 북녁 동포들과 핵심 공산주의자들의 사이를 구분한다 할지라도, 월남민인 영락교회 교인들은 상호작용을 하는 동안에 탈북민들에 대해 부정적 느낌들을 기술하곤 한다.

어빙 고프만은 그의 책 '오점'(Stigma)에서 지적하기를 악한 의지로서 인식 되어진 개인적 특성의 오점들이 존재한다고 지적한다.[317] 구조적으로 틀이 형성된 사회 안에서 사회적 교제의 오래 된 틀들은 개인적으로 사람들을 반영하는 것 없이 타자를 범주화 시키도록 우리를 인도한다. 타자의 외형 또는 외적인 특성들은 틀릴지도 모를 어떤 자동적 결론들로 우리를 인도한다. 고프만은 “어떤 낯선 사람이 우리 앞에 나타날 때에 그가 우리와 다른 어떤 특성을 가지고 있다고 상상하게 될 것이다.” 라고 주장한다. 이 고프만의 주장을 탈북민을 만났을 때에 적용해 볼 수 있다.

남한 사람들은 강한 반공교육으로 인해 북한 사람들을 두 뿔 달린 악마적인 존재로 인식되어 있어서 우리가 탈북민을 만날 때에 남한 사람들은 그들에게 미리 인식되어진 가정들이 성취되어지는 방식으로 그들의 어투나 외형적인 것을 인식 안에서 해석하게 될 수 있다는 것이다. 이것이 오점 만들기이다(Stigmatization).[318] 고프만에 의하면, “이러한 현상들은 그 탈북민의 실재적 특징이 아니고 단지 그 주어진 개인의 형식의 틀에 박힌 방식의 연장선에서 나오는 특징일 뿐이다.”라고 말한다.[319]

영락교회 상황 가운데에서도 탈북민들은 영락 그리스도인의 관심 위에 있는 강요되어진 특징을 가지고 있게 된다. 이것은 탈북민들은 영락 그리스도인들이 기대해왔던 그리고 원

317) Erving Goffman, *Stigma: Note on the Management of Spoiled Identity*, Penguin Books, 1990, p. 14.

318) 위의 책, p. 12.

319) 위의 책, p. 13.

하지 않는 다른 점들을 가지고 있는 것이다. 즉 영락 그리스도인들이 탈북민들을 사귀어 나아갈 때에 부정직, 굳은 신뢰를 배반하는, 거만한, 거짓말 하는, 간첩 같은 사람들로서 탈북민들의 오점 만들기가 쉬운 경향을 가지게 되는 것이다. 탈북민 예배인, 자유인 예배에서 탈북민들을 가르치는 한 교사의 증언을 보면 탈북민을 의심하고 그를 통하여 어떤 해를 겪게 될까봐 염려하는 것을 볼 수 있다.

> "공산주의자들의 가장 중요한 전략 가운데 하나는 소규모 조직으로 우리가 사는 사회에 침투해 들어오는 것이잖습니까? 북한 간첩들은 외국나라들과 3.8선을 통해서 남한으로 침투하곤 했지만 오늘날에는 간첩들이 탈북민으로 위장하고 들어오는 전략을 사용할 수 있다고 봅니다. 나는 요즘 왜 이렇게 많은 탈북 청년들이 한국으로 들어오는지 궁금합니다. 그들 중에 한 명이 남한 정부를 대상으로 데모하다가 죽기라도 한다면 그 숨어 있던 조직들이 동시에 일어나지 않겠습니까? 그러면 이것이 그들이 원하는 혁명이 되는 것이라 봅니다."[320]

그리고 이것은 영락 그리스도인뿐만 아니라 교회를 넘어선 사회에서도 일어나는 현상으로 인식 되어져 있음을 알 수 있다. 2005년 뉴욕타임즈에서도 개성공단에서 북한 사람들과 함께 일하는 남한 사람들에 대해서 언급한 적이 있다. "개성공단에서 북한 사람들과 함께 일하는 몇몇 남한사람들은 곤란해 하고 있는데 그 이유로는 남한에서의 강한 반공교육이 수 십 년 동안 그들에게 북한 사람들은 위험한 악마라고 가르쳤기 때문이다."[321] 권태범은 반공주의가 남한사람들에게 깊이 배어있기 때문에 남한사람들 마음 안에서 자동적으로 움직이도록 하는 작용이 일어나고 있다고 지적한다.[322]

반공교육으로 사회화 된 기억들이 영락 그리스도인들로 하여금 같은 신앙을 나눈 보통

320) 월남인 01 심층면담, 2006년 10월 22일, 서울

321) New York Times, January 5, 2005.

322) Kwon Hyeok-beop, "Reading the circuit of anti-communism in my body," edited by Dohanaeuy Munhwa, *People preparing Reunification in Korea*, Seoul: Dohanaeuy Munhwa Press, 1999.

북한 탈북민들이 정직하고 품위 있는 사람이라고 생각하도록 하는데 어려움이 있게 했다는 것이다. 오히려 탈북민들에 대해서 간첩일 수 있다는 의심 어린 눈길로 보는 경향도 있을 수 있다고 보여진다. 그렇다면 이것은 교회 안에서 교제가 일어 날 때에 문제가 된다.

반세기 이상의 분단과 공산주의자들로부터 받은 고통의 기억들 그리고 북한 사람들과의 접촉의 부재들과 더불어 교회에서 영향을 받은 반공주의와 정부에 의해서 받은 반공교육으로 인해 영락 그리스도인들은 탈북민들을 다르게 대우하도록 하는 상황으로 인도되어졌다고 볼 수 있다. 스티븐 루키스는 이것을 제3차원적인 권력(the three dimensional power)이라고 지적한다. 즉 그 권력은 그들의 생각과 욕망을 통제하기 때문에 사람들은 자동적으로 생각하고 행동하게 한다는 것이다.[323] 그의 관점을 통해서 이러한 상황을 분석해 볼 때에 영락 그리스도인들에게 있어서 사회화 된 반공주의의 역할은 탈북민들을 부정적으로, 또는 위험한 존재로서 바라보도록 하며 나아가 영락 그리스도인들의 순응을 담보하는 권력의 강한 작용(the supreme exercise of power)이 될 수 있다는 것이다. 이것은 탈북민들을 간첩으로 의심하게 되는 것이나 그들의 도구로 사용 가능하다고 보게 되는 것이고 결국 이것은 그들의 그리스도인의 신앙과 부딪치는 방식으로 행동하도록 하는 것이 된다.

결론적으로 한경직 목사가 강한 반공을 설교하였고 남한 정부에서 교육시킨 반공교육들은 영락 그리스도인들에게 현재의 탈북민들에게 지대한 영향을 미치고 있다는 것이다. 비록 한경직 목사는 김일성과 공산주의자들은 제거의 대상으로, 일반 북한 주민들은 그들에 의해서 수용되어져 있는 불쌍한 포로와 노예들로 보았고 이것은 영락 그리스도인들에게 영향을 주었지만 어빙 고프만의 오점 만들기 이론과 스티븐 루키스의 제 3차원적인 권력의 이론으로 분석해 볼 때 현재 탈북민 사역을 하고 있는 영락 그리스도인들에게 준 영향은 그 대상을 둘로 구분시키는 것보다는 북한 사람들에 대한 부정적 인식을 갖게 하는 결과를 낳았다는 비판을 받을 수 있게 되었다.

그럼에도 불구하고 세계 냉전과 한반도의 냉전 상황에서 한경직 목사는 북한 사람들에

323) Steven Lukes, *Power A Radical View*, Palgrave MacMilan, 2005, p. 26.

게 자유를 주기 위해서는 복음을 북한에 증거 해야 함을 외친 것은 그와 그 당시 피난 월남민들에게 그리스도인들에 대한 박해를 행한 공산주의자의 해독제로서 유일한 희망은 기독교였던 그 당시의 상황 속에서 한경직 목사의 이분법적 북한 주민의 구분은 당연한 것이었다. 그 당시 상황에서는 기독교인들에게 있어서는 공산주의에 의해서 한반도가 점령되느냐 아니면 기독교의 믿음으로 한반도가 통일을 이루느냐 하는 중차대한 상황이었기 때문이다. 오늘날 상황도 별반 다르지 않다. 현재 영락 그리스도인들의 탈북민 사역에 나타난 오점 만들기의 현상은 한경직 목사가 기대하거나 예측하지 않았던 것이기 때문에 이것은 현재의 영락 그리스도인들이 뛰어 넘어서 한경직 목사가 근본적으로 북한선교를 제시했던 기도, 복음 제시와 사랑 나누기, 전민족복음화, 평화적 민주통일 그리고 북한교회 재건을 향하여 나아가야 할 과제로 남겨지는 것이다.

Ⅲ. 한경직 목사의 북한선교사역을 향한 공간 창출

밀로슬라브 볼프(Miroslav Volf)는, 『배타와 포용』(Exclusion and Embrace)에서 적의의 인간을 삼위일체 하나님의 공동체 안으로 수용하는 하나님을 인간이 어떻게 타자와 관계를 맺어야 하는지에 대한 본보기로 제시하고 있다. 그는 네 가지 핵심 부분들을 다음과 같이 제시하고 있다. 회개 (repentance), 용서 (forgiveness), 타자를 위한 자신 안에 공간 만들기 (making space in oneself for the other), 그리고 기억의 치유 (healing of memory)이다. 그는 위의 네 가지는 타자를 향한 배타에서 포용으로 옮기기 위해서 필요함을 주장한다. 그리고 그는 성공적인 포용의 구조적 요소의 핵심을 포용의 드라마로 묘사하고 있다. 본 논문에서는 논문의 목적을 성취하기 위해서 위의 네 가지 핵심 요소들을 다 다루지 않고 타자를 위한 공간 만들기의 부분을 강조하고자 한다.

한경직 목사는 1990년대에 들어 와서 사랑의 쌀 나누기를 통하여 영락교회 성도들에게 북한동포를 포용하는 공간의 창출에 공헌을 하였다. 본 장에서는 먼저 밀라브슬로브 볼프의 포용의 개념과 공간 창출의 중요성을 다루고 이어서 한경직 목사가 북한 동포들을 포용한 것을 다루고자 한다. 그리고 한경직 목사의 포용이 영락교회의 북한선교 사역에 미친 영향을 살펴보고자 한다.

1. 밀라슬로브 볼프의 포용을 위한 공간 창출

용어상으로서 포용의 정의는 "보통 애정의 표현으로서 팔들을 펼쳐서 끌어안는 것"이다.[324] 볼프의 책에서 포용의 개념은 배타의 반대말이다. 그는 포용이 무엇인지를 설명하기 위해 거리 두기와 소속하기의 틀거리의 발전을 통해서 배타에 관한 토론부터 시작하고 있다. 배타는 사람들이 자신들을 다른 사람들로부터 거리를 둘 때에, 그리고 다른 사람들과 함께 하는 것 또는 그들에게로 소속되는 것의 가능성에 대해서 문을 닫을 때에 창조되어 진다. 볼프의 주장은 우리 자신을 타자로부터 거리 두기를 하는 것 대신에, 우리는 타자를 받아들이기 위해 그리고 타자를 위한 공간을 만들기 위해서는 우리의 특별한 문화와 그 문화 안에 있다는 소속감으로부터 우리 스스로를 거리 두어야만 한다고 주장한다. 이러한 주장은 기독교를 반공과 분리될 수 없는 것으로 이해하는 그리스도인들에게는 중요한 과제임에는 틀림 없다. 포용은 이것이 성취되어질 수 있는지에 따라서 발생될 수 있게 될 것이다.[325]

중요한 것은 볼프는 포용의 모델로 자기 자신을 내어 주심의 궁극적 상징이 되신 십자가의 그리스도에서 발견한다. 그리스도께서 십자가 위에서 팔을 펼치시고 계신 것은 모든 인간을 포용하기 위해 열어 놓으심이고, 그들을 환영한다는 것임을 주장한다. 포용은 볼프에게 있어서 교리적 함축성들을 가지고 있다. 포용은 자기 자신을 내어 주는 사랑의 상호관계(the mutuality of self-giving love)를 마음으로 불러온다. 그 사랑은 삼위일체 안에 존재하는

---

324) http://www.thefreedictionary.com/embrace; 2008년 6월 20일 접속.

325) Miroslav Volf, *Exclusion and Embrace: A Theological Exploration of Identity, Otherness, and Reconciliation* Nashville: Abingdon Press, 1996, pp. 99-166.

것이므로 신론을 함축하고 있다. 그리고 그리스도께서 십자가에서 펼치신 팔은 탕자를 받아 주시는 아버지의 펼치신 팔 안에서 나타난 구원론을 함축한다. 정리하자면 볼프의 포용의 개념은 어느 사람이 타자를 포용하는 것인데 그것은 십자가 위에서 자기 자신을 내어주시는 예수 그리스도의 사랑으로부터 오는 것이다.

우리는 하나님께서 화해의 최종적인 수여자이실 뿐만 아니라 하나님의 대리인으로서 예수 그리스도께서 행하셨던 것처럼 타자를 사랑하는 그리고 타자를 포용하는 책임을 피할 수 없는 것이다. 볼프에 의하면 최종적 화해의 현존 안에서 우리가 평화 가운데 살아 갈 수 있다는 것은 책임 신학의 목적이다.[326] 볼프에 의하면, 회개는 단지 어떤 사람이 나쁜 실수를 했다고 인식하는 것이 아니라 죄지었다는 것을 인식하는 것을 의미한다.[327] 용서는 변경할 수 없는 배타의 행동들로부터 빠져 나오는 것(out of the irreversibility of acts of exclusion)이다.[328] 공간은 용서가 상처를 치유할 때에 그리고 적의의 나누어진 벽이 무너질 때에 창조되어 진다. 그 상처란 배타의 권력적 행동들(power-acts of exclusion)이 고통을 준 것들을 말한다.[329] 기억의 속량함은 치료되기 위하여 잊어짐의 한 종류이다.[330] 즉 희생자들과 가해자들은 성령의 도우심으로 서로 용서하고 회개해야 함을 나타낸다.[331] 회개는 모든 자들에게 요구되고 있는 것이다. 볼프에 의하면 피해자들은 가해자들에 대항하여 미움을 품고 있을 수 있기 때문에 깨끗하다고 주장 할 수 없다는 것이고 다른 상황에서는 피해자 자신들이 가해자가 될 수도 있다는 것이다. 모든 사람들은 회개하면서 사랑의 하나님 나라의 시민을 주장하게 된다는 것이다. 피해자들과 가해자들은 서로 다른 죄들로부터 회개의 필요가 있을 것이지만 그들 모두가 사랑의 하나님의 나라 안에서 진정한 사회의 대리인들이 되기 위한다면 진정한 회개를 해야만 하는 것이다. 그러므로 진정한 회개는 한 개인에게 있어서 가

326) 위의 책, p. 109.
327) 위의 책, p. 113.
328) 위의 책, p. 121.
329) 위의 책, p. 125.
330) 위의 책, pp. 133, 135.
331) 위의 책, pp. 111-119.

장 어려운 행동 중에 하나라고 볼 때에 공동체의 회개라는 것은 두말할 필요가 없다.[332] 그러나 볼프는 사회적으로 구조화 되어져 있는 것으로부터 오는 그리고 문화적으로 전형화 되어 있는 행동들로부터[333] 오는 폭력의 죄를 회개하는 것을 간과하고 있다. 그들의 의지들의 깨달음 없이 개인들의 개연성 없이 행동하는 것[334]을 말하는 것으로 스티븐 루키스가 제3차원적 권력이라고 표현했던 것이다. 즉 그리스도인들에게 그러한 종류의 죄를 인식하는 것은 쉽지 않고 그것이 그리스도와는 함께 할 수 없다는 것을 깨닫는 데에는 더 많은 시간이 필요할지 모른다.

2. 한경직 목사의 북한선교사역의 공간창출

한경직 목사는 은퇴목사로서 남한산성에 기거를 한다. 북한 주민들을 두 대상으로 구분하던 것을 뛰어넘는 상징적 사업을 1990년대에 들어와서 시작하게 된다. 그것이 바로 많은 한국교회가 동참했던 사랑의 쌀 나누기 운동이다.

사랑의 쌀 나누기 운동은 1989년 9월 17일에 조세정 장로가 정부의 쌀 소비방안 (쌀 소주, 쌀막걸리 제조 허용)에 이의를 제기, 한국기독교총연합회 대표회장 한경직 목사 앞으로 건의서를 보내어 남아도는 쌀을 한국교회가 구입하여 불우이웃에게 구제하는 운동을 제안하면서 시작되었다. 한경직 목사에게 1990년 1월 27일 김경래 장로가 남한산성을 방문하여 사랑의 쌀 나누기 운동을 건의하자 한경직 목사는 즉석에서 구체적인 계획 수립을 지시했다. 그 날 저녁 9시부터 다음 날 새벽까지 협의하여 사랑의 쌀 나누기 운동의 지도부를 결성한다. 발기인 대표에 한경직 목사, 실행위원장에 이한빈 장로, 본부장에 박세직 집사로 내정을 하게 된다. 한경직 목사는 1990년 2월 14일 남한산성에서 사회를 보며 7인 소위원회를 전원 아멘으로 결정을 하게 된다. 그리고 홍보 및 성금 관리는 한국일보사가 하고 모

332) 위의 책, p. 119.

333) Steven Lukes, Op.Cit., p.26.

334) 위의 책, p. 26.

금 창구는 운동본부와 한국일보사가 맡기로 합의했다. 한경직 목사와 관계자 30명이 1990년 2월 26일에 사무실 현판 예배를 한기총 주관으로 드렸다. 1990년 3월 1일에 한경직 목사를 비롯한 사람들이 우선적으로 모금함에 헌금함으로써 모금 활동이 시작되었다.[335] 사랑의 쌀 나누기 운동은 1차 운동기간을 마무리한 1990년 6월 30일 당시 23억원이 모금되는 성과를 냈으며 성금 건수는 1만여 건, 참여 인원은 해외동포를 포함 10만 명을 넘어섰다.

운동본부는 1990년 6월 10일 사랑의 쌀을 북한 동포에게 보내고 싶다는 메시지를 발표했다. 1990년 6월 29일 금강산무역 홍콩지사에서 사랑의 쌀을 북측에 전달하는 전달식이 거행됐다. 민간 차원의 남북교류에 새로운 전기가 되는 중요한 모임이 되었다. 이날 홍콩 구룡반도 조선금강산국제무역개발회사 홍콩지사 회의실에서 양측 관계자들은 사랑의 쌀 합의서에 차례로 서명했다.

사랑의 쌀 나누기 운동이 국내 구호 차원을 뛰어 넘어 인도주의에 입각한 남북교류로 결실을 거둔 순간이었다. 또한 한경직 목사가 이분법적으로 북한 사람들을 나누던 것을 뛰어넘는 순간이기도 했다. 북한에 보내진 사랑의 쌀은 최상품인 1989년산 일반미로 1만 가마(8백 톤) 8억 3천만 원 상당이었다. 사랑의 쌀은 1990년 7월 3일 부산항을 떠나 10일 홍콩에 도착한 후 북한 선박에 의해 20일 인수돼 27일에 남포항에 도착한 것이 확인됐다고 밝혔다.[336] 한경직목사기념사업회 연구목사인 김은섭 박사는, "그 당시 사랑의 쌀을 북한에 보내는 사업은 한경직 목사이니까 정부가 허락을 했다."고 증언한다.[337] 김박사는 그 이유로는 철저한 반공주의이시며 애국자이신 한국기독교 목회자가 제안한 사업이기 때문에 정부는 허락을 했다는 것으로 해석되어진다. 이 해석은 자유주의적이고 친북적인 성향의 기독교 성직자가 이런 제안을 했다면 그 당시의 정부는 허락을 하지 않을 수 있다는 것을 의미하는 것이기도 하다. 이것은 한경직 목사가 대북 디아코니아 선교사역의 공간을 한국교회 안에 창출했음을 나타내는 의미 있는 일이었다.

335) 사랑의 쌀 나누기 운동 태동 약사

336) http://news.hankooki.com/history. 2010년 4월 13일 접속

337) 2010년 4월 7일 기자간담회, 서울 프레스센타.

한경직 목사는 어떻게 당신을 핍박한 저 공산주의자들을 포함하여 북녘 동포들에게 사랑의 쌀을 나누어 줄 수 있었겠는가? 볼프의 방법론을 통해 그 이유를 분석하자면, 한경직 목사 자신이 포용의 공간이 창출되어진 과정에 있었다는 것을 의미하는 것이다. 그것은 바로 십자가 위에서 자기 자신을 내어주시는 그리스도의 사랑, 두 팔을 펼쳐서 타자를, 자신을 팔아넘긴 가룟 유다까지 포함된, 포용하기 위해 열어 놓으심의 예수 그리스도의 사랑을 한경직 목사가 따랐기 때문인 것으로 해석해 볼 수 있겠다. 오랜 세월 동안 철저한 반공주의로 사회화 된 인식체계를 뛰어 넘고 공간을 창출하는 것은 결코 쉬운 일이 아니다. 이것은 절대로 반공주의를 버린 것이 아니고 그것을 뛰어 넘는 숭고한 경지에서 창출되어지는 포용의 공간임을 나타낸다.

나아가 한경직 목사는 1992년 4월 29일 독일 베를린에서 종교계의 노벨상이라고 불리는 템플턴상을 받게 되고 그 상금인 575,000파운드, 즉 약 100만 불을 북한에 있는 기독교회의 재건에 사용하도록 영락교회에 헌금했다.[338] 그리고 자신은 무소유로 남는다. 이것은 한경직 목사가 무소유를 한 만큼 그의 마음 안에 공간이 창출되어져 왔다는 것을 의미하고 있다. 볼프가 지적한 대로 타자를 포용하는 공간은 십자가 위에서 자신을 내어 주신 예수 그리스도의 사랑으로부터 오는 것을 한경직 목사의 무소유, 빈손을 통하여 나타내주고 있다. 더욱이 시상식 이후에 한국에 귀국한 후에 1992년 6월 18일 63빌딩 코스모스홀에서 '한경직목사 템플턴상 수상 축하예배'를 드리는 자리에서 한경직은 인사말을 하면서 다음과 같이 고백한다.

> "…우선 저는 하나님 앞에서 여러분 앞에서 죄인이라고 하는 것을 꼭 말합니다. 나는 죄를 많이 지었습니다. 신사참배도 한 사람입니다. 죄 많이 지은 사람입니다. 그런데 하나님께서 어떻게 이런 자리에 설 수 있게 하셨는지 알 수가 없습니다. 그래서 먼저 그저 하나님 앞에 감사드리는 것은 또 간증이라고 할 수 있는 것은 하나님

338) 1992 Templeton Prize For Progress in Religion, Dr. Kyung-Chik Han Awarded 1992 Templeton Prize, 1992. March 11, p. 1. 김수진은 한경직 목사는 상금 전부를 북한선교 및 사랑의 쌀 나누기 운동에 사용하도록 영락교회에 헌금했다고 기술하고 있다. 김수진, 아름다운 빈손 한경직, 서울: 홍성사, 2000, pp. 138-139.

은 자비하신 하나님이요, 하나님은 긍휼이 많으신 하나님이요, 하나님은 저의 죄를 사해 주시고 축복해 주시는 하나님이시다 하는 것을 먼저 여러분 앞에 고백할 수밖에 없습니다.."[339]

한경직 목사가 1992년 그의 나이 90세에 죄인이라고 고백한 것과 템플턴상 상금까지 북한을 향하여 헌금한 것과 은퇴 후에 좋은 집을 한사코 마다하고 남한산성 좁은 우거처에서 사신 것은 볼프가 예수 그리스도께서 자기 자신을 드리는 사랑에 의해서 펼쳐진 두 팔의 공간이 창조되었던 것과 같이 한경직 목사에게 공간의 창출을 확연히 보여 주는 것이다. 한국교회의 거목으로 칭송 받고 있는 한경직 목사께서 공개적으로 죄인임을 고백한 것은 볼프가 지적한 대로 포용의 공간 창출에서 첫 번째 중심 요소에 해당하는 회개를 보여준다. 그는 죄인임을 고백한 것이지 신사참배만 회개한 것이 아니다. 그가 죄인이라고 고백한 그 안에 신사참배도 들어가 있는 것이다. 그 죄인임을 고백하는 한경직 목사의 공간 창출과 상금을 북한을 향해 내어 놓는 빈손의 한경직 목사는 북한을 포용하고 있었음을 나타내 준다.

결론적으로 한경직 목사가 강조한 반공과 민족복음화, 그리고 정부의 강화된 반공교육은 영락 그리스도인들의 북한 사람들에 대한 인식에 커다란 영향을 끼쳤다. 한경직 목사는 북한 사람들을 두 부류로, 즉 김일성 및 공산주의자들 그리고 그들에게 포로로 잡혀 있는 일반 북한주민들로 구분하였으나, 영락 그리스도인들은 탈북민들을 만나 교제해 나아갈 때에 그들의 행동과 자신들의 행동들이 다를 때에 이를 다르게 해석하고 오점 만들기로 가는 경향을 갖게 되었다. 즉 이것은 영락 그리스도인들이 북한선교사역을 할 때에 해결해야 할 과제로 남게 되었다.

그러나 1990년대에 들어서면서 한경직 목사는 북한에 사랑의 쌀 나누기를 펼치면서 두 개로 구분하던 대상을 뛰어 넘었음을 나타내 주었다. 뿐만 아니라 한경직은 템플턴상을 받으면서 스스로를 죄인이라고 공개 고백한 것과 상금을 북한을 향하여 쓰도록 헌금하므로

339) 한경직 목사 템플턴상 수상 축하예배 녹취록, 미간행.

빈손이 된 것은 한경직이 북한을 포용하는 공간이 그에게 창출해 있었음을 나타내 주었다.

Ⅳ. 결론 : 한경직 목사가 창출한 북한선교를 향한 공간과 현재 영락교회의 북한 선교사역

이철신 목사는 한경직 목사가 1990년을 앞두고 1990년대 한국교회가 주력해야 할 몇 가지 과제를 말하면서 북한선교를 제시하셨다고 증언하였다. 왜냐하면 그 당시 세계는 공산권의 붕괴와 독일의 통일 등 국제정세가 격변하고 있었기 때문이었다. 그 당시 이철신 목사는 미국 유학중이었고 미국의 선교단체나 선교연구기관들의 북한선교 현황을 조사해 보았지만 이름도 모르는 미전도종족 조차도 많이 연구를 해 놓았는데 정작 단일민족 2천 2백만 명의 북한에 대해서는 거의 없는 것을 발견하게 되었다. 이것은 이철신 목사에게 어떤 선교지역보다도 가장 우선적으로 사역을 해야 할 지역으로 설정을 하게 된다.

1997년 말 이철신목사는 영락교회 담임목사로 부임을 하게 되면서 몇 가지 중요한 선교정책을 제시한다.

첫째로는 한경직 목사가 목회했던 신의주를 선교의 중심축으로 해서 심양-단동-신의주를 북한 선교 축으로 정책화 하였다. 그리고 선교 집중 대상으로는 한경직 목사가 신의주에서 보린원을 했으므로 어린이와 환자를 대상으로 집중한다고 선언을 하였다. 이 정책 위에서 영락교회는 1999년부터 신의주에 있는 평안북도소아병원 현대화 사업을 3년에 걸쳐서 성공적으로 완료하여 북측 어린이 환자들이 치료를 받는 현대화된 병원이 되게 하였다. 그리고 지금까지도 평안북도 소아병원 소모품을 공급해 주고 있다. 또한 단동에서는 빵을 만들어서 신의주에 있는 탁아소들의 어린이들에게 1999년도부터 지금까지 제공해 오고 있다. 아울러 유진벨재단과 협의 하여 1999년도부터 신의주에 있는 결핵 예방원과 요양소에 필요한 결핵약을 지원해 오고 있다.

둘째로는 국내에 들어오는 탈북민들을 순수한 그리스도의 사랑으로 돌보고 그들을 훌륭한 그리스도인으로 양육한다는 선교정책이다. 그래서 영락교회는 국내에 들어오는 모든 탈북민들에게 생활필수품을 지원하는 사업을 해 오고 있다. 이철신 목사는 한경직 목사가 영락교회의 설립 초기 피난민들이 몰려 올 때에 주먹밥을 제공하던 그 사랑을 오늘 탈북민들에게 생필품을 지원하는 사업으로 계승하고 있는 것이다. 이철신 목사는 탈북민들이란 용어 대신에 자유인[340]이란 용어를 사용하여 그들의 정체성을 확실히 하는 데에 공헌을 하게 된다. 이철신 목사는 한경직 목사가 영락교회를 피난민들을 영접하고 그들에게 복음을 증거하고 그리스도의 사랑을 나눈 교회로 시작한 것을 이어받아 이 시대에 탈북민, 자유인들을 잘 영접하고 그리스도의 복음을 증거하며 그리스도의 사랑을 나누기 위해서 평화교회와 하나교회를 세우고 사역자를 파송하여 자유인 사역을 해오고 있다.

셋째로는 북한선교를 위한 교육 사업을 들 수 있다. 이 교육 사업은 먼저 영락 그리스도인들에게 북한에 대한 바른 이해를 제공하는 북한선교학교가 있다. 1998년에 시작된 그 수료생은 2010년에 이르러 19기를 배출하게 되었다. 이 교육을 받은 교우들은 2,000여명이 되며 정기적으로 모여서 북한을 위한 기도와 다양한 선교 사업에 참여하고 있다. 그 중 한 예를 들면 탈북민, 자유인 교육을 위해 장학금을 헌금해서 기금을 만들어 탈북민 장학금을 지원하는 사업이 있다. 최근 2007년 기록만 살펴보아도, 김도영 은퇴권사가 1억 원 (2007년 9월 2일)을, 김도선 은퇴권사가 1억 원 (2007년 10월 28일)을 장학금으로 헌금을 했다. 이러한 현재의 영락교회의 북한선교사역들은 한경직 목사가 창출한 북한 선교사역을 위한 공간과의 연속성을 지니고 있다고 하겠다.

한경직 목사가 북한을 위해 기도해 오지 않았더라면, 사랑의 쌀 나누기를 통해서 북한 선교의 대상인 북한을 포용하여 대상을 구분하였던 것을 뛰어 넘지 않았더라면, 템플턴상을 통해서 받은 상금을 북한선교를 위해 헌금하면서 자신은 빈손으로 돌아가지 않았더라면, 그래서 북한선교사역을 향한 공간이 창출되어 지지 않았더라면 현재의 영락교회의 디아코니아 북한선교사역은 쉽지 않았을 것은 분명하다.

340) 자유의 사람이란 용어의 의미는 그들이 정치적, 경제적, 사회적, 신앙적 자유를 찾아 왔고 이제부터는 자유를 누리게 되었다는 의미이고 나아가 그들이 하나님께서 창조 해 주신 자신의 자유의지로 살아가게 되었다는 의미와 동시에 자유의지에 대한 책임을 가지고 있다는 의미이다.

<참고문헌>

Goffman, Erving. Stigma: Note on the Management of Spoiled Identity, Penguin Books, 1990.

Hyeok-beop, Kwon. Reading the circuit of anti-communism in my body, edited by Dohanaeuy Munhwa, People preparing Reunification in Korea, Seoul: Dohanaeuy Munhwa Press, 1999.

Lukes, Steven. Power A Radical View, Palgrave MacMilan, 2005.

May the Words of My Mouth, Published in honour by the Memorial Committee of Rev. Kyung-chik Han's 100th Birthday Anniversary.

Volf, Miroslav. Exclusion and Embrace: A Theological Exploration of Identity, Otherness, and Reconciliation Nashville: Abingdon Press, 1996.

1992 Templeton Prize For Progress in Religion, Dr. Kyung-Chik Han Awarded 1992 Templeton Prize, 1992. March 11.

김수진, 아름다운 빈손 한경직, 서울: 홍성사, 2000.

한경직, 한경직목사설교전집, vol 2. "첫 8.15의 마음," 서울: (사)한경직목사기념사업회, 2009.

한경직, 한경직목사설교전집, vol. 9. "나의 신으로," 서울: (사)한경직목사기념사업회, 2009.

한경직, 한경직목사설교전집, vol. 12. "해방의 감격과 기도," 서울: (사)한경직목사기념사업회, 2009.

한경직, 한경직목사설교전집, vol. 13. "진리와 자유," 서울: (사)한경직목사기념사업회, 2009.

한경직, 한경직목사설교전집, vol. 13. "쇠사슬에 매인 사신," 서울: (사)한경직목사기념사업회, 2009.

한경직, 한경직목사설교전집, vol. 15. “바벨론 강변의 눈물,” 서울: (사)한경직목사기념사업회, 2009.

한경직, 한경직목사설교전집, vol.16. “부활의 기쁜 소식,” 서울: (사)한경직목사기념사업회, 2009.

한경직, 한경직목사설교전집 vol.17. “우리의 눈물,” 서울: (사)한경직목사기념사업회, 2009.

한경직, 한경직목사설교전집 vol 17, “보라 내가 새 일을 행하리니,” 서울: (사)한경직목사기념사업회, 2009.

한경직, 한경직목사설교전집, vol. 17. “보라 내가 새 일을 행하리니,” 서울: (사)한경직목사기념사업회, 2009.

한경직, 한경직목사설교전집, vol.17. “에벤에셀,” 서울: (사)한경직목사기념사업회, 2009.

한경직 목사 템플턴상 수상 축하예배 녹취록, 미간행.

2010년 4월 18일 영락교회 주일예배 시에 방영된 영상물

2010년 4월 7일 기자간담회, 서울 프레스센타.

New York Times, January 5, 2005.

사랑의 쌀 나누기 운동 태동 약사

http://www.thefreedictionary.com/embrace; 2008년 6월 20일 접속.

http://news.hankooki.com/history. 2010년 4월 13일 접속

월남인 01 심층면담, 2006년 10월 22일, 서울

월남인 02 심층면담, 2007년 2월 12일, 서울

월남인 07 심층면담, 2007년 2월 15일, 서울

월남인 13 심층면담, 2007년 3월 19일, 서울

제5장

한경직 목사의 애국

1. 한경직 목사의 애국사상
박종현 박사

2. 한경직과 복음화 사역
이혜정 박사

3. 한경직의 해방 전후 애국사역
안종철 박사

한경직 목사의 애국사상

박종현 박사 / 한국교회사 연구원

Ⅰ. 들어가는 글

해방 후 한국교회의 교부(敎父)로까지[1] 일컬어지는 한경직 (韓景職, 1902-2000) 목사가 한국 근대기독교 역사에 준 영향은 결코 과장된 것은 아니다. 특히 해방 후 한국전쟁을 겪고 난 후 폐허가 되다시피 한 한국사회에서 새로운 재건과 희망의 메시지를 통해 영락교회의 울타리를 넘어서 한국교회와 한국사회에 그의 목회가 준 영향은 실로 막대하다고 할 수 있다. 한 교회의 목회자가 기본적으로 다양한 교파와 개 교회주의로 특징 지어진 한국교회의 풍토 속에서 넓은 공감대와 추앙을 받는 목회자로 기억되고 있다는 것이 이를 증명한다.

이 글은 한경직 목사의 여러 가지 교회사적 공헌 중에서 그의 기독교적 애국사상에 관한 고찰이다. 필자에게 주어진 연구 제목은 한경직 목사의 애국사상이었지만 그의 생애와 사상 전체는 항상 기독교적인 것을 근간에 두었기 때문에 이 글을 한경직 목사의 기독교적 애국사상이라고 부르기로 하였다. 즉 그의 애국사상은 그 무엇보다도 기독교와 그 모든 교훈의 토대가 되는 성서에 근거하고 있기에 그의 애국사상은 기독교의 가르침과 불가분의 관계를 이룬다고 할 수 있다.

1) 한숭홍, 『예수를 닮은 인간, 그리스도를 보여준 교부 한경직』(서울: 북코리아, 2007).

그는 기독교의 사회적 책임이나 교회의 사회적 역할에 대해 깊은 관심을 보였다. 그는 그러한 일관된 관심을 『신자의 사회적 사명』(1959), 『성서적 애국심』(1988)과 같은 저술을 통해서도 표현하였다. 사실 교회의 목회자가 이런 사회와 국가 공동체에 대한 전망을 가지고 지속적으로 사유하고 설교하며 목회에 적용한다는 것은 한국교회에서는 무척 드문 경우라 할 것이다. 그런 의미에서 한경직 목사의 애국 사상은 오늘의 한국교회의 목회에 주는 시사점이 크다고 할 것이다.

이 글의 진행은 우선 한경직 목사의 기독교적 애국사상의 역사적 기원을 한국근대사와 기독교사 그리고 그의 생애의 조망을 통해서 밝혀내고자 한다. 그리고 그의 기독교적 애국사상의 특징들을 몇 개의 장으로 구성하여 서술할 것이다. 먼저 대한민국의 건국과 관련 지어 한경직의 기독교적 애국사상의 의미를 서술할 것이다. 또 한경직의 사상 속에 나타난 애국적 기독교와 반공 사상의 관계를 설명하고자 한다. 그리고 한경직의 사상 속에 나타난 교회와 국가의 관계에 관한 고찰을 하며 마지막으로 기독교 도덕과 애국 사상의 관계를 기술할 것이다.

II. 한경직 목사의 기독교적 애국 사상의 형성사

한경직 목사의 애국 사상은 한국현대사의 두 가지 흐름 속에서 형성되었다. 한 가지는 한국의 근대사이고, 다른 한 가지는 한국의 기독교의 흐름이다. 한경직 목사는 한국 근대사의 격랑 속에서 한국교회가 신앙을 지키고 대응한 방식 가운데서 자신의 고유한 기독교 사상 혹은 신학사상을 이끌어 내었다.

그는 한국근대사 속에서 일제의 군국주의의 억압을 체험하며 유년기를 보냈다. 그의 경험은 한국교회가 경험한 일제의 천황숭배 및 신사참배 강요와 깊은 상관관계를 갖는다. 그리고 그는 일제 말기를 거쳐 해방 정국에서는 공산주의를 경험하였다. 공산주의는 일제의 군국주의에 못지않은 전체주의 체제로서 한국의 분단과 억압에 또 하나의 축을 형성하였다. 그리고 그는 해방 후 서울에 정착하여 영락교회에서 목회를 하게 되었다. 그의 영락교회 목회는 한국전쟁 후 한국이 전쟁의 참화를 딛고 새로운 국가와 사회를 건설하는 시기와 완전하게 중첩되었다. 해방 이전과 이후의 경험들은 그에게 선명한 대비로 나타난다. 그는 과거의 경험과 역사를 현실과 미래를 위한 자양분으로 전환시킬 줄 아는 창조적 사상가요 실천적 목회자였다.

그의 애국심의 원초적 배경은 구한말의 한국이 일제의 식민지로 전락함에 따른 애국운동 또는 민족운동에 뿌리를 두고 있었다. 중국이나 일본에 비해 엄격한 쇄국정책을 고수하던 조선은 1876년에야 개국에 이르게 되었다. 그러나 한발 앞서 개국을 한 일본의 조선 침략이 체계적으로 이루어져 1905년 을사조약을 거쳐 1910년에는 한일 합방에 이르고 말았다. 이에 대항하는 민족운동이 일제시대 내내 일어났다. 그 중에서도 교육과 계몽을 통한 민족운동이 활발하게 일어났다.

가장 대표적인 것이 도산 안창호의 대성학교와 남강 이승훈이[2] 설립한 오산학교였다. 한경직은 청소년기에 민족의식의 요람인 오산학교에서 수학하게 됨으로 인해 민족운동의 거대한 흐름의 깊은 경험을 얻을 수 있었다. 기독교 민족운동 단체인 신민회는 1907년 결성되어 안창호 이승훈 등이 주도하여 대성학교 오산학교를 설립하였다. 오산학교는 이광수 조만식 등 내노라 하는 민족지사들이 교사로 복무하였고 김소월을 비롯하여 많은 사람들이 여기에서 수학하며 민족의식을 고취하였다.

신민회나 대성학교 오산학교의 성격은 급진적 무장투쟁을 지향하는 민족운동이 아니었다. 1905년 직후 전국적으로 의병 항쟁이 발발한 것은 사실이나 신민회는 단기간의 무장투쟁보다는 장기간의 실력 양성에 집중하려고 시도하였다. 그래서 인재육성과 민족의식 고취를 위해 학교를 설립하는 데 주력하였고, 민족자본의 육성에도 힘을 기울여야 한다고 주장

2) 이승훈 (1864-1930) 본명은 李寅煥 호는 南崗. 자수성가한 인물로 1907년 신민회 활동과 더불어 안창호의 교육입국론에 동의하여 강명의숙을 설립하였고 뒤이어 오산학교를 설립하였다. 후에 태극서관과 조선교육협회 등에 참여, 사회사업에 깊이 참여하였다. 동아일보사 사장 그리고 민립대학 설립 추진을 주도하였다. 신민회 사건과 3 · 1 운동으로 옥고를 치렀다.

하였다.[3] 따라서 한경직이 오산학교와 인연을 맺게 되었다는 것은 그의 민족의식이 과격한 무장투쟁이나 혁명노선으로 흐르지 않고 중도적 계몽주의 민족주의의 흐름의 세례를 입었다는 뜻이 된다.

한경직이 오산학교와 인연을 맺게 된 것은 진광소학교를 졸업하고 그의 은사인 홍기주 선생의 주선으로 오산학교에 진학하게 되어 시작하였다. 홍기주 선생은 대성학교 출신의 민족의식이 남다른 교사였고 그래서 성적이 뛰어난 어린 한경직을 오산학교에 진학하도록 한경직의 부모를 설득하였다.[4] 그래서 입학한 오산학교에서 그는 입학시험 성적이 우수하여 1학년이 아닌 2학년으로 진급하여 오산학교를 3년 만에 졸업하게 되었다. 한경직이 오산학교에서 받은 영향은 실로 컸다. 한경직은 오산학교의 교육정신을 다음과 같이 회고하였다. 첫째는 애국애족 교육이었다. 개인주의로 한 사람만 잘 살 수 없고 민족이 잘 살아야 자신도 잘 살 수 있다는 정신이었다. 둘째는 기독교 신앙이었다. 나라를 세우고 발전시키려면 학생들 한 사람의 인격이 올바르고 도덕적인 생활을 하며 유혹을 이길 의지를 가져야 하는데 그러려면 예수의 가르침을 잘 따르는 생활을 하여야 한다고 교육하였다. 셋째는 현대의 학문과 기술을 배우는 것이었다. 고전을 익히는 것도 중요하지만 학문과 기술을 익혀야 나라가 부강하고 국가를 올바르게 세울 수 있다고 가르쳤다.[5] 이는 오산학교가 지향하던 민족주의의 성격을 그대로 보여주고 있다. 그것은 안창호와 이승훈이 지향하던 교육과 도덕을 통한 중도적 민족운동이라는 것이다.

그러한 오산의 민족정신은 훌륭한 스승들을 통해서 배울 수 있었다고 한경직 목사는 회고한다. 남강 이승훈과 고당 조만식을 생생하게 기억하고 있었다. 남강은 자수성가한 인물로서 도산 안창호의 연설을 듣고 일본의 지배에서 벗어나려면 교육에 힘쓰고 민족 산업을 육성하여야 한다는 말에 공감하여 운명적인 동행을 하게 되었다. 남강은 장로교 초대 일곱 목사 중의 한 분인 한석진 목사가 산정현교회에서 설교하는 것을 듣고 기독교인으로 회심

3) 신민회에 관하여는 윤경로, 『105인 事件과 新民會 硏究』(서울: 일지사, 1990) 참조.

4) 한경직, 『나의 감사-한경직 구술 자서전』(서울: 두란노, 2010), p.54. ; 한숭홍의 책 『한경직』, p.68.

5) 『나의 감사』, pp.57-59.

하였다. 그리고 오산학교를 설립하고 학생들을 자신이 믿고 있는 신념대로 가르친 분으로 기억하고 있었다.[6] 또한 조만식의 경우는 이렇게 기억하고 있었다. 고당 조만식은 부유한 사업가 집에서 자랐으나 예수를 믿고 숭실학교와 일본 명치대학에서 공부하고 나서 오산학교 교장으로 학생들을 가르쳤다. 교장의 봉급도 반납하고 오직 학생들을 가르치기에 여념이 없었던 분으로 조만식을 기억하고 있다.[7]

이처럼 민족의식의 거점이었던 오산학교에서 이승훈, 조만식과 같은 민족 지도자들의 영향 속에서 청년 한경직의 민족의식은 토대를 쌓아 갔다. 안창호가 주창한 실력양성론이 이승훈과 조만식의 공통된 이념이었고 오산학교의 그러한 정신적 풍토는 한경직에게도 자연스럽게 녹아들어 갔다.

한경직의 생애에서 두 번째 국가관 형성에 영향을 받은 시기는 해방 정국에서 남북이 이념적 분열을 겪던 시기였다. 1929년 미국 프린스턴신학대학을 졸업한 한경직은 1933년부터 1942년까지 신의주 제2교회에서 목회를 하였다. 그가 부임할 때 대략 300인 규모의 교회였으나 그는 다수의 청년들에게 미래의 꿈을 바라보고 신의주교회로 갔다. 그리고 1939년에 보린원을 설립하였다. 고아원과 양로원을 겸한 기독교사회복지 시설이었다. 그는 보린원에서 해방을 맞았다. 그러나 해방의 기쁨도 잠시 그는 북한에 등장한 정치세력 즉 공산주의 정권이 가지고 있는 위험성을 간파하였다. 공산정권이 지배하는 사회는 자유가 없는 사회일 것이었다.

공산정권의 수립이 가시화되면서 북한의 기독교 지도자들은 대응책을 강구하였다. 그 중에 하나가 새로운 정당을 설립하는 것이었다. 해방 정국 북한에서는 기독교사회민주당, 기독교자유당 그리고 조선민주당 등이 창당되었다. 한경직은 신의주제1교회 윤하영 목사와 함께 기독교사회민주당을 창당하였다. 그때가 1945년 9월 18일이었다.[8] 한경직은 정권 장악을 목표로 하여 정당을 수립한 것은 아니었다. 다만 북한에 세력을 확장하는 공산정권이

6) Ibid., pp.61-65.

7) Ibid., pp.69-71.

8) 『영락교회 50년사』, p.47.

인민의 자유를 빼앗아 갈 것이 명약관화하였고, 따라서 북한 지역에 자유가 보장되는 민주정부의 수립과 기독교 정신의 확산을 목표로 하여 긴급하게 정당을 창립한 것이었다. 그러나 이러한 이념은 북한의 공산당 세력과 잦은 갈등을 일으켰고 공산당은 기독교사회민주당 소속 인사들을 대거 체포하려 시도하였다. 그래서 정당에 관련된 다수의 기독교 지도자들이 남하를 결행하게 되었다.[9]

해방 정국에 한경직 목사가 북한에서 겪었던 이 사건은 그의 국가관과 정치관에 중대한 영향을 끼치게 되었다. 첫 번째는 반공이었다. 그가 겪었던 공산정권의 실체는 자유의 억압이었고, 자유 없이는 민주주의도 불가능하였고, 국민의 안녕도 불가능했기 때문이다. 둘째는 민주주의를 이룩하는 데 기독교 정신이 필수적으로 요청된다는 통찰이었다. 이 사건 이후로 그는 한국사회의 발전을 위해서 반공과 기독교라는 두 요소의 함수를 명료하게 개념화할 수 있었다.

이후 한경직은 1945년 서울에서 남하한 북한 출신 인사들과 함께 영락교회를 설립하였다. 1945년 해방된 한국은 1948년 정부수립을 하였고, 영락교회는 대한민국의 수립과 발전을 같이하여 왔다. 영락교회 창립 이전의 경험들이 그의 기독교적 애국관이 형성되던 시기라면 영락교회 창립 이후에는 그의 이러한 기독교적 애국관이 발전하고 적용되며 한국교회와 사회에 빠르게 영향을 주며 확장된 시기라 할 수 있다.

한경직은 당시로서는 신학 수업을 깊이 있게 받은 한국 목회자였지만 그는 신학 이론가가 아닌 목회자로서 그의 역량을 최고로 발휘하였다. 그는 기독교 정신의 정수를 이해하였고 그것을 어떻게 현대에 그리고 구체적으로 한국사회의 발전에 적용할 것인가를 가장 구체적으로 그리고 깊은 통찰력을 가지고 접근하였다. 그것은 건국에 대한 그의 이해에서 가장 먼저 나타났다.

9) 『나의 감사』, pp.310-312.

Ⅲ. 건국과 한경직의 기독교적 애국 사상

대한민국의 건국은 한국 역사에 특히 근대사의 결정적인 사건이다. 우리나라 헌법에 따르면 대한민국은 1919년 3.1운동으로 시작하여 그해 5월 대한민국임시정부를 통해 구현되고 1945년 8월 15일 해방을 맞고 1948년 정부 수립에 이른다고 선언하고 있다.[10] 그러므로 건국은 대한민국을 수립하기 위한 전 과정과 특히 해방과 정부 수립에서 그 절정에 이르렀다고 할 수 있다.

한경직 목사는 대한민국의 구체적인 시작이 된 건국의 중요성을 누구보다도 정확하게 깨닫고 있었다. 그는 한국전쟁이 끝나고 전후의 재건을 막 시도하던 1956년에 『건국과 기독교』라는 제목으로 설교집을 출간하였다.[11] 이 설교집은 영락교회가 설립되고 나서 남하한 북한 출신의 교인들이 건국의 찬란한 꿈도 퇴색되고 생활고에 허덕이면서 도 '베다니 교회'라는 신앙 공동체 안에서 새로운 생명에 대한 소망을 꿈꾸며 낳은 '베다니'의 산물이라고 하고 있다.[12] 이 설교집에는 폐허 속에 스러진 조국을 일으키려는 목회자의 절절한 소망이 고스란히 드러나고 있다. 대표적인 설교로는 '상부상조의 정신', '신앙의 위력', '청교도의 정신', '대한민족아 깨어라', '기독교와 현대문명', '기독교와 정치', '기독교와 예술', '사상전의 초점', '건국과 기독교', '기독교와 공산주의', '종교와 과학' 등 새로운 도약을 위해 몸부림치는 한국사회를 위한 절실한 선포를 담고 있다.

거시적인 틀에서 보아도 해방과 건국 그리고 한국전쟁으로 이어지는 시대는 실로 엄청난 시대적 과제를 안고 있었다. 우선은 일제 식민 세력으로부터의 독립이었다. 1945년 해방을 맞았으나 국제사회로부터 정통성을 인정받은 정부가 없었다. 게다가 북한에는 소련군의 진주로 공산정권의 수립이 가시화하고 있었고, 그래서 북한 지역의 기독교 지도자들은 자유를 잃어버린 세계의 도래에 대한 극도의 불안감에 휩싸였다. 결국 1948년 북한과 남한은 각

10) 국무원장 이승만의 이름으로 발표된 제헌헌법 전문은 건국을 3 1 운동에 귀속한다고 명확하게 기술하고 있다.

11) 한경직, 『건국과 기독교』(서울: 기문사, 1956).

12) 『건국과 기독교』, p.1. 서문.

각 독립된 정부를 수립함으로써 분단이 가시화되었다. 물론 통일을 위한 선구자적 노력이 없었던 것은 아니나 남북한은 이념과 체제의 경쟁에 뛰어들고 말았다. 한반도의 분단체제를 고착화한 것은 바로 한국전쟁이었다. 전쟁의 폐허는 해방의 감격과 새로운 출발에 대한 기대를 순식간에 무너뜨렸다. 빈곤과 질병 그리고 저개발의 악순환이 한국을 최하위 빈국으로 전락시켰던 것이다.

그래서 새로운 출발이 절실하였다. 한경직의 설교는 그 시대적 요청에 가장 적절하게 부응하였다. 『건국과 기독교』라는 설교집은 그의 설교가 빈곤과 질병의 극복을 원하던 개인들의 욕구에 초점을 맞추지 않았다. 그의 설교는 분명히 영락교회 강단에서 선포되었으나 그의 설교의 내용은 영락교회 내부에 한정되거나 구성원들의 관심만을 염두에 두지 않았다. 그의 설교는 한국의 기독교가 져야 할 역사적 책임과 관련된 신앙적 과제였다. 그의 설교는 대부분 한국과 한국기독교 전체를 염두에 두고 행하여졌다는 점을 기억하여야 한다. 이러한 설교의 안목이 그를 한국교회의 아버지로 부르게 한 것이었다.

그의 사상은 설교를 통해 대개 표출되었다. 그의 국가관은 '건국과 기독교'라는 설교를 통해 뚜렷하게 표현되었다. 그는 국가의 존재 근거를 기독교적 역사관에서 수립하고 있다. 세계의 모든 국가는 모퉁이 돌, 즉 예수 그리스도를 통하여 수립되어야 한다고 보고 있다. 그는 옛 나라 즉 조선이 사라진 지 40년이 되었고 이제 바야흐로 새 나라의 건설을 목전에 두고 있음을 역설한다.[13] 우리가 건설할 새 나라는 반드시 민주주의 국가여야 한다고 역설한다. 그러나 민주주의라는 용어가 독재국가나 공산주의 국가에서도 그 용어를 사용하는 세태이고 보니 민주주의라는 용어를 정확하게 정의할 필요가 있다고 본다.

한경직은 민주주의는 반드시 세 가지 사상을 가지고 있어야 한다고 본다. 그것은 먼저 개인에 대한 존중이다. 두 번째는 개인의 자유라는 사상이고, 셋째는 만인 평등사상이라고 본다. 그러면 이 사상의 원류는 어디인가? 물론 고대 그리스 사상가들도 평등사상을 주창하였으나 사실 그리스는 노예나 예속 민족을 평등하게 보지 않았음을 지적한다. 그리고 진정한 평등사상은 구약성서와 신약성서에서 나타났다고 한다. 그 근거는 바로 ①태초에 하나

---

13) 『한경직 목사 설교전집』(서울: 사단법인 한경직 목사 기념사업회, 2010), 1권, p.106. 이하 『설교전집』으로 표기.

님이 인간을 지었으되 하나님의 형상대로 지었다는 신앙, ②그리스도 안에는 분열이 없다는 그 신앙에서 진정한 민주주의의 사상적 기초가 세워졌다고 보는 것이다.[14] 따라서 새 나라의 민주주의의 기초는 기독교의 토대 위에 세워질 때 왜곡이 없는 진정한 민주주의를 수립할 수 있다고 역설한다.

또한 새 나라는 올바른 도덕관념이 지배하여야 한다고 보고 있다. 그는 당시의 한국 상황을 재래 도덕 관습의 해이, 일제와 한국전쟁의 폐해, 극도의 사회적 혼란과 생활고, 자유관념의 오용과 남용을 그 원인으로 지적하고 있다. 특히 반도덕 사상의 등장인데 공산주의의 영향으로 폭력적이며 무자비한 태도가 나타나는 것을 가장 우려하고 있었다.

특히 한경직 목사는 영락교회의 창립과 관련지어서 건국 도상에 교회가 설립된 것을 하나님의 깊은 섭리라고 보았다. 이스라엘이 호렙산에서 말씀을 받고 그 후 가나안 복지에 나라를 세우고, 유럽은 기독교의 감화를 받고 그 문명을 세웠고, 미국은 청교도가 교회를 세우고 나라를 세웠음을 일러주며, 기독교를 한국에 보내심은 먼저 기독교로 나라의 기초를 세우라는 하나님의 경륜이 있음을 강조한다.[15]

한경직 목사는 나라 사랑의 기초, 애국심의 기초를 논리정연하게 역사와 성서를 들어 기독교의 도덕에 기초해야 한다고 강조한다. 그는 청년시절 오산학교에서 배웠던 애국심을 잊지 않았다. 그러나 거기에 머물지 않고 자신의 시대가 요청하는 역사적 사명에 귀를 기울였다. 그는 그것을 하나님의 부르심으로 받아들였고 적절하게 응답하려 시도하였던 것이다.

그의 강조점은 일관되게 유지된다. 그는 현대사회가 과학문명이 발전하고 인본주의 철학이 깊이가 있음에도 이 두 가지 현대문명의 새로운 사조 역시 한계와 문제점을 가지고 있음을 간파하고 있다. 인본주의는 단지 인간에 대한 낙관적 신뢰 때문에 간단한 윤리교육으로 인간성의 개조와 진보가 이루어질 것이라 믿는다. 그러나 인간은 힘과 폭력 앞에 노출 되면

14) 바울은 로마서, 고린도전서, 갈라디아서 서문에서 유대인과 헬라인, (때에 따라) 노예와 자유인 그리고 남자와 여자의 차별이 없는 하나님의 은혜를 선포하고 있다. 한경직 목사는 이 보편적 은총이 바로 민주주의의 사상적 토대가 된다고 보고 있다.

15) 『설교전집』, 1 권, p.108.

윤리적 한계가 즉시 드러나게 된다. 그 증거가 바로 마르크스주의 혁명 사상이 현대에 널리 퍼진 것이라고 한다.[16)]

현대 문명의 상징인 과학 기술 역시 그 정교한 능력에도 불구하고 명백한 한계를 가지고 있다고 지적한다. 과학의 발달 자체가 '연구와 탐구의 완전한 자유', '과학의 전체적 신앙', '과학자의 품격'에 의존하는데 이것은 기독교가 기초가 된 민주주의 사회에서만 가능한 일이기 때문이다.[17)]

그러나 일본처럼 물질지상주의에 빠져 군국주의로 흐르거나 구소련처럼 신앙 없는 과학이 유물주의와 결합하여 세계를 위협하고 있다고 경고하고 있다. 그는 나치 하에서 아인슈타인이 추방당하고 소련에서 세벨스키가 추방당하는 등 진정한 과학은 자유로운 민주주의 사회에서 가능하다고 강조하고 있다. 인문주의이든 과학이든 그 중심에는 영혼을 가지고 있어야 하는데 그것은 참된 자유와 정의로운 민주주의를 가능케 하는 기독교가 정신적 기초가 되어야 한다고 설파한다.[18)]

그는 비록 짧은 기간이지만 한국에 기독교가 전파되어 일으킨 변화에 주목하라고 요구한다. 기독교는 전파된 지 50년 동안 불교와 유교가 이미 흔적만 남아 그 명맥만 유지하던 시기에 들어와 참 하나님을 전파하고, 개인으로는 구원의 소망을 가지게 하고, 민족적으로는 망국의 비애 중에 위안을 얻게 하였고, 사회적으로는 부활의 소망을 갖게 하였기에 선교 50년간 한민족의 유일한 소망의 원천이었다고 평가하고 있다.[19)]

기독교는 서울에 배재와 이화, 평양에 숭실 등 기독교 학교를 통해 신학문을 보급하고, 농촌운동, 소비자운동, 병원, 나병원, 요양원, 고아원, 양로원 등 거의 모든 분야의 사회사업에 기독교가 나섰으며 반상남녀 차별이 없는 교육과 윤리를 장려하였다고 한다. 또 기독교는 3.1 운동을 통해서 보듯이 허다한 애국자를 배출하였으며 지난 50년간 일관되게 민주주의를 가르치고 교회의 정치 제도를 통해서 민주주의를 실현하는 것을 보여 주었다고 한

16) '기독교와 현대문명' 『설교전집』, 1권. p.113.

17) Ibid., p.111.

18) Ibid., p.114.

19) '대한민족아, 깨어라', 『설교전집』, 1권. p.116.

다.[20] 그래서 바야흐로 위기에 처한 '대한민국은 기독교를 받아들이고 마음의 문을 열고! 그리고 주를 영접하라!' 고 소리 높여 외쳤다.

그는 기독교가 미치는 영향의 범위는 단순한 종교적 개인적 영역에 머물지 않는다고 확신하였다. 그는 기독교와 예술, 기독교와 정치, 기독교와 과학 및 현대사상과의 관계에 대한 깊은 신학적 통찰을 보여 주고 있다.

기독교는 예술에도 깊은 영감과 도덕의 원천으로 작용하고 있다고 말한다. 인간의 정신은 지(知) 정(情) 의(意) 세 가지 영역으로 나뉜다고 한다.[21] 그리고 인간의 정신의 이 세 가지 영역은 지력을 통해 진리를 구하고, 의지를 통해 선을 추구하며, 감정을 통해 아름다움을 추구한다고 하였다. 곧 진선미 (眞善美)를 추구하는 것이 정신적 인간의 본성이라 보고 있다. 이 세 가지가 고루 발달해야 인간의 생활이 행복하다고 한다.

그러나 이 모두는 기독교가 있어야 올바르게 되며 기독교가 없으면 부패하게 된다. 기독교가 인간의 생활을 정화(淨化)하고 성화(聖化)하는 만큼 인간의 학문도 도덕적 의식도 완전하게 될 수 있으며 마찬가지로 예술 역시 인간의 생활이 정화되어야 진정 아름다운 예술이 나타나는 것이라고 한다. 종교적 감화가 없는 예술은 오히려 인간을 부패하게 만들며 인간을 타락하게 만든다고 일갈한다.[22]

소리를 통하여 표현된 예술을 음악이라 하고, 문자를 통해 구현된 예술을 시가요 문학이라 한다. 형태의 아름다움을 구현하는 것을 회화나 조각이라 할 것이다. 그러나 모든 예술이 사람을 감동케 하며 아름다움을 느끼게 하는 것은 아니다. 오히려 어떤 것은 예술이라 하지만 사람의 마음을 타락시키고 야만적으로 퇴보하게 만들기도 하는 것이다. 결국 위대한 예술, 고상한 예술이 그 시대의 정신을 이끌게 되는데 그러면 그 진정한 예술은 어디에서 시작되는 것인가? 예술은 예술가의 인격을 넘어설 수 없다고 한경직 목사는 단언한다.

---

20) p.118.

21) '기독교와 예술' 『설교전집』, 1권. 10. 이러한 구분은 플라톤의 구분으로 지성 감정 의지를 인간의 정신 영역의 세 요소로 보고 있다. 플라톤은 인간 정신의 완성을 위해 지성은 지혜를 감정은 절제를 의지는 용기를 필요로 한다고 하였다. 한경직 목사의 고전 이해의 충실함과 일관성이 그의 설교에 배어 있다.

22) Ibid., p.11.

위대한 예술은 위대한 예술가의 영혼에서 나오는 것이다. 따라서 위대한 예술가가 되려면 먼저 죄를 씻고 위대한 마음의 소유자가 되어야 한다. 둘째로 위대한 예술은 하나님을 아는 데서 시작한다고 한다. 왜냐하면 하나님이야말로 우주만물을 창조하시고 역사를 운행하시는 것을 통해 가장 탁월한 예술가이심을 보여 주시기 때문이다. 또한 예술의 최고 지향점은 요한계시록에 나타난 바처럼 하늘나라를 그리는 데 있다고 그는 역설한다.[23)]

특히 새로운 나라를 건설하는 대한의 국민들은 고상하고 아름다운 예술을 건설하는 데 주력하여야 한다고 강조한다. 원래 예술적 감흥의 깊은 전통을 가진 우리 민족이지만 우리 모든 동포가 행복한 생활을 영위할 수 있도록 예술 대한을 건설할 막중한 사명을 갖고 있다고 선언한다. 특히 교회는 예술의 어머니가 되어 기독교 예술을 창안할 뿐 아니라 일반 예술을 성화하는 모체가 되어야 한다. 이를 위해서는 그 최초의 시작은 우리의 심령을 새롭게 하는 인격적 영적 변화가 선행하여야 한다고 한다. 새로운 사람의 창조가 선행되어야 하는데 이 새 사람의 창조야말로 예술 중의 예술이라고 한경직 목사는 선언하였다.[24)]

한경직 목사의 신학적 통찰은 기독교와 정치에서도 유감없이 나타난다. 그는 기독교 정치철학은 무정부주의자들과는 다르다고 한다. 프루동(Proudhon)과 크로포토킨(Kropotkin)과 같은 무정부주의자들은 국가라는 권력 체제가 인간의 자유를 억압하기 때문에 이러한 국가를 해체함으로 인간은 이상사회에 진입할 수 있다고 보았다.[25)] 그들은 폭력과 강제력의 부정적 측면을 강조하고 인간이 본성적으로 선하다는 것을 강조하였으나 이는 올바른 판단이 아니라고 한다. 인간의 현실은 악의 현실을 경험하고 인간의 악한 범죄는 현실 속에 엄존하고 있는 것이다. 그래서 정부는 악한 자를 처벌하기 위하여, 질서를 유지하기 위하여 존재하는 것이라고 한다.

그러면 국가의 주권은 어디에서 오는가? 국가의 주권이 오직 인민에서 온다고 믿은 프랑스는 결국 피의 혁명으로 수많은 사람이 생명을 잃고 희생되었으나, 미국은 헌법에 미국이

23) Ibid., pp.13-15.

24) Ibid., p.17.

25) '기독교와 정치', 『설교전집』, 1권. p.24.

자연법과 하나님의 율법에 근거하여 성립한다고 선언하여 평화적으로 권력을 유지하고 있다고 그 역사적 예를 들고 있다.

그러므로 구약성서와 신약성서가 말하듯이 모든 주권은 하나님으로부터 나오고 그것은 역사를 통해서 입증된 사실이라고 말한다. 하나님은 자연계에 자연법칙을 주셨고 도덕계에는 도덕적 원리를 주셨다. 마찬가지로 정치에도 일관된 원리를 주셨으니 그것은 정부를 세워 백성들을 복되게 하는 것이라고 한다.[26)]

또한 교회와 국가는 역사적으로 세 가지 관계를 그 유형으로 간직하고 있었다. 하나는 중세시대 교회가 직접 정치를 하는 것이었고, 둘째는 로마시대나 서구 유럽처럼 국가교회를 통해 국교 관계를 유지한 경우가 있었다. 셋째는 교회와 국가를 분리하여 정교분리를 이룩한 것으로 미국과 화란이 이 경우에 해당한다고 본다. 역사적으로 좋은 제도는 정교분리를 통해 기독교는 국가의 정신적 기초가 되고 정치는 국가가 하는 제도라고 본다.

그러면 기독교 신자는 국가에 대해 어떤 태도를 지녀야 하는가? 특히 한국에서 기독교는 올바른 사상을 세울 의무가 있다고 한다. 당시 한국이 여러 가지 사상적 혼란으로 유신론과 무신론, 기독교 사회주의와 공산주의, 문명과 야만의 사상적 혼란을 겪고 있기 때문에 기독교는 올바른 정치사상을 전파하는 일을 해야 한다고 주장한다.[27)] 기독교의 정치운동 중에 가장 좋은 것이 곧 전도인데 기독교 사상을 전파하고 기독교가 가진 심오한 정치철학을 알리는 전도를 통해 올바른 정치운동 사회운동을 일으켜야 한다고 선언한다. 이 기독교의 정치운동으로 대한민족이 순화(馴化)된다면 대한민국은 공의의 나라, 기독교 독립 대한이 속히 이루어질 것이라고 단언하고 있다.

비록 일제로부터 독립은 했으나 아직 새로운 국가의 터전을 세우지 못한 시점에서 새로운 국가로 나아가는 데 견인차의 역할을 교회가 해야 한다고 한경직은 교회의 사명을 새롭게 하였다.[28)] 교회는 인간이 만든 사회적 조직체가 아니라고 그는 선언한다. 이는 신약성서

26) Ibid., pp.26-27.

27) Ibid., p.30.

28) '교회란 무엇인가' 『설교전집』, 1권. p.18. 한경직 목사의 긴급한 호소는 이 설교들이 1945년과 1946년에 행한 것이라는 점에 유의해야 한다. 해방은 되었으나 정부를 수립하지 못하고 여러 가지 이념으로 혼란스런 상황

의 교회론을 새롭게 하여 그 의미를 당시의 역사적 현실 속에서 다시금 부각시키려 한다.

지상의 교회는 갈릴리의 어촌에서 10여 명의 작은 무리가 시작한 작은 공동체에 불과하였다. 그러나 이는 교회의 외적 현상일 뿐이고 교회의 본질은 그리스도의 몸이요 모든 구원받은 사람들의 연합체라는 것이다. 그래서 교회의 외양은 약하지만 교회의 본질은 강한 것이다. 지난 2천 년 간 교회를 멸망시키려는 시도가 있었으나 교회는 오히려 온 세계에 확장되어 나타난 것이다.

교회는 개인의 구원과 새로운 신생을 경험하는 영적인 공동체이지만 교회가 있는 곳에서는 사회적 변화가 나타나고, 정치 경제 도덕 문화 방면에 부흥과 진화가 나타난다. 교회야말로 국가의 정신적 방패로서 그 존재의 가치를 가지고 있다고 한다.

이스라엘이 광야에서 방황할 때 호렙산의 성소에서 기거하며 하나님의 말씀을 받고 율법을 훈련하여 가나안 복지의 나라를 준비하였듯이 오늘의 대한 사람들은 일제의 사슬에서 벗어났으나 아직 완전한 독립을 얻지 못하였으니 영적인 호렙산인 교회에서 하나님을 찾고, 그의 모든 계명과 율법을 배워 새 나라의 국민이 될 정신적 도덕적 준비를 하여야 할 것이며 이것이야말로 우리 민족의 가장 큰 사명이요 의무라고 강조하고 있다.[29]

1945년 해방을 맞고 1948년 정부수립을 향해 나아가던 한국은 깊은 사상적 혼돈 속에 갇혀 있었다. 한경직 목사는 당시 설립된 영락교회에서 설교를 통해 한국사회의 당면한 과제들을 기독교적 답변으로 제시하고자 하였다. 그의 설교는 영락교회의 구성원만을 위한 설교가 아닌 한국교회와 한국사회 또는 민족을 향한 것이었다.

그는 일관되게 기독교적 애국심을 강조한다. 한경직의 기독교적 애국사상의 연원은 그의 유년과 청년기의 체험과 교육에 근거한다. 그러나 그의 사상은 독창적으로 발전하여 그의 특유의 설교의 수사학과 결합하여 설득력 있는 언어로 영락교회 강단에서 선포되어 한국교회와 사회로 울려 나갔다.

그는 일반적 복음주의자들이 설교하는 개인적 영혼 구원만을 설교하지 않는다. 그는 개

속에서 한경직 목사는 긴급한 메시지를 던지고 있다.

29) Ibid., p.22.

인적 구원은 필연적으로 사회적 변화와 기독교 정신에 입각한 국가 공동체로 표현된다고 보고 있다. 이는 신앙의 불타오르는 에너지는 반드시 역사 속에 용해되어 하나님 나라의 확장으로 나타난다는 하나님 중심의 섭리적 역사관을 보여 준다.[30] 그는 단순한 복음주의적 교리적 호교론자가 아니라 복음의 개인적 해석을 넘어서 기독교 문명의 전망을 보여 주는 한국의 기독교적 문명의 예언자라 불러야 할 것이다. 그는 기독교가 국가의 토대인 도덕과 사상, 예술과 정치 등 한 문명의 정신세계의 전 영역에 관련되었음을 논증하였고 실천하였기 때문이다.

한경직은 한국이라는 시간과 공간 속에서 기독교와 한국이 완전히 중첩되는 가장 넓은 지형의 전망을 그의 설교를 통해 구현하고 있다. 그것은 당시에 긴급하게 요청되던 민족적 사회적 요구를 간파한 탁월한 통찰의 결과였다. 그의 기독교적 애국사상은 철저하게 기독교와 성서의 가르침에 기반하고 있다. 그러나 그는 오래된 이론을 답습하는 것이 아니라 거시적으로 단기적으로 한국사회의 전망을 정확하게 짚어내어 거기에 부응하는 메시지를 전달하였다.

그는 신앙의 기초가 살아계신 하나님이 주시는 은총에서 개인과 사회를 변혁시킬 도덕적 에너지의 원천을 발견하였다. 그것은 결코 마르지 않는 샘으로서 당시의 한국인과 한국사회를 충족시킬 유일한 힘의 원천으로 제시된다. 그리고 그것을 실천할 매개체가 교회요, 그리스도인이라고 한다. 그는 교회를 그리스도인의 게토가 아닌 세계를 즉 당시 한국에서는 신생 국가를 변화시킬 하나님의 사명의 위임자로 인식하였다. 한경직 목사는 단순한 감정적 애국심이 아니라 역사와 철학으로 해석되어 지성으로 이해되고 가슴으로 감동하며 몸으로 실천할 수 있는 교훈으로 전달한다. 그는 기독교를 통해 건국의 설계도를 청사진으로 보여 주었다. 그것이 한경직 목사의 탁월함이요 그것이 그를 한국교회의 아버지로 이끌었던 것이다.

30) 민경배, 『한국기독교회사』(서울: 연세대학교, 2002) 참조. 민경배 교수는 기독교 역사는 신앙의 내연적(內燃的) 에너지는 반드시 외연적(外延的)으로 나타난다는 기독교 역사의 내연과 외연적 관계를 가지고 설명하고 있다.

Ⅳ. 한경직의 기독교적 애국사상과 반공사상

동아시아의 공산주의 경험은 서유럽의 그것과 판이하게 차이가 난다. 서유럽의 사회주의는 초기 마르크스주의를 벗어나 시장경제를 수용한 시장경제적 사회주의로 변화하였다. 그것은 국민의 자유로운 정치활동의 보장과 국민적 지지를 민주주의 사회 속에서 사회주의 정당의 집권을 통해서 이룩하려는 사회민주주의로 진화하였던 것이다. 마르크스가 18세기 중반에 그의『자본론』을 완성하였지만 서유럽의 사회주의자들은 마르크스의 사상을 답습하지 않고 새로운 정치적 체제로 도약한 것이 이미 19세기 후반에 일어난 일이었다.[31]

그러나 동아시아의 공산주의 운동은 원칙적으로 레닌의 볼셰비키적 성격을 답습하고 있었다. 레닌의 사상은 혁명적 과정을 통해 구체제를 전복하고 프롤레타리아 혁명을 고수해야 한다는 근본적인 폭력성을 유지하였다. 따라서 민주주의 체제나 인민 자유를 허용하지 못하는 공산당의 일당 독재 체제를 고수하였다. 그것은 구소련과 중국을 비롯한 동남아의 공산체제에게 동일한 형태로 나타났다.

한국의 경우에도 일제의 군국주의로부터 해방되어 새로운 정치체제를 꿈꾸던 선각자들은 한국을 우선적으로 민주주의를 기반으로 하는 체제가 구축되어야 한다고 생각하였다. 이러한 사상은 특히 기독교 민족지도자들에게 두드러지게 나타났다. 1907년 출범한 신민회는 그 정강에 새로운 조국은 반드시 민주주의 체제여야 하며 구체적으로는 공화주의를 지향하였다.[32]

한경직 목사가 신민회의 중심인물이었던 이승훈, 조만식의 영향을 깊이 받았음을 상기할 때 한경직의 정치관에서 민주주의를 최우선으로 삼았던 것은 역사적으로 당연한 것으로 인식될 수 있다. 따라서 한경직의 공산주의 비판의 배경은 일제시대 내내 이루어진 민족주의 운동 내에서 이루어진 신국가 체제에 관한 토론의 결과를 수용하였다는 점과 그의 민주주의 옹호는 어떤 정치 파벌에 편승하려는 것이 아닌 오랜 민족운동의 사상의 계승, 한경직

31) Goeff Eley, The Left 1848-2000, 유강은 역,『미완의 기획, 유럽 좌파의 역사』(서울: 뿌리와 이파리, 2008) 참조.
32) 윤경로,『105人 事件과 新民會 硏究』, 2-3 장 참조.

자신의 역사와 사상에 대한 연구의 결과로 나타난 것으로 볼 수 있을 것이다.

한국의 공산주의 운동은 초기부터 주체적이기보다는 상당히 사대적 성격을 가지고 있었다. 초기 한국 공산주의 지도자들은 자율적 운동보다는 러시아 공산당과의 연결에 경쟁하였고 이러한 공산주의 운동은 다양한 파벌로 분열되고 투쟁하였다.[33] 해방과 북한 정권의 수립과정 그리고 한국전쟁 중에도 이러한 북한 내에서의 정치투쟁은 지속되었다. 해방 과정에서는 김일성의 소련파와 김두봉, 김원봉과 같은 중국파의 투쟁이 있었고, 국내파인 박헌영은 남쪽에서 세력 확장을 모색하였다. 한국전쟁 중에 중국파는 대규모의 중국 공산당과 항일 투쟁을 했던 군사세력이 전쟁 중에 소멸되었고 또한 남로당 계열도 대거 숙청되어 일당 단일파벌의 정치체제가 북한에 수립되게 되었다.[34]

한경직 목사가 공산주의를 북한에서 경험하던 시기는 북한 정권 내부에서 극렬한 권력투쟁이 있었고 따라서 기독교회와 기독교는 공산주의자들 권력 투쟁의 희생양으로 지목되어 희생될 가능성이 높았던 시기라 할 수 있다. 따라서 공산주의의 기독교 공격은 정치공세를 띠고 폭력적 희생의 제물로 사용될 여지가 많았던 상황이었다.

그래서 한경직 목사가 해방 정국에 겪었던 공산주의의 억압적 정책이 이러한 그의 민주주의 사상을 더욱 견고하게 하였고, 종국적으로 공산주의에 대한 비판적 입장을 견지하게 만들었다고 할 수 있다. 그런 점에서 그는 경험적 또는 정치적 반공주의자이기 보다는 사상적 역사적 반공주의자라고 할 수 있다. 그러한 한경직의 반공 사상은 역사적 철학적 논거의 깊이 때문에 한국사회의 일반적 반공사상보다 더 숙고할 필요가 있는 것이다.

한경직 목사가 실지로 공산주의를 체험하기 시작한 것은 그가 기독교 정당을 설립하여 건국 준비에 일조하면서 북한의 정권과 충돌하던 것에서 비롯하였다. 한경직 목사는 새로운 나라는 자유로운 민주주의 국가여야 한다는 사상을 당시 오래 전부터 견지하여 왔던 것으로 보인다. 그러나 해방과 동시에 북한에는 소련군이 남한에는 미군이 진주하게 되었다.

---

33) 서대숙, 『한국 공산주의 운동사 연구』(서울: 이론과 실천, 1995), 1-2 장 참조.

34) Ibid., p.269. 이하. 김일성의 권력 장악 과정을 참조하라. 북한이 한국전쟁을 통일전쟁이라 부르지만 북한 내부의 권력투쟁을 밖의 적으로 돌리려는 정치적 전쟁의 성격인 것을 부인하기 어렵다.

신의주에서 목회하던 한경직 목사는 해방 직전에 신의주 자치위원회를 구성하여 해방을 대비하고 있었다.[35] 비록 식민세력이지만 일제가 퇴각하고 나면 정국불안과 치안부재의 상황에 도래할 수도 있었고, 따라서 그런 무정부적 상황을 대비하기 위한 예비적 조치였다. 신의주자치위원회 위원장으로는 신의주 제1교회의 평신도이며 상해임시정부에서 독립운동의 경력을 가진 이유필 선생을 옹립하였고, 부위원장으로 신의주 제1교회 윤하영 목사와 신의주제2교회의 한경직 목사가 취임하게 되었던 것이다.[36]

신의주에 소련군과 함께 진입한 공산세력은 곧 신의주자치위원회에서 연로한 이유필 선생은 그대로 위원장으로 두었으나 부위원장인 윤하영 목사와 한경직 목사를 축출하였다. 그리고 공산당원들로 그 자리를 채우고 곧 신의주 경찰권도 장악하였다.

한경직 목사는 이러한 공산세력과 맞서기 위해 기독교사회민주당을 창당하였다. 사실 이 기독교사회민주당을 통해서 한경직 목사가 북한 지역을 장악할 정치권력을 추구한 것은 아니었다. 다만 공산주의 세력의 준동으로 장차 북한에 독재 정부가 들어서지 않도록 시민들의 의식에 민주주의 정치세력이 필요하다는 것을 알리려는 것이었다.[37] 이는 한경직 목사의 일관된 기독교적 애국사상의 자연스런 표출이었다.

기독교사회민주당은 공산세력에 의하여 축출된 신의주자치위원회에서 활동하던 기독교 인사들이 주축이 되었다. 목회자, 장로, 집사, 및 교회 청년들이었다. 정당의 정관은 사회민주주의적 원칙을 주장하였다. 일제시대 일본인들이 경영하던 대농장의 토지들은 새롭게 분배하여 소작농에게 돌려준다는 것과 역시 일제가 경영하던 대규모 공장들도 정부가 경영한다는 원칙이었다.[38] 이러한 정강 원칙은 한국정치사에 드물게 나타나는 사회민주주의 경제 체제와 공산독재 체제의 경제체제의 현실적 비교의 경우라고 할 수 있을 것이다.

---

35)『나의 감사』, p.306.

36) p.308.

37)『영락교회 50년사』, p.54.

38)『나의 감사』, p.312. 이 기독교사회민주당의 경제 강령은 제헌헌법의 경제 조항과 대부분 일치한다. 그런 점에서 한경직의 정치 경제 사상은 신민회의 전통을 잇고, 제헌헌법의 경제 철학과 상통하는 것이라 할 수 있다. 그러므로 제헌헌법의 경체철학의 기반을 기독교적 사상의 기초와 연관시켜 연구할 필요가 있다고 본다.

그러나 북한 내부에서 일어난 정치투쟁은 이러한 한경직과 같은 기독인들의 노력을 무산시켰다. 북한 공산 권력의 탄압은 가속화되어 곧 기독교사회민주당 당원들은 체포 대상자가 되었고 결국 한경직을 비롯한 기독교사회민주당의 지도자들은 대거 월남하게 되었다.

월남한 후의 한경직 목사는 새로운 나라의 건국에 필요한 것이 기독교적 정신에 입각한 민주주의 국가라는 확신을 가지고 활동하게 되었다. 그는 이미 일제의 가혹한 탄압을 경험한 바가 있었고 이제는 공산주의의 탄압을 피해 월남한 상황이었다. 대한민국은 이 두 가지 역사적 경험을 기억하며 민주주의 국가를 수립하여야 한다고 그는 주장하게 된 것이다. 그의 강조점이 우익 독재 비판보다 좌익 공산주의 비판에 더욱 치중하게 된 것은 일제 군국주의 파시즘은 이미 패퇴한 역사적 유물이 되었으나 공산주의 독재는 현존하는 세력으로 아직 민주주의의 맹아를 키워나가는 대한민국에 위협적인 존재였기 때문이었다.

한경직 목사는 해방 정국에 나타난 요원의 불길과 같은 사상은 공산주의라고 지적한다.[39] 한경직 목사는 공산주의가 신민주주의, 진보적 민주주의라는 이름으로 현대인을 미혹하고 있고, 특히 38선 이북은 이 사상으로 말미암아 완전히 이질적인 국가로 변하고 말았다고 탄식한다.

한경직 목사는 인간의 본질이 물질적 존재만이 아니라는 점을 지적한다. 인간은 영혼을 가진 존재로서 떡만 먹고 사는 존재가 아니라 영혼의 양식인 하나님의 말씀을 먹어야 하는 존재라는 것을 지적한다.

기독교는 본질적으로 어떤 사회제도가 아니라 영적인 것을 추구하는 영역에 속한 것으로 본다. 그러나 역사적으로 기독교는 봉건시대에도 고대사회에도 근대 자본주의 사회에도 존재하였다. 그러나 기독교는 그들과 공존하면서 그 사회를 기독교적인 사회로 바꾸려 하는 역할을 하였지 그 사회와 결합하지는 않았다고 한다.

역사상 기독교는 자본 계급보다는 노동자 농민 계층 편에 서 있었다. 그 근거로는 우선 4복음서에 나타난 예수의 행적이 그렇고, 성경의 교훈이 그렇고 또는 초대교회의 유무상통 제도 및 수도원 같은 제도를 만들어낸 것을 보면 명확하게 알 수 있다고 한다. 즉 기독교는

39) '기독교와 공산주의', 『설교전집』, 1. 권. p.89.

가난한 자에게 복음을, 매인 자에게 자유를, 그리고 갇힌 자를 풀어주는 사명을 갖고 있다고 한다.[40)]

공산주의의 뿌리는 원래 고등한 종교와 사상이 주장하던 유토피아 사상에서 비롯하였다고 한다. 유토피아란 ①사적소유 없이 공동으로 물질생활을 영유하는 것. ②무상교육과 무상의료를 국가에서 받으며 적당한 노동을 하게 된다. ③능력만큼 일하고 필요에 따라 사용하며. ④계급을 타파하고 남녀평등을 주장하는 것이라고 한다. 이런 유토피아 사상은 고대 희랍 철학에도 있었고, 구약의 메시아의 왕국 관념, 신약의 계시록의 천년왕국, 그리고 토마스 모어의 유토피아 및 여러 성자나 이상주의자들의 꿈이었다고 한다.[41)]

이러한 유토피아에 이르는 방법이 ①기독교적 방법 ②사회주의자의 방법 ③기독교 사회주의자의 방법 ④플라톤이 공화국에 제시한 방법 ⑤공산주의자들의 방법이 있다고 한다. 초기 사회주의자들이 유토피아 사상을 발전시켰고 다양한 사회주의 사상이 있었으나 오늘의 공산주의는 1848년 마르크스와 엥겔스가 공산당 선언을 발표하면서 마르크스주의와 공산주의가 동일한 의미를 지니게 되었다.[42)]

마르크스주의란 무엇인가? 그것은 변증법적 유물론과 유물사관에 의해 사회의 변혁이 물질적 생산력과 소비 관계에 의존한다고 보며 다른 요소들을 무시하고 종국의 목적인 자본계급을 타파하여 프롤레타리아 계급을 향상시킨다는 것으로 생산과 소비의 국유화를 통해 이룩코자 한다. 이들은 특히 유물론에 집착하여 종교, 도덕, 예술 등 정신생활에 몰이해한 태도를 보인다. 종교란 자본주의의 결과로 생겨난 것으로 빈곤에서 도피하기 위하여 만든 것으로 노동자를 현실에 무감각하게 만들고 자본가의 양심을 마비시키는 아편과 같은 것이라 여긴다.[43)]

---

40) Ibid., p.91. 그러나 같은 노동자 농민을 해방하는 기독교와 공산주의가 반목하게 된 것은 희랍시대 기독교가 귀족 및 정부와 결탁하였고, 공산당 사상과 그 운동자들이 종교에 대하여 무리한 박해를 하여 둘 사이에 반목이 나타났다고 본다.

41) Ibid., p.92.

42) Ibid., p.93.

43) Ibid., p.94.

그러나 이것은 사실이 아니다. 종교가 가난한 이들을 위로하는 것은 사실이다. 그러나 가난이 종교의 원인은 아니다. 종교의 사회적 본질은 ①환난이나 기쁨 중에도 즐거움과 감사를 하나님께 드리는 것을 배우게 한다. ②인간은 도덕적 동물로 선을 탐구하고 양심적 생활을 동경하는 중에 하나님을 예배하게 된다. ③인간은 인생의 문제나 우주의 본질을 탐구하기 위해 종교적 방법을 사용하며, ④인간의 각 생활을 풍부하게 하려고 종교생활을 하게 된다.

인간의 고통의 근원이 오직 사회 상태 및 경제 상태에 기인한다는 주장에 대해서도 논박한다. 자연적인 것으로부터 괴로움이 오는 경우로 천재지변과 질병은 사회적 요인이 아니며 경제적인 요인 외에도 자신의 죄와 부도덕에서 오는 괴로움도 있는 것이다.

공산주의자들은 오직 계급투쟁만이 역사상의 유일한 해석의 도구라고 하지만 역사상으로 상부상조하면서 살아온 사회윤리를 여러 사회의 역사 속에서 볼 수 있고, 오늘의 공산주의가 슬라브 민족 중심임에도 불구하고 민족의 존재를 무시하고 오직 계급만 있다는 주장은 어불성설일 뿐 아니라 대한민족은 민족통일을 역사적 과제로 안고 있기에 민족을 부정하는 것은 있을 수 없는 일이라고 주장한다.[44]

사회주의자들이 주장하는 유토피아는 화폐가 종식되고 자본 계급이 일으키는 전쟁도 없고 맹렬한 생존경쟁이 없는 사회인데, 이런 사회가 실지로 이루어지려면 정권을 잡은 사람과 경제계의 주도권을 쥔 사람들이 하나님처럼 지혜롭고, 모든 인민은 천사처럼 선해야 가능할 것이다. 만일 인간의 성품이 현재와 같다면 공산사회를 이룩하려면 엄청난 독재를 필요로 할 텐데 그 사회는 인류가 여태껏 겪어 본적이 없는 독재의 사회요 자유가 억압된 사회가 되고 말 것이다.[45]

또한 공산주의자들은 이러한 독재가 과도적 현상일 뿐이라고 변명하지만 소련은 이미 혁명 후 수 십년이 지났건만 독재는 완화되지 않고 강화되는 것을 볼 수 있다. ①공산사회에서는 소유를 금지함으로써 창조적 본성만 가진 사람들에 의존해야 하므로 노동의 생산성이

---

44) Ibid., pp.95-96.

45) Ibid., p.97.

떨어지고, ②소유욕은 여전하지만 노동은 적게 하려 하므로 독재가 필요하게 되고, ③독재는 부패하며 독재자가 권력을 스스로 내려놓는 일이 없을 것이므로 피의 혁명과 독재가 반복되는 악순환을 겪게 된다는 것이다.[46]

1947년에 영락교회에서 선포된 이 설교는 마치 그 후 공산주의의 역사를 예언하는 것처럼 보인다. 그 후 구소련과 동구 공산권의 몰락은 한경직 목사가 분석한 그 원인들에 의하여 붕괴되었기 때문이다.

가정과 원시기독교 그리고 기독교 수도원은 서로 사랑의 공동체이다. 이러한 서로 사랑의 공동체는 공산주의가 꿈꾸는 유토피아가 가능하다. 그러나 현대의 공산주의는 종교를 유배 시킨 지 오래되었기 때문에 독재의 악순환을 겪게 될 것이다.[47]

공산주의의 가장 큰 문제 중에 하나는 그들의 도덕관념에 있다. 공산주의는 소유를 철폐함으로 십계명의 제8계명을 철폐한다. 그리고 전통적 성도덕을 버리고 자유로운 성생활을 강조한다. 그럼으로써 십계명의 제7계명을 철폐한다. 이러한 사회의 도덕관념과 생활상이 과연 어떨 것인가? 그러므로 사람은 떡으로만 사는 것이 아니라 하나님의 입에서 나오는 말씀으로 사는 것이라고 새삼 강조하고 있다.

한경직 목사는 빈곤의 과제를 극복하는 기독교적 방법을 언급한다. 현대 사회의 무산자들이 고통을 겪는 것은 사실이지만 하나님은 그들의 편이 되어 주신다는 것을 성서를 통해 우리는 알고 있다. 그리고 예수 그리스도 자신이 가난한 목수 출신이었다.[48] 예수 그리스도의 제자들도 또한 초대교회 지도자들도 가난한 자들이 주종을 이루고 있었고 성 안토니, 성 베네딕트, 성 프란시스 등 교회는 가난한 사람들을 통하여 성장하고 헌신하여 왔다.

성서와 기독교의 역사는 하나님이 가난한 사람들에게 풍부한 영적 축복을 주신 것을 볼 수 있다. 또한 믿음의 은혜를 넘치게 하시고, 사랑의 은혜를 넘치게 하셨다. 그리고 기쁨을 가난한 사람들에게 넘치게 주셨고, 전도에 열심을 내도록 하셨다. 가난한 사람들에게 하나

46) Ibid., p.98.

47) Ibid., p.99.

48) '무산자의 복음', 『설교전집』, 1. 권. pp.101-102.

님은 사명을 주시는데 오히려 부요한 마음으로 세계를 부요케 하는 것이 하나님의 뜻이라고 말한다.[49]

한경직 목사는 가난과 빈곤의 문제를 사회적으로도 인식하지만 더 근본적으로 인문학적으로 그리고 기독교적으로 접근한다. 빈곤한 사람들에게 주시는 하나님의 은총이 큰 것을 성서를 통해 교회사를 통해 입증하고 진정한 가난 극복은 신자의 사명과 각성을 통해서 극복된다는 것을 보여준다. 인간은 근본적으로 정신적인 영적인 존재로서 무신론적 사상에 기반 하여 오직 사회와 경제 문제로 환원된 공산주의 방식에 큰 한계가 있음을 지적한다.

한경직 목사의 애국사상에는 반공의식이 일관되게 흐르고 있다. 그러나 그 반공의식은 한경직 목사의 개인의 경험에만 의존하는 것이 결코 아니다. 오히려 그는 자신의 경험을 설교를 통해 언급하지 않는다. 자신의 회고록에서 공산주의의 경험을 담담하게 회고하기는 하였으나 그것을 토대로 설교하지 않는다.

그것은 공산주의의 극복이라는 과제가 개인적 경험의 극복에 있는 것만이 아니라는 것을 보여준다. 한경직 목사는 기독교의 관점에서 공산주의를 비판한다. 그는 공산주의의 유토피아 사상의 본질이 결코 악한 것은 아니라고 한다. 그러나 그것을 실현하기 위해 현대 공산주의가 채택한 논리와 방법이 근본적으로 결함이 있다고 밝힌다.

특히 경제적 논리에서는 인간의 본성적 측면에서 현실적 인간 특히 대중이 유토피아적 사회상을 이해하고 수용하는 데 한계가 있음을 밝히고 그것은 오히려 공산주의자들의 주장과는 달리 기독교적 사랑의 방법을 통해서 성취될 가능성이 높다는 것을 논증한다.

그가 공산주의 폐해와 위험성을 일관되게 강조한 것은 대한민국이 실질적 신생 국가로서 새로운 출발을 함에 있어 사상적 오류나 잘못된 제도로 인해 발생할 역사적 과오를 차단하려는 애국심에 기반하고 있다. 즉 사회제도의 측면과 인간의 본성의 측면, 그리고 사상의 측면에서 공산주의의 모순과 한계를 검토하고 사실 공산주의가 이루려는 목표는 그들이 배척하는 기독교 정신 안에서 가장 완전한 형태로 나타나고 있음을 설파하는 것이다.[50]

49) Ibid., pp.103-104.

50) 한경직 목사의 사상의 틀은 1907년 신민회의 강령을 1919년 대한민국상해임시정부가 이어받고 이것이 1948년

그럼으로써 한경직은 공산주의의 반대자라기보다는 공산주의의 사상과 실체의 해부학자이며 공산주의의 본질을 규명하여 그 운명까지도 감지한다. 그는 공산주의의 현상을 분석하였고 그 이행 양식을 지적하였다. 낮은 생산성, 폭력과 독재에 의존하는 정치의 순환, 이런 요소 때문에 결국 현대사 속에서 공산주의는 러시아 혁명 80여 년 만에 스스로 몰락하고 말았다. 현대 공산주의의 몰락의 요인은 한경직 목사가 지적한 요소들이 가장 중요하게 작용한 결과였다.

한경직 목사는 남한과 북한의 이념적 대립 구도 속에서 반공을 부르짖은 것이 아니었다. 그는 더 근원적으로 공산주의 자체의 이론적 인간학적 정치적 모순을 지적하였다. 그것은 공산주의가 이룩하려는 이상과 추구하는 방법 사이의 상충이었다. 그 논리는 간결하지만 명확하고 심오하였다. 그의 건국 사상이 감성적 애국이 아니라 기독교적 사상에 기초한 건국의 청사진이었다면 그의 공산주의 비판은 공산주의 운명을 예언하는 예언자적 통찰을 보여주고 있다는 것이다. 그것은 신약의 정신, 모든 민족과 역사를 하나님께 그 은혜 아래 돌이키려는 정신의 또 다른 표현인 셈이다.

V. 한경직 목사의 교회와 국가의 관계

기독교 사상사는 교회와 국가의 관계에 대한 다양한 입장들과 실험들을 보여준다. 특히 종교개혁 사상가들은 교회와 국가의 관계에 대한 신학적 성찰을 위해 고투하였다. 교회는 '기독교는 국가를 어떻게 인식할 것인가' 하는 과제였다. 한경직 목사의 기독교적 애국 사상은 종교개혁 또는 기독교의 국가에 대한 이해를 어떻게 수용하였는가? 최근 10여 년 간 한국교회는 기독교 정당이라는 이름으로 정치세력화를 모색하였다.[51] 한경직 목사도 해방 정

제헌의회의 이념으로 계승된 정신을 수용하고 있는 것과 같은 양상을 보인다. 다만 한경직 목사는 그 사상적 기초를 일관되게 기독교 정신으로 해석하고 있는 점에서 사상적 신학적 진일보를 이룩하고 있다.

51) 16대, 17대 총선에서 기독당이 출현하였다. 비록 득표율은 기대치를 훨씬 밑돌았지만 기독교의 정치세력화가 가시화된다는 인상을 주기에 충분했다는 생각이 든다. 그러나 교회의 정치화에 대한 우려의 목소리가 큰 것 또한

국에서 기독교사회민주당이라는 정당을 조직한 일이 있었다. 그렇다면 한경직 목사는 기독교 국가의 소망을 가지고 있었던 것일까?

한경직 목사는 우선적으로 종교개혁 전통의 국가관을 따르고 있다. 그것은 정교분리를 전제로 한 교회와 국가의 관계 모색이었다. 역사적으로 주후 406년 동로마의 황제 테오도시우스 2세가 기독교를 국교로 확립하고 난 후 서구 기독교의 역사는 국교라는 형태를 띠어왔다. 그러나 종교 개혁가들은 교회와 국가에 대한 새로운 입장을 보였다. 독일의 루터는 그의 '두 왕국론'을 통해서 교회와 국가는 각각 하나님께 독립적인 권위를 위임 받아 그 사명을 완수한다고 하였다. 루터는 교회와 국가는 완전하게 독립 되어 서로의 영역에 접근할 수 없다고 보았다.[52] 그러나 루터의 뒤를 이은 개혁자 칼빈은 교회와 국가가 그 역할에서 분명하게 구분됨에도 불구하고 시민의 정부는 교회의 성서적 교훈과 도덕으로 가르침을 받아 완전한 형태의 시민적 정부를 지향하게 된다고 보았다.[53]

한경직 목사의 국가관은 칼빈주의적 국가관을 지향하고 있는 것으로 보인다. 즉 국가는 정치권력을 통해 법으로 통치를 하지만 국가의 통치 원리나 입법 원리는 기독교적 가치에 토대를 두어야 한다는 입장이다.[54]

한경직 목사는 영락교회 설립 초기부터 그의 일관된 기독교적 애국사상을 그의 목회 후반기까지 유지하였다. 그 대표적인 저작이 『성서적 애국심』이다.[55] 여기에는 그의 초창기 설교를 포함하여 그의 기독교적 애국사상에 관한 설교들이 정리되었다. 그의 칼빈주의적 '교회와 국가관'은 '성서적 애국심'이라는 용어로 새롭게 정리하였다. 그 이유는 칼빈 사상 전통의 한국 역사적 상황화(Contextualization)라고 할 수 있다.

사실이다. 특히 특별한 기독교적 정책이나 정치적 비전이 제시되지 않은 점이 중요한 비판의 대상이 되었다.

52) Niebuhr N Richard, 홍병룡 역, 『그리스도와 문화』, (서울: IVP, 2007), p.257.

53) 니이버는 이러한 칼빈주의 모델을 문화의 변혁자 그리스도 (transforming the culture)모델이라고 불렀다. 변혁자 모델은 니이버가 결론적으로 가장 바람직한 기독교와 문화의 관계로 결론지었다. 같은 책. p.309. 이하 참조.

54) '민주화 작업은 민주적으로 이루어져야 한다' '교회와 정치는 분리되어야 한다' 『한경직 목사의 시사설교 모음집』(서울: 두란노, 2010), p.372. 한경직 목사는 정교 분리의 원칙을 천명하고 그것이 개신교의 전통임을 강조한다.

55) 한경직, 『성서적 애국심』, (서울: 도서출판 예목, 1988).

그의 국가관은 일관되게 민주주의 국가이다. 그리고 민주주의 국가를 이룩하는 중요한 정치적 윤리적 가치로 자유와 평등과 법치주의를 꼽고 있다.[56] 그는 먼저 민주국가는 '개인 존중' 사상을 가져야 한다고 본다. 그런데 그 사상은 인간이 하나님의 형상으로 지음 받았다는 성서에 근거한 것이라고 한다. 민주주의 두 번째 덕목은 평등인데, ①기회 균등의 원리에 따라 교육, 활동, 생존의 기회를 부여해야 하고, ②누구든지 법아래 평등을 보장받아야 하며, ③평등한 권리와 의무를 부여해야 한다고 주장한다.

둘째는 올바른 자유 관념이 민주주의에는 필수적이라고 한다.[57] 정당한 자유란 방종과는 달리 도덕적 책임이 따르는 것이요, 예수의 해방선언처럼 포로 된 자에게 자유를, 눈먼 자에게 다시 보게 함을, 눌린 자를 자유케 하는 것이라고 선언한다.[58] 셋째는 질서와 법에 대한 존중 즉 법치사상을 강조하고 있다. 왕정시대에는 군주에게 충성하는 것이 국가에 대한 충성과 동일시되었으나 현대사회에서는 법과 질서에 충성하여야 한다고 한다. 대통령 개인에게 충성하는 것은 현대 민주주의 사회의 원리에 맞지 않는 시대착오적인 것이라 한다.

준법정신은 서구에서는 로마시대로부터 내려온 전통이지만 한국에서는 이런 전통이 없기 때문에 입법자들도 국민들도 법치주의 정신이 박약한 것을 경험하게 된다고 염려하고 있다. 법이나 도덕법은 그 자체로 자연법적 원리에서 출발한 '법칙'으로서 그 입법의 기초는 하나님의 법에 기초해서 하나님의 법과 어긋나서는 안 되며 그 법은 국민에 의하여 존중받아야 한다고 주장한다.[59]

법이 제정되어도 그 법을 존중하는 것은 국민의 도덕적 품격에 달려 있다고 한경직은 말한다. 법의 강제력에 피동적으로 끌려가는 국민이 아니라 법의 정신을 이해하고 법을 존중하며 그 법보다 높은 도덕 수준을 유지하여 법의 정신이 온전히 이루어지게 하여야 한다고

---

56) '민주국가의 정신적 기초', 위의 책. p.18. 이하. 같은 책의 '조국을 만세반석 위에' '자유의 댓가'라는 설교도 자유 평등 법치의 원리를 강조하고 있다.

57) 한경직은 루즈벨트의 권리장전의 신앙, 언론, 공포와 궁핍으로부터의 자유와 Elton Trueblood의 學問, 辯論, 信敎, 勞動, 生存, 奉仕의 여섯 가지 자유를 언급한다.

58) 『성서적 애국심』, p.26.

59) Ibid., pp.28-29.

역설한다.[60] 그러므로 기독교 신앙 즉 개인의 인격과 영혼을 완전히 새롭게 창조하는 기독교 신앙이야말로 애국의 진정한 정신적 토대라고 선언한다.[61]

한경직 목사의 성서적 또는 기독교적 애국심은 국가 권력에 예속된 감정적 애국심이 아니다. 이는 한경직 목사가 남북 분단의 대립과 갈등 체제 속에서도 균형 감각을 잃지 않고 정치적으로 왜곡되었던 한국의 민주주의 정신을 올바르게 회복시키는 기독교적 관점을 일관되게 유지하고 있다는 점이다.

또한 한국근대사를 지배하고 있는 민족지상주의도 아니다. 그는 민주주의는 민족주의에 종속되는 것이 아니라고 단언한다.[62] 즉 민족을 위한 하나님이 아니라 하나님을 위한 민족이 되어야 한다고 강조한다. 이는 기독교가 국민국가 또는 민족국가에 종속되는 시민종교(Civil Religion)[63]가 되어서는 안 되며 계시종교로서 국가권력에도 민족주의에도 종속되지 않으면서 국가를 사랑하고 민족을 사랑하는 역할을 하여야 한다고 주장한다. 한경직은 애국심도 오용되고 남용될 수 있다고 경고한다. 그것은 민족이나 국가나 국가의 주권자를 우상화하며 종국에 독재로 귀결되는 경우가 많았다고 한다. 고대 로마의 황제숭배, 일본의 군국주의, 독일과 이탈리아의 파시즘 그리고 북한의 김일성 우상화 등이 그러한 예라고 지적한다.[64] 인류가 국가를 수립하고 살아 온 이래로 국가는 법의 집행자로 문명의 전달자이기도 했지만 반면에 폭력과 독재, 야만적 전쟁은 현대 국가까지 지속된 국가의 문명 이면에 드리운 야만적 속성이다.[65] 한경직은 국가주의를 반대하고 국가가 가진 권력의 속성이 국

60) Ibid., p.31.

61) '기독교 신앙과 애국심', p.35. 이하. 참조.

62) 이러한 주장은 한국의 정치세력 중 민주화 세력인 민족주의적 자유주의 정치세력의 민족지상주의적 관념과도 구별된다.

63) 시민종교는 미국의 사회학자 벨라(R. N Bellah)의 개념으로 현대 종교는 시민사회의 사회적 심리적 통합과 사회유지를 위한 문화의 하부구조라는 개념이다. 시민종교의 개념에 관해서는 그의 책 The Broken Covenant: American Civil Religion in a Time of Trial, (New York, Seabury Press, 1975). ; Varieties of Civil Religion, (San Francisco, Harper & Row, 1980) 참조.

64) '기독교 신앙과 애국심',『성서적 애국심』, pp.38-40.

65) 中澤信一 김옥희 역,『곰에서 왕으로 국가, 그리고 야만의 탄생』(서울: 동아시아, 2002), pp.217-230. 나카자와 신이치는 신화의 시대에서 국가의 탄생으로 이행하면서 야만적 권력이 발생한다고 본다. 그는 신화의 시대에서 문명의 구원의 가능성을 읽는다.

가 또는 민족 자신을 우상화하고 파괴적인 힘으로 변질될 것을 우려한다. 그래서 기독교, 성서의 가르침에 의한 국가와 민족의 정화(淨化)가 필수적인 것이라고 주장하는 것이다.

이러한 그의 성서적 또는 기독교적 애국사상은 그의 애국사상의 뿌리였던 이승훈이나 안창호 선생의 애국적 기독교와 구분되는 발전이라 하겠다. 원래 구한말 기독교가 수용되는 과정에는 18세기 실학의 전통이 그 역할을 하였다. 그것이 북학파로 19세기에 존속하였고 북학파의 일부가 개신교를 수용하는 데 주도적 역할을 하게 되었다.[66] 다른 하나는 온건 개화파로 김옥균 등의 급진적 친일 개화파와는 달리 온건한 개화를 주장하며 친미적 기독교적 입장을 유지하였다.[67]

이들은 민족주의적 기독교의 흐름을 형성하게 된다. 그래서 독립협회 사건으로 투옥되고 나서 이승만의 기독교 회심을 계기로 기독교 민족주의의 흐름이 형성되는 것이다. 독립협회 해산 후 이들은 전덕기를 중심으로 상동청년회로 존속하다가 1907년 신민회를 결성하게 된 것이다. 이 신민회가 전국 규모의 기독교 애국단체였고 여기에서 일제하 기독교 민족운동의 대부분의 흐름이 파생하였다.[68]

그러나 1907년 평양대부흥을 통과하면서 한국교회는 급속도로 비정치화를 경험하게 되었다. 일제의 압박과 선교사의 한국 내에서의 정치적 입지의 한계는 정치 현실적 관심을 배격하고 한국교회를 탈정치화 혹은 비정치화하였다는 것이다.[69] 실제로 부흥운동이 뜨겁게 진행되는 동안 안창호를 비롯한 민족지도자들은 부흥운동에 침묵하였다.[70] 1907년 1월의 평양대부흥운동과 4월에 창립된 신민회는 그동안 애국과 기독교가 동일시되던 것에서 기독교 민족운동과 교회의 비정치화가 양분하는 분기점이 되었다.[71]

66) 박규수–박정양–이상재로 이어지는 흐름이 있다.

67) 윤치호, 이승만, 서재필 등이 여기에 속한다.

68) 신민회에서 흥사단, 동지회 같은 1920년대 이후 기독교 민족운동의 흐름이 있었고 임시정부를 통해 제헌헌법으로 이어진다는 것이 필자의 의견이다.

69) 민경배, 『한국기독교회사』(서울: 연세대학교, 2002), pp.294–300.

70) 서울지역의 선교사 언더우드와 헐버트와 같은 이들의 부흥운동에 대한 침묵도 이채로운 현상이다.

71) 윤경로, 『한국근대사의 기독교사적 이해』(서울: 역민사, 1992), 1장 1절. 1900년대의 한국교회와 기독교 민족운동을 참조하라. 신기영은 『한국기독교의 민족주의』(부산, 동녘, 1995)에서 교회와 민족주의적 기독교인들의 행동방식의 차이를 사회학적으로 세밀하게 분석했다.

1919년 3.1 운동에서 교회와 민족주의는 다시 조우하게 되지만 교회의 비정치적 성격은 일제 말기까지 탈정치적 행보를 보이게 된다. 기독교 민족운동과 임시정부의 참여 등은 교회로서가 아닌 기독교인의 정체성을 가진 민족주의자로서의 활동이란 성격을 띠게 되었다. 그 결과 기독교 민족주의에는 신학적 성찰이 사라지게 되었고 교회는 정치적 성찰이 사라지게 되었다.

한경직은 신민회의 주축 멤버인 이승훈 선생에게 영향을 받아 민족주의와 애국사상을 학습하였다. 그러나 그는 일제와 북한의 공산주의 체험 그리고 해방 정국에 새로운 나라의 건설이라는 역사적 흐름 속에서 자신만의 독특한 기독교 정치사상을 창안하게 된 것이다. 그것이 그의 기독교적 애국 사상이다. 그는 기독교 민족주의가 잃어버린 정치에 대한 신학적 성찰을 복원하였다. 아울러 교회가 잃어버린 정치에 대한 무관심을 되찾아 왔다. 그는 기독교적 애국 사상으로 한국교회의 거대한 두 사상의 흐름인 민족주의적 애국사상과 복음주의적 기독교 사상을 융합한 것이다. 그것이 바로 그의 기독교적 애국 사상의 한국교회 사상사적 위치이다.

한경직의 기독교적 애국 사상은 근본적으로 신학적 성격을 띤 정치 신학이라 할 수 있다. 그것은 해방과 건국기의 역사적 요청에 응답하려는 실천신학적 차원에서 시작하였으나 결과적으로는 기독교적 애국사상의 한 패러다임이 되었고 지속 가능한 기독교 정치신학, 기독교 민주정치 사상으로 귀결되었다.[72] 여기에 한경직의 예언자적 거인의 모습이 드러난다.

그러나 현실 세계의 흐름은 험난했다. 그는 해방된 새 나라가 자유 평등 복지가 넘치는 민주주의 국가가 되어야 한다고 역설했지만 한국의 민주주의는 수많은 장애를 넘어야만 하

72) 그의 기독교적 애국사상은 기독교적 민주정치 사상으로 완결되었다. 그의 자유, 평등, 법치론은 그의 일관된 사상이 핵이다. 『신자의 사회적 사명』(1959) 에 수록된 '신자의 사회적 사명' '바울의 의분' 과 같은 설교들과 『성서적 애국심』의 설교들, 그리고 『한경직 목사의 시사 설교집』에 수록된 '우리 민족의 정치적 자유를 수호하라', '국가의 법아래서 자유를 행사하라', ' 자유를 수호하는 파수꾼이 되라', '그리스도는 민주국가의 만세반석이시라', '진정한 민주국가는 자유와 평등을 보장한다.', '성경을 기초로 민족교육을 시키라', '애국심의 원천은 기독교 신앙이다', '신앙과 애국심이 균형을 이루어야 한다', '국민의 자유를 보호하는 신성한 의무를 가져야 한다'와 같은 설교에 일관되게 기독교적 민주정치 사상을 펼치고 있다.

였다. 제1공화국은 이승만과 자유당의 독재로 파국을 맞았고, 1960년의 4.19 혁명은 다시 5.16 군사쿠데타로 좌절되었다. 대략 집권 10년을 넘긴 박정희는 1972년 10월 소위 유신헌법이라는 종신독재 체제 구축과 의회민주주의를 무력화하는 헌정 변화를 강행하였다. 1979년 박정희의 갑작스런 죽음으로 이른바 민주주의의 봄이 오는가 하더니 신군부의 집권으로 다시 12년간의 군사정권 연장이 진행되었다. 1993년 문민정부의 출범으로 민간정부가 출범하여 비로소 한국의 민주주의가 가시화되었다.[73]

한경직 목사는 1973년에 목회 일선에서 은퇴하였다. 1993년 문민정부가 들어섰고, 그로부터 7년 후인 2000년 4월 19일 4.19 혁명 기념일에 세상을 떠났다. 그는 현역 목회자로서 활동하던 시기에는 민주주의가 실현되는 것을 경험하지 못하였다. 역사의 근본적 변혁이 한 세대 혹은 한 생애를 통해 이루어진다는 것이 그 만큼 어렵고 긴 과정이라는 것을 보여준다. 한국사의 복잡한 정치적 지형도와 권력의 지형도는 역사적으로 진행된 구습의 관성력과 항상성(Homeostasis)으로 인해 새로운 진보를 향해 나아가는 데 어려움을 겪었다.

한국은 구한말의 자주적 근대화에 실패하였다. 외세의 개입과 수구적 부패정치는 한국을 일제의 식민지의 나락으로 떨어뜨렸다. 일제의 40년 식민지배는 청산되지 못한 구한말의 악습에 또 하나의 광범한 역사적 왜곡을 추가하였다. 해방 정국에서 한국은 일제 식민지배의 과거를 청산하는 데 실패하였다. 남과 북은 타율적으로 그리고 외세 의존적 정치세력들의 권력 장악에 힘입어 분단 상태로 돌입하였다.

북한에는 혁명으로 위장된 정치세력이 독재와 폭력으로 다시 수십 년을 통치하고 있고, 남한에서도 반민주적 독재를 청산하는 데 50년 가까운 시간을 싸워야 하였다. 교과서처럼 이루어진 민주주의는 존재하지 않는다는 것을 한국 근대 역사가 여실히 보여준다. 그나마 한국은 이 불완전한 민주주의에도 불구하고 지난 1945년에서 48년 사이의 신생 독립국 중에 민주주의와 경제 성장을 이룩한 몇 안 되는 나라로 손꼽히는 국가 중의 하나이다.

양현혜는 한경직 목사의 건국 신앙 논리를 두 가지 점에서 비판한다. 첫째는 한경직 목사

---

73) 한국의 민주주의에 대한 완성과 과제는 아직도 진행 중이다. 문민정부 이후에도 대북문제에 있어서, 사회적 자원의 생산과 분배 문제에 있어서 한국 내에서 토의가 진행 중이다.

가 유신헌법 반대 운동에 서명하지 않은 것에 대하여 한경직 목사가 유신 철폐 운동이 사회 불안을 야기 할 것이라는 우려 때문에 결국 거기에 가담하지 않았으며, 비록 정권에 협력하려는 것은 아니었지만 그의 기독교적 건국 신앙의 구조적 모순 때문에 비극적 선택을 할 수 밖에 없었다고 말한다.[74)]

또한 한경직 목사가 고수하는 정교분리형 신앙이 미국 선교사들이 신학적으로 미숙한 한국교인들에게 강요한 것으로 이토 히로부미의 정교분리론과 결합하여 한국인과 한국교회의 '교회 중심적 정치 불간섭주의'의 구조적 토대가 되었다고 한다. 따라서 한경직 목사의 사회윤리의 부재는 그 개인의 문제가 아니라 한국교회의 구조적 문제라고 단언한다. 그리고 양현혜는 한경직이 수직적 영성으로서 하나님과 인간의 관계에 관한 깊은 통찰과 경건의 모델을 만들었으나, 반공을 확고한 이념으로 구현하고 안보를 기독교적 정치이념으로 고착화 한 것이 한경직 사상의 가장 부정적인 결과라고 주장한다. 그래서 한국교회의 진정한 성숙은 기독교가 기독교 본연의 자세로 돌아가 이데올로기적 상처를 치유하고 남과 북의 화해를 위해 한경직의 반공이라는 사상적 유산을 극복해야 한다고 주장한다.[75)]

이만열도 한경직 목사의 한국교회사에서의 역사적 위치를 평가하면서 한경직 목사가 가지고 있는 사회참여의 한계를 지적하였다. 그는 1965년 한일 국교정상화 반대운동이 일어날 때 한경직 목사가 운동 초기에는 적극적인 모습을 보이다가 강원룡 조동진 등과 함께 빠져 나감으로 인해 이 운동이 흐지부지 되고 말았다고 하며, 한경직 목사가 석연치 않은 이유로 이런 교회의 강경한 정치적 발언에서 물러났다고 추측한다.[76)]

이만열은 한경직 목사가 1980년 신군부가 등장할 때 '나라를 위한 조찬 기도회'를 열었는데 거기에 23명의 목사들과 함께 나와 신군부의 정통성을 부여하는 입장을 취했다는 것이다. 이만열은 한경직 목사의 구술을 인용하며 한경직 목사가 가진 사회참여를 요약하였다.

---

74) 양현혜, "한경직의 신앙적 특징과 그 내적 구조", 『한경직 목사의 신앙 유산』(서울: 숭실대학교 출판부, 2007), pp.400-4091.

75) Ibid., pp.402-406.

76) 이만열, "한경직 목사의 한국교회사에서의 위치", 『한국교회와 한경직 목사』(서울: 사단법인 한경직목사기념사업회, 2002), pp.33-34.

한경직은 사회복지에 대해서는 적극적이며 '국가안보에 대해서는 심사숙고하며 공산주의에 대해서는 단호한' 입장이라는 것이다. 그러면서 신군부의 등장과 같은 불의한 정권의 등장에 협조한 것이 안보와 관련지어 생각할 수 있는 것인지, 한경직 자신의 (민주주의) 사상에 모순된 것은 아닌지 묻고 있다.[77)]

한국교회의 정교분리가 유럽의 정교분리와는 사뭇 다른 것은 사실이다. 그것은 아마도 미국의 기독교의 영향을 한경직은 개인적으로 받았고 한국교회는 선교와 이후의 긴 교류를 통해 받았다고 할 수 있다. 미국의 정교분리의 한 축은 국가교회로부터의 탈피도 있지만 20세기에 두드러지게 나타난 상업주의적 전통도 무시할 수 없다. 미국 기독교에서 일반화된 종교회사(Religious Firm)라는 개념은 텔레비전 설교가들 뿐 아니라 학술적 연구에서도 사용되는 개념이 되었다.[78)] 미국 교회의 상업화는 필연적으로 비정치화를 동반하였고, 이는 근본주의자 보수적 기독교 내에서 확산되었다.

한국교회의 비정치적 성격과 전통에 비추어 볼 때 한경직 목사는 오히려 정치신학적 설교를 많이 진척시킨 한국교회의 역사에 드물게 나타나는 설교자로 보아야 한다. 특히 정치와 민주화 운동을 한 목회자들 외에는 목회 일선에서 정치신학적 설교를 한 목회자로는 드문 편이라 해야 할 것이다. 그 만큼 한국교회에서 정치적 주제의 설교가 척박했음을 보여준다.

한경직 목사가 기독교적 애국 사상을 설파하였지만 그것은 독재와 체제에 저항운동을 편 것이 아니라는 것은 그의 생애를 통해 알 수 있다. 그 점이 이만열 교수의 아쉬움일 것이고 경우에 따라 불의한 정권에 협력한 것이 아니냐는 여운을 가질 수 있다. 그러나 한경직 목사가 정권과 결탁하였다는 증거도 찾을 수 없다.

경우에 따라 한경직은 민주화 운동에 적극적으로 정권과 중재를 시도한 것도 알 수 있다. 1972년 10월 유신이 선포되고 1974년 대통령 긴급조치가 선포되었다. 다수의 구속자가 발

---

77) bid., p.35.

78) Roger Finke & Rodney Stark, The churching of America, 1776-2005 : winners and losers in our religious economy, (New Brunswick, N.J. ; London : Rutgers University Press, 2005), 종교시장의 개념으로 본 미국교회사의 대표적 연구이다.

생하고 정국이 경색되었다. 그때 한경직은 조향록, 강원룡, 지동식, 윤창덕 목사 등과 이천환 주교, 전용섭 사령관, 이해영, 김관석 목사 등과 연서하여 청와대에 서면으로 청원하였고 김종필 국무총리를 방문하여 긴급조치를 해제하여 줄 것과 교역자와 학생들의 사면을 요청한 바가 있었다.[79]

실향민을 중심으로 하는 목회자로서 한국전쟁의 폐허 위에 세운 영락교회에서 북한 체제와의 화해를 주장하는 것 역시 쉽지 않은 일일 것이다. 한국의 반북 세력의 중심이 월남한 인사들이 중심인 것은 주지의 사실이다.[80] 반공이라 하더라도 남한 출신 인사들의 반공 개념과 월남한 사람들의 반공은 그 온도차가 크다. 이러한 영향도 고려할 필요가 있을 것이다.

한경직의 기독교적 애국사상의 가장 큰 성공은 민족주의적 애국 사상을 기독교적 중심에서 해석하여 그의 탁월한 설교를 통해 동시대의 사람들에게 깊은 설득력을 얻었다는 점이다. 그런 그의 기독교적 애국사상의 일관성은 이미 서술된 바가 있다. 반면에 이러한 대중적 설교는 정치적 공공적 정책이나 빠른 사회적 변화로 이행하기 어렵다는 점이다.[81] 더욱이 민주주의의 확산이라는 과제는 단순한 언어적 개념의 문제가 아니라 거대한 문명의 전환이며 새로운 생산이라는 것이지만 그 속도는 늘 이상주의자들의 기대치보다 느리게 진행된다는 점이다. 목회자들은 목회 현장에서 신자의 회심의 속도와 사상적 도덕적 성장이라는 그 점에 고민하게 된다.[82]

다른 한 가지 요인은 한국 개신교회가 가진 개교회적 특성이다. 교파 교회라는 한계 속에서 한국교회는 교파적 결속력이 느슨해지는 쪽으로 변화해 왔다. 한경직은 많이 비교되는 김수환 추기경처럼 한 조직체의 수장이 아니었다. 그는 총회장도 아니었고 그의 발언과 행

79) 『기독공보』, 1974년 8월 17일.

80) 최근에도 탈북자를 중심으로 북한에 전단 살포가 이루어지는 것을 보면 한국 정치에서 남북문제는 일정한 상수와 변수를 가지고 있다.

81) 한국 민주주의의 대중의 생활 속에서 느린 발전을 주목할 필요가 있다.

82) 기독교의 가장 근본적인 문제이기도 하다. 조나단 에드워즈의 갈등이나 무디가 부흥운동 끝에 무디 성서학원을 세운 것은 신자들의 회심의 지속성에 대한 한계를 깨닫고 교육으로 돌아선 것이다. 그 점에서 한경직은 교육의 중요성을 일찍 깨닫고 교육의 중요성을 강조한다.

적은 영락교회 담임 목사로서 행하여진 것이었다. 그럼에도 불구하고 한경직 목사가 개신교회의 대표적 인물로 부각된 것은 그의 시대 속에 보여준 그의 목회 경건 그리고 개인적 미덕과 설교를 통해 자신의 시대적 요구에 적절히 응답했기 때문일 것이다.

한국교회는 네덜란드 장로회나 노르웨이 루터교와는 다른 길을 걸어 왔다. 한국의 정치적 지형은 권력의 관점에서 종교와 정치를 명확히 구분하지 못하였다. 조선은 종교가 국가에 종속된 체제였고 일제 역시 그러하였다. 한국의 정치권력은 종교를 권력의 하위 개념으로서 봉사할 것을 요청하여 왔다. 한경직이 꿈꾼 칼빈주의적 이상 즉, 교회가 가진 기독교적 도덕을 정치와 경제에 전달할 적절한 제도적 장치를 가져 본 적이 없다. 한국의 기독교의 역사는 아직은 생각보다 짧은 거리를 걸어왔는지도 모른다.

그러나 한경직이 이러한 척박한 역사 속에서 그의 목회와 사상을 정치의 하위로 끌어간 적은 없다는 것이 필자의 생각이다. 그를 통해 한국교회가 몇 단계 진전한 것은 부인할 수 없는 그의 공로이다. 그의 공로가 그가 지적받은 그의 한계보다 크다는 것 또한 필자의 견해이다.

Ⅵ. 결론: 애국적 기독교와 기독교적 애국

애국적 기독교 애국사상은 일제의 침략이라는 근대 한국의 역사 속에 필연적 요소로 각인되었다. 한경직은 그 세대 속에 자라고 목회자가 되고 사유하고 기도하면서 그의 기독교적 애국 사상을 발전시켜 왔다. 그간에 한국사회에는 수많은 애국운동과 애국 사상이 있었다.

한경직 목사는 한국 개신교의 애국 사상을 통해 한국의 해방과 건국기에 대중적 설교로 공헌하였다. 그의 애국사상의 특징은 애국적 기독교가 아니라 기독교적 애국을 강조한 데 있다. 애국적 기독교가 가질 수 있는 위험성은 기독교 혹은 종교의 정치화이며 이는 역사적으로 막대한 파괴력을 지니고 있었던 것을 우리는 기억하고 있다. 애국주의에 편승하여 국가 권력에 종속된 한국의 종교사와 서구의 기독교 역사 속의 몇몇 사건들은 쉽사리 잊히곤 한다. 그러나 한경직은 교회와 국가의 거리를 유지하여야 한다는 긴장을 유지하였다.

반면에 그는 기독교를 정치적 해석의 중심에 놓음으로써 이중적 공헌을 할 수 있었다. 민주주의의 입법 원리를 성서적 가치로부터 출발하게 함으로써 국가의 폭력성과 권력의 본성을 순화할 수 있다는 칼빈주의적 전망을 보여 준 것이다. 건실한 신학적 역사 모델인 한경직의 기독교적 애국 사상은 그 점에서 변증법적 화해의 지향점을 얻는다.

그의 기독교적 애국 사상은 그가 물려받은 신민회적 사상을 자신의 시대 속에 사유와 기도로 성서적 가치와 결합하고 재해석함으로써 한국 기독교 사상사에서 기독교 민족운동과 복음주의적 신학의 조우라는 주목할 만한 지점에 이르게 되었다. 그는 확실히 화해의 사상가였다. 양현혜 교수의 소망처럼 남과 북의 화해가 한경직의 사상 속에 이루어졌기를 소망하지만 그 기대는 다음 세대의 몫일 것이라는 것이 필자의 생각이다. 최근의 영락교회의 북한 선교는 그러한 남북화해의 선구자 역할에 충실한 것으로 보인다.

한경직의 기독교적 애국사상은 기독교 복음이 계시적으로 역사 안에서 끊임없이 활동하고 있다는 신앙의 영감을 전해 준다. 한경직 목사의 기독교적 애국 사상은 그런 점에서 영락교회와 한국교회 안에 진행 중이다. 그의 일관된 기독교 중심의 애국 사상은 그의 시대의 과제를 넘어 오늘과 미래를 사는 우리에게 연속적인 부르심의 단서를 제공하는 것이다. 복음으로 역사를 살아내는 것 말이다. 귀 있는 자는 성령이 교회들에게 하시는 말씀을 들을지어다(요한계시록 2: 7).

한경직과 복음화 사역

– 한경직과 복음화 운동[83] –

이혜정 박사 / 한국학중앙연구원

Ⅰ. 서론

한국기독교는 해방 이후 놀라운 양적 성장을 이루었다. 한국 기독교의 양적 성장은 종교적, 사회적으로 중요한 현상이지만 어느 관점에서 보는가에 따라 그 평가가 사뭇 다르게 나타난다. 종교적 관점에서는 일제치하에서 해방된 기독교의 교세가 성장하여 피선교 국가에서 선교국가로 급성장한 긍정적 평가가 있는 한편 사회적 관점에서는 한국기독교의 양적성장에 비해 질적 성장은 그에 미치지 못했다는 부정적 평가를 받아왔다. 특히 대형교회의 등장과 교인들의 수평이동 현상, 자생적인 신학 발전의 저해, 소수 목회자들의 권력집중 현상 등이 대표적으로 지적되어 왔다.

이와 같이 한국기독교의 양적성장 현상은 그 평가에 있어서 부정적 시각이 대부분이다. 따라서 양적성장 현상 자체가 기형적 현상이라는 편견을 내포하고 있으며 이에 대한 원인

83) 본 논문은 학술진흥재단의 지원으로 수행되었음.(KRF-2005-100179A). 본 논문은 필자의 박사학위논문을 일부 수정 · 편집하였습니다. 본 논문의 출처는 다음을 참조해 주십시오. 이혜정, 『한경직의 기독교적 건국론과 복음화운동』(한국학중앙연구원, 2006). 본 논문과 관련된 논문은 다음을 참조. 이혜정, 「한경직의 기독교적 건국이념-복음해석을 중심으로」,『종교연구』제39집(한국종교학회, 2005); 이혜정, 「한경직 연구의 관점:기독교적 건국론」, 『한국기독교와 역사』제30호(한국기독교역사연구소, 2009).

분석이나 연구가 그리 많지 않다. 본 논문은 해방 이후 한국기독교의 양적 성장의 원인과 배경에 대한 연구로서 한경직과 그가 주도한 복음화운동에 관한 연구이다.

〈표 1〉 한국 기독교 총신자수

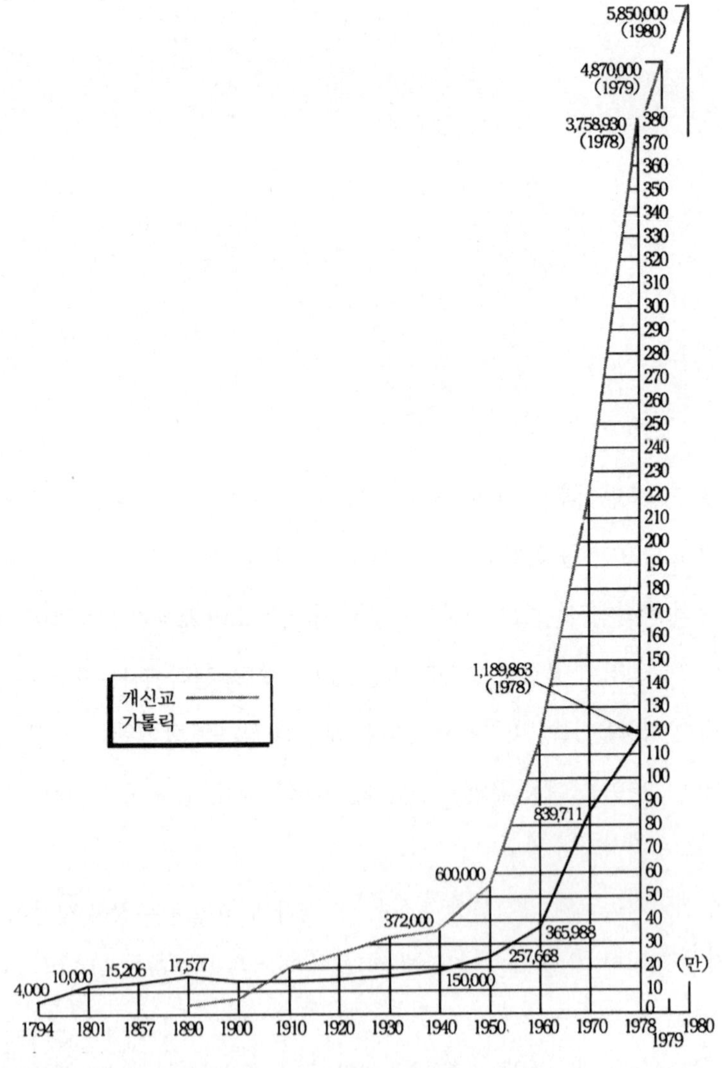

자료 : 마삼락 박사에 의해 수집된 통계 신교(박장로교, 통일교 제외) 카톨릭 2, 197, 336 (《중앙일보》, 1981. 5. 9일자)

〈표 1〉은 한국기독교의 교세성장을 나타낸 것으로 해방 이후 급격한 교세 성장을 계량적 수치로 잘 보여준다. 특히 1960년대부터는 매년 10만 명 이상의 교세증가율을 보여주고 있으며 이러한 성장이 80년대까지 지속되고 있다. 한국기독교의 교세는 80년대 후반부터 성장세가 완화되기 시작하여 90년대부터는 하향세를 나타내고 있다.[84)]

필자는 한국기독교의 비약적인 양적성장이 있었던 해방 이후의 상황에 관심을 가지고 살펴본 결과, 1960년대부터 장로교 총회의 조직적인 선교사업에 주목하였다. 당시 기독교계는 유신정권이라는 정치적 시대적 배경 하에서 기독교인의 정치참여를 요구하는 진보적 움직임과 함께 보수진영에서는 교계 지도자들이 한 마음으로 연합하여 조직적인 복음화운동을 전개하였던 것이다. 구체적으로 1964년에 이화여대에서 열린 전국복음화운동위원회는 국내 기독교교단들이 연합된 전도운동이었다. 바로 이 과정에서 한경직과 영락교회의 주도적 역할이 나타나고 있다.

전국복음화운동위원회의 조직은 두 가지 측면에서 중요한 의미를 가진다. 첫 번째는 한경직의 민족구원 사상에 있다. 복음화운동의 출발과 전개과정에서 한경직의 영향력은 절대적이었으며 그의 역할은 복음화운동위원회의 조직과 전개 과정에서 잘 나타나고 있다. 무엇보다 복음화운동의 필요성에 대한 한경직의 민족 구원의 논리 구조가 중요하게 작용하였다.

필자는 한경직의 사상을 '기독교적 건국론'의 관점으로 설명하였다. 한경직은 한민족의 구원관을 정립하였으며 한민족을 위한 구원을 경제적, 정치적, 종교적 의미로 풀어나갔던 것이다. 특히 한민족이 경제적, 정치적 구원을 이루기 위해서는 무엇보다 종교적 구원을 중시해야 한다고 믿었다. 그러므로 복음화 운동은 한민족의 구원을 이루기 위한 목적에서 시작된 것이다.

전국복음화운동의 두 번째 의미는 에큐메니칼 연합의 의미이다. 한경직은 교회는 다르지만 같은 목적의 사업을 위해 연합한다는 에큐메니칼의 본래 의미에 지지하면서 전국복음화운동위원회를 초교단적으로 이끌어나갔다. 당시 에큐메니칼 노선에 대한 찬반으로 장로교

84) 문화체육관광부, 『한국의 종교현황』(2008). 참조.

분열이 일어난 지 얼마 되지 않았을 시기임에도 불구하고 분열된 장로교단뿐 아니라 천주교까지 전국복음화운동위원회에 참여할 수 있었던 것은 놀라운 일이었다.

에큐메니칼 연합의 의미에서 또 한 가지 중요한 점은 외국선교부와의 관계 정립이다. 사실 전국복음화운동의 배경에는 외국선교부의 재정지원 체계가 정비된 것이 중요한 원인이다. 이전까지 한국의 외국선교부는 각기 본국 선교회의 재정지원을 받아 독자적으로 한국선교 활동을 전개해 왔다. 한경직은 50년대 후반부터 장로교 총회 내에 협동사업부를 설치하여 외국선교부의 독자적인 국내활동과 재정지원을 일원화하는 작업을 몇 차례에 걸쳐 논의하였다. 이러한 과정을 거쳐 외국 선교부와 한국교회의 관계는 진정한 에큐메니칼 연합관계로 형성될 수 있었던 것이다.

본 논문은 특히 복음화운동이 가장 활발하게 전개되었던 시기인 60년대에서 80년대까지 복음화 운동을 주도적으로 이끌어 나갔던 예장 통합총회의 활동을 중심으로 살펴볼 것이다. 특히 복음화운동의 전개과정에서 한경직과 영락교회의 영향은 독보적이라 할 수 있다. 한경직은 복음화운동을 예장 통합총회의 주력사업으로 전개시켰고, 통합총회를 중심으로 각 교단과 교파를 통합하는 에큐메니칼 연합협력관계를 구축해 나갔다.

한경직은 외국선교부와의 협의를 통해 복음화운동을 시작할 수 있는 기반을 마련하였을 뿐 아니라, 탁월한 추진력으로 복음화운동의 전략을 세우고 7개 세부영역으로 확대시켜 나갔다. 그 결과 복음화운동은 1964년 이후 통합총회 전도부 내 분과로 시작되어 2009년까지 총회주력사업으로서 전개되었다. 그러므로 통합총회의 복음화운동은 시작과 전개에서 한경직의 영향이 절대적이며, 한경직이 세운 선교적 패러다임이 오랫동안 지속되어 왔음을 알 수 있다.

II. 복음화운동의 전략

복음화운동의 전략적 측면은 1964년 협동사업부가 구성되었을 때부터 중요한 논의 대상이었다. 민족복음화를 목표로 한 복음화운동은 민족단위의 거대 프로젝트로서 전방위적으로 전도효과를 극대화할 수 있는 전략을 모색하였다. 1964년 당시 장로교 총회의 협동사업부 전도분과위원회가 논의한 전도전략은 주로 교회와 총회와 교회, 병원, 학교와 같은 기관이 주도적 역할을 담당하는 것이었다.

구체적 전략으로는 먼저 교회가 신도들에게 십일조 헌금과 청지기 원리를 적극 가르쳐 복음화운동의 재정 동원을 독려하는 방안을 결의하였고, 총회는 해외 교회와의 관계 정립과 해외 부흥사 초청,[85] 농촌교회지도자 훈련기관 설립을 결의하였고, 병원과 학교기관은 의료선교, 학원선교 등 특수전도를 결의하였다.[86] 이처럼 전도분과위원회의 전도전략은 상당히 구체적이었으며 대부분의 전도전략들이 계획대로 실행되었다.

복음화운동의 전략에 도움을 준 중요한 계기는 1966년 베를린 전도대회였다. 이 대회에서 영감을 받은 한경직은 '황금어장론'이라는 전도전략을 국내에 소개하였다. 황금어장론은 전도효과를 극대화하는 전략으로서 사람이 가장 많이 모이는 곳을 선택하고, 전도에 적합한 기술을 습득하며, 전도에 효과적인 장비를 구비해야 한다는 이론이다.

> 민족복음화를 어떻게 이룰 수 있을까 생각했는데 66년에 비결을 배웠습니다. 세계복음화대회 때였는데 예수님이 우리에게 사람 낚는 어부가 되라고 하신 것을 거울삼아 물고기 낚듯 하면 된다는 것을 깨달았지요. 그 첫째는 물고기가 많은 곳에 그물을 던지라는 것입니다. 3대어장이 있는데 군대, 학교, 공장입니다. 그래서 군 복음화, 학원복음화, 산업전도에 나서고 있지요. 둘째는 장비가 좋아야 되지요. 그래서 사관학교에 예배당을 짓고 기독교방송, 극동방송, 기독교신문, 잡지, 전도지 등을 만듭니다. 셋째는 어부가 훈련을 받아야 합니다. 목사들이 수양회를 갖고 전도하는 방법을 알려줍니다. 전도요원반도 있지요. 그대로 나가면 민족복음화가 되리라

---

85) 1973년 빌리 그래함 전도대회는 이미 1964년 협동사업부의 복음화운동 논의 당시부터 논의되어 기획되었다.
86) 『제49회 대한예수교장로회 총회 회의록』(대한예수교장로회 총회, 1964), 76쪽.(이하 『총회 회의록』으로 표기)

믿습니다.(1986)[87]

이후 황금어장론[88]은 복음화운동에 적용되었고 그 결과 학원선교와 산업선교와 같은 새로운 전도영역이 개척되었으며, 방송과 언론, 문서를 통한 전도방식과 전도자 훈련대회를 비롯한 다양한 전도방식이 시도되었다. 전도전략에 관하여 한경직은 가능한 모든 방법을 동원하는 대규모 전략을 강조하였는데, 그만큼 민족복음화를 국가 운명을 결정짓는 중대 사안으로 인식하였기 때문에 공격적이고 전투적일 만큼 적극성을 보이고 있다. 실제 한경직은 전도운동을 전쟁, 전투와 같은 군사 용어로 표현하기를 주저하지 않았는데, 전쟁은 이기기 위한 수단으로서 가능한 모든 방식이 동원되는데 이 점이 전도운동과 유사하다고 여겼다.

전도는 말하자면 현대 전쟁과 비슷합니다. 전쟁이 일어나면 우선 공군이 동원되어 적진을 넓게 폭격합니다. 이러므로 적을 혼란시킨 다음에 해군이 동원되어 적의 해안에 있는 요새들을 집중하여 함포사격을 합니다. 이렇게 하여 그 요새를 파괴하여 버립니다. 그러나 이렇게 하였다고 완전한 승리를 거둔 것은 아닙니다. 완전한 승리는 공군과 해군의 공격이 있은 후 곧 육군이 상륙하여 일보일보 적의 진지를 점령하여야 완전한 승리를 거두는 것입니다.
전도전선에 있어서 공군과 비슷한 것이 있습니다. 곧 매스컴 전도입니다. 다시 말하면 라디오, 텔레비전 방송, 문서전도 등입니다. 이런 전도를 통하여 복음의 폭탄을 던집니다. 또한 해군의 공격과 비슷한 전도가 있습니다. 곧 대전도집회입니다. 작년 빌리 그래함 전도 대회와 같이 백여 만을 한 자리에 모아 놓고 일시에 복음을 전파하는 것은 마치 함포사격과 비슷합니다. 그러나 일반 전쟁과 마찬가지로 이러한 방법으로는 완전히 승리를 거두지 못합니다. 전도에도 보병이 필요합니다. 곧 십자가

87) 「하나님은 사랑 속에 내재」, 『주간건강』, 1986. 10. 6. 3쪽.
88) 3대 황금어장 가운데 군선교는 이미 1950년대부터 도입된 군목제도와 형목제도를 통해 상당한 성과를 거두고 있었다.

의 보병이 들어가서 생명 하나하나를 붙잡아 개인전도하며, 교회로 인도하여 계속 도와주어야 합니다.

여러분, 우리가 다 빌리 그래함과 같은 전도자는 되지 못합니다. 그러나 우리 하나 하나가 십자군의 보병은 될 수 있습니다. 사실 이 영적 전쟁에도 완전한 승리는 이 보병이 거두는 것입니다.(1974. 2. 22)[89]

위 인용문은 전도전략과 현대 전쟁의 유사성을 전략적 측면에서 설명하면서 다양한 전도 전략의 중요성을 비유하였다. 그러나 전도전략의 최종 단계는 개인전도에 있었으며 다양한 전도전략들은 개인 전도를 위한 방편에 불과했다. 즉 개인 회심을 위한 개인 전도전략이 복음화운동의 전략적 핵심이었다.

선교하는 교회는 무엇보다도 교인 하나하나를 개인 전도자로 훈련하는 일입니다. 북괴의 소위 4대 군사노선 가운데 한 가지는 사병의 간부화입니다. 아마 그 뜻은 사병까지도 장교처럼 잘 훈련을 시킵니다. 다시 말하면 교인 하나하나를 목사와 장로처럼 훈련하면 그 교회야말로 실로 선교하는 교회가 될 것입니다.(1975. 목사, 장로 선교대회)[90]

위 인용문은 개인전도자 훈련을 '사병의 간부화'라는 군대용어로 비유하고 있는데, 이처럼 공격적인 전도전략을 비유한 것은 전도운동이 단순한 종교운동이 아니라 종교적 운명이 민족 운명을 결정한다는 현실 인식에서 출발하고 있기 때문이다. 전도운동은 민족과 국가에 대한 책임론에 입각하여 개인 회심을 강조함으로써, 결국 민족과 국가운명을 개인 내면의 차원에서 다루고 있다. 1973년 5월 전도대회에 초청된 빌리 그래함(Billy Graharm)의 메시지

89) 「55, 오천만 복음화를 위한 새로운 헌신」, 『한경직목사 설교전집』, 제11권(대한예수교장로회 총회교육부, 1974), 402-403쪽.; 이하 「설교번호, 설교제목」, 책권수로 표기함.

90) 「69, 선교하는 교회가 되자」, 위의 책, 제12권, 379쪽.

는 민족 운명과 종교적 운명의 일치를 잘 설명하고 있다. 한경직은 빌리 그래함 전도대회가 열린 1973년을 군사정권의 유신정책과 연결시켜 국가 혁신의 계기가 될 것을 기대하였다.[91)]

> 금년은 우리 국가적으로 모든 것을 새롭게 하자는 유신의 해입니다. 또한 이러한 때에 세계적인 대부흥사 빌리 그래함 박사가 금년 5월에 오셔서 서울을 비롯하여 전국 7대도시에서 대 전도집회를 가지게 됨은 우연한 일이 아닙니다. 금년이야말로 우리 5천만 민족이 다 그리스도에게 돌아와 새 마음, 새 정신, 영적 혁명의 계기가 되어야 합니다.(1973)[92)]

복음화운동 지도부는 민족복음화를 목표로 두고 시기에 따라 새로운 목표를 설정해 나갔다. 1964년 이화여자대학교의 전국복음화운동의 예비모임은 "3천만을 그리스도에게로!"라는 표어를 선택하였는데, 그로부터 약 10년 후, 빌리 그래함 전도대회가 열릴 즈음에는 "5천만을 그리스도에게로!"라는 새로운 목표로 수정되었다.[93)] 그 후 1980년대 들어서 한경직은 새로운 수치인 "6천만"을 복음화운동의 목표로 언급하였다.

> 문: 목사님의 신앙구호가 "5천만을 그리스도에게로"이셨는데 어느 정도나 이루었다고 생각하시는지요?
>
> 답 : 이제는 6천만입니다.……현재 2할 5푼 정도가 복음화 되었다고 보는데 민족복음화가 제대로 되면 머지않아 5할이 되겠지요. 2천 년대까지 8할을 목표로 하고 있습니다.(1986)[94)]

91) 이 대회는 빌리 그래함의 도시순회 강연과 함께 전국 교역자를 대상으로 전도연수대회, 전도강습을 병행하였고, 대규모 인원이 참석하도록 기획되어, 그 결과 세계적인 부흥사 빌리 그래함의 과거 30년간 집회 가운데 가장 대규모 대회로 기록되었다. 「49, 은혜와 책임」, 위의 책, 제12권, 254쪽.

92) 「31, 마음의 혁명」, 위의 책, 제12권, 189쪽.

93) 「19, 일어나라 빛을 발하라」, 위의 책, 제12권, 141쪽.

94) 「하나님은 사랑 속에 내재」, 3쪽.

위 인용문에서 한경직은 복음화운동의 결과에 대해 상당한 자신감을 보이고 있다. 그만큼 1960년대와 1970년대의 복음화운동 성과는 괄목할 만한 성장률을 기록하였기 때문이다. 한경직은 기하급수적인 양적성장에 만족하지 않고, 계속 새로운 목표를 설정해 나갔다.

복음화운동에 대한 한경직의 영향을 이야기할 때, 영락교회를 언급하지 않을 수 없다. 영락교회는 복음화운동에 있어서 독보적인 단일교회로서 주도적으로 새로운 전도영역 개척에 탁월한 조직력을 보여 주었다. 영락교회가 개척한 대표적인 선교분야는 맹인선교와 농아선교, 직장인선교, 태국과 대만의 해외선교 등이 있으며, 또한 산업선교, 군선교, 농어촌선교, 학원선교, 특수선교를 비롯한 모든 선교영역에서 주도적 역할을 하였다. 당시 영락교회의 존재는 단일 교회를 넘어서서 통합총회의 역할을 대체하기에 이른다.

영락교회가 복음화운동을 주도해 갈 수 있었던 원인은 한국 최초의 대형교회로서 내부통합과 재정 동원력이 탁월했기 때문이다. 영락교회는 한경직을 중심으로 월남 개신교인의 정서와 함께 동일한 정치, 사회적 성향을 공유하고 있었기 때문에 탄탄한 내부 통합을 이룰 수 있었고, 이러한 내부 통합력이 복음화운동을 주도하는 집단의식과 재정적 동원력으로 연결될 수 있었다. 특히 영락교회 초기 교인들은 일제와 북한 공산당에 의해 국가의 존재 자체가 흔들리는 경험을 했기 때문에 국가 운명과 기독교의 운명을 동일시하는 한경직의 기독교적 건국론을 마음 깊이 공감하고 있었다.

1980년대까지 영락교회의 재정 규모는 타의 추종을 불허할 정도이다. 영락교회의 재정 규모를 짐작할 수 있는 자료로서 1974년 통합총회 자료를 비교해 보면, 당시 통합총회는 개교회별로 개척교회 목표치를 할당하였는데, 그 기준은 개교회 일 년 경상비였다. 당시 전국에서 일 년 경상비가 가장 높았던 교회 네 곳의 한 해 경상비는 2천만 원에서 3천5백만 원으로 한 해 동안 개척교회 세 곳을 할당받았다.

이에 비해 영락교회는 1974년 당시 일 년 경상비가 1억4천만 원, 개척교회 할당량이 20교회로서 다른 교회와 비교할 수 없을 정도로 차별성을 보이고 있다.[95] 또한 3년 뒤인 1977년

95)『제59회 총회 회의록』(1974), 141쪽.

영락교회 일 년 경상비는 4억3천3백만 원으로 기록되어 있다.[96] 이처럼 복음화운동이 활발했던 당시에 영락교회의 재정 동원력을 능가할 수 있는 교회는 없었다. 영락교회의 재정적 측면의 독주는 1980년대 후반부터 서울 강남을 중심으로 또 다른 대형교회가 형성되기 전까지 계속되었다.

영락교회의 복음화운동 참여는 단지 재정능력만으로 판단할 수는 없다. 영락교회는 월남 개신교인, 즉 삶의 기반이 없었던 피난민들이 설립한 교회이기 때문에 단지 돈이 많은 교회만은 아니었다. 영락교회가 복음화운동에 참여할 수 있었던 것은 한경직을 중심으로 형성된 내부 통합력이라고 보아야 할 것이다. 영락교회는 월남교회의 특성에 맞게 북한선교 지원도 절대적으로 전담해 왔다. 한경직은 1971년 총회 내 북한전도대책위원회 위원장을 맡은 이래 대북 관련 지원은 영락교회가 거의 단독으로 지금까지 담당해 왔으며, 또한 한경직이 템플턴상과 함께 수여받은 상금 전액을 북한선교를 위해 기탁한 점은 이들의 정체성을 확인해 주는 대목이다.

복음화운동의 전략적 측면은 1964년부터 상당히 구체적으로 전개되었는데, 당시 협동사업부의 복음화운동 결의와 1966년 베를린 전도대회가 복음화운동의 전략적 계기를 마련하였다. 복음화운동은 민족 단위의 종교운동으로서 국가 운명의 결정론적 성격을 가지고 개인회심, 개인전도방식을 핵심으로 삼았으며, 시대에 따라 새로운 목표를 제시하였다. 한경직은 복음화운동의 초기 기획부터 전개 과정까지 주도적 역할을 담당하였고 특히 한경직을 중심으로 강한 내부 통합력을 가진 영락교회는 사업 추진과 재정 동원력에서 총회의 역할을 대체할 만큼 영향력을 가지고 있었다.

Ⅲ. 복음화운동의 전개

2011년 현재 통합총회의 선교관련 부서는 국내선교부와 세계선교부, 군 · 농어촌선교부

96) 『제62회 총회 회의록』(1977), 105쪽.

이다.[97] 통합총회의 선교관련 분과는 1950년 이전까지는 전도부와 선교부가 존재했는데, 한국전쟁 시기에 군선교부가 신설되고, 1950년대 후반에 산업선교부가 신설되는 등 시대에 따라 점차 새로운 분야가 개척되었다. 특히 1964년 협동사업부 결정에 따라 복음화운동이 확정되면서 새로운 선교분야인 농촌전도, 학생전도, 교도소전도, 청소년전도, 특수전도, 기관전도 분야를 새롭게 신설하였다. 그 후 통합교단의 전도, 선교관련 분야는 여러 차례에 거쳐 신설, 통합, 독립, 개칭 등의 과정을 통해 변형되어 왔다.

본 장은 복음화운동의 초기부터 현재까지 꾸준히 전개된 복음화운동 주력사업 부서를 7개 분야로 정리하여 주요 활동을 분석하였다. 즉 전국복음화운동, 해외선교, 특수선교, 군선교, 학원선교, 도시산업선교, 농어촌선교 분야이다.

복음화운동의 7개 분과는 지난 1964년 이후부터 꾸준히 진행된 과정을 살펴보면 각 분야의 특징을 파악할 수 있다. 우선 해외선교와 특수선교 분야는 통합교단이 표방하는 '선교하는 교회'의 본질을 나타내는 영역으로서 끊임없는 재정지원과 인적지원을 필요로 하는 분야이다. 군선교와 도시산업선교, 학원선교는 국가와 종교간 관계의 양면성을 드러내 주는 분야로서 군선교는 국가와의 협력 관계를 기반으로 괄목할만한 양적 성장을 이루었지만, 도시산업선교와 학원선교는 반대로 국가 공권력에 의해 제한된 활동을 할 수밖에 없었다. 전국복음화운동분과는 총회의 주도성이 가장 잘 드러내는 분야로서 양적 성장 위주의 개척정책이 꾸준히 시도되었고, 농어촌선교는 오히려 개척정책에서 소외된 선교분야로서 보완사업으로 전환된 영역이다.

1. '선교하는 교회'의 본질

1) 해외선교

해외선교 분야는 그 특성상 교회개척과 자립과 같은 실질적인 선교 결과를 도출하는 데 오랜 시간을 요하는 분야이며 재정과 인적 지원이 끊임없이 요구되는 소모성 사업으로 지

97) 대한예수교장로회 통합교단 홈페이지(http://www.pck.or.kr/) 참조.

원 체계를 확립하는 것이 중요한 사안이다. 해외선교[98] 분야는 한경직의 활약이 두드러지는 분야 중 하나로써 한경직은 1954년 제39회 총회부터 1972년 제57회 총회까지 20여 년간 해외선교위원회 대표를 맡아왔다.[99]

한경직은 민족 단위의 구원관을 확립하여 복음이 지구상에 존재하는 각 민족의 경제적, 정치적 구원을 완전하게 해 준다고 인식하였다. 그러므로 복음을 각 민족에게 전파해야 할 그리스도인의 의무와 해외선교의 중요성을 강조하였다. 해외선교에 대한 한경직의 열정은 영락교회의 참여와 함께 해방 이후 통합총회 해외선교 분야를 주도해 왔다. 영락교회는 단일교회 최초로 해외 선교사를 파송하였고, 총회 선교부 재정의 상당부분을 지원해 왔다.

한국 교회는 일찍부터 해외선교에 관심이 컸다. 예장총회는 처음으로 총회가 열린 1912년에 최초의 해외선교를 결의하였는데, 이러한 결정은 독노회가 조직된 지 5년 만에 피선교 교회에서 선교 교회로 거듭난 결과이며 선교하는 교회로서의 본질을 확인하는 계기가 되었다.[100] 해방 후 해외선교가 다시 시작된 것은 영락교회가 1955년과 1956년에 태국과 대만에 선교사를 파송하면서부터이다.[101] 복음화운동이 시작된 1960년대 들어서 해외선교 분야도 활기를 띠기 시작해 1960년대 후반에는 선교사 파송국가가 6개국으로 늘어났다. 해외선교는 주로 해외 이주한 교민 사회를 거점으로 이루어졌는데, 교민 사회의 지리적 분포가

98) 선교부는 1974년부터 국제선교위원회로 개칭, 1989년 세계선교부로 개칭되었다. 『제59회 총회 회의록』(1974), 97쪽; 『제74회 총회 회의록』(1989), 324쪽.

99) 한경직은 1957년(42회 총회), 1958년(43회) 선교부 협동총무로서 역임하였고 1963년(48회)부터 1967년(52회) 5년간은 선교부에서 제외된다. 1963년은 전도부장을 지냈고 1964년은 협동사업부 위원장으로서 해외 선교부와의 결의에서 국내단일선교정책을 이끌어 낸 해이다.

100) 1912년 9월 1일은 장로교가 평양 여자성경학원에서 최초로 전국적 회합인 총회를 개최한 날이다. 최초의 해외선교인 산동선교는 1913년 9월 총회의결 후, 그 해 11월 목사 3인을 파송하였다. 박상순, 「산동선교의 과거와 현재와 장래」, 『빛을 발하라: 한국 교회백주년 기념설교집(상)』, 621-638쪽. 한국 교회가 아시아 선교를 주도하리라는 전망은 다음 자료를 참조할 것. The Minutes Missions, Presbyterian in the U.S.A., 1917, p. 32(민경배, 앞의 책, 1996, 318-319쪽에서 재인용). 일본선교는 해방 이전에 중단되었고, 중국선교는 해방 이후까지 지속되었다.

101) 1955년 태국선교는 영락교회와 대구서문교회 신임복 장로가 각각 재정부담을 하여 최찬영, 김성권이 파송되었고, 1956년 대만선교는 영락교회가 전액 부담하여 김순일을 파송하였다. 『제40회 총회 회의록』(1955), 323-324쪽; 『제41회 총회 회의록』(1956), 51-52쪽.

다양해지면서 해외선교 지역도 북미, 남미, 유럽, 아시아 전역을 비롯하여 다양해져 갔다.[102)]

해외선교 분야는 선교의 본질과 재정 규모에서 총회의 제일 사업이라 할 수 있다. 총회는 민족복음화만큼이나 세계복음화에 대한 중요성과 선교하는 교회로서의 본질을 중시하였다. 따라서 총회는 복음화운동을 중심으로 한 국내전도 사업에 치중하면서도, 한편으로 해외선교를 위해 총회 재정의 가장 많은 액수를 꾸준히 지원해 왔다.

〈표 2〉 상회비 및 각부 위원회 모금 현황[103)]

부서	국내모금액		비 고
본부	623,160,000		
전도부	일반	73,060,000	추수감사헌금 및 자매결연 등
	맹인선교	511,070,000	
세계선교부	일반	19,030,000	
	선교헌금	1,404,000,000	
교육부	1,520,000		
사회부	296,620,000		재해헌금
농어촌부	일반	32,770,000	
	의료선교	101,900,000	
군선교부	143,290,000		
합계	3,206,460,000		

〈표 2〉를 통해 1990년 당시 총회재정의 절반에 가까운 액수가 세계선교를 위해 사용되었음을 알 수 있다. 그러나 총회의 해외선교는 재정투입 규모에 비해 정책 수립과 전략 논의가 상당히 늦게 이루어졌다. 총회의 해외선교 방식은 대부분 파송선교사의 단독목회 형태로서 19세기 한국에 파송되었던 해외선교사의 그것과 별반 다르지 않았다. 이에 관하여 총

102) 1991년에는 싱가포르에서 아시아선교사대회, 1993년에는 칠레에서 남미 선교사대회, 1994년에는 아프리카 선교사대회, 1995년에는 모스크바에서 북방 선교사대회를 개최하였다.

103) 1989. 8. 1-1990. 7. 31까지의 기간을 대상으로 집계되었다. 「재정통일연구 전문위원회 보고」, 『제75회 총회 회의록』(1990), 226쪽.

회는 20세기 후반에 들어서 전략적인 선교활동에 대한 논의를 시작하였다. 그러므로 1998년에는 단독목회 형태의 선교사 파송을 지양하고 보다 체계적인 선교지원을 위해 발전 가능성 있는 지역에 집중하도록 다양한 지원 방안을 집중적 투자하여 선교 효과를 최대한 이끌어낼 것을 결의하였다.[104] 현재 총회 해외선교 분야는 이와 같은 전략적 선교방안을 모색하는 단계에 있다.

통합총회 해외선교의 또 다른 전략은 에큐메니즘에 입각한 연합사업 전개이다. 이것은 한국 교회와 현지 교회의 협력 관계, 그리고 한국교회와 제3국가 교회의 협력 관계를 통해 구축되었다. 1970년부터 총회는 협동사업부에 소속된 해외 교회 선교부 외 다른 해외 교회와의 상호협력 관계를 새롭게 정립해 나가기 시작하였다. 그 결과 총회는 유럽과 일본, 아시아 국가들과의 협력 관계 구축을 통해 해외선교활동을 전략적 전개하는 동시에 국내 선교활동에도 새로운 계기를 마련하였다.[105] 에큐메니즘은 1957년 한경직이 에큐메니즘 노선을 발표한 이래 충실히 지켜온 통합총회의 정체성으로 표방되고 있다.[106]

해외선교 분야는 복음화운동의 일환으로 추진되면서 동시에 재정운용과 선교정책이 국

104) 『제83회 총회 회의록』(1998), 424-425쪽.

105) 해외선교를 해외 현지교회와 협력으로 추진하였고, 국내 해외근로자들을 대상으로 전도하면서 현지 교회와 협력관계를 구축한 사례로서 필리핀 그리스도연합교회와의 선교협력 사례가 있다. 『제83회 총회 회의록』(1998), 227쪽.

106) Gailyn Van Rheenen은 한국 교회의 해외선교사 파송이 보수교단일수록 해외선교사 파송과 재정투자가 더욱 이루어졌다고 분석하였다. Gailyn Van Rheenen, Missions: Biblical Foundation and Contemporary Strategies, 홍기영 · 홍용표 역, 『선교학 개론: 성경 기초들과 현대 선교전략』(서로 사랑, 2000), 506-507쪽. 1999년 현재 개신교 선교사 파송현황은 다음과 같다. (* 1998년 기준)

교 단	파송 선교사	국가	재정지원
예장 합동	484가정(865명)	81	80억(연)
예장 통합	250가정(500명)	72*	50억
감리교	125가정(250명)	55	25억
기독교성결	210가정(371명)	35	50억
침례교	120가정(215명)	32	13억
UBF	1200명(독립단체로 최다파송)		
교단선교사 200명 / 독립선교단체 4,500명			
개신교 선교사 6,500명 / 가톨릭 선교사 374명			
미국 교포교회 파송 500명			

내 전도사업과는 독립적으로 운영되어 왔다. 그러나 총회의 해외선교 방식은 19세기 조선에 입국한 해외 선교사들의 단목목회 형태에서 크게 변하지 않았다. 1990년대 들어서 기존의 선교방식에 대한 개선 논의가 등장하였고, 평신도 선교사 파송이 늘어나 다양한 직업을 가진 선교사가 등장하기도 했지만 근본적인 선교방식은 크게 바뀌지 않았다. 현재 통합총회의 해외선교는 좀 더 전략적 논의를 모색하는 단계에 있으며 선교사역과 지원정책의 일원화를 통해 전략적 선교사업을 지향하고 있다.

2) 특수선교

특수선교는 구호, 구제, 봉사, 복지 분야를 통한 선교 영역으로서 구제부가 시초가 되었다.[107] 그러나 구제부와 특수선교는 점차 구분되어 구제기능은 사회부, 농어촌부와 같은 전문부서가 관장하게 되었고 특수선교는 특정 영역을 대상으로 선교 활동을 담당하게 되었다. 특수선교 분야는 1964년 복음화운동의 일환으로 신설되어 현재까지 꾸준히 지속되고 있다.[108] 특수선교 분야는 각 분야가 전문 영역으로 점차 분립되기 시작하여 1993년 장애인선교위원회 분립,[109] 2001년 상담학교 신설,[110] 인터넷선교 분립,[111] 2003년 교정선교 분립,[112] 농아인선교가 분립되어,[113] 기존에 특수선교 분야에 소속되어 있던 부서들은 모두 분립되었다.

특수선교 분야의 분립 현상은 각 분야가 자체 후원회를 조직하여 자체적인 재정운용과 정책수립이 가능해졌다는 것을 의미한다. 즉 특수선교는 해외선교처럼 가시적 성과가 두드러지지 않은 분야이면서 동시에 끊임없는 재정지원뿐 아니라 특수선교에 맞는 정책수립을

107) 해방 직후 당시 총회 10개부서 가운데 하나인 구제부는 1948년 소록도 예배당을 건축하는 등 주로 국내 도서지역과 오지를 대상으로 구제활동을 담당했다. 1948년 당시 총회 부서 구성은 다음과 같다. 헌의부, 정치부, 학무부, 전도부, 선교부, 종교교육부, 규칙부, 면려부, 재정부, 구제부이다. 『제33회 총회 회의록』(1947).

108) 『제49회 총회 회의록』(1964), 79쪽.

109) 『제78회 총회 회의록』(1993), 311쪽.

110) 『제86회 총회 회의록』(2001), 253-254쪽.

111) 위의 책, 260쪽.

112) 『제88회 총회 회의록』(2003), 270-271쪽.

113) 위의 책, 271-272쪽.

필요로 하였다. 그러므로 특수선교는 단순히 재정지원만으로 운영될 수 없으며, 훈련된 전문인 투입과 적절한 정책수립을 비롯한 전문성을 필요로 하는 분야이다.

한경직과 영락교회는 이와 같은 특수선교에 앞장서 왔다. 일찍이 영락교회는 월남인을 중심으로 세워졌으며 한경직은 이들을 위한 목회관으로 영락교회의 3대 목표를 '전도, 교육, 봉사'로 규정하였다. 한경직은 월남인 특유의 강인한 현실 감각과 실행력을 발휘하여 현실적으로 필요하다고 요구되는 선교 영역을 개척하는 데 주저하지 않았고, 영락교회는 이러한 한경직의 주도적 활동을 지지하는 기반이 되었다.

그 결과 통합총회의 특수선교 분야 중 대부분이 한경직과 영락교회를 중심으로 개척, 분립되었다. 1946년 10월 영락교회에 농아인 전도부가 조직된 것이 총회 농아인선교의 시작이었으며,[114] 이후 1991년 농아인 선교후원회 신설, 1988년 맹인교회 건축 및 후원,[115] 1974년과 1989년의 경찰종합학교 선교목사 파송,[116] 1990년의 직장인 선교후원회,[117] 1991년 보훈 및 일반지체장애자선교[118] 등이 모두 영락교회가 개척한 분야이며, 한경직은 영락교회가 개척한 모든 분야에서 초대 고문으로 역임하였다. 그 외 한경직과 영락교회가 후원, 지원한 특수선교 분야는 총회 특수선교 분야 전반에 해당한다. 그러므로 특수선교에 대한 영락교회와 한경직의 관심이 얼마나 지대하였는지 짐작할 수 있다.

본래 총회는 구제, 봉사와 같은 사회참여 활동을 구제부에 일임해 오다가, 1964년 특수선교분야가 신설되면서 구제 기능을 선교 영역에 본격적으로 도입하였다. 그러나 통합총회가 구제 기능을 선교 영역에 도입한 것은 사실상 한국전쟁 때부터였다. 한국전쟁은 총회 내 구제부 기능을 급속하게 변화시켰다. 전란 중 총회 기능은 마비되었는데 그 중 구제부는 해외

114) 문영진, 「영락농아인 교회」, 『기독교교육』, 165호(1981 4), 19쪽.

115) '특히 서울 영락교회에서는 맹인 교회 건축을 위해 2억 5천만 원을 후원하였고, 회현동에 240여 평의 대지를 마련하고 금년 내에 완공할 예정임. 이는 한국에서 최초로 맹인 교회다운 교회가 세워지게 되는 역사적인 사건임.' 『제73회 총회 회의록』(1988), 286쪽.

116) 『제74회 총회 회의록』(1989), 269쪽.

117) 『제75회 총회 회의록』(1990), 247쪽.

118) 『제76회 총회 회의록』(1991), 341-342쪽.

교회로부터 들어온 구제 사무와 분배로 인해 전란 전보다 오히려 분주하였다.[119]

한경직은 유학생활을 통해 쌓은 미국 개신교계와의 인맥을 통해 구제, 구호활동을 비롯한 국제적 원조활동, 정치사절로서 다양한 역할을 담당했다. 한경직은 피난 중 부산에서 기독교연합 전시비상대책위원회를 열고 활동했으며, 밥 피어스(Bob Pierce) 목사와 함께 선명회를 설립하여 목회자 부흥회를 개최하였고, 빌리 그레이엄과 함께 전란 중에 부산과 서울에서 각각 전도대회를 열었다. 또한 미국 군대와 함께 가장 먼저 평양에 입성하여 평양 탈환예배를 주관하였고, 한국인의 북진통일의지 메시지를 미국 정부와 유엔으로 보내었으며, 유엔 원조의 국제 여론을 환기시키는 역할을 담당했다.[120] 이처럼 한경직은 한국전쟁 기간을 통해 남한 개신교 주요인물로 부상하였다.

한경직은 또한 전란 중에 오히려 교세가 확장되는 데 일조하였다. 활발한 원조활동과 구제활동은 많은 피난민들을 교회로 모았으며, 전란 중에 부흥회와 전도대회를 열었고, 특히 영락교회는 피난 경로를 따라 대구와 부산, 제주도에 각각 영락교회를 개척하였다. 그 결과 예장총회는 한국전쟁 기간 동안 일부 피난지역을 중심으로 전란 전보다 교세가 확장되었다. 한국전쟁 이후 예장총회는 총회분열로 인한 교단의 재정비 때문에 구제부뿐 아니라 다른 총회 기능이 잠시 멈추었다. 특수선교 분야가 다시 활기를 띤 것은 1964년 국내 단일선교정책인 복음화운동의 일환으로 특수선교 영역이 신설되면서이다.

그 후 특수선교 분야는 시대적 흐름에 따라 새로운 영역을 개척, 변화해 왔다. 특수선교 분야 개척이 활발했던 1960년대는 전반적으로 사회 산업기반과 경제활동이 취약하였기 때문에 극빈층을 대상으로 한 특수선교 분야가 많았다.[121] 1970년대와 1980년대 들어서는 장

119) 당시 기록에 의하면 "일반 구제 C. W. S 급 한경직 목사 통한 구제품, 뉴질랜드, 일본교회의 구제품으로 구제사역"하였고, 미국 북장로회 선교회와 캐나다 장로회의 구제비 액수가 명시되어 있다. 해외 교회선교부의 헌금 액수는 다음과 같다. 1952년 구제비는 미 북장로회 선교회 7,914,000, 캐나다 선교회 12,500,000이 기록되었다. 전란 당시 총회는 구제사무 지부를 국내 남부지방 여섯 곳(제주도, 거제도, 백령도, 목포, 군산, 부산)에 마련하여 피난 교역자 파악, 군선교를 전개해 나갔는데 당시 기록에는 피난 교역자 구호상황과 복귀 교역자 사항, 종군목사 생활비 보조상황 등이 기록되어 있다. 『제37회 총회 회의록』(1952), 154쪽.

120) 이승준, 「한경직목사와 한국전쟁」, 『한국기독교와 역사』, 제15호(한국기독교역사연구소, 2001), 15-27쪽 참조.

121) 1960년 후반은 특히 특수선교의 새로운 영역 개척이 활발하던 시기였다. 1964년에는 병원, 윤락여성, 넝마주이, 구두닦이 분야가 개척되었고, 교도소전도와 청소년전도가 시작되었다. 『제49회 총회 회의록』, 1964, 79쪽;

애인선교와 직장선교를 비롯한 기관별 선교를 중심으로 전개되었고,[122] 2000년대 들어서는 접촉대상을 중심으로 전개된 기존의 선교방식과는 다르게 인터넷선교,[123] 상담선교[124]와 같이 접촉방식을 중심으로 전개되고 있다. 즉 특수선교분야는 총회 부서 가운데 시대적 흐름을 가장 잘 반영하는 분야로서 시대에 따라 특수선교를 필요로 하는 대상과 방식이 변화하고 있음을 보여준다.

2. 국가-종교간 관계의 양면성

1) 군선교

군선교는 국가와 종교의 협력관계가 가장 잘 구축된 사례이다. 군선교는 그 시작부터 정부의 승인이 없이는 불가능한 분야였다. 해방 정국에서 정부수립으로 이어지는 시기 동안 미군정과 이승만 대통령을 중심으로 형성된 친그리스도교적 분위기에서 배태된 군선교는 한국전쟁을 통해 자연스럽고도 빠르게 도입되었다.

미국은 근대적 의미의 제도적 장치로서 군종 제도를 설립한 최초의 국가이다. 미국 본토에서는 2차 대전을 기점으로 세속화현상, 정교분리원칙의 다변화로 인해 군선교가 위축되어가는 추세였으나,[125] 같은 시기 한국에 도입된 군종 제도는 대규모의 선교 결과를 이루어

1966년에는 더욱 세분화되어 학원, 경찰, 근로자, 소년감화원, 행려자, 노동숙박소, 수감자, 대기소, 차중, 다방, 이발소, 불우자, 고위층, 매스콤, 보건사업, 결혼상담 등이 조직되었다.『제51회 총회 회의록』(1966), 41쪽.

122) 1969년에는 한국근로청소년 복지회가 설립되는데 이 단체는 예장, 감리교, 기장, 구세군이 참여한 초교파연합사업으로 서울시내 14개 지대에 수용되어 있는 넝마주이 청소년들을 교화, 선교 봉사하였다.『제55회 총회 회의록』, 1969, 139쪽; 이 사업은 1972년 당시 15지대에 간사 3인을 두고 20개의 파견대를 구성하여 1500여 명 대원이 활동한 거대한 사업으로 성장했다.『제57회 총회 회의록』(1972), 66-67쪽; 1987년에는 특수선교분야에 공원선교, 스포츠선교, 보훈선교, 재단사선교 분야가 신설되었다.『제72회 총회 회의록』(1987), 340-343쪽.

123)『제85회 총회 회의록』(2000), 66쪽.

124)『제86회 총회 회의록』(2001), 253-254쪽.

125) 당시 각 주 의용군으로 구성되어 있던 미국 군대는 지역 목사와 함께 전쟁에 참여하는 것을 당연하게 여기고 있었다. 전쟁에 참여한 성직자들은 애국심과 독립심을 고취시키는 한편, 영적인 도움으로 병사들에게 긍정적인 영향을 끼쳤다. 그래서 미국 의회는 전쟁 중인 1775년 7월, 성직자들에게 20불씩의 봉급을 지불하게 되었는데, 이것이 합법적인 군종제도의 시작이었다. 미국 군종제도가 가장 조직적 움직임을 보이게 된 계기는 2차대전이었다. 이때 미국 교회들은

1970년대 한국 복음화운동의 기폭제 역할을 하였다.

한국 군종 제도는 한국전쟁 기간 중에 미국 선교사, 국내 그리스도교 지도자, 미군정과의 논의에서 시작되었다. 예장에서는 한국전쟁 당시 포로수용소에 종군목사로 있은 옥호열(Herold Voelkel),[126] 권세열(Francis Kinsler), 한경직이 한국 군종제도 도입과 운영에 관여하게 되었다.[127] 한국전쟁에 참여했던 미국 군목들과 국내 그리스도교 지도자들은 군종제도 도입을 논의하기 시작하였고,[128] 1950년 9월 12일에 한국장로교, 감리교, 천주교, 구세군, 성결교가 연합하여 군종 제도 추진위원회를 조직하고 그 대표로 장로교 한경직, 감리교 유형기, 천주교의 조지 캐롤이 이승만을 예방하고 군종제도를 청원하였다.

마침내 군종 제도가 사실상 승인되었는데, 그 내용은 '종군목사가 각 군대에 다 들어가서 일하고 있는 줄로만 믿고 있었는데 아직도 다 들어가지 못하고 있다면 하루 속히 사람을 택하여 들어가서 일을 하게 하라'는 것이었다.[129] 공식적으로 1951년 2월 7일 이승만 대통령 명으로 군종 제도가 육군에 창설되어 당시 32명 기독교 성직자가 무보수 촉탁으로 군종 업무를 시작하였다.[130] 이처럼 한국 군종 제도 시작은 미국의 영향을 받았고, 대통령을 위시한 군부 지도자들의 적극적 지원을 받았다. 한국 군종 제도는 비기독교국가에서 군종 제도를 도입한 유일한 사례이다.

전쟁을 위한 총동원령을 만장일치로 지지하고 수천 명의 민간인 성직자들이 군목으로 지원하였다. 그러나 2차대전 이후, 미국 군종제도는 세속화 현상과 정교분리원칙의 다변화와 맞물려 점점 위축되었다. 김기홍, 「군선교의 역사와 신학」, 예장총회 편, 『군선교신학』(총회선교부, 1990), 139-141쪽.

126) 『제37회 총회 회의록』(1952), 162쪽.

127) 옥호열과 권세열, 한경직은 모두 프린스턴 신학교 동창이었다. Harry Rhodes and Archibald Campbell, op. cit., pp. 35-59.

128) 전쟁에 참전했던 미국 군대 군목들의 회집에서 처음 한국 군종제도 창설에 대한 논의가 시작되어 당시 회집에 참여했던 감리교 선교사 쇼우, 천주교 신부 조지 캐롤, 극동사령부 군종부장이자 군목 이반 베넷(Ivan L. Bennett) 예하 미 1, 2, 24, 25사단 군종참모를 소집하여 회의를 열었다. 박성원, 「군종약사(국방부, 육 · 해 · 공군) 소개」, 예장총회 편, 『군선교 신학』, 360쪽.

129) 1950년 12월 21일 대통령 비서실 지시 국방부 제29호.

130) '한국의 군종제도는 미국의 것을 그대로 옮겨서 시작했다. 그러나 미국의 제도에서는 군목이 주로 상담자의 역할로 그쳤는데 한국의 상황은 전군 신자화운동을 일으킬 수 있게 만들었다. 둘 사이의 문화인류학적 차이는 육사 교관 김성경 대령의 박사학위논문에 수록되어 있다.' Sung Gyung Kim, "Chaplains in Two Armies U.S. & Korea: A Study in Comparative Ideplogy"(Ph. D. dissertation, University of Minnesota(1984), 김기홍, 「군선교의 역사와 신학」, 『군선교신학』(총회선교부, 1990), 157쪽에서 재인용.

군대는 말 그대로 전도 전략지인 '황금어장'이었으며 선교를 위한 지원이 대내외적으로 이루어진 영역이다. 군선교를 성공적으로 이끌었던 직접적 계기는 군 지도부와 총회 지도부의 대대적 지원이었다. 총회 지도부는 1968년 6월 18일, 김활란을 본부장으로 조직된 새시대복음운동이 각 군 참모총장, 각 군 군종감, 한경직, 홍현설, 강신명을 중심으로 전도단을 파견하여 군대 순회 전도 강연을 펼쳤다. 또한 1969년 야전군 사령관 한신 대장은 군내 보호 사병이 1만 3천 여 명이 된다는 보고를 받고 이들을 모두 교회로 보내 신자화하라는 지시를 내린 것이 도화선이 되어 해군과 공군에도 파급되었다.[131)]

그 결과 1970년대 전군 신자화운동은 그리스도교 인구 증가라는 양적 성장을 가져왔다. 전군 신자화운동의 전성기는 1971년부터 1974년까지인데, 이 시기에는 1천 명이 넘는 합동세례식이 25회, 총 3만 6천 명이 세례를 받았고, 기타 306회의 합동세례식에 6만 명이 세례를 받았으며 군대 내 그리스도교 신자 수는 1970년 11만 명에서 큰 폭으로 증가하여 1974년에는 34만 명이 되었다.[132)] 이러한 양적성장 결과는 초대교회 이후 전무후무한 것이었다.

군선교의 탁월한 양적 성장에 비해 학문적 논의는 1989년에 이르러서야 이루어졌다. 비록 다른 선교 영역에 비해 신학적 논의가 가장 늦게 시작되었지만, 실제 활동은 타 영역에 비해 가장 안정적으로 운영되고 있었기 때문에 총회 입장에서 학문적 논의를 서두르지 않았던 것이다. 1990년 총회는 기존의 군선교 활동과 역사, 성과, 필요성, 총회 입장 등을 정리하여 총회 차원의 군선교신학과 군선교부 장기 발전 계획안을 내놓았다.[133)] 그러나 군선교에 대한 반성적 측면이나 앞으로의 전략적 변화는 다루지 않았기 때문에 총회 군선교는 앞으로도 큰 변화 없이 지속될 것으로 보인다.

군선교의 정책지원과 재정지원은 다른 선교영역에 비해 가장 안정적으로 운영되고 있다. 현재 군선교를 담당하는 핵심단체는 군 내부조직인 한국군종목사단, 기독장교연합회, 군종

131) 곧 성격이상자, 무의탁자, 출감자, 위험사병을 의미한다. 박성원, 앞의 글, 143쪽.

132) 김홍태, 「군신자화운동이 군전력에 미치는 영향 : Case Study 중심으로」(감리교신학대학 석사학위논문, 1985), 17쪽.

133) 대한예장 총회 군선교 편, 『군선교 신학』(총회선교부, 1990).

하사관단, 신우회가 있으며, 군선교 후원단체로는 사단법인 군복음화후원회[134]를 비롯하여 한국 예비역 기독장교 연합회, 예비역 군목회, 군목파송 10개 교단의 총회기관, 개 교회별 군선교 전도부가 있다. 한경직은 가장 큰 군선교 후원단체인 군복음화후원회의 회장으로서 창립부터 18년 동안 역임하여 군선교 개척과 함께 후원에 결정적인 역할을 담당하였다. 전략적 전도지로서 군선교에 대한 기대감이 컸었던 한경직은 군선교가 민족복음화에 큰 영향력을 미칠 것을 일찍이 예상하여 그 중요성을 강조하였다.[135]

군선교가 탁월한 성과를 거둘 수 있었던 원인은 총회와 군 지도부, 정부의 협력 관계가 형성되었기 때문이다. 군종제도는 친그리스도교 성향을 가진 미군정과 이승만 정권으로 인해 시작되었고, 역시 전군 신자화운동 역시 친그리스도교 성향의 군 지도자들에 의해 주도된 것이다. 군 집단의 특성상, 지도부의 성향이 군 전체에 절대적 영향을 끼치기 때문에 친기독교적 지도부의 결정은 군선교 확산에 결정적으로 유리하게 작용하였다.

군선교에 관한 종교단체와 군 지도부, 정부의 협력 관계 형성은 바꾸어 말하면, 각 기관들의 상호 목적이 일치하였음을 의미한다. 우선 군대는 황금어장으로서 일반 교회에서는 전도하기 힘든 대상인 남성 집단인 동시에 장차 사회적 영향력이 잠재된 젊은 연령집단이었다. 더구나 통합총회의 전도전략은 개인영혼구원을 강조하는 반면에 사회, 정치 참여는 개인차원으로 환원시키는 것이었다. 이러한 통합총회의 전도전략은 정부 입장에서 거리낄 것이 없었고 통합총회의 반공주의, 국가안정 희구 성향, 보수적인 정치참여 태도는 당시 군사정부의 성향과 일맥상통하였다.

군 지도부는 군생활의 심적 부담을 종교적 감화력으로 순화시키는 전도전략이 군 기강에 큰 도움이 됨을 인지하였다.[136] 그러므로 군 지도부와 정부는 비록 그리스도교와 관련이 없었음에도 불구하고 군선교에 호의적이었다. 그 사례로서 그리스도교인이 아니었던 박정희

134) 군선교 후원단체는 1985년 국방부장관 지시로 공식적 단일창구를 두도록 하여 사단법인 군복음화후원회로 일원화되었다. 김대덕, 「군복음화를 위하여, 한경직-물고기 많은 곳 관심 많이 써 주세요」, 『빛과 소금』, 99호(두란노서원, 1993), 82-89쪽.

135) 김경문, 「그리스도의 몸이 하나이듯 교회도 하나입니다」, 『신앙세계』, 201호(1983) 40-42쪽.

136) 바로 이러한 이유로 1994년 러시아 군대는 한국의 군선교 제도를 도입하기 위해 통합총회와 연합하게 된다.

대통령이 직접 군종감실에 '신앙 전력화'라는 휘호를 내렸다는 일화와[137] 러시아 군대가 한국 군목제도를 모방하려는 움직임은 군선교가 군대와 정부에 끼치는 긍정적 영향을 보여준다. 러시아 군대는 군대 내 기강 확립, 내지는 이념 통일의 문제를 한국 군목제도 도입을 통해 극복하고자 시도하였다.

> 우리는 참으로 어려운 시대를 살고 있다. 특히 군대 안에 너무도 문제가 많다. 러시아 군대의 가장 큰 어려움은 도덕적 위기이다. 국가의 기초는 믿음과 도덕성에 기초한다. 예수 그리스도를 영접할 수 있기를 바란다. 그간 연구 보고된 자료를 통해 군목제도를 적극적 검토하고 있다. (미쿠린 장군 국방부 교육책임자)
> 나는 한국에 가서 실지 군목제도를 보고 온 사람으로서 이것은 러시아에서 꼭 필요하기에 계속 연구 발전시킬, 이를 위해 러시아와 한국 군대 간의 유대가 더욱 돈독해지기를 바란다. (하리콥 장군, 러시아 전사편찬 책임, 국방대학원 교수)
> 나는 기독교인은 아니지만 신앙생활의 중요성에 대하여 공감, 러시아 군대가 이제 이념 대신에 신앙으로 재무장해야 할 것이다. (최영하 장군, 주 러시아 국방무관)[138]

인용문에 나타난 러시아 군목제도 창설 의도는 국가안보이념과 종교의 상관관계를 나타내고 있으며, 이러한 인식은 미국과 한국에 군목제도가 창설되던 당시 배경과 맥락을 같이하고 있다. 한경직은 국가안보문제를 민족현실의 시급한 과제로 인식하여 복음화운동을 통해 국가안보이념을 굳건히 형성할 것을 강조하였다. 여기서 복음화운동은 곧 종교운동인 동시에 국가안보강화운동과 동일시되고 있다.

> 둘째로는 국가의 안보문제에 있어서도 그러합니다. 국가적 견지에서 이 안보문제를 생각할 때에는 물론 정치적 안정, 경제적 발전, 사회적 질서, 강한 군사력이 중요합

137) 김대덕, 앞의 글, 82-89쪽.

138)『제79회 총회 회의록』(1994), 660-661쪽.

니다. 그러나 이것들만으로는 부족합니다. 이 안보문제는 국민 하나하나의 품격과 직결됩니다. 곧 국민 하나하나의 정신적 자세, 가치관, 애국심, 협동의 정신, 희생의 정신과 직결됩니다. 또한 이러한 국민의 정신과 품격은 기독교 신앙과 직결됩니다. 그러므로 우리 국군 안에서도 현대적 장비를 서두를 뿐 아니고 정신 무장을 바로 하기 위하여 전군 신자화 운동을 전개하는 것입니다. 지금 새마을운동이 벌어졌지마는 이러한 운동의 배후에도 새 정신운동이 또한 전개되어야 합니다. 그러므로 전도운동도 사실은 국가 안보문제와 직결이 됩니다.(1972. 4. 16)[139]

군선교는 한국전쟁 기간 동안 군종제도로 조직화되어 1970년대 전군 신자화운동으로 연계되었다. 군선교의 성공적인 성과로 인해 총회는 민족복음화에 대한 자신감을 가지게 되었고, 군선교의 성과가 다른 영역으로 확대되기를 기대하면서 복음화운동에 동기부여가 되었다.[140] 군선교에 대한 기대가 컸었던 한경직은 군선교 영역을 보호하기 위하여 군사정권 시절에 스스로 정치적 태도 표현을 자제함으로써 비판을 받았다. 군선교는 정부와 군 지도부의 지원이 절대적 관건이었던 만큼, 한경직은 교계지도자로서 군선교 영역을 포기할 수 없었으며 이것은 그의 정치적 태도에 변수로 작용해 왔다.

지금까지 군선교는 그 탁월한 양적 성장 결과를 인정받았다. 반면 선교방식의 문제 제기나 부정적인 지적은 거의 없었으며, 한계가 지적된다 하더라도 군선교에 대한 평가 자체는 옹호적이었다. 그러나 군선교는 선교방식과 한경직의 논리구조에서 두 가지 한계를 드러낸다. 먼저 군선교는 선교방식에서 강제성을 내포하고 있었다.[141] 한국 군선교에 동원된 선교방식은 역사상 기독교 군대가 취해 온 모든 선교방식이 집약된 형태로서 군선교 역사에 나타난 개인전도, 반강제전도, 사기진작을 위한 활동의 모든 방법이 한국 군선교에 그대로 적용되었다. 현재 군선교 방식이 강제성을 벗어났다 하더라도 기존의 강제적인 선교 방식에

139) 「32, 생과 그 안보」, 앞의 책, 제11권, 241쪽.

140) 「19, 일어나라 빛을 발하라」, 위의 책, 제12권, 141쪽.

141) 김기홍은 선교방식의 강제성을 지적하면서도 선교를 위해 모든 가능한 방법을 실행해야 한다는 입장이다. 김기홍, 앞의 글, 143쪽.

대한 반성과 개선 논의는 좀 더 활발하게 이루어져야 할 쟁점들이다.

군선교의 또 다른 한계는 한경직이 고수한 개인회심의 논리구조에서 비롯된다. 한경직은 개인과 사회의 연대성을 주장하면서 개인의 내면변화가 사회변화로 연계된다고 강조하였다. 또한 회심한 개인은 사회와 국가를 변혁시켜 나갈 수밖에 없다는 긍정적이고 발전적인 인간관을 가지고 있었다.

그러나 군선교는 탁월한 전도결과에도 불구하고 개인회심이 사회변혁으로 연계되지 않음을 증명한 사례이다. 오히려 군대는 군선교로 인해 군 기강을 확립하고 국가안보이념에 충실하게 되었다. 따라서 정치적 독재와 사회구조적 모순에 대한 저항이 가장 거세었던 군사정권 시기에 군대는 전군 신자화운동이 한창이었고, 군사정권 기간에 가장 안정적인 집단으로 존재할 수 있었다. 그러므로 개인회심이 사회변혁으로 외연 된다는 논리는 현실적 한계를 가지고 있다는 점과 오히려 개인회심이 사회변혁이 아니라 기성세력을 합리화시키고 안정시키는 역기능으로 작용할 수 있음을 군선교 사례를 통해 알 수 있다.

2) 도시산업선교

도시산업선교는 현재 총회 국내선교부 내 도시산업, 이주민선교 분야에서 주로 외국인노동자와 결혼이주여성을 중심으로 운영되고 있다. 원래 도시산업선교의 출발은 1957년 후반, 미국교회 영향에서 시작되었다. 당시 산업선교는 새로운 산업사회를 위한 대안으로 기대를 모으며 시작되었지만[142] 이후 선교정책을 둘러싸고 총회와 정부의 갈등이 첨예하게 대립한 분야이다.

1964년 복음화운동의 일환으로 시작된 도시산업선교가 전략적 측면에서 주목을 받기 시작한 것은 1966년 베를린 전도대회의 '황금어장론'이 국내에 소개되면서 군대, 학원, 산업현장이 주요 전도지로 관심을 받게 되면서이다. 이 전도이론은 당시 산업진흥정책으로 고

142) 1957년 4월 12일, 예장총회가 선교70주년기념사업의 일환으로 산업전도위원회를 조직하고 미국 북장로회 선교협의회 위촉을 받아 산업전도위원 5명을 선정한 것이 산업선교의 시작이었다. 1958년에는 미국 산업전도 실무자이자 아시아지역 실무인 헨리 존스 목사가 내한하여 1개월간 국내 순회하기도 했다. 『제43회 총회 회의록』(1958), 68쪽.

무되어 있던 국내 상황과 조우하면서 빠르게 수용되어 1967년 당시 전국 공장, 산업지구를 중심으로 8개 지역 산업선교지구가 형성되었다.[143] 총회는 산업선교 초기에 뚜렷한 산업전도 전략이나 신학정책이 없이 기존의 개인전도방식을 비롯한 전통적 목회방식으로 접근했다.

시간이 지날수록 산업선교는 점차 노사, 인권 같은 산업현장 문제에 개입하게 되었다. 그러므로 총회는 1975년 〈예장 도시 산업선교의 기본자세〉 성명서를 통해 산업선교에 대한 총회입장을 발표하였다. 이 성명서는 총회가 산업현장의 문제에 대해 상당히 적극적이고 능동적으로 참여한다고 명시되어 있는데, 특히 노사문제, 경제분배, 인권유린 문제에 교회가 능동적 참여해야 한다는 항목이 그러하다.

> 우리는 산업사회에서 일어나는 모든 노사문제에 관심을 가지고 그 해결을 위해 능동적으로 참여해야 함을 믿는다.
> 우리는 노사분규가 일어났을 때 근로자의 입장을 중요시하며 기업가들의 부당한 처사로부터 근로자를 보호해야 한다고 믿는다.
> 우리는 노동조합운동에 깊은 관심을 가지며 노동조합이 근로자의 권익을 대변하기 위해 정치나 기업주로부터 절대적인 자주성을 갖도록 노력해야 한다고 믿는다.
> 우리는 경제성장에 따른 이익을 균등하게 분배함으로 이익의 편중을 방지하여 빈익빈부익부 현상의 해소를 위해 노력해야 한다고 믿는다.
> 우리는 도시 산업사회에서 발생하는 제반 인권유린 사실에 대하여 깊은 관심을 가지며 이의 시정을 위해 노력해야 한다고 믿는다.
> 우리는 이것이 복음 선교는 물론이려니와 반공과 민주주의 국가를 건설하는 유일한 길임을 믿는다.
> 우리의 이러한 행동은 사회운동이나 정치운동이 아니라 복음 선교운동으로서 그리스도의 몸 된 교회를 기반으로 하고 있다고 믿는다.

143) 『제52회 총회 회의록』(1967), 137쪽.

우리 교회는 교회 예산의 상당 부분을 도시 산업선교 사업을 위해 사용해야 한다고 믿는다.[144)]

그러나 1975년의 성명서 발표는 상당히 큰 파장을 불러왔다. 총회 내부와 외부, 양쪽에서 반대의 목소리가 불거져 나왔기 때문이다. 총회 내부에서는 산업선교를 목회적 차원에서만 다루어야 한다는 목소리가 나왔고, 총회 외부에서는 군사정권과 기업가의 압력에 맞닥뜨렸다. 이러한 갈등상황은 총회 역사상 상당히 곤혹스러운 것이었다.

총회는 서둘러 이듬해 "도시산업 선교활동에서 노사문제는 복음 선교의 제2차적인 것으로 취급"한다는 수정안을 내놓았고,[145)] 이어서 1978년 〈산업선교의 원리 및 지침〉을 발표하여 산업선교가 평화적 방법, 교회적인 임무수행을 강조한다는 내용으로 수정노선을 발표하였다.[146)]

1978년의 총회 발표는 1975년 발표내용을 대폭 수정하여 기존의 산업선교 활동과 원칙을 유지하면서, 내외의 불만을 수용하였다. 총회가 내외의 불만을 수용하도록 노력한 흔적은 기업주와 노동자, 양측의 중요성을 추가한 점, 인권유린이나 경제 분배와 같은 첨예한 주제들에 대한 언급이 배제된 점 등을 통해서 알 수 있다. 또한 산업선교 실무자들에 대한 활동지침을 통해 선교현장에서 문제 소지를 최소화하도록 역할과 범위를 엄격히 규제하고 있어, 그동안의 총회 산업선교 활동의 문제점을 짐작할 수 있다. 총회 산업선교 활동은 각 지구별로 독립 운영되었기 때문에 실무자 성향에 따라 비교회적 운영이 가능했기 때문이다. 그러므로 일부 지역에서는 산업선교 활동이 노동운동, 사회운동으로 발전되었고 정부와 기업가들은 그 책임을 총회의 산업선교방침에 돌리게 되었다.

결국 1975년의 도시산업선교에 대한 총회의 입장은 완전히 다른 내용으로 수정되었다. 그러나 기본방침을 거듭 수정해 온 총회 노력에도 불구하고, 산업전도에 대한 비판은 계속

144) 『제60회 총회 회의록』(1975), 95-96쪽.

145) 『제61회 총회 회의록』(1976), 139쪽.

146) 『제63회 총회 회의록』(1978), 81-82쪽.

되었고, 총회는 전국전도 집회를 산업선교 현장에 집중시켜 도시 산업선교에 대한 부정적 인식을 불식시키기 위해 힘썼다.[147] 이 기간에 영락교회 한경직과 박조준 목사가 도시 산업선교 지역 전도대회의 강사로 활약하는 등 총회 대표인물들이 동원되었다. 또한 1982년 〈총회 선교정책〉 보고서에는 산업선교 문제에 대해 노동자와 기업가 양측의 입장을 동일한 비중으로 고려하려는 노력을 보였다.[148]

그러나 총회의 노력에도 불구하고 산업선교에 대한 부정적 인식은 여전하였고, 결국 1983년, 총회 산업선교는 극단적 상황으로 종결되었다.[149]

① 울산노회 산업선교위원회 실무자 연구흠 목사 영락교회 지원 중단

② 창원 산재병원 원목 이긍하 목사 산업선교정책협의회 참가 이유로 영락교회 지원 중단

③ 총회전도부 산업선교위원회 사업비 영락교회지원 중단

④ 강원노회 장성탄광 남기탁 목사에게 기관이 압력으로 사직

⑤ 영등포 성문밖교회 교인 6명 구속(원풍모방 사건)[150]

1983년 산업선교에 대한 총회 지원 중단 소식은 그동안 영락교회가 총회 산업선교 지원을 거의 전담하고 있었음을 보여준다.[151] 총회의 산업선교 중단은 앞에서 언급한 대로 산업선교에 대한 부정적 인식과 정권과 기업가들과의 갈등이 직접적 원인이었다. 그러나 다른 한편, 총회 외부에서 원인을 찾아보면, 총회 산업선교와 노동조직의 결별로 설명될 수 있

---

147) 『제66회 총회 회의록』(1981), 46쪽; 『제67회 총회 회의록』(1982), 47쪽.

148) 『제67회 총회 회의록』(1982), 60쪽.

149) 이러한 갑작스런 변화는 1983년 9월 8일 총회의 교회연합사업 및 사회문제대책위원회(줄여서 일명 교사위원회)에서 기존의 산업선교에 대한 비판적 검토를 하는 과정에서 일어났는데, 교사위원회는 도시산업선교회를 산업선교회로 개칭하고 외국재원의 중단, 지구별 위원회 해체, 해당 노회별 이관을 결정하였다.

150) 「도시산업선교회 지역실무자 현황보고」, 『제68회 총회 회의록』(1983), 332쪽.

151) 박영호, 『산업선교 비판』(서울기독교문서선교회, 1984), 40쪽.

다. 산업화와 함께 시작된 산업선교는 노동현장에서 노동자의 인권을 위한 노동운동이 생성되도록 모체역할을 하였다. 그러나 1980년대 들어서 노동운동을 위한 자체조직이 결성될 여건이 마련되면서 지금까지 노동운동의 모체역할을 했던 산업선교회와의 결별이 불가피해졌기 때문이다. 그렇다면, 총회의 산업선교 지원 중단은 사실상 노동운동조직이 독자적 노선으로 나아가게 된 것을 의미한다.[152]

또한 내부적 요인을 살펴보면, 1980년대 산업선교 실무자들 간 내부 갈등이다. 산업선교를 지도하는 목사들의 교회적 목회방식과 산업 현장 실무자들의 현실적 관심은 근본부터 달랐다. 점차 산업선교 지도목사들이 산업현장의 특수성을 목회적 방식으로 포용하는 데 한계를 드러내고 있었다.[153] 이러한 요인들로 인해, 산업선교와 노동조직의 결별은 불가피해졌다. 비록 총회 산업선교는 노동운동과 결별하였지만, 노동운동조직이 자생적으로 형성되지 못했던 1950년대 후반부터 1980년대까지 산업선교회는 노동운동이 조직화하는 데 모태로 작용하였다.

1983년 이후, 총회 산업선교는 변화를 맞았다. 기존의 산업선교는 노회별 도시산업선교회로 이관하여 목회방식으로 활동을 이어가는 한편 총회 산업선교는 1990년대부터 외국인 노동자 선교[154]와 직장선교[155]를 중심으로 전개되었다.

산업선교는 전도전략상 황금어장임에도 불구하고 국내에서는 전도 전략적 의미의 실효는 거두지 못하였다. 총회의 산업선교에 대한 입장은 1970년대와 1980년대를 총회의 정치적 태도와 마찬가지로 점차 보수성을 더해갔다. 통합총회의 산업선교정책은 정부, 기업가와의 마찰을 피해 전통적 목회방식으로 변화함으로써 총회의 사회, 정치참여 태도를 단적으로 보여주었다.

152) 권진관, 「1970년대의 산업선교 활동과 특징」, 『한국기독교와 역사』, 제22호(한국기독교역사연구소, 2005), 76-77쪽.

153) 위의 글, 93쪽.

154) 외국인근로자선교위원회는 총회 내 사회부, 세계선교부, 전도부가 협력하여 국내 외국인노동자 선교와 복지의 측면에서 돕는 한편, 국가별 선교협력관계를 증진하고 선교센터를 운영하는 방안을 중심으로 전환되었다. 『제81회 총회 회의록』(1996), 523쪽.

155) 직장 신우회를 중심으로 평신도운동 일환으로 전개되고 있다. 『제85회 총회 회의록』(2000), 82쪽, 217-224쪽.

한경직은 산업선교를 국내에 도입 지원하였고, 산업선교의 초기 입장에 동의하면서도 자신의 정치적 태도 때문에 산업선교분야를 사실상 포기하였다. 한경직은 기독교 노동관에 대해 1963년과 1974에 각각 설교하였는데, 노동의 신성함, 노동자 권익, 정의의 대우를 언급하였다.[156] 그러나 한경직의 기독교적 노동관은 성경의 원칙적 부분만 언급될 뿐, 경제 분배나 인권유린에 대한 사회적 이슈까지 나가지 않는다. 또한 한경직은 1974년 한국기독실업인 전국대회에서 설교하였는데, 이때 설교 내용은 오로지 전도만을 강조할 뿐, 기독교 노동관이나 성경적 노동관에 대한 언급은 찾아볼 수 없다.[157] 기독 실업인들은 복음화운동에 직접적인 재정적 기반이 되는 신도층이었기 때문에 한경직은 첨예한 문제에 대한 언급을 지양했을 것이다.

한경직의 정치적 성향으로 인한 한계에도 불구하고 산업선교라는 새로운 영역을 개척지원하고 전략적 전도지로 부각시킨 점은 한경직의 공헌이라 할 수 있다. 또한 한경직과 영락교회는 산업선교 초기에 적극적인 추진력으로 인적, 재정지원을 통해 열악한 환경의 노동자들에게 자생적 모임을 이룰 수 있는 기반을 마련해 주었다. 그러나 정치적 태도의 한계로 인해 결국 노동자의 권익보다 국가와 기업가의 편에 섰다는 점은 기독교적 노동관에 비추어 볼 때 납득하기 어렵다.

3) 학원선교

학원선교는 한경직이 영락교회 3대 목회관 중 하나로 설정할 만큼 전력을 기울인 분야이다. 일찍이 서북지역 애국계몽운동의 교육진흥론에 영향 받은 그는 피난민의 교육 문제를 해결하기 위해 개신교 사립학교를 설립하는 데 앞장섰다. 한경직은 1947년 대광 중 · 고등학교 설립, 1952년 영락 중 · 고등학교 설립, 1954년 숭실대학교 재건, 1969년 영락여자신학교 설립을 비롯하여 각 기독교학교법인 이사장을 역임하였다.

그러나 학원선교는 정부의 개입정도에 따라 부침현상이 심했던 분야로서 정부와 총회 마

---

156) 「9, 기독교 노동관」, 앞의 책, 제5권, 199–210쪽; 「1, 기독교와 근로자」, 위의 책, 제12권, 13–18쪽.

157) 「68, 기독실업인의 바람직한 복음운동」, 위의 책, 제12권, 367–371쪽.

찰이 현재도 끊이지 않는 영역이다. 1973년 제58회 총회 전도부 보고에 따르면 "학원선교 분야가 제일 부진"하다고 평가할 정도로 학원선교는 타 분야에 비해 선교사 파송, 재정지원, 뚜렷한 정책, 신학이 제시되지 않았고, 학원선교를 이끌어 갈만한 실무자 부재 상황이 오랫동안 지속되었다.[158] 학원선교위원회 구성은 전도부 타 위원회보다 가장 늦은 1972년에 성립되었는데,[159] 그 원인은 현실적으로 학원선교정책 수립보다 정부와의 교섭에서 우선 해결 해야 할 과제들이 산재해 있었기 때문이다.

학원선교 부진의 가장 큰 원인은 국가공권력과 학원선교활동의 자율권 문제 합의 때문이다. 해방 직후부터 여러 차례 정부의 교육과정 개편이 있었고, 그 과정에서 기독교학교와 국가 간 갈등구조는 점차 심화되었다. 문교부[160]는 1960년 초부터 기독교 학교 내 종교과목을 제한하기 시작하여 1969년 중학교 평준화 실시 후 1970년 4월부터는 성경과목을 정규과목에서 삭제토록 조치하였고, 1974년 고등학교 추첨제가 도입되면서 성경과목 도입을 현실적으로 어렵게 만들었다. 또한 1975년 정부는 사학법 제45조 정관개정을 통해 제3자 개입금지를 발표하였고, 1980년 대학입시 내신제가 도입되면서 법적, 실질적으로 교과목에서 성경과목이 제외되었다.[161] 정부의 잇따른 조치에 총회는 적극 반대의사 표명을 결의하고 사학법 개정반대를 주장해 왔다.

이러한 일련의 조치들을 반영하여 총회의 학원선교정책은 현실 가능한 방식으로 진행되었다. 총회는 1970년대부터 학원선교회를 발족하고 상대적으로 선교활동이 자유로운 대학교 기독학생단체를 지원해 왔으며, 1980년대부터는 개교회가 학교에 교목을 파송해 왔다. 또한 학원선교 문제를 정교분리 원칙의 문제로 인식하고, 1980년대에 들어서 정교분리 문제와 해외 그리스도교 사립학교의 운영사례에 대한 연구를 추진하기도 하였다.[162]

그러나 연구결과는 부정적이었는데 이미 미국에서조차 그리스도교 사립학교의 자율권은

158) 『제58회 총회 회의록』(1973), 147쪽.

159) 『제57회 총회 회의록』(1972), 54쪽.

160) 문교부는 교육 인적 자원부의 이전 이름으로 2001년 1월 교육 인적 자원부로 개칭되었다.

161) 좌담, 「기독교 학교의 문제, 그 해결방안을 모색한다」, 『기독교사상』, 285호(대한기독교서회, 1982), 83쪽.

162) 위의 글, 14-88쪽.

점점 제한되고 있는 추세였기 때문이다. 특히 1980년대 미국에서는 그리스도교 사립학교의 자율권 제한이 공식적으로 지지되기 시작하였다.

> 정교분리는 국가 기관의 비종교성 및 종교(및 종교 단체)에 대한 국가의 재정원조 금지와 아울러 공립학교에서의 종교교육 금지를 그 일반적 내용으로 삼고 있다.[163)]

이와 같은 정교분리 원칙에 따라 종교계 사립학교와 정부의 관계는 근현대 사회에서 정교의 충돌을 가장 잘 드러내는 영역으로 부상되었다. 통합총회와 정부는 정교분리를 원칙적으로 인정하지만 관점의 차이가 존재하고 있다. 총회는 선교적 당위성에 의해 학원선교를 포기할 수 없는 중요한 전략적 선교지로 인식하였고, 정부 또한 공교육 질서를 위해 종교의 자율권을 제한할 수밖에 없었다.

이러한 상황 속에서도 총회는 학원선교를 위한 기획을 단계적으로 진행하였다. 총회는 1970년대에 학원선교 참여와 저변 확대를 위해 노회와 총회 조직을 중심으로 지구별 위원회 설치를 중심으로 학원선교의 길을 모색하였고, 1980년대에는 현실적인 제약 속에서도 학원선교 가능성을 타진하기 위해 실험적 방법들을 도입하기도 한다.

1982년 〈총회 선교신학 보고서〉에서는 학원선교의 중요성과 어린 연령일수록 종교 인지도가 높다는 점에 착안하여 학원선교가 여전히 중요한 사안임을 재확인하였다[164)]. 1983년에는 서울 보영여고에서 학원선교 현장연구수업을 수행하여 학원선교가 수업 현장에서 접근가능성이 있는지 모색하였고, 1984년에는 장로회신학대학교에 학원선교과목이 개설되었고,[165)] 1985년에는 학원선교용 책자를 발간하고 평신도 대학교수모임을 개최하였다.[166)] 1989년 열린 총회 학원선교세미나에서는 좀 더 구체적인 방안들을 논의되었는데, 기독학생활동의 장애요인 분석과 비기독교학교에서의 효과적인 조직방안 등 실질적 내용들에 접근

163) 한승헌, 「외국의 종교교육과 국가」, 『기독교사상』, 285호(1982), 63-75쪽.

164) 「총회 선교 정책」, 『제67회 총회 회의록』(1982), 60-61쪽.

165) 『제69회 총회 회의록』(1984), 233쪽.

166) 『제70회 총회 회의록』(1985), 208-209쪽,

하는 경향을 보였다.[167] 1990년에 발표된 〈교육발전선교 프로젝트〉는 기독교인 교사와 학생의 사제 간 관계 속에서 신앙공동체 형성 가능성을 제시하는 내용으로서, 일반 교사가 교목의 역할을 돕도록 철저한 신앙인을 채용하는 방안을 내놓기도 했다.[168]

이처럼 1980년대 이후 총회의 대응은 현 체제 속에서 가능한 방안을 시도하고 있다. 1995년에는 총회 내 학원선교 후원회와 교목전국연합회가 성립되어 이들을 중심으로 학원선교 정책개발이 계속되었고,[169] 1999년 학원선교교사 제도가 제시되었으며,[170] 2003년에는 학원선교사제도 활성화 방안으로 현재 일반 평신도 가운데 초 중 고등학교의 교사들과 교수들을 파송할 수 있는 방안을 구체적으로 논의하기도 했다.[171]

현재 학원선교는 다음과 같은 방안으로 이루어지고 있다. 즉 일반교회 보조에 의해 사립학교 교목실 운영, 교목의 역할을 돕도록 일반 교사를 신앙인을 채용, 학교 재량의 성경과목 운영[172]과 같이 현실적으로 가능한 방안들이 실천되고 있다. 학원선교 분야는 사립학교 선교자율권 문제와 관련하여 현재까지도 정부와 갈등을 빚어내고 있다. 최근의 이슈인 사학법 개정, 그리고 기독교 사립학교에서의 채플거부권 등을 볼 때 여전히 이 문제는 갈등상태에 있다.

한국교회 역사에서 초기 기독교학교는 시대적 요청에 적극 반응함으로써 항일운동과 민족의식 고취, 근대적 애국계몽운동에 앞장서 나갔다. 이처럼 총회의 학원선교전략 역시 시대적 요청에 민감해야 할 필요가 있다. 최근 영락교회가 설립한 대광고등학교에서 일어난 강의석군 사건[173]과 숭실대학교의 채플거부권 행사사건은 현재 학원선교전략이 일률적이고 강제적 요소를 내포한다는 사실과 함께 기독교학교가 선교자율권을 주장하면서도 학교 내

167) 『제74회 총회 회의록』(1989), 264-267쪽.

168) 『제75회 총회 회의록』(1990), 240-243쪽.

169) 『제80회 총회 회의록』(1995), 538-539쪽.

170) 『제84회 총회 회의록』(1999), 622-623쪽.

171) 『제88회 총회 회의록』(2003), 265쪽.

172) 은준관 외, 「좌담 : 기독교 학교의 문제, 그 해결방안을 모색한다」, 『기독교사상』, 285호(대한기독교서회, 1982 3), 76-88쪽.

173) 오마이뉴스 2005. 5. 30(www.ohmynews.com).; 『한겨레신문』, 2006. 6. 2.

종교선택의 자유는 여전히 반대하고 있음을 확인시키고 있다. 한국사회가 점차 다원화, 다문화, 다종교화 되어 가고 있으며 개인의 종교 선택의 자유가 점차 증가할 것을 감안할 때 새로운 학원선교의 논의가 필요한 시점이라고 판단된다.

3. 양적성장정책의 양면성

1) 전국복음화운동

전국복음화운동[174]은 통합총회 국내전도부의 한 분과로서 주로 교회개척과 부흥집회를 담당해 왔다. 전국복음화운동 분야는 복음화운동 분야 가운데 양적성장이 가장 잘 이루어진 분야로서 총회가 지금까지 제시한 양적성장 목표치가 거의 달성될 정도로 성장을 거듭해 왔다. 한경직은 1964년 협동사업부 위원장으로서 복음화운동을 결의하였고, 1971년에 전국 전도부흥집회위원회(명예위원장 한경직),[175] 1972년에 전국 복음화운동위원회(명예위원장 한경직)[176]를 조직해서 총회 전국복음화운동을 주도해 왔다. 한국 첫 대형교회였던 영락교회는 재정지원체계를 담당하여 총회 개척정책의 가장 큰 지원처가 되었다.

전국복음화운동은 장로교 고유의 특성을 가진 부흥운동의 전통을 잇고 있다. 복음화운동이라는 용어는 1964년부터 공식화되었지만 이전부터 있어 왔던 부흥운동의 맥락에서 이해되고 있다.[177] 그 원인은 복음화운동의 목표가 민족복음화이며, 민족구원과 전도운동을 위한 부흥운동은 이전에도 꾸준히 있어 왔기 때문이다. 특히 한국전쟁 직후 불안한 사회분위기 속에서 부흥회, 사경회가 성행하였을 때, 예장총회는 부흥운동의 지도 원리를 발표하여 부흥운동의 기준을 제시하였다.[178]

174) 전국복음화운동분과는 2009년까지 통합총회 내 국내선교부에 존속해 오다가 2011년 현재는 전도, 개척선교분야로 남아 있다.

175) 『제56회 총회 회의록』(1971), 134-135쪽.

176) 『제57회 총회 회의록』(1972), 68쪽.

177) 김영재, 앞의 책, 330쪽.

178) 중요부분을 발췌하면 다음과 같다. '2. 교리 : 신자 중에 직접 계시를 받았다는 것은 탈선할 우려가 있으며 계시와 영감은 다르다. 현재 우리는 영감을 받을 수 있으나 이것도 성경에 불합한 것은 시인할 수 없다. : 은혜는

1956년 당시 총회가 규정한 부흥운동은 신유나 이적, 계시와 같은 신비적 요소를 지양하고, 엄숙한 예배 분위기를 흐리게 하는 요소들을 배격하고 있다. 이러한 내용은 부흥회의 이성적 측면을 강조하고 있으며, 개인회심을 통한 전인적 변화를 목표로 두었다. 이와 유사하게 복음화운동 역시 감성적 요소를 자제한 이성적 측면과 개인회심을 강조하였다. 다만 총회 전국복음화운동은 기존 부흥운동과 달리 조직적인 전도 사업에 좀 더 집중하여 양적성장을 일차적 목표로 두는 한편, 구체적으로는 개척교회운동과 전도집회 개최를 전개했다.

전국복음화운동의 두 가지 방식, 개척교회 세우기와 부흥집회 개최는 해방 이후 총회가 꾸준히 지속해 온 방식이었다. 해방 직후에 구성된 총회 부흥전도단은 전국을 대상으로 전도집회를 전개해 왔다. 그 명칭은 1971년에 전국 전도부흥집회위원회(명예위원장 한경직),[179] 1972년에 전국 복음화운동위원회(명예위원장 한경직)로 개칭[180]되었고 현재는 총회 부흥전도단으로 이어오고 있다.

교회 개척 방식은 구체적인 목표를 수치화하여 제시된 점이 특징이다. 총회 전도운동이 구체적 전략과 목표를 수치화하게 된 것은 1907년 백만인 구령운동이 처음이었는데, 이 운동은 유명한 평양과 원산의 대부흥운동 이후 일어난 전도운동이었다. 그 이후 예장총회는 시기마다 수치와 구호를 달리하긴 했지만 교세의 양적 성장을 목표로 하는 패러다임을 지속해왔다. 예장총회(통합)의 해방 직후부터 현재까지 수치로 제시된 복음화운동의 명칭을 살펴보면 다음과 같다.

병 고치고 방언하고 떠드는 것이 아니다. 그보다 더 큰 은혜는 구원의 도리를 전하는 것인데 교회의 평화를 유지하고 사랑의 덕을 나타내고 겸손한 생활과 교회질서를 유지할 것이다. 3. 예배모범 : 신도들이 모여서 찬송 기도 성경낭독 설교의 순서를 가지는 것이 곧 예배니 부흥회도 여기에 준하여 예배모범에 지시한 대로 단정 엄숙 경건하게 할 것이요 성경에 위반되지 않게 하라. : 부흥회에서 찬송, 기도하는 것도 예배모범에 준하여 하되 박수치는 것, 북치는 것, 공연히 안수하는 것을 삼가기 바란다. : 피가름, 향취, 악취 등은 성경에 근거할 수 없다. 그러므로 교인들은 여기에 현혹치 말고 고린도교회처럼 문란한 일이 생기지 않도록 주의하라.4. 신앙운동 : 신앙운동은 복음을 전파하여 생명을 구하는 것이 그 목적인 즉 선전과 헌금과 박수와 병 고치는 데 치중하는 것은 신앙생활의 건전을 방해할 우려가 있으니 삼가기 바란다. 『제41회 총회 회의록』(1956), 19-20쪽.

179) 『제56회 총회 회의록』(1971), 134-135쪽.

180) 『제57회 총회 회의록』(1972), 68쪽.

1945년 3백만 부흥전도회

1952년 선교 70주년(1954년)기념 교세배가운동

1954년 5백처 무교회면 교회설립운동(1955-1959)

1974년 1년에 3백 교회세우기 운동(1974-1984)

1987년 전국복음화 10개년 사업(1988-1998), 교세 6천 교회 신도 2백만

1991년 2천 년대를 향한 전국복음화사업(1991-2001), 만 교회 3백만 신도

1992년 총회창립 백주년기념 교세배가운동(1993-2012), 만 교회 4백만 신도

위에서 소개된 운동의 주요경과를 간략하게 소개하면 다음과 같다. 1945년의 '3백만 부흥전도회'는 해방과 동시에 발족되어 지역순회 전도집회 개최, 전도목사 및 전도인 파송, 총회 전도사업 홍보, 《부흥》잡지 발간이 주된 활동이었으며, 당시 성행하던 부흥회의 범람 현상에 맞서 '복음주의적' 부흥회의 모범을 제시하려는 목적을 가지고 있었다.[181] 3백만이란 수치는 당시 전 인구의 10%인 3백만 전도가 목표라는 의미였는데, 이 사업목표가 얼마나 실현되었는지 자세한 내용은 파악되지 않는다. 그러나 부흥전도단 활동은 꾸준히 계속되었고, 1972년 전국복음화운동으로 개칭된 이후 현재는 총회부흥전도단으로 지속되고 있다.[182]

1952년에는 '선교 70주년(1954년)을 기념하는 교세배가운동'이 시작되었는데, 비록 전란 중이었지만 월남 개신교인 이동과 구제사업, 군목사업의 활기로 인해 어느 때보다 부흥전도, 헌금모금이 활발하게 진행되었기 때문에 부흥운동을 전개할 수 있는 토대가 형성되어 있었다.[183] 당시의 교세 통계는 정확히 알 수 없지만, 일부 피난지역 교세가 상당히 성장하

181) 「전도부 보고-부흥단 전도」, 『제43회 총회 회의록』(1958), 64쪽.

182) 1971년 제56회 총회에서 전국전도부흥집회 위원회로 개칭(당시 위원장 한경직)되었다가 다시 1972년 제57회 총회에서 전국복음화운동위원회(위원장 한경직)로 개칭되었다.

183) 전국교회 교인 일인당 천 원 이상 헌금하도록 독촉하자는 결의를 하였다.

였다는 기록이 남아 있다.[184] 한국전쟁 기간 중 선교 열기는 종전 후에도 연계되었다.[185]

1954년의 '5백 처 무교회(無敎會)면 교회설립운동'은 1955년부터 1959년간 5년 동안 진행되었는데, 총회는 처음으로 전도사업 의무금을 정하고 각 교회가 배 이상 성장하도록 '3배가운동'을 결의하였다.[186] 이 운동은 제43회 1958년 총회에서 경과보고 후,[187] 통합과 합동이 분리된 1959년 통합총회에서 성공적으로 완료되었다고 보고되었다.[188] 교단 분열의 상황에서도 개척 사업이 완료된 점은 당시의 교회개척 열기를 짐작케 한다. 그러나 5백처 무교회면 교회설립운동은 실제 목표가 완료된 이후에 미자립 교회 생성이라는 부작용을 낳았다. 1959년 당시 총회에서는 앞으로의 전도 사업은 미자립 교회 육성에 치중하겠다는 추가 보고가 있었는데, 당시 개척교회의 미자립 현상이 심각했다는 것을 알 수 있다.[189]

1974년의 '1년에 3백 교회 세우기 운동'은 선교 백주년이 되는 1984년을 준비하기 위해 1974년부터 1984년까지 10년 간 추진된 운동이다. 개척 규모로 볼 때 역대 가장 큰 사업이었으나 실제 개척된 교회 수는 1년에 3백 처에 못 미치는 수준이었다. 다음의 표는 이 사업의 해당 연도별 교회개척 수치를 나타낸다.

---

184) 『제56회 총회 회의록』(1971), 134-135쪽: 한국전쟁 기간 중인 제36회 총회는 1950년 4월 21일부터 25일까지, 그리고 계속회로서 1951년 5월 25일에 열렸다. 당시 총회 회의록에 다른 기관의 보고는 생략된 부분이 많은데 그 가운데 전도부와 선교부 보고는 전란 중에도 활기를 띠고 있음을 알 수 있다. 선교부 보고 중 전란 중에 타 지역은 교세가 급감하였으나 제주도 교세는 오히려 확장되어 목사, 전도사, 부흥운동, 학교 설치 등을 보고하였고, 군산과 전북도 교세가 확장되었다고 보고되었는데, 지역편차는 심했지만 주로 피난지역 교세가 유지, 또는 확장되었음을 알 수 있다. 『제36회 총회 회의록』(1950 · 1951), 137-147쪽; 역시 전란 중인 제37회 총회는 1952년 4월 29일에 개최되었는데 구제사무 지부를 제주도, 거제도, 백령도, 목포, 군산, 부산 지부에 마련하였다는 보고와 군목사업이 날로 확장되었다고 보고되었다. 『제37회 총회 회의록』(1952), 154-173쪽.

185) 최훈, 「6 · 25이후의 한국 교회」, 『신앙세계』, 158호(1981 6), 34-36쪽; 이원설, 「6 · 25전쟁, 오늘 우리에게 어떤 의미가 있는가」, 『목회와 신학』, 60호(1994 6), 32쪽; 한국전쟁 중의 일부 개신교 교세 확장은 교계 연구자들로 하여금 '한국기독교의 성장과 갱신을 가져온 호된 연단을 드러낸 신의 축복의 한 방편'이라는 해석을 하게 된 동기가 되었다. 김성태, 「전쟁과 선교의 상관성을 추적한다」, 『목회와 신학』, 60호(1994 6), 84-85쪽.

186) 장년교인 25만 명이 5년 간 일인당 20환씩 징수하도록 정하였으며 장년교인 25만 명이라는 계산은 당시 교세를 짐작하게 한다.

187) 『제43회 총회 회의록』(1958), 40쪽.

188) 『제44회 총회 회의록』(1959), 113쪽.

189) 미자립교회 분포는 1956년 당시 개척교회가 211곳이었는데 자립교회가 50처, 미자립 교회가 24처이다. 교회건축형태에 분류하면 천막교회가 66처, 사가교회가 133처, 신축교회가 12처로서 자체적인 교회건축을 할 수 있는 비율이 상당히 낮았음을 알 수 있으며 그만큼 교회의 재정자립도가 낮았다는 의미로 해석된다. 『제41회 총회 회의록』(1956), 33-34쪽.

〈표 3〉 1년에 3백 교회 세우기 운동(1974–1984) 교회개척 현황[190]

연도	1975	1976	1977	1978	1979	1980	1981	1982	1983	1984
교회 개척 수	192	177	223	159	249	201	159	168	155	160

〈표 3〉에서 알 수 있듯이 실제 개척된 교회 수는 연 3백 교회에 못 미치는 수준이지만 이 운동이 지속된 10여 년은 한국 개신교가 비약적인 양적 성장을 이룬 시기와 일치한다. 1984년 보고에 따르면, 이 운동기간 중 총 1,847 교회가 개척되어 총 교회수가 4,532 교회로 성장하였다.[191] 그러나 총회목표치인 5천 교회에는 468교회가 미달 상태였으므로 이후 총회사업은 자연스럽게 5천 교회 세우기를 완료하는 방향으로 나갔다. 그로부터 6년 후, 5천 교회가 거의 달성된 1987년에 통합총회는 '전국복음화10개년 계획' 사업을 전개하여 1988년부터 1998년 간 '6천 교회, 신도 2백만'이라는 새로운 목표를 세웠다. 그러나 1987년을 기점으로 총회의 개척 교회 수는 처음으로 하향세를 보이고 있다.

〈표 4〉 총 교회 수 5천 교회가 달성되기까지의 연도별 교회개척 현황[192]

연도	1986	1987	1988	1989	1990	1991	1992	1993
교회 개척수	4,839	4,971	4,492	4,556	4,636	4,933	5,045	5,161

통합총회의 총 교회 수 5천 교회 달성은 1992년에 비로소 이루어졌다. 이에 맞추어 1991년에 전국복음화운동위원회는 두 개 사업을 동시 추진하였는데, 하나는 '전국복음화 10개년 계획' 사업을 이어가는 동시에 다른 하나는 '2천 년대를 향한 전국복음화사업'(고문, 증경총회장 한경직 포함)으로서 1991년부터 2001년까지 '만 교회, 신도 3백만'을 목표로 잡았다. 이듬해 1992년에는 또 다른 총회목표로서 '총회 창립 백주년기념 교세배가운동'을 실시하는데,

190) 해당 연도 총회록을 참조하여 작성하였다.

191) 『제69회 총회 회의록』(1984), 198쪽.

192) 해당 연도 총회록 참조.

기간은 1993년부터 2012년까지 10년간에 걸쳐 '만 교회, 4백만 신도'를 새로운 목표로 삼았다. 2009년 현재 통합총회의 총 교회 수는 7,997 교회, 신도 수는 2,802,576명에 머물고 있다.[193)]

이상 살펴본 바와 같이 전국복음화운동 분과는 양적 성장 패러다임을 중심으로 전개되었다. 반면, 총회 선교정책에 대한 신학적 논의가 이루어진 것은 1982년에 와서이다. 통합총회는 한국개신교 백주년기념사업을 앞두고 총회 선교정책을 재정립할 필요에 따라 〈총회의 선교신학과 총회 선교정책〉이라는 보고서를 작성하였다. 이 보고서는 총회 차원에서 펴낸 최초의 선교정책에 관한 신학적 논의로서 총회 선교신학이 개인영혼 구원과 사회구원의 양극화를 지양하는 통합적인 선교신학임을 천명하였다.[194)] 통합총회의 선교신학은 19세기 초의 경건주의적 선교관과 20세기 초, '하나님의 선교' 사상이 몰고 온 인간화와 사회구원에 대한 역사적 반성으로서 양극화를 지양하고 사회구원과 개인영혼구원을 통합하여 이해하는 경향을 제시하고 있다. 또한 한경직의 신학적 성격에서 드러나듯이 극단을 지양하는 절충주의적 신학적 성향이 반영되고 있음을 알 수 있다.

1982년의 보고서 이후 복음화운동에 대한 신학적 논의는 1990년과 2002년에 각각 발표되었다. 총회는 1990년 선교운동(Church-in-Mission Movement)[195)]과 2002년에는 생명선교신학[196)]을 발표하였다. 1990년의 '선교운동'은 교회공동체의 본질이 선교에 있음을 새로이 각성하는 의미를 가지고 새로운 시대에 다양한 방면의 선교운동을 더욱 가속화하는 데 목적을 둔 내용이며, 2002년의 '생명선교신학'은 기존의 선교 의미를 선교대상지, 선교대상자에게 생명을 부여하는 의미로 재해석하는 신학적 논의에서 출발하여 개인의 생명, 사회의 생명, 세계의 생명을 부여하는 창조적 행위로서 선교 의미를 재구성하였다.

1982년과 1990년, 2002년의 선교신학에 대한 총회 논의들은 기존의 선교정책에 대한 신학적 논의의 필요에 의해 제시되었다. 그러므로 시대 변화에 따른 새로운 재해석을 시도했다

193) 통합총회 홈페이지 교세통계 참조.

194) 『제67회 총회 회의록』(1982), 53-63쪽.

195) 1990년 결의된 내용으로 교회의 본질을 선교하는 공동체로 회복하자는 요지이다. 『제75회 총회 회의록』(1990), 234-235쪽.

196) 2002년 총회에서 결의된 내용이다. 『제87회 총회 회의록』(2002), 366-370쪽.

는 점에서 의의를 가지지만, 이러한 논의가 기존의 총회선교신학에 대한 새로운 방향전환을 의미하지는 않는다. 현재 총회 선교정책은 양적성장의 패러다임은 다소 완화된 듯 보인다.

2) 농어촌선교

농어촌선교는 해방 직후부터 선교적 중요지로 강조되면서도 실제로는 양적성장위주의 개척정책에 밀려 소외된 분야이다. 이러한 현상은 산업화가 가속된 1960년대부터 심화되어 도시 농촌 간 불균형현상이 선교 현장에도 영향을 끼치고 있음을 시사해 준다. 이러한 배경으로 총회 농어촌선교는 점차 지원, 보완사업으로 전환되었다.

한경직과 영락교회는 다른 영역과 마찬가지로 1980년대까지 농어촌선교의 가장 큰 재정 지원을 담당해 왔다. 1960년대 농어촌선교 보완책으로 마련된 총회의 식자전도회원 모집과 농어촌교회와 도시교회의 자매결연은 한경직의 단독 모금과 영락교회 각 기관의 참여가 절대적 영향력을 가지고 있었다. 1990년대 들어 지원 사업 일환으로 전개된 총회 의료선교선 건조와 도서의료선교위원회(고문 한경직) 조직은 한경직과 영락교회 기관 참여를 기반으로 이루어진 사업이었다.

농어촌선교는 한국인의 생활 기반이 농촌이라는 뿌리 깊은 인식과 더불어 일찍이 농촌전도 중요성이 강조되었지만 산업화 과정에서 발생한 도시집중화, 도시 농촌 간 불균형현상이 농어촌선교에 그대로 반영되었다. 농어촌선교의 어려움은 교회개척 시 농어촌지역 교회의 재정자립도가 낮아서 미자립 교회를 발생시키는 점이었다.

1955년에서 1959년까지 5년 동안 진행된 '5백 처 무교회면 교회개척운동'이 끝난 후, 총회는 미자립 교회 육성정책을 발표했다.[197] 당시 무교회면은 도시보다 농어촌에 집중되어 있었기 때문에 재정의존도가 높은 농어촌교회 설립을 양산하는 결과를 낳았다. 1964년 보고에 따르면 총 교회 수 2,112 교회 중 농촌교회는 1,677 교회이고 도시교회는 435교회에 불과하였다. 그러나 전체 교회 중 미자립 교회가 1,907 교회에 이르렀는데, 미자립 교회는 대부분 농어촌지역이었다.

197) 『제44회 총회 회의록』(1959), 113쪽.

그 결과 총회는 미자립 교회를 돕기 위한 지원방안으로 1960년대에 식자전도와 도시교회와 농어촌교회의 자매결연,[198] 농어촌교역자 구호를 실시하였다.[199] 1964년 복음화운동이 시작되면서 총회는 개척전도를 농촌전도에 치중하기 위해 노력했지만,[200] 농촌전도는 회의적 상태를 벗어나지 못하고 있었다.

> 근자에 와서 한국교회에 산업전도 붐이 일어나자 농촌전도는 하늘에 구름 잡이 같이 그 성과가 두드러지게 나타나지 않아 비판적이고 고무적이 못 되어 자포자기 상태에 빠져 현상유지에 급급한 현상입니다. 급속도의 산업발전과 대도시의 근대화에 따라 인구의 격증, 생활개혁이 도시와 농촌이나 적지 않은 변혁이 일어나고 있는 것이 사실이나 건전하고 균형 잡힌 농촌지역사회의 자활정책이 수립되지 않는 한 건전한 조국의 근대화는 바랄 수 없다 하겠습니다. 이러한 환경에서 먼저 농촌교회는 그 지신들이 각성하고 국가 농어촌 개발정책에 적응하여 리더쉽을 취하고 교회와 지역사회의 유대성을 인식하고 사회참여에 적극 노력하고 지역개발에 공헌해야겠습니다. 먼저 농촌교회가 자립하여야 하겠고 그 지역사회가 발전하여야 국가 전체의 재건도 이루어질 것입니다.[201]

농어촌선교가 회의적 상태에 빠진 원인은 총회 선교정책에 직접적 원인이 있었다. 총회는 농어촌선교의 중요성을 강조하면서도 실질적 정책, 재정지원은 적극적이지 않았고, 오히려 교회개척자립도가 높은 신도시와 개발도시에 우선권을 주면서 자연히 농어촌선교는

198) 식자전도란 총회가 노회에 한 교회 자립책으로 20만 원 이내 융자해 준 다음, 노회가 같은 액수를 헌금하여 총 40만원으로 농토를 구입하고, 5년 간 경작하여 교회자립기금으로 삼은 뒤, 5년 후 토지는 전도부에 반환하는 방식이다. 1961년 당시, 총회가 모집한 식자전도회원은 서울을 중심으로 31교회, 회원 2,804명, 기금 1,259,070원이었다. 『제46회 총회 회의록』(1961), 281쪽.

199) 『제46회 총회 회의록』(1961), 280쪽.

200) 선교비를 농어촌전도에 집중하여 균비례로 분배하는 원칙을 제시하고 부흥집회를 농촌중심으로 개최하는 등 노력을 기울였다. 『제51회 총회 회의록』(1966), 57쪽.

201) 『제53회 총회 회의록』(1968), 40-41쪽.

후위로 밀려났다. 총회는 1974년부터 1984년까지 매년 3백 교회 개척운동을 전개하면서 개척교회의 후보지 선정 우선순위를 자립 가능성이 많은 지역에 우선권을 두었다. 따라서 인구밀도가 높고 자립 가능성이 높은 도시, 신개발지, 농어촌지역의 순위가 정해지게 되어, 농어촌지역 교회개척은 점점 신개발도시에 밀릴 수밖에 없었다.[202]

또한 1973년 협동사업부는 향후 5년간 주력사업을 발표하면서, 농어촌선교를 제외시켰다. 이처럼 농어촌선교는 점차 주력사업에서 제외되었고, 1970년대와 1980년대에는 부흥집회 개최, 도시 교회와 자매결연, 신용협동조합운동 등 지원 사업 중심으로 전환되었다.

그러나 복음화운동 기간 동안 농어촌선교가 전혀 양적 성장을 하지 않았던 것은 아니었다. 다만 농어촌선교는 전체 교회 성장률에 비해 상대적으로 낮았을 뿐이다. 1984년 실시된 농어촌선교에 대한 총회 조사에 의하면 1971년에서 1976년까지 5년간 예장 통합의 전체 교회 증가율은 44.4%였는데, 같은 기간 내 농어촌 교회수의 증가율은 19.7%에 머무르고 있었다.[203] 농어촌교회의 자체 성장률은 20%에 육박하고 있었지만 전체 교회 성장률에 비해 농어촌교회의 성장은 절반에 못 미치고 있다.

한편, 1970년대 새마을운동은 농촌진흥정책으로서 총회의 환영을 받았다. 통합총회는 새마을운동을 경제발전을 위한 운동이자 정신적 운동으로 간주하여, 새마을운동 취지에 적극 환영하는 한편 영적 운동임을 강조하였다. 새마을운동에 대한 총회 입장은 한경직의 관점과 동일하다. 한경직은 군사정권이 발표한 정부의 3대 목표인 국가보위, 경제발전, 정신혁명을 적극 지지하여 특히 정신혁명에 기독교가 헌신할 것을 발표하였고, 그러한 의미에서 새마을운동은 매우 귀한 운동으로 평가하였다.[204]

> 새마을운동은 어디까지나 근면, 자조, 협동을 기반으로 하여 잘 살기 위한 정신운동

202) 『제69회 총회 회의록』(1984), 238쪽.

203) 통합총회는 노회별로 농촌교회 설문조사를 실시하였는데 그 항목은 재정자립도, 신도수, 교회재산, 신도구성, 당회구성, 교회행사, 기관 구성 등 매우 상세하게 구분되었다. 한응수, 『선교 100주년을 향한 한국농촌교회 전도와 실제』(목양사, 1979), 83-85쪽.

204) 「18. 앞으로 나아가자」, 앞의 책, 제12권, 133쪽.

이지 타락된 인간성을 회복하거나 변화케 하는 영적인 운동은 아니다. 최근 교회 지도자들은 새마을 운동은 육의 잘 살기 위한 경제적인 운동과 정신적인 운동만이 아니라 영이 사는 영적인 신앙운동으로까지 발전되어 나갈 수 있어야 할 것이다.[205)]

그러나 새마을운동의 성과에도 불구하고 당시 도시와 농촌 간 불균형현상은 더욱 심화되었고, 국가의 균형발전에 대한 근본적 대안이 되지 못했다. 1990년대 들어서 총회 농어촌선교는 지원, 보완사업 내용이 좀 더 구체적으로 전개되었다. 특히 1990년은 다양한 새로운 사업을 전개하여 농어촌선교의 중요한 기점이 되었는데, 대표적 사업으로 호남지역 10개 노회가 담당한 의료선교선 건조는 영락교회가 60%의 재정을 지원한 의료선교 사업으로서 도서의료선교위원회(고문 한경직)가 창립되었고, 그 외 주도적 선교단체로서 영락교회의 기관들이 참여했다.[206)] 또한 총회와 해외 교회와의 프로젝트 연합협력 사업이 농어촌선교 분야에서 다양하게 진행되었다. 독일 E.Z.E.(개신교 발전 프로젝트 지원센터)와 총회 농어촌부의 상호공동사업으로 남양만 개발사업, 신안 더불어 일구기 사업, 영남지역 농촌개발 사업이 진행되었고, 캐나다 교회와 총회의 공동사업으로 동해의료선교사업, 그리고 미국 장로교와 총회의 공동사업으로 거제의료보건사업 등이 모두 1990년에 진행되었다.[207)]

농어촌선교는 복음화운동 초기에 그 중요성을 인식하고 강력하게 추진되었으나 도시화, 산업화로 인해 가시적 성과가 드러나지 않아서 개척선교에서 소외되어 간 영역이다. 총회의 성장위주 개척정책은 교회개척과 전도 집회 형식으로 진행되었는데, 재정자립도와 인구밀도가 낮은 농어촌 실정에 맞지 않았기 때문에 농어촌선교는 더욱 후위로 밀려나게 되었다. 그러므로 총회 농어촌선교는 농어촌의 현실을 반영한 지원, 보완, 의료지원 방향으로 전환되었다.

---

205) 한응수, 앞의 책, 118쪽.

206) 영락교회 백합회, 영락 대중전도대, 영락 제1여전도회 등.

207) 『제75회 총회 회의록』(1990), 347-355쪽; 총회 내 농어촌부와 전도부 간의 창구를 일원화하여 지방행정단위인 '면'을 포함되는 지역의 농어촌교회는 농어촌부가 관장하고, '면'을 포함되지 않는 읍, 시 교회는 전도부가 관장하게 되었다. 『제75회 총회 회의록』(1990), 356쪽.

Ⅳ. 복음화운동의 평가

1. 복음화운동의 특징

1) 총회 주도적인 부흥운동

복음화운동은 기존의 부흥운동과 비교해 볼 때, 교계 지도부의 주도적 기획력이 단연 돋보인다. 복음화운동이 기존의 부흥운동과 다른 점은 종교지도부가 중심이 되어 의도적인 부흥운동을 처음부터 기획하고 이끌어갔다는 점이다. 이러한 개신교 지도부의 조직력에 힘입어 복음화운동은 1950년부터 1980년대까지 상당히 오랜 시간 동안 꾸준히 지속되었고 개신교의 양적 성장 결과를 가져왔다.

복음화운동은 그 시작부터 그리스도교 지도자들의 모임에서 출발하였다. 한경직은 우선 통합총회와 해외 선교부의 관계를 에큐메니즘에 입각한 연합협력 관계로 정립해 놓은 다음, 국내단일선교정책으로 복음화운동을 기획하였다. 이러한 통합총회의 논의는 김활란을 비롯한 개신교 인사들과 그리스도교 지도부가 포함된 예비모임을 통해 국내교회의 에큐메니칼 연합관계를 구축해 갔다. 결국 복음화운동은 해외 교회의 재정, 인적지원체계와 국내교회 간 연합관계를 바탕으로 전략적으로 전개되었다. 복음화운동은 명확한 목적과 표어를 제시하였고, 목표 달성의 결과에 따라 시기적절하게 새로운 목표를 제시하면서 민족복음화를 전개한 것이다.

복음화운동은 이처럼 시작과 전개 과정이 모두 종교지도부의 주도적 기획 아래 이루어졌는데, 이것은 기존 부흥운동의 전개 양상과 전혀 다른 것이었다. 기존의 부흥운동이 개인이나 한 공동체의 회심 체험에서 비롯되어 부흥운동으로 연계되었던 반면, 복음화운동은 종교지도부가 부흥운동을 기획하고 나서 개인적인 회심 체험 내지는 성령체험운동이 일어나기를 기대하는 순서로 진행되었다. 즉 전도운동이 성령운동으로 이어지기를 기대하는 목적으로 기획된 종교운동이었다.

한경직은 전도운동을 기획, 조직화하는 데 탁월한 추진력을 보였다. 한경직은 1950년대 군종제도 도입을 위한 그리스도교 지도자 회합을 마련하였고, 1957년과 1964년 협동사업부 구성과 에큐메니즘 노선 정립을 통합 복음화운동 기획, 1973년 빌리 그래함 전도대회 기획을 통해 전도운동이 부흥운동으로 연계되기를 기대했다.

복음화운동의 세부영역 전개과정에서 보여준 한경직과 영락교회의 조직력과 추진력은 곧 통합총회의 주요활동이었다. 장로교는 총회 분열 이전에 1945년 '3백만 부흥전도회', 1952년 '교세배가운동', 1954년 '5백처 무교회면 세우기운동'을 기획, 실행하였고, 총회 분열 이후에는 1974년 '1년에 3백 교회 세우기 운동', 1987년 '전국복음화 10개년 사업, 6천 교회 신도 2백만 운동', 1991년 '2천 년대를 향한 전국복음화사업, 만 교회 3백만 신도운동', 1992년 '만 교회 4백만 신도운동'으로 이어져 왔다.

통합총회의 복음화운동은 양적 성장 위주 정책을 중심으로 전개되어 왔으며 이러한 경향은 타 개신교 교단에서도 동일하게 적용되었다. 특히 1984년 선교 백주년을 앞두고 각 개신교 교단은 복음화운동의 일환으로서 교단별 교회개척정책을 수립, 실천해 나갔다. 각 교단의 당시 정책을 보면, 합동측은 1979년 '만 교회 운동'을 시작했고, 기독교 감리교는 '5천 교회운동', 기독교장로회는 2천 교회 증가를 목표로 한 '선교운동', 기독교 성결교회도 역시 2천 교회를 목표로 세웠고, 침례교 연맹은 '1천 교회운동'을, 나사렛교회는 '5백 교회'를 목표로 하였다. 같은 시기, 통합측은 매년 3백 교회 세우기 운동을 전개하였다.[208]

통합총회는 2012년을 기점으로 '만 교회 4백만 신도운동'을 완료하게 된다. 현재 정해진 기간 내 목표수치 도달은 어려워 보인다. 필자의 관심은 통합총회가 양적수치를 목표로 한 패러다임이 언제까지 유효할 것인가에 있다. 또한 해방이후부터 지금까지 주도적으로 전개해 온 양적수치의 전도전략을 대체할 만한 전도전략이 어떻게 표방될 것인가에도 귀추가 주목된다.

2) 에큐메니즘의 두 가지 측면

에큐메니칼 운동은 지금까지 국내 교회 간 연합의 관점에서 그 의의가 평가되어 왔다. 그

---

208) 채기은, 『한국 교회사』(기독교문서선교회, 2003), 265-266쪽.

러나 본고는 에큐메니칼 원칙이 국내 교회 간 연합만이 아니라 해외 교회와 국내 교회의 관계에도 적용 가능하다고 제언하였다. 한경직은 에큐메니즘을 교회 본연의 특징으로 인식하고 국내에 에큐메니칼 노선을 정립시켰다. 또한 한경직은 1957년 예장총회 에큐메니칼 연구위원회와 중앙선교협의회(협동사업부 전신, 위원장 한경직) 구성을 동시에 진행시킴으로써 연관성을 시사하고 있다. 한경직은 에큐메니칼 연구위원장과 중앙선교협의회 위원장을 동시에 맡아 복음화운동 결의를 이끌어냈다. 이러한 정황을 바탕으로 에큐메니즘을 두 가지 의미로 정리할 수 있다.

첫째, 해외 교회와 국내 교회의 에큐메니칼 연합협력관계 구축이다. 협동사업부 구성은 해외 교회와 국내 교회의 관계를 기존의 관계에서 바꾸어 놓았다. 해외 교회와 국내 교회는 더 이상 선교국과 피선교국, 또는 모교회와 지교회 개념이 아니라 연합 사업을 추진하는 동역관계로 새롭게 형성되었다. 협동사업부는 한국 복음화운동의 재정, 인적지원체계를 일원화시켰고, 기존에 해외선교부가 설정했던 선교구역은 단계적 철회하기로 공식 결정하였으며, 국내선교사회는 선교사간 친목, 생활에 관한 일에 국한되어 그 기능이 축소되었다. 무엇보다 협동사업부는 선교 사업을 직접 경영하지 못하게 됨으로써 국내 선교정책 집행이 국내 교회의 손으로 이루어지게 된 계기가 되었다. 그러므로 국내 교회는 선교 사업에 필요한 정책을 결정하고 해외 교회는 정책에 따른 지원을 담당하는 구조가 성립되었다.

> 앞으로 미 연합장로교의 선교사로서 제가 기대하는 것은 우리 대한예수교장로회 총회에서 과연 한국에 필요한 선교의 영역이 무엇인지를 알아내서 그것에 알맞은 선교사를 생각할 수 있다고 봐요. 그런 계획 없이 계속해서 파송되는 것은 별 의미가 없다고 생각됩니다.[209] (나의선(W. R. Rice) 미 연합장로교 선교사)
>
> 진짜 에큐메니칼 협력이 지금 꼭 필요해요. 제가 지난 몇 년간 한국 교회지도자들에게 부탁드린 것은 여러분이 잘 생각해서 결정하고 나서 저희들에게 얘기만 하면 결정에 따라 적극적으로 해 보겠다는 것이었어요. (서의필(J. N. Somerville) 미 남장로

209) 좌담, 앞의 글(1982 2), 75쪽.

교 선교사)[210]

둘째, 국내 그리스도교 간의 에큐메니칼 연합관계 구축이다. 복음화운동이 전개되면서 국내 교회 간 연합관계는 순조롭게 진행되었다. 연구자들은 복음화운동의 의의로서 국내 그리스도교 연합협력관계 구축을 가장 큰 의의로 평가하고 있다. 에큐메니칼 연구위원장 한경직은 1957년 총회에서 에큐메니칼 운동의 정의는 단일교회 지향이 아니라 사업 지향적 성격임을 천명하였고, 1964년에는 복음화운동을 국내연합사업으로 전개시켜 나갔다.

에큐메니칼 원칙에 입각한 국내연합사업은 복음화운동 전개와 함께 이루어졌다. 전국복음화운동(명예위원장 한경직) 발족 이후, 교단연합사업은 연합전도집회 형식으로 이루어졌다. 교단연합집회는 대표적으로 1973년의 빌리 그래함 초청 전도집회, 1974년 Explo대회, 1980년 '80민족대성회집회가 있었는데, 이러한 대형 전도집회는 교리나 분열 상황을 떠나서 전도와 선교라는 공동의 목표를 위해 실현되었다. 그러나 연합 사업으로 인해 교리나 분열의 문제가 해결된 것은 아니며 서로의 차이점을 인정하되 공동의 목표를 위해 연합한다는 에큐메니즘의 원칙이 적용된 것이다.

> 이러한 대형집회가 일부 보수측 교역자들은 에큐메니즘에 입각한 것이 아닌가라는 의구심이 없지 않았으나 비교적 처음부터 호응이 좋아서 대단한 성과를 가져와 개신교의 수효를 크게 증대시켰다. 이 대형집회는 교리문제로 분열된 교회에서 교파를 초월한 일치와 또 토착화와 세속화에서 하나 될 수 없는 것이 여기서는 하나 될 수 있음을 보여준 것이다.[211]

복음화운동에 대한 각 그리스도교의 참여는 1957년 발표된 에큐메니즘 운동 노선이 실현되어 가는 과정을 보여주었다. 1964년 이화여대에서의 준비모임을 시작으로 각 교단 대

---

210) 위의 글, 76쪽.

211) 김해연, 앞의 책, 414쪽.

표 300명을 회원으로 하는 복음화운동 전국위원회가 구성되었는데, 참여 교단들은 로마 가톨릭, 장로교 통합, 합동, 고신, 성경장로회, 감리교, 기장, 구세군, 기독교 성결교, 성공회, 정교회, 침례회, 오순절 교회, 그리스도교회, 루터교회, 나사렛교회, 복음교회, 기타 기관 등이다. 복음화운동은 개신교 각 교단, 교파를 포함하여 가톨릭까지 참여하였고, 불과 5년 전 에큐메니즘 논쟁으로 분리된 합동총회까지 참여하게 된 것은 교리를 떠나 연합 사업이 가능하다는 에큐메니즘의 실현을 보여주었다.

지금까지 한국 교회에서 에큐메니즘은 서로 다른 교리와 관점을 가진 국내 교회 간 연합이라는 측면에서 강조되어져 왔다. 그러나 한경직은 에큐메니즘을 국내 교회 간 연합이라는 측면과 동시에 해외 교회와 에큐메니칼 연합협력관계라는 두 가지 측면에서 적용시켰고, 실제 에큐메니즘원칙에 입각한 연합 사업을 국내 교회, 그리고 해외 교회와 실천함으로써 에큐메니즘을 실현시켰다.

2. 복음화운동의 한계

1) 양적성장 위주의 개척정책

통합총회의 복음화운동은 민족복음화를 목표로 두고 총 신자 수, 개인 회심자 수, 개척교회 수를 증가시키기 위한 양적성장 정책을 단계적으로 전개하였다. 따라서 복음화운동은 시작부터 양적성장 정책수립과 지원체계와 관련한 방법적 측면에 중점을 둠으로써 총회가 양적 성장에 우선순위를 두었다는 점을 입증하고 있다. 1982년 발표된 〈총회의 선교정책〉 연구보고서는 통합총회가 양적성장정책을 공식적으로 지지하는 입장을 보여준다.

(1) 새교회 개척

가급적 많은 영혼이 예수 그리스도를 구주로 고백하여 새 사람(중생자) 되게 하려는 과제가 여기에 있다. 서양과 달라서 수천 년 간을 타종교의 영향권 속에서 살아온 우리 민족이 복음을 받은 지 이제 겨우 1백 년밖에 안 되었기 때문에 교인 인구를 가급적 많이 늘리는 전도가 우선되어야 한다. 개인 영혼의 구원이 우선이냐 사회구원이 우선이냐 하는 싸움은 우리나라에서 신학적인 차원에서 보다 현실적인 차원에서 다뤄져야 한다. 서양과 달리 우리나라는 겨우 20%의 그리스도인들이 있기 때문에 나머지 80% 이상의 비신자들을 구원시키는 선교 정책이 우선되지 않을 수 없다. 새 교회 개척은 한 교단의 세력 확대 경쟁으로 처리되어서는 안 되며 오히려 민족복음화라는 거시적인 차원에서 이해되고 납득되어져야 한다. 우리의 동역 교회들은 이러한 한국적 특수 상황을 이해하여 교회 개척 우선순위 1번을 적극 협력하여야 할 줄 안다.

우리 교회는 동역 교회들의 비판이 좀 있더라도 거기에 과대한 신경을 쓸 필요가 없으며 착실하게 새 교회 개척을 통하여 교회성장, 교인 수 증가에 박차를 가하여야 한다. 건전한 교단으로서의 우리 교회의 양적 성장이야말로 가장 긴급하고 지속적인 선교정책이 아닐 수 없다. 그런데 우리 교단이 교회성장을 위주로만 하였을 뿐 사회선교에 대해서는 너무 소홀하였음이 사실이다. 바로 이 약점을 간과하지 말고 보완하여 개척교회 정책을 계속 밀고 나가면서 다른 편으로는 사회 선교에 강조점을 두어야 한다.(강조-필자)[212)]

위의 인용문은 총회 선교정책이 양적 성장에 우선순위가 있다는 점을 잘 드러내고 있으며, 특히 교회개척과 '건전한 교단으로서' 교단의 양적성장의 중요성을 강조하고 있다. 인용문 가운데 그동안 총회의 양적성장정책과 사회선교에 대한 무관심이 비판 받아온 것을 알 수 있으며 이러한 비판을 감수하면서도 양적성장정책을 추진해 왔음을 알 수 있다. 교단의 양적성장의 척도는 교회개척, 교인수의 증가에 집중되어 왔다.

이러한 인식은 총회 주요 결정에도 영향을 끼쳐왔다. 그 사례로서 1964년 협동사업부 선교정책 연구위원회는 복음화운동 추진을 위한 재원과 인물을 효과적으로 활용하기 위한 방안으로 각 교회에서 평신도들에게 십일조헌금과 청지기 원리[213)]를 철저히 가르치도록 결의

212) 「연구 보고서 총회 선교 정책」, 『제67회 총회 회의록』(1982), 59-60쪽.

213) 청지기원리는 성서 베드로전서 4장 10절에 등장하는데, 주인의 소유를 대신 관리하는 청지기의 직분을 그리스도교인의 경제윤리로 설명하는 원리, 즉 그리스도교인의 경제적 소유물은 신의 일을 위해서 잠시 맡겨둔 것이므로 신의 선한 일을 위해 쓰이도록 관리해야 한다는 원리이다. "각각 은사를 받은 대로 신의 각양 은혜를

하였다.[214] 이것은 복음화운동을 위해 특정 교리가 강조된 사례이다. 이것은 아마도 한국교회 안에 십일조헌금제도가 자리 잡히는 데 상당한 역할을 했을 것이라고 추측할 수 있다.

또 다른 사례는 목사 안수과정에서 교회개척을 필수조건으로 규정하는 안을 1978년 통과시킨 것이다. 이 법안은 장로교 목사의 자격에 대한 규정에 교회개척을 포함시켰다.[215] 이 법안은 당시 통합총회가 '일 년에 3백 교회 세우기 운동'을 진행하던 중, 사업기한인 1984년을 얼마 남겨두지 않은 시점에서 매년 3백 교회 개척 목표를 달성하기 위한 '불가피한 필연적 방안'이었다.[216] 이 법안은 1984년 제69회 총회에서 폐기되기까지 효력을 가졌다. 이와 유사한 사례로서 1984년 총회직영신학교 입학생 정원을 제한한다는 제안에 대해 총회가 적극 반대하는 일이 있었다. 당시 총회의 반대 이유는 양적성장 위주의 정책인 복음화운동에 도움이 되지 않는다는 것이었다.[217]

이와 같이 양적성장정책은 총회 주요결정에 영향을 끼쳐왔으며 필연적으로 부작용을 내포하고 있었다. 이러한 비판은 오래 전부터 제기되어 왔는데 총회는 이미 1970년대에 전도문제연구협의회를 설립하여 양적성장정책의 부작용을 해결하기 위해 고심하였다.[218] 그러나 이 기구는 양적성장정책의 부작용에 대한 구체적 방안을 제시하지는 못했다. 총회가 직접적인 보완책을 내게 된 것은 이후 상당한 시일이 지나서 2002년 교회 난립과 개척교회의 폐교회화를 보완하기 위해 조직한 총회개척선교훈련원이다.

> 제86회기 동안 교회 신설 개척 건수가 평균 160여건임에도 매년 50여개 정도의 교회가 설립되자마자 폐 교회 되고 5년 내에 상당수의 교회가 폐 교회 되고 있습니다. 이

맡은 선한 청지기같이 서로 봉사하라", 베드로전서 4:10.

214) 『제49회 총회 회의록』(1964), 76쪽.

215) 장로교 헌법 정치 5장 23조. "노회 지도하에서 2년 이상의 교역경험을 가진 자라야 한다"는 조항에서 교역경험을 교회개척에 적용시켰다.

216) 『제62회 총회 회의록』(1977), 107쪽.

217) "개척교회 교역자 수급을 위하여 총회직영 신학교에서 입학생 정원을 줄이는 것은 본 교단 전국복음화 정책에 역행하는 것으로 사료되므로 총회차원에서 줄이지 않도록 강력히 지시하도록 한다." 『제69회 총회 회의록』(1984), 239쪽.

218) 「전도부 보고서」, 『제55회 총회 회의록』(1970), 139쪽.

는 개척선교에 대한 전문적인 조사와 정책 및 훈련이 부족한 연고이오니 이를 타계 하기 위하여 개척선교정책을 세우고 개척선교 후보지를 조사하며 개척선교 인재를 개발 육성할 총회 개척선교훈련원 조직을 허락해 주시기 바랍니다.[219)]

총회 개척선교훈련원은 개척교회의 폐교회 현상에 대한 보완책으로 마련되었다. 개척교회의 폐교회 현상은 이미 1960년대부터 농촌지역을 중심으로 대두되었던 사안이었는데, 이후 도시집중화, 신도시 개발 등 국가개발정책에 힘입어 교회개척정책도 성장 위주 정책이 가속화되면서 폐교회 현상은 더욱 증가했다. 결국 1980년대 이후 폐교회 현상은 심각한 수준에 이르게 되어 총회는 2000년대에 와서야 비로소 폐교회 현상을 해결하기 위해 총회 개척선교훈련원 신설, 전도부 내 개척선교 분과 신설, 교회개척세미나 정기 개최 방안 등을 마련하였다.

그러나 이러한 조치들은 결코 양적성장정책을 재고하는 의미가 아니라 보완하기 위한 방안에 불과하였다. 특히 총회가 개최한 세미나의 대표적인 강좌 제목을 보면, 교회성장신학, 신도시교회개척모델, 개척교회 성공비결 등으로서[220)] 양적성장 위주의 개척정책이 여전히 유효하다는 것을 알 수 있다.

총회는 매년 개척 목표를 수치화하여 단계별로 제시하였고 이 수치의 달성치는 복음화운동의 실현을 가늠하는 척도가 되었다. 이러한 패러다임은 해방 이후, 특히 한국전쟁 이후 급속도로 양적성장을 해 온 한국교회 신앙의 주요한 외연(外延)현상이 되었다. 한경직은 교회의 양적성장이 민족복음화를 실현하는 중요한 방법이라는 인식을 가지고 양적성장을 강조했다. 특히 복음화운동이 활발하게 전개되었던 1960년대부터 1980년대까지의 한국교회 전체의 양적성장은 그 어느 때보다 놀라운 성과를 이루었다.

그러나 세계교회사에서 유례없는 양적성장의 이면에는 여러 가지 부작용을 가져왔다. 양적성장의 이면에는 개척교회의 폐교회 현상, 신도의 수평이동현상, 토착신학 발전의 저해,

219) 『제87회 총회 회의록』(2002), 371쪽.

220) 『제88회 총회 회의록』(2003), 263-264쪽.

개신교의 정치참여와 사회참여 부재 등의 문제가 산재해 있었다. 총회는 이러한 문제들을 인식하고 양적성장정책의 문제를 보완하기 위한 노력에 적극적으로 대처하지 않았던 것을 알 수 있다. 총회가 양적성장정책의 문제점을 보완하기 위한 제도적 장치를 마련한 것은 1990년대 와서야 이루어졌으며 이러한 대처는 90년대 들어 개신교 전체의 양적성장이 멈추고 도리어 하락하고 있던 시점이라 이 역시 적극적인 대처라고 보기는 힘들다.

최근에 발표된 통계청의 종교별 인구추이를 보면,[221] 개신교는 1995년 이후부터 교세가 하락하고 있으며 더구나 같은 기간에 다른 종교(불교, 천주교)는 성장한 것과 대조된다. 통합총회 자체에서도 1988년부터 교세 성장율이 하락세를 기록하기 시작하였다.[222] 이러한 원인에 대해 통합측 지도자들은 교회가 시대적 흐름에 뒤처져 보수성을 띠면서 적절히 대응하지 못하였고 사실상 개신교는 수평이동을 성장으로 오인해 왔음을 지적하였다.[223] 교회가 이러한 내부요인들을 인지하면서도 그 틀을 깨지 못하고 있는 것은 보수성을 드러내는 부분이라 할 수 있다.

2000년대 들어서 특히 한국사회에서 개신교의 교세가 하락하고 사회적 공신력을 비판받는 사례가 점차 많아지고 있다. 2011년 현재 통합총회의 전도, 선교전략은 이러한 현실의 수용이 반영되어 사회적 복지와 공신력을 활성화시키는 방안으로 나아가 있다. 그러나 개신교의 양적성장은 여전히 중요한 전략에 해당한다.

2) 사회책임의식의 감소

복음화운동이 활발하던 시기는 공교롭게도 한국사회의 민주화운동시기와 맞물려 있다. 한 쪽에서는 한국정치의 민주화를 위해 시민운동과 학생운동이 활발하게 진행되었고, 다른 한 쪽에서는 한국사회의 혼란함을 안타까워하며 기도와 전도에 열심이었던 형국이다. 특히 복음화운동의 목표는 개인의 내면을 변화시키는 것을 목적으로 전개되었기 때문에 개신교

221) 《중앙일보》, 2006. 5. 26.; 《국민일보》, 2006. 5. 26.

222) 본고의 제5장 참조.

223) 이러한 지적을 한 교계인사는 예장 통합총회 국내선교부장 곽동선 목사, 한국기독교교회 협의회 박경조 회장, 한국기독교목회자협의회 사무총장 이상화 목사이다. 《국민일보》, 2006. 5. 26.

인들로 하여금 사회구조적 문제의식과 사회, 정치참여에 무관심한 결과를 가져왔다.

복음화운동에서 중요인물인 한경직은 특히 1960년대부터 자신의 정치적 태도를 비정치적 성격으로 강화시켜 나감으로써 개신교인의 정치적 태도에 결정적인 영향을 끼쳤다. 즉 1960년대부터 한경직의 정치적 태도는 보수적 성격으로 변화되었다고 할 수 있다. 원래 한경직의 기독교적 건국론은 민족 현실에 대한 대응구조로서 기독교, 신문명, 애국이 유기적 긴장관계를 이루고 있었다. 그러나 1960년 중반에 복음화운동이 적극 추진되면서 세 가지 주제들의 구조적 긴장은 무너지기 시작하였다.

즉 한경직이 복음화운동을 강조할수록 애국과 신문명의 주제는 희석되고, 다만 민족복음화만을 더욱 강조하게 되었다. 또한 복음화운동이 활발해져 갈수록 모든 현실 문제를 영적인 문제로 인식하는 환원성도 강해졌다. 복음화운동의 근본적 목표는 개인회심과 개인의 전인적 변화를 바탕으로 사회와 국가 차원의 변화를 가져오고 이러한 변화를 바탕으로 민족부강의 계기를 마련한다는 논리구조를 가진다. 그러므로 복음화운동의 최종목표는 민족부강에 있었지만 시작은 개인의 변화에서 출발하였다.

국가를 위해 개인의 변화를 강조하는 경향은 개화기의 애국계몽운동과도 일맥상통한다. 개화기 당시 조선의 지식인들은 애국계몽단체를 통해 애국계몽운동을 전개하였다. 그 중 이송희는 서북지역의 대표적인 단체인 서북학회의 애국계몽운동의 한계를 지적하면서, 그들의 논리가 국권회복을 위한 진정한 동력이 되기에는 일정한 한계가 존재한다고 언급하였다. 즉 당시 지식인들 대다수는 점진론과 준비론에 함몰되어 훗날 생존경쟁에서 적자로 부상하기 위한 실력 양성에 몰두하였으며 한편으로는 당시의 의병운동을 우매한 민중의 무모한 투쟁으로 인식하였다. 그러므로 지식인들의 애국계몽운동과 의병활동은 연계투쟁이 불가능했다. 또한 자강론자들의 논리가 민족 내부의 계급적 모순을 은폐하고 애국과 단합정신만을 강조하면서 자강론자들의 계급이익에 맞게 자의적 해석하였다고 지적하고 있다.

> 여기서 절박한 현실을 벗어나는 유일한 길은 현실의 고난을 인내하며 각자의 학문과 사업에 충실하는 것으로 여겨졌던 것이며, "독립의 문에 원인(願人)하는 제군이

여 독립의 가치를 저장하며 자유의 경(磬)을 원고(願敲)하는 제군이여 자유의 가치를 축적할지어다"라고 한 것은 그들의 현실인식을 잘 보여주고 있다.[224]

서북계의 애국계몽운동은 당시 자강론과 기독교의 영향을 받았으며 결과적으로 국가의 내일을 기약하며 개인의 교육과 준비에 집중함으로써 개인적 차원을 강조하였다. 기독교에서 강조하는 개인회심을 강조하였고 현재의 고난의 원인을 인간 내면의 죄성에 둠으로써 속죄, 구속의 교리를 강조하였다. 한경직은 개인이 구속교리를 받아들이는 것이 전인적인 변화의 시작이라고 보았으며, 개인회심이 개인생활을 변하게 하고 나아가 근대국가 국민으로서 역할을 하도록 하는 첫 단계로 인식하였다. 그러므로 한경직은 훌륭한 개신교인이 훌륭한 정치인과 사회인이 되어야 한다고 강조하였으며 복음화만이 한국사회의 정치사회적 안정과 경제적 성장을 불러온다고 인식하였다.

개인적 차원을 강조하는 성향은 국가적 위기상황이 발생했을 때, 사회책임의식을 감소시키고 더욱 개인적 차원으로 몰입하게 하는 현상을 낳았다. 복음화운동은 국가적 위기가 있을 때마다 개인의 회개운동을 더욱 강조하는 경향으로 전개되었다. 한경직은 군사정권 시기에 소극적 정치참여 태도와 복음화운동으로 인하여 개신교 보수주의의 선두에 있었다. 이러한 한경직의 태도는 자신의 내적인 논리로 보자면 일관성을 지닌 것이겠지만, 한국 민주화운동의 격변기에 정치참여에 소극적이었다는 비판을 피할 수 없다.

V. 결론

복음화운동은 민족복음화를 목적으로 이루어진 거대하고 조직적인 부흥운동으로서 상반된 평가를 할 수 있다. 즉 긍정적 측면과 부정적 측면의 평가가 동시에 이루어지고 있다. 우선 긍정적 측면으로는 한국사회에 개신교 인구를 증가시킨 폭발적인 개신교 부흥운동이라

---

224) 조현욱, 앞의 글(1995), 89쪽.

는 점이다. 복음화운동을 통해 한국의 개신교 인구는 세계 선교역사상 유례없이 증가하였고 한국교회를 피선교 국가에서 선교국가로 거듭나게 하였다. 또한 민족복음화를 위해 한국의 그리스도교 교단들이 일제히 에큐메니칼적 연합관계를 이루었던 점도 높이 평가되어야 할 것이다.

복음화운동의 평가에 있어서 부정적 측면은 복음화운동이 지나치게 양적성장 위주의 정책을 전개했던 점이다. 짧은 시간에 놀라울 만큼 엄청난 양적 성장을 이루었지만 질적 성장은 그에 훨씬 미치지 못하는 수준이 된 것이다. 또한 양적 성장의 이면에 수많은 문제점들을 야기 시켰던 것이다. 두 번째 부정적 측면의 평가는 개신교인들이 지나치게 개인회심과 개인복음화에 몰두하면서 기독교인의 사회적 책임의식을 소홀히 한 점이다.

공교롭게도 이와 같은 두 가지 평가는 한국교회의 내부와 외부관점으로 구분된다. 다른 말로 하면 한국교회의 관점에서 복음화운동은 상당히 긍정적으로 평가되지만 한국사회의 관점으로는 부정적 평가를 받을 수밖에 없다는 것이다. 이것은 오늘날 개신교의 사회적 공신력과 연관된다. 일례로 민주화운동 이후의 한국종교인구의 변화가 개신교 교세의 선반적인 하락과 천주교 교세의 상승으로 나타나는 것은 종교의 사회적 공신력의 일면을 보여준다.

한경직은 복음화운동을 주도한 대표인물로서 한국 개신교계에서 큰 영향력을 펼쳐왔다. 그를 중심으로 복음화운동의 조직과 전개, 그리고 연합관계가 진행되었다는 점은 그의 리더십의 파장이 어느 정도인지 보여준다. 그가 아니었다면 한 시대를 풍미했던 민족복음화운동의 열정은 피어나지 못했을 것이다.

한경직의 이상은 민족구원에 있었다. 민족복음화를 통해 한국이 정치적으로 자립하고 경제적으로 풍족한 국가가 되기를 갈구하였다. 이러한 소원은 한경직뿐 아니라 일제시기에 태어나 한민족과 기독교에 대한 핍박을 동시에 경험하고 또한 세계대전의 한복판에서 민족분단의 아픔을 겪었던 이 시대의 한국인들이 절실히 공감하는 소원이기도 하다. 한경직과 영락교회가 복음화운동에 보여준 헌신과 열정은 바로 민족구원을 두고 헌신하며 기도했던 결과인 것이다.

한경직의 해방 전후 애국사역

– 한경직의 해방 전후 국가에 대한 이해와 미 북장로교 해외 선교부 –

안종철 박사 / 하와이대

I. 머리말

한경직 목사(1902–2000, 이하 호칭 생략)는 장로교 목사로서 해방 이전 신의주제2교회 담임, 해방 이후 평안북도 자치위원회에서의 활동, 그리고 월남 이후 영락교회와 각종 학교 개설 등을 통해 월남인들의 정신적 지주이자 해방 이후 가장 잘 알려져 있는 인물이다. 특히 종교계의 노벨상이라고 불리는 템플턴상을 수상한 1992년 수상장에서 자신이 신사참배를 한 것에 대해 죄인이라고 고백했기에 그의 정직함과 순수함에 대해 수많은 사람들이 존경하고 있는 인물이다. 그러나 한편으로는 박정희, 전두환 정권에 대한 기독교계의 지지를 호소한 것에서 보듯이 1970–80년대 한국의 보수적 기독교의 핵심인물로 평가되기도 한다. 그에 대한 평가와 별개로 한국 기독교계 내에서는 가장 유명하고 영향력 있는 목회자이다.

개별 목회자들에 대한 연구가 부족한 한국기독교사의 풍토에서 그에 대한 연구는 다른 목회자들에 비해서 비교적 많이 이루어졌다.[225] 예를 들면 기독교 역사를 연구하는 학자들

225) 한경직 목사의 저작과 그에 대한 연구의 자세한 목록은 숭실대학교 한국기독교박물관 · 영락교회(사)한경직목사기념사업회,『(소천 10주기 추모 유품전) 한경직 목사의 이웃사랑, 나라사랑–사진과 유품으로 보는 한경직 목사의 생애와 활동』(숭실대학교 한국기독교박물관, 2010), 95–99쪽 참고.

에게 학문적으로 가장 많이 읽히는 학술논문의 하나인『한국기독교와 역사』는 창간호(한국기독교역사연구소, 1991)에서「한경직 목사를 만남」이라는 제목으로 한경직과의 대담을 실었다. 그만큼 그의 역할의 중요성을 보여준 것이라고 할 수 있다. 이 대담에서 그는 자신의 유학 배경과 목회활동 등에 대해 비교적 소상히 밝혔다.

기존에 한경직에 대한 연구들의 경향을 일별해 보면 다음과 같다. 우선 한경직 자신의 목소리로 구성된 글로서 대표적인 것이 해방 직후 출간된 그의 교회사역, 특히 영락교회를 중심으로 한 설교집이다.[226] 이 글은 그의 초기의 기독교와 국가에 대한 이해 방식을 보여준다는 점에서 매우 중요하다. 한편 한경직 자신이 구술한 자서전이 소천 10주년을 기념해서 출간되었는데 여기서도 자신의 삶과 사상이 담담하게 기술되어 있다.[227]

둘째는 그에 대한 평전들이다. 특히 최근 그의 생애와 사상을 조명한 글들이 소개되었다.[228] 이러한 글들을 통해서 그의 생애와 활동 등에 대한 기본적인 사실들이 잘 정리되었다. 사실 그의 신학사상은 해방 전후의 격동기와 냉전기 등을 거치면서 현실과 구체적으로 조우하면서 만들어진 성격이 강하므로 어떤 이념형으로 쉽게 규정할 수 없을 만큼 다양한 면을 가지고 있으므로 그의 신학사상은 앞으로도 많은 연구자들의 다양한 분석을 기다리고 있다.

셋째는 보다 학문적인 입장에서 한경직의 활동을 평가한 글들이다. 특히 대한민국 건국과 관계된 한경직의 입장이 기독교를 기초로 한 국가수립이라는 '기독교적 건국론'의 맥락에서 검토되었다.[229] 또한 한국전쟁 당시 원조를 얻어서 진행한 구호사역에서의 그의 활동과 위상을 파악하기 위한 연구도 진행되었다.[230]

필자는 이 글에서 위의 선행 연구를 충분히 수용하면서도 보다 깊이 있는 논의가 필요한

---

226) 한경직,『건국과 기독교』(서울 보린원, 1949).

227) 한경직,『나의 감사-한경직 목사 구술자서전』(두란노, 2010).

228) 조성기,『한경직 평전』(김영사, 2003); 한숭홍,『한경직-예수를 닮은 인간, 그리스도를 보여준 교부』(북코리아, 2007) 등을 들 수 있다.

229) 이혜정,「한경직 연구의 관점: 기독교적 건국론」,『한국기독교와 역사』30(2009. 3); 홍경만,「한경직, 기독교적 민주주의 국가를 외친 목회자」,『한국사시민강좌』43(2008. 8).

230) 이승준,「한경직 목사와 한국전쟁」,『한국기독교와 역사』15 (2001).

두 가지 문제에 집중하려고 한다. 이것은 한경직의 사상과 활동을 이해하는 데 가장 핵심적인 것일 것이다. 첫째는 어떤 과정을 통해서 한경직이 해방 직후 기독교에 기초한 국가수립에 관심을 기울이게 되었는지 보고자 한다. 기독교적 건국론은 기독교 측의 적극적인 의사표명과 정치 참여를 전제로 하지 않으면 안 되었다. 일제 공간에서 기독교가 차지한 위상이 늘 불안정했음을 생각할 때 이러한 적극적인 인식변환의 계기를 어디서 찾아볼 수 있을 것인가라는 점에 의문을 가질 수 있다. 그러한 인식의 확립은 결국 식민지 시기로 거슬러 올라가 그의 사회관, 특히 민족의식에 대해 논할 필요가 있다.

둘째는 해방 이후 한경직의 활동이 교회사역을 넘어서 고아원, 학교사역, 사회구호사역 등으로 매우 다양하게 진행되었다. 한경직은 해방 당시 만 43세에 불과했고 당시 장로교에는 쟁쟁한 원로들이 있었다. 그런데 왜 한경직이 해방 후 한국교회에서 가장 중요한 인물이 되었는지 생각해 볼 필요가 있다. 그리고 이러한 사회적 활동의 물적 토대가 어떠했는지 파악할 필요가 있다. 필자는 이러한 두 가지 큰 문제에 대한 잠정적인 답을 신사참배 문제, 해방 직후 월남인들 사역, 그리고 미 북장로교 선교사들과의 관계에서 설명해보려고 한다.

Ⅱ. 일제 말기 활동과 국가에 대한 이해

구한말 기독교는 서구의 종교로서 한국에 들어왔지만 반봉건의 수많은 과제들에 대안세력으로 존재했기에 한국인들은 기독교를 적극 환영했다.[231] 영미 측의 지원을 입고 한국을 식민지화했기 때문에 일제는 기독교 세력을 적극 탄압하기가 어려웠다. 그러나 한국기독교는 늘 일제의 한국민족운동에 대한 탄압이나 신사정책 등에 대해 거북한 감을 가지고 있었다. 그러나 로마서 13장에 있는 것처럼 국가권력에 순복하는 것도 기독교 측이 가르쳤기 때문에 식민지 시기 기독교는 총독부와 우호적이기도 했지만 늘 잠재적 갈등상황에 있었다.

231) 초기 한국교회의 성장에 대해서는 한국기독교사연구회,『한국기독교의 역사 I』(기독교문사, 1989), 242-266쪽 참고.

기독교는 식민통치체제로부터 비교적 자율적인 공간을 확보하려고 노력했지만 적극적으로 식민통치의 이념적 기초를 제공하려는 노력을 보이지 않았고 실제 그렇게 하기도 어려웠다.

특히 1930년대 중반 신사참배 문제가 본격화되자 기독교 측, 특히 장로교 측은 일부 신사참배를 극력 반대한 사람들을 제외하고 대부분은 공식적으로 찬성하게 되었다. 특히 1938년 9월 평양 서문밖교회에서 열린 제27회 조선장로교총회는 신사참배를 공식적으로 결의하게 되었다.[232] 이에 따라 선교사들의 자금 의존율이 다른 교파에 비해 높았던 장로교 측은 선교사들과의 관계가 소원해지게 되었다. 그리하여 1941년 12월 8일 태평양전쟁이 발발하기 전에 대부분의 선교사들은 본국으로 돌아가게 되었다.[233]

한경직은 평안남도 평원에서 태어나 진광소학교, 오산학교, 그리고 숭실대학을 거쳐서 1925년에 미국으로 향해 엠포리아대학(Emporia College), 프린스턴신학교(Princeton Theological Seminary) 등에서 공부했다. 잘 알려져 있듯이 그는 오산학교에서 10대에 남강 이승훈, 그리고 고당 조만식 선생 등의 신앙과 민족주의의 강력한 영향을 받게 되었다.[234] 오산학교를 졸업하는 해인 1919년에 3 1 운동을 목도하게 되었다.[235] 하지만 그가 숭실대학에 입학한 후에는 선교사들과의 만남을 통해 민족주의보다는 신앙의 훈련을 더 받게 되었다. 특히 평양에서 그는 윌리엄 블레어(William N. Blair, 방위량) 선교사의 비서가 되었다.[236] 이점은 해방 후 그의 활동을 이해하는 데 매우 중요한 지점이다. 블레어 선교사는 1938년 9월 제27회 조선장로교총회 당시 신사참배에 대해 강력히 반대한 인물이다. 블레어

232) 신사참배 문제와 한국기독교의 변절에 대해서는 한국기독교사연구회,『한국기독교의 역사 II』(기독교문사, 1990), 285-301쪽 참고.

233) 선교사들의 귀국문제는 안종철,『미국선교사와 한미관계 1931-1948: 교육철수, 전시협력 그리고 미군정』(한국기독교역사연구소, 2010), 173-188쪽 참고.

234) 한경직,『나의 감사-한경직 목사 구술자서전』, 61-72쪽 참고.

235) 한숭홍,『한경직-예수를 닮은 인간, 그리스도를 보여준 교부』, 75-78쪽. 한숭홍은 한경직이 3 1 운동에 참여한 것으로 일경에 고문을 당했다고 한다. 그러나 한경직 본인의 구술 자서전에는 이 문제를 언급하고 있지 않다. 이 문제에 대해서는 좀 더 연구가 필요하다. 어쨌든 3 1 운동을 목도한 대부분의 사람들과 마찬가지로 민족주의에 대한 인식을 가졌음은 확실하다.

236) 한경직,『나의 감사-한경직 목사 구술자서전』, 97-104쪽.

는 평양지역을 중심으로 근 40년 정도 활동해온 인물인데 그의 둘째 딸이 신사참배에 강력히 반대해 온 브루스 헌트(Bruce F. Hunt)의 부인이 된 캐서린(Katherine)이었고, 그의 셋째 딸이 역시 신사참배 문제로 한국에서 사실상 추방된 조지 맥큔(George S. McCune, 윤산온)의 며느리가 되었다.[237] 한경직이 블레어의 자녀들과도 해방 후 지속적으로 교류했음은 매우 중요한 점이다. 한편 그는 목회자가 될 생각으로 미국 유학을 결심하게 되었다. 그리고 미국 유학에 결정적인 역할을 한 인물이 블레어 선교사였다.[238]

그가 프린스턴 재학시절 사귀었던 두 명의 친구들은 해방 이후 한국에서 그와 선교사들의 관계를 이해하는 데 매우 중요한 단서를 제공한다. 첫 번째 인물은 해럴드 보켈(Harold Voelkel, 옥호열)과 프란시스 킨슬러(Francis Kinsler, 권세열)인데 둘 다 한경직이 미국에 있을 때 북장로교 선교사로 내한했다.[239] 보켈은 한국전쟁 당시 포로수용소를 돌면서 포로들에게 전도하는 일을, 킨슬러는 이북출신 목회자들을 지원하는 역할과 함께 군목제도 창설에 중요한 역할을 했다.[240] 이들과의 교류는 한국전쟁과 전후의 교회의 복구사업에서 한경직이 한국교회의 지도적 위치를 차지하는 데 큰 도움이 되었다.

미국에서 학부와 목회학석사를 마친 후 박사과정을 다니기로 되어 있었는데 결핵에 걸려서 요양원에서 근 3년 정도 생활을 하다가 완치되고 1932년 귀국을 했다. 1년간 평양의 숭인상업학교에서 영어와 성경교사로 있다가 숭실대학의 부임을 기다리고 있었다. 그러나 1931년 일제의 만주침략인 '만주사변' 이후 일제는 영미 측과 갈등관계에 들어가게 되었으므로 미국에서 유학한 사람들에 대해 좋지 않은 시선을 가지고 있었다. 그리하여 그는 숭실대학에 부임이 되지 않았고 1933년 9월 신의주제2교회의 목회자로 가게 되었다.[241]

신의주제2교회에 있을 때 그가 한 일 중 가장 중요한 일로서는 교회당 신축과 고아원에

237) 위의 책, 99쪽; 선교사 개인에 대한 정보는 김승태 박혜진,『내한 선교사 총람, 1884-1984』(한국기독교역사연구소, 1994) 참조.

238) 한경직, 위의 책, 119쪽.

239) 김승태 박혜진,『내한 선교사 총람, 1884-1984』, 331, 511쪽; 한경직, 위의 책, 162-171쪽.

240) Harry A, Rhodes and Archibald Campbell, *History of the Korea Mission: Presbyterian Church in the USA*, Vol. II, 1935-1959 (Department of Education, The Presbyterian Church of Korea, 1965), pp. 195-196, 211-213.

241) 위의 책, 215-217쪽.

해당하는 보린원 신축이었다. 특히 보린원은 해방 이전 이북지역에서 실험된 매우 중요한 기관이었고 해방 이후 영락교회가 설립되었을 때도 그 모델이 되었다. 한경직에게 이 시절 신사참배에 일시 참여한 것은 그의 삶에서 두고두고 아픔이 되었다. 그는 종교적 양심상, 민족주의적 양심상 신사참배에 반대했다. 그러나 그는 신의주제1교회의 윤하영목사(1889-1956)와 함께 결국 신사참배를 가결하게 되었다. 그렇지만 그의 사상을 문제 삼은 일제에 의해 그는 강제해직이 되어서 보린원만 책임지게 되었다. 그리고 일제의 전쟁 수행이 길어지면서 그는 오랜 동안 사실상 은둔생활을 하게 되었다.[242]

신의주제2교회로 부임한 이후 한경직의 사상을 잘 보여주는 문서는 많이 남아 있지 않다. 대부분은 해방 후 일제시기를 기억하고 후일 작성된 것이다. 그런데 1937년 중일전쟁이 발발하고 조선총독부는 조선 내에서 사회통제를 통해 전시동원으로 가게 되었다. 이러한 때 한경직은 한 설교에서 미묘하게 반일적인 설교를 하게 되었고 그것이 일제 경찰의 감시망에 잡히게 되었다. 그는 현재 일본이 아시아 정복을 위해 나서고 있지만 무력에 의한 것은 불가능하다고 전제하고, "제 1세기에 세계를 정복한 것은 유대민족인데 그들은 실로 기독교리에 의해 세계를 정복했다."고 보았다. 그리고 이러한 사상적 정복이야말로 진정한 세계정복이라고 해석했다. 그러므로 사상적인 것 이외에는 무력을 통한 일본의 야망 실현은 불가능하다고 보았다.[243] 이는 일제의 전쟁 동원책에 대해 비판적인 입장을 간접적으로 보여준 것이다. 이러한 입장은 국가 자체의 열망과 기독교를 통한 사회의 변화를 구분하는 것이었다.

한경직이 일제 자체가 반기독교적이라고 인식했는지에 대해서는 확실하지 않다. 그러나 일제 말의 신사참배에 대해 불가피하게 굴복하기는 했지만 당시부터 명확히 우상숭배라는 입장을 가지고 있었으므로 일제 말의 전시동원 체제에 대해 기독교적 반대의식을 내심 가지고 있었다고 할 수 있다. 그리고 민족주의적 의식으로 일제에 대해 비판적인 태도를 가지

242) 위의 책, 265-270쪽. 한경직은 그의 신사참배 문제를 두고 "일생일대 유감스러운 일"이라고 평했다.

243) "基督教徒 其他 反國家的 言動," 治安狀況(昭和 12年) 第26報 第43報철(1937년 10월 15일), 국사편찬위원회 한국사데이터베이스(http://www.history.go.kr/url.jsp?ID=NIKH.DB-ha_d_170_0830).

고 있었다. 그러나 그는 교회의 목사로 국가권력에 정면으로 충돌하는 것은 반대했을 것이다. 그리고 그가 미국에서 보아온 것처럼 국교는 아니지만 기독교가 사회와 국가에 미치는 적극적인 영향력을 긍정적으로 보고 있었다. 이것은 재론할 필요도 없이 1925년부터 미국에서 그가 체류하면서 보게 된 기독교의 역할에 근거한 것이다.

Ⅲ. 해방 직후 사역과 국가에 대한 이해

1. 해방 직후의 활동과 월남교회 개척

한경직은 해방 후 일제와는 달리 기독교가 자유롭게 전파될 수 있는 환경이 조성되고 있다고 판단했다. 그러므로 엄격하게 헌법상의 '종교자유'를 정치와 종교의 분리로 받아들이지는 않았다. 정치는 종교에 간섭할 수 없지만 종교는 정치에 적극적인 영향력을 미칠 수 있다고 인식했다.

신의주제2교회를 사임한 후 보린원(保隣院) 원장으로 있다가 해방을 맞이한 한경직은 당시 일본인 평안북도 도지사의 요청으로 연합군이 들어오기 전에 치안유지를 목적으로 하는 자치위원회를 조직하게 되었다. 위원장은 독립운동의 경험이 풍부한 이유필, 부위원장에는 윤하영과 한경직이 임명되었다. 나이가 많은 이유필을 상징적 인물로 내세우고 신의주제1교회를 담임한 윤하영과 함께 한경직이 나란히 부위원장이 되어서 치안유지에 참여했다. 당시 평안북도에서의 한경직의 위상을 잘 보여주는 대목이다.

당시 신의주는 평안북도의 도청소재지였으므로 도지사는 윤하영과 한경직의 존재를 잘 알고 있었을 것이다. 특히 기독교가 강한 지역이었기 때문에 목사들이 지역의 유지로서 활동하고 있었기 때문이다. 기독교뿐만 아니라 당시 신의주 도지사를 포함한 대부분의 사람들은 신의주에 미군이 곧 주둔할 것이라고 보았다는 점도 중요하다. 한경직의 회고에 따르면 도지사가 자신을 만났을 때 미군이 곧 들어올 것이라고 말했고 그는 도지사와 함께 방송

국에서 방송을 통해 미군이 들어올 것이라고 공표했다.[244)]

한경직이 해방 직후 정당 활동을 통해 북한에서 기독교사회민주당을 결성해서 정치활동을 하려고 했다는 점은 잘 알려져 있다. 그가 기독교사회민주당을 창당한 배경으로 들 수 있는 것은 해방 직후 미군이 아니라 소련군이 38선 이북에 들어온다는 사실이었다. 그와 윤하영 목사는 자치위원회에서 쫓겨나게 되었고 공산당이 그 자리를 차지했다. 그러나 그 이외에는 정치활동에 개인 차원에서 관여한 적이 없었다.[245)] 그리하여 그와 윤하영 목사, 그리고 교회의 목사와 장로, 집사들은 공산당에 맞설 조직을 세울 심산으로 신의주자치위원회에서 활동하던 인물을 규합해서 기독교사회민주당을 만들었다. 그런데 강령으로 토지개혁안과 대규모 공장 인수건 등의 원칙을 적어두었음에도 불구하고 결국 소련군은 진주 후 기독교사회당의 활동을 제지했다.[246)]

윤하영과 한경직은 소련군의 방해 때문에 북한에서 활동하는 것이 어렵다고 판단하고 1945년 10월에 남한으로 내려왔다. 하지만 그는 이미 전달인 9월 26일에 연합군사령부에 서신을 보내 공산주의에 대해 강력히 비판했다. 이들은 이 편지에서 신의주 자치위원회에 가해진 소련점령군의 압력과 "공산주의자들이 위원회와 언론 등을 장악"한 것을 강력히 비난했다.[247)] 이들이 남한에 내려온 후 '신의주 반공학생사건'이 발생했다. 결국 그들의 예측이 맞았던 것이다.

두 사람은 미군정에서 중요한 직책을 맡았다. 윤하영이 미군정에서 충북지사를 역임하고 한국전쟁시에는 도쿄의 미군 극동사령부의 공보요원으로 근무했다. 또한 귀국 후 문교부 교과서 편수관 등을 역임하는 등 관료생활을 역임했다. 이에 반해 한경직은 남한에 온 후 지속적으로 교회를 중심으로만 활동했다는 점에서 매우 대조적인 모습을 보여준다.

신의주에서 차지했던 윤하영의 영향력을 생각해볼 때 왜 윤하영이 아니라 한경직이 해방

---

244) 한경직,『나의 감사–한경직 목사 구술자서전』, 304–309쪽.

245) 홍경만,「한경직, 기독교적 민주주의 국가를 외친 목회자」, 394쪽.

246) 한경직,『나의 감사–한경직 목사 구술자서전』, 310–312쪽.

247) H. Merrell Benninghoff to the Secretary of State, "Soviet Activity in Northern Korea,"1945년 19월 1일 (740.00119/10–145)의 첨부물.『대한민국사자료집: 주한미군 정치고문 문서』18 (국사편찬위원회, 1994), pp. 28–31.

이후에 월남인들을 중심으로 한 목회에서 부상했냐는 질문을 해볼 수 있다. 몇 가지 추측해볼 수 있는 것으로 다음을 들 수 있다. 우선, 윤하영이 1939-40년 대한예수교 장로회 총회장을 역임했다는 점이다. 주지하듯이 1938년 9월의 신사참배 가결 이후의 장로교 총회는 사회적으로 공신력이 떨어졌다. 선교사들은 한국장로교 총회에서 개인적으로 탈퇴하기 시작했다. 이러한 총회에서 총회장으로 공식적으로 활동했다는 것은 해방 후 신사참배문제가 논란이 되었을 때 그의 활동에 제약이 될 수도 있었을 것이다.[248] 그렇기 때문에 윤하영은 목회보다는 미군정의 관료로 활동했던 것이 아닌가 생각이 된다. 이것은 아마도 해방 후 남하한 서북인들을 대상으로 한 교회사역에서 한경직 쪽으로 자연스럽게 무게중심이 이동했을 것이라고 추측할 수 있게 한다.

두 번째로 들 수 있는 것은 역시 신의주제2교회에서의 한경직의 뛰어난 사역내용을 들 수 있다. 그가 부임했을 1933년에는 신의주제2교회는 150명 남짓한 교인 수였지만 해방 직전에 2,000명을 넘는 대형교회로 발전해 있었다. 그리고 보린원 등을 중심으로 한 그의 사회사업의 내용은 당시 한국교회에서 매우 독보적인 존재였다. 그러므로 해방 직후 엄청난 수의 월남인들이 서울로 몰려들었을 때 자연스럽게 한경직이 세운 영락교회로 사람들이 몰려갈 수 있었다.

세 번째로 들 수 있는 것으로 아래에 다시 설명이 되겠지만 그가 미국 북장로교 해외선교부의 인사들과 매우 친밀한 관계에 있었다. 사실 그도 인정하듯이 일제 시기 미 북장로교 선교사들은 몇몇 개인 선교사들의 역할을 제외하고는 대체로 해외선교부가 조선인들을 미국에 조직적으로 유학을 시켜서 한국교회의 지도자로 세운다는 것을 특별히 고려하지 않았다.[249] 이러한 상황에서 미국에 근 7년 가까이 유학 및 체류를 한 한경직과 같은 존재는 장로교 내에서 매우 독보적인 존재였다.

248) 1939년 장로교 총회장이 된 직후 윤하영이 북장로교 해외선교부 측에 연희전문과 세브란스 의전을 선교부가 계속 지원해 줄 것을 요청한 것 등이 확인된다. "윤하영, 곽진근 to the Board of Foreign Missions," (1939년 9월 15일), 이만열 엮음,『신사참배문제 영문자료집 II-미국 북장로교 해외선교부 문서 편』(한국기독교역사연구소, 2004)(자료총서 제36집), p. 414.

249) 이만열 대담,「한경직 목사를 만남」,『한국기독교와 역사』는 창간호(한국기독교역사연구소, 1991)참고.

2. 교회사역의 방향

한경직의 해방 후 사역의 두 가지 측면은 월남인을 도움으로써 사회 안정을 취하도록 한 것과 북과는 다른 이념적 기초 위에 남한의 국가수립을 세우도록 노력한 것이다. 전자는 바로 북에서 월남한 사람들의 신앙적, 물질적 필요를 채워주는 역할을 한 것이다. 어쩌면 이것이 목사로서 가장 중요한 업무였음에 틀림없다. 그러나 후자도 그가 서울의 중심지에서 대형교회에서 시무했기 때문에 피할 수 없는 역할이었다.

월남 직후 그와 송창근, 김재준 등 프린스턴신학교에 있을 때부터 교류가 있었던 인사들은 함께 모여서 일제의 적산(敵産) 건물을 인수해서 교회를 시작하려고 했다. 그리하여 한경직은 오늘날 중구 예동 영락교회에 있던 일본 텐리교[天理敎] 본부와 기숙사를 접수해서 1945년 12월 2일 경 베다니교회를 시작했다. 일본의 적산 건물을 인수했다는 것은 미군정 측과의 교섭을 통해서 그들을 설득했다는 것을 보여준다. 베다니교회는 이듬해 1주기 때 영락교회로 교명을 변경했는데 이미 이때 천 명 이상의 교인들, 특히 이북지역에서 넘어온 사람들의 집결지가 되었다. 1946년 말 통계에 따르면 장년 962명, 유년 476명, 총 1,438명이었고, 헌금 총액도 약 80만 원에 달했다. 그리고 이듬해 초부터 2부제로 예배를 실시할 수밖에 없었다.[250)]

한편 그는 북한에 있을 때처럼 고아원을 경영하고자 했다. 그리하여 일본인이 운영하던 보린원을 인수해서 경영했다. 아울러 후일 새로이 설립된 영락고등학교, 대광고등학교, 숭실중 고등학교, 숭의여자중고등학교, 보성여자중고등학교, 숭실대학교 등 이북인들과 관련된 수많은 학교법인의 이사장으로 등록되었다. 이는 그의 영향력과 상징성이 컸던 것을 보여준다.

교회 개척 초기의 설교에서 한경직이 강조한 것은 성경의 '나그네'에 대한 강조를 통해 당시 현실에서 월남인들에 대한 정체성을 기독교적으로 정의하려고 했던 것이다. 다음은 그것을 잘 보여주는 부분이다.

---

250) 영락교회,『영락교회 35년사』(영락교회 홍보출판부, 1983), 72-74쪽.

> 지금 우리 대한에서도 혼란한 과도기로 인하여 이북에서 부득이하여 오랫동안 살던 정든 고향과 집과 친척을 떠나 원치 않는 여행을 하여 **이남으로 나려오는 교우들이 나그네의 생활을 할 때** 여러 가지 고통과 환난도 많지만 긴 교회 역사상으로 보아 믿음의 조상 아브라함과 모세와 엘리야의 생활의 계승임을 생각할 때 수고와 궁핍이 심하나 오히려 감사의 눈물을 금할 수 없다(강조는 필자).[251]

월남인, 특히 기독교인들의 삶의 가치를 정립함으로써 그들이 남한 내에서 새로운 삶과 함께 의미공동체를 건립한 것은 가장 중요한 기여일 것이다. 나그네에 대한 강조는 바로 월남 이북인들의 남한 내 조건을 상징화한 표현으로 그는 나그네들의 상호부조를 매우 강조했다.

> 세계의 부자가 이 의무[구제: 필자]를 이행했던들 오늘의 포악한 공산주의 사상과 공산당은 일어나지 않았을 것입니다......오늘날의 모리배여! 이 진리를 압니까? 피난민을 위하여 돈을 쓰는 것은 의무입니다. 자선이 아닙니다. 하지 않으면 벌을 받게 되는 것입니다......물론 우리도 다 같이 어려운 처지에 있지만, 깊이깊이 느끼고 마땅히 해야 할 일은 북한에서 오는 구급을 요하는 형제들을 어떻게 하든지 교회에서 구제해야 합니다.[252]

매우 강력한 어조이긴 하지만 이러한 설교들은 지속적으로 교인들에게 새겨졌다고 할 수 있다. 월남 이북인들이 상호부조를 통해서 서울 시내의 상권을 잡아가고 자리를 잡았다는 것은 매우 잘 알려진 사실이다.

한편 그의 교회와 국가의 관계에 대한 이해를 가장 잘 보여주는 것은 아래에 보여지는 그의 초기 설교의 일부분이다.

---

251) 한경직,「순례자의 생활(1947. 4. 20)」,『건국과 기독교』, 5쪽.

252) 한경직,「상부상조의 정신(1946. 3. 16)」『한경직목사설교전집 1』(영락교회, 2009), 7, 9쪽.

> 교회가 서 있는 곳에 개인의 중생과 구원이 있으니 이 개인적 구원이 점차로 사회적 중생과 개혁에 미치는 것입니다. 내세를 말하고 천당을 말하니까 타세계적인 듯 생각도 되지만, 그러나 내세의 구원은 현실에서 시작됩니다. 교회가 서 있는 곳에 개인의 중생과 구원이 있으니 이 개인적 구원이 점차로 사회적 중생과 개혁에 미치는 것입니다. 그러므로 교회가 서는 곳에 사회의 정치, 경제, 문화, 도덕 각 방면에 새로운 부흥과 정화가 일어납니다. 이렇게 교회는 건전한 국가의 초석이 되는 것입니다. 보시오! 북미주 황야에 청교도들이 세운 교회 없이 이제 오늘의 미국의 부강을 몽상할 수 있겠습니까? 교회야말로 국가의 정신적 간성(干城)이며, 황야에 헤매는 대중을 인도하는 진리의 구름기둥이며...... 인간의 최고 이상의 상징이니 여기서 인간은 인간 이상의 존재인 하나님의 자녀가 되는 것입니다.[253)]

위에서 보듯이 그는 개인전도에 의한 기독교의 확산이 기독교의 가장 중요한 사회적 역할이라고 보았다. 그리고 그렇게 확산된 기독교가 국가의 기초가 된다는 생각을 피력했다. 그러므로 그는 국가 자체의 신학적 기초에 대한 것 보다는 기독교의 확산을 통한 한국사회의 변화를 희망했던 것이다.

한경직은 국가는 민주주의에 기초해야 한다고 보았고 기독교가 바로 민주주의의 기초라고 보았다.

> 지금 대한민족은 중대한 위기에 직면하고 있다. 이때야말로 민족 존망지추이다. 민주주의 국가를 건설한다고 하면서 민주주의의 정신적 기반인 기독교를 떠나서 어떻게 되며 민주주의의 정치를 한다고 하면서 기독교를 떠나서 어떻게 잘 실행되겠는가?[254)]

253) 한경직,「교회란 무엇인가(1946년 12월 1일)」,『한경직목사설교접집 1』, 21-22쪽.

254) 한경직,「대한 민족아 깨여라」,『건국과 기독교』106쪽.

그러므로 기독교 전도를 열심히 하는 것이야말로 기독교를 세워서 민주주의국가 수립에 기여하는 것이 되었다. 즉 어떤 프로그램에 의한 국가의 개혁보다는 국가의 정신적 기초를 기독교에 두는 것이 바로 기독교적 국가 수립의 출발점으로 보았다.

그렇다면 이러한 기독교와 국가는 어떤 관계에 기초할 것인가가 문제가 된다. 한경직은 국가와 교회의 관계를 대략 세 가지 모델로 설명했다. 첫째는 중세기처럼 교회가 정치 위에 있어서 "정치를 지배하였던" 때가 있었다. 두 번째는 로마의 콘스탄틴 대제 이후에 국교가 있는 국가 모델이다. 이것은 독일, 스페인, 노르웨이 등인데 좋은 점도 있지만 정부가 쉽게 교회문제를 간섭한다는 점에서 문제가 있다고 보았다.

이에 비해 그가 가장 바람직하다고 생각한 것은 바로 "교회와 국가를 완전히 분리하는 미국과 화란 같은 칼빈주의 제국"이다. 이것이 그리스도의 가르침에 부합하며 "교회는 영적 범위 안에서 완전 자유일 것이며 간접적으로는 국가의 정신적 기초가 될 것"이라고 보았다. 물론 개인 신자로서는 얼마든지 정치영역에서 활동할 수 있다고 보았다.[255] 국가와 교회를 완전히 분리하고 개인이 정치영역에서 활동할 때 발생하는 수많은 문제점들에 대해 논의하기 보다는 국가의 영적 기초에 대해 확립하는 것이 자신의 역할이라고 보았다.

Ⅳ. 해방 직후 미군정, 선교사측과의 관계

한경직이 가장 중요한 인물로 부상하게 되었던 이유를 앞에서 그의 개인적 자질과 북한에서의 목회 성공, 신사참배 문제, 그리고 선교사들과의 관계로 간단히 설명했다. 개인적 자질로 들 수 있는 것 중에 미군정 당시 그가 영어를 잘했다는 것도 포함되어야 할 것이다. 해방 이후 미국에서 오는 유명한 기독교계 인사들의 강연의 통역을 도맡아 했다. 앞서 말한 대로 장로교 측은 해방 이전에 많은 사람들을 미국에 유학시키지 않았는데 이런 점에서 한경직 같은 인물은 군계일학과 같은 존재였다고 볼 수 있다.

255) 한경직,「기독교와 정치」,『건국과 기독교』, 146-147쪽.

신사참배와 관계해서도 그는 다른 목회자들에 비해 젊고 일제 말에 두드러진 친일활동을 보이지 않았다는 점을 지적해야 할 것이다. 비록 본인이 후일에 자신도 신사참배 한 것을 시인했지만 대체로 일제 말에 기독교계가 친일행위를 할 때 지도자급에 있지 않았다. 오히려 그는 신의주제2교회를 사임하고 보린원이라는 고아원 운영에 전념하다가 해방을 맞았기 때문에 사람들에게서 깨끗한 인물로 평가받고 있었다. 이 점은 평안북도 자치위원회의 문교부장을 역임한 함석헌의 경우에도 동일하게 적용된다. 함석헌은 일제 말 신의주 외곽에서 농사를 지으면서 소일하고 있었는데 주민들은 그의 반일경력을 알고 있었기 때문에 평안북도 도청은 그를 주목했던 것이다. 그리고 해방 후 서울의 교회들이 대체로 신사참배 문제에 대해서 경남지역에 비해서 관용적인 태도를 가지고 있었다는 점도 지적되어야 할 것이다.

한편 여기서는 한경직과 미 북장로교 측과의 관계에 대해서 보다 집중적으로 다루고자 한다. 미 북장로교 해외선교부 측은 북한 지역의 선교가 불가능해지자 남한에서 선교에 집중하게 되었다. 미 북장로교 측이 최종적으로 한반도에서 선교사역을 종결하게 된 것은 1941년 12월 8일 일본의 진주만 공격 이후였다. 이후에 북장로교 재산이 적산(敵産)으로 취급되었고 선교를 더 이상 할 수 없었다. 그래서 북장로교 측은 해방될 때까지 재정을 따로 독립시켜서 북한 지역 선교를 위해 5만 달러 정도를 비축해 두고 있었다. 그러므로 해방 후 남한에 그 돈을 사용했는데 이때 한경직 목사는 월남인들의 목회를 담당하고 있었으므로 그 돈을 활용하는데 그가 주된 통로가 되었다.

2차대전이 발발했을 때 한국 내에서 활동한 미국 선교사, 특히 최대 교파였던 미 북장로교 선교사들은 해외선교부에서 전후 한국에서 선교활동을 재건할 것을 계획했다. 이때 그들은 전후 바뀐 정치상황에서 한국교회의 인사나 사역 등에서 주도권을 인정해야 한다고 결정해 두었다.[256] 특히 대한민국 정부수립 이후에는 북장로교 해외선교부는 한국장로교

256) 해방 이후 새롭게 변화될 상황에서 선교부는 현지 교회의 주도권을 인정해야 한다고 주장한 인물은 H. H. 언더우드(Horace H. Underwood)이다. 이 문제에 대한 보다 자세한 연구는 안종철,『미국선교사와 한미관계 1931-1948』, 211-217쪽.

총회의 주도권을 인정하면서 "교회의 대표기관"으로 보았다. 그래서 "선교사업과 신학교 교육에서 총회의 지도를 따라야 하면 선교부의 계획을 총회 결정과 조화(coordinate)시켜야 한다"고 결정했다.[257)]

그러나 병원이나 학교의 재건에는 한국교회 단독으로는 재정여건상 역부족인 상태였다. 이에는 북장로교 해외선교부의 재정지원이 절대적으로 필요했으므로 재정을 통해서 선교사들의 영향력이 다시 확대되었다. 이 문제에 대해서는 이미 필자가 다른 곳에서 살폈으므로[258)] 한경직과 관련된 부분만 살피기로 한다.

북장로교 조선선교부는 기독교 기관과 교회에 대한 재정지원을 위해서 "재건기금위원회(Restoration Fund Committee)"를 구성했다. 이 위원회의 건의에 따라 각 선교지부(서울, 청주, 안동, 대구)의 성경학교들, 중등학교, 고등교육기관, 그리고 교회와 기독교 지도자들에 대한 직접적인 재정지원 등이 가능하게 되었다. 주목되는 것은 월남인들의 교회인 영락교회와 대광중학교(후일 대광중고등학교)에 당시로서는 엄청난 금액인 10,000달러와 20,000달러가 지원되었다.[259)] 이 금액은 당시 조선선교부가 시설복구 기금으로 25,000달러를 연희대학교에, 세브란스의학대학교에 23,750달러를 투입한 것과 비교해 볼 때 상당한 금액이었다.[260)]

물론 이러한 선교부의 자금들에 더해 당시 영락교회를 중심으로 한 한국인들의 재정지원도 매우 중요했다. 한경직은 설교를 통한 상부상조의 정신이 큰 몫을 했다. 한경직 목사는 설교에서 다음과 같이 주장했다.

257) "Board Action of September 21, 1948," Harold H. Henderson (Acting Secretary) to the Korea Mission, 1948년 12월 1일, RG 140-2-29, Board of Foreign Missions, *Korea Mission Reports 1911-1954* (Department of History, Presbyterian Church in the U. S. A., Philadelphia, Pennsylvania), p. 2. 이하 이 문서군은 PCUSA로.

258) 안종철,『미국선교사와 한미관계 1931-1948』, 273-275쪽.

259) "Board Action of June 30, 1948 and October 19, 1948," Harold H. Henderson (Acting Secretary) to the Korea Mission, 1948년 12월 1일, RG 140-2-29, PCUSA, pp. 7-8; "Board Action of November 16, 1948",Harold H. Henderson (Acting Secretary) to the Korea Mission, 1948년 12월 1일, RG 140-2-29, PCUSA, p. 2.

260) 연희대학교는 "Board Action of February 16-17, 1948," J. L. Hooper to the Korea Mission, 1948년 6월 21일,RG 140-2-29, PCUS, p. 7; 세브란스 의학대학교에 대한 결정은 "Board Action of August 11, 1948", Harold H. Henderson (Acting Secretary) to the Korea Mission, 1948년 12월 1일, RG 140-2-29, PCUSA, p. 7.

> 재산이라는 것은 하나님께서 일시적으로 우리에게 맡겨 두었으니 하나님의 뜻대로 쓸 것이라는 데 있다. 도와줄 수 있는 데도 불구하고 돌아보지 않는 까닭에 그런 형벌이 있었다. 가난한 자를 볼 때 자기가 가진 재산은 하나님의 재산이요 나는 청지기에 지나지 않으니 마땅히 나누어 주어야 할 것이다.[261)]

물론 얼마의 헌금이 구체적으로 학교나 고아원 경영에 사용되었는지는 더 확인해야 하지만 영락교회 인사들의 헌금이 상당히 중요한 역할을 했다는 것은 확실하다. 그는 다음과 같이 매우 구체적인 안을 제시하기도 했다.

> 북한에서 오는 구급을 요하는 형제들을 어떻게 하든지 교회로써 구해야 하겠다. 먼저 온 이들은 뒤에 오는 이들을 위하여 직업을 알선하고 주택을 알선해 주어야 하겠다. 교인들 중에서도 구제를 청하는 이에게는 봉사를 통하여 얼마간 도울 수 있으나 교유들 중에는 굶어 죽을지라도 구제를 요구하지 않는 교우가 많은데 이들을 위하여서는 그 친근한 친구가 사정을 잘 알아서 개인적으로 바른손이 하는 것을 왼손이 모르게 하여 주기를 바란다. 이렇게 함으로써 비로소 이 어려운 세대를 돌파할 수 있을 것이다.[262)]

한경직의 성공적인 목회사역과 함께 그의 엘리트로서의 자질은 미군정 측으로서도 매우 유용했다. 미군정 측도 한국 사회의 여론을 파악하는 데 한경직의 의견을 참조했다. 주지하듯이 미군정 측은 1945년 말에 불거져 나온 신탁통치 반대안에 의한 한국사회의 갈등 속에서 내심 이승만, 김구 등의 반탁운동을 지원하면서도 공식적으로는 미 국무부의 좌우합작운동을 지지하게 되었다. 제 1, 2차 미소공동위원회는 신탁통치를 실시하기 위한 '임시정부' 수립에 참여할 각 정당 · 사회단체를 선정하는 문제로 1946년과 1947년에 각각 개최되었다.

---

261) 한경직,「상부상조의 정신(1947. 3. 16)」,『건국과 기독교』, 20–21쪽.

262) 위의 글, 22–23쪽. f

이 두 공동위원회 사이 미군정은 좌우합작운동을 지지하게 되었다. 그러나 이러한 좌우합작운동은 한국 내 강력한 반탁운동의 전개와 미군정 측의 지지 등에 의해 "꼬리가 머리를 흔드는 격"이 되어 결국 미국 정부의 UN선거를 통한 한국독립안을 정책으로 채택하게 했다.[263)]

그리하여 유엔임시한국위원단(UN Temporary Commission on Korea, UNTCOK)은 한반도에서 총선거를 실시하기 위해 한국에 입국했지만 38선 북쪽은 접근을 거부했다. 그래서 유엔임시한국위원단은 남한 내의 정치 · 사회 · 종교 · 문화계의 대표적인 인사들과 접촉을 하면서 남한 단독선거의 여론을 확인하려고 했다. 그래서 정치계로서는 이승만, 김구, 김규식, 안재홍, 김성수, 조병옥 등의 남한 내 인사와 김일성, 김두봉, 조만식 등과 접촉이 불허된 허헌, 박헌영 등과 인터뷰를 진행하고자 했다. 종교 · 문화 · 교육계 인사 중 한경직은 노기남 주교와 함께 가장 중요한 접촉 대상이었다.

한경직은 사실상 단독선거를 치르는 것이 합리적이라고 주장했다. 그는 유엔임시한국위원단 측에 "북한에는 언론과 종교의 자유가 없고 자유로운 선거가 불가능한 것은 아니지만 어렵다"고 전제하고 "가능한 한 남한에서 빠른 시간에 선거를 실시해서 한국에서 민족적(national) 정부를 구성하는 것이 중요하다."고 주장했다. 평안남도 출신인 노기남 주교도 이에 동의했다. 한경직은 더 나아가 "북한을 위한 대표를 선출하기 위한 특수한 선거구를 창설하는 것이 중요하다고 지적"했다.[264)] 즉 종교문화계를 대표해서 그와 노기남 주교는 남한 단독선거를 치르되 북한도 포함하는 정부를 생각하고 있었다. 즉 이는 남한에 선출되는 정부가 북한까지 아우르는 한반도 전체의 대표성 있는 정부가 되기를 기대했던 것이다.

그러나 노기남과 한경직은 북한에는 정치범이 있되 남한에는 "정치적 믿음에 기초한 박해는 없다"고 생각했다.[265)] 그러나 공식적으로 '정치적 믿음'에 의한 미군정의 박해는 없었

263) 여기에 대한 자세한 논의는 Bruce Cumings, *The Origins of the Korean War: Liberation and the Emergence of Separate Regimes 1945-1947* (Princeton, NJ: Princeton University Press, 1981), chs. 5-7; 정용욱,『해방 전후 미국의 대한정책』(서울대 출판부, 2003)을 참조할 것.

264) "Final Report of Subcommittee 2 Adopted at 30th Meeting, March 31, 1948," 국사편찬위원회 유엔한국임시위원단 관계문서(http://www.history.go.kr/url.jsp?ID=NIKH.DB-pu_002_0940), pp. 21-22.

265) Ibid., p. 22.

을 지 모르지만 이미 1946년 5월 이후 남한 내에서 공산당 등의 정치활동은 사실상 금지되었다. 그리고 좌우익 양측의 극단적인 테러가 판을 치는 것이 해방 정국의 상황이었다. 시민사회 영역에서는 '정치적 믿음'에 의한 관용이 실종된 상황이었고 한국전쟁을 통해 이는 더욱 가속화되었다. 그러므로 이들의 남한 사회에 대한 이해는 다소 편의적 이해라고 할 수 있다. 그러나 유엔임시한국위원단 측은 이러한 믿음이 북에서 온 기독교 지도자들과 북한기독인친우회 (North Korea Christian Friend's Society), 독립촉성종교단체연합회 (Religious Bodies Association of Korea for the Promotion of National Independence), 조선기독교협의회 (Korea National Christian Council), 조선기독민중동맹 (Christian People's League of Korea) 등도 동의하는 바라고 평했다.[266] 즉 그들의 의견은 미군정이나 유엔임시한국위원단 측, 그리고 후일 대한민국 정부에서도 권위 있게 받아들여졌다고 할 수 있다.

V. 맺는 말

이상에서 한경직의 교회사역을 중심으로 한 해방 전후의 활동을 살펴보았다. 이 글에서 다루었듯이 한경직이 목사로 있었던 영락교회는 한국전쟁 이전에 이미 5,000명이 넘는 남한 최대의 교회로 성장해 있었다. 이에는 한경직 개인의 일제 시기, 특히 일제 말기의 비교적 깨끗한 활동과 이를 통해 사람들에게서 존경을 얻고 있었다는 점이 중요하게 작용했다. 그리고 그는 신사참배의 논란 시 장로교 측의 지도자급에 있지 않았기에 논란의 중심에서 비켜있었다. 특히 일제 말에 그가 보린원을 돌보는 역할만 하는데 그쳤다는 것은 그가 신의주에서 해방 이후 덕망 있는 인사로 보이게 한 가장 중요한 것이었다.

한편 이에 못지않게 중요했던 점은 바로 미국 북장로교 조선선교부 측의 해방 후 정책이었다. 선교부 측은 2차대전 동안 북쪽의 선교지부인 강계, 선천, 평양, 그리고 재령 등 선교지부가 있었던 곳에서 선교를 할 수 없었기 때문에 재정을 모아두고 있었다. 그리하여 해방

266) Ibid., p. 22.

후에 조선 선교부 측은 남한에 있었던 영락교회 등을 중심으로 한 '월남교회'에 대한 사역에 집중하게 되었다. 특히 학교와 병원 등에 대한 재정지원에 힘썼던 이들 선교부는 새로이 이북인들을 위해 재건된 숭실중고등학교, 숭의여자중 고등학교, 보성여자중고등학교, 숭실대학교, 그리고 새롭게 건립된 대광고등학교와 영락고등학교 등에 효과적으로 재정지원을 할 수 있었던 것이다. 이것을 통해서 한경직 개인의 자질과 함께 사회적 '기회'가 만났다고 할 수 있다.

해방 후 영락교회는 1964년 일본과의 관계정상화가 눈앞에 있었을 때 반정부 시위를 하는 장소가 되었고 한편으로는 주한미군 철수가 발표되었을 때 역시 시위의 중심이자 반대운동의 중심지가 되었다. 이는 한경직 본인의 반일적이면서도 친미적인 민족주의가 기반이 되었기에 가능한 장면이라고 생각이 된다. 이러한 점이 한국사회에서 차지하는 의미에 대해서는 별도의 연구가 필요할 것이다. 아울러 해방 후 탈냉전 시기까지의 영락교회와 남한국가와의 관계에 대해서도 흥미로운 주제가 될 것이다.

이 글은 한경직의 사역의 극히 일부분, 특히 해방 전후에 초점을 맞추었으므로 그의 전반적인 사역을 평가하는 데는 역부족이다. 그러므로 그의 사역을 종합적으로 평가하기 위해서는 20세기 후반기의 그의 사역을 당시 현대사의 전개와 연동시켜서 파악할 필요가 있을 것이다. 아울러 이 글은 한경직 개인에게 집중한 나머지 이북에서 내려온 기독교인이나 지도자, 그리고 남한의 기독교인들의 움직임을 포착하는데 부족한 점이 많다. 이러한 것은 향후에 계속해서 연구가 필요한 영역이다.

제6장

한경직 목사의 목회

1. 한경직 목사의 목회사상
이승준 박사

2. 한경직 목사의 교회행정사역
이성희 박사

3. 한경직 목사의 설교사역
주승중 박사

4. 한경직 목사의 소그룹(구역)사역
이상화 박사

한경직 목사의 목회사상

이승준 박사 / 영락교회

Ⅰ. 들어가는 말

시무 중 언젠가 한경직 목사에게 그의 목회관을 알기 위해 영락교회 원로상로 가운데 한 분이 이상적인 목회자상에 관한 문의를 한 적이 있다고 한다. 그의 질문에 한 목사는 "'이상적인 목회상'은 별로 생각해 본 바 없으나 '성실한 목회자상'이라는 말은 많이 사용했고 지금도 많이 사용하고 있다"며 '성실'이라는 원리로 그의 목회사상을 피력하였다고 한다.[1] 위의 에피소드는 한 목사의 목회를 정확히 이해하는 데 아주 중요한 시사점을 준다. 만약 독자들이 한 목사의 목회를 통해 요즘 회자하는 '목회성공' 혹은 '교회성장' 세미나가 선전하는 특수한 비법이나 기술을 찾으려 한다면, 그의 목회사상이 펼쳐 보이는 평범한 진리 앞에 오히려 독자들은 실망할지도 모른다. 그러나 그와 같은 평이한 진실, 화려하지 않지만 지난 2000여 년의 교회의 역사와 함께 해 왔던 그 근본적인 목회의 대원리, 그리고 그 원리에 충실했던 목회관이야말로 한국 교회의 사표로서의 목회자 한경직이란 존재를 가져왔고, 따라서 한경직의 목회사상에 대한 이해의 단초가 되어야 한다고 생각한다.

1) 흔적출판위원회,「흔적-송성찬 장로 80회 생신기념-」(서울: 정문사, 1990), p. 150.

목회상을 통해 목회자를 이해할 수 있는 접근방법과 오히려 목회자, 그의 삶과 사역의 현장을 통해 목회사상을 찾아갈 수 있는 연구방법론이 있다고 했을 때, 한경직의 목회사상에 대한 본 소고의 논의는 후자의 방법을 택할 것이다. 특별히 한경직 목사는 '물음이 많았던 목회자,' 늘 '문제의식'을 가지며 그 문제에 대한 해답을 궁구하려던 목사였음이 그의 목회사상을 이해하는 데 중요하다고 여겨진다. 오늘날 한국 교회와 목회자들의 위기의 실체는 목회를 너무 기능적 기술적으로만 본다는 것과 함께 목회에 대한 보다 근원적인 물음, 문제의식을 상실하고 있다는 사실이다. 이와 함께 한경직의 목회사상에 대한 이해는 두 번째로 그의 목회 속에 늘 상존 했던 '역설적 긴장(paradoxical tension)'을 중시해야 함을 기억해야 한다. 가장 조용하며 행동이 없는듯하나 실은 행동하는 자였고, 소신이 없는듯하나 늘 소신을 가진 자로 목회를 하였고, 색깔이 없는듯하나 분명한 색깔이 있는 목회를 하였던 이가 한경직 목사요, 그의 목회였음은 주지의 사실이다.

위와 같은 대전제를 바탕으로 본 강연에서는 한경직 목사가 남긴 여러 기술과 설교, 그에 관한 증언들을 토대로 해석한 4가지 목회적 원리를 중심으로 그의 목회사상에 대한 이해를 구해 보고자 한다. 첫째, '하나님 앞에서'라는 물음에 대한 목회적 성찰의 귀결로서의 '신행일치의 목회,' 둘째, '자신 앞에서'라는 물음에 대한 '자신에게 정직하고 철저한 목회,' 셋째, '사람과 사회 앞에서'란 물음에 대한 '사람과 관계를 중시한 목회,' 넷째, '전문적인 목회자로서'라는 문제의식의 결실로서 '원칙과 신학이 있는 목회'

II. 신행일치의 목회

'호랑이는 죽으면 가죽을 남기고 사람은 죽으면 이름을 남긴다.' 라는 속담이 있다. 지난 4월 19일 소천한 한경직 목사가 분명 한국인과 한국 교회에 기억 될 이름을 각인 시켰다는 사실에는 이견이 없을 것이다. 그러나 정작 그가 어떤 이름을 남겼으며, 과연 그가 남긴 이름의 의미가 무엇인가라는 물음에 대한 대답에는 보다 많은 논의의 시간과 진지한 성찰이 필요하리라 생각된다. 어떤 의미에서는 목회자 한경직이 아닌 한경직의 존재는 생각할 수 없다. 그런 맥락에서 그의 이름에 대한 평가는 곧 그의 목회에 대한 이해의 중요한 토대가 된다는 면에서도 남겨진 이름에 대한 정확한 이해는 무척 중요한 것이다.

소천 이후 언론이 내린 한경직 목사에 대한 일관된 평가 중에 하나는 '청빈한 목자'였다: "낮은 곳 껴안은 '청빈 목사,'"[2] "청빈 한평생 '牧者의 표상,'"[3] "평생 청빈 · 겸손의 삶 실천,"[4] "한평생 나눔 실천 '청빈한 삶,'"[5] "청빈 실천자 '참 牧者,'"[6] "청빈한 牧者로 외길."[7] 소위 사회지도층 인사라고 불려질만한 계층의 도덕적 부패상이 점차 총체적으로 심화되는 시대상황 속에서 한경직의 청빈은 한국 언론이 가장 그려보고 싶은 시대적 인물이었는지도 모르며, 또한 그의 청빈을 통해 이 사회와 지도자들을 향한 강한 경종의 메시지였는지도 모른다. 그러나 지금 현재 한국 사회와 교회가 보편적으로 기억하고 있는 '청빈한 목자'는 목회자 한경직과 그의 사상에 대한 이해를 대단히 제한시킬 수 있다. 물론 언론이 가질 수밖에 없는 제한이기도 하지만, 그 해석의 문제는 지극히 단편적이고, 결과론적이고, 또한 기독교적 정체성을 간과할 수 있다는 한계에 있다.

그런 점에서 소망교회 곽선희 목사의 통찰력은 위와 같은 문제를 극복함과 동시에 한경직의 목회사상에 대한 종합적인 이해의 기초를 세우는 데 많은 도움을 준다. 역시 한경직 목사에 대한 영락교회의 프로젝트의 일환으로써 지난 8월 18일 곽 목사와의 인터뷰가 있었다. 그 자리에서 목회자 한경직에 대한 평가를 물었을 때, 곽 목사는 거침없이 세 가지로 일

2) 「경향신문」 2000년 4월 20일자.
3) 「동아일보」 2000년 4월 20일자.
4) 「매일경제」 2000년 4월 20일자.
5) 「문화일보」 2000년 4월 20일자.
6) 「조선일보」 2000년 4월 20일자.
7) 「중앙일보」 2000년 4월 20일자.

목요연하게 한 목사의 목회사상에 대한 이해를 소개하였다. 바로 그 세 가지 중에 하나로 다음과 같은 사실을 지적하였다. 한 목사는 '행동하고, 선포한 말씀대로 실천하는 사표가 되는 목회자, 지도자'였다는 사실이다. 한 목사의 그와 같은 모습이야말로 교파를 초월하여 한국 교회의 여러 후배들에게 가장 큰 영향력과 감동을 줄 수 있었던 그의 목회와 지도력의 가장 중요한 진면목이었음을 곽 목사는 재차 강조하였다. 한경직의 청빈도 결국은 그의 전 삶과 목회사역을 통해 추구해 온 신행일치의 대원리가 거두어들인 많은 결실 중에 하나라는 해석이 여기서 가능해지는 것이다.

1,300만을 이야기하는 한국 교회에서 소위 성공한 목회자란 사람을 찾는 일은 이제 그리 어렵지 않다. 그러나 감동을 주는 목사, 존경을 받는 목사, 진정 어느 계층, 현장에서도 귀감이 되는 목사는 과연 얼마나 될 수 있을까라는 조심스러운 물음 앞에서 목회자 한경직이 미치는 영향력과 감동의 차이가 있는 것이다. 그가 평생을 두고 실천해 왔던 그의 신행일치의 목회사상은 지극히 평범한 진리, 너무나 잘 알고 있는 사실임에도 불구하고 한국 교회에 언제나 도전을 주는 것도 이런 이유가 아니겠는가?

한경직 목사가 가진 거의 마지막 인터뷰 가운데 하나의 글에서도 그는 신행일치의 삶 속에서 그의 생애에 대한 회고와 목회적 총평을 하고 있음을 발견케 된다.

> 내가 태어 난 해가 1902년이니 올해 내 나이 94세가 된다. 이렇듯 긴 인생여정 동안 많은 것을 배우며 여러 상황에 처하면서도 나는 늘 '신행일치(信行一致)'의 삶을 살고자 노력해 왔다.... 우리가 어떤 일에 종사하든 간에 하나님과 사람들 앞에 신행일치(信行一致)의 삶을 살아야 한다. 이웃을 내 몸과 같이 사랑하며, 세상 사람들에게 복음을 전하는 증인이 되라고 하시는 말씀을 기억하고, 행동으로 옮기는 삶을 살며 기도할 때, 이 땅 위엔 주님의 나라가 임하리라 믿는다.[8]

8) 한경직, "신행일치의 삶," 「가이포스트」(1995년 11월), pp. 78-79.

하나님의 나라는 이 땅에 신행일치의 삶을 살아왔던 한경직이라는 한 개인, 한 지도자와 더불어 그 같은 삶을 살아가는 성도들과 교회를 통해 임하리라는 이 믿음의 고백과 실천이야말로 그의 목회의 가장 우선된 관심사요, 대 원칙이었다.

1972년 행한 '거리낌 없는 양심'이라는 제목의 설교도 이런 맥락에서 그의 목회사상을 엿볼 수 있는 소중한 자료가 된다. 흔히 강단에서 신앙, 믿음에 대한 설교는 많이 접할 수 있지만 보편적 언어로서의 양심, 그리고 양심과 신앙의 접목에 대한 새로운 관점은 무척 신선하다. 사도행전 24장10절-23절을 본문으로 사도 바울이 하나님과 사람 앞에서 양심에 거리낌이 없는 삶을 살아가기 위해 얼마나 애를 썼는가를 강조함과 동시에 그의 사랑하는 제자 디모데에게도 믿음과 동시에 착한 양심을 가르쳤음을 주목하였다. "인간이 옳게 살려고 하면 거리낌이 없는 양심을 가지도록 힘써야 합니다. 특별히 옳은 신앙생활을 하려면 더욱 그러합니다."[9] 민족적 양심, 사회적 양심, 인도적 양심, 그리고 신앙 양심을 소개한 후 결론적으로 하나님과 사람 앞에서 거리낌 없는 양심을 가지도록 힘써 온 사도 바울을 본받기를 권면하면서 "세상에서 가장 행복 된 이는 거리낌 없는 양심의 소유자입니다."[10] 라는 인생관, 목회관을 주장하고 있다. 신행일치의 삶에 대한 추구는 고행 이전에 행복을 구하는, 행복을 전하는 한경직의 삶과 목회적 대 원리였던 것이다.

1991년 숙명여대의 이만열 교수는 한경직 목사와의 인터뷰에서 후배 목회자들을 위해 한 목사가 평소 가지고 계신 목회소신 내지는 성공적인 목회의 비결에 대한 물음을 던졌다. 그에 대한 답으로 폐병으로부터의 생존을 위한 투병생활 가운데 "나는 그저 하나님께서 내 생명을 허락하면 그저 성경대로 믿고, 성경대로 전하하고, 어떻게든지 가난한 이들을 구제하는 일이나 잘 해야겠다."고 결심하고 평생 그 결심대로 실천하려고 노력해 온 것뿐이라는 원론적인 말씀을 하셨다. 계속하여 "예수님이 두 가지 계명을 준다고 안 그랬어요? '네 마

9) 한경직, "거리낌 없는 양심,"「한경직목사설교전집」Ⅱ, (서울: 대한예수교장로회 총회교육부, 1977), p. 297. 이후부터는「전집」으로 기재한다.

10) Ibid., p. 302.

음과 뜻과 정성을 다해서 하나님을 사랑하고, 이웃 사랑하기를 네 몸과 같이 하라' 그저 이것만 힘을 써 보겠다 이거였어요. 그렇게 살지는 못했지만 지금까지 그런 생각으로 살아왔고, 이상으로 삼아왔지요."[11] 한경직의 목회성공의 비결을 찾는 사람들에게는 지극히 실망스러운 답일 수도 있다. 그러나 결코 간과하지 말아야 할 사실이 있다. 그 평범하고 단순한 진리를 한국의 많은 목회자들이 과연 실천하고 있는가 라는 물음이다. 신행일치의 전도자 한경직이 그렇기에 우리 시대에 더욱 귀감으로 다가오는 것도 여기에서 기인될 것이다.

Ⅲ. 자신에게 정직하고 철저한 목회

거듭되는 이야기이지만 한경직 목회사상은 목회자 한경직에 대한 이해에서 비롯되어야 한다. 그런 점에서 그는 자신에게 늘 정직하고 철저한 인격적인 사람이었다. '목회자의 자세'를 가르치는 자리에서 곧잘 디모데전서 4장 16절 혹은 디모데후서 2장 15절을 언급하면서 특별히 목회자의 성공 이전에 목회자의 실패의 궁극적인 원인을 '자신을 삼가지 못한 데서' 찾고 있다. 여기서 자신을 삼간다는 것은 세 가지를 의미한다. 첫째, 생각을 잘 지켜야 하고, 둘째, 말에 실수가 없도록 주의해야 하고, 셋째, 행동, 특히 물질적인 유혹에 대한 주의를 강조하였다.[12]

위의 소극적인 자기 관리와 함께 적극적인 목회자의 정체성 확립을 5가지 기준에 근거하여 강조한다. 말씀을 증거하고, 교인들을 하나님의 나라로 인도하는 지도자로서 목사는 자기에게는 더욱 더 철저하고, 자기 정체성을 가져야 한다는 것이다. 첫째, 목회자는 무엇보다 먼저 진실 되게 하나님 앞에서 구원을 받아야 한다는 점이다. 즉 구원받은 자로서의 확신이 있어야 한다는 것이다(벧전1:15-16). 둘째, 목회적 사명을 과연 열망하는지, 교역자로서의 자질, 은사가 있는지, 사역을 통해 열매가 있는지 등의 성찰을 통해 분명한 소명의

11) 이만열, "한격직 목사를 만남," 「한국기독교와 역사」(1991년 7월), p. 160.

12) 한경직, "목회자의 자세," 「월간목회」(1981년 4월) p. 56.

식이 있어야 한다는 것을 강조한다.(렘 1:4-10) 셋째, 신령한 눈으로 미래를 조망할 수 있는 비전을 가져야 함도 중시하였다.(출 25:40, 잠 29:18) 넷째, 목회자는 먼저 스스로의 지적, 도덕적, 영적 성장을 이루어가야 한다는 것이다.(딤후 3:18) 다섯째, 성령이 충만한 자로서 교회를 섬기며, 지도할 수 있어야 한다는 점이다.(행 2:1-4)[13] 이것은 곧 여러 목회자들을 향한 이야기일 뿐만 아니라 스스로에게 적용해 왔던 원칙이기도 하다.

1964년 장로회신학대학교에서 학생회 주최로 한경직 목사를 모시고 부흥집회를 개최한 적이 있었다. 그때 신학도들에게 주신 '목회자들이 지켜야 할 십계(十誡)'의 말씀은 역설적으로 그가 얼마나 하나님과 사람 앞에서 정직하고 철저한 목회자였음을 엿보게 한다.

첫 째, 잃은 양을 찾지 남의 양을 찾지 말라.
둘 째, 자기 울타리에서 목양하되, 울타리를 건너 남의 양을 빼앗지 말라.
셋 째, 개척은 하되 분열하지 말라.
넷 째, (누락)
다섯째, 환영을 안 하면 떠나고, 붙잡는 교회는 떠나지 말라.
여섯째, 남의 비밀을 누설하지 말라.
일곱째, 심방 중 물욕의 마음을 가지지 말라.
여덟째, 남녀교제는 깨끗이 하라.
아홉째, 금전거래는 깨끗이 하라.
열 째, 너희끼리 화목 하라.[14]

역시 평범한 진리가 아니겠는가? 아주 구체적이기까지 한 이 평범한 실천 강령을 그는 가르쳤을 뿐만 아니라 그 자신의 삶과 사역에 적용해 가는 솔직하고 철저한 목회자였고, 바

13) Ibid., pp. 57-59.
14) 이명국, 「복음 지고 시골 가다」(기민사, 1993), pp. 147-148.

로 거기에 한경직 목회의 진정한 힘이 있었던 것이다.

Ⅳ. 사람과 관계를 중시한 목회

한경직 목사에게는 그가 평생 가슴에 품으며 암송해 오던 성구 하나가 있다. 그 구절은 그가 진광소학교를 다니던 어린 시절 어느 집 대문에 붙여져 있던 것으로, 매일 등 · 하교 길에 자연히 접함으로써 그가 암송한 최초의 성구가 되었을 뿐만 아니라 그의 어린 시절에 신앙적 기초를 갖게 하는 결정적 요인이 되었다.[15] 그 말씀은 그의 유년시절 뿐만 아니라 평생 동안 가장 큰 영향력을 미친 말씀이 되었고, 이제는 영락동산의 그의 묘소 앞의 비문에까지 같이 하는 말씀으로 우리에게 남아 있다. 그 성구는 요한복음 3장16절 말씀이다. "하나님이 세상을 이처럼 사랑하사 독생자를 주셨으니 이는 저를 믿는 자마다 멸망치 않고 영생을 얻게 하려 하심이니라." 독생자를 내놓기까지 죄악 된 이 세상과 인생을 사랑하신, 즉 한 생명까지도 사랑하신 하나님이 한경직이 믿고 증거 해 온 기독교의 하나님인 것이다.

따라서 한경직의 목회에 있어 한 사람 한 사람은 무척 중요한 위치에 있다. '교회의 머릿돌'이라는 설교를 통해 아주 중요한 그의 목회관을 피력하고 있다. '교회란 무엇인가'라는 물음에 대해 한 목사는 "우리 믿는 사람이 모여서 예배드리는 이 모임이 교회입니다"라는 성도들의 공동체로서의 교회에 대한 정의를 피력한다. 예수 그리스도가 모퉁이 돌이 되며, 각 사도가 모퉁이 돌을 지지하는 열두 돌이 되고, 이어 "모든 성도가 한 개의 돌이 되어서 큰 성전이 되는 것입니다. 우리 믿는 성도 하나 하나가 거룩한 성전의 아름다운 돌입니다. 돌 한 개라도 하나님의 성전이 되려면 한 개 한 개가 깨끗하고 아름다운 돌이 되어야 할 것입니다."[16] 사람들의 공동체, 그리고 한 사람 한 사람들에 의해 이루어져야 할 교회에 대한 이해를 보여주는 것이다.

15) 한경직기념사업회, 「한경직목사 성역 50년」(서울: 한경직목사기념사업회, 1986), pp. 14-15

16) "교회의 머릿돌," 「전집」1, pp. 165-166.

왜 한경직의 사람들이 한경직 목사가 다른 사람들보다 자신을 조금은 더 사랑한다고 생각하는 것일까? 목회자 한경직에 대한 강신명 목사의 평가는 그런 점에서 무척 흥미롭다. 한 목사의 목회적 성공과 특징은 그의 뛰어난 인격 그리고 감동이 있는 설교와 함께 "충성된 일군들이 있었다는 점이다."[17] 왜 한경직은 한 사람을 위해 보다 효율적인, 대승적인 사역의 결정을 유보하고 마는 것일까? 지금 영락교회 정문 옆에 높이 현대식으로 세워진 모 그룹사의 빌딩이 있다. 오래 전에 영락교회는 그 장소를 교회부지로 확보하려는 노력을 하였다고 한다. 그런데 모든 당회원들이 동의하는 가운데 장로 한 분이 완강히 반대를 하였다고 한다. 필요한 일이고, 강행할 만한 일일 수도 있지만, 설득 끝에 한 목사는 그 사업을 포기하였고, 지금도 많은 영락 인들이 아쉬워하는 대목 가운데 하나이다. 그런데 그 일을 반대했던 장로가 소천할 때 그 일에 대한 회개를 하며 돌아가셨다고 한다. 이것이 한경직 목사의 사람 중심, 관계 중심의 목회의 가장 극명한 예가 아니겠는가? 그는 이에 대해 분명한 목회적 답변을 하고 있다. "강행하게 되면 할 수 있는 일도 있었으나, 알면서도 못했는데 교회의 화평을 위해서였다."[18]

한경직 목사는 목회에 있어 동역의 의미를 누구보다도 종합적으로 이해하고 또한 적극적으로 실천한 분 가운데 하나일 것이다. '하나님의 동역자들'이라는 제목의 설교 중에 다음과 같은 서양 속담을 인용하면서 그의 목회에 있어서의 중요한 비중을 차지하는 동역문제, 즉 사람과 관계의 가치를 강조하고 있다. "아무리 위대한 음악가라도 혼자서 코러스는 할 수 없습니다." 또한 집을 짓는 건축의 비유를 들면서 집은 결코 혼자 지을 수 없고 여러 일꾼들을 필요로 함을 강조하고 있다.[19] 따라서 사람과 관계를 중시하는 한경직의 목회에 있어서 겸손과 중용은 또 다른 신학적 의미가 있음을 놓치지 말아야 한다.

하나님과 인생들의 무너진 관계의 회복에 있어서 한경직 목사는 '겸손'이라는 제목의 설

17) 강신명, "세계에서 성자로 불리는 목회자,"「한경직 목사」김병희 편저(서울: 규장문화사, 1982), pp. 104-107.

18) 한경직, "교회성장과 나의 회고록,"「월간목회」(1978년 12월), p. 31.

19) "하나님의 동역자들,"「전집」12, p. 388.

교 중에 빌립보서 5장2절 이하의 예를 들면서 예수 그리스도의 성육신 사건과 그의 지상생활 전체를 겸손에 대한 기독교 복음의 산 교훈으로 본 것이다.[20] 한경직의 겸손은 단순한 인격적인 수양의 결과이기 이전에 이와 같은 신학적인 통찰력 속에서 형성된 사람을 구하고, 관계를 회복하고 치유하기 위한 그의 독특한 목회사상이었다. 겸손은 그에게 있어 지극히 기독교적인 복음적인 신앙의 덕목이다. 동양의 삼덕(三德), 즉 지(知), 인(仁), 용(勇), 이나 서양의 사덕(四德), 즉 동양의 세 가지 덕목에 절제를 더한 것과 달리 성경은 겸손에 대한 권면을 많이 할뿐만 아니라 제일 먼저 가르쳐 준다는 것이다.[21] 구약의 모세의 모범과 더불어 신약의 사도 바울을 가장 겸손한 하나님의 삶으로 지명하면서, 교부 어거스틴의 "신앙생활에는 첫째도 겸손이요, 둘째도 겸손이요, 셋째도 겸손이다"라는 경구를 통해 그의 분명한 겸손의 목회사상을 소개하고 있다.[22]

1960년대 어느 삼일저녁예배에서 한경직은 이런 설교를 한 적이 있다. "인내가 완성의 단계에 이르면 그 인격의 상대가 되는 모든 것은 그 인격에 흡수되어 버리는 것입니다."[23] 1980년 봄 김병희 목사와의 대화중에는 이런 말씀으로 겸손에 대한 또 다른 이해를 전해 주고 있다. "자존심도 필요해서 때때로 그 자존심이 우리들의 눈에 흔히 나타나기도 하지만, 그것도 자기 부족의 한 가지 변명에 불과한 것"이라는 이야기이다. 겸손은 목회자 한경직의 인격의 한 표현이요, 그의 섬김의 목회적 결단이었다.

1984년 기독교사상은 고난 주간을 통한 한경직 목사와의 인터뷰 기사를 실었습니다. 그 대담의 제목이 '중도를 걷는 목회'입니다. 한경직의 목회사상을 잘 이해한 정의라고 여겨집니다. 1920년대 미국 장로교회 분열사에 있어 중요한 역할을 했던 메이첸(J. G. Machen)에 대한 한경직의 인물평은 그의 화평과 중용의 목회사상을 잘 엿볼 수 있다. 프린스턴의 메이첸 교수는 "내가 아주 존경하던 선생이요, 그 선생은 잘 가르치는 선생인데, 그 양반 너무

---

20) "겸손", 「전집」9, p. 495.

21) Ibid.

22) Ibid., pp. 498-499.

23) 이만열, p. 140

고집이 세고 또 싸움꾼이고, 그래서 그 때 학생 시절에도 이 선생 좋기는 좋은데 싸움을 너무 많이 해서 이거 안 되겠다고 했는데, 하여간 그렇게 됐어요."[24] 같은 맥락에서 목회에 있어서의 인간관계와 더불어 사람을 선택하는 일의 중요성을 언급하면서, 그는 재덕을 겸비한 사람은 거의 드물기에 재승박덕(才勝薄德)의 예를 들며 덕을 중시한 것도 그의 화평과 중용의 대 원칙을 이해하게 한다.[25] 에큐메니칼정신의 한경직의 목회관의 기저도 여기서부터 찾아볼 수 있으며, 오늘날의 교회성장주의 혹은 대교회지상주의도 분명히 차별화 되는 사실을 여기서 발견하게 된다. 가장 목표지향적인듯 하면서도 가장 목적 지향적이 아닌 목회가 한경직의 목회였는지도 모른다.

V. 원칙과 신학이 있는 목회

흔히 한경직 목사의 목회를 이야기할 때면 그의 목회사역의 세 가지 목표를 언급하지 않을 수 없다. '전도', '교육', '봉사' 라는 이 세 가지는 곧 영락교회의 사업목표이기도 하고, 많은 한국 교회가 적용하고 있는 보편적인 사역원칙이기도 하다. 그러나 왜 한경직 목사가 그의 목회에 있어 전도, 교육, 봉사의 대 원칙을 세워갔는가 라는 물음에 보다 근본적인 신학적 성찰이 있었음을 주지해야 한다. 한경직은 그의 목회를 통해 일찍이 인생의 보편적인 세 가지 문제를 터득하였다. 그것은 '죄', '무지'와 '가난'이었다.[25] 이 같은 목회적인 문제의식을 바탕으로 먼저 인간의 죄 문제에 대한 대안으로 영혼을 살리기 위한 전도와 선교에 대한 교회의 주된 과업을 찾았던 것이다. 둘째, 인생의 많은 문제는 결국 무지로부터 비롯되었다고 봄으로써 교육을 통해 이를 극복하고자 한 것이다. 그가 생각한 교육은 또한 좁은 의미에서의 교회교육만이 아닌 학교교육까지 포함한 것임은 익히 잘 알려진 바가 아닌가? 숭의학원, 보성학원, 대광학원, 영락학원들과 같은 많은 오늘의 교육기관들의 이름은 그의 목회

24) "교회성장과 나의 회고록," p. 31.

25) Ibid., p. 30.

정신의 결실이었다. 셋째, 한경직의 목회 속에서는 가난을 극복하기 위한 경제활동을 포함하는 봉사의 정신이 있었다. 보린원, 경로원, 애니아의 집 등의 사회복지기관들은 이렇게 한경직의 목회와 함께 세워졌던 것이다. 학문과 경건, 경건과 학문은 결코 멀리 있는 것은 아니다. 한경직의 목회 속에서 발견될 수 있는 참신함과 선구적인 모습은 바로 이와 같은 그의 목회 속에 드러나는 신학적 원리들인 것이다. 최근에 유행하는 다양한 유형의 목회성장 혹은 성공세미나를 진행하는, 그리고 참석하는 한국 교회의 목회자들에게도 과연 그에 대한 충분한 성찰과 신학적 답변이 있는지 다시 한 번 묻지 않을 수 없다. 자기 성찰에 의한 정체성이 없는 목회는 과연 살아있는 목회라고 할 수 있을까?

한경직 목사의 목회는 곧 한국 군선교의 역사였다고 해도 과언이 아닐 것이다. 그만큼 남다른 애정과 열정을 그는 군복음화에 쏟으셨다. 그 같은 한 목사의 군선교에 대한 남다른 관심에 대해 곽선희 목사는 아주 즉각적이며 명쾌한 해답을 한 목사의 목회관에 대한 이해에서부터 찾았다.[26] 곽 목사에 따르면 목회자로서 한경직이 다른 한국 교회의 목회자들과 달랐던 점은 그의 목회철학이 달랐기 때문이라는 것이다. 즉 그는 다수의 한국 개신교 목회자들이 집착하는 개교회 중심의 목회를 하지 않으려는 분명한 목회관이 있었다는 것이다. 그런 맥락에서 한 목사의 군선교에 대한 관심은 개교회 성장을 뛰어넘어 이 민족 미래의 젊은 주인공들에 대한 복음전도의 대 인식 속에서 간단없이 추진되어왔다는 것이다. 군대를 한국 교회 전도의 황금어장으로 일찍부터 자각하면서 집을 떠나 외롭고, 위험하고, 무언가를 찾으며 의지하려는 젊은이들에게 복음을 전함으로써 내일의 한국 교회와 사회의 참된 주역들로 세워가자는 그의 선지자적인 목회와 선교적 관점에서 군선교를 해 왔다는 사실이다. '3천만을 그리스도에게,' '5천만을 그리스도에게' 라는 표어로 영락교회를 섬겨온 한경직 목사의 구호도 그가 얼마나 개교회를 뛰어넘는 열린 내일의 목회를 추구해온 선견자, 비전가임을 발견할 수 있는 대목이다. 지금도 영락교회 기도원에는 '5천만을 그리스도에게'라는 구호를 적은 기념석이 성도들을 맞이하고 있다.

---

26) 2000년 8월 18일 곽선희 목사와의 인터뷰 중에서

분열과 교파간의 갈등의 골을 뛰어넘어 한국 교회 내에 화합과 일치를 이루어가기 위한 노력을 특별히 한경직 목사는 그의 은퇴 이후 지속적으로 노력하였다. 이도 역시 그의 개교회주의를 뛰어넘으려는 열린목회 혹은 화합과 중용의 목회라고 볼 수 있을 것이다. 한숭홍 교수가 지적한 바대로 한경직의 목회와 에큐메니즘에 대한 이해는 그의 교회관에 대한 철저한 이해를 요구한다. 그것을 과연 '교회중심주의 신학'[27] 이라고 정의할 수 있을지는 모르겠지만, 이미 앞서도 간헐적으로 언급한 바와 같이 한경직의 목회에 있어 교회는 거의 절대적인 가치와 역할을 지니고 있는 것도 사실이다.

'교회란 무엇인가?'라는 제목의 설교를 통해 먼저 한경직 목사는 교회에 대한 보편적 정의를 내리고 있다. "교회는 가견적(可見的)이나 또한 불가견적(不可見的)인 기관입니다."[28] 그와 같은 교회의 이중적 의미를 바탕으로 그는 교회의 역동성과 중용의 미학을 다음과 같이 피력한다. "교회는 아주 타세계적(他世界的)인듯하나 실상은 가장 현실적인 것입니다." 같은 맥락에서 이원론적인 세계관의 한계를 뛰어넘어 그는 계속하여 그의 교회관을 설명한다.

> 교회가 서 있는 곳에 개인의 중생과 구원이 있으니, 이 개인적 구원이 점차로 사회적 중생과 개혁에 미치는 것입니다. 그러므로 교회가 서는 곳에 사회의 정치, 경제, 문화, 도덕, 각 방면에 새로운 부흥과 정화가 일어납니다. 이렇게 교회는 건전한 국가의 초석이 되는 것입니다.... 교회야말로 국가의 정신적 간성이며 황야에 헤매는 대중을 인도하는 진리의 구름기둥과 불기둥이며 암야(暗夜)의 행로를 밝히는 광명의 등대이며, 거친 세해(世海), 죄악의 파도에 빠져 죽어가는 인생들의 구원선이며, 피곤한 자의 안식처이며, 수난자의 피난처입니다. 교회야말로 인간의 최고 이상의 상징이니 여기서 인간은 인간 이상의 존재인 하나님의 자녀가 되는 것입니다.[29]

27) 한숭홍, 「한경직의 생애와 사상」(서울: 장로회신학대학 출판부, 1993), PP. 197-199.

28) "교회란 무엇인가?" 「전집」1, P. 45.

29) Ibid., p. 47.

왜 한경직은 군복음화와 민족복음화를 위해 혼신의 노력을 기울였으며, 왜 그가 민족 분단과 개교회주의의 한계를 뛰어넘어 하나님과 민족 앞에서 화합과 일치로 하나 된 교회로서의 한국 교회에 대한 대단한 희망을 간단없이 품어왔음을 잘 설명해주고 있다.

Ⅵ. 나오는 말

하나님과 민족 앞에서 원칙과 기본에 가장 충실하려 했던 평범한 한 목회자의 진솔한 모습 속에서 이 시대의 가장 권위 있고[30] 귀감이 되는 목회를 찾을 수 있었다는 아이러니 속에 목회자 한경직과 그의 목회사상이 지닌 참된 가치가 있다 하겠다. 신행일치, 정직과 철저함, 인격적, 그리고 소신 있는 목회자상은 우리에게도 이미 충분히 소개되어져 있다. 그러나 얼마만큼 그 진리가 실천적인 목회현장의 모습으로 구현 되는가 라는 물음 앞에 얼마나 자신할 수 있을까? 한경직에게 있어 적어도 목회란 단순히 기술 혹은 전략적인 문제만이 아니었다는 사실이다. 오히려 그의 목회의 힘은 고백과 결단, 그리고 실천에 있었다.

1992년 4월 29일 템플턴상 수상 이후 귀국하여 축하예배를 드리는 자리에서 한경직은 다음과 같은 충격적인 고백을 한다. “먼저 나는 죄인임을 고백합니다. 나는 신사참배를 했습니다. 이런 죄인을 하나님이 사랑하고 축복해 주셔서 한국 교회를 위해 일하도록 이 상을 주셨습니다.”[31] 한경직 목사가 목회적 사표로 마음에 품어왔던 사도 바울이 대비되는 것도 이 때문일 것이다. “미쁘다 모든 사람이 받을 만한 이 말이여 그리스도 예수께서 죄인을 구원하시려고 세상에 임하셨다 하였도다 죄인 중에 내가 괴수니라”(딤전1:15). “내가 부득불 자랑할진대 나의 약한 것을 자랑하리라”(고후11:30). 참고로 그가 일찍부터 가장 좋아했던 찬송은 찬송가 405장 ‘나 같은 죄인 살리신 주’이며 그 후 연배가 더 들어서는 찬송가 495장

30) 잭슨 캐롤,「권위 있는 목회자」오성춘 역(서울: 한국장로교 출판사, 1999)

31) 김수진,「아름다운 빈손 한경직」(서울: 홍성사, 2000), p. 139.

“내 영혼이 은총 입어'임도 전혀 예사롭지 않다.[32] 목회자 한경직과 그의 목회사상의 특수성과 위대함이 있다면 바로 여기에서 그 해답을 찾아야 할 것이다.

32) 신동일, “우리가 어찌 성공과 실패를 단언할 수 있나요,” 「월간목회」(1982년 9월), p. 72.

한경직 목사의 교회행정사역

이성희 박사 / 연동교회

Ⅰ. 서론

한경직 목사(1902-2000)를 한국교회를 대표하는 목회자로 손꼽는데 누구도 주저하지 않는다. 한경직 목사를 한국교회를 초월하여 세계교회의 목회자로 인정하는데 누구도 인색하지 않다. 한경직 목사에 대하여 '참다운 목회자', '한국이 낳은 20세기의 성자', '한국교회가 낳은 이상적인 목회자' 등의 수식어가 있지만 그 어떤 것도 한경직 목사를 완벽하게 표현할 수 있는 말은 아니다.

한국교회를 평가할 때 세계적 목회자는 많이 배출했지만 세계적 신학자는 거의 배출하지 못했다고 한다. 그 동안 한국의 신학은 지나치게 서양의 신학 방법론에 의지하고 있었으므로 서양 신학자들의 신학적 공헌에 상대적 열세였다는 의미이다. 세계적 신학자가 없이 목회자가 있다는 말은 한국교회는 신학이 없는 목회를 한다는 것이나 다름이 없다.

한경직 목사의 목회 특히 그의 설교나 행정에는 분명한 신학이 있다. 그의 신학은 '오직 성경'이라는 개혁주의의 원리에 입각한 성경적 목회이다. 그런 의미에서 한경직 목사는 '성경적 목회자'이다. 한경직 목사의 말과 삶은 성경의 해석이다. 성경말씀을 외쳤고, 성경말씀을 실천하는 삶을 살았던 것이다. 한경직 목사에 대한 많은 수식어가 있지만 필자의 눈으로 본 한경직 목사는 '탁월한 성경적 교회행정가'였다.

II. 목회의 삼면

교회행정에 대한 일반적 오해나 곡해는 심한 편이다. 학문으로서의 교회행정은 방대한 내용을 포함하며 목회 현장에서의 교회행정을 서류 작성 정도로 평가절하하기도 한다. 교회행정은 일반적으로 "전체 목회를 성취하기 위하여 교회를 인도하는데 관련된 교회 지도자들의 필요한 활동"이라고 정의한다. 다른 의미에서 교회행정은 어떤 일을 수행하기 위하여 교인들을 통하여 그리고 그들과 함께 일하는 것이다.

그 외에도 교회행정에 대한 정의는 다양한 측면에서 해석된다. 무엇을 하는 일이나 방법이 아니라 목회 그 자체라고 정의하기도 하고(Robert Dale), 교회가 교회 되게 준비시켜 주는 지도력이라도 하고(Charles Tidwell)[33], 과학적 기술, 예술, 은사라고도 한다(Robert Dale). 최근의 추세는 교회행정도 사람에 그 초점이 맞추어지고 사람을 다스리는 관리 능력을 점차 강조하게 된다. 전통적으로 많은 교회의 지도자들은 교회행정을 서류 작성 정도의 단순 업무로 생각하였지만 근래에 와서 교회행정이란 단순한 서류작성이나 조작이 아니라 인간과학으로 이해하여 인간학적으로 접근하고 있다.

목회에 부르심을 받아 사역하는 자를 목회자라 한다. 목회자 혹은 교역자라고 호칭할 때 그는 네 가지 권리를 가진다. 말씀을 가르치는 권리인 교문권과 성례를 집전하는 성례권과 성도들을 하나님의 이름으로 축복하는 축복권과 교회의 정치와 정책에 대한 치리권을 가진다. 목회자에게는 위의 네 가지 권리가 균형 있게 주어져야 올바른 목회가 가능할 것이다. 동시에 목회자는 이 네 권리를 균형 있게 행사해야 한다.

목회자들에게는 설교, 상담, 심방, 교육, 예식 집전, 행정 등 일상의 업무가 주어진다. 그 중에서 가장 목회자로 하여금 긴장감을 가지게 하는 것은 설교가 아니라 행정이다. 설교는

33) Charles A. Tidwell, *Church Administration*(Nashville: Broadman Press, 1985), p.27.

힘이 들긴 하지만 목회자에게 짐은 아니다. 목회자에게 아무리 많은 권리가 부여된다고 하더라도 강단권이 없다면 목회자는 모든 것을 잃은 것이나 다름이 없다. 현실적으로 교회행정이란 많은 시간과 에너지를 요구한다. 그래서 학자들은 목회자가 행정에 쏟는 시간은 전체 목회에 투여하는 시간의 3분의 2라고 한다. 그러므로 목회자가 담당해야 할 갖가지 업무 가운데 가장 힘든 업무가 행정이며 그런 의미에서 행정을 시간을 소모하는 업무(time-consuming job)라고 한다.

힐트너(Seward Hiltner)는 그의 저서 『목회신학 원론』(Preface to Pastoral Theology)에서 목회는 세 가지 면(perspectives)을 가지고 있다고 한다. '전달'(Communicating)과 '목양'(Shepherding)과 '조직'(Organizing)이 목회의 삼면이다.[34] 그가 말하는 전달이란 하나님의 말씀을 가르치고 전하는 기능을 의미한다. 목양이란 문자 그대로 양을 치는 일로 심방, 상담 등을 의미한다. 조직이란 교회를 조직하고 관리하는 행정 업무를 의미한다. 그에 따르면 어떤 목회자이든 이 세 가지 면에 동시에 능통한 목회자는 없다고 한다. 반면에 어떤 목회자이든 세 가지 면 가운에 한 가지는 능통할 수 있으며, 이 세 가지 면 가운데 한 면만 능통해도 성공적 목회를 할 수 있다고 하였다.

그가 말하는 목회의 세 면 가운데는 조직이라는 행정적 업무가 포함이 되어 있다. 모든 목회자가 설교자이지만 모든 목회자가 대 설교자가 아니며, 모든 목회자가 행정가이지만 모근 목회자가 대 행정가는 아니다. 목회자는 반드시 설교를 잘 해야 하는 것이 아니라 행정적인 기술이 뛰어나도 목회자로서 성공할 수 있다는 것이다.

오래 전 필자가 대학원 재학 중 '목회신학' 세미나에서 힐트너의 '목회의 삼면'을 토론하던 중 교수가 대학원생들에게 질문하였다. "한경직 목사님은 위의 세 면 가운데 어느 면에 가장 능력이 있다고 생각합니까?" 그 때 모든 학생들은 '전달'이라고 일치하게 대답하였다. 그러나 필자는 한경직 목사의 가장 탁월한 목회의 면을 '조직'이라고 하였다. 세미나를 인도하던 교수는 필자의 의견에 동의하며, 한경직 목사는 '조직'에 탁월한 능력을 소유하였고 행정

34) 시워드 힐트너, *Preface to Pastoral Theology*, 민경배역, 『목회신학 원론』(서울: 기독교서회, 1968), pp.69-91.

과 관리의 재능으로 영락교회를 대형교회로 성장시킬 수 있었다고 하였다.[35)]

Ⅲ. 교회행정의 성경적 근거

구약과 신약은 각각 교회행정의 근거를 제공해 주고 있다. 구약에서 교회행정의 근거를 제공해 주는 구절은 출애굽기 18장 13절~27절이다. 애굽을 무사히 탈출한 이스라엘 백성들은 광야에서 집단생활을 하게 되고 모세는 아침부터 밤까지 백성들의 송사에 시달리게 된다. 모세를 방문한 모세의 장인 이드로는 이 광경을 보고 모세에게 색다른 제안을 하였다. 모세가 종일 백성들을 위하여 시간을 제공하고 봉사하였지만 결과는 "선하지 못하다"는 것이다. 하나님과의 관계 보다 사람과의 관계에 빠져 모세의 우선순위가 바뀌어 있었기 때문이다. 이드로는 백성들 가운데 재덕이 겸비하고 하나님을 두려워하며 진실한 자를 택하여 천부장, 백부장, 오십부장, 십부장을 세워 그들로 하여금 재판하게 하고 그들이 할 수 없는 일들을 모세 자신이 하게 하였다. 모세는 이드로의 제안대로 백성 가운데 지도자를 세웠고 백성들은 만족하였으며 이드로는 자기의 고향으로 돌아갔다.

신약에서 가장 뚜렷하게 교회행정의 근거를 제공해 주는 구절은 사도행전 6잘 1절~7절이다. 예루살렘 교회의 제자의 수가 날로 증가되어 제한된 수의 사도들이 제한된 시간에 많은 제자들의 필요를 충족시키지 못하게 되었다. 사도들은 말씀을 전해야 하고 기도도 해야 하고 또 구제도 해야 하는 다양한 기능으로 인하여 가장 중요한 말씀과 기도를 소홀히 할 수밖에 없었다. 그들에게 우선순위가 바뀐 것이다. 헬라파 유대인들이 매일의 구제에서 자신들의 과부가 제외되었다고 불평하기 시작하였다. 말씀과 기도를 제쳐두고 구제를 하였지만 구제는 결국 불평만 양산하게 하였다. 구제로 교회가 교회되지 않음을 말해주고 있다. 사도들은 회중으로 하여금 성령이 충만하고 칭찬 듣는 자들을 선택하게 하여 안수하고 그들로 하여금 구제를 전담하게 하였고 사도들 자신은 말씀과 기도에 전력하였다. 그 결과 교

35) 1975년 장로회신학대학교 대학원 강의였고, 당시의 교수는 박근원박사였다.

회는 성장하게 되었고 많은 제사장들도 예수를 믿게 되었다.

위의 구약과 신약이 제공하는 교회행정의 근거는 공통점이 있다. 우선 많은 사람들 때문에 문제가 발생하였다는 것이다. 교회행정은 사람이 많기 때문에 필요한 것이다. 사람이 많다는 것은 상대적으로 지도자의 업무가 과중하게 된다는 의미이다. 지도자의 업무과중 그 자체는 문제가 아니지만 지도자의 우선순위가 바뀐다는 것은 공동체의 위기인 것이다. 구약과 신약은 공통적으로 사람을 세운다. 구약은 천부장, 백부장, 오십부장, 십부장이라는 지도자를 세우며 신약은 일곱 사람을 세운다. 세우는 방식에 있어 구약은 모세의 지명이었지만, 신약은 회중들에 의한 선택이었다. 그 결과 백성들은 만족하였고 교회는 성장하였다.

이것이 교회행정의 성경적 근거이며 교회행정이 무엇이라는 것을 가장 쉽게 설명하는 것이다. 교회행정이란 사람이 많을 때에 지도자의 업무가 과중하게 되므로 사람을 세워 업무를 분담해 주는 일이다. 그리고 교회행정의 결과는 만족과 교회성장이다. 그러므로 교회행정의 성경적 근거에서도 사람에게 그 초점이 맞추어져 있다. 교회행정은 사람을 세우는 일 그 자체이다. 교회행정의 성경적 근거를 도표로 비교하면 다음과 같다.[36]

	구약(출 18:13-27)		신약(행 6:1-6)	
문제시작	18:13	사람이 많음	6:1	사람이 많음
문제발생	18:14	업무과중/우선순위	6:1	업무과중/우선순위
문제해결	18:21	지도자 선택	6:3	7사람 선택
선출방법	18:21	모세에 의하여	6:5	회중에 의하여
임직방법	18:25	임명	6:7	안수
결과	18:27	만족	6:7	교회성장

36) Sung Hee Lee, "Updating the Book of Order in the Presbyterian Church of Korea"(1991: San Francisco Theological Seminary), pp.6-19.

영락교회가 대형화 되면서 절실하게 요청되었던 것은 교회행정이었다. 한경직 목사의 사역의 업무과중은 말씀과 기도 사역에 지장을 초래하게 하였을 것이고, 하나님과의 관계가 소홀해지는 우선순위 전도의 위험을 직면하게 했을 것이다. 어느 영적 공동체이든지 최고 지도자의 우선순위의 전도는 공동체 전체가 위기를 맞게 되는 것이다. 한경직 목사는 중간 지도자를 세워 업무를 분담하였고, 중간 지도자들은 한경직 목사의 든든한 목회 협력자들이었다. 그 결과 영락교회는 평안한 가운데 지속적 성장을 이루었다.

Ⅳ. 교회행정과 사람

교회행정학에서는 교회행정을 세 가지 용어로 해석한다. 지도력(Leadership)과 관리(Management)와 경영(Administration)이 그것이다. 교회행정학에서는 지도력을 비전을 보여주는 업무(envisioning task), 모델을 만드는 업무(modeling task)라고 정의한다. 지도력이란 사람을 지배하고 이끄는 기술이 아니라 최고지도자로서 방향성을 제시하는 것이다. 관리는 기획하는 업무(planning task), 감독하는 업무(monitoring task)라고 한다. 관리는 계획을 세우는 일과 전체를 관리하는(oversee) 업무를 일컫는 말이다. 경영이란 보조하는 업무(supporting task), 일을 향상시키는 업무(enhancing task)이다.[37]

이 세 가지가 하나로 조화되어 교회행정이라는 하나의 교회로의 업무를 성취하는 것이다. 이 세 가지 업무는 하나의 행정적 업무이지만 업무의 수행자가 각각 다르다. 지도력은 그 업무의 성격상 목회자의 행정 업무이며, 관리는 장로의 행정 업무이며, 경영이란 집사의 행정 업무이다. 교회행정은 지도력이라는 목회자의 업무와 관리라는 장로의 업무와 경영이라는 집사의 업무로 나누어지는 것이다. 그러므로 교회행정을 어느 한 사람에게나 한 부류의 직제에게 제한하는 것은 잘못된 것이다. 교회행정은 모든 교회의 직원들이 함께 하는 교

37) Newton Malony, "Organizational Management and Church Planning"(Pasadena: Fuller Theological Seminary, 1983), lecture note.

회의 중요한 업무이다.

한경직 목사의 목회에서 본 행정은 모든 사람을 교회의 일꾼으로 세우는 데 탁월성이 있었다. 다양한 재능, 다양한 성품, 다양한 직업, 다양한 출신배경을 한경직 목사는 다 포용하였고 이런 포용력이 대형교회를 관리하는 힘이었다. 모든 교회의 직원을 일꾼으로 양성하며 함께 일하는 분위기를 창출한 덕에 한경직 목사가 시무하던 당시 영락교회는 평안하였고 모든 부서와 기관이 교회의 목표를 추구하고 성취하기 위하여 협력하였다.

이런 한경직 목사의 '통 큰' 포용력의 기초는 성경에 입각한 교회관에 있었다. 모든 성도들을 교회의 일꾼으로, 목회의 협력자로, 교회의 부분 행정가로 세운 배경은 한경직 목사의 설교와 강의에서도 잘 나타나고 있다. 한경직 목사는 그의 설교나 강의에서 작은 한 사람도 그리스도의 몸인 교회에서 배제하지 않고 포용하는 말씀을 자주 하셨다. 1953년 4월 14일 부산 영락교회 정초식의 '교회의 머릿돌' 설교에서도 "우리 믿는 성도 하나 하나가 거룩한 성전의 아름다운 돌입니다. 돌 한 개라도 하나님의 성전이 되려면 한 개 한 개가 깨끗하고 아름다운 돌이 되어야 할 것입니다. 만일 하나라도 더럽거나 비뚤어진 것이 있으면 좋은 전을 지을 수 없을 것입니다. (중략) 우리 한 사람 한 사람이 성전의 일부분이 됩니다."라고 하셨다.[38] 모든 성도가 교회의 지체이며 일꾼인 것을 성경적 교회관에서 강조하신 것이다.

한경직 목사의 성경적 교회관은 '그리스도의 몸인 교회'라는 개념에서 시작한다. 1969년 12월 7일 창립 24주년 같은 제목의 설교에서 "교회란 무엇인가?"라는 질문에 "교회는 그리스도의 몸"이라고 자문자답하며 "우리 교인 하나하나는 그 몸의 지체"라고 개체의 중요성을 강조하셨다. 교회는 그리스도의 몸이므로 교회는 우선 단일성과 일치성을 가지며, 동시에 교회가 한 몸이라고 하여 몸이 하나인 것이 아니라 지체는 여럿이므로 교회는 다양성을 가진다. 그리고 교회의 일치성은 다양성 안에 일치성이 있는 것이라고 확실하게 정의하셨다.[39] 또한 필요 없는 지체가 하나도 없고 보이는 지체만 필요한 것이 아니듯이 교회의 직분도 똑같이 귀한 것임을 지체론을 통하여 설명하셨다. "이처럼 교회의 모든 직분도 똑같

38) 김은섭(편), 『한경직목사 설교전집』제1권(서울: 한경직목사기념사업회, 2009), pp.195-196.

39) 김은섭(편), 『한경직목사 설교전집』제11권, p.450.

이 귀합니다. 어떤 이는 교회 직분을 관청의 직제처럼 생각하는 이가 혹 있는지 모르겠습니다. 관청에 가보면 장관이 있고, 국장, 과장, 계장이 있어서 꼭 장관이 제일 높고 차례차례 내려가는 줄 압니다. 그러니 교회도 이렇게 생각을 해서 교회는 목사도 있고, 장로도 있고, 집사도 있고, 권찰도 있으니 교회도 계급이 있는 것처럼 목사는 제일 높고, 장로는 고만큼 높고, 이런 줄로 생각하는 이가 혹 있는지도 모르겠어요. 그래서 혹 장로 책임을 주면 할 수 있지만, 집사야 그것 무엇 할꼬? 권사의 이름을 주면 일하겠지만, 권찰로서야 무슨 일을 할까? 혹 이렇게 생각하는 이가 있는지 모르겠습니다. 한 분이라도 이렇게 생각하는 이가 있으면 이것은 큰 오해입니다."[40)]

한경직 목사의 '행정으로서의 사람'은 교회관에 나타난 성경적 지체의 실제이다. 모든 지체의 다양성이 교회의 기능적 역할을 수행하게 하며, 지체의 일치성이 교회가 그리스도의 한 몸인 본성을 증명하는 것이다. 실제로 한경직 목사는 모든 사람을 교회의 일꾼으로 양육하였으며, 모든 지체가 복음 전도를 위하여 존재하는 것임을 알게 하였으며, 교회행정에 있어서 모든 지체를 목회 협력자로 동역하였다.

바울은 위대한 사도요, 전도자요, 목회자였다. 바울의 사역은 '나홀로'가 아니었다. 바울은 이 목회협력자들이 없이는 성공적 사역이 불가능하였을 것이다. 바울서신에는 유난히 바울이 목회협력자들에게 "문안하라"는 부탁을 많이 하고 있다. 바울의 주위에는 많은 협력자들이 있었다는 증거이다. 바울은 각 교회의 목회협력자들을 '동역자'라고 부르고 있다.

헬라어의 동역자(synergos)란 '함께 일하는 자(fellow-worker)' 혹은 '도와주는 자'(helper)라는 의미를 가지며 경우에 따라서는 '한 부분을 담당하다'(plays a part)라는 뜻으로 사용되기도 한다. 유대주의의 전승에서 이 말은 베 짜는 사람들이 짜놓은 좋은 천을 의미하였으며 협동을 의미하였다.[41)]

신약에서 가장 두드러진 동역자의 모델은 바울과 목회협력자와의 관계이다. 바울이 함께 일하던 협력자들을 동역자란 호칭으로 부른 것은 그들에게 바울 자신의 지위의 독자성을

40) *Ibid.*, pp.451-452.

41) Gerhard Kittell, *Theological Dictionary of the New Testament* (Grand Rapids: Eerdmans, 1971), pp.871-872.

부여한 것이 결코 아니다. 바울은 자신이 그리스도에게 받은 사도직의 독자성을 어떤 경우에도 양보하지 않았다. 그러나 바울이 자신의 협력자들에게 동역자란 용어를 사용하여 우대함으로 교회에서 그들의 사역과 권위를 높여주었다.

바울은 디모데를(롬 16:21) 비롯한 여러 사역자들에게 동역자란 칭호를 쓰고 있다. 바울은 빌레몬과(몬 1), 디도(고후 8:23), 마가, 아리스다고, 데마, 누가에게도 같은 칭호를 사용하였다(몬 24). 이 밖에도 우르바노(롬 16:9), 글레멘드(빌 4:3)와 그와 함께 사역하던 당대의 가장 뛰어난 지적인 목회자인 아볼로에게도 동역자라고 불렀고(고전 3:9), 당시에 가장 아름다운 부부의 관계를 보인 교회의 일꾼인 브리스가와 아굴라에게도 동역자라고 하였다(롬 16:3).

바울은 동역자란 호칭을 세속적인 일을 함께 하는 의미가 아닌 복음을 위하여 함께 일하는 의미로 사용하였다. 그는 브리스가와 아굴라가 함께 장막을 만드는 직업을 가졌으나 이 일에 동역자라 하지 않았고 복음을 위한 협력자로서 동역자란 호칭을 사용하였다. 또한 그는 동역자란 호칭을 대상에 관계없이 복음에 함께 협력한 자에게 사용하였다. 바울은 동역자란 개념을 포괄적 의미로 사용하였다. 바울은 그의 서신들에서 목회자와 평신도의 구분 없이, 남성과 여성의 구분이 없이 동역자란 말을 사용하였다. 목회자나 평신도나 남자나 여자의 구분이 없이 복음에 협력하는 자가 동역자이였고, 이 동역자의 개념은 바울에게 광범위한 목회에서의 팀의 개념을 명확하게 해주는 용어이다.

한경직 목사는 1969년 11월 9일의 '하나님의 동역자들'이라는 설교 가운데 "우리는 하나님의 동역자들이요"(고전 3:9)라는 말씀을 주의하여 기억하라고 하였다. 한경직 목사의 '동역자'의 첫째 개념은 우리 모두가 하나님의 동역자란 뜻이다. "넓은 의미에서 인간은 다 하나님과 동역하는 동역자들이라는 것입니다."라고 하였고 나아가서 "교역자만 하나님의 동역자인 것이 아닙니다. 농부도 하나님의 동역자요, 의사도 하나님의 동역자요, 건축가도 하나님의 동역자요, 사업가도 그렇고, 교육가도 그렇고, 학생도 그렇고, 가정의 주부가 그렇고, 직공도 그렇고, 사원도 그렇고, 과학자도 그렇고, 정치가도 다 누구나 하나님과의 동역자라고 하는 것을 우리가 기억해야 합니다."라고 하였다. 그리고 하나님과 동역할 줄 아는

사람이 성공한다고 하였다.[42]

한경직 목사의 '동역자'의 둘째 개념은 우리가 하나님의 밭에서 일하는 일꾼으로서 일꾼들끼리 서로 협동하고 함께 일하는 동역자들이라는 뜻이다. "우리가 다 한 동산에서 일하는 일꾼이지만 다 똑같은 일들을 하는 것이 아닙니다. 우리가 다 각각 하나님께로부터 받은 재능과 또한 전공한 방면에 따라서 일할 것입니다. 각각 다른 경우의 일을 하나, 우리는 다 한 동산에서 공통된 목적을 가지고 일하는 것을 기억해야 합니다. 따라서 서로 동역자들인 것을 기억하고 피차에 돕고 협력하는 것을 알아야 합니다."라고 1974년 2월 6일 숭전대학교 졸업예배에서 설교하였다.[43]

한경직 목사의 목회에서의 '동역자'는 교회 안에서 목사, 장로, 집사, 권사 그리고 모든 성도들이었다. 뿐만 아니라 넓은 의미에서 목회를 한국교회와 세계교회로 확대하여 한국의 다른 교단들과 교파들과도 동역의 관계에서 일하셨다. 한경직 목사는 영락교회와 대한예수교장로회 뿐만 아니라 한국장로교회와 한국교회 전반적인 목회에도 함께 동역하는 자세를 잃지 않으셨다. 한국교회의 연합과 일치를 위하여 에큐메니칼적 포용적인 사세를 가지고 신학적 다양성을 가진 이들과 복음전파를 위한 동역의 관계를 유지하였다. 그리하여 한국기독교연합회장, 한국기독교 100주년 기념사업회 총재, 한국기독교총연합회 명예회장으로 모든 교회를 아우르는 초교파적 연합운동의 중심에 있었다. 그리스도의 이름으로 일하는 모든 일꾼을 교회 안에서나 교회 밖에서 '동역자'로 인정하는 폭넓은 신앙적 사고였고, 사람을 세우는 뛰어난 교회행정이었다.

V. 영락교회 연혁에서 본 한경직 목사의 교회행정

1942년 일제의 강압에 의해 신의주 제2교회를 떠나게 되고, 보린원으로 들어가 어린이들

42) 김은섭(편), 『한경직목사 설교전집』제11권, pp.408-412.

43) 김은섭(편), 『한경직목사 설교전집』제14권, p.72.

을 돌보던 한경직 목사는 1945년 10월 월남하여 그해 12월 2일 피난민들과 함께 서울 저동에 베다니전도교회를 설립하였다. 교회 이름을 '전도교회'라고 한 것은 한경직 목사의 목회철학이었고, 교회 설립의 동기였다. 목회자의 가장 중요한 사역이 설교, 심방, 교회운영이며 설교의 목적은 전도라고 늘 강조하셨다. 설교에는 반드시 전도가 포함되어야 한다는 것이 한경직 목사의 주장이었다. 그래서 한경직 목사에게 설교와 전도는 둘이 아니라 하나이며, 설교를 통하여 전도하며, 전도를 위하여 설교하였다. 전도를 교회의 제일 사명으로 삼아 교회 이름도 베다니전도교회라고 한 것이다.[44]

교회 창립과 동시에 1945년 12월 주일학교 유년부를 조직하였다. 한경직 목사가 교회 창립과 함께 가장 먼저 조직한 것이 주일학교였다. 전도교회를 설립하여 전도를 확실한 목표로 삼은 한경직 목사는 이와 더불어 교육의 중요성을 부각시킨 것이다. 이는 '전도, 교육, 봉사'라는 교회의 3대 목표에서도 분명하게 드러나고 있다. 한경직 목사의 교육에 대한 열정은 자신의 교육열에서도 확실하게 나타나고 있다. 1920년대 하늘의 별따기 같은 미국유학은 그의 교육에 대한 열망을 말하고 있고, 많은 학교를 설립한 것은 교육이 전도에 얼마나 중요한가를 여실히 보여주는 것이다.

그 후에 베다니 대학생회(1947년), 중학생 이상의 남학생으로 구성된 베다니 학생회(1947년), 베다니 여학생회(1947년), 여학생회와 베다니 학생회를 통합한 대학생회(1949년), 여자중학생 면려회(1949년), 남중학생 면려회(1949년) 등은 한국전쟁으로 부산으로 피난가기 전까지 지속되었다. 정전 후 서울 수복 후인 1953년 주일학교와 면려회를 재건하여 교회교육에도 열정적인 힘을 쏟으셨다. 1958년에는 30세-45세 장년을 위한 장년 면려회를 창립하여 교회교육을 장년에게까지 확대하였고, 후에 면려회는 학생회와 전도회로 분립이 되었다. 1964년에는 영아부에서 고등부까지를 교육1부로, 대학생과 일반 청년을 포함한 평신도를 교육2부로 편성하였고, 1969년에는 교육1부는 교육부로, 교육2부를 평신도부로 개칭하였다. 한경직 목사가 은퇴할 무렵인 1970년대 초반에는 교육부와 평신도부가 25개 부서로 확대 성장하였다. 한경직 목사의 교육에 대한 열정은 이런 괄목할 만한 교회학교의 성장에

44) 한경직목사기념사업회(편), 『한경직목사 성역 50년』(서울: 영락교회, 1986), p.25.

고스란히 나타나 있다.

1968년 10월 13일 '교육주일'에 한 설교에는 이런 사상이 분명하게 나타난다. "민주주의의 기초는 기독교 신앙과 사상에 있습니다. 우리 사회에서 기독교 교육이 필요합니다. 그러므로 한국의 교회는 앞으로 더욱이 교육에 힘을 써야 합니다. 교회 안에서 주일학교 교육은 말할 것도 없고, 우리 교회에서 초등학교나 중고등학교나 대학이나 이런 기관을 많이 세워서 기독교 교육을 어떻든지 우리 민중에게 주도록 하는 것이 한국교회의 지상의 사명인 줄 생각합니다. 교육을 통한 전도는 제일 효과적입니다."[45] 나아가서 "교육은, 특별히 기독교 교육은 장래의 국가나 교회를 위해서 최대의 봉사라 하는 것을 우리는 잊어서는 안 될 것입니다"라고 하였다.[46] 이런 교육에 대한 관심과 사명은 교회설립과 동시에 주일학교 유년부를 조직한 것에도 나타나고 있다. 베다니 주일학교는 1946년 말 유년부 어린이만 426명에 이르렀다.

교회 창립 다음 해에 '베다니 성가대'를 창설하고 '베다니 청년회'를 조직하였다. '베다니 청년회'를 조직할 당시 청년 회원 수는 229명이었으며, 청년회원의 수도 날로 증가하였다. 같은 해 2월 200명의 회원이 부인전도회를 결성하였고, 8월 공식적인 기구로 출발하여 본격적인 전도회의 기능을 하게 되었다.

1946년 9월 20일에는 '농아부'(농아인전도부)를 창설하였다. 농아부는 한국전쟁이 정전된 다음 서울이 수복되어 영락교회를 회복한 후 1954년 5월에 다시 시작하였다. 농아부는 영락농아인 교회로 발전하게 되어 지금은 세례교인이 300명 이상인 교회로 성장하게 되었다.[47] 농아부의 창설은 한경직 목사의 복지에 대한 교회의 선견적 안목에 기인한 것이다.

한경직 목사는 교회의 사명을 수행하기 위하여 많은 사회봉사기관을 설립하였다. 1939년 신의주에서 보린원을 설립하여 고아들을 돌봄으로 사회봉사기관 설립이 시작되었다. 보린원은 복순이라는 한 쪽 다리를 잃은 소녀를 돌보기 위하여 설립하였다. 한경직 목사는 필자

45) 김은섭(편), 『한경직목사 설교전집』제10권, p.517.

46) *Ibid.*, p.518.

47) 2012년 10월 서울노회에 보고된 통계자료에는 세례교인이 308명이다.

에게도 보린원 설립 동기와 복순이 이야기를 여러 번 들려주셨는데 그 때마다 눈시울을 붉히시고, 복순이를 두고 월남하신 것을 죄스러워하면서 눈물을 흘리셨다. 후에 재건 설립한 보린원(1947년), 경로원(1952년), 서울모자원(1954년) 등은 같은 맥락에서 창설되고 발전하였다.[48)]

1961년 1월 8일 '봉사 생활의 비결'이란 설교의 본문은 한 중풍병자를 네 친구가 침상을 메고 와서 지붕을 뜯고 달아내려 예수님께 나음을 받은 성경이었다. 이 설교의 결론에서 한경직 목사는 "여러분은 다 믿는 분인데 이런 환자를 주님께 메고 오는 데 현재 한 몫을 메고 있습니까?"라고 하면서 구체적으로 한 몫을 메는 것이 무엇인가를 설명하였다. 주일학교, 성가대, 구역 등을 열거하면서 "보린원이나 경로원 후원회에 들어서 다 같이 이 귀한 기관을 운영해 나가는데 협조하는 것도 한몫을 매는 것이올시다."라고 하였다.[49)] 한경직 목사의 내심에는 결코 소홀히 할 수 없는 기관이 바로 사회봉사 기관이었던 것이다.

사회봉사를 뜻하는 '디아코니아'(diakonia)라는 말은 '디아코네인'(diakonein)이라는 동사에서 나온 말이며 디아코니아를 수행하는 사람을 '디아코노스'(diakonos)라고 한다. 성경에서의 디아코니아는 순수한 사랑을 가지고 남을 섬기는 것을 의미하였으며, 교회가 성장하고 든든해지기 위한 모든 봉사를 디아코니아라 하였다. 초대교회의 일곱 사람은 '디아코니아'를 위해 세워진 '디아코노스'들이었고(행 6:3), 이들의 섬김의 결과는 교회성장(행 6:7)이었다. 그러므로 사회봉사와 교회성장은 성경적 연관성을 가진다. 그런 의미에서 볼 때 '디아코니아'는 그리스도인이면 누구에게나 필수적인 덕목이요 사명이며, 사람마다 다른 디아코니아를 가지고 있으며, 이 일을 위하여 하나님께서는 우리를 세상에 살게 하신 것으로, 우리의 피할 수 없는 과제이며 사명인 것을 알 수 있다.

한경직 목사는 교인들을 봉사하는 집단으로 양육하였다. 1954년 청년회를 실업청년회, 공무원 청년회 등 직업별로 설립하였다. 그 다음 해인 1955년 청년회 조직을 단일화하였으며, 그 기능도 병원환자 위문, 전도, 고아원 양로원 방문, 전도인 파송 등으로 규정한 것을

48) 영락교회(편), 『영락교회 50년사: 1945-1995』(서울: 대한예수교장로회 영락교회, 1998), pp. 154-155.

49) 김은섭(편), 『한경직목사 설교전집』제5권, p.118.

보면 한경직 목사의 교인들을 봉사하는 자로 양육하려는 의도를 알 수 있다.

1946년 11월 12일 베다니 전도교회는 그 이름을 영락교회로 바꾸게 된다. 교회 이름을 영락교회로 바꾼 일차적 이유는 교회가 위치한 지역의 이름이 영락정(永樂町)이었기 때문이다. 『영락교회 50년사』에는 "교회가 위치한 이름을 따라 교회 이름을 붙이는 관례는 한국교회의 오랜 전통이었다. 적어도 1960년대 말까지 이 같은 전통이 이어졌다."고 적고 있다.[50) 그러나 실제로는 지역의 이름을 따라 교회의 이름을 짓은 관례는 한국교회가 아니라 오랜 개혁교회의 전통이었다. 개혁교회는 사회성을 강조하고, '교회가 사회를 위하여 무엇을 할 것인가?'라는 물음을 항상 가지고 있는 교회이므로, 지역 이름을 따라 교회 이름을 지은 것이다.[51) 초기에 전도의 목적으로 '베다니 전도교회'로 교회의 이름을 붙인 후 일 년 후에 지역의 이름을 따라 '영락교회'로 이름을 바꾼 것은 한경직 목사의 개혁주의 전승에 대한 행정적 이해에 의한 일이었을 것이다.

1947년 1월 첫 주일에 영락교회는 한국교회 최초로 2부 예배를 신설하였다. 2부 예배를 신설하게 된 이유는 교회의 성장이 당시의 예배당으로 예배를 충족할 수 없었기 때문이었다. 1947년 6월에는 출석교인 수가 2천 명을 넘어 당시의 예배 처소로는 예배 인원을 감당할 수 없어 성전 건축을 할 수밖에 없었다. 현재 예배당이 있는 자리에 임시방편으로 '천막성전'을 세우고 후에 석조 예배당을 건축하게 될 때까지 교회는 날로 부흥하였다.

한국 전쟁으로 잠시 중단되었던 2부 예배가 1953년 10월 다시 실시하게 되었고, 1963년 6월 23일 3부 예배를 신설, 1973년 6월 10일 4부 예배를 신설할 때까지 교회는 줄기차게 성장하였다. 그 후 한경직 목사 은퇴 후에 5부 예배가 1982년 1월 3일 신설되어 지금까지 시행되고 있다. 영락교회가 2부 예배를 신설하기 전까지는 한국교회에 2부 예배라는 개념이 없었다. 주일 예배는 주일 낮에 한 번 드리는 것이 관례였다.

교회성장학자들은 한국교회는 1960년대부터 1990년대까지 매 10년마다 수적 배가를 이

50) 영락교회(편), 『영락교회 50년사: 1945-1995』, p.82.

51) 지역에서 제일 먼저 설립된 교회는 도시 이름에 '제일교회', 두 번째 설립된 교회는 '제이교회' 등으로 붙이는 것이 개혁교회의 전승이었다. 교회 수가 많아지게 되자 동네 이름으로 교회 이름을 붙이기 시작하였다.

루었다고 한다. 이 기간 동안 세계교회사에 새로운 성장 유형의 기록을 세운 것이다.[52] 묘하게도 이 기간 동안 한국경제도 동반 성장하였다. 한국의 교회성장과 경제성장은 시기적으로 일치한다. 한국의 교회침체와 경제침체도 시기적으로 일치한다. 최근에 와서 한국교회가 침체되는 경향이 확연해졌다. 한국교회의 침체는 한국경제의 침체와 시기적으로 일치하는데, 필자의 견해로 이는 한국교회가 사회에 영향을 미치지 못했기 때문이라고 본다. 교회가 성장해야 경제도 성장할 수 있을 것이다. 한국교회의 성장에 영락교회가 큰 몫을 담당했으며, 영락교회의 성장이 한경직 목사의 공헌이었음을 부인할 수 없을 것이다.

1947년 11월 10일 청년들로 구성된 노방전도대가 발족하여 4개 대 80명의 대원이 전도를 시작하였다. 전도는 베다니 전도교회의 설립 목적일 뿐만 아니라 교회의 설립 목적이므로 한경직 목사는 교회로 하여금 끊임없이 전도에 온 열정을 기울여 힘쓰게 하였다. 한국전쟁 후에 서울로 돌아온 한경직 목사는 1953년 10월, 노방전도대 활동을 다시 시작하였다. 1954년 1월 31일에는 남전도회를 재발족하였고, 1960년에 면려회와 전도회를 구분하면서 전도회의 활동을 활성화하였다. 이후에 여전도회의 확장으로, 여전도회를 내지선교를 담당하는 1부 여전도회와 외지 선교를 담당하는 2부 여전도회로 분리 확장하였다.

Ⅵ. 목회신학에서 본 한경직 목사의 교회행정

교회는 그 목적을 성취하기 위하여 세 가지를 지향하는데, 상향(upreach)과 내향(inreach)과 외향(outreach)이다. 상향은 교회의 첫째 목표이며, 교회의 존재 이유이다. 이것은 예배이며, 전달(communication)을 통하여 이루어진다.[53] 내향은 보이는 교회의 모습이며, 힘의 집결을 의미한다. 이것은 훈계(edification)이며, 축하(celebration)를 통하여 이루어진다. 외향

52) 세계적인 교회성장학자인 피터 와그너 교수는 특히 이 점을 그의 강의 시간마다 자랑스럽게 강조한다.

53) Aubrey Malphurs, *Developing a Vision for Ministry in the 21st Century* (Grand Rapids: Baker Book House, 1992), pp.122–123.

은 실제적 교회이며, 동시에 교회의 사명이다. 이것은 전도(evangelism)이며, 돌봄(caring)을 통하여 이루어진다. 그 동안 한국교회는 상향과 내향에는 상당한 관심을 가졌으나 외향은 상대적 무관심이었다. 특히 외향을 전도라고 한 것은 좁은 의미의 개인 영혼 구원이 아니라 사회를 돌보는 일이다. 대부분의 대형교회들이 교회성장이라는 명제에 묶여 사회에 대해 관심을 가지지 못하고 지나온 것이 사실이었다.

교회가 그 목적을 성취하기 위해서는 위의 세 가지 지향이 균형을 이루어야 한다. 어느 한 지향이 지나치게 강조되거나 어느 한 지향이 무시되어서는 교회의 이상적 목적이 달성될 수 없다. 그러나 대부분의 한국교회는 세 가지 지향이 균형을 이루지 못하고 있다. 그러므로 교회는 성장했지만 사회로부터 인정을 받지 못하는 교회가 있는가 하면, 사회성은 강하지만 교회성장은 이루지 못하는 교회가 있다.

많은 한국의 교회들이 '변화산의 환상'에 빠져 있었다. 산 아래에 내려가서 한 아이를 고쳐야 하는 예수님의 목적을 아랑곳하지 않고 "여기 있는 것이 좋사오니 초막 셋을 짓겠습니다."라고 하는 산꼭대기의 탈속(脫俗)이다. 조금 성장하여 여유가 있는 한국교회는 초막 셋을 지었다. 그 셋은 예배당, 교육관, 기도원이었다. 교회의 목적을 성취하기 위해서는 상향을 위하여 예배당을, 내향을 위하여 교육관을, 그리고 외향을 위하여 복지관 혹은 사회봉사관을 세워야 한다. 기도원을 세운 것이 흠이 아니지만 교회의 목적 성취를 위해서는 기도원보다 복지관이 우선이어야 한다. 한국교회가 기도원보다 복지관을 우선적으로 세워 사회를 섬겼더라면 한국사회로부터 박수를 받았을 것이다.

한경직 목사의 목회는 바른 목회신학에 든든히 서 있는 균형 있는 목회이다. 상향을 위하여 1950년에 준공한 석조 예배당은 당시로는 상상할 수 없는 규모였다. 그리고 내향을 위하여 교육관과 여러 학교들을 세웠다. 개교회가 설립하고 관리한다고 믿기 어려운 규모의 학원을 설립하였다. 한경직 목사가 교육을 위하여 학교를 설립하고 학원복음화 운동에 앞장섰던 학교들이 대광고등학고, 성경구락부, 영락중학교, 영락고등학교, 영락유치원, 성서학원, 영락여자신학교 등이다. 그리고 기도원(1961년)을 설립하기 이전에 보린원(1947년 설립), 경로원(1952년 설립), 모자원(1954년 설립) 등을 세워 외향을 통한 교회의 목적을 성취하려 하였다.

한경직 목사는 목회자가 계속해서 성장해야만 하는 네 가지 영역을 말하고 있다. 첫째, 목회자는 영적인 면에서 성장해야 한다. 둘째, 목회자는 도덕적으로 성장해야 한다. 셋째, 목회자는 지적인 분야에서 성장해야 한다. 넷째, 목회자는 사회적인 분야에서 계속 성장해야 한다.[54] 한경직 목사는 이런 목회자의 성장해야 할 네 가지를 실제로 실천하였다. 연세가 드신 후에도 이런 목회자적 탐구는 쉬지 않으셨다. 남한산성에 계실 때도 손에 책을 놓지 않으셨고, 필자가 방문했을 때는 거의 영어로 된 신학 학술지를 보고 계셨다. 가끔은 학술지에 기고된 글을 보았냐고 전화로 묻기도 하셔서 못 보았다고 하면 보내주시기도 하셨다. 또한 사회적인 분야의 성장을 위하여 사회를 관찰하고 한국사회와 세계의 미래를 조망하는 눈을 감지 않으셨다. 그리하여 교회가 사회에 대한 시대적 부르심이 있으면 즉각 시행하였다.

교회에 대한 사회의 일반적 오해가 있다. 교회가 "자기들밖에 모른다.", "교회 건축에만 혈안이다."라는 것 등이다. 그러나 이것은 영락교회와 한경직 목사의 목회를 보면 완전한 오해인 것을 알게 된다. 한경직 목사는 교회 밖에 항상 눈을 돌려 섬길 대상을 찾았고, 사회가 교회에 무엇을 요청하고 있는가에 민감하였다. 이런 한경직 목사의 목회는 분명한 신학이 있는 목회였고, 목회를 위한 신학을 가졌다. 한경직 목사에 대한 많은 찬사와 수식어가 있지만, 누구도 '위대한 신학자'라고 하지 않지만, 한경직 목사는 위대한 신학자였다. 신학이 있는 목회를 현장에서 끊임없이 추구한 신학적 목회자였고 목회적 신학자였다.

Ⅶ. 교회행정과 리더십

리더십의 정의는 다양하지만 다양한 정의에서 내포하고 있는 중요한 요소를 발견하게 된다. 첫째는 리더십의 주체와 대상으로 구분되는 리더와 추종자의 상호관계이다. 리더십은

54) 임걸, "한국교회 참 목자상의 원형", 「기독교사상」527호(2002년 11월), pp.284-285.

리더와 추종자 사이의 상호관계를 포함하고 있다. 둘째, 리더십의 목표는 조직의 목적 성취이다. 리더십이 요청되는 이유는 조직의 목적을 성취하기 위함이다. 그러므로 리더십은 목적 성취에 그 중요성이 집중된다. 셋째는 리더가 추종자들에게 미치는 영향력이다. 리더십의 내용은 통제나 이끌어 가는 것이 아니라 영향력을 행사는 것이다. 맥스웰(John Maxwell)은 리더십이란 추종자를 모을 수 있는 능력이며 영향력이라고 정의하며, "많은 요인들이 태도에 영향을 미친다. 또한 많은 것이 태도로부터 나온다."고 하였다.[55)]

리더십은 현대 행정에서 중요한 분야로 부각되며 심지어 행정에서 분리되어 새로운 학문의 영역으로 발전하고 있다. 이는 리더십이 현대사회에서 점점 발휘하기 힘든 사회적 여건에 기인하며, 동시에 리더십 부재라는 상황적 현상 때문이다. 리더십 부재의 현상은 교회도 예외가 아니다. 한국교회도 이전에 가지고 있던 교회 리더십을 잃어버리고 리더십 부재의 공황 속에 허덕이고 있다. 교회가 이전과 같은 리더십을 인정하지 않기 때문이다.

이와 같은 리더십의 정의에서 볼 때, 한경직 목사는 위대한 리더이다. 리더십이 중요한 교회행정, 특히 목회자의 행정이라는 면에서 볼 때, 한경직 목사는 행정의 달인이라고 할 수 있다. 한경직 목사는 자신의 목회를 토대로 이렇게 회고하였다. "목사로서 중요한 것은 설교, 심방, 교회운영이다."[56)] 한경직 목사는 설교의 목적은 전도이며, 교회운영의 궁극적 관심은 전도, 즉 영혼 구원이라고 하였다. 같은 맥락에서 한경직 목사는 목회의 3대 사명으로 전도, 교육, 봉사를 꼽았다. 이 세 가지 사명은 영락교회 목회의 초점이며, 사회적 접근 양식이었다.

한경직 목사는 교회의 화평을 지키는 것을 교회행정의 제일 목적이라고 하면서, 교회의 화평을 지키는데 필요한 목회자의 덕목을 성경적으로 제시하였다. 그가 제시한 목회자의 덕목은 겸손, 온유, 오래 참음, 사랑, 용납 등이다.[57)]

한경직 목사는 행정가로서 목회자의 심정은 자기는 그리스도의 종이라는 종의 의식이라

---

55) 존 맥스웰, 『성공한 사람들의 태도 101』, 양병무(역), (서울: 청우, 2003), p.49.

56) 한경직, "교회성장과 나의 회고록", 「월간목회」(1978. 12), p.30.

57) 한경직, 『사도바울에게 배운다』(서울: 교문사, 1985), p.191.

고 하였다.[58] 목회자는 행정적으로 전문 관리인(professional manager)이다. 지교회의 목회자는 당회장이며, 제직회장이며, 공동의회 의장이며, 교회가 특별한 부속기관을 소유할 경우에는 많은 이사장직을 가지게 된다. 목회자가 이런 다양한 리더의 직분을 수행하려면 걸맞은 리더십을 가져야 한다. 한경직 목사는 목회자의 행정적 직분을 수행하기 위하여 필요한 덕목을 위에 열거한 것들이라고 하였다. 이런 목회자의 덕목은 성경이 가르치는 덕목이며, 모든 목회자가 갖추어야 할 덕목이다.

교회행정학에서 목회자를 전문 관리인이라고 하는 것이나, 흔히 목회자가 하나님의 말씀과 치리의 대행자라고 부르는 것은 목회자가 교회의 주인이 아니라는 전제에서 비롯된 말이다. 목회자는 그리스도의 종이며, 종은 주인의 뜻에 따라 업무를 수행하는 자라는 의식이 확고해야 신실한 목회자이다. 현대 한국교회에 목사가 교회의 주인인가, 장로가 주인인가 라는 비본질적인 물음과 갈등에 대하여 한경직 목사는 확실하게 대답한다. "교회의 주인은 그리스도요, 목사나 장로나 다 같이 그리스도의 종으로서 그리스도의 몸 된 교회를 봉사하는 것이다."[59]

성경적 리더십의 원칙들이 있다. "리더가 되기 전에 인정을 받으라, 모든 일에 투명하라, 자신의 약점을 인정하고 고치라, 우선순위를 파악하라, 반대자를 품으라, 개인적 관심을 가지라, 비판을 각오하라, 숫자에 민감하라, 칭찬에 인색하지 말라, 시간을 엄수하라, 문제는 즉시 해결하라, 온유한 자가 되라" 등이다. 이 가운데 가장 중요한 성경적 리더십의 원칙은 '온유한 자가 되라'는 것이다.

온유란 타고난 자연적 성품이 아니며, 친절한 것만을 가리키는 것이 아니며, 타협의 정신을 가리키지도 않는다. 막연하게 다른 사람에게 동의하거나, 자신의 주장을 무기력하게 포기하는 것도 아니다. 온유란 위대한 용기와 능력과 권위를 동반한다. 참으로 온유한 자는 진리를 위해 목숨을 버릴 줄 알며 약한 것이 아니라 강한 것이다. 결과적으로 온유란 하나님께 대한 순종의 태도와 자신에 대한 겸손의 태도와 타인에 대한 사랑의 태도가 연결되어

---

58) *Ibid.*

59) *Ibid.*, p.192.

진 성품이며, 사람에 대한 선의와 하나님을 높이는 태도를 동반한다. 모든 리더에게 겸손이란 긍정적인 장점으로 작용하며, 크리스천 리더에게 온유란 불가결한 긍정적 리더십의 요소로 작용한다. 리더는 추종자의 장점보다 더 많은 자신의 단점을 보고 스스로 낮출 줄 알아야 하는 겸손한 성품의 소유자이어야 한다.[60]

한경직 목사는 목회에서 가장 힘쓴 것 중의 하나가 화평이라고 하였다. 그래서 교회 안에서 온유와 겸손을 바탕으로 화평을 이루려고 애썼다. "온유한 자가 땅을 차지한다."는 성경의 가르침대로 사람을 얻고 땅을 얻었다. 이것이 한경직 목사의 목회였다. 모든 사람과 화목하려고 애썼으며, 한 사람의 반대를 무시하지 않고 모든 사람이 하나가 되어 함께 한 길을 가려고 한 것이다. 한경직 지근에 있던 분들의 한결같은 증언은 '한경직 목사는 화목의 목회, 화평을 이루는 목회, 온유와 겸손의 목회'라고 입을 모은다. 이런 리더십의 성경적 덕목을 고매한 인격에 심어둠으로 많은 추종자들이 목사님을 신뢰하고 따랐던 것이다.

1960년 1월 17일 한경직 목사는 '온유한 자와 그 복'이란 제목의 설교에서 온유한 자를 이렇게 설명하였다. "온유한 사람은 하나님께 대하여 겸손합니다. 온유한 사람은 하나님의 뜻이면 또한 순종합니다. 온유한 사람은 자연히 사람에 대해서도 온유합니다. 온유한 사람은 사람에 대해서 어려운 것을 잘 참을 뿐만 아니라 용서하여 줍니다. 한 걸음 더 나아가서 온유한 사람은 악을 악으로 갚지 않고 악을 선으로 갚을 것입니다."[61] 한경직 목사의 온유에 대한 설명은 성경적 해석이면서 동시에 자신의 삶에서 나온 간증과도 같은 것이다.

1994년 설날 필자가 한경직 목사에게 새해 인사를 드리려고 방문하여 목사님께 여쭈었다. "목사님께서 장수하시는 이유가 무엇입니까?" 그 때 목사님은 "장수하는 이유가 없어. 그저 하나님의 은혜지."라고 하셨다. 그 때 필자가 "그 이유를 저는 아는데요?" 했더니 "그 이유가 뭐지?"라고 되물으셨다. 필자는 목사님의 장수의 비결을 '온유와 무소유의 청빈'이라고 했더니 웃으시면서 "그런가?"라고 하셨다. 온유와 청빈은 한경직 목사의 장수의 비결이라기보다 그의 인격이었고, 삶이었고, 리더십이었다.

60) 이성희, 『디지털 목회 리더십』(서울: 규장문화사, 2000), p.297.

61) 김은섭(편), 『한경직목사 설교전집』제4권, pp.227-230.

한경직 목사는 가장 소중한 리더십의 비결을 몸속 깊이 간직하고 있었기에 한 사람이 한 일이라고는 상상할 수 없는 엄청난 일을 하였고, 위대한 업적을 남기신 것이다. 영락교회의 방대한 교회 조직과 기구들, 그리고 한국교회의 연합기구들과 기관들을 이끌어간 것은 한경직 목사의 리더십의 덕이다. 한경직 목사의 리더십은 지배하는 리더십이 아니라 부드러운 리더십이다. 내 사람만을 이끄는 배타적 리더십이 아니라 모든 사람들과 함께 가는 포용적 리더십이다.

Ⅷ. 한경직 목사의 성경적 교회행정관

교회행정의 목적은 교회의 목적을 성취하는 것이다. 구체적으로 말하면 교회행정의 목적은 교회의 성장과 성숙을 이루는 것, 그리스도의 몸의 각 지체가 강건하게 하기 위한 것, 교회가 하나님 안에서 일치하여 하나 되게 하는 것, 그리고 궁극적으로 하나님의 영광을 위함이다.[62] 한경직 목사의 목회는 성경적 교회관에서 시작하였고, 교회행정의 목적인 교회의 일치를 완벽하게 이해하고 이루었다.

한경직 목사는 1986년 4월 7일 정동교회에서 열린 교단장 간담회에서 '그리스도인의 일치'라는 설교를 하였다. 이 설교에서 그는 에베소서 4장1절에서 6절의 본문으로 교회의 일치를 강하게 권면하였다. 특히 '그리스도인의 일치는 모든 신도의 염원이다'라는 대지 하에 '평신도는 교파 분열을 이해하지 못한다.', '평신도들은 교파를 초월하여 잘 협동한다.', '교역자들은 이 점에 반성해야 한다.'고 하였다. 이와 더불어 교회의 일치가 민족의 염원인 것을 말씀하였고, 결론적으로 이렇게 말씀하였다. "현재 한국교회는 누구나 교회 일치를 원하고 있다. 신학사조에 상관없이 일치는 누구나 원한다. 문제는 어떠한 형식으로 혹은 방법으로 할 수 있느냐는 것이다."[63] 교회행정의 목적인 교회의 일치에서 시작하는 한경직 목사

62) 이성희, 『교회행정학』(서울: 한국장로교출판사, 1994), pp.82-91.

63) 김은섭(편), 『한경직목사 설교전집』제18권, pp.100-101.

의 교회행정은 교회를 위한 행정이며, 교회를 참 교회 되게 하는 행정이다.

한경직 목사는 교회행정의 원리를 철저하게 성경에서 찾는다. 한경직 목사의 목회관은 일관되게 성경적이며, 설교는 말할 것도 없고 전도, 교육, 봉사를 논할 때도 성경을 떠나지 않는다. 그런 맥락에서 교회행정도 성경으로 해석하고 있다. 한경직 목사는 양을 먹이는 일을 '강단 목회', 즉 목회자의 설교 사역을 의미하며, 양을 치는 일을 '관리 목회', 즉 행정 사역을 의미하였다. 그래서 "목회자는 양을 잘 먹일뿐더러 양을 또한 잘 칠 줄 알아야 한다." 고 하였다.[64] "양을 치다"는 성경적 개념을 교회행정의 근거로 설정하여 전반적인 교회행정을 설명하였다.

앞에서 논한 목회의 세 가지 면에서 보면 "양을 치다"는 개념은 '목양'의 개념이지만 한경직 목사는 양을 치는 것을 '목양'과 '조직'의 한 개념으로 해석하고 있는 것이다. 그래서 『사도바울에게 배운다』에서는 '행정가로서의 목회자' 다음에 '심방자로서의 목회자'를 계속 설명하여 '양을 치다'의 개념을 행정과 목양을 포함하고 있다.[65]

요한복음 21장은 '요한복음의 부록'이란 별명을 가진 장이다. 특히 예수님을 세 번이나 부인하여 제자 공동체에서 신임을 잃어버린 베드로를 다시 제자들 앞에서 그 권위와 소명을 회복시켜 주는 장면으로 흔히 '베드로의 위임식'이라 부른다. 베드로의 리더십의 회복은 예수님의 승천 후에 초대교회를 세우는데 가장 중요한 리더의 회복이기 때문이다. 예수님은 세 번 베드로에게 "네가 나를 사랑하느냐"라고 물으신다. 이에 대한 베드로의 대답은 "내가 주를 사랑합니다."이었다. 주님에 대한 베드로의 사랑을 확인하신 주님은 주님에 대한 사랑을 양을 먹이는 일에 사용하라고 하신다. 첫 번째 사랑에 대한 주님의 명령은 "내 어린 양을 먹이라"이었고, 두 번째 사랑에 대한 명령은 "내 양을 치라"이었고, 세 번째 사랑에 대한 명령은 "내 양을 치라"이었다.[66] 주님은 베드로에게 사랑을 다짐하신 후에 주님의 양을 위탁하셨다. 주님의 양을 먹이고 칠 수 있는 자격은 주님을 사랑하는 것이다. 첫 번째 명령

---

64) 한경직, 『사도바울에게 배운다』, p.189.

65) *Ibid.*, p.195.

66) 요한복음 21:15-17.

은 "먹이라"이었지만 두 번째 명령은 "치라"로 발전하였다. "먹이다"('βοσκω')는 단지 먹이는 동작이나 "치다"('ποιμαινω')는 먹이는 것을 포함하여 기르고, 인도하는 더 광범위한 목자의 책임 전체를 말한다. 전자는 주로 설교를, 후자는 그것을 포함한 목회 전체를 가리킨다.[67]

한경직 목사는 양을 먹이는 일과 양을 치는 일은 서로 관련되어 있으며, "양을 잘 먹이면 양을 치기도 쉽다"는 스펄전 목사의 말을 인용하기도 한다. 그래서 양은 꼴을 배불리 먹고 물도 넉넉히 마시면 그저 만족하여 초장에서 잘 놀고 쉬기도 한다고 하였다.[68] 한경직 목사의 사역이 성경적 말씀 사역에 중심이 있음을 증명하는 말이다.

교회가 교회 되게 하는 세 가지 본질적 사명이 있다. 교회의 세 가지 사명은 '케리그마'와 '코이노니아'와 '디아코니아'이다. 하나님의 말씀을 선포하는 기능과 교제하는 기능과 봉사하는 기능은 교회가 본질적 사명을 수행하게 하는 중요한 기능들이다. '케리그마'의 내적 기운이 '코이노니아'라면 '케리그마'의 외적 작용이 '디아코니아'이다.[69] 하나님의 말씀이 내적으로 전달되는 기운이 '교제'이며, 그 말씀이 외적으로 작용하는 것이 '섬김'이다. 다시 말하면 교회의 본질적 사명은 말씀이며, 말씀을 떠나서는 어떤 것도 교회가 교회 되게 할 수 없다. 초대교회가 교회를 봉사자의 집단(Group of ministers)이라 불렀던 것은 봉사가 아니라 봉사의 기초인 말씀 때문이었다. 한경직 목사는 1955년 교회창립 10주년을 맞아 영락교회의 3대 사명을 첫째는 진리 수호, 둘째는 복음 전파, 셋째는 사회봉사라고 한 것도 같은 의미에서였다.[70] 한경직 목사는 교회를 하나님의 말씀에서 이해하고, 말씀을 실천하는 그리스도의 몸으로 해석하고 있다. 그러므로 한경직 목사는 말씀이 육신이 된 그리스도의 형상을 모본으로 하는 '성육신 신학'을 가장 정확하게 이해한 목회자요 가장 명확하게 실천한 교회행정가이었다.[71]

67) 이상근, 『신약주해 요한복음』(서울: 기독교문사, 1961), p.365.

68) 한경직, 『사도바울에게 배운다』, p.189.

69) 이성희, 『미래목회 대 예언』(서울: 규장문화사, 1998), p.292.

70) 『영락교회 50년사』, p.165.

71) '성육신 신학'은 요한복음 1:14 "말씀이 육신이 되어 우리 가운데 거하시매 우리가 그의 영광을 보니 아버지의

한경직 목사는 하나님의 양들이 주일에 생명의 양식을 풍성히 먹고 은혜를 받으면 불평이 없고 서로 화목하게 잘 지내지만, 양들이 잘 먹지 못하여 배고프고 목마르면 불평과 불만이 생기고, 교인 간에 화목하지 못하므로 다투고 분쟁과 분규를 일으킨다고 하였다.[72] 말씀이 행정의 기초이며 양들에게 말씀을 잘 먹이는 것이 말씀 사역일 뿐만 아니라 교회행정의 기본이 됨을 설명하고 있다.

나아가서 한경직 목사는 "목회자는 먼저 양을 잘 먹이도록 힘을 써야 하거니와 그러나 또한 양을 잘 다루고 잘 인도할 줄 알아야 한다."고 하였다.[73] 교회행정의 기초가 하나님의 말씀이지만 말씀을 가르치고 운영하는 데는 행정적 기술을 필요로 한다는 것이다. 행정은 과학이며, 섬김이며, 관리이며, 행위이다. 데일(Robert Dale)은 교회행정을 목회 그 자체이며, 사람이며, 관리라고 하였다. 그는 "교회행정이란 하나님의 과학이며 예술이며 은사이다. 과학으로서의 교회행정은 연구와 실천에 의하여 습득되어지는 진행과 기술을 포함하며, 예술로서의 교회행정은 상호관계 속에서의 감수성, 직감, 그리고 적절한 시간 포착(timing)을 요청한다."고 하였다.[74] 한경직 목사는 행정적 기술의 필요성을 알 뿐만 아니라 행정적 기술을 소유하고 있었다.

한경직 목사는 행정가로서 가장 중요한 것은 교회를 화평하게 하는 것이라고 한다.[75] 교회의 화평은 교회행정의 목적 가운데 하나이다. 교회행정의 목적은 첫째, 교회의 성장과 성숙을 이루게 하는 것이다. 앞에서 본대로 교회행정의 결과는 교회성장이다. 둘째, 그리스도의 몸의 각 지체가 강건케 하기 위함이다. 교회행정의 목적은 '교회가 교회답게 하는 일'(let the church be the church)이다. 셋째, 교회가 하나님 안에서 하나 되게 하기 위함이다. 교

독생자의 영광이요 은혜와 진리가 충만하더라"는 말씀에 기초하여 참 하나님(vere deus)이며, 참 인간(vere homo)인 그리스도가 인간의 육체 안으로 오신 사건의 신학적 해석이다. 한경직 목사와 동시대 유학파이며 신학자인 장공(長空) 김재준 박사는 기독교인의 사상은 "성육신적 영성은 말씀의 인간화, 생활신앙이라야 한다."고 한 바가 있다.

72) 한경직, 『사도바울에게 배운다』, p.190.

73) *Ibid*.

74) Robert Dale, "Managing Christian Institutions," in *Church Administration Handbook*, ed. Bruce P. Powers(Nashville: Broadman Press, 1985), p.11.

75) 한경직, 『사도바울에게 배운다』, p.190.

회행정은 지체의 다양성(diversity)을 인정하는 통일성(unity)을 추구하며, 하나 됨을 통하여 교회의 화평을 이루는 것이다. 넷째, 궁극적으로 하나님의 영광을 위함이다. 교회행정학은 그 동기가 성경이고, 목적이 하나님의 영광이며, 결과는 하나님을 기쁘시게 하는 것이다.[76) 한경직 목사가 시무하던 시대 한국교회는 교회행정학이란 학문이 발달하지 못했던 시대이다. 그럼에도 불구하고 한경직 목사는 교회행정학의 원리를 정확하게 이해하고 있었고, 실제로 교회 현장에서 실천한 탁월한 교회행정가였다.

바울서신에 나타난 바울의 교회관은 원리에 충실하였다. 특히 로마서와 에베소서에 나타난 바울의 교회관은 원리적이었다. 그러나 바울서신의 특징인 원리에 따른 실천편을 바울은 제시한다. 한경직 목사는 성경적 원리뿐만 아니라 실천편을 강조하여 교회행정의 실제를 설명한다. 에베소서 4장의 그리스도인의 생활을 교회행정의 안목으로 해석하고 "성령의 하나 되게 하신 것을 힘써 지키는 것"이 목회 행정가로서의 첫째 사명이라고 하였다.[77)]

교회의 화목을 행정의 제일 원칙으로 꼽은 한경직 목사는 하나님의 뜻은 '하나'라는 것을 강조한다. 하나의 하나님의 뜻을 발견하기 위하여 겸손과 기도로 힘써야 하며 편견과 독선에서 오는 고집을 버려야 한다고 권한다. 하나님의 뜻은 대다수의 의견으로 나타나는 것이므로 자신의 의견을 고집하지 말라고 한다. 많은 기도와 충분한 토의가 있은 뒤에 대다수의 의견을 좇는 것은 교회행정의 원칙이라고 설명한다.[78)] 베드로는 교회의 장로들에게 "맡은 자들에게 주장하는 자세를 하지 말고 양 무리의 본이 되라."[79)]고 권면한다. 자신의 의견을 주장하고 고집하는 것은 교회의 치리자인 장로의 자격이 아니다. 한경직 목사가 고집을 부리지 말라는 권면은 성경적 권면이었다. 필자는 당회나 제직회 등 회의 시간에 자신의 의견을 단 한 번만 개진하라고 한다. 한 번 발표하는 것은 의견이고, 두 번 말하는 것은 주장이고, 세 번 이상 말하는 것은 고집이라고 한다. 교회는 자신의 의견을 반드시 관철하겠다는 생각을 버리고 하나님의 말씀에 귀를 기울일 때에 하나님의 뜻대로 되는 그리스도의 몸이

76) 이성희, 『교회행정학』, pp.82-91.

77) 한경직, 『사도바울에게 배운다』, p.191.

78) *Ibid.*, p. 193.

79) 베드로전서 5:2.

라 할 것이다. 교회의 회의, 특히 당회는 자신의 경험이나 이론을 바탕으로 토론하는 토론장이 아니라 하나님께서 이 시대에 교회에 무엇이라고 말씀하시는지 귀를 기울여 듣는 시간이 되어야 한다.

한경직 목사의 행정론의 결론은 교회의 화평이다. 개인적인 불화나 갈등이 있을 때는 속히 화해하도록 최선을 다 해야 한다. 그리고 교회의 화평과 일치는 사람의 지혜와 노력만으로는 불가능하다. 교회가 화평을 이루고, 일치하게 하는 것은 성령의 역사로 가능하다. "사랑과 희락과 화평과 오래 참음과 자비와 양선과 충성과 온유와 절제"는 성령의 열매이다.[80)]한경직 목사의 교회행정론은 말씀에서 시작하여 말씀을 실천하는 행정이며, 성령의 역사로 완성되는 것이라고 할 것이다.

80) 갈라디아서 5:22-23.

한경직 목사의 설교사역

- 절기설교를 중심으로 -

주승중 박사 / 주안장로교회

Ⅰ. 들어가는 말

교회의 역사를 살펴보면 지난 이천 년 동안 교회의 역사는 하나님의 말씀의 선포, 즉 설교와 그 운명을 함께 해 왔다. 하나님의 말씀이 강단에서 올바르게 선포되면 교회는 부흥하였고, 그렇지 않을 때 교회는 병들었다. 그래서 설교학자 포사이트(P. T. Forsyth)는 그의 저서 『긍정적인 설교와 현대 지성』(Positive Preaching and Modern Mind)에서 지난 2천 년의 교회와 설교의 관계를 "나는 감히 기독교는 설교와 함께 흥하였거나 설교와 함께 망한다고 생각한다."[81]라고 말했다. 실제로 교회의 역사를 보면 여러 번에 걸친 교회의 부흥기가 있었고, 그때는 하나같이 하나님의 말씀이 강단에서 힘차게 선포되던 시기였다. 다시 말해서 기독교 2천 년의 역사는 설교의 역사와 그 맥을 같이했던 것을 볼 수 있다.

그리고 교회의 부흥기를 보면 하나같이 하나님께서 말씀의 종들을 일으키셔서 그들을 통해서 강단을 부흥케 하고, 더 나아가 교회를 일깨워 놀라운 역사를 이루신 것을 알 수 있다. 예를 들어 사도들, 성 어거스틴과 동방의 크리소스톰, 성 프란시스, 마틴 루터와 장 칼뱅, 존 웨슬리와 스펄전 등 이들은 모두 하나님께서 교회의 부흥을 위하여 세웠던 강단의 거성

81) P. T. Forsyth, *Positive Preaching and the Modern Mind* (Grand Rapids: Baker Book House, 1980), p.3.

들이었다.

지금부터 111년 전에 이 땅에 국운이 기울고, 온 민족이 소망을 잃고 방황하던 시기에 하나님께서는 이 민족을 불쌍히 여기사 한 강단의 거성을 준비하셨다. 그리고 그를 사용하셔서 이 민족과 교회에 놀라운 위로와 감동과 부흥을 가져다 주셨다. 하나님께서 이 민족을 위하여 예비하신 강단의 거성, 그가 바로 추양(秋陽) 한경직 목사이다. 그는 나라를 잃어버린 채 방황하고 있던 민족에게 하나님의 말씀으로 위로하였고, 8.15 해방과 한국 전쟁을 전후에 이북에서 피난을 내려온 성도들과 이 민족의 절망적인 가슴에 예수 그리스도의 복음과 하나님의 사랑의 메시지로 채워, 그 절망을 극복하게 하였다. 하나님께서는 이 민족이 5천 년 역사상 가장 어려운 시기를 당하고 있을 때, 한 강단의 거성을 일으켜 이 민족에게 참 소망을 주셨던 것이다. 설교학자 김운용의 말대로 실로 한경직 목사는 "한국 교회와 세계 교회의 가장 모범적인 설교자상"을 남긴 분으로서, "그는 열정의 설교자, 겸손의 설교자, 삶과 인격을 통해 말하는 설교자였다."[82)]

오늘날 한국 교회의 강단에서 많은 말씀들이 외쳐지고 있으나, 사람들의 심령과 골수를 찔러 쪼개는 생명의 말씀은 점점 사라져 가고 있다. 설교를 통해서 죽어 가는 생명이 영원한 생명을 얻고, 실망하고 좌절한 심령들이 치유 받고 회복되는 역사가 드물어져 가고 있다. 교인들은 일주일에 많은 말씀을 듣고 있으나, 그 말씀의 열매가 삶을 통해서 드러나지 않고 있다. 한 마디로 오늘 한국교회와 이 민족에게는 하나님의 말씀을 통한 회복의 역사가 절실히 요구되고 있다. 교회와 사회가 암흑의 시기에 빠질 때마다 강단의 거성들을 일으키사 참 생명의 말씀으로 회복시킨 하나님의 역사가 오늘 한국교회와 강단에 진실로 필요하다는 말이다. 이런 상황에서 "한국교회의 설교자들에게 설교학의 교과서라고 할 수 있으리만큼 하나의 모델"[83)]이었던 한경직 목사의 설교에 대해서 알아보는 것은 매우 뜻 깊은 일이라 여겨진다. 그 동안 한경직 목사의 목회와 신학사상 그리고 설교에 대한 연구가 많이 진행되었다. 한경직 목사의 모교인 숭실대학교에서는 여러 해에 걸쳐서 "한경직 목사 기념강

82) 김운용, "강단의 거성 한경직의 설교 세계," 「장신논단」(제 18집, 2002), p.529.

83) 정성구, "한경직의 설교를 논함", 「목회와 신학」(1992. 7), p.210.

좌"를 해마다 실시해 왔는데, 거기에서 한경직 목사에 대한 많은 연구가 발표되었다.[84] 그리고 한경직 목사의 목회와 신학과 신앙에 대한 연구발표는 한경직목사기념사업회의 주관으로 실시되는 한경직 목사 기념세미나에서 계속되어 왔다. 또한 기념사업회에서는 한경직 목사 탄신 100주년을 맞이하여 기념행사를 하였는데, 이때에도 여러 가지 주제의 논문이 발표되었다.[85] 이 외에도 본 논문의 주제와 관련하여 한경직 목사의 설교에 대한 논문들과 책들이 다수 발표되었다.[86] 따라서 그 동안 한경직 목사의 생애와 사상 그리고 신학과 신앙 그리고 그의 목회와 설교에 대한 많은 연구가 이루어져 왔다.

그러므로 본 논문은 한경직 목사의 설교에 관한 기존의 많은 연구들과의 차별성을 기하기 위하여, 그의 설교에 대하여 연구하되, 특별히 그 연구의 범위를 줄여서 그의 절기설교에 관한 내용을 집중적으로 다루고자 한다. 이를 위하여 본 연구의 1차 자료는 '한경직 목사의 명품설교 시리즈 1'로 발행된『한경직 목사의 절기 설교 모음집』과 기념사업회에서 발간한『한경직목사 설교전집』 18권을 중심으로 은총의 교회력과 그의 절기설교를 연구하고자 한다.

84) 한경직목사 기념강좌들은 숭실대 출판부에서 한경직 목사의 신앙유산이라는 책으로 엮어 출판하였다. 조은식(편),『한경직목사의 신앙유산』(서울: 숭실대학교 출판부, 2007). 여기에는 "한국교회와 신학에 미친 영향", "한국교육에 미친 영향", "한국 사회에 미친 영향", "한경직 목사와 선교", "한경직 목사의 영성", "한경직 목사의 목회관", "한국교회사에 있어서의 한경직 목사의 위치", "한국교회에 미친 한경직의 복음주의 사상과 신앙", "한경직 목사의 신학적 유산", "한경직 목사의 신앙적 유산과 그 현대적 의의" 등의 매우 다양한 주제의 논문들이 실려 있다.

85) 한경직목사기념사업회,『한경직목사 탄신 100주년 기념행사 자료집』(서울: 한경직목사기념사업회, 2002). 여기에 실려 있는 논문들은 "한경직 목사의 신학", "목회자 한경직 목사", "한경직 목사의 선교관과 선교 사역", "한경직 목사님의 인격과 삶", "한경직 목사: 내일을 위한 20세기의 목회자" 등이다.

86) 한경직 목사의 설교에 대한 가장 대표적인 연구논문들은 장신대 설교학 교수인 김운용의 "강단의 거성 한경직의 설교 세계" (「장신논단」, 2002)와 정성구의 "한경직의 설교를 논함"(「목회와 신학」, 1992. 7월)과 이승하의 "비디오로 본 설교: 한경직목사 설교해설" (「현대교회의 예배의 설교」, 연신원 목회자 신학세미나 강연집, 1989) 등이 있다. 그 외에 단권 안에 실려 있는 한경직 목사의 설교에 대한 글들은 김병삼의『명품설교순례』(서울: 교회성장연구소, 2011), 문성모의『33인에게 배우는 설교』(서울: 두란노, 2012) 등이 있다. 또한 한경직 목사의 설교에 대한 학위논문으로서는 홍성범의 "한경직의 생애와 설교연구" (장신대 대학원, 1999), 이재욱의 "한경직의 윤리사상연구: 그의 설교를 중심으로" (장신대 대학원, 1992), 화종부의 "설교사례연구: 한경직, 조용기, 김창인 목사님 설교를 중심으로" (총신대 대학원, 1987) 그리고 김영진의 "한경직 목사 설교집에 반영된 기독론"(장신대 대학원, 1984) 등이 있다.

II. 은총의 교회력과 절기설교

기독교는 시간을 매우 중요시하는 종교이다. 왜냐하면 하나님께서 시간과 역사 속에 들어오셔서 당신의 구속 사역을 이루어 주셨고, 지금도 그렇게 하시기 때문이다. 에덴동산에서 인간이 하나님께 불순종하여 죄를 짓고, 하나님을 떠난 이후로 하나님께서는 끊임없이 우리를 찾아오셨다. "아담아 네가 어디 있느냐?"고 부르시며 찾으시는 하나님의 음성은 창세 이후로 계속해서 우리에게 들려 왔고, 하나님께서는 인간의 역사 속에서 당신의 뜻을 계시하시고, 우리를 구원하시려는 사건을 끊임없이 이루셨다. 하나님께서는 계속해서 당신의 종(사사들과 선지자 등)들을 이 세상에 보내시어 말씀하셨고, 놀라운 구속의 사건들(출애굽 사건, 사사와 선지자들을 통한 구원 등)을 통하여 우리들을 구원하셨다. 그리고 마침내 하나님께서는 친히 성육신 하시어 이 땅에 내려오셨고, 십자가의 구속의 사건을 통해서 온 인류를 죄와 사망 가운데서 구원하셨다.

기독교는 바로 이 구원의 하나님을 찬양하며 그 분에게 감사와 영광을 돌리는데, 그것이 바로 예배이다. 그리고 기독교의 예배는 날(day), 주(week), 그리고 년(year)의 반복되는 리듬[87] 위에 그 구조를 이루고 있다. 따라서 시간의 흐름과 주기를 축하하는 것은 언제나 기독교 예배의 가장 중요한 요소가 되어 왔다. 그러므로 우리는 시간을 중심으로 이루어진 예배의 현장에서 과거에 역사하신 하나님을 만나게 된다.[88] 또한 우리는 예배의 현장에서 미

87) 예를 들어 한국교회는 매일 새벽 5시에 새벽예배(기도회)를 드리며, 매주일 오전 11시 등에 주일예배를 드리며, 또한 부활절과 성탄절 그리고 오순절 등의 절기예배를 매년 드린다.

88) 이것은 아남네시스라는 단어로 표현되는데, 아남네시스(anamnesis)는 과거를 현재로 가져온다는 개념이다. 다시 말해서 이것은 우리가 예배 속에서 과거의 사건을 그대로 재현할 때 성령님의 역사를 통하여 과거의 구원의 사건이 바로 오늘 나의 사건으로 경험되어지는 것을 말한다. 우리는 예배 시간에 이런 아남네시스의 행위를 끊임없이 하고 있다. 예를 들어 우리가 성탄절 이브 때 예배를 드릴 때, "그 어린 주 예수"(108장) 찬송을 부른다고 하자. 그 찬송의 내용은 예배자가 2천 년 전의 말구유에 서서 아기 예수 그리스도를 바라보며 고백하는 내용으로 되어 있다. 예배자가 그 찬송을 부르면서 고백하는 바로 그 순간에 그는 2천 년 전의 현장에 서서 예수 그리스도를 보고 찬양하는 경험을 하게 되는 것이다. 이것이 바로 아남네시스의 행동이다. 그러므로 우리가 예배드릴 때 이 아남네시스의 행동을 통하여 우리는 2천 년 전의 아기 예수님이 바로 나를 구원하시기 위하여 탄생하심을 깨닫고 고백하고 감사하고 감격하게 된다. 주승중,『은총의 교회력과 설교』(서울: 장신대출판부, 2004), pp.23-25.

래의 하나님의 행동을 오늘 현재 경험하게 된다.[89] 이렇게 우리는 시간을 중심으로 이루어진 예배를 통해서 우리의 구원을 기념하고, 하나님을 만나게 된다. 그리고 교회는 초기부터 시간을 중심으로 이루어진 예배를 통하여 우리의 구원을 기념하고 하나님을 만나는 은총의 수단을 개발하게 되었는데, 그것이 바로 교회력이다. 그렇다면 교회력이란 좀 더 구체적으로 무엇인가?

1. 교회력이란 무엇인가?

앞서 설명한대로 교회력은 예배의 현장에서 과거에 일어난 하나님의 구속사와 미래의 구원의 완성을 오늘 현재의 사건으로 경험하게 만들어 주는 가장 중요한 은총의 수단이라고 할 수 있다. 그래서 교회는 예수 그리스도의 구속사를 중심으로 이루어진 은총의 교회력을 따라서 드리는 예배를 통해서 과거의 사건과 미래의 사건을 현재에 재현하였던 것이다. 따라서 교회력은 "예수 그리스도의 탄생, 사역, 죽음, 부활, 그리고 재림 안에서 완성된 성도들의 구원역사를 매년 재현하는 것"[90]이라고 할 수 있다.

그러므로 하나님의 백성들이 교회력을 따라 예배를 드린다는 것은 그리스도의 생애를 매년 그들의 삶속에서 체험하게 되는 것을 의미한다. 우리가 드리는 예배 속에서 과거의 구원사는 성령님의 역사하심에 의해 오늘 우리의 것, 현재의 사건으로 화(化)한다. 그러므로 우리는 매번 예배를 드릴 때마다 실제의 사건에 참여하게 된다. 그리고 교회력을 따라 드리는 예배의 경험 속에서 우리는 그리스도의 탄생과 삶, 가르침, 사역, 죽음, 부활 그리고 재림

---

89) 프로렙시스(prolepsis)는 미래를 현재로 가져온다는 개념이다. 다시 말해서 이것은 우리가 예배 속에서 미래의 사건을 재현할 때 성령님의 역사를 통하여 하나님의 미래를 우리의 현재 속에서 경험하는 것을 말한다. 예를 들어 부활은 가장 대표적인 선취적 사건(proleptic event)이다. 예수님은 십자가에 달려 죽으셨다가 사흘 만에 부활하셨다. 그리고 "잠자는 자들의 첫 열매"(고전 15:20)가 되셨다. 예수님이 부활의 첫 열매가 되셨다는 것은 결국 두 번째, 세 번째, 네 번째 부활의 열매들이 계속해서 맺혀질 것을 가르친다. 즉 예수님의 부활은 주 안에서 잠자는 모든 자들의 부활을 보장하는 선취적인 사건이다. 그러므로 모든 예배자들은 부활주일 예배 때에 성령님의 역사를 통해서 우리들의 부활을 미리 맛보게 되는데, 이것이 바로 프로렙시스의 경험이다. 주승중, 『은총의 교회력과 설교』(서울: 장신대출판부, 2004), pp.25-26.

90) Horace T. Allen, Jr., *A Handbook for the Lectionary* (Philadelphia: The Geneva Press, 1980), p.25.

의 약속을 다시 한 번 분명하게 경험하게 된다.

2. 교회력에 따른 절기설교

앞서 교회력이란 "예수 그리스도의 탄생, 사역, 수난, 죽으심, 부활, 영으로 임하심, 그리고 재림 안에서 완성되어진 우리의 구원역사를 매년 재현하는 것"이라 하였다. 그렇다면 교회력은 "우리가 예수 그리스도 안에서 받은바 은혜를 계속적으로 기억하게 하는 것"[91]이라고 할 수 있다. 한 해 동안의 여러 절기들은 그리스도 예수 안에서 완성되어진 구원이 여러 가지 양상으로 우리에게 주어지는 선물임을 기억하게 한다. 즉 교회력은 예수 그리스도의 탄생과 사역, 고난, 죽으심, 부활, 영으로 임하심, 그리고 재림 안에서 완성된 우리의 구원역사를 매해 되새김으로 우리에게 구원사의 모든 과정을 계속적으로 체험케 만들어 준다. 이런 의미에서 교회력은 우리가 계속적으로 하나님의 은혜를 받도록 하는 "항구적인 은총의 수단들 가운데 하나"[92]이다. 그러기에 교회력은 "은총의 교회력"[93]이라고 부르기도 한다.

또 한편 은총의 교회력은 예수 그리스도께서 다시 오실 때까지 그를 나타내 보이고 증거한다. 우리가 교회력을 따른 절기설교를 하게 될 때에 우리는 주의 죽으심뿐만이 아니라, 그의 오심과 사역, 고난당하심, 십자가의 죽으심, 부활, 승천, 영으로 임하심 그리고 다시 오실 주님을 그가 오실 때까지 전하기를 계속하게 되기 때문이다. 즉 우리가 교회력을 따라 설교한다는 것은 하나님께서 예수 그리스도 안에서 이루신 놀라우신 일들을 계속해서 선포하고 감사하는 것을 의미한다. 그래서 제임스 화이트(James White)는 표현하기를 "교회력은 선포이자 감사"[94]라고 말한 것이다.

교회력을 따라 구원의 역사를 되풀이해 선포하는 것은 하나님께서 과거 사건에서 우리를

---

91) James F. White, *Introduction to Christian Worship*, 3rd ed. (Nashville: Abingdon Press, 2001), p.73.

92) *Ibid.*, p.74.

93) Pius Parch, *The Church's Year of Grace* (Collegeville, Minn.: Liturgical Press, 1964-1965), 5 vols.

94) 그는 말하기를 "교회력은 예수 그리스도가 다시 오실 때까지 그를 나타내 보이고, 성령이 교회와 함께 하심을 증거하는 것이다. 교회력은 선포(Proclamation)이자 또한 감사(Thanksgiving)이다."라고 한다. James F. White, p.72.

위해 주신 은혜를 새롭게 얻도록 해준다. 즉 예수님의 출생, 세례 받으심(사역의 시작), 고난, 십자가의 죽음, 부활 등의 모든 은혜가 예배와 절기설교를 통해 우리에게 주어진다. 이러한 사건들은 과거로부터 동떨어져 있는 지식과 정보가 아니라, 예배에서 선포되어지는 말씀을 통해 구원의 역사를 반복함으로써 우리 개인의 역사의 한 부분이 되는 것이다. 대림절(Advent)은 그리스도께서 과거에 우리에게 주신 은총에 감사하고, 그가 다시 오실 것을 기대하며 선포한다. 성탄절(Christmas)에는 하나님이 예수 그리스도로 오셔서 자신을 내어주심(God's Self-giving)을 감사하고 선포한다. 주현절(Epiphany)은 예수님께서 놀라운 기적과 가르침으로 하나님을 우리에게 나타내 보이심을 기념하고 선포한다. 사순절(Lent)은 예수님의 마지막 예루살렘 여행 및 그리스도의 수난과 죽음에서 보이는 하나님의 자기희생적인 사랑을 기억하고 선포하는 절기이다. 교회력의 중심이요, 핵심이라고 할 수 있는 부활절(Easter)에 우리는 그리스도의 부활을 선포하는 가운데 우리의 부활을 체험하며 약속 받게 된다. 오순절(Pentecost)에 우리는 세상 끝날까지 함께 하시는 성령님의 임재를 경험하게 되며, 그 이후에 우리는 예수님께서 영광으로 다시 오시는 날까지 새 언약교회의 긴 대장정의 기간(Ordinary Time)을 맞이하게 된다.

이렇게 해서 우리는 교회력에 따라 절기설교를 함으로써 매번, 매주일, 그리고 매년 하나님과 좀 더 깊이 만나게 된다. 예를 들어 올해는 사순절 기간 동안 그리스도의 고난의 진정한 의미를 깨닫고, 내년에는 나 위해 부활하신 주님을 부활주일에 새롭게 만나게 된다. 즉 우리는 교회력을 따라 매해 새로운 것을 깨닫고 체험하게 되는 것이다.

결론적으로 우리가 교회력에 맞추어 절기설교를 하게 될 때에, 우리는 주의 죽으심뿐만이 아니라, 그의 오심과 사역, 고난당하심, 십자가의 죽으심, 사흘 만에 부활하심, 승천하심, 영으로 임하심, 그리고 다시 오실 주님을 그가 오실 때까지 계속해서 전하는 것이며, 그 속에서 우리는 계속해서 하나님의 은혜를 체험하게 된다. 이런 의미에서 진실로 교회력은 우리가 하나님의 은혜를 받도록 하는 "항구적인 은총의 수단들" 가운데 하나이며, 그러기에 "은총의 교회력"이다.

Ⅲ. 한경직 목사의 설교관

한경직 목사는 한국 기독교 100년사에서 가장 놀랍게 사역했던 목회자요, 설교자였다. 그는 민족의 환란과 고난의 시기에 설교자로 부름 받아 교회를 섬기며, 하나님의 말씀을 강력하게 선포했던 설교자였다. 그는 98세를 일기로 주님 품으로 돌아갈 때까지 강단의 거성으로 외쳤고, 그가 설교한 대로 자신이 먼저 실천하였고, 그리하여 그의 인격을 통한 설교를 통해 참 설교자상을 우리에게 보여주었다. 그래서 문성모는 "그는 말로 전하는 설교자가 아니라, 몸으로 보여준 설교자였다. 그는 육신을 복음화 하여 온몸으로, 삶으로, 생각으로, 행동으로 예수를 전하고 싶어 하던 설교자였다."[95]고 말한 것이다.

중요한 것은 한경직 목사의 설교에 대한 이해인데, 그는 한 마디로 설교는 성경적이어야 한다고 강조하였다.[96] 그는 이렇게 말하였다.

> "강단은 하나님의 말씀을 선포하는 곳이다. 물론 설교할 때에 여러 가지 설명이 있으나, 이것은 다 하나님의 말씀을 듣고 이해하는 데 도움이 되기 위하여서이다. 하나님은 물론 대자연을 통하여, 또는 인간의 역사를 통하여서도 말씀하신다. 그러나 우리가 기억해야 할 것은 특별히 계시하신 하나님의 말씀이다. 그것은 신구약 성경이다."[97]

그러므로 그의 이런 말에 의하면 한경직 목사의 분명한 설교관은 "설교는 하나님의 말씀을 대언하는 것"[98]이라는 것이다. 그러므로 그는 강단은 하나님의 말씀을 전하는 곳이요, "교회는 하나님께 예배드리는 곳이요, 하나님의 말씀을 선포하는 곳이요, 또 하나님의 말

---

95) 문성모, 『한국교회 설교자 33인에게 배우는 설교』 (서울: 두란노, 2012), p.201.

96) 이영헌 엮음, 『한경직 강론 1: 참 목자상』 (서울: 규장문화사, 1985), p.137.

97) *Ibid.*

98) *Ibid.*, p.146.

씀이 들리는 곳"이라고 강조하였다.[99] 그리고 설교자는 하나님에 대한 체험적인 신앙과 더불어 성경에 대한 확신을 가지고 복음을 전파해야 한다고 강조하였다. 그는 이런 확신과 신앙이 없이는 설교자들이 강단에 서서는 안 된다고 하였고, 성경이 하나님의 말씀이라는 이런 확신을 가지고 설 때에 설교의 권위가 따른다고 하였다.[100]

그리고 그는 계속해서 강조하기를 설교의 권위는 성령으로부터 온다고 하였다.[101] 그는 말하기를 "성령은 하나님의 영이다. 성령은 그리스도의 영이다. 성령은 진리의 영이다…'성령으로 충만하다'는 말은 '하나님의 충만한 것으로 충만하다'하는 뜻"[102]이라고 하면서, 설교자가 하나님의 영으로 충만하게 될 때에 그의 말은 사람의 말이 아니라, 하나님의 말씀으로 변한다고 하였다. 그의 이런 설교관은 종교개혁가 장 깔뱅의 설교신학과 정확하게 일치하는 것으로, 여기서 우리는 한경직의 설교관이 개혁교회 설교신학의 기초 위에 굳건히 서 있음을 알게 된다.

16세기의 종교개혁가 깔뱅 역시 성경이 교회에 주어진 하나님의 객관적인 계시라는 믿음을 가지고 있었다. 하나님께서 사람들로 하여금 자신의 메시지를 이해할 수 있도록 인간의 언어에 자신을 적응시키시어 성경을 통해 말씀하시기 때문에 성경은 진실로 "계시된 하나님의 말씀"이라는 것이다.[103] 그래서 깔뱅은 '하나님의 말씀'이 성경에서 확실히 발견된다고 믿었다. 이것이 깔뱅이 그의 설교에서 성경을 유일한 권위요 기준으로 인식하는 이유이다.[104]

그러나 그러면서도 깔뱅은 성경을 하나님의 말씀과 기계적으로 동일하게 보지는 않았다. 즉 성경 말씀을 인용한다고 그것이 곧 그대로 하나님의 말씀이 되는 것이 아니라는 것이다. 예를 들어 깔뱅은 디모데후서 3장 15절 해석에서 거짓 선지자들도 그들이 원하는 대로 성

99) *Ibid.*, p.147.

100) *Ibid.*

101) *Ibid.*, p.149.

102) *Ibid.*

103) John Calvin, *Institutes of the Christian Religion*, tr. Henry Beveridge (Wm. B. Eerdmans Publishing, 1953), 4:1:5. 이하 *Institutes*로 표기함.

104) Ronald S. Wallace, *Calvin's Doctrine of the Word and Sacrament*, 정장복(역) 『칼빈의 말씀과 성례전 신학』 (서울: 장신대 출판부, 1996), p.160.

경을 인용할 수 있다고 경고한다.[105] 그렇기 때문에 깔뱅은 성경의 저자이신 성령님의 조명을 매우 중요시한다. 만일 성령님의 조명이 없다면 성경은 단순히 인간의 말에 지나지 않는다. 그러나 성경이 "성령님으로 말미암아 우리의 마음에 효과적으로 새겨지며 그리스도를 제시하기만 한다면, 그것은 '영혼을 소성케 하고 우둔한 자로 지혜롭게 하는'(시19:7) 생명의 말씀이 된다(빌2:16)."[106] 따라서 '성령님의 내적 증거'[107]야말로 성경에 담긴 하나님의 말씀을 깨닫게 하는데 없어서는 안 될 필요조건이다. 그러므로 우리는 여기서 깔뱅의 설교관을 알 수 있게 되는데, 그것은 성경이 성령님의 인도하심을 따라 힘 있게 설교될 때, 설교로 전해지는 말씀은 곧 '하나님의 말씀'이 된다는 것이다. 그러므로 깔뱅에 의하면 설교란 본질적으로 성경을 강해하는 것이며, 성령님의 역사를 통해서 우리에게 들려지는 하나님의 말씀이다.

따라서 우리는 16세기 개혁신학의 핵심 주창자요, 장로교회의 시조라고 할 수 있는 쟝 깔뱅의 설교신화이 한경직 목사의 설교신학으로 이어지고 있음을 발견하게 된다. 한경직 목사에게도 설교는 교회의 가장 중요한 원동력이며, 실로 교회의 생명력 그 자체였다. 그러하기에 한경직 목사는 성경적 설교를 교회와 예배의 중심으로 생각했고, 우리가 성령으로 충만한 설교자를 통해 전달되어지는 진정한 설교를 통해 하나님의 음성을 들을 수 있다고 믿었다.

Ⅳ. 예수 그리스도가 중심을 이루는 복음적 설교

앞에서 한경직 목사의 설교관은 오직 하나님의 말씀인 성경을 전하는 것임을 보았다. 그는 설교는 반드시 성경적이어야 한다고 강조했다. 그런데 그 성경의 중심은 그리스도라고 하였다.[108] 예수 그리스도가 곧 하나님의 말씀인 까닭이다. 그는 장로회신학대학교 후배들

105) *Commentary* on 2 Tim. 3:15.

106) John Calvin, *Institutes* 1:9:3.

107) John Calvin, *Institutes* 1:7:4.

108) 이영헌 엮음, 『참 목사상』, p.138.

에게 강연하기를 "성경의 중심은 그리스도다. 베드로의 설교에서 그리스도가 중심이었고, 바울의 설교에서도 그리스도의 십자가 중심이었다. 그래서 설교의 근본적 중심은 그리스도를 보여주어야 한다."[109]고 강조했다. 그는 바울의 "우리는 우리를 전파하는 것이 아니라 오직 그리스도 예수의 주되신 것과 또 예수를 위하여 우리가 너희의 종 된 것을 전파함이라"(고후 4:5)는 말씀을 인용하면서, "사도 바울의 선언은 현대 설교자들에게 실로 귀한 교훈이 될 것이며, 따라서 그리스도와 십자가가 빠진 설교는 설교할 수도 없고, 있을 수도 없다."[110]고 설파하였다. 그러므로 한경직의 설교는 김운용 교수가 정확하게 지적한대로 예수 그리스도가 중심을 이루는 복음적인 설교였다.[111] 그의 설교는 오직 예수 그리스도가 중심을 이루는, 즉 복음이 중심을 이루는 설교였다. 한경직 목사는 이렇게 말한다.

> "교회에 나오는 이들은 예수를 뵈옵고, 예수의 말씀을 듣고 싶어 나오는 것이다. 설교자는 이 굶주린 무리들에게 예수를 보여주고, 예수의 말씀을 전하여 주는 것이 그 사명이다. 영으로 굶주려 교회에 나오는 주린 심령들에게 생명의 양식이 아닌 다른 것들을 주어 실망하여 돌아가게 하여서는 안 된다. 모든 설교는 성경중심, 그리스도 중심이 되어야 한다. 오직 그리스도만 죄인을 구원할 수 있다. 상한 심령을 위로할 수 있다. 절망에 빠진 이들을 새로운 소망으로 일으킬 수 있다."[112]

이렇게 한경직 목사의 설교의 핵심 주제는 바로 예수 그리스도이며, 예수 그리스도의 십자가와 부활을 통한 구원의 복음이 그 중심을 이루고 있다. 초기 기독교의 설교는 바로 이 예수 그리스도의 복음을 전하면서 시작되었다. 베드로의 오순절 설교(행2:14-36)가 그랬고, 최초의 순교자 스데반의 설교(행7:1-53)가 그랬고, 바울의 설교(행13:13-41)가 그랬다. 초기교회 성도들이 전한 복음은 예수 그리스도께서 성경대로 우리의 죄를 위하여 십자

109) 한경직, "교직자의 자세", 「교회와 신학」(1965), p.28.

110) 이영헌 엮음, 『참 목자상』, p.138.

111) 김운용, "강단의 거성 한경직의 설교세계", p.515.

112) 이영헌 엮음, 『참 목자상』, pp.138-139.

가에 죽으셨다가 사흘 만에 부활하사(고전15:3-4) 우리 모두의 구세주가 되심을 선포하는 복된 소식이다. 그러므로 이렇게 예수 그리스도를 통한 십자가의 죽음과 부활을 통한 복된 소식, 즉 복음을 전하는 것이 초기 교회의 설교였는데, 한경직 목사의 설교의 핵심 주제도 바로 예수 그리스도를 통한 구원의 복된 소식, 즉 복음에 있다. 김은섭은 한경직 목사의 설교를 "그리스도를 투영하는 설교"였다고 하면서 이렇게 말한다.

> "성경 중심의 설교는 그의 설교 원칙 중 하나였는데, 그 핵심은 예수 그리스도의 십자가와 부활이었다. 그는 평생토록 예수 그리스를 높이고, 예수 그리스도를 보여주고, 예수 그리스도가 무슨 일을 했는지, 특별히 십자가의 뜻이 무엇인지, 부활이 무엇을 의미하는 지를 깨우쳐 주고 알리는 설교를 하였으며, 또 그렇게 살았다. 그래서 그를 만난 사람들은 그를 통하여 그리스도를 바라보며, 그를 떠올리는 사람들은 그리스도와 가장 닮은 사람으로 그를 기억한다."[113]

한경직 목사의 "설교의 핵심이 예수 그리스도의 십자가와 부활이었고, 그가 평생토록 예수 그리스도를 높이고, 예수 그리스도를 보여주고, 예수 그리스도가 무슨 일을 했는지, 특별히 십자가의 뜻이 무엇인지, 부활이 무엇을 의미하는지를 깨우쳐 주고 알리는 설교를 하였다."는 이 지적은 결국 그가 자신도 알게 모르게 예수 그리스도의 구속사를 중심으로 이루어진 은총의 교회력을 따라 설교를 하였다는 말도 된다. 물론 한경직 목사가 교회의 절기를 항상 중시했다거나 그가 오늘날과 같이 교회력에 대한 깊은 이해를 가지고 언제나 절기 설교를 한 것은 아닐 것이다. 아마도 그는 교회절기의 신학적 의미에 대해서 그리고 교회력에 따라 만들어진 성구집[114]에 대해서는 오늘과 같은 깊은 이해를 가지고 있지는 않았을 것이다. 그러나 그가 성경을 중심으로 그리고 그 성경의 중심인 예수 그리스도가 그 중심을

113) 김은섭 (편). "해제", 『한경직목사 설교전집』제1권 (서울: 한경직목사기념사업회, 2009), ii-10.,

114) 성구집은 교회력(The Church Year)에 수록되어 있는 다양한 날들과 관련 있는 성경구절의 목록이다. 즉 "성구집은 하나님의 백성들이 예배드릴 때에 말씀선포를 위하여 정리되고 의도된 성경말씀의 목록이다." The Consultation on Common Texts. The Revised Common Lectionary (Nashville: Abingdon Press, 1993), p.9.

이루는 복음적인 설교를 하다 보니, 결과적으로 그의 설교는 예수 그리스도의 구속사를 중심으로 이루어진 교회력 중심의 절기설교와 밀접한 관련을 갖게 된 것이다. 그렇다면 이제부터 본격적으로 그의 절기설교를 살펴보자.

V. 한경직 목사의 절기설교

앞서 교회력이란 "예수 그리스도의 탄생, 사역, 수난, 죽으심, 부활, 영으로 임하심, 그리고 재림 안에서 완성되어진 우리의 구원역사를 매년 재현하는 것"이라 하였다. 또 한편 은총의 교회력은 예수 그리스도께서 다시 오실 때까지 그를 나타내 보이고 증거한다. 설교자가 교회력을 따른 절기설교를 하게 될 때에 그는 주의 죽으심뿐만이 아니라, 그의 오심과 사역, 고난당하심, 십자가의 죽으심, 부활, 승천, 영으로 임하심 그리고 다시 오실 주님을 그가 오실 때까지 전하기를 계속하게 되기 때문이다. 그러기에 이미 앞서 소개한대로 은총의 교회력에는 크게 6가지의 중요한 절기들이 있다. 그것들은 주님의 첫 번째 오심을 축하하고 감사하며 그의 다시 오심을 기다리는 대림절, 그의 성육신을 축하하는 성탄절, 그가 세례 받으심으로 공생애의 시작을 알리는 것을 기념하는 주현절, 그의 수난과 죽음을 기억하는 사순절(고난주간), 주님의 부활과 우리의 부활을 기뻐하고 축하하는 부활절 그리고 마지막으로 그가 영으로 우리에게 임하심을 감사하고 축하하는 성령강림절(오순절) 등이다.

1. 대림절과 한경직의 대림절 설교

1) 대림절의 신학적 의미와 설교의 주제

대림절은 성탄절 전 4주 전에 시작되는 절기로서 예수님의 초림을 기억하고 감사하며, 그의 재림을 고대하는 절기이다. 그리고 교회력은 대림절로부터 시작된다. 그러므로 대림절부터 시작되는 교회력은 시작하면서 마지막(종말)을 생각한다는 중요한 의미가 그 속에 있다. 즉 교회력이 종말을 반추하면서 시작한다는 것은 교회의 시간 개념이 철저하게 종말론적이라는 것을 말해준다.[115] 그러므로 대림절은 흔히 생각하는 대로 즐거운 성탄절을 기다리고 아기 예수님의 오심을 기리는 감상적인 절기만이 아니다. 물론 대림절은 성탄절을 기다리고 준비하는 절기이다. 그러나 여기에는 그 이상의 의미가 있다.

교회력의 시작인 대림절을 뜻하는 Advent는 두 개의 라틴어 ad와 venire로 이루어져 "오다(to come to)"를 뜻한다. 그러므로 대림절의 의미는 하나님께서 그리스도로서 이 세상에 오신다는 것이다. 즉 대림절은 그리스도의 오심(성육신: Already)과 다시 오심(재림: Not Yet)을 맞이하기 위한 준비의 절기이다. 그러므로 대림절은 다음의 두 가지의 아주 중요한 의미를 지닌 채 발전되어 왔다. 하나는 그리스도께서 육신을 입으시고 이 땅위에 오심을 축하하는 것이고, 또 하나는 모든 믿는 자들이 이제 마지막 때에 하나님의 심판대 앞에 서게 되는 영광의 날을 준비하는 때인 것이다. 그리고 현재 교회에서 대림절을 지킬 때 보다 중요한 관심은 종말 혹은 마지막 때의 사건들에 있다. 즉 예수 그리스도의 영광스러운 재림, 그리고 마지막 심판, 그리고 그의 나라의 완성 등이 그것이다. 그러므로 교회가 대림절을 지키는 궁극적인 목적은 바로 종말을 위한 하나님의 사람들을 준비시키는 데 있다. 그래서 교회는 전통적으로 대림절 기간 동안에 그리스도의 재림, 세례 요한의 핵심 사역인 회개의 요청, 세례 요한의 사역인 예수 그리스도의 오심을 위한 준비, 그리고 마리아의 헌신을 구속사의 관점에 초점을 맞추어 설교하였다.[116]

2) 한경직 목사의 대림절 설교

앞서 대림절은 예수 그리스도의 초림과 재림을 기억하며 고대하는 절기라고 하였다. 그런데 한경직 목사의 설교에서는 이 대림절에 관한 분명한 메시지를 발견할 수는 없었다. 이것은 아마도 한 목사님이 사역하던 시기에는 대림절기에 대한 중요성이 잘 알려지지 않았기 때문일 것이다. 대림절의 가장 핵심적인 신학적 주제는 종말론에 있다고 하였는데, 그의 설교

115) 주승중, 『은총의 교회력과 설교』 (서울: 장신대 출판부, 2004), p.217.

116) *Ibid.*, p.233.

집에는 종말과 최후의 심판에 대한 설교는 보이나 그 내용에 있어서는 대림절과 관련된 종말, 즉 그리스도의 재림과 관련된 종말이 아니라, 일반적인 심판에 대한 설교를 하고 있다.

예를 들어 한경직 목사는 "최후의 심판"(계20:4-14)이라는 설교에서

> "우리가 확실히 아는 것 두 가지가 있습니다. 첫째는 죽는다는 사실, 둘째는 그 후에 심판이 있다는 사실입니다. 우리가 조금의 차이는 있지만 다 죽을 것은 분명합니다. 또한 죽은 후에 심판이 있을 것이 확실합니다. 거기 분명하지 않은 것이 조금도 없습니다. 이 최후의 심판에 대해서는 온 성경이 우리에게 가르쳐 주었습니다. 여러 사도들이 분명한 글자로써(고후 5:10, 롬 2:16) 우리에게 가르쳐 주었습니다. 알곡과 쭉정이를 갈라낼 때가 있겠다고 가르쳐 주었습니다."[117]

이렇게 그는 설교에서 분명한 최후의 심판이 있을 것임을 설파하면서, 기도하기를 "산 자와 죽은 자를 심판하러 오실 주님이시여! 우리가 다 책임 질 것을 분명히 깨달아 삼가 조심할 수 있는 저희들이 되게 하여 주시기를 간절히 기도하옵고 원합니다. 우리 가운데 한 사람도 그 심판대 앞에서 정죄를 받는 사람이 없게 해 달라."[118]고 간절히 기도하였다.

그 외에도 그는 "최후의 대심판"(계20:7-15)[119]이라는 설교에서는 좀 더 구체적으로 마태복음 25장의 양과 염소의 비유와 로마서 14장 10절, 히브리서 9장 27절 등의 말씀과 사도신경의 "산 자와 죽은 자를 심판하러 오시리라"는 고백을 설명하면서 최후의 심판에 대해서 설교하였다. 그리고 왜 최후의 심판이 있는가에 대해서는 하나님께서 공의의 하나님이시기 때문이며, 최후의 심판의 모습이 어떠한가에 대해서도 하나님의 온전하고 공정한 재판이 있을 것임을 설교하였다. 그리고 "마지막 날에 주님께서 오실 때에 반드시 최후의 심판이 있을 것입니다. 스스로 속지 마십시다. 죄 사함을 받지 못한 사람은 영원한 형벌을 받을

117) 김은섭(편), 『한경직목사 설교전집』제1권 (서울: 한경직목사기념사업회, 2009), pp.380-381.

118) *Ibid.*, p.388.

119) 김은섭(편), 『한경직목사 설교전집 』제4권, pp.417-424.

것이요, 죄 사함을 받은 사람만 구원을 얻을 것입니다."라고 하면서 과거에 어떤 죄를 지었든지 온전히 그 죄를 회개하고, 주님 앞에 나올 것을 설교하였다.[120]

그 외에 한경직 목사는 대림절기에 행한 "위로의 메시아"(사40:1-5, 61:1-3)[121]라는 설교에서는 "하나님께서 메시아를 세상에 보내신 것은 그 백성을 위로하시기 위해서입니다." 라고 하며, "예수님께서 세상에 오심으로 말미암아 누구든지 죄를 애통히 여기며 회개하는 사람은 죄사함을 받고 위로함을 반드시 받는다."[122]고 설교하였다. 그리고 역시 대림절에 행한 설교 "예수의 오신 목적"(막 2:13-17)[123] 에서는 "예수님은 죄인을 부르러 봉사하시려 모든 방면에 풍성한 생활을, 그리고 영원한 생명을 주시기 위하여 오셨다."고 설교하였다.

이렇게 한경직 목사의 설교에는 대림절에 대한 분명한 언급도, 그리고 대림절의 중심 주제인 예수님의 재림과 종말에 대한 설교가 미미했고, 주님의 재림을 맞이하기 위한 회개와 준비 등에 대한 설교가 거의 보이지 않았다. 따라서 전체적으로 한경직 목사의 설교에서는 대림절에 대한 내용이 부족했다는 것과 종말과 재림에 대한 설교가 그리 많지 않았다는 점에서 아쉬움이 남는다.

2. 성탄절과 한경직의 성탄절 설교

1) 성탄절의 신학적 의미와 설교의 주제

성탄절은 12월 25일부터 주현절 전날인 1월 5일까지 12일간의 기쁨의 절기이다. 성탄절의 가장 중요한 신학적 의미는 바로 성육신에 있다. 말씀이 육신이 되어 우리 가운데 거하신 성육신 사건은 무엇보다도 구원의 사건이다. 성자 하나님께서 인간의 몸을 입으시고, 이 세상에 오신 성육신 사건을 기념하고 감사하는 절기가 바로 성탄절이다. 다시 말해서 성탄절은 영원하신 하나님, 영원한 말씀이 우리 가운데 임하심을 기념하고 재현하는 복된 절기

120) *Ibid.*, pp.423-424.

121) 한경직, 『한경직목사의 절기설교 모음집』, pp.262-275.

122) *Ibid.*, p.269.

123) 김은섭(편), 『한경직목사 설교전집』제18권, pp.397-399.

이다.[124)]

또한 성탄절은 위대한 교환의 절기이다.[125)] 즉 성탄절은 신성(divinity)과 인성(humanity)의 교환, 영원성(eternity)과 순간성(temporality)의 교환, 삶(life)과 죽음(death)의 교환이 깃들어 있는 절기이다.[126)] 성탄절은 죄로 말미암아 파괴되고 일그러진 하나님의 형상을 회복시키려고 신성이 인성을 취하신(요1:14) 사건이요, 영원하신 하나님께서 시간 속에 들어오신 사건이요, 그래서 죽을 수밖에 없는 인생들을 영원토록 살리신 사건이다. 바로 여기에 성탄절이 위대한 교환의 절기라는 의미가 담겨져 있다.[127)] 그리고 더 나아가 성탄절은 하나님께서 이 세상 인간의 몸을 입고 오심으로 헤아릴 수 없는 하나님의 고통을 담고 있는 사건이자, 하나님의 자기희생적인 사랑을 보여주신 사건이다.[128)]

2) 한경직 목사의 성탄절 설교

예수 그리스도의 초림을 기념하고 그의 재림을 준비하는 절기인 대림절에 대한 설교는 다소 빈약함에 비해, 한경직 목사의 성탄절에 대한 설교는 수십 편에 이른다. 그의『절기설교 모음집』에만 해도 성탄절에 대한 설교는 13편이 실려 있고, 기념사업회에서 발간한『설교전집』에는 21편의 성탄절 설교가 수록되어 있다.

한경직 목사의 성탄절에 대한 설교의 핵심은 바로 성육신에 있다. 우리는 앞서 성탄절의 가장 중요한 신학적 의미가 바로 성육신 신학에 있음을 보았는데, 한경직 목사의 성탄절 설교에는 이 성육신 신학이 그대로 담겨 있다. 그는 "말씀이 육신이 되어"(요1:1-14)라는 그의 대표적인 성탄절 설교에서

"말씀이 육신이 되었습니다. 이것을 흔히 신학적으로 '성육(成肉)' 즉 육을 이룬다고

124) 주승중, p.182.

125) Laurence H. Stookey, *Calendar: Christ's time for the Church* (Nashville: Abingdon Press, 1996), p.105.

126) *Ibid.*

127) 주승중, p.182.

128) *Ibid.*, p.183.

하는 성육의 교리라고 합니다. 곧 말씀이 육신으로 화하였다는 뜻입니다. 다시 말하면 그리스도는 본래 말씀이신데, 육신을 입으시고 이 세상에 오셨습니다....본래 하나님의 본체시오, 독생자이시던 그리스도는 처녀의 몸을 통하여 육신을 입으시고 이 세상에 오셨습니다. 이것이 곧 크리스마스의 깊은 뜻입니다."[129]

라고 해서 성탄절의 가장 핵심적인 메시지가 무엇인가를 분명히 설교하고 있다. 또한 그는 "성탄의 깊은 뜻"(요1:1-14)이라는 설교에서도

"말씀이 육신을 입으셨습니다. 화신, 화육이 되셨습니다. 이렇게 그리스도는 다만 하나님을 사랑이라고 가르쳐 주시지만은 아니했습니다. 그는 친히 사랑의 화신이 되셔서 우리에게 사랑을 보여 주셨습니다...그는 우리에게 설명만 해주지 않으셨습니다. 그 자신이 생명의 화신입니다. 우리에게 생명을 직접 보여주셨습니다....그는 진리의 화신입니다. 성탄의 정신은 신령한 의미에서 육이 되는 것입니다. 화신이 되는 것입니다."[130]

라고 설교하여 성탄절의 깊은 뜻이 바로 성육신에 있다는 것을 설파하였다.

오늘날 많은 사람들이 성탄절에 서로 방문하고, 성탄카드를 교환하고, 그리고 선물을 교환한다. 그러나 왜 그런 선물을 교환하는지에 대해서는 그 이유를 모른다. 왜 우리는 성탄절에 선물을 교환하는가? 그것은 성탄절이 위대한 교환의 절기이기 때문이다. 앞서 지적한 대로 성탄절은 영원하신 하나님께서 육신을 입으시고 시간 속에 들어와 그의 삶과 생명을 우리를 위하여 선물로 내어주신 사건을 기념하는 절기이다. 한경직 목사는 성탄절이 하나님께서 우리들에게 가장 귀한 선물을 주신 교환의 절기임을 "하나님의 가장 귀한 선물"(요

129) 김은섭(편), 『한경직목사 설교전집』제17권, p.367.

130) 김은섭(편), 『한경직목사 설교전집』제8권, pp.106-107.

3:16/눅2:1-14)라는 성탄절 설교에서 분명히 지적하고 있다.

"성탄은 하나님께서 세상을 이처럼 사랑하사 독생자를 주신 날입니다. 성탄은 하나님께서 인간에게 가장 큰 선물을 주신 날입니다.,..오늘은 가장 값비싸고 가장 귀한 선물, 곧 독생자를 주신 날입니다. 그 목적은 하나입니다. 인간으로 하여금 고통과 슬픔과 죽음의 근본이 되는 죄악 가운데서 구속 받아 성결과 의와 사랑과 평화의 생활을 누리게 하며, 영원한 생명을 얻게 하기 위해서입니다."[131)]

그는 이 설교에서 우리에게 영원한 생명을 주기 위하여 오신 예수 그리스도, 하나님께서 우리에게 주신 가장 귀한 선물인 예수님을 영접하라고 하였다. 그래서 성탄절이 가장 귀한 것을 주는 절기임을 분명히 하였다. 한경직 목사가 성탄절이 이렇게 가장 귀한 것을 주는 절기임을 강조한 것은 "일 년 내내 크리스마스의 정신으로 살라"(요3:16)는 설교에도 분명히 나타나고 있다. 그는 이 설교에서 크리스마스의 정신이 무엇인가에 대해 이렇게 설교하였다.

"둘째로는 '하나님께서 세상을 이처럼 사랑하사 독생자를 주셨으니'라는 말씀에서 나오듯 이 '주는 것'이 크리스마스의 정신입니다....성탄의 정신은 주는 것이올시다. 하나님께서 귀한 선물을 우리에게 주셨습니다...하나님께서는 우리 인류에게 선물을 주실 때 가장 귀한 것으로 주셨습니다. 자기의 독생자를 주셨습니다....우리가 다른 사람에게 선물을 줄 때에도 사랑을 함께 주므로 이 선물이 크든 작든 크리스마스 정신 그대로입니다. 크리스마스의 정신은 주는 것이요. 가장 귀한 것을 주는 것입니다. 여러분, 우리가 하나님 앞에 바칠 가장 귀한 것이 무엇이 있습니까?"[132)]

한경직 목사는 이런 설교들을 통하여 성탄절의 의미가 무엇인지를 정확하게 전달하고 있

131) 한경직, 『한경직 목사의 절기설교 모음집』 (서울: 누란노, 2011), pp.276-277.

132) *Ibid.*, pp.286-288.

었고, 성탄절이 참된 교환의 절기임을 분명히 가르쳤다. 그는 하나님께서 우리에게 영원한 생명을 주시려고 육신을 입으시고 오심으로 그의 신성과 인성이 교환됨에 대해서도 "육신을 입고 세상에 오신 예수"(요1:1-14)라는 설교에서 이렇게 설교하였다.

> "'말씀이 육신이 되어 우리 가운데 거하시매' 영원 전부터 계시던 이 '말씀'이 육신이 되었다고 하였습니다.... 영원부터 계신 이 말씀, 하나님이 함께 계신 이 말씀, 아니 곧 하나님이신 이 말씀이 육신이 되셨습니다...시간과 공간에 제약되는 이 육신, 약하고 썩을 인간이 되셨습니다."[133]

이렇게 그는 그의 설교 가운데서 영원하신 하나님이 육신이 되어 우리 가운데 거하심으로 영원한 신성과 썩을 인성의 교환, 영원성과 순간성의 교환이 성탄절에 이루어졌음을 설파하였다. 그러므로 한경직 목사의 성탄절에 대한 설교들은 성탄절의 신학과 그 의미를 가장 정확하게 그리고 풍성하게 전달한 설교들이라고 할 수 있겠다.

3. 주현절과 한경직의 주현절 설교

1) 주현절의 신학적 의미와 설교의 주제

주현절(1월 6일)은 그 동안 한국교회에서는 잊혀 진 절기이다. 오늘도 한국교회는 주현절에 대해서는 잘 알지 못하고 있으며, 대부분의 개신교회에서는 잘 지키지 않고 있는 절기이다. 그러나 주현절은 초대교회 때부터 지켜온 부활절과 오순절과 더불어 기독교 3대 절기 중의 하나였다. 주현절은 이 땅에 오신 예수 그리스도를 통하여 이 세상에 분명히 보이신 하나님의 영광을 인식하는 절기이다.[134]

주현절을 의미하는 "Epiphany"라는 말은 "나타남"(appearance)이라는 뜻이다. 고대 세계에

133) *Ibid.*, p.306.

134) 주승중, p.194.

서 epiphany라는 말은 신의 가시적인 현현이나 신처럼 존경받는 통치자가 그의 왕국의 도시들을 격식을 차려 방문함을 의미하였다.[135] 그런데 이 단어가 초대교인들에게는 빛이 어둠 속에서 스스로를 나타내듯이 하나님께서 예수님을 통해 자신을 계시하시고, 하나님의 영광이 예수님에게서 보인다는 뜻으로 사용되어졌다. 그러므로 주현절은 인간이신 예수님 안에 하나님이 가장 분명하게 나타나신 것을 우리에게 전하여 주는 절기이다.[136]

그래서 주현절에 교회는 예수 그리스도가 온 세상의 빛이라는 사실을 강조한다. 그리고 특별히 서방교회에서는 동방박사들의 방문과 예수의 세례, 그리고 가나의 혼인 잔치에서의 이적이라는 세 가지 위대한 사건들을 통해 예수가 자신을 드러내셨음을 경축하는 날로 지켜왔다.[137] 이 사건들의 핵심 메시지는 그리스도이시고, 하나님의 아들이자, 구원자이신 예수님이 나타나셨다는 것이다. 동방박사들이 온 것은 복음이 이방인에게까지 선포됨을 나타내며, 하나님 아버지의 음성은 세례 받는 가운데 예수를 그의 사랑하는 아들로 증명하였고, 이제 메시야의 공생애가 시작됨을 나타낸다. 그러므로 주현절에 교회(나, 우리)는 그리스도의 빛을 발하고 있는가? 교회(나, 우리)는 세상에서 빛과 소금의 역할을 감당하고 있는가를 돌아보는 시기이기도 하다. 주현절을 통해서 교회(나, 우리)는 빛 되신 그리스도를 선포하고, 담대하게 그를 증거 하도록 도전받는다.

2) 한경직 목사의 주현절 설교

한경직 목사의 설교에서는 주현절이라는 용어를 발견할 수는 없다. 이는 아마도 그 역시 한국교회의 목회자였는지라 주현절에 대한 정확한 정보가 주어지지 않았기 때문이라고 보여 진다. 오늘날에도 주현절은 여전히 한국교회에서는 잊혀진 절기이다. 한국교회는 주현절이 초대교회에서 부활절과 오순절과 함께 중요한 3대 절기였다는 사실을 모른다. 그리고

135) Adolf Adam, *The Liturgical Year: Its history and its meaning after the reform of the liturgy* (New York: Pueblo Publishing Company, 1981), p.144.

136) Jay C. Rochelle, *The Revolutionary Year* (Philadelphia: Fortress Press, 1973), p.27.

137) Robert Webber, *Ancient-Future Time*, 이승진(역), 『교회력에 따른 예배와 설교』 (서울: 기독교문서 선교회, 2007), p.100.

이런 모습은 한경직 목사의 설교에서도 나타나고 있다.

그러나 한경직 목사의 설교에서는 비록 주현절이라는 단어는 등장하지 않는다 하여도, 그의 설교에는 주현절에 해당되는 너무나도 중요한 주제들이 나타난다. 그 중에 가장 중요한 주제가 바로 빛에 대한 개념이다. 그는 여러 설교에서 빛에 대한 주현절 주제를 설교하였다. 예를 들어 그는 "일어나라 빛을 발하라"(사60:1-3)라는 설교에서

> "일어나라 빛을 발하라. 이 외침은 곧 우리 한국의 모든 믿는 자들을 향하여 일어나서 빛을 발하라는 뜻입니다. 왜 일어나라고 외치십니까? 이는 '네 빛이 이르렀고 여호와의 영광이 네 위에 임하였음이니라'고 하셨습니다. 다시 말하면 믿는 자들에게 하늘의 빛이 임하셨습니다. 하나님의 영광이 임하신 것입니다. 그러므로 우리 주님은 친히 말씀하시기를 '너희는 세상의 빛이라 산 위에 있는 동네가 숨기우지 못할 것이요'라고 하셨습니다."[138]

라고 설교하면서, 하나님께서 우리에게 일어나 빛을 발하라고 외친다고 하였다. 우리 그리스도인들이 이 캄캄한 세상에 진리의 빛을 발해야 한다는 것이다. 그리스도인들이 슬픔과 죽음의 구름이 덮인 이 세상에 새 생명의 빛을 발해야 하고, 하나님의 사랑의 빛을 발해야 하고, 불화와 쟁투의 구름이 덮인 세상에서 평화의 빛을 발해야 하고, 낙심과 절망의 구름으로 덮인 이 세상에 소망의 빛을 밝게 비추어야 한다는 것이다.[139] 그러므로 "일어나 빛을 발하라"는 그의 설교는 하나님의 진실 된 빛을 증언하는 주현절의 가장 핵심적인 주제를 설교한 대표적인 설교라 할 수 있다.

그리고 주현절의 또 하나의 중요한 설교의 주제는 바로 빛 되신 그리스도를 선포하는 것인데, 한경직 목사는 "세상의 빛 그리스도"(요8:12-20)[140]라는 설교에서 예수 그리스도가 바

138) 김은섭(편), 『한경직목사 설교전집』제13권, pp.384-385.

139) *Ibid.*, pp.386-387.

140) 김은섭(편), 『한경직목사 설교전집』제5권, pp.299-309.

로 세상의 빛이심을 강력하게 선포하였다. 그는 설교하기를

> "우리가 신약을 보면, 이와 같은 모든 빛의 근원되시는 하나님의 참된 빛이 그리스도를 통하여 친히 세상에 임하시게 된 사실을 알 수 있습니다.…말씀이 육신을 이뤄서 우리 가운데 거하시매 우리가 다 그 영광을 보니 하나님의 독생자의 영광이라고 말씀하셨습니다. 일찍이 광야 시대에는 하나님의 빛이 구름 속에 계셨던 것처럼, 신약시대에 와서는 이 빛이 육신 속에 계셔서 이 세상에 임하시게 되었는데, 그분이 다른 분이 아니고 곧 예수 그리스도이십니다."[141]

라고 하여, 그리스도께서 세상의 빛이요, 하나님의 영광의 빛을 드러내신 분이심을 설교하였다. 그는 "과연 그리스도는 영적으로 암흑의 세계에 영원한 진리의 광선을 비추어 주십니다. 이 진리의 광선 외에 영적인 흑암세계를 밝힐 아무 다른 빛이 없습니다. 그리스도만이 진리의 빛을 비춰 주십니다."[142]라고 설교하였다. 그래서 주현절의 주제인 예수 그리스도께서 빛 가운데 하나님 아버지를 드러내심을 증거 하였다.

또한 주현절의 중요한 메시지 중의 하나가 바로 교회가 세상에서 빛 되신 그리스도를 나타내야 하는 것인데(기독론적인 현현), 한경직 목사는 이에 대해서도 "빛을 발하는 교회"(사 60:1-9)[143]라는 설교에서 교회는 캄캄한 세상에 진리의 빛, 생명의 빛, 사랑의 빛, 공의의 빛, 자유의 빛, 평화의 빛, 그리고 소망의 빛을 비추어야 한다고 강조하였다. 또한 그는 같은 본문을 가지고 같은 제목으로 교회 위에는 그리스도의 빛이 임하였으므로, 일어나 빛을 발해야 하는데, 진리의 빛, 성결(거룩)의 빛, 절제의 빛, 공의의 빛과 사랑의 빛을 발하여야 한다고 설파하였다.[144]

그러므로 우리는 비록 한경직 목사의 설교에서 주현절이라는 단어를 직접적으로는 발견

---

141) *Ibid.*, p.302.

142) *Ibid.*, p.305.

143) *Ibid.*, pp.346-352.

144) 김은섭(편), 『한경직목사 설교전집』제15권, pp.147-153.

할 수 없다고 할지라도, 그의 설교에는 주현절의 주제가 고스란히 담겨져 있다는 사실을 알게 된다.

그리고 서방교회에서는 주현절과 관련하여 매우 중요한 성경의 인물들이 있는데, 그들은 바로 동방박사들이다. 한경직 목사는 "별을 따라"(마2:1-12)라는 설교에서 동방박사들이 별을 보고 베들레헴까지 와서 아기 예수께 경배한 내용을 소개하면서, 그리스도는 이 캄캄한 세상에 별과 같이 빛나는 분으로 설교하였다. 물론 한경직 목사가 동방박사들의 방문과 경배를 주현절이라는 주제 안에서 다루지는 않았지만, 무엇보다도 그들이 이방인이었다는 점에서 예수 그리스도께서 이방을 비추는 하나님의 빛으로 그들에게 나타나 경배를 받으신 것을 생각할 때에 한경직 목사는 주현절의 중요한 주제들 가운데 하나를 결코 놓치지 않았다고 할 수 있겠다.

다만 아쉬운 것은 주현절의 매우 중요한 또 다른 주제들인 예수님의 세례에 대한 내용과와 가나의 혼인잔치를 통한 주현절의 의미에 대한 설교를 발견하지 못했다는 점이다. 가나의 첫 번째 이적에 대한 내용은 요한복음에 "예수께서 이 처음 표적을 갈릴리 가나에서 행하여 그 영광을 나타내시매 제자들이 그를 믿으니라"(요2:11)고 기록되어 있는데, 이는 예수님께서 이 이적을 통해 그의 영광을 나타내셨다는 주현절의 주제와 정확하게 연결된다. 그러나 주현절에 대한 지식을 잃어버린 한국교회의 설교자에게 이런 내용까지 바라는 것은 지나친 요구인지도 모르겠다.

그럼에도 불구하고 초대교회 내에서 영지주의자들과 같이 예수 그리스도의 신성을 부인하는 이단들과의 싸움 끝에 자연스럽게 지키기 시작한 주현절(예수님의 신성을 강조)은 오늘날 21세기 포스트모던 상황 속에서 모든 진리가 상대화되고, 예수 그리스도의 계시의 유일성이 도전받고, 또 다시 예수 그리스도의 신성이 부인되고 있는 상황 속에서 교회가 반드시 회복해야 할 중요한 절기이다. 왜냐하면 주현절은 인간이신 예수님 안에 있는 신성을 기념하는 절기이기 때문이다.[145] 이에 대해 융맨(J.A. Jungman)은 "주현절에 우리는 이 세상에 자신을 나타내 보여주신 그리스도의 신적인 위엄성(divine dignity)에 주의를 기울이게 된

145) J.C. Rochelle, *The Revolutionary Year* (Philadelphia: Fortress Press, 1973), p.26.

다."[146]고 설명한다. 그러므로 한국교회에서도 이 주현절(1월 6일)에 대한 관심과 회복에 대해서 노력해야 할 것이다.

4. 사순절(고난주일 포함)과 한경직의 사순절 설교

1) 사순절(고난주일 포함)의 신학적 의미와 설교의 주제

사순절은 재의 수요일(Ash Wednesday)에 시작되어 부활절 전까지 40일 동안 계속되는 세례와 회개의 기간이다. 초대교회에서 사순절은 그리스도의 십자가의 수난을 명상하고 회개하는 기간으로 시작된 것이 아니라, 부활주일 새벽에 세례를 받기 위하여 준비하는 기간으로 시작되었다.[147] 즉 초대교회에서는 세례 지원자들을 사순절 기간 동안 상당히 어려운 준비와 교육을 거친 후에 부활주일 새벽에 혹은 부활주일 아침에 세례를 베풀었는데, 이 준비하는 기간이 바로 사순절이다. 그러므로 사순절은 무엇보다 먼저 초대교회가 성례전적인 삶 속에서 교회공동체의 자기 정체를 확실히 하는 기간이었음을 알 수 있다. 따라서 사순절의 가장 중요한 신학적인 의미는 세례에 있으며, 세례 안에서 교인들은 예수 그리스도의 죽음과 부활에 동참하게 된다.[148]

그런데 이렇게 부활주일에 세례 받을 사람들의 준비 기간으로 시작된 사순절이 시간이 흘러감에 따라 점차로 모든 그리스도인들이 주님의 수난에 접하고 머무르는 준비의 기간으로 발전되어 갔다. 즉 사순절은 이제 예수님의 마지막 예루살렘 여행 및 그의 수난과 죽음에서 보이는 하나님의 자기희생적(God's Self-giving) 사랑을 기억하는 절기로 발전되어 갔다.[149] 그래서 사순절은 시간이 지날수록 그리스도인들의 회개와 경건한 생활을 강조하게 되었고, 교인들이 자신을 부정하고 참회하는 절기로 지켜지게 되었다.

그러므로 참회의 수요일부터 부활주일 전까지 40일간 계속되는 사순절은 세례와 회개를

146) J. A. Jungman, *Public Worship*, trans.by C. Howell (Collegeville: 1957), p.208.

147) 주승중, p.147.

148) *Ibid.*, p.149.

149) *Ibid.*,, p.150.

통한 참된 돌이킴의 기간이다.[150] 즉 사순절은 회심과 세례를 통해서 그리스도의 죽음에 함께 동참하였음을 확인하는 시기인 동시에, 우리를 대항하여 역사하는 어두운 권세의 실체를 확인하며, 이를 그리스도와 함께 십자가에 못 박고 다시는 일어나지 못하도록 이 권세를 무덤에 장사지내는 시기이다.[151] 그러므로 우리(교회)는 사순절 기간에 우리의 죄를 무덤 앞에 내려놓고, 죄의 소멸과 죄를 영원히 매장하는 기회로 삼아야 한다. 사순절 기간 동안 우리(교회)는 그리스도와 맺은 세례 언약, 악의 세력과 영향을 거부하기, 그리고 그리스도를 내 삶의 주인으로서 모시고 우리 자신을 내어 드리는가를 다시 한 번 검토해야 한다. 결론적으로 사순절은 회개, 기도, 금식, 그리고 우리의 세례와 갱신을 통한 신앙 성장의 절기이다.[152]

그리고 이 사순절의 절정이 바로 종려주일 혹은 고난주일로부터 시작하는 고난주간이다. 종려주일 혹은 고난주일은 예수님의 승리의 입성과 주님의 수난을 기념하는 날인데, 흔히 이 날을 가리켜 "대조의 날 또는 아이러니의 날"(Day of Contrast/Irony)라고 부른다.[153]

2) 한경직 목사의 사순절 설교

한경직 목사의 설교에서는 많은 양의 사순절에 대한 설교와 또한 종려주일(고난주일)에 대한 설교를 발견할 수 있다. 먼저 그는 사순절의 의미에 대해서 "회개에 합당한 열매"(눅 3:1-14)라는 제목의 설교에서 이렇게 설명한다.

> "옛날부터 부활절 전 40일간을 '사순절'이라 하여서 특별히 우리 주님의 최후 40일간의 생활과 그 절정인 십자가와 부활을 묵상하면서 은혜 받는 기간으로 지켜 왔습니다. 자연히 이 기간에는 각자 자기의 삶을 살피면서 회개할 것을 회개하고, 새로이

150) *Ibid.*, p.152.

151) Robert Webber, p.160.

152) 주승중, p.152.

153) *Ibid.*, pp.154-155.

은혜와 능력을 받는 계절입니다."[154)]

그리고 계속해서 그는 이 설교에서 세례 요한의 회개에 대한 외침을 소개하면서 "세례 요한의 엄숙한 경고는 세기를 통하여 오고 오는 세대에 큰 경종이 된다."고 설교하고, "주께 나오려면 죄를 회개하여야 하고, 참 회개에는 그 열매가 있으니 그 열매를 꼭 맺어야 한다."[155)]고 강조한다. 그리고 그는 이 설교에서 회개란 무엇인가에 대해서 자세히 설명하는데,

> "회개는 먼저 자기의 죄를 깨닫는 데서 시작됩니다...뿐만 아니라, 참으로 회개하는 이들, 자기의 죄를 깨닫고 눈물로 뉘우치는 이들은 솔직하게 자기의 죄를 고백합니다....그뿐 아닙니다. 참 회개에는 고백 뿐 아니라, 때로는 보상이 따릅니다. 그 뜻은 내 죄로 말미암아 다른 이에게 피해를 주었으면, 할 수만 있으면 그에게 그 손해를 보상하여 줍니다. 이것이 참 회개입니다....
> 이 사순절에 십자가를 바라보면서 특별히 이 기독교 선교 100주년의 사순절을 맞이하면서 우리 모두 우리의 마음과 삶을 하나님 앞에서 살펴보십시다. 삶의 길은 언제나 열려있습니다. 곧 회개입니다. 하나님은 약속하십니다. '너희 죄가 주홍 같을지라도 눈과 같이 희어질 것이요, 진홍같이 붉을지라도 양털같이 되리라' '그 아들 예수의 피가 우리를 모든 죄에서 깨끗하게 하실 것이요' 이 사순절에 우리 모두가 이런 깨끗한 은혜를 받으시기를 기원합니다."[156)]

우리는 한경직 목사의 대표적인 사순절 설교에서 그의 메시지의 핵심이 바로 사순절의 중요한 두 번째 주제인 십자가 앞에서의 회개를 다루고 있다는 것을 분명히 알 수 있다. 이

154) 김은섭(편), 『한경직목사 설교전집』제17권, p.207.
155) *Ibid.*, p.208.
156) *Ibid.*, pp.209-214.

외에도 그의 회개에 대한 설교는 "여호와께로 돌아오라"(호14:1-9),[157] "회개"(마3:1-3),[158] "회개와 새로운 날"(행3:11-26),[159] "강도의 회개와 구원"(눅23:26-43),[160] "회개와 준비생활"(눅13:1-9)[161] 등 상당히 많은 분량을 차지하고 있다. 물론 이들 가운데 어떤 것들은 절기상으로 사순절에 한 설교가 아닌 것도 있으나, 전반적으로 그의 십자가 앞에서의 회개와 참된 돌이킴에 대한 설교는 사순절의 중요한 주제였다는 것을 알 수 있다.

그러나 아쉬운 것은 원래 사순절이 시작된 중요한 의미인 세례와 관련된 사순절 설교는 거의 발견하지 못했다. 단 한 번 그는 사순절과 회개 그리고 세례를 연결 지어 잠깐 언급하였는데, 그 설교는 "여호와께로 돌아오라"(호14:1-9)[162]는 설교이다. 그는 이 설교에서

> "지금은 특별히 렌트(Lent) 기간이올시다. 사순절이올시다. 이 사순절이야말로 하나님께로 돌아오는 시절입니다. 여러분, 다 하나님께로 돌아오십니까? 여호와를 만날 만한 때에 우리는 여호와를 만나야 합니다…베드로는 이렇게 말씀합니다. '너희가 회개하고 각각 예수 그리스도의 이름으로 세례를 받고 죄 사함을 얻으라.' 이 사순절에 회개하고 예수 그리스도의 이름으로 세례를 받고 죄 사함을 받아야 합니다. 탕자가 비록 먼 나라에 가서 죄를 많이 지었지만, 그 탕자가 돌아올 때에 그 아버지가 얼마나 열광적으로 환영했는지를 여러분 기억하십시다."[163]라고 설교했다.

그는 이 설교에서 사순절의 원래 의미였던 세례를 통한 죄사함에 대해서 강조하고 있다. 그래서 초대교회에서 사순절이 원래 부활주일 새벽에 세례를 받기 위하여 회개하며 준비하던 데서부터 시작된 것임을 전달하고 있다. 그리고 그는 사순절 기간 동안에 행한 설교 중

157) 김은섭(편), 『한경직목사 설교전집』제11권, pp.514-522.
158) 김은섭(편), 『한경직목사 설교전집』제7권, pp.429-432.
159) 김은섭(편), 『한경직목사 설교전집』제4권, pp.347-358.
160) *Ibid.*, pp.314-322.
161) 김은섭(편), 『한경직목사 설교전집』제3권, pp.215-229.
162) 김은섭(편), 『한경직목사 설교전집1』제11권, pp.514-522.
163) *Ibid.*, p.521.

에 "제자들의 발을 씻기신 예수"(요13:1-15)라는 설교에서 스코틀랜드의 유명한 주석가 윌리암 바클레이가 발을 씻는 것을 세례 받는 것으로 해석을 했다고 소개하면서, '세례'는 '씻는다'는 뜻으로 천국의 상징인 교회에 들어갈 때에는 죄를 씻는 세례를 받아야 한다고 설교하였다.[164] 그리고 이 설교의 결론에서 다음과 같이 설교하였습니다.

> "그러므로 세례는 기회만 있으면 반드시 받아야 합니다. 우리 주님께서는 죄가 없을지라도 만민의 죄를 대신하면서 세례를 받으신 것입니다....오늘 우리는 발을 씻으시는 주님을 바라보고, 허리를 굽혀 겸손히 남의 발을 씻는 정신을 꼭 배워야하겠습니다.,....꼭 기회가 있을 때에 세례를 받아야 하겠습니다."[165]

이렇게 한경직 목사는 그의 사순절 설교에서 세례를 연결시켜 사순절의 본래 의미를 되새기고 있으나, 여전히 아쉬운 것은 그의 보다 많은 설교에서 사순절이 회개, 기도, 금식, 그리고 우리의 세례와 갱신을 통한 신앙 성장의 절기라는 사실을 발견할 수 있었으면 좋았겠다 하는 점이다.

그리고 한 가지 사순절기와 관련하여 한경직 목사의 설교에서 발견할 수 있는 또 한 가지의 특징은 종려주일에 대한 설교이다. 한경직 목사는 특별히 종려주일에 대한 설교를 많이 하였는데, 이는 그가 사순절 전체보다는 고난주간을 좀 더 중요시하였다는 사실을 보여준다. 그의 『절기설교 모음집』에는 "십자가는 속죄의 제사", "갈보리 산상의 십자가를 바라보라", "첫 종려주일의 축복을 받으라" 그리고 "왕이신 메시아를 영접하라"는 네 편의 종려주일 설교가 실려 있고,[166] 그의 설교 전집에도 보면 종려주일 설교가 10여 편이 있는 것을 볼 수 있다. 그것들은 "예수를 맞은 예루살렘 사람들"(눅19:28-48),[167] "첫 종려주일"(마 21:1-

164) 김은섭(편), 『한경직목사 설교전집』제12권, pp.334-335.

165) *Ibid.*, p.335.

166) 한경직, 『한경직 목사의 절기설교 모음집』, pp.86-131.

167) 김은섭(편), 『한경직목사 설교전집』제5권, pp.500-511.

11),[168] "예수를 영접하자"(마21:1–11),[169] "종려주일의 깊은 뜻"(마21:1–11),[170] "종려주일의 예수"(마21:1–11),[171] "평화의 왕"(눅19:28–40),[172] "십자가를 바라보자"(마21:1–11)[173] 등이다.

그리고 한경직 목사는 종려주일이 곧 고난주일이라는 사실에 대해서도 설교하였는데, 그 대표적인 설교가 "보라 하나님의 어린 양"(요1: 29–42)[174]이다. 그는 앞서 소개한 종려주일의 설교들에서는 종려주일의 의미에 대해서 집중적으로 설교하고 있음에 반해, 이 설교에서는 세례 요한이 예수님을 향해 "어린 양"이라고 부른 의미에 대해서 설명하면서, 고난주간에 우리 모두가 "십자가 위에서 흘리신 그 보혈로 나의 죄를 깨끗케 하여 주셨고 새 사람이 되게 해 주신 은총을 깨닫고, 이와 같은 은혜를 받은 성도에 합당한 생활을 해야 한다."[175]고 설교하였다. 즉 십자가에 달리신 어린 양을 바라보면서, 그를 따라갈 수 있어야 하며 그의 고난에 동참할 것을 설교하였다. 그러므로 한경직 목사의 종려주일과 고난주일에 대한 설교는 예수님의 승리의 입성과 고난이라고 하는 대조적인 진리를 다 포함하고 있는 메시지를 전하고 있다는 것을 알 수 있다.

그리고 그의 고난주간에 대한 설교는 여러 편의 설교들이 있는데, 그것들은 "십자가를 바라보라", "십자가를 자랑함", "제자들의 발을 씻기신 예수", "겟네마네 동산의 그리스도","억지의 십자가", "나의 자랑은 오직 십자가", "십자가의 도", "예수의 발자취", "강도의 회개와 구원" 등의 많은 설교들이 있다. 이 설교들은 고난주간에 있었던 일들에 대해서 설교하고 있으며, 그가 고난주간에 대해서도 많은 관심을 가지고 설교하였다는 것을 알 수 있다.

그러므로 전반적으로 볼 때, 그는 사순절과 종려주일과 고난주일 및 고난주간에 대해서 많은 관심과 이해를 가지고 이에 대해서 열정적으로 설교하였다는 사실을 알게 된다.

---

168) 김은섭(편), 『한경직목사 설교전집』제7권, pp.277–287.

169) 김은섭(편), 『한경직목사 설교전집』제11권, pp.534–541

170) 김은섭(편), 『한경직목사 설교전집』제12권, pp.346–353.

171) 김은섭(편), 『한경직목사 설교전집』제15권, pp.536–543.

172) 김은섭(편), 『한경직목사 설교전집』제17권, pp.445–452.

173) 김은섭(편), 『한경직목사 설교전집』제18권, pp.207–215.

174) 김은섭(편), 『한경직목사 설교전집』제16권, pp.338–346.

175) *Ibid.*, p.346.

5. 부활절과 한경직의 부활절 설교

1) 부활절의 신학적 의미와 설교의 주제

부활절은 부활주일부터 시작되는 주님의 부활을 축하하며 기뻐하는 50일간의 절기이다. 부활절은 그리스도 안에서 우리의 새로운 삶과 생명을 기뻐하고 감사하는 시간이다. 부활절은 길고 추웠던 사순절 기간의 겨울이 지나가고 부활의 봄을 맞이하여 감격하는 기간이며, 우리가 부활 생명으로 온전히 태어남을 이 땅에서 미리 맛보며 감사하는 기간이다. 예수 그리스도의 부활을 통해 우리는 우리의 부활을 약속받고 보장받게 되었다. 즉 예수님의 부활은 장차 이루어질 우리 모두의 부활의 성취이자, 우리들의 현재의 삶을 위한 모범이다. 그리스도는 "잠자는 자들의 첫 열매"(고전 15:20)로서, 그의 부활은 죽은 자들의 일어남의 시작이요(고전15:23) 기초이다. 즉 예수님의 부활은 그와 함께 우리도 부활할 수 있다는 믿음과 함께 우리 모두에게 변화의 가능성이 보장되어 있음을 보여준다.[176] 예수님께서 영화로운 몸으로 부활하셨다는 사실은 우리에게 삶의 변화를 위한 희망과 용기를 가져다주며, 그것은 결국 우리의 현실참여를 위한 토대가 된다. 우리는 부활을 믿기에 오늘의 고난에 기꺼이 동참하며, 하나님의 구속과 창조의 역사에 능동적으로 참여하게 된다.[177]

그리고 초대교회 때부터 부활절은 세례와 밀접한 관련이 있다. 초대교회는 부활절에 받는 세례를 그리스도와 함께 죽고 새 생명으로 태어나 하나님 안에서 자유함을 얻는 사건으로 보았다. 바울은 이에 대해서 "우리가 그의 죽으심과 합하여 세례를 받음으로 그와 함께 장사되었고...그리스도를 죽은 자 가운데서 살리심과 같이 우리로 또 새 생명 가운데 행하게 한다"(롬6:4-5)고 설명한다. 그래서 교부 터툴리안은 "부활절은 특히 세례를 베푸는 데 의미 있는 날"[178]이라고 하였고, 성 바질도 "세례를 거행하기 위해 부활보다 더 좋은 날은 없다."[179]고 하였다. 그러므로 부활절은 예수님의 부활과 더불어 그리스도인들이 세례를 받음

176) 주승중, p.104.

177) *Ibid.*, pp.104-105.

178) *Ibid.*, p.102에서 재인용.

179) *Ibid.*, p.102에서 재인용.

으로 새롭게 탄생하는 날이기도 하다.

(2) 한경직 목사의 부활절 설교

한경직 목사의 부활절 설교는 매우 많이 발견할 수 있다. 우선 그의 절기설교 모음집에 10편의 부활절 설교가 실려 있고, 그의 설교 전집에도 약 17편의 부활절 설교가 실려 있다. 그는 "부활절은 사망의 권세를 이기신 우리 주님이 지금도 살아 계셔서 죄인을 구원하시고, 인류의 역사를 다스리시며 천국의 최후 승리를 위하여 일하고 계심을 선포하는 날"[180] 이라고 외쳤다. 그리고 부활 신앙이 우리 기독교 신앙의 근본이 되는 진리라고 하면서 다음과 같이 설교한다.

> "주님께서는 성경대로 우리의 죄를 대속하시기 위하여 십자가에 못 박혀 죽으셨습니다. 그러나 또한 성경대로 다시 사흘 만에 살아나셨습니다. 이것이 곧 우리 기독교 신앙의 근본이 되는 진리입니다."[181]

> "부활주일은 진리와 정의와 사랑과 생명의 최후 승리를 선포하는 날입니다. 아직도 우리가 사는 이 세상에는 거짓과 불의와 증오와 죄악과 죽음의 세력이 인류를 괴롭히고 있습니다. 그러나 우리는 이 부활주일을 통하여 생명의 최후 승리를 또 한 번 새롭게 선포합니다."[182]

이렇게 그는 부활의 메시지를 통하여 그리스도의 승리와 교회와 성도들의 승리를 선포하였고, "이 우주에는 죽음이 마지막이 아니라 생명이 최후 승리를 얻는다는 사실과 인간에게는 무덤이 최후가 아니라 무덤을 초월하여 영원한 생명이 있다는 것과 그리고 이 생명은

---

180) 한경직, 『한경직목사의 절기설교 모음집』, p.133.

181) *Ibid.*, p.135.

182) *Ibid.*, p.140.

부활하신 주님을 통하여 얻는다는 사실"[183]을 선포하였다.

여기서 우리는 한경직 목사의 부활절 설교와 관련하여 첫째로 깨닫는 것이 있는데, 그것은 부활의 메시지는 선포하는 것이지, 부활을 증명하는 것이 아니라는 사실이다. 그는 "부활절이 선포하는 세 가지 진리"(눅24:1-12)라는 설교에서 "부활은 정의의 최후 승리를 선포하며, 생명의 최후 승리를 선포하고, 부활은 천국의 최후 승리로서 천국의 확장을 선포한다."[184]고 하였다. 그리고 "부활의 능력을 보이신 예수님"(마28:1-10)이라는 설교에서는 "부활주일은 예수 그리스도에게만 있는 부활의 능력이 나타나신 날이며, 그래서 이 우주에 하나님께서 살아계시고, 살아 계신 하나님이 이 우주와 인간의 역사를 다스리시고, 예수께서 과연 살아 계신 하나님의 아들이라는 것을 확증하신 것"[185]이라고 선포하였다. 그리고 더 나아가서 이렇게 계속 선포하였다.

> "그리스도는 사망의 줄에 오래 매여 있을 수 없는 분입니다. 사망의 줄을 끊어버리셨습니다. 사망을 이기셨습니다. 부활하신 것입니다. 그리하여 온 인류에게 과연 살아 계신 하나님이 이 우주를 주장하시고, 인간의 역사를 다스리시고, 예수 그리스도께서 과연 하나님의 아들인 것을 우리에게 선포하신 것입니다. 부활의 능력이 나타났습니다."[186]

이렇게 한경직 목사는 부활의 의미와 그 메시지를 선포하였지, 부활의 철학적이며 과학적인 가능성을 증명하거나 부활을 역사적으로 재구성하기 위하여 시간을 낭비하지 않았다. 그렇다. 우리는 부활을 선포하도록 부름을 받았지 부활을 증명해 내도록 부름을 받은 것이 아니다. 그런데 어떤 이들을 자꾸 부활을 증명하려고 한다, 아니다. 부활은 믿음으로 선포하는 것이지 증명하는 게 아니다. 우리는 한경직 목사의 부활절 설교에서 이런 귀한 교훈을

183) *Ibid.*, pp.142-143.

184) *Ibid.*, pp.166-171.

185) *Ibid.*, p.195.

186) *Ibid.*, p.196.

받게 된다.

두 번째로 우리는 한경직 목사의 부활절 설교에서 그가 부활절을 죽음과 죽음 이후의 세계에 대하여 전하는 기회로 삼았다는 것을 배우게 된다. 그는 "죽음, 믿음이 부활하는 축복"(고전15:1-11)이라는 설교에서 "죽음이 삶의 최후 카드가 아닙니다. 영원한 생명이 최후로 승리합니다. 그러므로 모든 믿는 자들의 무덤에는 부활의 아침이 기다리고 있습니다."[187]라고 하여 죽음 이후의 삶에 대하여 설교한다. 그리고 "부활한 사람이 갖는 삶의 최고 목표"(골3:1-11)에서는

> "그리스도께서 죽은 자들 가운데서 부활하신 것같이 모든 잠자는 자들, 곧 그리스도 안에서 죽은 자들도 앞으로 부활할 때가 온다는 것을 분명히 말씀하십니다. 그리스도의 부활을 과거의 부활이라고 한다면, 장차 올 모든 신자의 부활은 미래의 부활이라고 할 수 있어 살아날 때가 옵니다. 이 미래의 부활을 성경에서 확실히 가르칩니다. 주님께서 다시 오실 때에는 우리 죽은 몸도 부활할 때가 옵니다."[188]

이렇게 한경직 목사의 부활절 설교는 죽음과 죽음 이후의 세계에 대해서 확신을 가지고 전하는 의미 있는 설교였다. 현대인들은 죽음과 같은 무거운 이야기들을 싫어한다. 그리고 많은 사람들이 사후의 세계를 믿지 않고 있다. 심지어 교회에 출석하는 사람들조차도 죽음 이후의 삶에 대해서 확신을 하지 못하는 경우가 많다. 그러나 이런 상황 속에서 교회는 부활절에 더욱 분명하게 죽음과 죽음 이후의 삶에 대해서 그리고 부활을 통한 영생에 대해서 한경직 목사처럼 분명하게 전할 수 있어야 한다.

세 번째로 한경직 목사의 부활절 설교에서 우리는 새로운 가치관을 가진 삶의 스타일에 대한 요구를 발견하게 된다. 그는 우리의 옛 사람이 십자가에서 못 박혀 죽고, 새 사람으로

187) *Ibid.*, p.188.

188) *Ibid.*, pp.201-202.

영적으로 부활하였다면, 그 새 생명은 새로운 법칙 아래서 살아야 한다고 강조하였다.[189] 그는 우리가 예수 그리스도의 십자가의 공로로 사함을 받고, 죽음 가운데서 그 영혼이 다시 부활하였다면, 죽은 시체가 있던 어두움 속에 그냥 머물러 있을 수 없다고 지적하면서, "너희가 과연 영혼이 부활했으면, 이젠 위에 있는 것을 찾으라. 아래를 보고 땅에 있는 것을 찾지 말고 항상 위에 있는 것을 찾으라."[190]고 권면한다. 그리고 위엣 것을 찾으라고 하는 말은 예수 그리스도로 하여금 우리의 인격의 목표를 삼으라는 말이라고 하면서, 이렇게 설교한다.

> "그리스도의 인격으로서, 그리스도의 마음으로서, 그리스도의 성품으로서, 그리스도의 생활을 우리 태도의 규범으로 삼아서 항상 그리스도와 같이 되기를 원하라는 말씀입니다. 그리스도의 심령과 그리스도의 성품과 그리스도의 정신을 가지고, 정치가도 되고, 실업가도 되고, 공무원도 되고, 과학자도 되고, 예술가도 되라고 하는 말씀이올시다. 예수 그리스도를 생의 최고 목표로 삼으라고 권면하는 것입니다."[191]

그는 우리가 진정 부활을 그 속에 잉태하고 있다면, 우리는 이전과는 완전히 다른 가치관을 가지고 살아야 하는데, 그것은 바로 땅의 것을 생각지 않고, 위엣 것을 찾는 삶이라는 것이다. "너희가 그리스도와 함께 다시 살리심을 받았으면 위의 것을 찾으라 거기는 그리스도께서 하나님 우편에 앉아 계시느니. 위의 것을 생각하고 땅의 것을 생각하지 말라"(골 3:2) 한경직 목사는 이 말씀을 가지고 "부활한 그리스도인들은 정치, 경제, 사회, 문화 어떤 방면에서든지 오직 위에 있는 것을 찾아야 하고, 부활한 생활은 그 삶의 방향이 달라야 하는데, 언제나 어디서나 위의 것을 찾고 또 생각해야 한다."[192]고 설파하였다. 한 마디로 삶의 가치관과 목표가 달라져야 한다는 것이다. 그는 이렇게 설교한다.

189) *Ibid.*, p.180.
190) *Ibid.*, p.181.
191) *Ibid.*, p.183.
192) *Ibid.*, p.207.

> "...이런 영원의 견지에서 볼 때, 사실 무엇을 얻는 것보다 주는 것이 더 귀하고, 대접을 받는 것보다 봉사를 하는 것이 더 귀하고, 보복을 하는 것보다 죄를 용서하는 것이 더 귀하고, 불의한 재물보다 깨끗하고 빈곤한 생활이 오히려 더 귀하고, 세상의 헛된 명예보다 하나님 앞에서 양심을 가질 수 있는 것이 더 귀하고, 육신보다도 영의 구원이 더 귀한 것을 깨닫게 될 것입니다. 참으로 부활한 생활은 그 가치관이 달라집니다."[193]

마지막으로 한경직 목사의 부활절 설교에는 여러 곳에서 부활과 세례와의 관계를 잘 설명하면서 연결 짖고 있다는 사실이다. 그리고 이 사실은 한경직 목사가 부활과 세례가 얼마나 밀접한 관계에 있는가 하는 것을 정확하게 알고 있었다는 것을 증명한다. 그는 "영적 부활을 체험하자"(골3:1-11)라는 부활절 설교에서

> "...세례의 깊은 뜻이 여기 있습니다. 본래 세례 요한이 요단강에서 세례를 베풀 때는 세례 받는 이가 물 속에 온전히 들어갔다가 다시 올라오게 하는 세례를 베풀었습니다....물 속에 들어가는 것은 그리스도와 같이 옛사람이 온전히 죽는 것을 의미합니다. 다시 물 위로 올라오는 것은 그리스도와 같이 새 사람으로 부활하는 것을 의미합니다. 비록 지금은 약식 세례를 받지만, 이번 세례 받는 여러분은 참으로 옛 사람은 온전히 죽고 새 사람으로 영적 부활의 체험을 아울러 받을 수 있기를 바랍니다."[194]

라고 설교함으로 부활과 세례를 연결 지어 설명하고 있다. 그리고 다시 "새 사람으로 부활하는 신앙생활"(막16:1-11)이라는 설교에서도 "옛 사람을 물 속에 온전히 장사하고, 새 사람으로 올라오는 깊은 뜻이 있는 것입니다. 그러므로 사실 성부와 성자와 성신의 이름으로 세례를 받은 사람은 온전히 물 속에 장사하고 새 사람으로 부활하는 의미를 가지게 되는

193) *Ibid.*, p.208.

194) *Ibid.*, p.145.

것"[195] 이라고 설교하였다. 또한 "부활한 사람이 갖는 삶의 최고 목표"(골3:1-11)라는 설교에서도

> "사실 누구나 옛 사람은 십자가에 못 박혀 죽어야 합니다. 곧 죄에 대하여는 죽어야 합니다. 음란, 부정, 부패, 허영, 탐심, 교만, 거짓 등 온갖 죄에 속한 사람은 먼저 십자가에 못 박혀 죽고, 그리스도와 같이 영적으로 새 사람은 부활해야 합니다. 사실 세례의 본래 깊은 뜻도 여기에 있습니다. 옛날에는 세례를 받을 때 흔히 침례를 하였습니다. 온 몸을 물에 잠기게 하였다가 다시 올라오게 하는 것입니다. 온 몸이 물에 잠기는 것은 옛 사람이 그리스도와 함께 죽는 것을 의미하고, 다시 물에서 올라오는 것은 그리스도와 함께 새 사람으로 부활하는 것을 의미합니다."[196]

이렇게 한경직 목사의 부활절 설교는 부활의 은총이 성례전을 통해 중재됨을 선포하고 있다는 사실을 알게 된다. 그러므로 한경직 목사의 부활절 설교를 통해 우리는 부활절 메시지는 선포되어야 하지 증명해서는 안 되고, 또한 부활절을 죽음과 죽음 이후의 세계에 대하여 전하는 기회로 삼아야 하며, 부활절 설교에서 우리는 새로운 가치관을 가진 삶의 스타일에 대한 요구를 해야 하며, 마지막으로 부활절 설교는 성례전과 밀접한 관계가 있어야 한다는 교훈을 배우게 된다.

---

195) *Ibid.*, p.179.

196) *IbidIbid.*, pp.203-204.

6. 오순절과 한경직의 오순절 설교

1) 오순절의 신학적 의미와 설교의 주제

오순절은 오순절에 성령께서 오심과 능력을 축하하고 기뻐하는 절기이다. 즉 오순절은 그리스도의 구속 사역의 완성과 성령을 보내주시겠다는 약속의 성취를 감사하는 절기이다.[197] 또한 이 날은 하나님께서 예수를 그리스도로 고백하고 모여든 무리로 새 기관인 교회를 세우심을 공인하는 날이기도 하다.[198] 하나님께서는 성령님을 통해서 새로운 교회를 탄생시켰고, 모든 것을 그리스도의 사랑으로 함께 나누며 교제하는 새로운 공동체를 만드셨다. 그리고 그 공동체는 이 땅에 하나님의 나라를 확장하는 기관이 되었다. 성령을 받은 제자들과 초대교회가 최우선적으로 한 일은 세상에 복음을 증거 하는 것이었다. 그러므로 오순절은 선교의 시발점이 되는 절기이기도 하다.[199] 이렇게 오순절은 성령님의 강림절이고, 또한 그리스도인의 영적인 탄생을 기념하는 날이요, 그들이 세상을 향하여 하나님 나라의 복음을 전하는 선교의 출발점이다. 오늘 우리(교회)가 성령강림절을 지키는 것은 우리의 영적 순례도 성령의 임재를 경험한 초대교회 성도들처럼 성령님에 대한 새로운 체험과 경험을 통하여 생명력 있는 신앙생활을 하기 위함이다.[200]

2) 한경직 목사의 오순절 설교

한경직 목사의 오순절에 대한 설교는 그의 절기 설교들 가운데 성탄절과 부활절 못지않게 많은 비율을 차지하고 있다. 비록 그의 『절기설교 모음집』에는 오순절 설교가 단 한편이 실려 있지만,[201] 그의 설교 전집을 보면, 거기에는 상당히 많은 오순절과 관련된 설교가 있

197) 주승중, p.134.

198) *Ibid.*, p.135.

199) *Ibid.*

200) *Ibid.*, p.136.

201) 한경직, "성령과 사랑이 충만했던 오순절 초대교회"(행전 2:1-13), 『한경직목사의 절기설교 모음집』, pp.212-223.

기 때문이다.[202)]

제일 먼저 한경직 목사의 오순절 설교에는 성령의 오심에 대한 약속이 성취된 사건임을 분명히 드러나고 있다. 그는 오순절 성령강림의 사건은 예수님께서 성령님을 주시겠다고 약속하심이 이루어진 사건임을 설교한다. 그는 예수님께서 보혜사를 보내심을 약속하셨고(요 14:16-17, 요16:7), 또한 부활하신 후 40일 동안 제자들과 함께 계실 때에도 성령의 세례에 대하여 약속을 하셨는데(행1:4-5), 그 약속이 이루어진 사건이 바로 오순절 성령강림 사건이라고 증언한다.[203)] 오순절 성령강림절은 그리스도의 구속 역사의 완성과 성령님을 보내주시겠다는 약속과 성취를 나타내는 축일인데, 한경직 목사는 오순절의 그 중요한 의미를 정확하게 설교하였다.

두 번째, 한경직 목사는 오순절 성령강림절이 바로 교회의 생일이요, 출발이라고 하는 점을 분명히 지적하고 있다. 그는 "성령의 충만을 받으라"(엡5:8-21)[204)]라는 설교에서 오순절을 이렇게 설명한다. "오늘은 특별히 오순절을 기념하는 주일입니다. 첫 오순절은 우리 기독교의 탄생일이라고 말할 수 있습니다. 이 날에 성령께서 충만히 강림하심으로 교회는 발족되었습니다."[205)] 그는 오순절 성령강림절이 바로 지상교회를 탄생케 한 절기라는 사실을 분명히 지적하였다.

세 번째, 한경직 목사의 오순절 설교에는 오순절 성령강림의 사건이 설교의 시발점이 되었음을 지적하고 있다. 우리가 성령을 통해서 분명히 알 수 있듯이 성령을 받은 제자들이 최우선적으로 한 일은 세상에 복음을 증거 하는 것이었다. 한경직 목사는 "예수의 증인들"(행1:1-11)[206)]이라는 설교에서 바로 이 점을 강조하고 있다. 그는 이 설교에서 그리스도인들이 성령의 충만함을 받으면, 그리스도의 증인이 되는데, 말로 예수를 증거하게 되고, 우리

202) 한경직목사기념사업회에서 편집하여 발간한 『한경직목사 설교전집』에는 적어도 14편 이상의 오순절 설교가 수록되어 있다.

203) 한경직, 『한경직목사의 절기설교 모음집』, pp.213-214.

204) 김은섭(편), 『한경직목사 설교전집』제10권, pp.340-350.

205) *Ibid.*, p.340.

206) 김은섭(편), 『한경직목사 설교전집』제18권, pp.245-253.

의 삶과 모든 행동으로 증거하게 되며, 더 나아가 어떤 성도들은 죽음(순교)을 통하여도 예수의 증인이 된다고 설교하였다. 그는 "어떤 그리스도인들은 죽음을 통하여 곧 피를 흘려 주님을 위하여 죽으므로 예수의 증인이 됩니다. 이러한 이들을 우리말로는 흔히 순교자라고 부릅니다. 교회 역사를 통하여 많은 성도들이 주를 위하여 목숨을 바치므로 예수의 증인들이 된 것입니다."[207]라고 설교하여, 성령의 권능을 받으면 이렇게 죽음을 통하여서도 예수의 증인들이 된다고 하였다.

마지막으로 한경직 목사의 오순절 설교를 통하여 깨닫게 되는 것은 그는 성령의 충만함을 매우 강조하였다는 사실이다. 오순절과 관련한 그의 거의 모든 설교에는 성령의 충만함에 대하여 강조되고 있는데, 이는 성령 충만함을 받아야 성도들이 삶의 모든 영역에서 승리할 수 있기 때문이다. 그는 성령 충만함을 받는다는 것은 "성령께서 우리 마음과 생활의 전 영역을 주관할 수 있도록 충만하게 성령을 영접하라는 뜻"[208]이라고 하면서, "우리의 지적 생활, 감정적 생활, 의지적 생활, 생활 전체, 혹은 우리의 사언행(思言行), 생각이나 말이나 행동, 혹은 우리의 내적 생활, 외적 생활, 사회생활, 경제생활, 생활의 모든 영역을 성령께서 주관하시는 만큼 성령을 충만하게 받아야 한다."[209]고 강조한다. 그러므로 우리는 성령님을 근심하게 하지 말아야 하며, 성령을 속이지도 말아야 하고, 성령을 소멸해서도 안 된다고 하였다. 그리고 우리가 성령의 충만함을 받으려면, 첫째, 아버지의 약속을 기다리는 마음으로 기도해야 하며, 둘째, 죄를 회개하고 주 예수 그리스도의 이름으로 세례를 받아야 하고, 셋째, 우리 자신을 그리스도와 함께 십자가에 못 박아야 한다고 했다.[210] 그럴 때 우리는 마침내 성령의 충만함을 받게 되는데, 그 충만함은 권능으로 나타나고 그 결과 우리는 공중으로나 개인으로나 전도하게 되며, 또한 사랑과 봉사로 나타나고, 기쁨으로 나타나고, 지혜로 나타나고, 어떤 환경에서든지, 무슨 일을 당하든지 그리스도의 모습이 우리에게서

---

207) *Ibid.*, p.248.

208) 김은섭(편), 『한경직목사 설교전집』제10권, p.344.

209) *Ibid.*

210) *Ibid.*, pp.346-348.

나타나게 된다고 하였다.[211]

Ⅵ. 한경직 목사의 절기설교에 대한 평가

지금까지 필자가 살펴 본대로 예수 그리스도의 구속사를 중심으로 이루어진 은총의 교회력을 따라 진행된 한경직 목사의 절기설교는 다음과 같은 몇 가지로 요약 정리할 수가 있다.

첫째, 그는 전반적으로 교회력의 신학적 의미와 설교의 주제를 잘 파악하고 있었고, 그에 따라 절기설교를 하였다.

둘째, 그의 절기설교에는 대림절과 관련하여 예수 그리스도의 재림과 종말에 대한 설교가 조금 미흡하였다는 점이다. 앞에서 이미 언급한대로 대림절의 가장 핵심적인 주제는 종말론에 있고, 그 종말을 준비하기 위한 회개에 있는데, 그의 절기설교에는 이 점에 있어서 아쉬움을 남기고 있다.

그렇다면 왜 한경직 목사의 설교에는 종말과 재림에 대한 설교가 그리 많지 않은 것일까? 필자는 생각하기를 아마도 그것은 그가 삶의 순간순간을 말씀과 함께 살고 있었기 때문이 아닐까 한다. 그의 생애와 설교를 연구한 많은 분들이 이구동성으로 말하는 내용이 있는데, 한경직 목사의 설교는 "삶과 인격을 통한 설교"[212]라는 것이다. 즉 그의 설교는 그의 인격과 삶을 통해서 전달된 메시지였다는 것이다. 그러므로 그의 설교는 곧 그의 삶이었고, 그의 삶 자체가 설교였다. 따라서 그는 무엇보다 먼저 자신의 설교를 자신의 삶에 적용하였고, 자신이 먼저 그 말씀에 순종하였을 것이다. 그러므로 그에게는 삶의 순간순간이 하나님의 말씀에 순종하는 삶이요, 그 삶이 곧 설교였던 것이다. 그러기에 그에게는 따로 종말과 재림에 대한 특별한 준비가 필요 없었을지도 모른다. 순간순간의 그의 삶이 바로 주님의 오

211) *Ibid.*, pp.348-349.

212) 김운용, "강단의 거성 한경직의 설교 세계", p.512.

심을 기다리는 순간이요, 주님과 함께 그리고 말씀과 함께 동행하는 순간이었을 테니 말이다. 아마도 그래서 그의 설교에는 종말과 재림을 준비하는 설교가 많이 발견되지 않는 것이 아닐까?

셋째, 그의 절기설교에는 예수 그리스도의 세례와 그의 공생애의 시작과 밀접한 관련이 있는 주현절과 관련된 메시지가 다소 약했다. 그리고 이 점은 거의 모든 한국교회 설교자들이 가지고 있는 문제일 것이다. 왜냐하면 주현절은 현재 한국교회에는 잊혀 진 절기이기 때문이다. 한국교회가 주현절에 대해 얼마나 무관심한지는 동방박사에 대한 설교가 주로 언제 실시되고 있는가를 보면 알 수 있다. 아마도 대부분의 한국교회 설교자들은 동방박사에 대한 설교를 주로 성탄절에 할 것이다. 그러나 원래 동방박사의 방문에 대한 주제는 주현절에 가장 적합하다. 왜냐하면 동방박사들이 이야기는 복음의 빛이 이방인에게까지 선포되고 비추어짐을 보여주기 때문이다. 따라서 한국교회 강단은 예수 그리스도의 계시의 유일성이 거부되고 있는 21세기 포스트모던 상황에서 예수 그리스도의 사역의 시작과 그의 신성을 알리는 매우 중요한 절기인 주현절에 대한 관심과 메시지를 하루 속히 회복해야 할 것이다.

넷째, 그의 절기설교에는 사순절과 관련하여 약간의 보완해야 할 점이 있다. 그것은 사순절이 회개와 기도, 금식 그리고 세례의 갱신을 통한 신앙 성장의 절기라는 사실이 그의 메시지에서 좀 더 분명히 드러나야 한다는 점에서 그렇다.

다섯째, 부활절과 오순절과 관련한 그의 절기설교는 그 설교의 주제에 있어서 각 절기의 신학적 의미와 주제를 잘 전달하고 있다는 점에서 매우 모범이 된다고 여겨진다.

Ⅶ. 나가는 말

결론적으로, 필자가 한경직 목사의 절기설교를 중심으로 그의 설교를 공부하면서 정리하게 된 것은 그의 절기설교는 결국은 예수 그리스도가 중심이 된 성경적 설교와 밀접한 관련이 있다는 사실이다. 앞서 필자는 교회력이 예수 그리스도의 구속사를 중심으로 이루어진 은총의 수단이라고 말한 바 있다. 따라서 설교자가 교회력을 따른 절기설교를 할 때에, 그는 주의 오심과 사역, 고난당하심, 십자가의 죽으심, 영으로 임하심, 그리고 다시 오실 주님을 그가 오실 때까지 전하게 된다.

그런데 한경직 목사는 설교란 하나님의 말씀인 성경을 전하는 것이고, 그러므로 설교는 반드시 성경적이어야 한다고 강조하였다. 그리고 그 성경의 중심이 곧 예수 그리스도라고 하였다. 그러므로 한경직 목사의 설교는 예수 그리스도가 중심을 이루는 복음적인 설교였다.[213)]

그의 설교의 핵심이 예수 그리스도의 십자가와 부활이었고, 그는 평생토록 예수 그리스도를 보여주고, 예수 그리스도가 무엇을 했는지, 특별히 십자가의 뜻이 무엇인지, 부활이 무엇을 의미하는지를 깨우쳐 주고 알리는 설교를 하였고, 또 그렇게 살았다면[214)], 결국 그의 설교는 그가 인식했는지는 모르나 예수 그리스도의 구속사를 중심으로 이루어진 은총의 교회력을 따라 설교를 한 것과 마찬가지였다는 결론을 내릴 수가 있다.

따라서 한경직 목사의 절기설교를 통해서 오늘 우리가 교훈을 받을 수 있는 것은 설교자들이 예수 그리스도의 구속사를 중심으로 이루어진 은총의 교회력을 따라 절기설교를 성실하게 감당한다면, 결과적으로 그는 예수 그리스도의 십자가와 부활을 통한 구원의 복음을 충실하게 전달할 수 있게 된다는 것이며, 예수님의 오심과 사역, 고난과 죽음, 부활과 승천, 영으로 임하심과 예수님의 다시 오심을 그가 오실 때까지 전하게 되는 은혜를 누리게 될 것이라는 사실이다.

213) *Ibid*., p.515.

214) 김은섭(편), "해제",『한경직목사 설교전집』제1권, ii-10.

〈참고문헌〉

김운용. “강단의 거성 한경직의 설교 세계”, 「장신논단」(서울: 장신대출판부, 2002)

김운용. “한경직”, 『설교학사전』(서울: 예배와 설교 아카데미, 2002)

김은섭. “해제”, 『한경직목사 설교전집』제1권 (서울: 한경직목사기념사업회, 2009)

김은섭(편). 『한경직목사 설교전집』 18 vols. (서울: 한경직목사 기념사업회, 2009)

김희보 편저. 『한경직 목사』(서울: 규장문화사, 1982)

문성모, 『한국교회 설교자 33인에게 배우는 설교』(서울: 두란노, 2012)

이영헌 엮음, 『한경직 강론 1: 참 목자상』(서울: 규장문화사, 1985)

정성구. “한경직의 설교를 논함”, 「목회와 신학」(1992. 7월)

조은식 편집, 『한경직목사의 신앙유산』(서울: 숭실대학교 출판부, 2007)

주승중. 『은총의 교회력과 설교』(서울: 장신대출판부, 2004)

한경직, “교직자의 자세”, 「교회와 신학」(1965)

한경직. 『평생에 듣던 말씀』(서울: 영락교회, 2002)

한경직. 『한경직 목사의 절기 설교모음집』(서울: 두란노, 2010)

한경직. 『한경직 목사의 구원 설교 모음집』(서울: 두란노, 2011)

한경직목사기념사업회, 『한경직목사 탄신 100주년 기념행사 자료집』(서울: 한경직목사 기념사업회, 2002)

한숭홍. 『한경직의 생애와 사상』(서울: 장로회신학대학교 출판부, 1993)

Adam, Adolf. *The Liturgical Year: Its history and its meaning after the reform of the liturgy* (New York: Pueblo Publishing Company, 1981)

Allen Jr., Horace T. *A Handbook for the Lectionary* (Philadelphia: The Geneva Press, 1980)

Calvin, John. *Institutes of the Christian Religion*, tr. Henry Beveridge. (Wm. B. Eerdmans Publishing, 1953)

The Consultation on Common Texts. *The Revised Common Lectionary* (Nashville: Abingdon

Press, 1993)

Forsyth, P. T. *Positive Preaching and the Modern Mind* (Grand Rapids: Baker Book House, 1980)

Parch, Pius. *The Church's Year of Grace* (Collegeville, Minn.: Liturgical Press, 1964–1965) 5 vols.

Rochelle, Jay C. *The Revolutionary Year* (Philadelphia: Fortress Press, 1973)

Stookey, Laurence H. *Calendar: Christ's time for the Church* (Nashville: Abingdon Press, 1996)

Wallace, Ronald S. *Calvin's Doctrine of the Word and Sacrament*, 정장복 역 『칼빈의 말씀과 성례전 신학』 (서울: 장신대 출판부, 1996)

Webber, Robert E. *Ancient-Future Time*, 이승진 역. 『교회력에 따른 예배와 설교』 (서울: 기독교 문서선교회, 2007)

White, James F. *Introduction to Christian Worship*, 3rd ed. (Nashville: Abingdon Press, 2001)

한경직 목사의 소그룹(구역)사역

이상화 박사 / 드림의교회

Ⅰ. 들어가는 말

하나님의 교회는 아무리 역사가 흘러도 하나님의 통치 아래 있는 교회로서 끝까지 하나님이 감독하시는 특징을 가지고 있다.[215] 교회의 이런 특징과 더불어 기독교 역사는 하나님의 교회가 하나님께서 세우신 지도자들을 통해서 성도들이 돌봄을 받고, 세움을 받아 세상에 보냄 받도록 하셨다는 사실을 증언한다. 그러므로 교회의 성숙과 성도들의 성장은 철저히 하나님의 절대 주권과 직결되는 것이지만 그 속에서 하나님으로부터 성도들을 섬기도록 그 사역을 위임받은 지도자들, 특히 목회자들의 중요성은 아무리 강조해도 지나치지 않다.

선교 130년을 바라보는 한국 교회를 향한 시선이 안팎으로 그 어느 때 보다 날카롭게 날이 서 있다는 것을 확인한다. 한국 교회 역사상 지금만큼 욕을 많이 먹었던 적은 없었던 것 같다는 자조적인 목소리가 교회 내부에서 계속 터져 나오고, 실제로 비기독교인들은 한국 기독교를 여타 주류 종교에 대비해서 가장 낮은 신뢰도를 가진 종교로 평가하고 있다.[216]

215) 티모시 더들리 스미스, 『존 스토트 진정한 기독교』(서울: IVP, 1997), p.366.

216) 이렇게 말할 수 있는 근거는 가장 최근의 조사결과로 2013년 1월 31일(목)에 한국기독교목회자협의회 신년기도회에서 발표한 "2012년 한국인의 종교생활과 의식조사 1차 결과발표" 중에서 비기독교인에게 종교별 전반적 신뢰도를 조사한 결과가 (개신교 18.9%, 불교 23.5%, 천주교 26.2%)로 나타났기 때문이다.

이런 상황을 놓고 어느 교계 원로 지도자는 최근 한 일간지와의 대담에서 "가난과 나눔의 삶을 몸소 실천하는 큰 어른이 한국개신교에 열 분만 있었으면 한다. 과거에는 한경직 목사 등이 있었지만 불행히도 이제는 찾아보기 힘들다."고 토로하고 있다.[217)]

이런 의미에서 위기라고 밖에 진단할 수 없는 한국 교회와 한국 교회 목회자들이 당면한 위기적 현실을 보며 과연 한국 교회의 사표로 인정받고 있는 '한경직 목사의 목회'는 어떠했는지를 살펴보는 것은 큰 의의가 있다고 하겠다. 본 논고는 이런 맥락에서 과연 한경직 목사는 21세기 한국 교회 내에서 유행처럼 번져 있는 소그룹(구역)목회[218)]에 대해서 어떤 철학을 가지고 목회현장에서 적용했는가를 논구하는 것이 목적이다.

이 목적을 달성하기 위해 본 글에서는 먼저 한국 교회의 소그룹목회 현실과 소그룹(구역)의 정의 및 목회적 필요성을 짚어 보려고 한다. 그리고 한경직 목사가 목회 현장에서 소그룹(구역)목회를 어떻게 적용했는지를 살펴봄으로써 그의 소그룹(구역)목회의 특징을 차례로 논구해 보고자 한다.

---

217) 김갑식 외, 『힘든 세상, 퍼주는 교회』(서울: 동아E&D, 2012), p.251. 이 책은 동아일보에서 한국 교회 가운데 빛과 소금의 역할을 하는 29교회를 '다시 빛과 소금으로'라는 타이틀로 취재한 결과를 묶은 것이다. 책의 마지막 부분에 손인웅 목사, 김명혁 목사, 이상원 목사의 대담이 실려 있다. 한국 교회와 사회의 사표로서 한경직 목사에 대한 그리움은 여러 차례의 여론조사에서 한국 교회를 대표하는 인물로 한경직 목사가 꼽힌 것을 통해서 더욱 확실하게 알 수 있다.

218) 사실 '소그룹'이란 단어를 따져보면 한자인 '소(小)'와 영어인 '그룹(Group)'이 함께 접합된 기형적 단어다. 이런 점에서 영어를 적용하여 'Small Group'이라고 일관성 있게 표현하거나, 아예 '소공동체'라고 언급하는 것이 타당하다. 그러나 '소그룹'이란 용어를 한국 교회가 널리 사용해 왔고, 특히 그동안 한국 교회 내에서 작은 성도 수로 모여왔던 '구역과 속회', 그리고 20세기 말에 시작되어 현재까지 강조점을 달리하면서 나름의 반향을 일으키고는 소그룹의 개별유형들인 '셀(Cell), G12, D12, 가정교회 등'을 통칭하는 말이 '소그룹'이므로 본 글에서는 소그룹이라는 단어를 그대로 사용하고자 한다. 그리고 중요한 것은 한경직 목사의 설교에는 소그룹이라는 용어 보다는 한국 교회가 전통적으로 소그룹을 지칭할 때 사용해온 '구역'이라는 말을 반복해서 사용하므로 '소그룹'이라는 용어와 함께 '구역'이라는 용어를 더불어 사용하고자 한다.

II. 한국 교회 소그룹(구역)목회의 흐름과 소그룹(구역)목회의 필요성

1. 한국 교회 소그룹(구역)목회의 전반적인 흐름

1) 한국 교회 선교 초기 소그룹(구역)목회의 흐름

한국 교회의 폭발적인 부흥을 말하는 사람마다 1907년 평양대부흥운동이 계기가 되었다고 말한다. 그런데 이런 대부흥의 경험은 전 성도들이 모인 대집회만이 아니라 소그룹 모임이 있었기에 더욱 폭발적일 수 있었다는 것을 확인하게 된다. 실제로 1903년 미국 남감리교 선교사인 하디(R. A. Hardy) 선교사는 소그룹 성경공부 모임을 중요하게 생각했고 실제적으로 모임을 이끌었다.[219] 하디선교사는 사경회를 인도할 때 집회를 마치면 전체 교인들을 여러 개의 그룹으로 나누고 그룹마다 '조사'를 임명했다고 한다. 『평양대부흥운동』을 집필한 박용규 교수는 이 소그룹 모임을 오늘날의 구역 제도나 순장 책임 하에 모이는 다락방 모임과 유사한 데가 있었다고 평가한다.[220]

또 자립, 자치, 자전의 원칙에 입각한 네비우스의 선교정책 역시 학습교인들을 대상으로 체계적인 소그룹 성경공부를 실시하여 소그룹(구역)목회를 가능하게 만들었던 중요한 원인이었다.[221] 초기 한국 교회의 모습 속에서 이후 한국 교회의 소그룹(구역)모임을 가능하게 만들었던 주목할 만한 또 한 가지 사안이 있다. 바로 권찰 제도와 권찰회이다. 원산부흥운동과 평양대부흥운동을 이어 1909년~1910년 사이에 거 교회적으로 일어났던 한국교회 백만인구령운동 시에 날연보와 함께 성도의 가정 형편을 살피고 심방하는 직책인 권찰 제도라는 것이 확산된 것이다. 권찰 제도는 평양에서 처음 도입되었는데, 이 제도는 사무엘 마펫 선교사가 미국의 와나메이커가 필라델피아교회 주일학교에서 모든 교인을 10명 단위로 나눈 후 소그룹 리더가 돌보도록 한 제도를 참고하여 권찰 제도로 적용하였고, 마펫 선교사

219) 채이석, 『소그룹의 역사』(경기: 소그룹하우스, 2010), p.116.

220) 박용규, 『평양대부흥운동』(서울:생명의말씀사, 2000), p.51.

221) 채이석, op. cit., pp.117-118.

는 미국 북장로교 선교25주년 기념보고서에서 권찰 제도를 자세히 소개한 것으로 기록하고 있다.[222] 기록에 의하면 백만인구령운동이 펼쳐진 1910년 1년 동안 교인들은 예배 후에 쪽복음으로 인쇄된『마가복음』과 전도지를 들고 거리로 나가서'노방전도', 축호전도', '사랑방 전도', '안방 전도'를 실시했다.[223] 이런 전도 방식이 정착되고, 활성화 되어 전국 방방곡곡에 복음이 들어가는데 일반 성도 가운데 구역 식구들을 심방하고 돌보는 권찰들이 주역의 역할을 한 것이다. 결국 한국 교회는 복음이 들어온 초기부터 소그룹(구역)목회 방식에 익숙한 교회였다고 할 수 있는 것이다.

이런 점에서 한경직 목사 역시 그의 목회 초기부터 소그룹(목회)에 대해서 익숙한 목회자였음이 분명하다. 실제로 한경직 목사는 1932년부터 목회를 시작한 첫 목회지인 신의주 제2교회에서 한국 교회 소그룹(구역)목회의 원형인 권찰 제도가 잘 적용되고 있었다는 것을 시사하는 다음과 같은 설교를 영락교회 설교 가운데 언급했다.

> "제가 전에 신의주서 교회 일을 볼 때, 이런 말을 들은 기억이 지금도 납니다. 아무 권찰은 그저 심방도 잘하고 교회 봉사도 잘하는데, 그 며느리가 풍이 사납대.(하략)"[224]

이런 자료를 통해서 확인할 수 있는 것은 한국 교회의 소그룹(구역)목회가 일반적으로 알려진 것처럼 "1970년대 여의도순복음교회에서부터 시작되었다."고 단정적으로 말하기는 어렵다는 사실이다. 따라서 단지 메뉴얼화 되지 않아 체계적으로 후대 교회에 이어지고 알려지지 않은 것뿐이지 소그룹(구역)모임은 한국 교회 초기부터 존재해 왔고, 한경직 목사가 영락교회를 시무하기 전인 신의주제2교회에서부터 그의 목회사역에 중요한 위치를 점하고

---

222) *Ibid.*, pp.118-119.

223) 이덕주,『한국교회 처음 이야기』(서울:홍성사, 2006), p.243.

224) 김은섭(편),『한경직목사 설교전집』제12권(서울: 한경직목사기념사업회, 2009), p.53. 앞으로는 이 책을『설교전집』으로 표기한다. .

있었던 것으로 평가할 수 있다.[225]

2) 한국 교회 소그룹(구역)목회의 최근 상황

상기한 바와 같이 한국 교회는 사실상 선교 초기부터 각 가정에서 구역장의 인도로 구역예배를 드리고, 심방을 통해 각 가정을 돌아보는 권찰 제도를 통해서 소그룹(구역)모임 형태를 자연스럽게 유지해 왔다. 그런데 1970년대에 와서 여의도순복음교회가 여성구역장들을 세우고, 담임목사의 메시지가 구역장들의 입을 통해 각 가정에서 다시 들려지는 방식으로 구역예배를 활성화하는 과정을 통해 폭발적인 양적 성장을 하면서 한국 교회 내에서 소그룹(구역)목회가 중요한 것으로 인식되는 단초를 마련했다.[226] 그러나 여의도순복음교회 구역모임이 큰 폭발력을 가진 것으로 인식되었지만, 1980년대까지 기성교회들은 지역별로 소그룹을 구성하여 '구역'이라는 이름으로 모여서 예배를 드리는 형태로 한국 교회 선교 초기에 보여주었던 소그룹(구역)모임과 별반 다름없는 형태로 소그룹(구역)사역을 진행했다. 그러나 1980년대 한 가지 주목할 만한 변화가 있었다. 장년들과는 달리 교회 밖 선교단체에서 소그룹 성경공부가 정착되었다는 점이다. 그리고 여기서 훈련 받은 사람들이 청년들을 중심으로 교회 내부로 소그룹 성경공부 사역을 수용하려는 시도가 일어나기 시작했다. 그러나 교회 전체적으로는 이것을 받아들이는데 여전히 소극적이었던 시기가 1980년대였다.[227]

이런 과정 속에 한국 교회 내에서 소그룹(구역)목회에 대한 형식적 변화와 함께 크게 자극을 주는 계기가 생겼다. 바로 사랑의 교회가 제자훈련사역을 공개하면서 기성교회도 소그룹 성경공부를 적용하면 상당한 역동성을 일으킬 수 있다는 것을 검증해 보인 것이다. 그

225) 실제로 영락교회를 개척한 후 처음 주보가 인쇄되어 나온 1949년 1월 1일 주보에는 구역모임에 대한 안내가 나와 있다. 1949년 1월 첫 주일「영락교회주보」참조.

226) 채이석, op. cit., p.120. 앞서 살펴본 대로 한국 교회 내에서 구역활동은 선교초기부터 활발하게 각 교회 내에서 있었고, 구역장과 권찰들의 활동 역시 개 교회 내에서 활발하게 있었다. 그러나 구역목회는 여의도순복음교회가 폭발적인 양적 성장을 보이면서 국내외에 여의도순복음교회의 구역사역이 '조모델'(CHO MODEL, 교회의 강단과 가정이 같은 말씀으로 통합되어 있다는 의미에서 '통합모델'이라고도 함)로 매뉴얼화되어 전국 교회에 소개되면서 관심을 끌고 구역목회의 중요성을 각인시키는 계기를 만들었다.('조모델'에 대한 자세한 내용은 채이석 이상화의『건강한 소그룹사역 어떻게 할것인가』p.41.을 참조하기 바란다.)

227) *Ibid.*

리고 1990년대 교회의 성장이 둔화되고 침체 징후들이 나타나면서 예배 중심으로 모이던 기존의 권찰회와 구역모임에 대한 반성과 함께 전도와 섬김 사역에 가치를 두고 '자가 번식'을 강조하는 '셀 그룹'이라는 소그룹 유형이 나타나면서 그 관심이 폭발적으로 증폭되기 시작하였다.[228] 즉 성장 둔화에 직면하면서 침체의 늪을 지나가기 위한 대안으로 소그룹(구역)목회에 대한 새로운 관심이 일어나게 된 것이다.

이런 과정을 거쳐서 1990년대에 들어온 한국 교회는 소그룹(구역)목회 영역에서 상당한 혼란을 경험하게 된다. 특별히 1995년부터 2005년 사이 약 10년 동안 교회 성장 정체기를 돌파하는 유일한 대안처럼 소개된 각종 소그룹 유형들이 사실 미국이나 여타 지역의 교회에서 성공적으로 적용되었지만 한국 교회의 전승과 토양에 꼭 같은 체계로 가감 없이 동일하게 적용될 수 있는 보편적 가치를 지닌 소그룹(구역)목회 유형이 아니었기 때문에 큰 혼란을 직면하게 된 것이다.[229] 이런 과정을 거치면서 2005년 이후부터는 성공과 부흥사례를 통한 무분별한 도입과 적용보다는 각 소그룹 유형의 장단점에 대한 진지한 연구와 각 목회현장의 독특한 상황을 고려한 맞춤식 소그룹(구역)목회에 대한 자기반성이 일어나면서 조정 국면을 보이기 시작했다. 이런 흐름 속에서 2013년 현재의 한국 교회 대부분의 지도자들은 건강한 교회를 지향한다면 소그룹(구역)목회가 그저 교회의 여러 가지 프로그램 가운데 하나가 아니라 필수적인 교회 성숙과 성장의 질적 요소라는 것을 인식하게 되었고, 어디에선가 소그룹(구역)목회의 돌파구를 얻어 보려고 상당한 노력을 기울이는 모습을 보여주기

228) *Ibid.*, pp.119-120. 1990년대 중반부터 소그룹(구역)목회에 대한 폭발적 관심은 시작되었다고 보아도 좋을 듯하다. 그 이유는 나름의 소그룹 체계를 가지고 성장을 경험한 미국의 개 교회 소그룹 프로그램이 기독교출판 붐을 타고 한국 교회에서 봇물 터지듯이 소개되기 시작했기 때문이다. 자연적 교회성장으로 알려진 NCD를 비롯하여 이른바 셀 목회, 알파코스, 윌로우크릭교회 소그룹이야기, 새들백교회 소그룹 프로그램, 세렌디피티 소그룹 등의 소그룹 프로그램들이 세미나의 형식으로 목회자들에게 파고들기 시작한 것이다. 특히 셀 교회의 아버지라 불리는 랄프 네이버 목사를 주 강사로 하여 2001년에 개최된 제1회 셀교회 컨벤션이 열렸을 때, 이 세미나에 무려 1,300 명이나 되는 목회자와 교회지도자들이 참가한 것은 가히 사건이라고 일컬어도 될 만큼 한국교회 내부에 소그룹 양육체계에 대한 관심과 의식이 높아진 양상을 단적으로 볼 수 있는 실례였다.

229) 시례로 셀 그룹유형의 핵심인 '자가 번식'은 소그룹 리더에게 리더십을 위임해야 하는 것이 핵심인데 전통적인 교회에서 그것을 받아들이는 것은 쉽지 않았고, 이것이 목회자와 교회리더십을 가진 이들과의 갈등과 심지어는 교회분열의 단초가 되는 일이 종종 일어났다.

에 이르렀다.[230)]

한국 교회 선교 초기부터 시작된 소그룹(구역)목회는 현재 그 어느 때 보다 강하게 목회 사역의 중요한 요소로 자리 잡고 있다. 그래서 현장 목회자들은 이구동성으로 섬기고 있는 교회의 성도들이 개인적으로 말씀을 묵상하고 결단하는 것을 넘어 그 내용을 소그룹(구역)으로 모여서 서로 나눔으로 더 큰 영적 성장과 헌신의 열매가 나타났으면 좋겠다는 의견을 강하게 피력하고 있다.[231)] 그런데 문제는 소그룹(구역)목회의 역사가 짧지 않음에도 불구하고 다양한 이론들이 제안되어 있지만 목회자들의 갈증을 완전하게 해소할만한 소그룹(구역)목회의 절대 기준은 아직까지 없다. 이런 상황 속에서 그래도 소그룹 전문사역자들에게 포괄성을 띤 것으로 받아들여지고 있는 입장인 빌 헐의 '교회 내 소그룹(구역)의 11가지 가치'가 있다. 그 내용을 간략하게 정리하면 다음과 같다. "하나님의 말씀을 '깊이' 나누고 말씀을 통해 서로 세워주는 곳이고, 구성원들이 가지고 있는 자원들을 쉽게 확인하고 그것을 서로를 향해서 또 바깥으로 사용할 수 있는 곳, 함께 깊이 기도할 수 있는 곳, 원활한 교제를 통해 쉽게 마음이 열려질 수 있는 곳, 작은 수가 모이는 만큼 신뢰를 바탕으로 정직한 관계가 형성될 수 있는 곳, 원만한 의사소통을 통해 서로의 의견이 존중될 수 있는 곳, 신뢰관계가 형성되기만 하면 어떤 대화나 나눔이든지 비밀이 보장될 수 있는 곳, 다른 그룹원에 대하여 즉각적이고 예민한 반응을 보일 수 있는 곳, 서로에 대한 책임감을 가질 수 있는 곳, 소그룹의 확장을 통해 전도를 용이하게 할 수 있는 곳, 그룹 배가에 대한 보람을 맛볼 수 있는 곳"이 바로 소그룹(구역)이라는 것이다.[232)] 소그룹 전문사역자들은 교회 내 소그룹(구역)

---

230) 이렇게 말할 수 있는 근거는 국제제자훈련원이 1986년에 시작한 '평신도를 깨운다. 제자훈련 지도자세미나'(일명 CAL세미나)가 2012년 94기 세미나에 이르기까지 국내외 약 2만여 명의 수료자를 배출한 것만 보아도 그렇다. 또 D12유형으로 알려진 부산 풍성한교회가 2012년까지 11차례에 걸쳐 개최한 '두 날개 국제컨퍼런스'에 1만 5천 교회, 연인원 7만여 명의 목회자와 성도들이 참석한 것도 그 증거다. 여기에 더하여 '지구촌교회 셀 컨퍼런스' '안산동산교회 셀 컨퍼런스' 등에 목회자들과 성도들이 큰 관심을 가지고 참석하는 것도 눈여겨 볼만하고, 필자가 섬기고 있는 한국소그룹목회연구원의 '소그룹리더십세미나'와 웨스트민스터 신학대학원대학교의 소그룹목회학 학위과정에 목회자들이 계속 관심을 보이는 것도 그 실례라고 할 수 있을 것이다.

231) 이런 강조는 소그룹사역을 통해 성장한 교회들의 실례를 적은 책들 속에서 거의 대부분 발견되는 요소다. 이동원의 『우리가 사모하는 푸른 목장』(서울: 두란노, 2004), 김인중의 『셀이 살아나는 이야기』(서울: 두란노, 2008), 강정원의 『뻔한 소그룹 Fun하게 디자인하라』(경기: 소그룹하우스, 2013) 등을 참고해 보면 좋을 것이다.

232) 빌 도나휴가 언급한 11가지에 대한 자세한 내용은 『삶을 변화시키는 소그룹 인도법: 윌로우크릭 교회

이 이런 가치를 효과적으로 지향할 수 있다면 소그룹(구역)이 하나님의 교회를 건강하게 세워나가는데 중요한 통로가 될 수 있다고 주장한다. 이제 이런 이해를 바탕으로 영적 공동체 내의 소그룹(구역)은 어떤 곳이며, 왜 소그룹(구역)목회가 필요한가를 살펴보자.

2. 소그룹(구역)의 정의

소그룹에 대한 정의는 학자들마다 그 정의가 조금씩 다르다. 먼저 사회학자들의 정의를 종합해 보면 단순히 적은 수의 사람들이 모여 있다고 해서 소그룹이 아니라 적어도 몇 가지 필수적인 요건을 갖추어야 소그룹이라고 할 수 있다고 지적한다. 첫째는 대면 접촉이 있는 집단이어야 하고, 둘째는 일정 기간 존속하는 집단이어야 하며, 셋째는 구성원 사이에 서로 의존 관계가 있는 집단이어야 한다는 것이다.[233] 이런 점에서 소그룹은 인원수는 비록 적지만 어느 조직이나 단체보다도 교섭의 밀도가 가장 높은 행위 단위라고 정리할 수 있다.[234]

성경과 교회적인 입장에서 소그룹에 대한 논의를 활발하게 하고 있는 학자들의 입장을 살펴보면, 『소그룹의 성경적 기초』를 집필한 게러스 아이스노글은 "서로의 발전과 다른 이들의 이익을 위해서 함께 나누고 실천하는 몇 사람이 얼굴을 마주하고 만난 모임"[235]이라고 소그룹을 정의한다. 조엘 코미스키 역시 "영적인 세움과 전도를 위해 정규적으로 만나는 사람들의 그룹, 또는 지역교회 활동에 참여하기 위해 헌신하는 사람들의 모임"[236]이라고 정의하고 있다. 또 탁월한 소그룹 성경공부 인도자인 로베르타 헤스테네스는 교회 안에서의 소그룹(구역)을 "소그룹은 정해진 시간에 3명에서 12명의 그리스도인들이 그리스도 안에서의 풍성한 삶을 위한 가능성을 발견하고 성장하려는 공통의 목적을 가지고 의도적으로

소그룹이야기』(서울: 국제제자훈련원, 2005)을 참고하기 바란다.

233) 정재영, 『소그룹의 사회학』(서울: 한들출판사, 2010), p.16.

234) *Ibid*.

235) 게러스 아이스노글, 『소그룹의 성경적 기초』, 김선일(역)(서울: 도서출판SFC, 2007), p.21.

236) 조엘 코미스키, 『사람들이 몰려오는 소그룹 인도법』, NCD 편집부(역)(경기: NCD, 2003), p.13.

얼굴을 맞대고 한 자리에 모인 모임이다."[237]라고 정의한다. 로베르타 헤스테네스의 소그룹 정의를 대부분의 소그룹사역 전문가들은 탁월한 정의로 이해하고 동의하는 입장을 취한다. 이상의 정의들을 바탕으로 교회 안에서의 소그룹(구역)은 적어도 다음과 같은 특징을 가지는 것으로 정리할 수 있다.

첫째, 교회 내에서의 소그룹(구역)은 '의도적'인 모임이다. 즉 강요된 모임이 아니라 참여자의 자발성을 존중하는 모임이라는 것이다.

둘째, '얼굴과 얼굴을 맞대고' 모이는 모임이다. 의사소통에는 언어적인 것과 언어 외적인 것이 있다. 통계적으로 볼 때, 모든 의사소통의 90%는 언어 외적인 관계에서 이루어진다고 한다. 그러므로 사람들이 서로의 얼굴을 마주하고 한 자리에 모여서 원만한 의사소통을 하고 있는 집단을 소그룹(구역)이라고 하는 것이다.

셋째, 인원수를 어느 정도 제한하는 모임이다. 헤스테네스는 "3명에서 12명"이 모이는 모임이라고 정리한다. 그 이유는 모임의 인원이 12명을 넘게 되면 언어외적(言語外的)인 몸짓이나 표정에 의한 의사소통이 어렵기 때문이다. 따라서 모든 사람이 대화에 적극적으로 참여하는데 어려움이 없고 역동성을 잃지 않도록 인원수를 제한하는 특징을 갖는 것이 소그룹(구역)이다.

넷째, '정해진 시간에' 모이는 모임이다. 나중에 그룹이 견고하게 된 다음에는 융통성 있게 모일 수 있지만 모임을 시작한 처음 시기에는 반드시 정기적인 모임을 가지는 것이 교회 소그룹(구역)의 특징이다.

다섯째, '동일한 목적'을 가지고 모이는 모임이 소그룹(구역)이다. 적어도 모인 구성원들이 "우리는 왜 여기에 모였는가?", 또 "모여서 무엇을 하고자 하는가?"라는 질문에 대해서 대답이 어느 정도 같아야 할 것이다. 결국 이것을 통하여 '같은 목적을 지향하는 소그룹(구역)'의 증거를 나타낼 수 있을 것이다.

여섯째, 소그룹(구역)은 '발견'을 위한 모임이다. 소그룹(구역)에 참여하는 성도들이 모임을 통하여 무엇인가를 얻도록 해야 한다. 즉 신앙적으로 자라가야 할 새신자들이 소그룹(구

237) Roberta Hestenes, *Using the Bible in Groups*(Philadelphia: Wsterminster, 1983), p.5.

역)에 참여하여 그리스도인으로서의 삶이 무엇인지를 깨닫는 것이 교회 안의 소그룹(구역)이다.

일곱째, 소그룹은 "성장"을 위한 모임이다. 결국 영적 공동체 내의 소그룹(구역)은 "연약한 그리스도인들"이 성숙한 신앙으로 자랄 수 있도록 돕는 자리로 규정할 수 있을 것이다.[238)]

3. 소그룹(구역)목회의 필요성

상기한 대로 교회역사 속에서 소그룹(구역)목회에 대한 관심은 현재 전례 없이 가장 뜨거운 주제로 부상되어 있다. 그 이유를 교회 내적인 이유와 교회 외적인 이유로 구분하여 진술해 보면 다음과 같다.

1) 교회 내적 이유

교회 내적인 이유는 다음과 같은 두 가지 이유 때문으로 구분할 수 있다.

첫째, 소그룹(구역)의 필요성에 대한 성경적인 근거가 정교하게 정립되었기 때문이다.

빌지키언과 같은 신학자들은 태초부터 하나님은 삼위일체로서 공동체적이신 하나님이시며, 이 하나님의 형상을 따라 사람도 남자와 여자로 피조되어 공동체적이라고 정리한다.[239)] 이런 맥락에서 구약성경은 하나님의 백성들을 공동체적으로 다루시는 하나님의 손길을 잘 보여주는 증거자료이다. 실례로 이스라엘 공동체의 지도자로 세움 받은 모세의 지도력 역시 장인 이드로의 제안에 따라 소그룹(구역) 단위로 그 지도력이 발휘되었고, 엘리사의 소그룹 공동체 생활은 하나님 나라를 위한 사역에 소그룹의 기원과 중요성을 보여주는 사례로 꼽힌다.[240)] 이렇게 구약성경에서 시작된 소그룹(구역)은 신약성경을 통해서 다시 한 번

---

238) 채이석 이상화, 『건강한 소그룹사역 어떻게 할 것인가』(서울: 소그룹하우스, 2005), p.25.

239) 빌지키언, 『공동체』, 두란노출판부(역)(서울: 두란도, 1998), pp.22-23.

240) 한국기독학생회출판부 엮음, 『소그룹리더핸드북』(서울: IVP, 1984), p.16.

확실하게 검증된다. 무엇보다도 2000년 전 예수님께서 12제자들을 선택하신 것은 예수 그리스도가 하나님 나라 백성들이 공동체로 있기를 원하신 의미심장한 증거이다.[241] 그리고 초대교회는 소그룹(구역)목회가 얼마나 중요한가를 실증적으로 보여 준다. 초대교회 성도들은 날마다 성전에 모여 예배공동체인 대그룹의 형태로 선포되는 말씀을 들으면서 하나님을 영화롭게 하는 경배와 찬양을 드렸고, 동시에 각 가정에서 소그룹(구역)으로 모여 하나님나라 운동의 역동성을 더욱 심화시키고 확대시켜 나가는 일을 했다. 즉 대그룹으로 모이는 것과 소그룹으로 모이는 것을 균형 있게 강조한 것이다.[242] 초대교회 당시 교회를 지역마다 세워 나간 신약성경의 중심인물 사도 바울은 그가 여행한 지중해 전 연안에 걸쳐서 그리스도인 공동체가 생겨나게 했고, 복음을 선포하여 사람들을 하나님과 친밀하게 했을 뿐만 아니라 사람들 사이에도 인격적인 관계가 형성되도록 최선을 다했다.[243] 이런 맥락에서 소그룹(구역)은 갑자기 생겨난 것이 아니라 태초부터 지금까지 이어진 것이라고 보아야한다. 그러므로 성경적 교회론을 제대로 이해한다면 소그룹(구역)목회는 목회현장에서 반드시 적용되어야할 필요성을 가지게 되는데, 이런 성경적 논거가 한국 교회에 점점 확실하게 받아들여지면서 소그룹(구역) 목회의 타당성이 현재 뜨거운 주제로 부상한 것이다.

둘째, 건강한 교회로 자라기 위한 현대교회의 필요성 때문이다.

소그룹(구역)목회의 중요성을 강조하는 신학자와 목회자들은 교회가 유기체인 것을 강조한다. 지난 10여 년간 한국 교회 소그룹 사역에 큰 영향을 끼친 윌로우크릭교회의 소그룹사역을 분석한 빌 도나휴와 러스 로빈슨은 “교회가 성도들을 한 몸의 지체로 간주하지 않으면

241) G. 로핑크, 『예수는 어떤 공동체를 원했나?』, 정한교(역)(왜관: 분도출판사, 1987), p.27.

242) 〈사도행전 2:42-47〉은 초대교회가 모일 때 마다 무슨 일을 했고, 어디에서 모였고, 그 결과 어떤 일이 일어났는지를 보고해 준다. 〈사도행전 2:42〉은 초대교회 성도들이 모일 때 마다 ‘말씀 나눔, 깊이 있는 교제, 집중력 있는 기도’를 했다고 증언한다. 〈사도행전 2:46〉은 날마다 마음을 같이해서 ‘성전과 집’에서 모였다고 증언하는데 예배공동체인 대그룹과 소그룹(구역)으로 모인 것을 병행했다는 것을 증언한다. 그 결과 〈사도행전 2:47〉은 초대교회 성도들은 ‘온 백성에게 칭송을 받고 구원받는 사람들이 날마다 더하게 되는 성장의 기쁨’을 누렸다고 기록하고 있다.

243) 로버트 뱅크스, 『바울의 공동체사상』, 장동수(역)(서울: IVP, 2007), p.61.

하나님이 의도하신 제 기능을 다할 수 없다. 각 지체가 책임을 감당해야만 그리스도의 몸이 세상에 맡겨진 사명을 다할 수 있다. 모두 함께 사역을 할 때만이 각자의 삶은 변화될 것이다."[244]라고 지적한다. 즉 교회가 역동성과 지속성을 가지고 건강하게 성숙하고 성장하기 위해서는 지도자 혼자서만 이리 뛰고 저리 뛰어서는 안 된다는 것이다. 이 점에 있어서 한국 교회에 소그룹(구역)목회의 중요성을 일깨운 옥한흠 목사는 더욱 강력하게 빌 헐의 말을 그대로 인용하면서 다음과 같이 표현한다.

"첫 번째 종교개혁이 성직자의 손에 독점적으로 남아 있던 하나님의 말씀을 교인들의 손에 넘겨준 것이라면, 두 번째의 개혁은 성직자의 손에 독점적으로 남아있는 사역을 빼앗아 교인들의 손에 넘겨주는 것이다. 평신도가 잠자고 있거나 주저앉아 있는 교회는 절대로 건강하다고 볼 수 없다."[245]

교회 성장을 경험한 목회자들은 성장 둔화라는 복병을 만난 상황에서 교회는 유기체라는 것과, 주님의 몸인 교회를 건강한 체질로 변화시키고 성숙시키기 위해서는 일반 성도들의 잠재력을 극대화 시켜서 성도들이 은혜의 소외지대나 사역의 사각지대에 머물지 않도록 해야 한다는 강력한 지적을 신선하게 받아 들였다. 한국 교회는 목회자의 몫으로만 인식되었던 영역을 성도들에게 어느 정도 오픈해서 소그룹(구역)목회를 적용할 때, 함께 뛰는 동역목회가 가능하다는 사실을 인지했다. 따라서 이것을 통해서 교회의 역동성이 회복될 수 있다는 기대가 소그룹(구역)목회에 대한 관심을 더욱 강하게 불러일으킨 것이다.

2) 교회 외적 이유

교회 내적 이유와 함께 소그룹(구역)목회가 주목을 받게 된 이유에는 교회 밖의 사회적 상황도 중요한 요인으로 작용했다. 근대 사회가 출현한 이후 많은 사회학자들과 철학자들이 공통으로 주목하는 것이 있다. 그것은 바로 현대인들이 사회결속력의 약화로 인해 공동체의 붕괴와 관계의 깨어짐을 혹독하게 겪게 된 점이다. 즉 인간은 동물처럼 단순히 자신이

244) 빌 도나휴 러스 로빈슨, 『소그룹중심의 교회를 세우라』, 오태균(역)(서울: 도서출판국제제자훈련원, 2004), p.68.
245) 옥한흠, 『다시 쓰는 평신도를 깨운다』(서울: 도서출판DMI, 2011), pp.36-37.

속한 종(種)의 일원으로만 만족할 수 없고, 관계 속에서 자신의 개성을 인정받기 원하고 자신의 이름이 불려지기를 원하는 존재 구조를 가지고 있다는 것이다.[246] 그러나 산업화와 도시화를 거치면서 한국 사회는 저출산으로 인한 가장 안정된 공동체인 가족구조가 파괴되는 아픔에 직면했고, 믿을만한 이웃사촌도 더 이상 존재하지 않고, 평생 직업은 있지만 평생직장은 없는 상황을 맞닥뜨리게 된 것이다. 서로 인정하고 인정받을 수 있는 공동체가 사라져버린 관계의 해체 앞에서 대다수의 한국인들은 따뜻한 밥을 먹고, 맞는 옷을 입고, 비바람을 막을 수 있는 건물 안에서 잠을 자고 있지만 스스로 불행하다고 여긴다.[247] 외부 환경은 좋아졌는지 모르지만 현대인들은 혼자의 힘으로 극복하기 힘들만큼 심화된 인간 소외의 상황에 놓이게 된 것이다. 이런 점에서 사회학자들은 인간 소외가 번져가는 사회적 현실 속에서 유일한 대안은 "작은 규모와 안정된 구조의 공동체"라고 말한다.[248] 이런 상황을 직시한 목회자들이 대면 활동과 인격적 결속력, 그리고 친밀감을 제공하는 소그룹(구역)목회가 교회를 건강하게 세울 수 있는 대안이라고 인식하고 목회현장에 더욱 활발하게 적용하는 모습을 보이고, 그 결과 소그룹(구역)목회가 오늘날 교회의 중심 사역으로 부각된 것이다.

흥미로운 것은 본 논고 후반부에서 좀 더 자세히 살펴보겠지만, 사회적 상황과 관련하여 한경직 목사는 일찍이 통찰력 있는 목회적 안목을 가지고 있었던 것으로 보인다. 전쟁이 끝난 지 얼마 되지 않은 시점인 1958년 6월 1일에 사도행전 2장23절-47절을 본문으로 '초대교회의 받은 은혜'라는 제목으로 설교한 내용을 보면 향후 산업화와 도시화, 그리고 교회의 대형화로 야기될 수 있는 인간 소외를 예견하고 작은 모임의 중요성을 강조하는 다음과 같은 설교를 하고 있다.

> "성도의 교제가 어느 교회에나 필요하지만, 특별히 도시 교회에 필요합니다. 도시 교회 가운데서도 좀 큰 교회에 더욱 필요한 것입니다. 그러나 사실, 도시 교회일수

246) 김선욱, 『행복의 철학』(서울: 도서출판길, 2011), p.40.

247) 김태형, 『불안증폭사회』(서울: 위즈덤하우스, 2010), p.14. 현대인들이 감기를 앓는 것처럼 우울증을 경험하고, 그로 인한 자살률도 OECD국가 가운데 1위라는 것은 주지의 사실이다.

248) 정재영, *op. cit.*, p.20.

록 성도의 교제가 어렵습니다. 또 교회의 규모가 클수록 성도의 교제가 어렵습니다. 그래서 도시 교회와 큰 교회에서는 특별히 성도의 교제를 도와주는 일이 두 가지 길이 있습니다. 하나는 앞에서 말한 대로 주일학교 각 부서에 들어가서 적은 수가 모인 데에 들어가서 성경을 공부하고, 성경을 토론하고 이와 같이 될 것이면 우선 작은 모임 가운데 있는 여러 사람들과 사귀게 되고 피차에 알게 됩니다."[249]

사회 환경의 변화는 사람들로 하여금 더욱 소속감과 안정감과 자존감을 느낄 수 있는 공동체를 요청하게 만들었다. 이런 점에서 한경직 목사는 교섭 가능성과 결속력이 점점 약화될 사회적 상황을 미리 내다보고 일찍이 소그룹(구역)목회의 중요성을 설파하고 실천한 목회자인 셈이다.

그렇다면 과연 한경직 목사는 그의 목회사역 가운데 소그룹(구역)목회에 대한 어떤 이해를 가졌으며, 또 소그룹(구역)목회를 어떻게 그의 목회사역 가운데 적용했을까? 이제 한경직 목사의 목회 속에 나타난 소그룹(구역)목회의 특징에 대해 구체적으로 살펴보자.

Ⅲ. 한경직 목사의 소그룹(구역)목회의 특징

한경직 목사는 첫 목회지인 신의주제2교회 시절부터 한국 교회가 선교 초기부터 실행했던 권찰제도와 권찰회를 교회 내에서 자연스럽게 그의 목회 속에 적용시키고 있었다.[250] 그러므로 1945년 12월 2일 영락교회의 전신인 베다니전도교회를 설립하고 영락교회를 섬기

249) 『설교전집』제3권, p.152.

250) *Ibid.*, p.462. 마태복음 18:1-14을 본문으로 '천국과 어린이'의 제하에 설교한 1963년 6월 9일 설교에 보면, 다음과 같은 언급이 나온다. "제가 지금도 늘 기억하지만 제가 신의주에서 교회 일을 볼 때 한 번은 마전동 구역에 심방을 갔었습니다."

는 동안에도 구역목회[251]를 그의 목회사역 속에서 발견하는 것은 자연스러운 것이다. 그렇다면 한경직 목사가 목회현장에서 추구한 구역목회는 어떤 특징을 가지고 있을까?

1. 구역을 목양사역의 중심으로 이해하고 있었다

한경직 목사는 영락교회를 목회하는 동안 전도, 교육, 봉사의 3대 목표를 세우고 목회사역을 감당했다.[252] 구역목회는 한경직 목사가 추구한 이 3대 목표를 달성하는데 중심적인 역할을 감당했다고 볼 수 있다. 이렇게 말할 수 있는 이유는 1969년 12월 7일에 고린도전서 12장22절-27절을 본문으로 '그리스도의 몸인 교회'라는 제목의 설교에서 다음과 같이 언급하고 있는 것을 확인하기 때문이다.

> "우리 교회는 좀 규모가 커서 성도의 교제를 돕기 위하여 여러 작은 그룹들이 있습니다. 이 그룹들이 서로 교제하고, 서로 봉사하고, 전도 사역도 잘합니다. 그러나 그룹을 인도하는 이들이, 그룹 운동을 하는 이들이 꼭 한 가지 기억할 것이 있습니다. 이 그룹 운동이 온전히 성도의 교제와 봉사와 전도에 미칠 것뿐이지, 그룹 운동이 절대로 당파적 행동을 해서 교회의 화평을 손상하는 일이 없도록 조심해야 합니다."[253]

교회의 존재 이유가 '전도, 교육, 봉사'이며, 영락교회의 사역은 항상 이 3대 목표를 성취해 나가는데 지향점을 두어야 한다고 본 한경직 목사가 작은 그룹을 강조한 것은 매우 의미심장하게 들린다. 같은 맥락에서 한경직 목사는 1984년 12월 9일에 마태복음 5장 13절-16절을 본문으로 '믿음의 횃불'이라는 설교를 하면서 다음과 같은 말씀을 선포한다.

"그리고 큰 빛을 발하시려면 아무래도 이 작은 불길이 합할 줄 알아야 합니다. 우리

251) 한경직 목사는 목회하는 기간 동안 소그룹을 '구역'이라는 명칭으로만 사용하고 있다. 따라서 이후부터 한경직 목사의 사역과 직접 관련된 소그룹(구역)에 대한 언급은 '구역'이라는 명칭으로 언급하고자 한다.

252) 송성찬, 『흔적』(서울: 정문사, 1990), p.138.

253) 『설교전집』제11권, p.453.

교회에 작은 모임들이 있어서 빛을 발하는 그룹들이 많아서 실로 늘 감사히 생각합니다. 어떤 그룹에서는 개척교회를 세웁니다. 어떤 그룹에서는 군인 전도를 합니다. 어떤 그룹에서는 교도소 전도를 합니다. 또는 전과자들을 도와줍니다. 어떤 그룹에서는 장학금을 주어 많은 인재를 양성합니다. 어떤 그룹에서는 병자들을 특별히 돌보고 있습니다. 각각 빛을 모아 큰 빛을 발합니다. 제가 바라기는 우리 교우들은 모두 이런 그룹에 가입을 하든가, 또는 새 그룹을 많이 만들어서 새로운 봉사와 사랑의 실천 운동을 전개할 수 있는 하나의 작은 횃불이 되기를 바랍니다. 그리고 물론 남녀 전도회에 다 가입하시는 줄 생각합니다. 작은 불이 합해야 큰 횃불이 됩니다. 한 분도 외로운 불길이 되지 마시고, 나의 취미와 은사를 따라서 같이 합하여 횃불이 되어 동지적으로 모여 크게 빛나는 일을 할 수 있는 이들이 되기를 바랍니다."[254]

목회사역에서 전체 교회 내에서 작은 그룹의 역할과 그 중요성을 분명하게 인식하고 있었던 목회자가 바로 한경직 목사였던 것이다. 즉 교회 안의 작은 교회인 구역의 중요성을 정확하게 인지하면서 목회사역을 감당한 것이다. 그러므로 한경직 목사는 목회사역 속에서 영적 공동체 내의 작은 그룹인 '구역'을 섬기는 구역장과 권찰 직분 역시 목회자만큼 중요하다는 인식을 하고 있었다. 즉 평신도 지도력에 대해서 평신도지도자들은 목회자만큼 중요하다는 평신도신학을 정립하고 있었던 것이다.

2. 평신도지도자인 구역장과 권찰의 중요성을 인식하고 수평적 리더십을 강조하는 평신도신학을 정립하고 있었다

한국 교회에 평신도의 중요성을 깨닫게 해 준 목회자로 평가받고 있는 옥한흠 목사는 『다시쓰는 평신도를 깨운다』에서 20세기의 평신도에 대한 재발견은 그 크기나 박력으로 보아 16세기의 종교개혁과 맞먹을 수 있다는 일각의 평가를 받아들이면서 "종교개혁이 하나님

254) 『설교전집』제17권, pp.362-363.

을 위한 참 교회상을 회복하는데 그 의의가 있었다고 한다면 평신도 운동은 세상을 위한 참 교회상을 회복하는데 그 의의가 있다."고 말한다.[255] 즉 평신도의 잠재력에 대한 인식이 교회를 교회답게 하는데 무엇보다 중요하다는 것이다.

한경직 목사는 이 사실을 이미 정확하게 꿰뚫고 있었다. 앞서 인용한 '그리스도의 몸인 교회'의 설교를 보면 다음과 같은 내용이 나온다.

> "교회의 지체도 그렇습니다. 보이는 일을 하는 지체만 귀한 것이 아닙니다. 여기에 있는 성가대원들은 보이는 가운데 봉사를 합니다. 그러나 보이지 아니하는 가운데 봉사하는 지체가 많습니다. 보이지 아니하는 가운데 기도하며, 심방하며, 슬픈 일을 위로하며, 전도하며, 구제하며, 봉사하는 교우들 얼마나 귀한 지체입니까? 똑같이 귀한 것입니다. 이처럼 교회의 모든 직분도 똑같이 귀합니다. (중략) 교회는 목사도 있고, 장로도 있고, 집사도 있고, 권찰이 있으나 교회도 계급이 있는 것처럼 목사는 제일 높고, 장로는 고만큼 높고, 이런 줄로 생각하는 이가 혹 있는지도 모르겠어요. 그래서 혹 장로 책임을 주면 할 수 있지만, 집사야 그거 무엇 할꼬? 권사의 이름을 주면 일하겠지만, 권찰로서야 무슨 일을 할까? 혹 이렇게 생각하는 이가 있는지 모르겠습니다. 한 분이라도 이렇게 생각하는 이가 있으면 이것은 큰 오해입니다. 교회는 관청이 아닙니다. 천국은 세상 나라가 아닙니다. 교회 직분에는 고하가 없습니다. 다 평등합니다. 같습니다."[256]

이 말씀과 더불어 한경직 목사는 "교회의 직분은 그 재능과 환경에 따라서 일을 맡기기 위해서 이름을 주는 것뿐"이라고 전제하고, "어떤 직분은 높고 어떤 직분은 낮은 것이 아니며, 목사나 권찰이나 일반"이라고 선언한다. 그러면서 목사였던 사람이 권찰의 사역을 감당하는 사람도 있다고 그 사례를 소개하면서 "우리 교회 최 전도사님 부친께서는 목사로서

255) 옥한흠, 『다시쓰는 평신도를 깨운다』, p.34.

256) 『설교전집』제11권, pp.451-452.

오래 일보시다가 은퇴하시고는 우리 교회 와서 권찰일 보셨습니다. 구역 잘 돌아보셨습니다."고 밝힌다.[257)]

같은 맥락에서 '선한 청지기'(마 25:14–30)라는 제목으로 1957년 7월 21일 행한 설교에서 다음과 같이 선포한다.

> "가령 어떤 사람이 한 교회를 맡았어요. 목사라고 한다면, 한 교회를 맡은 사람입니다. 한 구역장이라면 한 구역을 맡는 사람이올시다. 이다음에 주님 앞에 나아가서 심판을 받을 때에 큰 교회를 맡았다고 그것이 심판의 표준이 절대 아닙니다. 큰 교회를 맡았든 작은 교회를 맡았든, 교회 전체를 맡았든 혹은 한 구역을 맡았든 맡은 것 그것을 가지고 네가 얼마나 충성을 다했느냐? 그게 표준입니다."[258)]

결국 한경직 목사는 모든 직분자는 같은 지체로서 하나님의 교회 내에 똑같이 귀하고 똑같이 필요하다는 것을 강조하는 수평적 리더십을 강조하는 평신도신학을 정확하게 정립하고 있었던 것이다.

이런 맥락에서 교회의 중심 되는 청지기들을 언급하는 과정에서 반복적으로 목회자, 장로, 권사, 집사, 구역장, 권찰, 주일학교 반사, 성가대원 등 모든 직분자들이 동일하게 충성되게 그 직분을 감당해야 할 청지기인 것을 강조했다. 그래서 1956년 12월 2일에 '죽도록 충성하라'(계 2:8–11)는 제목의 설교에서는 다음과 같은 언급을 한다.

> "우리가 교회에서 한 구역을 맡는다든지 혹은 반사 일 혹은 성가대원이 되는 것은 작은 일입니다. 그러나 이런 것을 맡아 가지고 충성되게 감당하는 사람이 큰일을 맡아도 충성됩니다. 충성은 작은 데서부터 시작됩니다."[259)]

---

257) *Ibid.*, p.453.

258) 『설교전집』제2권, p.444.

259) *Ibid.*, p.238.

그리고 같은 설교에서 "한국 교회는 충성을 요구합니다. 충성된 목사가 필요합니다. 충성된 장로, 충성된 집사, 충성된 권찰, 반사, 성가대원 하나하나, 교우, 개인, 전체가 충성되기를 요구합니다."고 선포한다.[260]

구역을 맡아서 섬기는 구역장과 권찰에 대한 한경직 목사의 이런 의식은 목양사역에 있어서 권찰의 사명을 다음과 같이 자연스럽게 규정해 주었다.

> "가령 권찰이면 그 구역 안에 있는 하나님의 양을, 말하자면 믿는 사람을 돌보고, 그 양을 어떻든지 모든 양을 잘 보호하는 그 일을 맡은 청지기올시다."[261]

여기에 더하여 한경직 목사는 구역을 맡아 섬기는 구역장과 권찰들의 책임이 목양사역의 수준이 아니라 성도들이 잘못된 길로 가지 않도록 감독하는 기능까지 있다는 것을 정확하게 언급한다.

> "전에 본 회퍼는 은혜 가운데 소위 값싼 은혜가 있다고 하였습니다. 이건 값싼 은혜보다도 이건 은혜가 아니고 악혜라고 말할 수 있습니다. 열매를 보아서 나무를 판단합니다. 열매를 보아서 집회를 판단할 줄 알아야 합니다. 특별히 새로 믿는 이들은 이런 방면에 조심하지 아니하면 신앙에 오도가 되기 매우 쉬울 것입니다. 그러므로 어떤 집회가 있다고 하면 함부로 따라다니지 말고, 그 구역의 책임자들과 의논해서 갈 집회를 가고 멀리할 집회는 멀리할 줄 알아야 합니다."[262]

---

260) *Ibid.*, p.242. 이렇게 한경직 목사가 평신도의 리더십을 교역자와 동등한 것으로 인정하고 목회의 중심에 구역장과 권찰과 같은 평신도 리더들이 함께 서 있어야 한다는 것을 강조하는 내용은 그의 여러 설교에서 확인할 수 있는데 『설교전집』제3권 p.505, 제4권 p.148, 제5권 p.251, 제8권 p.230, 제9권 p.68, p.325, 제12권 p.370, 제14권 p.180, 469, 제15권 p.562, 제17권 p.413, 제18권 p.415. 등을 참조하라.

261) 『설교전집』제1권, p.106. 이 설교 내용은 1955년 11월 27일 '지혜 있고 진실한 청지기'(누가복음 12:35–45)라는 제목으로 설교한 내용 속에 있다.

262) 『설교전집』제12권, p.242. 이 설교는 1970년 11월 22일 '나무는 그 열매로'(마태복음 7:15–27) 라는 제목의 설교이다.

한경직 목사는 1963년 12월 1일 영락교회 창립 18주년 기념설교를 하면서 직분자들의 수고에 감사하면서 구역장과 권찰의 사역에 대해서도 이렇게 감사하고 있다.

> "이 하나님의 제단을 중심으로 해서 기도를 힘쓰고, 성경을 읽고, 같이 심방을 하고, 같이 전도를 하고, 또 장로는 장로의 책임, 집사는 집사의 책임, 반사는 반사의 책임, 구역장과 권찰은 구역장과 권찰의 책임, 이렇게 자기 책임을 각각 하는 중, 알지 못하는 가운데 18년 후 오늘에 와서 하나님께서 이와 같은 교회로 축복을 하신 것입니다."[263)]

평신도지도자인 구역장과 권찰에 대한 한경직 목사의 이런 시각은 이후 영락교회 부흥의 견인차 역할을 했을 것으로 평가된다.

『영락교회 50년사』는 영락교회의 교세 확장에 대해서 다음과 같은 언급을 하고 있다. 1968년까지 영락교회는 단일교구였으나, 1969년 1월부터 3개 교구제를 실시하였으며, 1978년 1월부터 10개 교구제로 확장하였다고 한다. 그리고 1교구당 부목사 1인을 교구 전담목사로 하며, 교구목사를 보좌하는 교구전도사 1인을 교구 교역자로 하여 1년씩 교구 전담목회를 담당하도록 하였다. 또한 각 교구에서는 15세대를 단위로 각 구역을 조직하여 구역장, 권사, 집사, 권찰로서 구역을 보살피게 하였으며, 각 구역은 또 3개 반으로 나누어 조직적이고 능률적인 교구 중심의 목회가 이루어지도록 하였다는 것이다. 그래서 창립 35주년인 1980년 1월에는 14교구 673구역으로 확장 되었다고 기록하고 있다.[264)] 이런 과정을 거쳐 본고를 쓰고 있는 2013년 현재 영락교회의 교세 확장 현황을 파악해 본 결과 영락교회는 교회가 소재한 서울특별시 중구를 중심으로 한 지역교회가 아니라 수도권 전체를 선교 대상으로 삼고 18개 교구 1,156구역으로 확대된 것으로 파악되고 있다.[265)]

---

263)『설교전집』제7권, p.138. 이 설교는 '작은 일의 날'(스가랴 4:1-10)이라는 제목의 설교이다.

264) 영락교회(편),『영락교회 50년사』(서울: 영락교회, 1998), p.292.

265) 영락교회 홍보출판부,『2013 영락교회 요람』, pp.212-213 참조. 영락교회가 지역교회의 성격을 벗어나 서울시 전체를 선교대상으로 삼았다는 기록은 1998년에 발간된『영락교회 50년사』p.293에 이미 기록이 나와 있다.

27명으로 시작된 교회가 이런 부흥을 경험한 데는 평신도리더십을 인정하고 그들과 함께 뛰는 목회를 수행한 한경직 목사의 평신도신학이 주요한 요인이었음에 틀림없다. 그리고 2013년 현재 영락교회는 한경직 목사의 이러한 평신도신학을 잘 계승하고 있는 것으로 평가된다. 그 근거는 영락교회 목회사역의 중심이며 평신도리더십의 뿌리라고 할 수 있는 구역장훈련 자료인『2013년 신임구역장세미나자료집』에 "구역은 작은 교회이며, 또한 구역은 교회의 지체이며, 교회의 살아있는 세포로서 그물과 신경과 혈관"[266]이라고 명시하고 있기 때문이다. 구역에 대한 이런 이해를 바탕으로 구역 안에서 반드시 수행 되어야 할 일로 "말씀 나눔, 기도 나눔, 삶의 나눔, 전도, 봉사"[267]라고 기록하고, 이 사역의 주체가 바로 구역장과 권찰이라고 밝히고 있다. 결국 교회가 지향하는 목표 달성을 위해 교회 내의 작은 교회인 구역을 맡아 섬기는 평신도 지도자 구역장과 권찰들에게 적절한 지도력을 위임한 것이 오늘의 영락교회를 있게 만든 주요한 동인이 된 것이다.

3. 균형 잡힌 구역목회를 진행했다

이상과 같은 이해를 바탕으로 이제 한경직 목사가 목회 과정 중에 구역목회를 어떻게 진행했는지 그 내용을 정리해 보고자 한다. 한경직 목사의 구역에 대한 언설들과 자료들을 정리하면서 깜짝 놀란 것은 표현하는 단어만 상이할 뿐이지 한경직 목사의 구역목회에 대한 입장은 오늘날 소그룹전문사역자들이 건강한 소그룹사역을 지향하며 내놓는 핵심적인 질적 요소들을 균형 있게 강조하고 있다는 사실이다.

오늘날 대부분의 소그룹 전문사역자들은 건강한 소그룹사역이 가능하려면 '소그룹 내에서 깊이 있는 말씀 훈련과 풍성한 교제, 축적된 에너지를 통한 나눔과 봉사, 그리고 새 생명의 탄생이 있는 전도가 있어야 한다.'고 예외 없이 강조한다. 또 이 요소들 가운데 한 가지만 편파적으로 강조되지 않고 균형 있게 강조될 때 그 소그룹은 역동성을 유지한다고 강조

266) 영락교회(편),『2013년 신임구역장세미나자료집』, p.2 참조.

267) *Ibid.*

한다.[268] 이런 기준으로 볼 때 한경직 목사는 21세기 현대교회들이 소그룹(구역)목회 사역 속에서 추구하고자하는 중요한 질적 요소들을 당대의 목회사역 속에서 미리 간파하고 탁월한 균형감각을 가지고 적용한 목회자로 평가할 수 있다. 이제 그 근거를 좀 더 구체적으로 살펴보자.

1) 구역을 영성생활의 중심으로 이해하고 있었다

한경직 목사는 성도의 영성이 깊어지기 위해서는 말씀을 나누는 예배와 기도에 집중해야 할 것을 강력하게 요청한다. 한경직 목사가 가정에서 모이는 구역예배를 중요하게 생각한 것은 깊이 있는 말씀을 통한 성도의 교통이 주일예배 참석으로만 불가능하고 구역예배 참석을 통해서 가능하다는 것을 강조하기 때문이다.[269] 실제로 한경직 목사는 성탄절 구역예배를 직접 인도하거나 교회가 대형교회로 성장한 이후에도 구역예배를 직접 인도하면서 구역예배의 중요성을 일깨운 목회자였다.[270]

그리고 1960년 10월 23일의 '깨어 기도하라'(마 26:36-46)는 설교와 '은밀한 중에 보시는 하나님'(마 6:1-18) 속에서 그는 기도를 강조하면서 특별히 구역으로 모여서 힘써 기도해야 할 것을 강조한다. 그 내용을 차례로 진술하면 다음과 같다.

> "깬 사람은 기도합니다. 나라를 위해서 세계를 위해서 내 가정을 위해서 내 영혼을 위해서 기도합니다. 우리가 얼마나 기도합니까? 혼자만 기도할 것 아닙니다. 모여서 기도해야 되겠습니다. 구역에서는 구역끼리 모여서 기도해야 되겠습니다."[271]

268) 칼 조지, 『열린 소그룹 닫힌 소그룹』(서울: 교회성장연구소, 2002), pp.17-33 참조, 채이석 이상화, 『건강한 소그룹목회컨설팅』(서울: 기독신문출판부) 참조.

269) 『설교전집』제10권, p.159, p.444. 1969년 설교들 속에 말씀을 나누는 구역예배의 중요성이 언급되어 있다.

270) 『설교전집』제16권, p.427, p.464. 1981년 12월 22일 성탄절 구역예배와 1982년 2월 26일 개나리아파트 구역예배 설교를 참조하라.

271) 『설교전집』제5권, p.20.

"사도 바울은 쉬지 말고 기도하라고 했습니다. 기도는 우리의 호흡과 같아서 언제나 쉬면 안 됩니다. 언제든지 우리는 기도를 통해서 하나님과 교통할 것입니다. 그러므로 개인으로도 기도를 힘써야 하고, 가족으로도 기도를 힘써야 하고, 구역으로도 기도를 힘써야 하고, 새벽에도 기도를 힘써야 하고, 저녁에도 기도를 힘써야 하고, 온 교회가 모두 기도를 힘써야 할 것입니다."[272)]

이런 맥락에서 구역을 맡아 섬기는 권찰들에게도 간절히 기도할 것을 권면한다.

"여기 어떤 권찰님이 계십니다. 아침에 일어나서 자기 구역에 있는 여러 교우들을 위해서 간절히 기도합니다. 그러고는 그 날 그 구역을 미리 심방합니다. 그러면 그 심방 자체가 그 권찰의 기도의 계속입니다. 표현입니다."[273)]

결국 한경직 목사는 구역모임을 통해서 성도들이 영적으로 성숙하고 깊은 영성의 세계를 경험할 수 있도록 '말씀 나눔과 기도'의 요소를 무엇보다 강조한 것임을 여기서 확인할 수 있다.

2) 구역을 풍성한 성도의 교제가 일어나는 중심으로 이해하고 있었다

한경직 목사는 우리나라가 도시화와 산업화의 쓴 열매를 맛보기 훨씬 전에 이미 인간소외의 현상이 일어날 것을 내다보고 있었다. 1969년 3월 30일에 행한 '예수와 예루살렘'(눅 19:28-40)의 설교를 보면 다음과 같은 선지자적 통찰을 가진 내용이 나온다.

"도시에 사람은 많으나 고독한 것입니다. 도시 사람들은 고독합니다. 그러므로 도시에 살면서 서로 선한 이웃이 되기를 힘써야 할 것입니다. 우리 믿는 사람들도 고

272) 『설교전집』제8권, p.290. 이 설교는 1965년 4월 25일에 행한 설교이다.

273) 『설교전집』제10권, p.159. 이 설교는 1968년 2월 11일에 '쉬지 말고 기도하라'(본문 데살로니가전서 5:12-28)는 제목으로 행한 설교이다.

독한 사람이 되지 않기 위해서 단체에도 가입하고, 성경반에도 들어가 공부도 하고, 구역 예배에도 참가하여 성도의 교제를 하여야 하는 것입니다."[274)]

인간의 공동체성을 연구하는 사회학자들은 산업화와 도시화의 과정 속에 거대화되는 조직들 속에서 인간은 작은 규모의 안정된 구조의 공동체를 갈구하는 성향을 필연적으로 가지게 된다고 지적한다.[275)] 한경직 목사는 일찍이 산업화된 미국유학의 경험을 통해서 체득했는지 모르지만 거대화 되어가는 영락교회를 바라보면서 구역이 그 대안인 것을 정확하게 통찰하고 있었다. 그래서 다음과 같이 설교한다.

"교회의 규모가 커질수록 아쉬운 것은 성도간의 친밀한 교제입니다. 그러므로 구역을 단위로 하든지, 혹은 그룹, 혹은 단체로 여러 가지 모양으로 성도의 친밀한 교제가 이루어지기 위하여 힘을 써야 하겠습니다."[276)]

한경직 목사는 상호 신뢰를 바탕으로 마음을 열고 마음껏 이야기하고, 그 내용이 기도 제목으로 승화되어 함께 울고 함께 웃는 풍성한 교제의 기쁨이 있는 구역 모임을 기대했던 것이 분명하다. 그래서 '말세에 믿는 사람들에 대한 권면'의 설교에서도 다음과 같이 설교한다.

"한 구역의 여러분이 이런 사랑을 가지고 성도들이 교제를 가진다고 하면 그 구역은 자연히 부흥돼요. 믿는 이들이 혹 이런 예배에 한 번 참여하고도"갈 만하다, 참 가보니까 그이들이 어떻게 참 서로 화평하고 기쁜 마음으로 서로 돕는지."참 그렇게 되

---

274) 『설교전집』제11권, p.184.

275) 정재영, *op. cit.*, p.20. 그래서 어떤 사람이든지 아무리 생소한 공동체에 들어가도 자신의 가슴을 열어놓고 대화할 사람 6명이 그 공동체 안에 있다면, 그 속에서 소속감과 안정감과 자존감을 누리기 때문에 결코 그 공동체를 떠나지 않는다고 주장한다.

276) 『설교전집』제15권, p.222. 이 내용은 1978년 5월 21일 교회증축헌당예배를 드리면서 '헌당과 헌신'(본문 로마서 12:1-2)의 제목으로 설교하면서 말씀한 것이다.

면 자연히 전도가 바로 된단 말이에요"[277]

초대교회의 증언도 그렇고 실제적으로 소그룹사역을 해 보면 풍성한 교제의 기쁨이 있는 소그룹은 주변에 좋은 소문이 날뿐만 아니라 주변 사람들에게 칭찬을 받게 되고, 그 모임 안으로 새로운 영혼들이 계속 들어오는 새 생명 탄생의 기쁨을 누리게 된다.[278] 한경직 목사는 이 원리를 통찰력 있게 보고, 구역모임이 함께 울고 함께 웃는 친밀한 구역이 되도록 계속해서 가르치고 이끌었다고 볼 수 있다.

3) 구역을 영혼구원(전도)의 중심으로 이해하고 있었다

한경직 목사가 구역모임을 내부적 교제 집단으로 머물지 않게 하고 하나님 나라를 확장하는 열린 공동체가 되어야 한다는 사실을 강조한 증거는 매우 많다. "아름답도다 좋은 소식을 전하는 자들의 발이여"로 시작되는 로마서 10장 15절의 말씀을 본문으로 설교한 '전도자의 축복' 설교를 보면 음력 1월 1일에도 구역을 중심으로 전도한 것을 확인할 수 있다. 이 설교에서 한경직 목사는 "바로 며칠 전 음력 1월 1일 약 100명 가량이 되는 우리 교우들이 같이 모여서 가까운 구역대로 나누어서 전도지를 배부하며 전도를 한 일이 있습니다."라고 설교하고 있다.[279] 말 그대로 때를 얻든지 못 얻든지 전도해야 한다는 것을 강조했고, 실제적으로 구역을 통해서 당시에 활발하게 진행했던 직접 전도방식인 노방전도를 조직적으로 진행했던 것이다.[280] 그리고 노방전도를 시행하는 과정에서 당연히 구역이 앞장 섰을 것이 분명하다.

그런데 한 가지 흥미로운 사실은 한경직 목사가 구역을 통한 전도방식으로 제시하는 방

277)『설교전집』제16권, p.464. 이 설교는 베드로전서 4:7을 본문으로 1982년 2월 26일에 개나리아파트 구역예배에서 행한 설교의 내용이다.

278) 본 논고에서 앞서 언급한 대로 사도행전 2:42-47의 말씀은 유무상통의 깊은 교제를 나누었던 초대교회 공동체가 "날마다 구원받는 사람을 더하게 하시니라"(47절)는 표현으로 폭발적인 부흥을 경험한 교회였던 것을 증언한다.

279)『설교전집』제1권, p.283. 이 설교는 1954년 2월 7일 설교이다.

280) 영락교회(편),『영락교회 50년사』, p.153.

법이 노방전도와 같은 직접적인 전도방식만을 고집하지 않고 있다는 점이다. 수용자 입장에서 복음이 자연스럽게 전해지는 '관계중심전도'를 말하고 있기 때문이다.[281] 한경직 목사는 이렇게 말한다.

> "오늘날도 우리 믿는 사람의 행위와 행동과 이 일이 무언중의 그리스도를 증거 할 수 있어야 되겠습니다. 우리 믿는 생활이 진실하고 그 생활이 성결하며 사랑과 봉사로 무언 가운데 그리스도를 증거 할 수 있는 생활을 해야 될 것입니다. 우리 교회 안에 참 이와 같은 행위와 행동으로써 무언의 전도를 하는 분이 많이 있는 것을 저는 항상 감사히 생각합니다. 그런 가운데도 가만 보면, 특별히 우리 교회 안에서 여러 부서가 다 교회를 봉사하고 전도를 잘하지만, 아마 특별히 이런 방면으로 전도 많이 하는 부서는 상례부나 봉사부나 혹은 각 구역을 맡은 권찰들일 것입니다. 어떤 가정에 큰 슬픔을 당할 때에 가서 같이 위로해 주고, 같이 눈물을 흘리며 옷을 지어 주고, 모든 수속을 보아 주고, 여럿이 같이 모여서 정성껏 장례식을 치러 주고 산에까지 같이 가고, 그 다음에 또 가서 위로해 주는 이런 모든 것은 무언중에 다 전도가 됩니다. 헐벗은 사람에게 옷을 마련해 주고, 밥 굶는 사람에게 쌀을 마련해 주고, 어려운 가운데 있는 사람들에게 어떻게든지 피차 와서 직업을 알선해 주고, 피차에 서로 상부상조 하는 것은 다 무언의 전도입니다. 그러므로 우리 교회 안의 자선 사업 기관도 물론 불쌍한 이를 위해서도 일할 것이지만, 이런 일도 다 무언의 전도가 됩니다. 교육 사업이나 의료 사업이나 자선 사업이나 이 모든 것도 그 자체를 위해서 하거니와 이것 역시 무언 가운데에 모든 다른 사람에게 복음의 전도가 됩니다."[282]

외치는 소리도 중요하지만 착한 행실로 하나님 백성답게 살아가는 삶을 통해 전도하는

281) 21세기 전도방식으로 '노방전도'와 '관계중심전도'에 대한 한국 교회의 현상적 이해는 『국민일보』, "노방전도 어떻게 생각하세요"(2013년 4월 6일자), pp.2122를 참조하라.

282) 『설교전집』제7권, pp.294-295. 이것은 1964년 4월 5일에 '사도시대의 전도'(사도행전 2:36-47)를 제목으로 설교한 내용이다.

방식이 그 어느 때 보다 중요하게 대두된 21세기를 맞이하고 있는 시점이다. 이런 상황에서 한경직 목사가 구역을 자기끼리만의 공동체로 바라보지 않고 새로운 영혼들을 향한 전도공동체인 것을 강조하면서 오늘날의 관계중심전도를 피력하고 있는 것은 대단히 의미 있는 것으로 받아들여진다.

4) 구역을 나눔과 봉사의 중심으로 이해하고 있었다

한경직 목사는 목회자로서 사회봉사를 모범적으로 실천하고 또 교회를 통해 사회봉사를 구현한 이상적인 모델로 손꼽힌다.[283] 실제로 한경직 목사는 그의 설교에서 "해방이후 작은 규모이지만 제일 먼저 세계적 봉사에 나선 단체가 우리 교회"라고 당당하게 밝힌다.[284]

영락교회의 사회적 섬김과 나눔, 그리고 봉사의 사역 가운데 역시 선봉에 서 있었던 것은 구역이었다. 그래서 한경직 목사는 '착한 이웃'(눅 10:25-37)이라는 제목의 설교에서 다음과 같이 선포한다.

> "사실 내 앞집에 어떤 사람이 먹을 것이 없어서 굶어 죽는 사건이 일어났다고 할 것이면, 그게 내 책임인 것을 우리가 알아야 되겠습니다. 내 옆집에 사는 사람이 무슨 큰 어려운 일을 당해서 위로해 주는 사람도 없고 낙심하고 절망해서 음독자살을 하는 사건이 일어났다고 하면, 그게 내 책임인 것을 우리가 알아야 될 것입니다. 어떻든지 내 이웃에 있는 사람의 형편을 우리가 알고 각 방면으로 도와줄 수 있는 대로 피차에 도와주는, 착한 선린 운동을 우리가 일으켜야 되겠습니다. 각 구역에서 이런 운동을 일으켜야 되겠습니다."[285]

---

283) 손의성, "한경직 목사의 사회봉사사상", 『한경직 목사 9주기 추모자료집』(서울: 한경직목사기념사업회, 2009), p.36.

284) 『설교전집』제9권, p.68. 이 내용은 1966년 1월 1일 '하나님의 신임'(디모데전서 1:12-17)의 설교에서 언급된 내용이다.

285) 『설교전집』제6권, p.479. 이 내용은 1963년 6월 9일에 행한 설교이다.

구역을 향한 한경직 목사의 이런 나눔과 봉사에 대한 강조는 한경직 목사가 90세를 맞이한 1991년에 "그런데 감사한 일은 본 영락교회에서는 각 구역에서 특별히 빈곤한 가정들에게 벌써 수십 년 전부터 매달 사랑의 쌀을 나누어 주고 있습니다. 얼마나 감사한 일입니까? 금년에도 이 운동은 계속될 것입니다."라는 감사의 고백으로 이어진다.[286] 여기서 한경직 목사의 구역목회는 결코 교회성장의 도구로만 인식되지 않았고, 사명을 수행하는 하나님 나라 백성들의 공동체로 인식되고 있었다는 것을 확인할 수 있다.

Ⅳ. 맺는 말 : 건강한 구역을 통해 건강한 교회를 세운 한경직 목사

한국 교회의 사표로서 존경받고 있는 한경직 목사의 목회사역 가운데 구역목회는 지금까지 한국 교회 내에서 거의 언급되지 않았던 것이 사실이다. 그러나 금번에 한경직 목사의 구역목회를 정리할 수 있는 특별한 기회를 가지면서 다음과 같은 작은 결론을 얻을 수 있었다.

첫째, 현재 한국 교회 안에서 중요한 관심사로 부각되어 있는 소그룹(구역)목회가 짧은 역사 속에 갑자기 발흥된 것이 아니라 한국 교회 초기부터 왕성하게 있었지만 체계적으로 메뉴얼화 되지 못했기 때문에 한국 교회에 널리 알려지지 못했다는 것을 확인할 수 있었다.

둘째, 같은 맥락에서 소그룹(구역)목회는 1970년대 이후 나타난 특정 대형교회 목회자의 창작물이 아니라 한경직 목사가 목회 초기부터 역동적으로 적용하고 있었던 목회 방식이었다는 사실을 확인할 수 있었다.

셋째, 한경직 목사는 구역을 교회 안의 작은 교회(Ecclesiola in Ecclesia)로 인식하는 신학적 교회론에 바탕을 두고 구역목회를 영락교회 목회에 적용했다는 점을 확인할 수 있었다.

286) 『설교전집』제18권, p.503. 이 내용은 1991년 19일 주일 낮예배 시에 '은혜와 보답'(시편 116:1-12)이라는 제목의 설교에서 선포된 내용이다.

넷째, 한경직 목사는 평신도 리더십의 중요성을 일찍이 각성하고 평신도들에게 그 권한을 위임(Empowerment)하는 평신도신학을 정립한 기초 위에 구역장과 권찰을 세웠다는 것을 확인할 수 있었다.

다섯째, 한경직 목사는 도시화, 산업화와 같은 급격한 사회적 변화를 꿰뚫어 보며 인간 소외의 현상들이 일어날 것을 정확하게 통찰하고 소그룹(구역)목회가 가진 강점을 충분히 활용했다는 것을 발견할 수 있었다.

여섯째, 한경직 목사는 영적 공동체 내의 소그룹(구역)이 영성훈련, 교제, 전도와 봉사가 균형을 유지하며 모여야 하는 것을 강조한 소그룹(구역)목회의 모범을 제시한 목회자인 것을 발견할 수 있었다.

역동적인 교회를 지향하는 오늘날의 교회들이 좋아하는 슬로건 가운데 '건강한 소그룹(구역), 건강한 교회'라는 말이 있다. 연구자의 입장에서 볼 때 한경직 목사는 일찍이 이 슬로건에 부합한 소그룹(구역)목회의 모범을 보여주는 목회를 한 것으로 평가된다. 앞으로 기회가 주어진다면 한경직 목사가 영락교회 구역을 통해서 적용한 구역 교과과정과 그 효과, 그리고 구역모임이 교회와 성도 개인의 성숙과 성장에 미친 결과가 어떠했는가를 좀 더 깊이 연구한다면 큰 의미가 있을 것으로 보인다.